ZEITPOLITIK

Jahrbuch Sozialer Protestantismus
Band 13

Herausgegeben von Brigitte Bertelmann, Georg Lämmlin,
Traugott Jähnichen, Torsten Meireis, Thorsten Moos, Sabine Plonz,
Johannes Rehm, Sigrid Reihs im Auftrag der Stiftung Sozialer
Protestantismus, des Evangelischen Verbandes Kirche – Wirtschaft –
Arbeitswelt und des Sozialwissenschaftlichen Instituts der EKD
Redaktion: Lukas Johrendt

ZEITPOLITIK

EVANGELISCHE VERLAGSANSTALT
Leipzig

Bibliographische Information der Deutschen Nationalbibliothek:
Die Deutsche Nationalbibliothek verzeichnet diese Publikation in der
Deutschen Nationalbibliographie; detaillierte bibliographische Daten
sind im Internet über http://dnb.dnb.de abrufbar.

© 2022 by Evangelische Verlagsanstalt GmbH · Leipzig
Printed in Germany

Das Werk einschließlich aller seiner Teile ist urheberrechtlich geschützt.
Jede Verwertung außerhalb der Grenzen des Urheberrechtsgesetzes ist ohne Zustimmung des
Verlags unzulässig und strafbar. Das gilt insbesondere für Vervielfältigungen, Übersetzungen,
Mikroverfilmungen und die Einspeicherung und Verarbeitung in elektronischen Systemen.

Das Buch wurde auf alterungsbeständigem Papier gedruckt.

Cover: Kai-Michael Gustmann, Leipzig
Satz, Druck und Binden: Druckerei Böhlau, Leipzig

ISBN Print 978-3-374-06815-9 // eISBN (PDF) 978-3-374-06837-1
www.eva-leipzig.de

Inhalt

Zeitpolitik 9
Einleitung
Torsten Meireis & Lukas Johrendt

Beiträge zum Schwerpunktthema

A Grundlegungen

Zeitliche Sozialpolitik 17
Elemente eines neuen Paradigmas
Jürgen P. Rinderspacher

Care-Diskurs, Zeitpolitik und evangelische Ethik 43
Sabine Plonz

»Die Nacht ist bald vorüber, der Tag naht« (Röm 13,12) 71
Paulinisches Zeitverständnis im Kontext des römischen Reiches
Carsten Jochum-Bortfeld

»Für alles gibt es einen bestimmten Zeitpunkt« (Koh 3,1) 89
Zeitpolitik als alttestamentliches Thema
Ruth Ebach

B Konkretionen

Allzeit darf Lohnarbeit nicht sein 109
Arbeitspolitik als Zeitpolitik?
Michael Brugger & Matthias Möhring-Hesse

Systemrelevant und ausgebeutet 133
Informell-häusliche Pflegearbeit im deutschen Pflegesystem
Tine Haubner

Subsidiarität 151
Sozialethische Erwägungen zu einem sozialpolitischen
Zuständigkeitsprinzip am Beispiel der Pflegearbeit
Jonas Hagedorn

Zeitregimes im Homeoffice 201
Georg Lämmlin & Andreas Mayert

Eine Tradition der Freiheit 250
Arbeitsfreier Sonntag und Sonntagsschutz aus sozialethischer
Perspektive
Ralf Stroh

Berichte

Vom Sozialpfarrer zum »Pfarrer in der Wirtschaft«? 275
Erfahrungen und Perspektiven
Peter Lysy & Johannes Rehm

Praxisbericht digitale Gesprächsreihe »Selbst schuld?!
Scheitern in unternehmerischer Verantwortung« des KDA
in der Hannoverschen Landeskirche 289
Matthias Jung

Rezensionen

Henckel, Dietrich/Kramer, Caroline (Hrsg.): Zeitgerechte Stadt.
Konzepte und Perspektiven für die Planungspraxis,
Hannover 2019 299
Clemens Wustmans

Haunschild, Axel et al. (Hrsg.): Arbeit und Zeit (Schriftenreihe zur
interdisziplinären Arbeitswissenschaft 12), Augsburg/
München 2020 306
Georg Lämmlin

Schnerring, Almut/Verlan, Sascha: Equal Care. Über Fürsorge und
Gesellschaft, Berlin 2020 311
Sabine Plonz

Hirschberg, Peter: Mut zur Unterbrechung. Schabbat und Sonntag
als Hilfe zur Entschleunigung, Nürnberg 2012 315
Johannes Rehm

Schallenberg, Peter: Ethik der sozialen Marktwirtschaft
(Christliche Sozialethik im Diskurs 11), Paderborn 2019
Schallenberg, Peter: Ethik und Ewigkeit.
Wegmarken einer spirituellen Moraltheologie, Paderborn 2016 318
Georg Lämmlin

Becka, Michelle et al. (Hrsg.): Sozialethik als Kritik (Ethik und
Gesellschaft 1), Baden-Baden 2020 324
Benedikt Friedrich

Jähnichen, Traugott/Wiemeyer, Joachim: Wirtschaftsethik 4.0.
Der digitale Wandel als wirtschaftsethische Herausforderung,
Stuttgart 2020 333
Hermann Sautter

Albrecht, Christian/Anselm, Reiner: Differenzierung und Integration.
Fallstudien zu Präsenzen und Praktiken eines Öffentlichen
Protestantismus, Tübingen 2020 341
Georg Lämmlin

Höhne, Florian/Meireis, Torsten (Hrsg.): Religion and
Neo-Nationalism in Europe (Ethik und Gesellschaft, 7),
Baden-Baden 2020 347
Gerhard Wegner

Pompe, Hans-Hermann/Oelke, Christian Alexander (Hrsg.),
im Auftrag des Zentrums für Mission in der Region:
Gemeinschaft der Glaubenden gestalten.
Nähe und Distanz in neuen Sozialformen
(Kirche im Aufbruch 27), Leipzig 2019 362
Markus Schmidt

Zu den Autorinnen und Autoren 365

ZEITPOLITIK
Einleitung

Torsten Meireis & Lukas Johrendt

Die Frage nach der Bedeutung und dem Wert der Zeit mag zunächst abgehoben anmuten, doch ist sie nicht akademisch. Denn wie die Covid-19-Pandemie erneut gezeigt hat, ist auch die Verfügung über Zeit gesellschaftlich keineswegs gleich verteilt. Während die einen die durch den Lockdown ermöglichte Entschleunigung genossen, litten andere unter bedrückendem Zeitmangel, weil ihre – alles andere als fürstlich bezahlten, aber Präsenz erfordernden – Tätigkeiten in der Pflege oder an der Supermarktkasse angesichts geschlossener Schulen und Kitas vor schier unüberwindliche Dilemmata stellten. Und auch die Verbindung von *Home-Office* und *Home-Schooling* bildete eine Herausforderung, die so manche Eltern zwang, die Arbeitszeit in die Nacht zu verlegen.

Doch auch ohne die Probleme der Pandemie ist der Umgang mit Zeit in der Moderne prekär – die Beschleunigung, die der Soziologe Hartmut Rosa als Signum unserer Epoche beschreibt (vgl. Rosa, 2008), wirkt sich »oben« und »unten« sehr unterschiedlich aus. Die mittlerweile klassische Studie der amerikanischen Sozialforscherin Arlie Russell Hochschild (2002) über die Konsequenzen des auf immer höhere Effizienz hin optimierten Zeitregimes moderner Unternehmen für das Leben jenseits des Erwerbs beschreibt dies deutlich. Während den – vorwiegend männlichen – Mitgliedern der Unternehmensleitung ihr verdichtetes Leben, in dem sie von mühsamen und wenig wertschätzungsträchtigen Beziehungs-, Erziehungs-, Haushalts- und Pflegetätigkeiten vollständig entlastet werden, als erfüllt erscheint, sodass sie die Aufenthaltsdauer im Betrieb eher erhöhen als vermindern, verzichten die weiblichen Erwerbstätigen am unteren Ende der Einkommensskala auf Teilzeitarbeit, weil »zuhause nur Arbeit wartet«, wie es im Untertitel der deutschen Übersetzung heißt: Denn die gesellschaftlichen Rollenzumutungen, die im Alltag von allen Beteiligten reproduziert werden, muten vorrangig ihnen die wenig anerkannten Tätigkeiten des *cleaning, cooking, caring* zu (vgl. Russell Hochschild, 2002). Drastischer noch hat die Philosophin Angelika Krebs von der Ausbeutung weiblicher Fürsorgetätigkeit geschrieben, wie ihr Aufsatztitel »Vom Aufmöbeln müder Männer und Kurieren kotzender Kinder« verrät (vgl. Krebs,

1996). Unter den ungleich verteilten Effizienzanforderungen des modernen Kapitalismus droht die Lebenszeit jenseits des Erwerbs zur ungeliebten Arbeit zu werden – und unter den ins Privatleben übersetzten Effizienzanforderungen leiden nicht zuletzt die Kinder, deren Bedürfnisse sich kaum unter solche Lebensregimes bringen lassen.

> »Sechs Tage sollst Du arbeiten und alle deine Werke tun. Aber am siebenten Tage ist der Sabbat des Herrn, deines Gottes. Da sollst du keine Arbeit tun, auch nicht dein Sohn, deine Tochter, dein Knecht, deine Magd, dein Rind, dein Esel, all dein Vieh, auch nicht dein Fremdling, der in deiner Stadt lebt, auf dass dein Knecht und deine Magd ruhen gleichwie du. Denn du sollst daran denken, dass auch du Knecht in Ägyptenland warst und der Herr, dein Gott, dich von dort herausgeführt hat mit mächtiger Hand und ausgerecktem Arm. Darum hat dir der Herr, dein Gott, geboten, dass du den Sabbattag halten sollst.« (5. Mose 5,15)

Das nach lutherischer Zählung dritte Gebot wirkt angesichts dieses Befundes so unzeitgemäß wie aktuell: Es erinnert daran, dass das Leben einen heilsamen Zeitrhythmus benötigt, der allen Menschen und denen von ihnen abhängigen Lebewesen zugutekommen soll, wie es die EKD-Denkschrift »Freiheit digital« auch für das digitale Zeitalter formuliert (vgl. EKD, 2021).

Für den Herausgebendenkreis des Jahrbuchs Sozialer Protestantismus ist das Grund genug, der Frage nach der Zeitpolitik gerade auch unter Coronabedingungen besondere Aufmerksamkeit zuzuwenden. Der Band versammelt daher ein Spektrum von Beiträgen, die von der konzeptionellen Grundlegung zeitpolitischer Initiativen über die sozialgeschichtliche Einordnung zeitbezogener Glaubensaussagen bis hin zu konkreten Problemanalysen reichen.

In grundsätzlicher sozialpolitischer Perspektive geht der Politologe und Zeitforscher *Jürgen Rinderspacher* in seinem Text der Frage nach, inwiefern Zeit als Substrat einer neuen Sozialpolitik Sachleistungen ergänzen oder ersetzen kann, und entwirft damit die Idee einer »Zeitlichen Sozialpolitik«, die den Problemen der »Zeitarmut« wie des »prekären Zeitwohlstands« begegnen kann.

In der Verknüpfung von zeitpolitischen und genderbezogenen Fragestellungen zieht die evangelische Theologin *Sabine Plonz* in ihrem Text Verbindungslinien zwischen sozialwissenschaftlichen, philosophisch-kritischen und theologischen Debatten um das Thema »Care« und weist eine integrative Position in sozialethischer wie machtkritischer Perspektive aus.

Die nächsten beiden Beiträge werfen einen exegetischen, sozialgeschichtlich konturierten Blick auf den biblisch dokumentierten Zeitumgang. Der Theologe *Carsten Jochum-Bortfeld* legt in seinem Text die zeit-politische Strukturierung der antiken Gesellschaft dar und zeigt auf, inwiefern das paulinische Zeitverständnis als Widerspruch zur Zeitpolitik des römischen Reichs verstanden werden kann. Das alttestamentliche Pendant übernimmt die Exegetin *Ruth*

Ebach. Sie zeichnet in ihrem Beitrag die zeitlich-soziale Struktur nach, wie sie sich aus dem ersten Testament und dessen Umfeld rekonstruieren lässt. Sie argumentiert dafür, dass bereits in altorientalischer Zeit Gesellschaft im Allgemeinen und Arbeit im Besonderen zeitlich rhythmisiert war.

In konkrete, gegenwartsbezogene sozialpolitische Zusammenhänge führen die nächsten Beiträge.

Die katholischen Sozialethiker *Michael Brugger* und *Matthias Möhring-Hesse* fragen in ihrem Beitrag nach dem »Kern« der Zeitpolitik als Arbeitspolitik. Sie analysieren hierzu die Diskursfelder »arbeitsfreier Sonntag«, »Entgrenzung und Verdichtung« und »häusliche Pflege« und die in diesen verhandelten normativen Vorstellungen einer Zeitpolitik als Arbeitspolitik. Die Soziologin *Tine Haubner* untersucht in ihrem Beitrag Ausbeutungsmechanismen sozial verwundbarer Gruppen im deutschen Pflegesystem und entwickelt damit einen kritischen Blick auf informelle und häusliche Pflegekontexte und ihre systemimmanenten Bedingungen. Der katholische Theologe *Jonas Hagedorn* untersucht Probleme, Grenzen und Chancen des als grundlegend für das deutsche Sozialsystem anzusehenden Subsidiaritätsprinzips und geht dabei den Ursprüngen des Prinzips in der katholischen Soziallehre Oswald von Nell-Breunings nach.

Auf gegenwärtige Verschiebungen im Erwerbskontext reagiert der Text des Direktors des Sozialwissenschaftlichen Instituts der EKD *Georg Lämmlin* und des Ökonomen *Andreas Mayert*. Sie untersuchen in ihrer Studie die Auswirkungen der Verlagerung von Arbeit aus dem Betrieb ins Home-Office. Sie werten dazu zahlreiche qualitative wie quantitative Studien aus und fragen, inwiefern die vermehrte Arbeit zu Hause Einfluss auf die Zeitautonomie der Beschäftigten hat.

Der evangelische Theologe *Ralf Stroh* geht in seinem Beitrag der christlich-religiösen wie der verfassungsrechtlichen Begründung des »arbeitsfreien Sonntags« nach und argumentiert für eine doppelte Begründung: Während er aus der Sicht christlicher Religion als Bedingung (zweck-)freier Geselligkeit gefasst wird, kann er verfassungsrechtlich als Begrenzung ökonomischer Sachzwänge zur gemeinschaftlichen Erholung verstanden werden.

Berichte und Rezensionen im Interessenfeld des sozialen Protestantismus runden den Band ab.

Im Namen des Herausgebendenkreises wünschen wir anregende Lektüre!

Literatur

EKD (Hrsg.): Freiheit digital. Die Zehn Gebote in Zeiten des digitalen Wandels. Eine Denkschrift der Evangelischen Kirche in Deutschland. Leipzig: Evangelische Verlagsanstalt 2021.

Krebs, Angelika: Vom Aufmöbeln müder Männer und Kurieren kotzender Kinder. Eine begriffliche Analyse der ökonomischen Ausbeutung privater weiblicher Fürsorge, in: Rechtsphilosophische Hefte V (1996), 141–159.

Rosa, Hartmut: Beschleunigung. Die Veränderung der Zeitstrukturen in der Moderne. Berlin: Suhrkamp 2008.

Russell Hochschild, Arlie: Keine Zeit. Wenn die Firma zum Zuhause wird und zuhause nur Arbeit wartet. Opladen: Leske+Budrich 2002.

Beiträge zum Schwerpunktthema

A Grundlegungen

Zeitliche Sozialpolitik

Elemente eines neuen Paradigmas

Jürgen P. Rinderspacher

1. Einleitung

Mit der Entdeckung der Zeitpolitik als Instrument zur Verbesserung der Lebensqualität der Menschen haben in der Sozialpolitik zunehmend zeitpolitische Interventionsformen an Bedeutung gewonnen, die an Stelle der Zuteilung monetärer Ressourcen treten oder diese ergänzen. Auch scheint der Bedeutungszuwachs von Zeit in der Sozialpolitik nicht nur deren Instrumentenkasten zu erweitern, sondern auch das traditionelle Verständnis der Ziele, der handelnden Akteure sowie von Sozialpolitik als solcher zu tangieren. Neue Perspektiven und Handlungsmöglichkeiten ergeben sich, wenn man der sachlichen Dimension öffentlicher Hilfeleistungen eine zeitliche hinzufügt. Aus dieser Entwicklung ist ein neues Politikfeld »Zeitliche Sozialpolitik« erwachsen.

Im folgenden Beitrag wird zunächst Zeitpolitik als relativ neues Politikfeld dargestellt (2). Es folgt eine Erläuterung der Ziele und Instrumente klassischer Sozialpolitik (3), um dann die Schnittstellen von Zeitpolitik und Sozialpolitik zu erläutern und zu zeigen, wie sich hieraus ein erweitertes Paradigma »Zeitliche Sozialpolitik« begründen lässt (4).

2. Zeitpolitik

2.1 Akteure und Ziele der Zeitpolitik

Zeitpolitik wurde zu allen Zeiten in allen Kulturgesellschaften gemacht – von den Kalenderordnungen der Antike und des Mittelalters bis hin zu den komplexen artifiziellen Zeitlandschaften, »time scapes« (vgl. Adam, 1995: 35–58), die die industrielle Moderne hervorgebracht hat (vgl. Rinderspacher, 2021: 13–24). Die Lebenswelten der Menschen in den hoch entwickelten Ländern sind seit nun fast zwei Jahrhunderten mit unterschiedlicher Intensität vom Prozess der Verzeitlichung fast aller ihrer Teilsysteme geprägt (vgl. Rinderspacher,

1988: 23-66). Im Ergebnis finden sich moderne beziehungsweise postmoderne Gesellschaften überzogen beziehungsweise durchwirkt mit einem Netz der Zeit (vgl. Wendorff 1989), das den Alltag der Menschen bestimmt und innerhalb dessen diese sich mehr oder weniger systemkonform zu bewegen haben, wollen sie nicht von den sozialen, kulturellen und materiellen Teilhabemöglichkeiten ausgeschlossen sein.

Dagegen hat sich erst in den vergangenen Dekaden, vor allem mit dem gestiegenen kollektiven Bewusstsein der Bedeutung zeitlicher Strukturen für Wohlstand und Lebensqualität einer Gesellschaft (vgl. Reheis, 2009), ein relativ eigenständiges politisches Praxisfeld »Zeitpolitik« herausgebildet und mit ihm ein gleichnamiger neuer sozialwissenschaftlicher Forschungsbereich. Letzterer untersucht die Entstehung und politische Gestaltbarkeit von Zeitstrukturen sowie ihre Akteure und Ziele und will darüber hinaus Modelle für einen gelingenden Umgang mit der Zeit in Bezug auf Mensch und Umwelt entwickeln (vgl. Rinderspacher, 1997: 677-690; Zeitpolitisches Magazin, 2010; Reisch/Bietz, 2014).

In ihren Rollen als Bürger*innen, Arbeitnehmer*innen, Konsument*innen oder auch als Lernende bewegen sich die Menschen täglich in diesem »Netz der Zeit«: Arbeits- und Schulbeginn sind vom Arbeitgeber oder der Schulbehörde vorgegeben; auf dem Weg zur Arbeit oder zur Schule treffen die Menschen auf die Fahrpläne öffentlicher Verkehrsmittel, die von den Stadtwerken oder der Bundesbahn ausgearbeitet wurden, und falls sie nach der Arbeit noch etwas einkaufen gehen wollen, müssen sich die Kund*innen (aus gutem Grund) an die Öffnungszeiten des Einzelhandels halten. Die Tagesschau beginnt um 20:00 Uhr, und wenn Eigenheimbesitzer*innen am Sonntag als dem herausgehobenen Ruhetag der Woche ihren Rasen mähen wollen, riskieren sie eine Geldstrafe gemäß der deutschen Rasenmäher-Verordnung. Einen wenn inzwischen auch schwindenden Einfluss auf die Zeitstruktur der Gesellschaft haben von jeher die Kirchen ausgeübt, indem sie wesentlich die Kalenderordnung der westlichen Hemisphäre geprägt haben. Nach wie vor engagieren sie sich für die Aufrechterhaltung der Zeitinstitution des arbeitsfreien Sonntags, zusammen mit Gewerkschaften und interessierten Verbänden (vgl. Becker, 2006).

Die genannten und weitere institutionalisierte und hierzu legitimierte zeitpolitische Akteure bestimmen den Rhythmus der Gesellschaft, allen voran die Unternehmen durch ihr Arbeitszeitregime. Zugleich sind Gegentendenzen erkennbar: Der kollektive Wechsel von Arbeit und Freizeit der Gesellschaft der ersten Industriemoderne ist mit der Ausbreitung selbstbestimmterer Arbeitszeiten (z. B. »Optionszeiten«) (vgl. Hoff, 2015) wie aber auch durch flexibilisierte Arbeitszeiten nach Maßgabe von Unternehmensinteressen stark modifiziert, wenn auch keineswegs aufgehoben worden (vgl. Rinderspacher 2001, 39-65). Auf andere Weise tragen die verschiedenen digitalen Angebote wie E-Commerce oder die Mediatheken der Rundfunkanstalten zur Dekonstruktion angestammter kollektiver Lebensrhythmen bei (vgl. Fromme, 1985: 431-466).

Unsere heute vorfindlichen Zeitstrukturen und Zeitinstitutionen sind somit das Ergebnis des Aufeinander-Wirkens sehr heterogener, zur Gestaltung von Zeitstrukturen im öffentlichen Raum mit unterschiedlicher Legitimation und Durchschlagskraft ausgestatteter zeitlicher Akteure: Zeitpolitik ist bildlich gesprochen als eine Arena zu verstehen, in der zwischen einer Vielfalt von Akteuren mit unterschiedlichem Gewicht nach Maßgabe ihrer jeweiligen Interessen permanent über die zeitliche Gestalt der Gesellschaft verhandelt wird.

Je nachdem, wie weit man den Politikbegriff fasst, könnte man sogar davon sprechen, dass jedes Individuum Zeitpolitik macht. Denn allein mit ihren alltäglichen Lebensgewohnheiten erzeugen die Menschen durch die regelmäßige Wiederholung bestimmter Aktivitäten in der zeitlichen Dimension bestimmte Muster, die sich, höher aggregiert, als gesellschaftliche Zeit-Strukturen verfestigten – bildlich gesprochen als materialisierte zeitliche Kondensstreifen unzähliger Alltagsgeschäfte. Beispielsweise können die Konsumentinnen und Konsumenten durch Nutzung oder Nichtnutzung von Spätkaufzeiten im Einzelhandel Einfluss auf den Ladenschluss nehmen oder gar nur noch online shoppen.

Doch kann man dies schon als politisches Handeln bezeichnen? Folgt man einem engeren Verständnis, ist Zeitpolitik als Politik nur dort gegeben, wo eine Intention erkennbar ist, wo also Individuen oder Organisationen bewusst und absichtsvoll gemeinsame, für den öffentlichen Raum relevante Zeit-Interessen einbringen, verbunden mit einer Gestaltungs-Absicht. So etwa, wenn eine Elterninitiative für einen späteren täglichen Schulbeginn (vgl. Fölling-Albers, 2008: 133–142) streitet oder Bürger*innen für eine alltagsnahe zeitliche Organisation ihres Lebensumfeldes durch besser abgestimmte Fahrpläne des ÖPNV (vgl. Possinger, 2011; Heitkötter, 2005; Wieden/Weber, 2019: 141–170).

Wenn aber nicht nur die großen oben genannten etablierten Institutionen zur zeitlichen Mitgestaltung ermächtigt sein sollen, sondern letztlich wir alle, kommt »Subpolitik« ins Spiel – ein Begriff, den Ulrich Beck im Zuge seiner »Theorie der Zweiten oder Reflexiven Moderne« verwendet hat. Er geht zurück auf die Beobachtung, dass »reflexive Modernisierung zu charakteristischen Entgrenzungen von Wissenschaft und Politik (führt). Erkenntnis und Veränderungsmonopole werden ausdifferenziert, wandern aus den vorgesehenen Orten ab und werden in einem bestimmten, veränderbaren Sinn allgemein verfügbar« (Beck, 1986: 253). Tatsächlich gingen seit den 1970er Jahren wesentliche Impulse gesellschaftlicher Veränderungen von sozialen Bewegungen und Bürgerinitiativen außerhalb der etablierten politischen Strukturen aus. Häufig lässt sich ein Mechanismus dergestalt verfolgen, dass nach einer mehr oder weniger langen Phase politischen Drucks von unten sich die offizielle (Staats-) Politik die Anliegen und Gestaltungsideen der Bürger*innen zu eigen macht. Umgekehrt entdeckt aber auch diese *offizielle* Politik das Potential der Einbindung der Bürger*innen in öffentliche Aufgaben und nutzt diese gleichsam als Hilfskräfte ihrer eigenen politischen Interessen, etwa in Form der Förderung ehrenamtlicher Arbeit im Kontext der Familienpolitik (vgl. BMFSFJ, 2012). Weichert greift das Konzept der Subpolitik auf und postuliert, dass Zeitpolitik wesentlich auf »Life politics« oder »Subpolitik« bezogen sei und diese wiederum auf unterschiedliche Aspekte einer Um- und Neustrukturierung des Politischen schlechthin verweisen würden. Immer geht es darum, dass die Betroffenen selbst als die besten Experten ihrer eigenen Situation angesehen werden und deshalb sowohl im Hinblick auf die politischen Maßnahmen und Programme als auch in Bezug auf deren Umsetzung selbst zu den wichtigsten Akteuren werden. Zeitpolitik intendiert danach die »Steigerung der Lebensqualität der Bürger, wobei das Hauptaugenmerk auf die zeitlichen Bedürfnisse der Einwohner und auf die partizipativen Ansätze gelegt wird. Den sozialstrukturellen Erklärungszusammenhang bilden die Auflösung des traditionellen institutionellen Rahmens von Zeitnutzung und Zeitaushandlung sowie das verstärkte Auftreten externer Effekte, denen Zeitpolitik durch bewusste Zeitgestaltung und durch Internalisierung der Auswirkungen begegnen will« (Weichert, 2011: 208, vgl. auch 211).

Die Fokussierung oder gar Eingrenzung von Zeitpolitik auf den Begriff der Subpolitik erscheint allerdings problematisch, indem sie Gefahr läuft, die anderen, eher »klassischen« institutionellen Akteure von Zeitpolitik als legitime Gestalter abzuwerten oder gar auszuschließen. Dies verleitet auch dazu, die bestehenden Macht-Verhältnisse in der Zeitpolitik unzutreffend abzubilden: Wie oben skizziert, werden die relevanten Zeitstrukturen der Gesellschaft nach wie vor entlang der Interessen staatlicher oder parastaatlicher politischer Institutionen ebenso wie starker wirtschaftlicher Akteure generiert und verwaltet – und zudem eher selten unter Mitwirkung der Betroffenen. So kennt das vorfindliche Arbeitszeitregime zwar Mitgestaltungsmöglichkeiten der Beschäftigten und ihrer frei organisierten oder gesetzlichen Vertretungen, dennoch folgen Arbeitszeitregime nach wie vor primär einer wirtschaftlichen, nicht aber der sozialen Logik der Beschäftigten (vgl. Rinderspacher, 2001). Dagegen wäre *Subpolitik* nicht als die mit Zeitpolitik notwendig verbundene und darüber hinaus vorherrschende Form von Politik zu verstehen, sondern als eine von drei Komponenten von Zeitpolitik einzuordnen, das heißt neben der Politik der etablierten zeitpolitisch relevanten *Institutionen der Zivilgesellschaft* sowie *staatlicher Zeitpolitik*.

Subpolitik stellt dann eine wertvolle Ressource gesamtgesellschaftlicher Zeitpolitik dar, wobei man wie gesagt über die Größe ihres Beitrages streiten beziehungsweise empirisch forschen kann. Sie manifestiert sich als kritisches Korrektiv sowohl staatlicher als auch wirtschaftlicher Akteure und ihrer Zeit-Interessen, indem sie deren Manifestationen als lebensundienliche, gegebenenfalls auch dysfunktionale Zeitstrukturen im Hinblick auf die Effizienz des wirtschaftlichen und gesellschaftlichen Gesamtsystems öffentlich macht. So können etwa die innovativen zeitpolitischen Impulse, die von subpolitischen Milieus ausgehen, nicht hoch genug eingeschätzt werden, wenn man zum Beispiel an die Ideen der frühen Zeitpioniere der 1980er Jahre (vgl. Hörning/Gerhard/Michailow, 1990; Kurz-Scherf/Breil, 1987) denkt. In diesem Sinne bietet ein an Subpolitik gekoppelter Begriff von Zeitpolitik, sofern er sich nicht darin erschöpft, die Möglichkeit, die Zeit-Perspektive von solchen gesellschaftlichen Gruppierungen stärker zur Geltung zu bringen, die in der Regel wenig Gehör finden; dazu gehören wesentlich auch die von Kindern und Jugendlichen auf der einen Seite (vgl. Universität Hildesheim, 2021) und alten Menschen auf der anderen (vgl. Pfahl/Rauschnick/Reuyss/Rinderspacher, 2018; Deutscher Bundestag, 2017: 329ff.; Rinderspacher, 2019: 311–333; Weber/Wieden 2019; vgl. auch: Zeiher/Schroeder, 2008).

Ein weiteres grundsätzliches Thema des Verständnisses von Zeitpolitik besteht darin, diese entweder mit bestimmten positiv besetzten Zielen (*policies*) oder Verfahren (*politics*) in eins zu setzen,[1] wie Emanzipation von gesellschaftlichen Zwängen, mehr Teilhabe, Gleichstellung oder höherem Ich-Bewusstsein wie auch, was die Verfahren angeht, mit Deliberation und Beteiligung der unmittelbar Betroffenen. Das hieße, nur dann von Zeitpolitik zu sprechen, sofern solche und ähnliche Ziele verfolgt werden (vgl. Wenzelburger/Zohlnhöfer, 2015: 15–34). Man kann aber auch auf einen eher formellen Zeit-Politikbegriff rekurrieren, der auf jede normative oder prozedurale Aufladung verzichtet. Ich optiere für Letzteres, also ein nicht in diesem Sinne inhaltlich gefasstes Verständnis von Zeitpolitik. Demzufolge ist alles Handeln jedweder Akteure in jedweder Art Zeitpolitik, das sich absichtsvoll auf die Veränderung, wie aber auch auf die ausdrückliche Bewahrung vorfindlicher Zeitstrukturen im öffentlichen Raum richtet. Demnach ist es gleichgültig, wer der Akteur von Zeitpolitik ist, welche zeitpolitischen Verfahren und Instrumente angewendet und welche Absichten damit verfolgt werden.

---

[1] In den politischen Wissenschaften unterscheidet man drei Dimensionen des Politikbegriffs: *polity* (Form), *policy* (Inhalt) und *politics* (Prozess). *Polity* umfasst die Form oder Struktur des Politischen und bezieht sich auf institutionelle Aspekte. Der Fokus ruht auf den verfassungsmäßigen politischen Strukturen und Ordnungen einer Gesellschaft (Regierungssysteme, Parlamente, politische Parteien, internationale Organisationen, Interessenverbände etc.) und auf deren Rechtsordnung (Verfassung, Gesetze, Verordnungen etc.). Neben der institutionellen Ebene (Staatskunde) ist die normative Ebene (Wertvorstellungen, Absichten hinter Regelungen) angesprochen. *Policy* (engl. policies) beinhaltet die Inhalte politischer Auseinandersetzungen, es geht um die Gegenstände, Aufgaben und Ziele, welche die Beteiligten formulieren und realisieren wollen. *Politics* fokussiert auf Prozesse wie politische Verfahren (z. B. Wahlen, Abstimmungen, Lobbyismus) und auf die Konfliktanalyse beziehungsweise darauf, wie Interessengruppen ihre Anliegen durchzusetzen suchen.

2.2 Zeit als Gestaltungsinstrument und Gestaltungsgegenstand

Jede Art von Bindestrich-Politik, die es näher zu bestimmen gilt – Familien- oder Umwelt- nicht anders als Außen- oder Verteidigungspolitik –, wirft die Frage auf, welches eigentlich ihr proprietärer Gegenstandsbereich sei. Was die Zeit betrifft, stellen sich diesbezüglich jedoch besondere Probleme.

Im Zusammenhang mit Zeitpolitik können Zeitstrukturen erstens der *Gestaltungsgegenstand* sein, das heißt das finale Ziel von Zeitpolitik. Dies kann entweder mit zeitlichen oder mit nicht-zeitlichen Instrumenten erreicht werden. Zweitens kann Zeit beziehungsweise die zeitliche Dimension, in der politisches Handeln erfolgt, aber auch lediglich *instrumentellen Charakter* haben, gewissermaßen »nur« Mittel zu einem dahinterliegenden Zweck sein. In diesem Fall dient die politische Gestaltung zeitlicher Strukturen mit anderen Worten dazu, über den Umweg einer Intervention in Zeitstrukturen »andere«, nicht-zeitliche Dinge zu formen und zu regulieren.

Wenn es zutrifft, dass Zeitpolitik – zumindest gegenwärtig – im Wesentlichen die Sache etablierter, zum Teil sehr hoch angesiedelter mächtiger politischer Akteure und deren Administrationen ist, entsteht sowohl ein theoretisches als auch ein politisch-praktisches Problem der Abgrenzung von Zeitpolitik gegenüber anderen Politikfeldern, so wie sie sich etwa als Zuständigkeiten in bestimmten Ministerien, Stadtverwaltungen oder in verschiedenen zivilgesellschaftlichen Organisationen ausdifferenziert haben. Dabei ist es normal, dass sich Politikfelder oder Politikbereiche an den Rändern überschneiden. So haben die Entscheidungen des Verkehrsministeriums über die zentralen Verkehrsträger der Zukunft auch Folgen für den Umweltbereich, was etwa zu dem klassischen Streit über die Mittelzuweisungen zwischen Straße und Schiene führt.

Zeitpolitik zeichnet sich nun allerdings durch eine Besonderheit aus, die darin besteht, dass jedem Handeln, ob von Individuen oder kollektiven Subjekten, immer auch eine zeitliche Dimension innewohnt, also ausnahmslos in jedem politischen (und sonstigen) Handeln die zeitliche Dimension mitspielt. Dennoch ist natürlich nicht jedes politische Handeln schon allein deshalb Zeitpolitik. Von Zeitpolitik als eigenem Politikfeld (vgl. Schubert/Bandelow, 2003: 1–26) kann deshalb nur dann die Rede sein, wenn mindestens eine der oben genannten Ziel-Konfigurationen erfüllt ist. Dies wird, wie gleich zu zeigen ist, besonders bei der Präzisierung des Verständnisses von Zeitlicher Sozialpolitik bedeutsam, da nicht jede Zeitpolitik mit Sozialpolitik und umgekehrt nicht jede Sozialpolitik mit Zeitpolitik in eins zu setzen ist.

Der Zeitpolitik-Begriff lässt sich weiter sowohl in Bezug auf Staats- als auch auf Subpolitik dahingehend präzisieren, dass den Agierenden bei jedem zeitpolitischen Handeln, damit es als solches bezeichnet werden kann, wie gesagt ein bewusstes Ziel zugrunde liegen muss. Weiterhin kann Zeitpolitik nicht nur bedeuten, neue Kreationen des Gestaltungsgegenstandes Zeit hervorzubringen, sondern auch, bestehende Zeitstrukturen zu bewahren; so etwa wenn Kirche und Gewerkschaften für den Erhalt des freien Wochenendes als Zeitinstitution eintreten (vgl. Becker, 2006). Umgekehrt kann Zeitpolitik aber auch beinhalten, vorfindliche Zeitstrukturen beziehungsweise Zeitinstitutionen zu eliminieren – etwa Feiertage ersatzlos zu streichen, wie seinerzeit den Buß- und Bettag als gesetzlichen Feiertag. Darüber hinaus kann sich ein politischer Akteur bewusst aus einem Gestaltungsanspruch in Bezug auf einen zeitlichen Gegenstand zurückziehen beziehungsweise einen solchen Anspruch erst gar nicht erheben – auch bewusstes Nichthandeln kann eine Form von Zeitpolitik sein.

3. Ziele und Instrumente konventioneller Sozialpolitik

Im Folgenden sollen nun die Grundzüge des herrschenden Verständnisses von Sozialpolitik dargestellt werden, um anschließend deren konzeptionelle Erweiterungspotentiale in Richtung der zeitlichen Dimension aufzuzeigen.

Nach traditionellem Verständnis leitet sich Sozialpolitik aus den Defiziten ab, die der Markt als hegemoniales Steuerungsinstrument einer kapitalistischen Gesellschaft hinterlässt: Dadurch, dass die Dynamik des Marktes definitionsgemäß primär nicht auf sozialen, sondern auf wirtschaftlichen Erfolg gerichtet ist, bleibt ein Teil der Gesellschaft systematisch ganz oder partiell von der Teilhabe am gesellschaftlichen Reichtum und am sozialen Leben ausgeschlossen. Dieser Teil ist dann in der einen oder anderen Art und Weise sowie in mehr oder weniger großem Umfang auf die Unterstützung des Gemeinwesens angewiesen. Dabei leitet sich die Beurteilung der Art und des Grades des Ausschlusses von den Teilhabechancen bekanntlich relational vom wirtschaftlichen und soziokulturellen Lebensniveau der Mehrheitsgesellschaft ab, wie etwa bei der Armutsdefinition (vgl. Boeckh/Huster/Benz/Schütte 2017: 209 ff.; Kubon-Gilke, 2018: 482 ff.).

Die Zuwendungen an hilfebedürftige Menschen können entweder vom Staat oder durch öffentliche oder private, gemeinnützige oder karitative Organisationen geleistet werden. Esping-Anderson (1990) hat gezeigt, dass die gesellschaftliche Organisation dieser Hilfen wesentlich auf die Sozialgeschichte eines Landes oder Kulturkreises zurückzuführen ist, wobei auch religiöse Traditionen regional- und kulturspezifisch einen Einfluss hatten. Hieraus wiederum haben sich Definition, Anspruch und Reichweite der Sozialpolitik entwickelt, ebenso wie der ordnungspolitische Status eines staatlichen oder anders organisierten Sektors »Sozialpolitik«, sprich das Verhältnis von staatlicher, karitativ-öffentlicher und privater Fürsorge und deren Legitimation im Rahmen der geltenden Rechtfertigungsordnung (vgl. Forst, 2015).

Auch die konkreten auslösenden Faktoren für Hilfeleistungen und ihre Begründungen sind historisch variabel (vgl. Kubon-Gilke, 2018: 19). Hierzu gehören strukturelle Veränderungen in der Arbeitswelt ebenso wie ein (Um-)Verteilungsbedarf aufgrund von in der jeweiligen Gesellschaft als ungerecht geltenden Eigentumsverhältnissen, aber auch, okkasional, von Naturkatastrophen. Generell soll Sozialpolitik ein Mittel zur Wahrung der Menschenwürde sein, wie sie auch als ein Instrument zur Wahrung des sozialen Friedens verstanden wird (vgl. Boeckh/Huster/Benz/Schütte 2017: 4f.). Neben dem Schutz vor den klassischen materiellen Risiken dient sie außer der Inklusion bislang randständiger sozialer Gruppen der Verbesserung von Partizipationschancen strukturell Benachteiligter (vgl. Kubon-Gilke, 2018: 456 u. 699ff.). Für all diese Aufgaben haben sich im modernen Sozialstaat länder- beziehungsweise kulturspezifisch bestimmte Zuständigkeiten ausdifferenziert, seien es staatliche, zivilgesellschaftliche, religiöse oder private Institutionen (vgl. Esping-Anderson, 1990; sowie über religiöse Hintergründe van Kersbergen/Manow, 2009).

Dass die Bekämpfung von Armut zu den wichtigsten Aufgaben des Sozialstaats gehört, auch um soziale Exklusion als eine ihrer unsozialsten Folgewirkungen zu verhindern, muss kaum erwähnt werden. Die Ursachen hierfür sowie die Ausgrenzung, die damit verbunden ist, kann auf mehreren Ebenen beziehungsweise mit unterschiedlichen Konzepten beschrieben werden (vgl. Boeckh/Huster/Benz/Schütte 2017: 210ff.). Dabei fällt auf, dass Armut im Zusammenhang mit Sozialpolitik, was ihren Gegenstandsbereich betrifft, zwar heute mehrdimensional und multifaktoriell gesehen wird (vgl. a.a.O.: 212), ohne dass jedoch die Zeit als eine Kategorie von Armut, sprich: zeitliche Armut, in den einschlägigen sozialpolitischen Werken eine Rolle spielt. Sie tritt hier in der Regel weder explizit noch implizit als eine eigenständige, interventionsbedürftige Mangelsituation auf, etwa als »prekärer Zeitwohlstand« (Rinderspacher, 2019). Zugleich ist der Zusammenhang von pathogener Zeitorientierung und Arbeitslosigkeit bereits in den 1930er Jahren in der berühmten Marienthal-Studie von Jahoda et al. (1975) ausführlich untersucht und in den 1980er Jahren bestätigt worden (vgl. Heinemann, 1982: 87–101). Weitere Forschungen zu Begriff und Empirie zeitlicher Armut beziehungsweise prekärem Zeitwohlstand stehen noch am Anfang. Ansätze hierzu findet man etwa bei Goodin et al. (2008) (vgl. auch Rinderspacher, 2019).

Weiter ist in unserem Zusammenhang die Unterscheidung zwischen kurativer und präventiver Sozialpolitik hervorzuheben. Boeckh et al. betonen die Notwendigkeit von Prävention in der Sozialpolitik und leiten diese unter anderem vom Grundrecht auf persönliche Unversehrtheit ab: »Zum Grundrecht auf persönliche Unversehrtheit gehört nicht nur die Wiederherstellung, also Kuration, von eingetretenen Schäden, sondern vor allem deren Vermeidung.« Jedoch sei das Leitbild Prävention ebenso einleuchtend wie schwierig umzusetzen (vgl. Boeckh/Huster/Benz/Schütte 2017: 394). Die Maßnahmen dürften sich dabei nicht nur auf das Individuum beziehen, sondern müssten die strukturellen Ursachen im Blick haben, etwa in der Gesundheitsprävention. Mit der Eröffnung dieser Option »rückwärtsorientierte Schadensbeseitigung« versus »vorausschauende Schadensverhinderung« wird nun für jede Sozialpolitik die zeitliche Dimension zum konstitutiven Element. Die Entscheidung für eine dieser Grundorientierungen – sofern aufgrund begrenzter Mittel nicht beides möglich ist – zieht außer vielen theoretischen Grundsatzfragen auch praktische Konsequenzen nach sich, vor allem, wo es um die Finanzierung sozialpolitischer Interventionen geht.

Zu den Aufgaben einer präventiven Sozialpolitik gehört auch die Ausstattung der Gesellschaft mit »fundamentalökonomischen Infrastrukturen«, das heißt die Versorgung der breiten Masse der Bevölkerung mit einer funktionierenden Infrastruktur wie Leitungs- und Schienensystemen, die Menschen mit Wasser, Strom, Heizung und Transportleistungen versorgen, aber auch einer sozialen Infrastruktur, die Gesundheit, Bildung, Pflege und soziale Sicherheit liefert. Indem der Staat vorausschauend in diese Alltagsnotwendigkeiten investiert, schafft er eine zentrale Voraussetzung für die dauerhafte Inklusion breiter Bevölkerungsschichten in Arbeit sowie in das soziale und kulturelle Leben. Die Bedeutung dieser basalen Ausstattung für die Lebensqualität der Menschen zeigt ein Blick auf die Situation in jenen Ländern, in denen diese Infrastruktur entweder bislang nicht geschaffen oder dauerhaft vernachlässigt wurde (vgl. Streeck, 2019: 7 ff.).

Die Träger der Sozialpolitik wurden bereits angesprochen: Kubon-Gilke (2018: 522) unterscheidet zunächst zwischen staatlicher und privater Sozialpolitik und innerhalb der privaten Sozialpolitik wiederum zwischen Netzwerken, Nachbarschaften und Familien als die eine Trägergruppe. Als eine zweite Gruppe werden Unternehmungen inklusive deren betriebliche Sozialpolitik genannt sowie als eine dritte Gruppe nichtstaatliche Organisationen. Letztere wiederum wären zu unterscheiden nach solchen mit anteiliger staatlicher Finanzierung auf der einen Seite und reiner Eigenfinanzierung durch Spenden und ähnlichen Zuwendungen auf der anderen; zusätzlich findet man Mischformen (a. a. O.).

Eine für unseren Zusammenhang zentrale Frage ist nun die nach dem Substrat der Zuwendung an die Hilfebedürftigen. In einschlägigen Sozialtheorien wird hier mehr oder weniger selbstverständlich von Geldleistungen ausgegangen. Die Rede ist aber auch von personellen Zuwendungen, etwa in der Familienhilfe. In solchen Fällen, beispielsweise bei der Betreuung und Pflege alter Menschen, könnte man aber auch davon sprechen, dass es sich substanziell um die Zuwendung von Zeit, nämlich Zeit für Sorgetätigkeit handelt. In einer weithin kommodifizierten Gesellschaft, in der alle Dienstleistungen tendenziell zur Ware werden, die über den Markt getauscht wird (vgl. Senghaas-Knobloch/Kumbruck, 2008: 15–37; Bücker, 2020: 4–9), geschieht die Mobilisierung des notwendigen Zeitaufwands für Care-Arbeit (vgl. Meier-Gräwe, 2020)[2] allerdings ganz überwiegend über den Arbeitsmarkt beziehungsweise den Lohnanreiz für die professionellen Kräfte; insofern wird tatsächlich in der monetären, nicht in der zeitlichen Dimension abgerechnet. Hier wäre jedoch genauer zu untersuchen, welchen Sinn es macht, fallweise oder generell entweder von einer materiellen – da letztlich monetär zu vergütenden – oder nicht doch von einer – letztlich? – zeitlichen Zuwendung auszugehen.

Ob Geld oder Zeit die adäquate Referenz-Dimension für Sorgetätigkeit ist, könnte von Fall zu Fall verschieden sein. Denn über den professionellen Sektor hinaus wird Zeit für soziale Arbeit ja bekanntlich in sehr großem Umfang als so genannte Freiwilligenarbeit mobilisiert, vermittelt über die intrinsische Motivation der betroffenen Personen, also als eine Art Zeit-Geschenk,[3] wie im Bereich der häuslichen Pflegearbeit (vgl. Rinderspacher/Herrmann-Stojanov/Pfahl/Reuyss, 2009; BMFSFJ, 2012). In diesem Fall des unmittelbaren Zeit-Geschenks – was man auch als »Zeit für menschliche Zuwendung« bezeichnen könnte – wäre dann die Zeit die eigentliche Ressource der Sozialpolitik, nicht das Geld. Diese Lebenszeit-Ressource entsteht mit anderen Worten dadurch, dass Individuen einen Teil ihrer unwiederbringlichen und nicht vermehrbaren Lebenszeit an Care-Aufgaben binden (vgl. Bücker, 2020: 4-9). Dass die Referenz- und Messgröße dieser Tätigkeiten in unserem Zusammenhang die Zeit sein soll und damit als Zeit-Geschenk oder Zeit-Gabe (vgl. Frick, 2021) behandelt wird und nicht etwa, was auch möglich wäre, in der sozialen Dimension als »Geschenk an menschlicher Zuwendung« oder eine Art »Sorge-Energie«, erklärt sich daraus, dass in entwickelten kapitalistischen Gesellschaften die Zeit eine hegemoniale Stellung in Bezug auf die Bewertung von Effizienz und Leistung hat: Indem die Zeit im Allgemeinen als besonders knappes Gut gehandelt wird, bedarf der nicht-ökonomische, nicht von Eigennutz bestimmte Umgang

---

[2] Das Modell der »universellen Erwerbstätigkeit« (*adult-worker-model*) wird hier kritisch gegen das »Erwerb-und-Sorge-Modell« (*earner-carer-model*) gehalten, weil »Frauen sich beruflich entwickeln (wollen und damit sie) in verschiedenen Branchen und auf allen Ebenen tätig sein können. Männer wollen Sorgearbeit leisten können, ohne dabei stereotypisierender Abwehr zu begegnen. Stattdessen gilt es, Rahmenbedingungen herzustellen, die es ermöglichen, ein Erwerb-und-Sorge-Modell ohne Überforderung leben zu können und zwar unabhängig vom Geschlecht«. Hierbei kommt dem Faktor Zeit eine entscheidende Bedeutung zu. Woran sich allerdings die Frage knüpft, inwieweit diese einer ökonomischen Bewertung unterworfen sein soll oder nicht gerade unbewertet bleiben müsste.

[3] Es scheint nahe zu liegen, hier auch von einer Zeit-Gabe zu sprechen. Nach allgemeinem Verständnis des Gabe-Begriffs setzt dieser aber eine Retour voraus, wenn auch gerade nicht im Sinne eines Äquivalententauschs, sondern in der Weise, dass der Gebende möglicherweise später und in anderer Form eine Gegen-Gabe erwartet (vgl. Frick, 2021).

mit diesem Gut einer besonderen Rechtfertigung – und hierin wieder eines eigenen, legitimierenden Kategoriensystems.

Damit ist der Kernpunkt Zeitlicher Sozialpolitik benannt: Soweit man sehen kann, hat sich in den vergangenen Dekaden bei der Bearbeitung sozialpolitischer Probleme bei fast allen Träger-Institutionen, ob staatlich oder zivilgesellschaftlich, ein erheblicher Wandel vollzogen. Zu Geldleistungen als traditionellem Substrat der Sozialpolitik sind in der einen oder anderen Weise zeitliche Unterstützungsleistungen hinzugetreten und/oder haben diese teilweise ersetzt. Die Bedeutung der Zeit als Ressource der Bewältigung sozialpolitischer Problemlagen ist gewachsen, und ein neues Handlungsfeld »Zeitliche Sozialpolitik« ist entstanden. Davon sind auch mehrere Elemente der eben skizzierten Substanz klassischer Sozialpolitik betroffen.

4. Wege in eine zusätzliche Dimension: Zeitliche Sozialpolitik

Nach dem bisher Gesagten könnte eine Definition für »Zeitliche Sozialpolitik« folgendermaßen lauten:

Zeitliche Sozialpolitik fragt nach den Möglichkeiten beziehungsweise strebt an, mit Hilfe zeitstruktureller Intervention in gesellschaftliche Teilsysteme oder die Gesellschaft als Ganze sozialpolitische Ziele zu unterstützen/zu fördern. Dem Faktor Zeit, genauer: der gezielten Veränderung von Zeitstrukturen, kommt in diesem Kontext sowohl instrumentelle Funktion zu, wie aber auch die Verbesserung der zeitlichen Lage von Individuen und Gruppen eigenständiges Ziel ist. Zeitliche Sozialpolitik weist über die traditionelle Sozialpolitik hinaus, indem sie außer auf monetäre und andere sachliche Ressourcen zusätzlich auf zeitliche zurückgreift. Dabei lösen zeitliche Zuwendungen die monetär-sachlichen des klassischen Sozialstaates zum Teil ab (Substitutionshypothese), zum Teil ergänzen sie diese.

4.1 Vorläufer

Von der Sache her ist Zeitliche Sozialpolitik tatsächlich kein völlig neues Phänomen, allerdings ohne dass man die Vorläufer früher so bezeichnet hätte. Etwa in der Agrargesellschaft war Zeitliche Sozialpolitik in Form mehr oder weniger selbstverständlicher zeitlicher Zuwendungen an hilfebedürftige Personen im erweiterten Familienkreis der Normalfall – erbracht in der Regel von weiblichen Mitgliedern der Familie. Diese war bekanntlich als Solidargemeinschaft quasi subsidiär für ihre Angehörigen verantwortlich und verpflichtet, neben materiellen Unterstützungsleistungen in Form von Nahrung oder Kleidung ihre verfügbaren zeitlichen Ressourcen für notleidende Mitglieder zu mobilisieren. Nach wie vor finden wir in den Ländern des globalen Südens diese Art traditionaler Unterstützungsstrukturen, wenngleich die Verhältnisse dort mit den hoch entwickelten Ländern bekanntlich nur bedingt vergleichbar sind: Es besteht dort kein Bedarf, familiale Unterstützung in Zeiteinheiten zu messen, weil dem Faktor Zeit auf Grund des Entwicklungsstandes dieser Länder (noch) eine wesentlich geringere ökonomische Bedeutung zukommt (vgl. Seitz, 2015: 267-290; Obrecht, 2003: 154 ff.). Folgerichtig erscheint die Gabe des sich Kümmerns der Familienmitglieder umeinander, was die zeitliche Dimension dieser Gabe betrifft, beurteilt nach den Maßstäben der eigenen Gesellschaft, in der sie stattfindet, eher irrelevant.

Mit der zunehmenden Kommodifizierung von Pflege als bezahlter Dienstleistungsarbeit oder als Leistung des Sozialstaates im Verlauf der letzten hundert Jahre (vgl. Senghaas-Knobloch/Kumbruck, 2008: 88-110), die damit einherging, dass nun jede geleistete Stunde emphatisch als Arbeitsstunde gewertet werden und daher entgolten werden musste, stellte sich Sorgearbeit überwiegend als Problem finanzieller Ressourcen dar: zum einen für die kommerziellen oder karitativen Anbieter von Pflegeleistungen, um ihr Pflegepersonal beschäftigen zu können, zum anderen für die Pflegebedürftigen beziehungsweise ihre unterstützungspflichtigen Angehörigen und damit wiederum für die staatliche Sozialpolitik, die gegebenenfalls einspringen muss, falls der Bewohner eines Pflegeheimes ein Empfänger staatlicher Transferleistungen ist.

Alternde Gesellschaften mit sozialstaatlichem Anspruch kommen durch solche und ähnliche Entwicklungen an den Rand ihrer finanziellen Leistungsfähigkeit und müssen immer öfter nach Auswegen suchen, die Ressource Geld, wo immer dies möglich ist, durch die Ressource Zeit zu (re-)substituieren (vgl. BMFSFJ, 2012). Zeitpolitik erhält unter diesem Aspekt der Substitutionsfähigkeit von Geld durch Zeit neue Aktualität: Wenn heute der größte Teil der Pflege im häuslichen Bereich mit den freiwilligen Zeit-Gaben zumeist weiblicher Angehöriger abgedeckt wird, so entlastet dies die Solidargemeinschaft der Versicherten beziehungsweise die staatlichen Haushalte von Kosten in einem Umfang, der von öffentlichen Kassen allein nicht zu tragen wäre.

Auf vielen auf die Verbesserung der sozialen Lage der Menschen gerichteten Politikfeldern – wie immer diese sich im Einzelnen selbst bezeichnen, etwa als Gesundheits- oder Arbeitspolitik – findet man von jeher Steuerungselemente, die wir heute, nach der Emergenz der Zeitpolitik, als zeitpolitische Interventionen identifizieren würden. Ein Teil davon ist sogar vom Präventionsgedanken geleitet. Beispielsweise beruht das gesetzlich verbriefte Recht auf die Inanspruchnahme der Zeitinstitution des Jahresurlaubs für abhängig Beschäftigte auf der Idee der Gesundheitsprävention (»Erhol-Pflicht«); ebenso ist der Gedanke der Gesundheitsprävention durch die wöchentliche Unterbrechung der Erwerbsarbeit in den verschiedenen verfassungsrechtlichen Begründungen für den Schutz der Sonntagsruhe (Erholung und seelische Erhebung) enthalten (vgl. Rinderspacher, 2021: 127-160). Weiterhin wären die im Arbeitszeitgesetz formulierten Bestimmungen bezüglich Dauer, Lage und Verteilung der Arbeitszeit, allen voran die Regelungen zur Nachtarbeit (auf Basis gesicherter arbeitswissenschaftlicher Erkenntnisse) (vgl. Goedicke/Beerheide/Seiler, 2020: 55-62), als Formen Zeitlicher Sozialpolitik zu verstehen. Weitere Felder, auf denen Zeitliche Sozialpolitik Tradition hat, sind etwa die Institution eines kollektiven Renteneintrittsalters (soziale Gerechtigkeit durch Vergleichbarkeit der Bedingungen), der Mutterschutz (Zeit für das Neugeborene und die Mutter) (vgl. hierzu auch Anm. 57) oder die Ladenschlussgesetzgebung (neben wettbewerbsrechtlichen Aspekten Schutz der dort Beschäftigten inklusive der zugehörigen Familien vor Überlastung). Nicht zuletzt können die in Tarifverträgen und Betriebsvereinbarungen geregelten neueren Arbeitszeitmodelle zum Schutz von Gesundheit und Familie, aber auch für Weiterqualifizierung (Schutz vor Arbeitslosigkeit) als eine Form (präventiver) Zeitlicher Sozialpolitik verstanden werden, darunter Vereinbarungen zu Kurz- und Langzeit-Zeitkonten (für zeitnahe Erholung oder für vorgezogenen Renteneintritt), wiederum unterstützt durch gesetzliche Regelungen (u. a. betreffend die Insolvenzproblematik) (vgl. Rinderspacher, 1998: 27-52).

Parallel zu der Erkenntnis der Bedeutung von Zeitstrukturen für die Qualität des Lebens haben seit den 1980er Jahren seinerzeit innovative sozialpolitische Theorie-Ansätze wie der einer »Neuen Subsidiarität« (Heinze, 1986) wie auch des »Aktivierenden Sozialstaats« (Lessenich, 2012: 41-54), die alternative Akteurs-Konstellationen von Sozialpolitik propagieren, größere Beachtung gefunden: Eigenleistungen der Bürgerinnen und Bürger oder der unmittelbar Betroffenen, das heißt die Nutzung deren zeitlicher Ressourcen, wären demnach als Ergänzung oder fallweise auch als Ersatz für staatliche Intervention systematisch zu berücksichtigen. Beziehungsweise wäre die Organisation von Eigenleistungen für die Gemeinschaft im näheren und weiteren Umfeld eine öffentliche, nicht unbedingt staatliche Aufgabe. Dazu kann gegebenenfalls beitragen, dass weitere Arbeitszeitverkürzungen zusätzliche disponible Zeitkontingente für abhängig Beschäftigte freisetzen, die dann nicht nur zur Verlängerung der individuellen Freizeit verwendet werden können, sondern im Sinne einer »Dreizeit-Gesellschaft« (Rinderspacher, 2005: 398-449) auch für soziale Zwecke.

4.2 Prävention und Kuration

Oben wurde im Kapitel über Sozialpolitik bereits die Bedeutung von Prävention hervorgehoben, das heißt der vorausschauenden Abwehr absehbarer sozialpolitischer Fehlentwicklungen, gegenüber einer kurativen Strategie, die dann greift, wenn der Schaden bereits eingetreten ist. Dies zu bewirken eignen sich, je nach Zielsetzung, verschiedene zeitpolitische Institutionen, wie eben erwähnt das arbeitsfreie Wochenende zur Verhinderung arbeitsbedingter Gesundheitsschäden ebenso wie der Mutterschutz, der »die Gesundheit der schwangeren und stillenden Frau und die ihres Kindes« schützen und gleichzeitig ermöglichen soll, »weiter erwerbstätig zu sein, soweit es verantwortbar ist« (BMFSFJ, 2020). Aus staatlicher Sicht erfordern präventive gegenüber kurativen Strategien einerseits einen hohen Mitteleinsatz, andererseits bewirken sie im günstigsten Fall nichts anderes, als ein mögliches Negativ-Ereignis nicht eintreten zu lassen (vgl. Boeckh/Huster/Benz/Schütte, 2017: 394 ff.). Mit dem Ziel der Herstellung solcher so genannter »Non-Events« verbindet sich dann ökonomisch-systematisch die Frage, ob der entsprechende Aufwand hierfür jeweils notwendig sei oder nicht auch mit geringerem Ressourcenaufwand zu erreichen wäre. Tatsächlich wird beispielsweise das freie Wochenende ungeachtet seiner zahlreichen präventiven sozialen Funktionen (vgl. Rinderspacher, 1987; vgl. hier die »fünf Funktionen der kollektiven Wochenruhezeit«: 37 ff.) mit zwei Tagen Stillstand von Teilen der Arbeitswelt und damit mit erheblichen volkswirtschaftlichen Kosten erkauft, denen ein sichtbarer, aber nur schwer zu beziffernder Nutzen gegenübersteht. Prävention setzt also zeitliche oder sachliche Investitionen voraus, deren Notwendigkeit und Wirksamkeit von staatlichen Prüforganen wie dem Bundesrechnungshof ebenso wie von zivilgesellschaftlichen Organisationen wie dem Bund der Steuerzahler, aber auch von kritischen Bürgerinitiativen zwar regelmäßig hinterfragt werden, hierdurch jedoch nicht in Frage zu stellen sind.

Indem jede Präventionsstrategie eine Wette auf die Zukunft ist und sich damit im Spektrum der drei Zeitmodi Gegenwart, Vergangenheit und Zukunft bewegt, ist sie bereits als solche zentrales Element Zeitlicher Sozialpolitik. Hinzu kommt, dass Prävention gegenüber Kuration die ethisch zu präferierende Variante ist, indem sie danach strebt, das Leiden an Krankheit, Verelendung, Arbeitslosigkeit, Armut oder Einsamkeit, wo immer es möglich ist, erst gar nicht aufkommen zu lassen, und somit menschliches Leben denkmöglich verbessern hilft. In diesem Sinne werden dann auch etwa Bildung oder die Verhinderung von prekärem Zeitwohlstand (vgl. Rinderspacher, 2019) zum Ziel von Zeitlicher Sozialpolitik.

Da vorausschauende Konzepte nicht zum Null-Tarif, sondern nur durch erheblichen Mittel-Einsatz zu haben sind, tendiert Prävention, wenn auch nicht vom theoretischen Anspruch her, so doch de facto, vor allem eine Strategie für reiche Länder zu sein. Dem entspricht, dass genau diese hoch entwickelten Gesellschaften »Zukunftsgesellschaften« sind, das heißt, dass ihr Reichtum sowie ihr technisches und wirtschaftliches Potential in direktem Zusammenhang mit ihrer radikalen Zukunftsorientiertheit stehen (vgl. Rapp, 1997: 69–88): Das Prinzip der Investition gilt in hoch entwickelten Gesellschaften hegemonial sowohl für das Handeln in der Wirtschaft (vgl. Esposito, 2017: 115–126) als auch in Bezug auf die individuelle Lebensperspektive der Menschen, etwa wenn es um Schule und Ausbildung als Voraussetzung für eine erfolgreiche Berufsbiografie geht.

Anders als im Bereich wirtschaftlichen Handelns ist im politischen Sektor die Epoche starker Zukunftsorientierungen und weitsichtiger politischer Planung allerdings schon seit vielen Dekaden Geschichte. Für die neuere Zeit diagnostiziert etwa Rüb insbesondere für die Politik einen drastischen Verlust von Langzeitperspektiven zugunsten einer »zeitorientierten Reaktivität«, das heißt eines kurzhubigen Fahrens auf Sicht; Reckwitz spricht als gesellschaftlicher Grundbefindlichkeit von einem Ende der Illusionen. Lorey sieht in der schwindenden Zukunftsaffinität allerdings keinen Verlust, sondern eher die Chance, maskuline lineare Vorstellungen von Wachstum und Fortschritt zugunsten einer »präsentischen Demokratie« überwinden zu können (vgl. Rüb, 2020; Reckwitz, 2019; Lorey, 2020). Wie auch immer ist das gegenwärtige politische Handeln vor allem durch Pragmatismus, Denken in Legislaturperioden oder durch zeitliche Externalisierungen gegenwärtiger Problemlagen in die Zukunft beziehungsweise deren Verschiebung auf künftige Generationen bestimmt, wie zuletzt einmal mehr die Jugend-Proteste gegen die defizitäre Klimapolitik deutlich gemacht haben (vgl. Rinderspacher, 2020). Im Bereich der Sozialpolitik wäre beispielsweise zu beklagen, dass ungeachtet mehrerer Großer Koalitionen auf Bundesebene es bislang nicht gelungen ist, ein nachhaltig finanziertes System der Alterssicherung ins Werk zu setzen.

Ungeachtet dieser systemischen Schwierigkeiten sowohl der politischen Rechtfertigung als auch der praktischen Umsetzung von Prävention in der Realpolitik, kann Zeitliche Sozialpolitik nicht ohne das Primat der Prävention gedacht werden, sofern das Zeitliche ihr herausragendes Merkmal sein soll: Das Vorausschauende, die Investition in Zukünftiges, in Meliorationserwartungen ebenso wie die (vorsorgende) Abwehr von Bedrohungen für Individuum und Gesellschaft wäre gleichsam in ihre DNA eingeschrieben.

4.3 Sozialpolitik und Sozialutopie

Noch in einem anderen Zusammenhang, nämlich hinsichtlich der Voraussetzungen ihrer Entstehung, ist Sozialpolitik eng mit dem Faktor Zukunft, genauer: mit der Zukunftsorientierung moderner Gesellschaften verbunden. Denn erst ein bestimmter mit der Neuzeit aufkommender gesellschaftlicher Blick nach vorn – in Gestalt einer sozialen Utopie, die es wagt, das Vorfindliche zu transzendieren – hat ein Politikfeld »Sozialpolitik« überhaupt möglich werden lassen. Wie Kubon-Gilke et al. (2020) gezeigt haben, speiste sich deren Herausbildung in der modernen Gesellschaft aus den Hoffnungen auf die Möglichkeit einer zielgerichteten Verbesserung der Lebensbedingungen der Schwachen in der kapitalistischen Gesellschaft im Kontext neuzeitlicher Entwürfe von Gleichheit und sozialer Gerechtigkeit (vgl. Rosanvallon, 2017). Und nicht zufällig werden in vielen Sozialutopien, von Thomas Morus bis hin zu den Sozialutopien des 19. Jahrhunderts, zentrale utopische Grundmotive schlechthin entworfen (vgl. Schölderle, 2012). Es scheint also kein Zufall, wenn neue Politikfelder bevorzugt in bestimmten Epochen des gesellschaftlichen Umbruchs entstehen – zumeist aus der Verdichtung akuter Problemlagen, wie etwa der »Sozialen Frage des 19. Jahrhunderts«, die dann in die Forderung nach Anerkennung als offizielles, institutionell ausdifferenziertes Politikziel an den Staat adressiert werden. Nachvollziehen lässt sich dies außer am Entstehungsprozess staatlicher Sozialpolitik etwa auch am Beispiel der Institutionalisierung der Umweltpolitik (vgl. Günther/Krebs, 2000).

Die stärkere Beachtung der zeitlichen Dimension von Politik (vgl. Rüb, 2008: 88–111; 93), die sie zwar immer schon hatte, die nun aber als besonders relevant entdeckt wird, lässt sich wie gesagt erklären aus der sich seit einigen Dekaden verstärkt verbreitenden Einsicht, dass die Beachtung der zeitlichen Dimension der Dinge eine entscheidende Voraussetzung für die Herstellung und Bewahrung eines den hoch entwickelten Ländern angemessenen Niveaus an Lebensqualität ist (vgl. Rinderspacher, 2015: 55–84). Hierzu beigetragen haben dürften wesentlich die wissenschaftlichen Erkenntnisse bezüglich der negativen gesundheitlichen und sozialen Folgen gesellschaftlicher Beschleunigungsprozesse, unter anderem auch im Bereich der Erwerbsarbeit (vgl. Rinderspacher, 2016; Korunka, 2020: 11–18). Dem entspricht die grundsätzliche Einsicht, dass die Zeit als solche für die Menschen immer erst dann relevant wird, wenn sie, ähnlich wie eine Erkrankung, in irgendeiner Form als Widersacher auftritt – etwa wenn die vom Arbeitgeber erwartete Handlungsgeschwindigkeit im Arbeitsprozess die eigenen Fähigkeiten überfordert. Mehr noch entsteht, wie J. T. Fraser gezeigt hat (1978), Zeit überhaupt erst aus einem Inkompatibilitätskonflikt unterschiedlicher zeitlicher Erfahrungen und Ansprüche. Insofern ist es kein Zufall, wenn Zeitpolitik wie auch die zeitliche Dimension von Sozialpolitik in einer Epoche virulent werden, in der die sozialen, ökologischen und zeitlichen Widersprüche moderner Lebens- und Arbeitswelten immer offensichtlicher werden.

4.4 Sozialpolitik zwischen Zeit und Geld

In neueren einschlägigen wissenschaftlichen Publikationen bleibt häufig unterbelichtet, dass bei Zeit-Innovationen, insbesondere was deren Wirksamkeit zur Lösung sozialer Probleme betrifft, die Ressource Zeit fast immer eng an die Verfügung über die Ressource Geld beziehungsweise Einkommen gekoppelt ist (vgl. Hinrichs, 1989). Erinnert sei an die Tatsache, dass die Durchsetzung flächendeckender Arbeitszeitverkürzungen seit dem 19. Jahrhundert erst realisierbar wurde, als es gelang, sie an einen Lohnausgleich zu koppeln (vgl. Deutschmann, 1985). Ähnlich stehen und fallen etwa Konzepte wie Elternzeit in Verbindung mit Elterngeld bekanntlich mit der Effektivität von Lohnersatzleistungen oder anderen Finanzierungsoptionen (vgl. Pfahl/Reuyss, 2015: 11–14). Auch Konzepte wie »Lebenslaufpolitik« (Hildebrandt, 2007: 173–202; 14) oder »atmende Lebensläufe« (Jurczyk/Mückenberger, 2020) sind nur denkbar in Kombination mit *pekuniären* staatlichen beziehungsweise öffentlichen Zuwendungen, etwa einem »Bedingungslosen Grundeinkommen« oder einem »Lebenschancenkredit« (Mau, 2012).

Zeitliche Sozialpolitik arbeitet daher grundsätzlich mit zwei Typen von Ressourcen, die sie umstrukturieren oder umverteilen beziehungsweise zuteilen kann: zum einen mit Zeit-Leistungen, zum anderen mit Sach-Leistungen (wozu auch Geldleistungen zu rechnen sind). Zugleich kann man, ebenso stark abstrahiert, zwei Probleme unterstellen, die mit diesen Ressourcen gelöst werden sollen: Zeitprobleme und Nicht-Zeitprobleme; letztere lassen sich wieder in Sach- und Sozialprobleme untergliedern. Im Hinblick auf die Ziel-Mittel-Relation ergeben sich daraus theoretisch folgende Varianten zeitlicher Sozialpolitik:
- zeitliche (temporale) Intervention (als Ressource) zur Lösung von Zeitproblemen
- zeitliche (temporale) Intervention (als Ressource) zur Lösung von Nicht-Zeit-Problemen (sachlich und sozial)
- geldliche (pekuniär-sachliche) Intervention (als Ressource) zur Lösung von Zeitproblemen
- geldliche (pekuniär-sachliche) Intervention (als Ressource) zur Lösung von Nicht-Zeitproblemen (sachlich und sozial)

Bei der vierten Variante, die hier aus systematischen Gründen aufgenommen wurde, handelt es sich freilich um den Fall klassischer, also nicht notwendig zeitlicher Sozialpolitik. In der Praxis findet man temporale und pekuniäre Intervention wie gesagt häufig kombiniert in einem Modell (z. B. Elternzeit/Elterngeld; Pflegesensible Arbeitszeiten).

Ein Beispiel für den komplexen Zusammenhang für die Lösung von Nicht-Zeitproblemen wie aber auch von Zeitproblemen durch zeitliche Intervention bietet sich aktuell im Zusammenhang der Corona-Epidemie. So hat die Absicht staatlicher Institutionen, die Pandemie zu bekämpfen, erst einmal wenig mit Zeit zu tun; zugleich geht es darum, die Verbreitung des Virus *in möglichst kurzer Zeit* möglichst wirksam zu unterbinden (vgl. Rinderspacher, 2021). Der Prävention gegenüber Infektionen können dann zeitliche Interventionen dienen, wie Ausgangssperren zu bestimmten Tageszeiten oder Sperrstunden für Restaurationsbetriebe. Eine andere Strategie besteht beispielsweise darin, Kulturveranstaltungen auf eine Stunde zu begrenzen in der Hoffnung, mit einer Reduktion der Expositionsdauer gegenüber infektiösen Aerosolen das Infektionsrisiko reduzieren zu können. Was den Zusammenhang von zeitlicher und monetärer Intervention angeht, ließe sich mit Bezug auf Pandemiepolitik beispielsweise ein Modell denken, den Eltern von Kindern an Corona-bedingt geschlossenen Schulen ein öffentlich finanziertes Zeitkontingent für die häusliche Beschulung ihrer Kinder gutzuschreiben, das die Erwerbs-Arbeitszeit um diesen Betrag reduziert. Ähnlich ja die bereits praktizierte Regelung, die mit Lohnersatz verbundenen Kinder-Krankentage als Kompensation für Home-Schooling einzusetzen.

Weiterhin wäre darüber zu sprechen, welche Politiken (*politics*, vgl. Fußnote 1) Zeitliche Sozialpolitik konkret einsetzen kann, um soziale Verhältnisse zu verbessern. Hier bieten sich zwei Optionen: entweder (1) die *Umgestaltung* von Zeitstrukturen oder (2) die *Umverteilung/Zuteilung* von Zeitkontingenten, jeweils zugunsten sozial benachteiligter oder akut gefährdeter Personen.

Zeitliche Sozialpolitik kann demnach sowohl Neugestaltungen vorfindlicher zeitlicher Strukturen beinhalten (1) als auch, ceteris paribus, eine Umverteilung von Verfügungsrechten über Zeit beziehungsweise zeitlicher Ressourcen zwischen Individuen und/oder sozialen Gruppierungen (2). Letzteres zielt auf die Eröffnung neuer zeitlicher Chancen für bestimmte Individuen oder Gruppen, deren Zeitbudget bislang so beschaffen ist, dass sich daraus ein Risiko für die Gesundheit oder soziale Integrität der betreffenden Person(en) ableiten lässt; das sind etwa Menschen mit Zeitnot aufgrund von Vielfachbelastungen in der Rushhour ihres Lebens. Zeitliche Umverteilung zielt dann darauf, ihnen zeitliche Spielräume zu verschaffen, die es ihnen ermöglichen, ihren Alltag wieder aus eigener Kraft bewältigen und ihre individuelle Lebensqualität verbessern zu können. Das würde etwa die Umverteilung von Erziehungs- oder Pflegeaufgaben zwischen den Personen eines familiären Kontextes bedeuten; Steuerungsinstrument wären hier vor allem attraktive zeitliche aber auch monetäre Anreize, die je eigene Zeit der Personen im Zuge einer Reallokation des familialen Gesamt-Zeitbudgets in anderer Weise als bisher einzubringen. Als beispielhaft für eine Umverteilung der Zeiten kann hier die Verabschiedung des Elterngeldgesetzes 2015 angesehen werden, das eine verbesserte zeitliche Abstimmung familialer Aufgaben ermöglicht und die Erwerbsbeteiligung von Müttern unterstützt (vgl. Pfahl/Reuyss, 2015).

Zeitliche Umverteilung kann im übergeordneten Interesse auch zwischen oder innerhalb gesellschaftlicher Gruppen angezeigt sein. So könnte etwa im Bildungssektor Zeitliche Sozialpolitik darin bestehen, bei gleichem Bestand an Lehrkräften an einer Schule (z.B. infolge finanzieller Restriktionen) deren Gesamtarbeitszeitvolumen zugunsten von mehr Förderstunden für schwache Schüler*innen umzuverteilen; auch eine Umverteilung zwischen unterschiedlichen Schulformen wäre denkbar (vgl. Rinderspacher, 2008: 123–132); ideal wäre freilich ein Aufwuchs an verfügbarer Unterrichtskapazität durch mehr Lehrpersonal und damit mehr Unterrichtsstunden. Ein Beispiel für Neustrukturierungen der Zeiten durch Zeitliche Sozialpolitik sind etwa verbesserte Regelungen der Lenkzeiten für LKW-Fahrer*innen, die auf EU-Ebene vor einiger Zeit durchgesetzt werden konnten. Im Bereich der Kinderbetreuung könnte man sich als eine Form Zeitlicher Sozialpolitik beispielsweise ein Verbot von Nachtarbeit für Alleinerziehende mit Kindern unter 8 Jahren vorstellen, mit dem Ziel, deren meines Erachtens stark risikobehaftete Betreuung über Nacht in 24-Stunden-Kitas zu vermeiden (vgl. Pfahl et al., 2018).

Zu den neueren zeitpolitischen Konzepten zur Intervention in soziale Problemlagen gehören etwa »Atmende Lebensläufe« (vgl. Jurczyk/Mückenberger, 2020) oder »Pflegesensible Arbeitszeiten« (Reuyss et al., 2012). Letztere sollen pflegende Angehörige dabei unterstützen, diese Aufgabe übernehmen zu können, ohne dabei auf die angestammte berufliche Tätigkeit verzichten zu müssen und ohne sich hohen gesundheitlichen Risiken durch überbordende Stresssituationen aussetzen zu müssen (vgl. a.a.O.). Dazu soll beitragen, dass die Pflegeperson sowohl arbeitszeitlich entlastet wird und darüber hinaus ein Recht auf regelmäßige Auszeiten zur Selbst-Sorge geltend machen kann, als auch dass sie durch flankierende gesetzliche Regelungen im Verbund mit tarifvertraglichen oder betrieblichen Vereinbarungen für ihre Arbeit angemessen finanziell unterstützt wird. Dem dienen neben Kompensationszahlungen etwa auch Anrechnungszeiten für die Altersrente.

Andere Ansätze zur sozialpolitisch relevanten zeitlichen Umstrukturierung in der Arbeitswelt betreffen den gleitenden Übergang in den Altersruhestand: Beispielsweise habe ich an anderer Stelle vorgeschlagen, statt wie im Altersteilzeitmodell in der ursprünglichen Variante die *Arbeitszeit* in den letzten Berufsjahren zu reduzieren, bei gleichbleibender Arbeitszeit die *Leistungsanforderungen* für ältere Beschäftigte abzusenken. Das hieße, eine spezifische Zeit-Leistungsnorm für ältere Arbeitnehmer*innen einzuführen, die es diesen erlaubt, ihre Arbeit mit geringerer Geschwindigkeit zu verrichten sowie ihren Arbeits-Output etwa im Tages- und Wochenverlauf an ihre altersbedingt stärker schwankende Leistungsfähigkeit anzupassen (vgl. Rinderspacher, 2020). Für eine solche zeitliche Entdichtung des Arbeitsprozesses wäre allerdings eine Anpassung der Entgeltstrukturen an das abgesenkte Arbeitspensum im Sinne einer demografiesensiblen Tarifpolitik erforderlich (vgl. Schmiert/Weimer 2014). So könnten in diesem Modell einer altersgerechten Zeit-Leistungs-Politik analog zum klassischen Altersteilzeitmodell die zunächst durch den reduzierten Arbeits-Output bedingten Einkommenseinbußen durch kompensatorische Maßnahmen, wenn nicht ausgeglichen, so doch abgefedert werden.

Generell wäre noch zu vermerken, dass nicht jede klassische Arbeitszeitverkürzung unter die Kategorie »Zeitliche Sozialpolitik« fallen muss, dies zumindest eine Definitionsfrage ist. Denn insofern Zeitliche Sozialpolitik entsprechend den Zielen klassischer Sozialpolitik vor allem auf die Abwehr akuter Notlagen oder die präventive Verhinderung sozialer Deprivation abstellt, wäre ein solcher zeitlicher Zugewinn an Zeit statt unter »Zeitliche Sozialpolitik« besser unter »Hebung des individuellen Zeitwohlstands« (Rinderspacher, 2012: 11–26) zu rubrizieren – und damit anders ausgedrückt einer anderen Kategorie, nämlich der Mehrung des Wohlstands, zuzuordnen. Etwa die erwähnten Optionszeiten (vgl. Hoff, 2015) stellen einen solchen Grenzbereich dar. Will man jedoch den Rahmen für »Sozialpolitik« weiterziehen, wenn man darunter generell eine Politik der gerechten (Um-)Verteilung des wirtschaftlichen Erfolges einer Gesellschaft verstehen will, wäre auch die Steigerung der Verfügbarkeit der Ressource Zeit für die Individuen im Sinne von Verteilungsgerechtigkeit als eine Element Zeitlicher Sozialpolitik zu fassen (Rinderspacher, 1990: 43–48).

5. Ausblick

An den zahlreichen Beispielen in diesem Beitrag wurde deutlich, dass »Zeitliche Sozialpolitik«, bedingt durch den Gegenstand Zeit, der hier gestaltet oder »zeit-gerecht« (Henckel/Kramer, 2019) umverteilt werden soll, eine Reihe neuartiger Begriffe, Kategorien und Denkmuster nach sich zieht, die in kommenden Arbeiten weiter elaboriert werden müssten. Ebenso sind in Verbindung damit aber auch zeitphilosophische Grundsatzfragen nach der Materialität und politisch-praktischen Handhabbarkeit eines Modells aufgeworfen, das mit Zeit unter anderem als einer ähnlich dem Geld verausgabbaren beziehungsweise zuteilungsfähigen Ressource operiert: So lässt sich eine Umverteilung in Geld-Einheiten leichter vorstellen und kategorial fassen als etwa eine Umverteilung von Zeit-Einheiten, da die Bindung bzw. der Besitz von Geld an eine Person einer anderen Logik folgt als die Bindung und der »Besitz« von Zeit. Leichter verständlich ist der Umgang mit der Zeit durch einen sozialpolitischen Akteur aber immerhin dann, wenn es darum geht, bestehende Zeitstrukturen zu reorganisieren, etwa die Öffnungszeiten innerhalb eines Stadtteils den Bedürfnissen seiner Bewohner besser anzupassen.

Was also kann man von einem Paradigma »Zeitlicher Sozialpolitik« erwarten? Zuerst einmal eine systematischere und wissenschaftlich fundiertere Begründung für die Einbeziehung einer zusätzlichen Ressource in die klassische Sozialpolitik. Eine Erweiterung der Handlungsspielräume für die Sozialpolitik ergibt sich hier nicht zuletzt auf Basis der Substitutionseffekte zwischen den Ressourcen Zeit und Geld (vgl. BMFSFJ, 2012). Solche Einsichten können zu sachgerechteren Allokationsvorgängen führen, indem dort, wo Zeit fehlt, die notwendige Unterstützung auch tatsächlich in Zeit geleistet wird und nicht über den eher ineffektiven Umweg über die Ressource Geld. Zugleich findet mit der systematischen Einbeziehung der Ressource Zeit eine Erweiterung der klassischen Akteure der Sozialpolitik statt, indem nun noch mehr als bisher als Akteure neben dem Staat Individuen und Organisationen der Zivilgesellschaft mit ihrem zeitlichen Beitrag auftreten können – gemäß der Einsicht, dass Zeitpolitik zumindest sektoral immer auch als Subpolitik zu verstehen ist. Sowohl auf Basis bestehender als auch neuer Kombinationen zwischen Problemlösungsansätzen auf monetärer und zeitlicher Ebene beziehungsweise von Politiken, die hieraus angestoßen werden könnten, lassen sich Synergieeffekte erwarten.

Zudem kann »Zeitliche Sozialpolitik« eine heuristische Funktion erfüllen, und damit gleichsam Aufforderungscharakter haben, nämlich zu prüfen, wo im Bereich der Sozialpolitik zeitliche Interventionen sinnvoller sind als monetäre oder andere Arten von Zuwendungen. Nicht zuletzt könnte Zeitliche Sozialpolitik die Abstimmung verschiedener Ressorts und Politikfelder, etwa der Familien-, Gesundheits- oder Altenpolitik, verbessern helfen.

Literatur

Adam, Barbara: Naturzeiten, Kulturzeiten und Gender – Zum Konzept »Timescape«, in: Hofmeister, Sabine/Spitzner, Meike (Hrsg.), Zeitlandschaften. Perspektiven Öko-Sozialer Zeitpolitik. Stuttgart: Hirzel 1995.
Beck, Ulrich: Risikogesellschaft. Frankfurt a. M.: Suhrkamp 1986.
Becker, Uwe: Sabbat und Sonntag, Plädoyer für eine sabbattheologisch begründete kirchliche Zeitpolitik. Neukirchen-Vluyn: Neukirchener Verlag 2006.
Boeckh, Jürgen/Huster, Ernst-Ulrich/Benz, Benjamin/Schütte, Johannes D. (Hrsg.): Sozialpolitik in Deutschland. Eine Systematische Einführung. Wiesbaden: Springer ^{4}2017.
Bücker, Theresa: Zeit, die es braucht. Care-Politik als Zeitpolitik, in: Aus Politik und Zeitgeschichte, 70/2020, 4–9.
Bundesministerium für Familie, Senioren, Frauen und Jugend (BMFSFJ): Zeit für Familie. Familienzeitpolitik als Chance einer nachhaltigen Familienpolitik. Achter Familienbericht. Drucksache 17/9000. Berlin: 2012.
Bundesministerium für Familie, Senioren, Frauen Und Jugend: Leitfaden Zum Mutterschutz, URL: https://www.bmfsfj.de/resource/blob/94398/48fc0f204ab8fbdf11e75804a85262d4/mutterschutzgesetz-data.pdf, 2020 (Stand: 20.03.2020).
Deutscher Bundestag: Bericht über die Lebenssituation junger Menschen und die Leistungen der Kinder- und Jugendhilfe in Deutschland – 15. Kinder- und Jugendbericht. Drucksache 18/11050, 18. Wahlperiode, 01.02.2017.
Deutschmann, Christoph: Der Weg zum Normalarbeitstag. Die Entwicklung der Arbeitszeit in der deutschen Industrie bis 1918. Frankfurt a. M.: Campus 1985.
Esping-Anderson, Gösta: The Three Worlds of Welfare Capitalism. Cambridge: Cambridge Polity Press 1990.
Esposito, Elena: Die Zukunft in der Gegenwart nutzen. Zum Umgang mit Risiken und Überraschungen an den Finanzmärkten, in: Priddat, Birger P./Rauen, Verena (Hrsg.),

Die Welt kostet Zeit. Zeit der Ökonomie. Ökonomie der Zeit. Marburg: Metropolis-Verlag 2017.

Fölling-Albers, Maria: Alte und neue Rhythmen schulischer Zeit, in: Zeiher, Helga/Schroeder, Susanne (Hrsg.), Schulzeiten, Lernzeiten, Lebenszeiten. Pädagogische Konsequenzen und Zeitliche Perspektiven schulischer Zeitordnungen. Weinheim: Juventa 2008.

Forst, Rainer: Normativität und Macht. Zur Analyse sozialer Rechtfertigungsordnungen. Berlin: Suhrkamp 2015.

Fraser, Julius T.: Time as Conflict. Basel/Stuttgart: Birkhäuser 1978.

Frick, Marc: Die Gabe als drittes Prinzip zwischen Markt und Staat? Perspektiven von Marcel Mauss bis zur Gegenwart. Bielefeld: transcript 2021.

Fromme, Johannes: Freizeit als Medienzeit. Wie digitale Medien den Alltag verändern, in: Freericks, Renate/Brinkmann, Dieter (Hrsg.), Handbuch Freizeitsoziologie. Wiesbaden: Springer 1985.

Goedicke, Anne/Beerheide, Emanuel/Seiler, Kai: Was ist heute noch ein Tagwerk? Hohe Arbeitsintensität und Arbeitsschutz, in: Arbeitsintensivierung – Ein Merkmal der modernen Arbeitswelt?, in: Wsi-Mitteilungen [1]2020, 55–62.

Goodin, Robert E./Rice, James Mahmud/Parpo, Antti/Eriksson, Lina: Discretionary Time. A new measure of freedom. Cambridge: Cambridge University Press 2008.

Günther, Edeltraud/Krebs, Maja: Aufgaben- und Organisationsstruktur der Umweltpolitik in der Bundesrepublik Deutschland. Technische Universität Dresden. Dresdner Beiträge zur Betriebswirtschaftslehre Nr. 40/00, URL: https://tud.qucosa.de/api/qucosa%3A24087/attachment/ATT-0/?L=1 (Stand: 23.1.2021).

Heinemann, Klaus: Arbeitslosigkeit und Zeitbewusstsein, in: Soziale Welt 33 (1982), 87–101.

Heinze, Rolf G.: Neue Subsidiarität: Leitidee für eine zukünftige Sozialpolitik. Opladen: Westdeutscher Verlag 1986.

Heitkötter, Martina: Sind Zeitkonflikte des Alltags gestaltbar? Prozesse und Gegenstände lokaler Zeitpolitik am Beispiel des Zeit-Büro-Ansatzes. Frankfurt a. M.: Lang 2005.

Henckel, Dietrich/Kramer, Caroline (Hrsg.): Zeitgerechte Stadt. Konzepte und Perspektiven für die Planungspraxis. Akademie für Raumforschung und Landesplanung (ARL). Hannover: 2019.

Hildebrandt, Eckart: Langzeitkonten, Lebensplanung und Zeithandeln, in: Ders. (Hrsg.), Lebenslaufpolitik im Betrieb. Optionen zur Gestaltung der Lebensarbeitszeit durch Langzeitkonten. Berlin: Edition Sigma 2007, 173–202.

Hinrichs, Karl: Zeit und Geld in privaten Haushalten. Gelegenheitsstruktur und Bedarf für Eigenarbeit als Determinanten sozialer Ungleichheit. Bielefeld: AJZ 1989.

Hoff, Andreas: Gestaltung betrieblicher Arbeitszeitsysteme. Ein Überblick für die Praxis. Wiesbaden: Gabler 2015.

Hörning, Karl H./Gerhard, Anette/Michailow, Matthias: Zeitpioniere. Flexible Arbeitszeiten – neuer Lebensstil. Frankfurt a. M.: Suhrkamp 1990.

Jahoda, Marie/Lazarsfeld, Paul F./Zeisel, Hans: Die Arbeitslosen von Marienthal. Ein soziographischer Versuch über die Wirkungen langandauernder Arbeitslosigkeit. Frankfurt a. M.: Suhrkamp 1975.

Jurczyk, Karin/Mückenberger, Ulrich (Hrsg.): Selbstbestimmte Optionszeiten im Erwerbsverlauf. Abschlussbericht Forschungsprojekt. Deutsches Jugendinstitut, Universität Bremen. München: 2020.

Korunka, Christian: Arbeitsintensivierung. Ursachen, Verläufe, Risikogruppen, in: Wsi-Mitteilungen ¹2020, 11-18.

Kubon-Gilke, Gisela/Maier-Rigaud, Remi: Utopien und Sozialpolitik. Über die Orientierungsfunktion von Gesellschaftsmodellen. Marburg: Metropolis 2020.

Kubon-Gilke, Gisela: Außer Konkurrenz. Sozialpolitik im Spannungsfeld von Markt, Zentralsteuerung und Traditionssystemen. Marburg: Metropolis ³2018.

Kurz-Scherf, Ingrid/Breil, Giesela (Hrsg.): Wem gehört die Zeit? Ein Lesebuch zum 6-Stunden-Tag. Hamburg: VSA 1987.

Lorey, Isabell: Demokratie im Präsens. Eine Theorie der politischen Gegenwart. Berlin: Suhrkamp 2020.

Mau, Steffen: Wohin driftet die Mittelschicht? Berlin: Suhrkamp 2012.

Meier-Gräwe, Uta: Wirtschaft neu ausrichten. Wege in eine Care-zentrierte Ökonomie, in: Aus Politik und Zeitgeschichte 45/2020, URL: https://www.bpb.de/apuz/care-arbeit-2020/317855/wirtschaft-neu-ausrichten-wege-in-eine-care-zentrierte-oekonomie (Stand: 05.06.2021).

Obrecht, Andreas J.: Zeitreichtum – Zeitarmut. Von der Ordnung der Sterblichkeit zum Mythos der Machbarkeit. Frankfurt a. M.: Brandes und Apsel 2003.

Pfahl, Svenja/Rauschnick, Laura/Reuyss, Stefan/Rinderspacher, Jürgen P.: Kritische Bestandsaufnahme einer institutionellen Kinderbetreuung rund um die Uhr aus der Sicht von Beschäftigten, Kindern, pädagogischen Fachkräften und betrieblichen Akteuren. (Study der Hans-Böckler-Stiftung, 382). Düsseldorf: 2018.

Pfahl, Svenja/Reuyss, Stefan: Väter in Elternzeit. Ein Model für die Arbeitswelt?, in: Gute Arbeit 07/2015, 11-14.

Possinger, Johanna: Kommunale Zeitpolitik. Ansätze, Erfahrungen und Möglichkeiten der Praxis. Eine Expertise der Geschäftsstelle des Deutschen Vereins für öffentliche und private Fürsorge. Berlin: Lambertus 2011.

Rapp, Friedrich: Fortschritt wohin? Fortschritt als Leitbegriff der Zukunftserwartung seit der Aufklärung, in: Becker, Uwe/Fischbeck, Hans-Jürgen/Rinderspacher, Jürgen P. (Hrsg.), Zukunft. Über Konzepte und Methoden zeitlicher Fernorientierung. Bochum: SWI Verlag 1997, 69-88.

Reckwitz, Andreas: Das Ende der Illusionen. Politik, Ökonomie und Kultur in der Spätmoderne. Berlin: Suhrkamp 2019.

Reheis, Ritz: Die Kreativität der Langsamkeit. Neuer Wohlstand durch Entschleunigung. Darmstadt: WBG 2009.

Reisch, Lucia/Bietz, Sabine: Zeit für Nachhaltigkeit – Zeiten der Transformation. Mit Zeitpolitik gesellschaftliche Veränderungsprozesse steuern. München: oekom 2014.

Reuyss, Stefan/Pfahl, Svenja/Rinderspacher, Jürgen P./Menke, Katrin: Pflegesensible Arbeitszeiten. Perspektiven der Vereinbarkeit von Beruf und Pflege. Berlin: Edition sigma 2012.

Rinderspacher, Jürgen P.: Am Ende der Woche. Die soziale und kulturelle Bedeutung des freien Wochenendes. Bonn: Verlag Neue Gesellschaft 1987.

Rinderspacher, Jürgen P.: Wege der Verzeitlichung, in: Henckel, Dietrich (Hrsg.), Arbeitszeit, Betriebszeit, Freizeit. Auswirkungen auf die Raumentwicklung. Stuttgart: Dt. Gemeindeverlag 1988, 23-66.

Rinderspacher, Jürgen P.: Arbeit und Zeitpolitik. Über die Schwierigkeit, Arbeitsproduktivität in Zeitwohlstand zu verwandeln, in: König, Helmut/Greiff, Bodo V./Schauer, Helmut (Hrsg.), Sozialphilosophie der industriellen Arbeit. Sonderheft Leviathan 11 (1990), 43-48.

Rinderspacher, Jürgen P.: Zeitpolitik: Gegenstand, Gestaltbarkeit, Akteure, in: Informationen zur Raumentwicklung 2 (10) 1997, 677-690.

Rinderspacher, Jürgen P.: Das Zeitkonto als Zeitproblem. Überlegungen zur Haltbarkeit von Langzeitkonten, in: Klenner, Christine/Seifert, Hartmut (Hrsg.), Zeitkonten – Arbeit à la carte? Hamburg: VSA 1998, 27-52.

Rinderspacher, Jürgen P.: Bei Anruf Arbeit – Die Strategie der Externalisierung zeitlicher Ungewissheit und ihre Folgen, in: Martens, Helmut/Peter, Gerd/Wolf, Frieder O. (Hrsg.), Zwischen Selbstbestimmung und Selbstausbeutung. Gesellschaftlicher Umbruch und neue Arbeit. Frankfurt a. M./New York: Campus 2001, 39-65.

Rinderspacher, Jürgen P./Herrmann-Stojanov, Irmgard/Pfahl, Svenja/Reuyss, Stefan: Zeiten der Pflege. Eine explorative Studie über individuelles Zeitverhalten und gesellschaftliche Zeitstrukturen in der häuslichen Pflege. Münster: Lit 2009.

Rinderspacher, Jürgen P.: Die Dreizeit-Gesellschaft, in: Hartmut Seifert (Hrsg.), Flexible Zeiten in der Arbeitswelt. Frankfurt a. M./New York: Campus 2005.

Rinderspacher, Jürgen P.: Die Zeitorganisation der Schule reformieren. Schwierigkeiten und Möglichkeiten, in: Zeiher, Helga/Schroeder, Susanne (Hrsg.), Schulzeiten, Lernzeiten, Lebenszeiten. Pädagogische Konsequenzen und zeitpolitische Perspektiven schulischer Zeitordnungen. Weinheim/München: Juventa 2008, 123-132.

Rinderspacher, Jürgen P.: Zeitwohlstand – Kriterien für einen anderen Maßstab von Lebensqualität, in: Wiso (Wirtschafts- und Sozialpolitische Zeitschrift, Austria) 1/2012, 11-26.

Rinderspacher, Jürgen P.: Beschleunigung und Geschwindigkeit. Zeitliche Rahmenbedingungen der Freizeitgesellschaft, in: Freericks, Renate/Brinkmann, Dieter (Hrsg.), Handbuch der Freizeitsoziologie. Wiesbaden: Springer 2015, 55-84.

Rinderspacher, Jürgen P.: Tage rumkriegen – Dimensionen und Praxen prekären Zeitwohlstands. Vortragsmanuskript Fachtagung des Ministeriums für Familie, Frauen, Jugend, Integration und Verbraucherschutz des Landes Rheinland-Pfalz am 6.11.2019 in Mainz, URL: https://www.servicestelle-netzwerk-familie.de/fileadmin/uploads/veranstaltungen/Vortrag_Tage_rumkriegen_Prekarer_Zeitwohlstand_Mainz_Pub_Fassung_Rinderspacher.pdf, (Stand: 05.06.2021) (2019a).

Rinderspacher, Jürgen P.: Zeitliche Diversität in der alternden Stadtgesellschaft. Lösungsansätze und zeitpolitische Implikationen, in: Henckel, Dietrich/Kramer, Caroline (Hrsg.), Zeitgerechte Stadt: Konzepte und Perspektiven für die Planungspraxis. Hannover: Akademie für Raumforschung und Landesplanung (ARL) (2019 b).

Rinderspacher, Jürgen P.: »Beeilt Euch!« Zeitprobleme im sozial-ökologischen Transformationsprozess. München: oekom (2020a).

Rinderspacher, Jürgen P.: Zeitdruck als Problem älterer Arbeitnehmer*innen. Vortrag auf dem 100. deutschen Katholikentag, Leipzig 2016, erweitertes Vortragsmanuskript. Münster: (2020b).

Rinderspacher, Jürgen P.: Das Freie Wochenende. Zeitstrukturelle Rahmenbedingungen der Muße im Spannungsfeld widerstreitender wirtschaftlicher und kultureller Interessen, in: Wilke, Inga/Dobler, Gregor/Tauschek, Markus/Vollstädt, Michael (Hrsg.), Produktive Unproduktivität. Zum Verhältnis von Arbeit und Muße. Tübingen: Mohr Siebeck (2021a), 127-160.

Rinderspacher, Jürgen P.: Pandemische Zeiten, in: Ethik und Gesellschaft, im Erscheinen (2021b).

Rinderspacher, Jürgen P.: Zeiten fallen nicht vom Himmel. Akteure und Modalitäten moderner Zeitstrukturierung im epochalen Wandel, in: Theologisch-praktische Quartalsschrift 169 (2021c), 13-24.

Rosanvallon, Pierre: Die Gesellschaft der Gleichen. Berlin: Suhrkamp 2017.

Rüb, Friedbert W.: Das Jahrhundert der Politik. Eine Geschichte des 20. Jahrhunderts im Licht ihrer Politikbegriffe. Baden-Baden: Nomos 2020.

Rüb, Friedbert W.: Policy-Analyse unter den Bedingungen von Kontingenz. Konzeptionelle Überlegungen zu einer möglichen Neuorientierung, in: Janning, Frank/Toens, Katrin (Hrsg.), Die Zukunft der Policy-Forschung. Theorien, Methoden, Anwendungen. Wiesbaden: VS Verlag 2008.

Schmiert, Klaus/Weimer, Stefanie: Demografiesensible Entgeltpolitik. Annäherung an ein Zukunftsthema. Wiesbaden: Springer 2014.

Schölderle, Thomas: Geschichte der Utopie. Köln: Böhlau 2012.

Schubert, Klaus/Bandelow, Nils: Politikdimensionen und Fragestellungen der Politikfeldanalyse, in: Dies. (Hrsg.), Lehrbuch der Politikfeldanalyse. München/Wien: De Gruyter 2003.

Seitz, Philipp: Zwischen Europa und Afrika. Zur Synchronisierung kultureller Zeiten am Beispiel der christlichen Missionierung Afrikas, in: Hartung, Gerald (Hrsg.), Mensch und Zeit. Wiesbaden: Springer 2015, 267-290.

Senghaas-Knobloch, Eva/Kumbruck, Christel: Das Ethos fürsorglicher (Pflege-)Praxis in der modernen Dienstleistungsgesellschaft, in: Bedford-Strohm, Heinrich et al. (Hrsg.), Von der Barmherzigkeit zum Sozialmarkt. Zur Ökonomisierung der sozialdiakonischen Dienste (Jahrbuch Sozialer Protestantismus 2). Gütersloh: Gütersloher Verlagshaus 2008, 88-110.

Senghaas-Knobloch, Eva/Kumbruck, Christel: Zum Ethos fürsorglicher (Pflege-)Praxis – Dilemmata in der modernen Dienstleistungsgesellschaft, in: L'homme. Zeitschrift für Feministische Geschichtswissenschaft 19 (2008), 15–37.

Stefan Lessenich: »Aktivierender« Sozialstaat. Eine politisch-soziologische Zwischenbilanz, in: Bispinck, Reinhard/Bosch, Gerhard/Hofemann, Klaus/Naegele, Gerhard (Hrsg.), Sozialstaat und Sozialpolitik. Wiesbaden: Springer 2012, 41–54.

Streeck, Wolfgang: Vorwort zur deutschen Ausgabe von: Foundational Economy Collective. Die ökonomie des Alltagslebens. Für eine neue Infrastrukturpolitik. Berlin: Suhrkamp 2019, 7 ff.

Universität Hildesheim: Fragt uns 2.0, URL: https://www.uni-hildesheim.de/media/fb1/sozialpaedagogik/Forschung/JuCo_und_KiCo/Fragt_uns_2.0_Corona-Edition_2021.pdf (Stand: 05.06.2021).

Van Kersbergen, Kees/Manow, Philip (Hrsg.): Religion, Class coalitions and welfare states. New York: Cambridge University Press 2009.

Weichert, Nils: Zeitpolitik. Legitimation und Reichweite eines neuen Politikfeldes. Baden-Baden: Nomos 2011.

Wendorff, Rudolf (Hrsg.): Im Netz der Zeit. Menschliches Zeiterleben interdisziplinär. Stuttgart: Hirzel 1989.

Wenzelburger, Georg/Zohlnhöfer, Reimut: Konzepte und Begriffe in der vergleichenden Policy-Forschung, in: Dies. (Hrsg.), Handbuch Policy-Forschung. Wiesbaden: Springer 2015, 15–34.

Wieden, Michael/Weber, Charlotte: Chronocity – Ausblick auf eine chronobiologisch optimierte Stadt, in: Henckel, Dietrich/Kramer, Caroline (Hrsg), Zeitgerechte Stadt – Konzepte und Perspektiven für die Planungspraxis (Forschungsberichte der ARL 09). Hannover: Akademie für Raumforschung und Landesplanung 2019, 141–170.

Care-Diskurs, Zeitpolitik und evangelische Ethik

Sabine Plonz

»Care«-Rhetorik aktuell – ethisches Esperanto oder Pfingsterfahrung?

»Care« ist zu einem viel gebrauchten Stichwort in sozialwissenschaftlichen Diskursen geworden. Es fasst Krisendiagnosen zusammen, gibt aber auch die Richtung an, in die gesellschaftliche und politische Veränderungen erfolgen sollen. Der Ausdruck wird häufig verwendet, als ginge es um einen gesellschaftlich anerkannten, moralisch relevanten Standard, der neu ins Bewusstsein gehoben und dessen Beachtung praktisch sichergestellt werden muss. Die Vokabel »Care« ist ferner präsent in Fachsprachen der Berufe im Gesundheitssektor, der mit Tieren und Pflanzenproduktion beschäftigten Wirtschaft sowie als Beschreibung und Qualitätsstandard von Dienstleistungen aller Art, etwa bei der Pflege des Körpers. Im Marketing steht »Care« für ein weites Spektrum persönlichkeitsbezogener Beratungs- und Bildungsangebote, von der Vermittlung ethisch grundierter Management- und Führungsfähigkeiten für Erwachsene bis zur Tugendethik für Kinder. Hier wird jetzt häufig auch von »Achtsamkeit« gesprochen. Die Selbstvermarktung durch Produktvermarktung über digitale Medien hat den Charakter einer »Achtsamkeitsindustrie« angenommen.[1]

Der englische Ausdruck wird oft verwendet, als sei allen klar, was damit gemeint ist, oder es wird, gerade in der sozialwissenschaftlichen Diskussion, akzeptiert, dass Englisch die universale Sprache ist, ohne zu berücksichtigen, dass damit auch Bedeutungsverschiebungen zum Standard wissenschaftlicher Kommunikation werden. Tatsächlich lässt sich mittels einer einfachen Übersetzung noch nicht klären, wofür »Care« in aktuellen Diskursen steht. Vielmehr müssen die jeweiligen Verwendungszusammenhänge bedacht werden. Diese

---

[1] Begriff und Beispiel in: MAREEN LINNARTZ, Coaching: Alles so wundervoll, in: SZ vom 14.12.2020.

haben anscheinend ihrerseits auf lexikalische Definitionen zurückgewirkt: Während das *Oxford Advanced Learner's Dictionary* von 1974 »Care« als eher emotional geprägte Haltungen erklärt, sind im verbreiteten Online-Wörterbuch »Leo« aktuelle Übertragungen aufgenommen: Sorgfalt, Zuwendung, Betreuung und Pflege.[2]

Dieser Artikel bezieht sich auf Denk- und Handlungsansätze, die in und durch die feministischen Bewegungen im 20. Jahrhundert entstanden sind, und diskutiert sie im Licht der Fragestellungen dieses Jahrbuchs.

Die aktuelle Breitenwirkung der Vokabel könnte als Indiz dafür genommen werden, dass der Aufbruch der Frauenbewegungen vor 50 Jahren die Gesellschaft wirklich verändert hat. In deren Tradition stehen philosophisch, ökonomisch und soziologisch arbeitende Wissenschaftlerinnen, zivilgesellschaftliche Initiativen, einschließlich organisierter Arbeitnehmerinnen im Bereich Pflege, Betreuung, Selbsthilfe sowie kirchlicher Frauenarbeit, ferner staatlich geförderte, zielgruppenorientierte Aufklärungsprogramme (*www.klischeefrei*) und kreativ-kritische Kampagnen (z.B. *Der goldene Zaunpfahl*). Letztere setzen stark aufs Internet.[3] Anders als zu den Hochzeiten der Frauenbewegung scheint nun das englische Leitwort weltanschauliche, kulturelle und organisatorische (Sprach-)Grenzen zu überwinden und Menschen zu einer neuen sozialen Bewegung zu verbinden.

Die Konjunktur der Care-Rhetorik kann aber auch als Indiz dafür genommen werden, dass der gesellschaftskritische Impuls des Feminismus und seiner wissenschaftlichen Arbeiten stark verwässert wurde und es an der Zeit ist, diesen wieder stärker zu profilieren. »Care« ist vielfach an die Seite oder gar an die Stelle des Begriffs der »Arbeit« getreten, an dessen kritischer Neufassung die Frauenbewegung so viel festgemacht hatte. Einige feministisch und ökologisch engagierte Ökonominnen haben »Sorgen« mit »Wirtschaften« identifiziert (vgl. Netzwerk Vorsorgendes Wirtschaften, 2013; Knobloch, 2019); andere stilisieren es zur grundlegenden menschlichen Aktivität.[4] In solchen philosophisch anmutenden Verallgemeinerungen wird aber die feministische Ökonomiekritik

---

[2]   »[S]erious attention or thought, watchfulness, pains […] sorrow, anxiety; troubled state of mind caused by doubt or fear«, Oxford Advanced Learner's Dictionary of Current English, hg. v. A. S. HORNBY u. a., Oxford, ¹³1974, 127; Leo Dictionary, https://dict.leo.org/englisch-deutsch/care (Stand: 19.11.2020).

[3]   An den entsprechenden Manifesten und Unterschriftenaktionen (»Care-Manifest«; »Großputz«) und tagesaktuellen Veröffentlichungen (vgl. SCHERRING/VERLAN 2020) lässt sich die Bedeutung des ›magischen Vierecks des Feminismus‹ (ILSE LENZ) nachvollziehen, demzufolge soziale Bewegung und Wissenschaft, Netzwerkbildung und Förderung zusammenwirken müssen, um gesellschaftliche Veränderungen zu erreichen.

[4]   So heißt es, »Care« sei über den Charakter als Haus-, Pflege-, Familien-, Beziehungs- und Bildungsarbeit hinaus »Lebensgrundlage und gesellschaftliche Haltung«

nicht aktualisiert. Vielmehr scheint es, als würde hier die Wendung von der *Selbst- zur Welt-Sorge* Hannah Arendts, einer wichtigen, wenn auch kontrovers diskutierten Referenzautorin feministischer politischer Theorie, gleichsam rückabgewickelt und auf ein Terrain geführt, das dieser Theoretikerin des *tätigen Lebens* um der politischen Handlungsfähigkeit willen suspekt war.

Gleich, ob man also eher gesellschaftliche Fortschritte durch die feministischen Sozial- und Wissenschaftsbewegungen erreicht sieht oder eher ihr Verschwinden vor Erreichen ihrer emanzipatorischen Ziele konstatieren muss, ist festzuhalten: Die Verwendung der Care-Vokabel hat sich über zahlreiche Denk- und Praxisansätze gelegt und bringt Dinge unter ein Dach, die auf verschiedenen Ebenen angesiedelt sind. Die Verschiebungen zwischen ökonomischen, philosophischen und politischen Perspektiven müssen bedacht werden, anstatt sie umstandslos zu harmonisieren.

Wie soll und kann christliche Ethik hier einhaken und Impulse der Geschlechterforschung in der Diskussion über Zeit, Politik und Ethik aufgreifen?

Zu diesem Zweck wird im nächsten Abschnitt die Vorgeschichte des aktuellen geschlechterkritisch fundierten Care-Diskurses noch weiter ausgeleuchtet und darauf befragt, wie darin, in expliziter oder impliziter Form, ethische Aspekte zur Sprache kommen. Daraufhin werden seine zeitpolitischen Aspekte benannt, ins Gespräch mit biblisch-theologischen Beobachtungen gebracht und abschließend im Licht der Pandemiesituation noch einmal hinsichtlich anstehender Zuspitzungen und einer theologisch-ethischen Rezeption akzentuiert.

Das muss so zurückhaltend formuliert werden, nicht nur aufgrund der Bedeutungsvielfalt des Terminus, sondern auch aufgrund der (fehlenden) Gesprächsgrundlage zwischen Fachdisziplinen, Ethik und Theologie. Sozialwissenschaftlerinnen arbeiten überwiegend auf Distanz zu normativen Fragen und Philosophinnen beziehen sich normalerweise nicht auf christliche Traditionen, es sei denn in Abgrenzung von der »konventionellen Moral der Güte«, von Paternalismus und hierarchischen Denktraditionen (Conradi, 2001: 16). Die Rezeption aus christlicher Sicht wiederum ist aus fachimmanenten Gründen erschwert: Zum einen stehen geschlechtertheoretisch verankerte Diskurse in der theologischen Ethik allenfalls am Rand und in der »Sozialethik« wird die care-politisch-ethische Bewegung erst anfänglich rezipiert.[5] Zum anderen liegen die vom Feminismus inspirierten Überlegungen quer zu den üblichen be-

---

(SCHNERRING/VERLAN, 2020, Zit. 27; s. a. die Rezension in diesem Jahrbuch) – Eine andere Autorin erklärt: Care meine »die verbindliche Hinwendung zu den Bedürfnissen des Lebendigen und dessen Adressierung« (VILLA, 2020: 433–450, Zit. 434).

[5] Auf katholischer Seite: SCHNABL (2005); auf evangelischer außer der Autorin dieses Beitrags: GLOBIG, 2019: 181–196. – Die evangelische Ethikerin INA PRAETORIUS hat sich aus diesem Feld vor langer Zeit verabschiedet und wohl deshalb die meiste öffentliche Resonanz erfahren – u. a. mit der Broschüre: PRAETORIUS (2015).

reichsethischen Einteilungen. Ein Beispiel: Wo über Geschlechterbeziehungen und Familie geredet wird, kommen die Themen Arbeit und Wirtschaftsordnung nicht vor, und umgekehrt in letzteren nicht die Geschlechterverhältnisse als strukturelle und ideologisch wirksame Faktoren (vgl. Plonz, 2018: 42-64).

Die vorliegende Studie versucht diese Abgründe zu überbrücken, ohne die Hochkonjunktur der Care-Rhetorik vorschnell als ethisches Esperanto zu begrüßen oder als Pfingsterfahrung zu deuten. Daher ist eine explorative Vorgehensweise angemessen, die sich auf die kritische Funktion ethischer Reflexion konzentriert.

Entwicklungslinien der Debatte – politische Dimension und der Status des moralischen Arguments

Der Feminismus der 70er Jahre entstand aus der Erfahrung, dass Frauen auch im Milieu der Studentenbewegung nicht als gleichberechtigte Akteurinnen im politischen Protest anerkannt und wie selbstverständlich auf nicht-öffentliche Aufgaben verpflichtet wurden. Daraus resultierte die feministische Kritik der ›privaten‹ Verhältnisse und ihrer politischen Bedeutung und die Analyse der Ordnung und ideologischen Untermauerung der Geschlechterbeziehungen. Im wissenschaftlichen Feld schälten sich – mit Blick auf die heutige Konstellation der »Care«-Debatte – zwei Strömungen der Bearbeitung des Geschlechterkonflikts heraus: eine eher *sozialwissenschaftlich* ansetzende und eine eher *philosophisch-ethische* Linie. Sie sind zu unterscheiden, aber aufgrund ihrer Entstehungsgründe und in der anhaltenden Suche nach Lösungen aufeinander bezogen.

Die hier vereinfachend als sozialwissenschaftliche Linie bezeichnete Strömung untersuchte also die Delegation von Themen und Aufgaben an Frauen, wie die allgemeine Alltagsbewältigung im Haushalt, die Leistungen in der »Beziehungsarbeit« in der Partnerschaft, die Betreuung und den Umgang mit Kindern und zunehmend mit Kranken und Hilfsbedürftigen. Vertreterinnen der philosophischen Linie gingen dem besonderen Charakter der Übernahme von Verantwortung für diese Tätigkeiten nach und arbeiteten geschlechterspezifische Moralauffassungen heraus, die sie im Interesse der Frauenemanzipation entweder kultivieren oder überwinden wollten.[6]

---

[6] Im Hintergrund dieser Alternative, die in den siebziger Jahren sehr umstritten war, gleichwohl nicht von allen als exklusiv verstanden wurde, steht seit der Frauenbewegung im 19. Jahrhundert die Kontroverse, ob es um politische Ziele wie Gleichheit, Gerechtigkeit und Umverteilung oder um ethisch begründete Differenz, Anerkennung und Anteilnahme gehe. Kurz zusammengefasst in Rössler (2016: 92-98).

Die feministische Kritik richtete sich infolgedessen gegen die systematische und systemische Diskriminierung und Marginalisierung dieser Tätigkeiten sowie der sie ausübenden und der auf sie angewiesenen Menschen: in qualitativer Hinsicht, also bezogen auf (Aus-)Bildung, Organisation und Infrastrukturen, hinsichtlich der Vergütung, der Aufmerksamkeit oder gesellschaftlichen Anerkennung und öffentlichen »Sichtbarkeit« auf dem politischen Terrain wie auch in und durch die herrschende Philosophie und Ethik.

Letztere war in den siebziger, achtziger Jahren geprägt von der sozialliberalen Gerechtigkeitstheorie, als deren Qualitätsmerkmal galt, moralische Konflikte und ethisches Urteilsvermögen anzugehen, indem von Lebenswirklichkeit, kulturellen Differenzen und Ausbeutung im nationalen und internationalen Zusammenhang abstrahiert wird. Diesem Verständnis von »Fairness« (John Rawls) wurde vorgehalten, mit dem Kapitalismus der nordwestlichen Hemisphäre zu harmonieren und männliche Vorherrschaft zu legitimieren.[7] In der geschlechterkritischen philosophischen und politiktheoretischen Diskussion wurde daher gefordert, die Kontextabhängigkeit moralischer Standards sowie implizite und explizite normative Vorstellungen über »den« Menschen offenzulegen, mit denen wiederum die geschlechterhierarchische Arbeitsteilung im wirtschaftlichen, sozialen und auch im wissenschaftlichen Feld festgezurrt werde. Moral- und Sozialkritik waren und sind also eng aufeinander bezogen.

Moralphilosophinnen betonten, dass Menschen auch körperliche und soziale Wesen sind, die nicht primär autonom und souverän, sondern aufeinander angewiesen und verletzlich sind. Entsprechend erkundeten sie das Thema der Bezogenheit und stellten den alltäglichen praktischen Umgang miteinander in den Mittelpunkt. In den achtziger, neunziger Jahren differenzierte sich die feministische Debatte aus. Kontrovers war die Interpretation der Mutter-Kind-Beziehung als primärem Sorgeverhältnis (Virginia Held, Nel Noddings, Sara Ruddick u. a.), und sehr breit aufgenommen wurde die Beobachtung geschlechterdifferenter Moralvorstellungen, die oft auf die Behauptung einer spezifisch weiblichen Moral zugespitzt wurde (Carol Gilligan).[8] Unter Bezugnahme auf das Allerweltswort *Care* machten Autorinnen die sorgende Haltung als Gattungsaktivität und Weltverhältnis (Tronto, 2016: 839–848) und als Kennzei-

---

[7] Das ist die Ausgangslage des international einflussreichen Buchs der US-amerikanischen Politikwissenschaftlerin JOAN TRONTO (1993). – Eine Zusammenfassung der kritisch-konstruktiven Diskussion von John Rawls durch Care-Ethikerinnen bringt SCHNABL (2005: 330–438). Ähnliche Kritiken an seinem Lehrer Rawls formuliert aber auch der Ökonom und Philosoph AMARTYA SEN (2010).
[8] Beides dokumentiert in NAGL-DOCEKAL/PAUER-STUDER (1993). Dokumente des begonnen Dialogs zwischen Philosophie und Theologie finden sich in: KUHLMANN (1995) und KRAMER (1994).

chen zwischenmenschlicher Interaktion geltend (Conradi, 2016b: 818-832) oder erörterten im Licht dieser (immer interdisziplinären Denkbewegungen) modernitätskritisch die mit der Gebürtigkeit, Krankheit und Sterblichkeit gestellte Aufgabe der »Lebenssorge« im Kontext der kapitalistisch geprägten Moderne und intersektionaler Diskriminierungen (Klinger, 2014: 82-104).

Trotz der seither gewachsenen Verzweigungen in praktisch-philosophische, humanwissenschaftliche wie professionsethische Fachgebiete und trotz der Entfernung vieler Autorinnen vom gerechtigkeitspolitischen Feld, kann und muss die politische Dimension der Care- bzw. der Achtsamkeitsethik festgehalten werden, ohne die es sie nicht gäbe.[9] Auch wo der Akzent auf der ethischen Reflexion der Erfahrung der beteiligten Menschen in der ›achtsamen‹ oder ›fürsorglichen‹ Praxis liegt, sind deren gesellschaftliche und geschlechterspezifischen Rahmenbedingungen als ursächlich und veränderungsbedürftig benannt worden. So sagt die Philosophin Elisabeth Conradi: »Da Care [...] oft für eine affektive oder gar instinktive Angelegenheit gehalten wird, liegt mir [...] daran, es als eine sozio-historisch bedingte Form gesellschaftlicher Praxis und damit als potentiell veränderbar, vor allem aber veränderungsbedürftig zu verstehen« (Conradi, 2001: 50; s. a. dies., 2016 b).

Spätestens um und nach dem Jahr 2000 haben Sozialwissenschaftlerinnen ihrerseits in kritischer wie konstruktiver Hinsicht pflegende, betreuende, pädagogische und Tätigkeiten untersucht, die primär Frauen übernehmen, und die Bedeutung von gelingenden Beziehungen und einer ethischen Grundhaltung als Teil der Professionalität in den untersuchten Tätigkeiten hervorgehoben (Eckart/Senghaas-Knobloch, 2000; Großmaß/Perko, 2011; Kumbruck/ Senghaas-Knobloch/Rumpf, 2010 – zur Theoriegeschichte a. a. O., 11-37). Die Pflege alter oder anderweitig unterstützungsbedürftiger Menschen erfordert in besonderer Weise, fürsorglicher Praxis Raum und Zeit zu geben (Eva F. Kittay [2019] entwickelt ihre Care-Ethik ausgehend von ihrer Erfahrung als Mutter einer schwerstbehinderten Tochter). Dementsprechend wurde in der Diskussion wohlfahrtsstaatlicher Modelle und der Pflegewissenschaften die Abkehr von der ökonomisch verengten Vernunft und ein gesellschaftlicher Bewusstseinswandel gefordert, der die Bedeutung der spezifischen »Fürsorgerationalität« (Waerness, 2000: 54-67) würdigt.

Hier ist der strukturelle Konflikt angesprochen, in dem die sorge-ethische Perspektive entspringt, aber auch auf ihre Grenzen stößt. Das ist besonders auf internationaler Ebene unter den Bedingungen des »globalen Südens« deutlich, gegenüber denen feministische Akteurinnen die sorgende Haltung und Praxis als grundlegend für das menschliche Wohlergehen (»wellbeing«) erklärten (We

---

[9] In anderen europäischen Ländern spielt »Achtsamkeit« eine größere Rolle (vgl. CONRADI/VOSMAN, 2016).

Care, 2010). Auf europäischer Ebene hat ein breites zivilgesellschaftliches Bündnis, zu dem auch Diakonie und Caritas gehören, »Care« zur Grundlage wohlfahrtspolitischer Empfehlungen gemacht (Social Platform, 2012).[10] Auch in den reichen Ländern dominieren Ökonomisierung, Zweckrationalität und sachfremde Zwänge die fürsorgliche Praxis und behindern das ›Wohlergehen‹ erheblich. Daher wird die ihr gewidmete Arbeit zum Gegenstand von Sozialkritik und zur sozialethischen Herausforderung. Die soziologische Erforschung der Arbeitswelten in Haushalt und (Alten-)Pflege, in denen unentgeltliche und bezahlte Arbeit ineinandergreifen, hat diesen Konflikt deutlich und konkretkritisch aufgezeigt (vgl. Lutz, 2007; Kumbruck et al., 2010).

So zeigt Tine Haubner für die Altenpflege im Privathaushalt im Detail, wie die vom Kapitalismus vorgeformte Ausbeutung in »Kaskaden« auch außerhalb des gewinnorientierten Wirtschaftens wirkt. Ausbeutung bedeute, dass »die Last der Einen der Preis für die Aufrechterhaltung der Vorteile Anderer ist« (Haubner, 2017: 462). Die Autorin fordert angesichts der sozialpolitisch regulierten Indienstnahme von ›Laien‹ für anspruchsvolle Altenpflegearbeiten die ›Profanierung‹ der Ausbeutungsterminologie, um den Begriff für die soziologische Analyse zurückzugewinnen (a. a. O., 454). Im Fall der von ihr untersuchten Geschlechter- und Pflegeverhältnisse gehört dazu auch eine ideologie- oder moralkritische Sicht auf das harmonische Ideal der »sorgenden Gemeinschaft«, die unter der ihr aufgebürdeten Last zusammenzubrechen droht. Damit spricht sie die *normenkritische* Seite der sozialanalytischen Situationsbeschreibung und mithin einen wichtigen Baustein für die ethische Reflexion an.

Der Care-Diskurs der sozialwissenschaftlichen Linie lässt sich als Erweiterung der Kritik der politischen Ökonomie um die Geschlechterverhältnisse und die reproduktiven, versorgenden und fürsorglichen Tätigkeiten verstehen. Er thematisiert den »Widerspruch der Produktivität von fürsorglichem Handeln und kapitalistischer Verwertungslogik, unter deren Vormacht erstere einerseits geleugnet und andererseits ausgenutzt wird, ja vielleicht sogar zentral für Wertschöpfungsfähigkeit im gegenwärtigen Kapitalismus ist. Die ethische, subjektive und soziale Qualität von fürsorglicher Praxis ist konstitutive Voraussetzung für die Mehrwertaneignung. Dies als Strukturmoment des Kapitalismus herauszustellen und als politisch-ethische Herausforderung zu profilieren, ist ein gesamtgesellschaftlicher Ertrag der feministischen Kritik der herrschenden politischen Ökonomie« (Plonz, 2011: 66–85, Zit. 75 f.).[11]

---

[10] Social Platform, Care. Recommendations for care that respects the rights of individuals, guarantees access to services and promotes social inclusion. URL: https://www.socialplatform.org/wp-content/uploads/2013/03/20121217_SocialPlatform_Recommendations_on_CARE_EN1.pdf (Stand 09.08.2021).

[11] Zur Wertschöpfungsthematik schreiben: MASCHA MADÖRIN und TOVE SOILAND.

Angesichts des Konflikts zwischen erwerbsökonomischen Anforderungen und sozialpolitischer Regulierung einerseits und den versorgungswirtschaftlichen wie grundlegenden menschlichen Bedürfnissen andererseits haben in der letzten Dekade, den 2010er Jahren, sowohl marxistische als auch bürgerlich-liberale Akteurinnen eine Care-Revolution gefordert und damit Wissenschaft und soziale Bewegung wieder deutlicher verklammert. Der Revolutionsbegriff wird in seiner eigentümlichen Doppeldeutigkeit verwendet.[12] Er steht einerseits für Zukunftsentwürfe, welche den Kapitalismus überwinden oder ihn in menschlich verträgliche Bahnen lenken sollen, und andererseits für die Rückkehr zu vormodernen, subsistenzökonomisch fundierten und moralisch aufgefassten Sozialbeziehungen. Die gesellschaftlich notwendige und wünschenswerte Arbeit soll jedenfalls so organisiert sein, dass die Befriedigung der lebenswichtigen materiellen und sozialen Bedürfnisse Vorrang vor dem Gewinnprinzip bekommt. In diesen politisch intervenierenden Beiträgen spielen ethisch relevante Kategorien wie das *gute Leben für alle* oder/und das *Sorgen für sich und andere* eine Rolle. In einigen Fällen schlägt das um in moralisch grundierte Parolen wie: »Wirtschaft ist Care« (Praetorius, 2015).[13]

Hier zeigt sich eine problematische und bislang nicht genügend diskutierte Weichenstellung im Moral-Ökonomie-Verhältnis der geschlechterkritischen Care-Diskurse. Wird »Care« derart zum *ethischen Passepartout* und einer geradezu mythischen Größe verabsolutiert, so wird die konstruktive Argumentation in der politisch-ethisch motivierten Rhetorik von der ökonomischen Sachkritik entkoppelt. Im Zuge dessen werden idealistische Appelle an die Zivilgesellschaft oder aktionistische Rhetorik stärker (›Revolution‹) (vgl. o. genannte und: Schnerring/Verlan, 2020). Der politische Wirkungsgrad des geschlechterkritischen Sorgediskurses aber ist gering, weit entfernt von systemstürzenden ›Revolutionen‹, ein Phänomen, vor das sich die engagierte Szene seit Jahren gestellt sieht. Ihre zurecht erhobenen Forderungen nach Anerkennung und Aufwertung von »Sorgearbeit« und »Sorgearbeiterinnen« greifen ins Leere, auch wenn aktuell das öffentliche Echo stärker scheint.[14]

Ethik, die Missstände überwinden will, muss die moralischen Dimensionen in den gesellschaftlichen Verhältnissen, Strukturen und Diskursen selbst

---

[12] Vgl. WINKER (2015), TRONTO (2013), TRONTO (2016: 839–848). Beide kritisch vergleichend: PLONZ (2019: 381–392).

[13] Dieses Motto nehmen auch SCHNERRING/VERLAN und die Haushaltsökonomin UTA MEIER-GRÄWE auf.

[14] Die 2013 und 2020 veröffentlichten Manifeste der seit 2012 aktiven internationalen Fachkonferenz »Care.Macht.Mehr« fassen die zentralen Einsichten und Forderungen zusammen. Beide finden sich auf https://care-macht-mehr.com. Dort hat auch die Diskussion mit der Männerforschung Einzug gehalten (Tagung im März 2021); s. zu Letzterer den Schwerpunkt der Zeitschrift Feministische Studien 2/2017.

aufzeigen und deren stabilisierende wie transformative Momente herausarbeiten.[15] Auf die erwerbsförmig oder privat tätigen »Sorgearbeiterinnen« bezogen: Ohne materielle und rechtliche Verbesserungen, ihre Angleichung an reguläre und sozialpolitisch regulierte Arbeitsverhältnisse bleibt die Anerkennungsforderung ein moralischer Appell, der die verinnerlichte Anpassung an die Bedingungen ihrer Arbeit nicht aufbricht. Der Faktor Moral trägt dann eher dazu bei, das System zu stabilisieren, in dem fürsorgliche Praxis systemrelevant, doch marginalisiert bleibt. Er suggeriert auch, dass die Betroffenen sich selbst aus dem Sumpf ihrer Überbeanspruchung und mangelhaften Beschäftigungsverhältnisse ziehen könnten, was jedoch ohne organisierte Zusammenschlüsse der Pflegerinnen oder Erzieherinnen illusorisch ist, und bis dahin bleibt die Illusion Ausdruck eines lähmenden Ethos der Unterwerfung. Letzteres ist integrales Moment der Geschichte des wohlfahrtsstaatlich eingehegten Kapitalismus, in der Moral, Sozialpolitik und Recht eine geschlechterhierarchische Schlagseite hatten.

Daher schlage ich vor, die ethische Bedeutung der vom Feminismus ausgehenden Care-Debatte zu thematisieren, ohne sie von der Ökonomie- und Strukturkritik zu trennen, also beispielsweise Erkenntnisse über Reproduktionsarbeit (von Frauen) für die Erwerbssphäre nicht zugunsten einer gemeinschaftsstiftenden Care-Rhetorik über Bord zu werfen. Die Kritik der »sozialwissenschaftlichen Linie« an der Ausbeutung, der nicht *sach- und menschengerechten* Gestaltung von Arbeit an »fürsorglicher Praxis« wie auch die konstruktiven Überlegungen der »philosophischen Linie« zu grundlegenden Bedürfnissen und Einbettung jedweden Lebens in Beziehungen, denen in der »tätigen Sorge für sich und andere« Zeit und Raum zu geben ist, müssen zusammengehalten werden, ohne sie ineinander aufgehen zu lassen oder auf eine Seite zu reduzieren.

Um der »Sorgethematik« willen ist es zum einen unumgänglich, die herrschende ökonomische Logik und Ethik explizit infrage zu stellen. »Faktisch geht es um Orientierung am menschlichen Maß im Kontext kapitalistischer Maßlosigkeit und vielstimmige Einsprüche gegen die zerstörerische Gefährdung von Arbeit und Leben« (Plonz, 2018: 81). Zum anderen ist es wichtig, die ökonomie- und sozialkritische Analyse mit der Kritik der moralischen, normenproduktiven Dimension des Akkumulationszwangs (Moralregime) und den je-

---

[15] Dieser Herausforderung haben sich Ökonomen von Karl Marx über Max Weber bis zum Wirtschaftsethiker Peter Ulrich auf sehr verschiedene Weise gestellt. Sie werden seit drei Jahrzehnten geschlechterkritisch erörtert – fast ohne Widerhall in den jeweiligen Denkschulen und der »klassischen« evangelischen Sozialethik. Vgl. für die »Wirtschaftsethik« Knobloch (2019). Sozialethik ist hier gefordert, den Ball aufzufangen.

weiligen, sich historisch wandelnden Regulierungen durch Arbeits- und Wohlfahrts- und Geschlechterregime (Realregimes) zu vermitteln. Es gilt, die Zusammenhänge zwischen materiell erfahrenen Bedingungen und Arbeitsverhältnissen und der herrschenden Moral, ergo Anpassungsleistungen, herauszuarbeiten – wie es z. B. in Prekarisierungs- und Subjektivierungs- sowie pflegeregimekritischen Untersuchungen von Arbeitswelten schon begonnen hat. Kritische Theorie und Ethik sollte, anders gesagt, den Wechselwirkungen zwischen Real- und Moralregimeordnung nachgehen (Plonz 2017, 2018).

Es geht also im vieldeutigen Care-Diskurs um mehr als um Rhetorik und Symbolik. Es geht um Herrschaftsverhältnisse, die über die Gestaltung der allgemeineren und spezifischen Rahmenbedingungen im Arbeits-, Wohlfahrts- und Geschlechterregime etabliert und fortgeschrieben werden. Damit sind wir beim (Jahrbuch-)Thema *Zit und Politik* auch explizit angekommen.

POLITISCHE TRANSFORMATION?
HERRSCHAFT UND BEFREIUNG DER ZEIT

> »›Ökonomie der Zeit, darin löst sich schließlich alle Ökonomie auf.‹
> Letztlich […] ist die gesamte Geschichte von Herrschaft und Knechtschaft eine der
> Fremdverfügung über Zeit.«[16]

Alle Beiträge, die über »Care« als Grundlage und Desiderat einer menschlichen Gesellschaft sprechen, kommen früher oder später auf die Schlüsselbedeutung von Zeit zu sprechen.

Zeitaufwand und seine Verteilung ist zunächst ein Kernthema der Geschlechter*un*gerechtigkeit, die zunehmend im Rahmen von weiter ausgreifender Diskriminierungskritik (Diversität statt Ausgrenzung) verhandelt wird. Am jeweiligen Zeitaufwand, den Frauen und Männer für Arbeiten in und außerhalb des Erwerbssektors sowie im Versorgungsbereich tätigen, hängt die materielle Ungleichheit, angefangen von der Entlohnung über die Lohnersatzleistungen z. B. bei Kurzarbeit bis zur weit geöffneten Schere bei den Renten. Daher legt Gleichstellungspolitik die Lebensverlaufsperspektive zugrunde und diskutiert Einkommensunterschiede zwischen den Geschlechtern im Zusammenhang mit *Sorgezeitdifferenzen*.[17]

---

[16] HAUG, 2011a: 241–250, Zit. 243 [mit einem korrigierten Zitat aus den »Ökonomischen Manuskripten« von Karl Marx, MEW 42, 105].

[17] Die *Gleichstellungsberichte der Bundesregierung* informieren seit 2011 hierzu auf

Zeitnot steht sodann im Zentrum der Sozialforschung zu betreuenden und versorgenden Tätigkeiten. Die erwähnten Untersuchungen zur Lage in der Pflegearbeit referieren Erfahrungen mit dem herrschenden Zeitdruck und der Ausgrenzung zeitaufwändiger, aber notwendiger Tätigkeiten aus dem Leistungskatalog. Die Beschäftigten geraten in Konflikt mit Ansprüchen und Motivationen ihrer Arbeit. Konstruktiv gewendet: »Eine Schlüsselrolle für die Entfaltung des *Ethos fürsorglicher Praxis* kommt daher der Bewirtschaftung von Zeit zu« (Kumbruck et al., 2010: 333). Die Autorinnen sehen die Anpassung der Rahmenbedingungen an die pflegetypischen, also kaum kalkulierbaren, ungleichmäßigen, situationsabhängigen Zeitrhythmen als essentiell an, um den Bedürfnissen der auf Pflege Angewiesenen wie der Pflegepersonen gerecht zu werden, die ihrerseits familiäre Aufgaben mit ihrem Beruf vereinbaren können müssen. Ähnliches gilt für die Kinderbetreuung, deren Zeitbedarf durch die aktuellen Schulschließungen und Kontaktverbote nochmals verstärkt wird.

Die Erzeugung von Zeitnot durch sozialpolitische Regulierungen von Organisation und Vergütung der Pflege und deren »Management« durch Angehörige, Pflegeträger, Arbeitsamt und Pflegende verschärft die *Ausbeutung der Pflegenden*. Tine Haubner hat das für das differenzierte Feld der prekär tätigen Laiinnen und Laien herausgearbeitet, einer Säule des subsidiär geprägten deutschen Pflegeregimes. Ungeachtet ihrer Unverzichtbarkeit sind die zahlreichen Migrantinnen, die in privaten Haushalten leben und dort wider alle Einsicht eine 24-Stundenversorgung sicherstellen sollen, besonders belastet. Neben der minimalen Bezahlung und den hohen psychischen Anforderungen ist das Fehlen verbriefter und durchsetzbarer Rechte, besonders auf angemessene Ruhe- und Urlaubszeiten, zu nennen. Das Recht auf Ruhezeiten gehört zu den Mindeststandards, die im Jahr 2011 aufgrund des Drucks organisierter Haushaltsarbeiterinnen und der menschenrechtlichen Würdigung ihrer Lage in der ILO-Konvention 189 zu *Decent work for domestic workers* fixiert wurden. Seither besteht die Bundesrepublik Deutschland darauf, die Gruppe der »Live-Ins« aus den Vorgaben des Arbeitszeitschutzgesetzes auszunehmen.[18]

Basis der Zeitverwendungsstudien des Statistischen Bundesamts und zahlreicher Fachexpertisen. Im Internet stellen die *Hans-Böckler-Stiftung* und neuerdings die *Initiative klischeefrei* übersichtlich aufbereitete Arbeitsblätter mit Fakten und Analysen zur Verfügung. Aktionsgruppen machen mit symbolischen Inszenierungen am »Tag der unsichtbaren Arbeit« (1. Mai) oder dem »Equal Care Day« (29. Februar) das Problem auf der Straße und im Web sichtbar.

[18] Aus rechtlicher und rechtsgeschichtlicher Sicht dazu Scheiwe (2015: 37–57). Vgl. auch Heimbach-Steins (2016). Wie das Urteil des BAG vom 24.06.2021 zum Anspruch auf Mindestlohn, einschließlich der Bereitschaftszeiten, in der häuslichen Pflege umgesetzt werden wird, ist bei Abschluss dieses Beitrags noch offen.

Gegenüber diesen Zeitnotständen werden Forderungen nach einem *neuen, gesellschaftlich zu vereinbarenden Zeitregime* in Verbindung mit einem erneuerten und erweiterten Begriff der Arbeit und einer Ausrichtung des Wohlfahrtsstaats am Kriterium der Lebensdienlichkeit erhoben und für die Integration von »Care-Zeiten im Lebensverlauf« plädiert (Kumbruck et al., 2010, 348). Karin Jurczyk und Ulrich Mückenberger werben für »atmende Lebensläufe«, in denen allen Menschen »Zeiten für Sorgearbeiten, Weiterbildungen und Selbstsorge« zur Verfügung stehen. Nach ihrem Konzept sollen Bürger und Bürgerinnen individuell und flexibel insgesamt neun Jahre für solche nicht erwerbsförmigen Tätigkeiten nutzen können, die vom Gemeinwesen, der Arbeitgeberseite und den Erwerbstätigen finanziert werden (Jurczyk/Mückenberger, 2016: 1-2).

Diese zeitpolitischen Ansätze setzten Diskussionen der *80er und 90er Jahre* fort, als unter der Prämisse des prognostizierten radikalen Rückgangs von Erwerbsarbeit im Zuge der dritten technologischen Revolution über neue Zeitmuster nachgedacht wurde. Die Debatte seinerzeit reagierte auch auf veränderte Geschlechterverhältnisse infolge der steigenden Erwerbsbeteiligung von Frauen. Auch im kirchlichen Kontext ist diese Diskussion seinerzeit geführt worden. So sind in Westfalen, wenn auch zaghaft, die Idee geschlechtergerechterer Arbeitsteilung und eine lebenslauforientierte Perspektive unter dem Motto »Versöhnung von Arbeit und Leben« in Synodal- und Kirchenleitungsbeschlüsse eingegangen (Evangelische Kirche von Westfalen, 1983). Politisch herausfordernder formulierten es Frauengruppen auf dem Kirchentag 1995: »Arbeit ist das halbe Leben, wir wollen das Ganze [...]. Alle Möglichkeiten, bezahlte und unbezahlte, öffentliche und private Arbeit miteinander zu verbinden und neu zwischen Männern und Frauen zu verteilen, müssen kreativ genutzt werden« (Wolf, 1996: 138-140, Zit. 139).

Seither sind aus dem wissenschaftlichen Milieu heraus einige zeitpolitisch ansetzende Vorstöße gemacht worden, die, an den Wandel von Arbeit und Geschlechterverhältnissen anknüpfend, eine gesellschaftliche Transformation anvisieren, mithin Realutopien in die öffentliche Diskussion gebracht haben und als solche für die ethische Exploration relevant sind. Einige Beispiele:

Die Arbeitswissenschaftlerin Ingrid Kurz-Scherf trat in den *90er Jahren*, angesichts der vermeintlich endenden Arbeitsgesellschaft für ein »utopisches Projekt ein, in dem das »›gute Leben‹ der Arbeit Sinn gibt, ihr aber zugleich Grenzen setzt und in dem die Emanzipation der Geschlechter einen herausragenden Stellenwert hat« (Kurz-Scherf, 1995: 181-206, hier: 201). Konkrete Konturen gewinnt es, indem die Autorin den von Frauen real geleisteten Umfang der Pflege- und Hausarbeiten und der von ihnen mehrheitlich gewünschten Erwerbsarbeitszeit zum Maßstab macht.[19] Aus ethischer Sicht ist daran

---

[19] Auch die Soziologin Jutta Allmendinger tritt aus diesem Grund seit Jahren für die 30-Stundenwoche ein.

zweierlei wichtig: dass vom Standpunkt der strukturell benachteiligten und im öffentlichen Diskurs unbeachteten Frauen eine allgemeingesellschaftliche Umgestaltung anvisiert wird und dass eine Debatte über die Demokratisierung von Arbeit angestoßen wurde, die zum Bruch mit der kapitalistischen Normierung der Arbeits- und Geschlechterverhältnisse führen sollte. Dazu bedurfte es seinerzeit keines sorge- oder care-philosophisch geprägten Vokabulars.

In der auf das Jahr *2000 folgenden Dekade* hat die Soziologin Frigga Haug im männlich dominierten und erwerbsarbeitsfixierten ›linken‹ Milieu Arbeit für alle – nach dem Muster »›Vier mal vier Stunden an einem Tag – und das jeden Tag« gefordert (»4-in-1-Perspektive«). Auch sie geht von der Arbeits- und Lebenswirklichkeit der Frauen aus, wenn sie die Integration *aller in alle* Tätigkeiten, also Erwerbs- *und* Reproduktionsarbeit, sowie die Befreiung *aller zu allen* Tätigkeiten, also auch die zur politischen oder Gemeinwesenarbeit und der »Arbeit am Ich«, zum »Kompass für politisches Handeln« erklärt (Haug, 2011a: hier: 249). Ihr kommt es auf den verpflichtenden Charakter dieses alternativen Zeitregimes an und darauf, es im Tagesverlauf zu etablieren. Wenn Arbeitsteilung und Fremdverfügung über Zeit den Kern der Geschichte von Herrschaft und Knechtschaft ausmachen, so der Gedanke, duldet ihre Aufhebung keinen Aufschub. Im Jetzt soll erkannt werden, wo das ›Reich der Freiheit‹ sich inmitten des ›Reichs der Notwendigkeit‹ zeigt und praktisch Gestalt gewinnt. Haug beruft sich auf Rosa Luxemburgs Strategie der ›revolutionären Realpolitik‹ und rekurriert allenfalls skeptisch auf die Care-Rhetorik.

In der Degrowth-Bewegung der *Dekade seit 2010*, die aus ökologischen und global-sozialen Motiven auf die Abkehr vom Wachstumsparadigma zielt, werden ebenfalls Forderungen nach Arbeitszeitverkürzungen laut. Feministische Autorinnen haben darauf hingewiesen, dass diese nicht automatisch geschlechtergerechte Muster der Arbeitsteilung bringen. Vielmehr seien aufgrund der Notwendigkeiten der tätigen Sorge für Kinder, Alte, kranke Menschen kürzere Arbeitstage vorzuziehen, während andere Erwerbszeitmuster den Alltag weitgehend unangetastet ließen (vgl. Dengler, 2020). Hier schließt sich der Kreis zum Konzept von Jurczyk/Mückenberger, insofern auch diese jüngste wachstumskritische Frauenbewegung den realutopischen Charakter ihrer Interventionen betont. Die Unterschiede der dargestellten Beispiele aber müssten gerade aus der Geschlechterperspektive noch erörtert werden, und die evangelische Ethik sollte sie ihrerseits gewichten.

ERINNERUNG AN DAS BIBLISCHE ZEIT-BEWUSSTSEIN

Für evangelische Sozialethik ist die Erinnerung an die biblischen Überlieferungen relevant. Sich Zeit und Raum zu verschaffen, um diese aktuell zu bedenken und zu diskutieren, ist eine nötige, wenn auch nicht hinreichende Voraussetzung dafür, aus sozialethischer Sicht etwas in die Debatte über Zeitpolitik einzubringen, das Fremdverfügung aushebelt.

Was die Bibel zum *Buch des Lernens* (Ingo Baldermann) macht, ist die in vielfältigen Formen überlieferte Einladung zur Reflexion eines großen Spektrums von Erfahrungen im Licht des konstitutiven Exodus aus der versklavenden, rechtlos machenden Arbeit. Die Überwindung von Unterdrückung und das Ringen um die »Bewahrung der Freiheit« (Frank Crüsemann) bilden dort die Klammer, in der die sozioökonomischen Verhältnisse zur Sprache kommen. In dieser Klammer steht die bekannteste zeitpolitische Regulierung der Tora: das Sabbat-Gebot. Mit dem siebten Tag ist die Unterbrechung der herrschenden Tagesordnung in den Alltag des Bundesvolkes eingeschrieben und der Exodus aus der ägyptischen Unfreiheit vergegenwärtigt (Dtn 5,12–15). Der zweite zentrale Gedanke, der Sabbat vollende die Schöpfung (Gen 2,2 f.; Ex 20,11), rückt diese als Ganze in den Horizont ihrer Befreiung.

Aufgrund seines überschüssigen realutopischen Gehalts ist der biblische Sabbat in zahlreichen historischen Arbeitskämpfen und Bewegungen für gerechte und ökologisch tragfähige Regulierungen Vorbild geworden. Obwohl die christliche Auslegung die ethische Relevanz der Rechtsgeschichte der Tora vernachlässigt hat und trotz der ständehierarchischen, anti-sozialistischen und patriarchalischen Lesarten im »Sozialprotestantismus« wird es (jenseits der Kirchen) immer wieder neu entdeckt und angeeignet, so auch in der feministischen Theologie und den jüngsten Postwachstumsdebatten. Im gegenwärtigen Kampf um das ›Recht auf Ruhe‹ für *domestic workers* wird zudem deutlich, dass humane Regeln der Arbeitsfreiheit über die Erwerbsarbeit hinaus gleichberechtigt auch Subsistenz-, Haus- und Betreuungsarbeit berücksichtigen müssen. Im Licht solcher sozialen Kämpfe und Reflexionen ist wiederum die sozialethische Rezeption der biblischen Inspiration zu erneuern und geschlechterkritisch zu erweitern.[20]

Ein weiteres Charakteristikum der biblischen Schriften ist, dass sie die Handlungsfähigkeit von Menschen erkunden und stärken, in vielerlei Sprachformen und auch in Erinnerungsarbeit. Dabei sind die Verknüpfungen zwi-

---

[20] Diese Auseinandersetzung mit biblischer Tradition, ihrer soziokulturellen Wirkungsgeschichte und sinn-erweiterter Re-Lektüre biblischer Texte ist im bekannten befreiungstheologisch-hermeneutischen Grundsatz gemeint, der eine Lektüre »vom Leben zur Bibel zum Leben« vorschlägt. Er beschreibt eine Spiralbewegung, die sich historischer Veränderungen bewusst ist, keine zirkuläre Interpretation von Ideen.

schen den Alltagsgeschichten der kleinen Leute und der ›großen politischen Geschichte‹ des »kleinsten aller Völker« (Dtn 7,7) interessant. Ihnen nachzugehen, kann Einsichten auf dem Weg zu einem biblisch und zeitgenössisch reflektierten kritischen *Zeit-Bewusstsein* eröffnen. Das sei an einem Beispiel veranschaulicht.

Sauerteig mischen und kneten braucht seine Zeit, den fertigen Teig ruhen lassen, braucht seine Zeit. Bekanntlich ist diese Erfahrungsweisheit »einer Frau« (Lk 13,21) eins der Gleichnisse für das Reich Gottes. In ihrer Alltagsarbeit zeigt sich: Ohne diese Arbeitsruhe gelingt das *Werk* nicht, auch wenn ich angestrengt knetend daran *arbeite*.[21] Es kann aber auch nur anheben, weil schon die Zeit Anderer darin steckt. An der Einbettung ihrer Tätigkeit in Vergangenheit und Zukunft entscheidet sich, ob die Arbeitende gegenwärtig ist, ob sie realistische Erwartungen an die nahe Zukunft nähren kann.

In einer kanonischen Lektüre und vergegenwärtigenden Relektüre der biblischen Schriften (Erinnerungsarbeit) treten die im Arbeitsalltag gewonnene Weisheit und die Weisheit der von Arbeit weitgehend befreiten Intellektuellen in Dialoge und holen letztere aus dem Elfenbeinturm ins weltliche Tätigsein zurück. So können sie sich gegenseitig vertiefen, etwa das Reich-Gottes-Beispiel der namenlosen Bäckerin und das Gedicht *Alles ist nichtig, alles hat seine Zeit* im Buch der ›Versammlerin‹ (dt. für ›Kohelet‹). Einige Exegetinnen haben diese Schrift als Kritik des Individualismus der hellenistischen Welt verstanden.[22] Gegen die Beherrschung der Zeiten durch unreflektierten Aktivismus führt demnach das Gedicht »Gott« als Autor/in der Zeit an. »Gott« setzt dem menschlichen Treiben aber kein Ende, sondern rückt es zurecht: »Was geschieht, das ist längst gewesen, und was sein wird, ist auch schon längst gewesen; und Gott holt wieder hervor, was verloren ist« (Koh 3,15). Spätestens im Licht der Erfahrung alltäglicher Brotproduktion erschließt sich die Einsicht: Was verloren ist, bleibt auf der Strecke, bis wir erkennen: Die Hoffnung auf bessere Zeiten lebt von einer Vergangenheit, die wir nicht geschaffen haben und die auch nicht einfach gut, sondern von ungestillten Bedürfnissen geprägt war. Das Jetzt wäre vergebliche Mühe ohne die erhoffte Zukunft. Es ist der Raum, in den die nicht eingelösten Verheißungen eintreten und präsent werden – während hektischer Aktivismus nicht mit Präsenz zu verwechseln ist.

---

[21] Zur hier vorgestellten Synopse biblischer Traditionen vgl. PLONZ (2007a). – Lange Teigführung macht die Qualität des Brotes aus, das wird heute in einigen Sektoren der Lebensmittelherstellung im In- und Ausland erfolgreich neu praktiziert und vermarktet.

[22] Zu verschiedenen Auslegungen vgl. a.a.O. (mit Belegen zu BUTTING, 1994; KATO, 1998; TAMEZ, 1997; EBACH, 1990).

Am *Zeit-Bewusstsein*, so lässt sich biblisch lernen, liegt es, ob ›alles Tun eitel oder nichtig‹ ist oder ob darin Hoffnung liegt. Nichtigkeit ist aber keine abstrakt-philosophische Kategorie, sondern konkret: Das ›Nichts‹, der für den *Zeit-Vergessenen* nicht greifbare Windhauch, und der Name des von Kain ermordeten Bruders gehen im Hebräischen aus einer Wort-Wurzel hervor. Der allgemein gehaltenen, vielleicht auch von Skepsis befangenen Spekulation im Kohelet-Buch stellt die konkrete Beobachtung und Profilierung der Reich-Gottes-Hoffnung der Evangelien eine materielle Basis gegenüber. Das Brot, das aus dem Sauerteig entsteht, ist lebenswichtig. Am Beispiel der Arbeit (der Frau), eingebettet in vergangene Mühen und Erwartung künftiger Sättigung, wird die Proklamation des Zeitenwechsels durch Jesus (Lk 4,18–21 mit Jes 61,1 f.) verständlich und aneignungsfähig. Diese Proklamation, die Reichgottesverkündigung, ist im Alltag entstehende und historisch wandlungsfähige und -bedürftige Realutopie.

Die Erinnerung an die biblischen Überlieferungen angesichts heutiger zeitpolitischer Herausforderungen kann vergegenwärtigen: Die Rechtsform der Arbeitsruhe am Sabbat ist Einübung in die Vollendung der Schöpfung, und das Sauerteigherstellen ist präsentes Tätigsein im erinnernden und erwartenden Modus im Fortgang der Gottesreichgeschichte. Sie bezeugen den Bruch mit der Herrschaft über die Zeit (Ökonomie) und mit der Vernachlässigung von Zeitbewusstsein als Befähigung zum Handeln (Politik). Wenn christlich geprägte Akteure das verinnerlichten, hätten sie zumindest ein Stück Brot, ob gesäuert oder ungesäuert, auf dem Weg durch die Zeiten der ›Care-Krise‹ und deren Verschärfung sozialer Ungleichheit, die wir gerade erleben.

Systematisch-theologisch formuliert: Zeitbewusstsein im Anschluss an die biblischen Überlieferungen ist geistesgegenwärtiges Bedenken der Geschichte von Herrschaft und Befreiung und der eigenen Positionierung darin. Die Gegenwart steht im Licht der Erinnerung an offengebliebene Verheißungen und Niederlagen und – aus christlicher Sicht – im »Horizont der Zukunft, die Gott eröffnet hat, indem er sich als Mensch in die Zeit begeben hat« (Link, 1982: 184). Diese Zukunft ist keine leere Größe. Sie gewinnt Kontur, wenn die unter Zeitnot leidenden, sorgend tätigen und sorgebedürftigen Menschen im Mittelpunkt der Wahrnehmung und an sie anknüpfender zeitpolitischer Überlegungen stehen.

Die Herrschafts-Geschichte der Fremdverfügung über unsere Zeit ist damit noch nicht beendet. Doch sollte die Auseinandersetzung mit den biblischen Überlieferungen und der in ihrem Licht erfahrenen Geschichte (sozialer Bewegungen) helfen, die Fremdverfügung über das eigene Denken aufzubrechen und mithin die Zeitnot mit ihrer Unterdrückung der menschlichen Bedürfnisse umfassend und kritisch zu hinterfragen.

Weiterdenken im Licht der Krise und der Care-Ethik

Mit der globalen Umwälzung in Richtung Online-Kapitalismus rollt eine weitere Welle der Beschleunigung an, auf der zu schwimmen gezwungen ist, wer am Leben, an Bildung, Kultur und Erwerb teilhaben will. Die Situation ist aber paradox: Inmitten dieser neuesten Zeitverdichtung scheint durch Maßnahmen wie den Kontakt- und Bewegungsverboten aufgrund der viralen Gesundheitsbedrohung die Zeit auch stillgestellt und die Zivilgesellschaft unbefristet in Schlaf versunken. Das Gewebe von Vergangenheit, Gegenwart, Zukunft, in dem wir uns orientieren, scheint auseinandergerissen. Damit ist die Fähigkeit zum politisch eingreifenden Handeln in einer Epoche der Menschheitsgeschichte gefährdet, in denen das angesichts der globalen ökologischen, sozialen und politischen Krisen lebensgefährlich ist.

Aufgabe theologischer Ethik ist es, den Schlaf abzuschütteln und zu versuchen, in reflektierter Zeitgenossenschaft und der Teilhabe an der biblischen Erinnerungsgemeinschaft die Welt im Licht des kommenden Tages zu sehen (Röm 13,11; Eph 5,14; 1 Thess 5,8). Wird die Zeit nach dem Aufwachen primär als neues Stadium anonymer Fremdverfügung erfahren werden? Oder lassen sich die Zeitmodi wieder zusammenfügen und damit Handlungsfähigkeit zurückgewinnen? Solche Fragen können aktuell vorerst nur gestellt werden. Das weite Feld der Versorgungstätigkeiten und Versorgungsbedürfnisse sowie die hier skizzierten sozialanalytischen, philosophisch und ethischen Reaktionen darauf werden jedenfalls durch die Pandemie nochmals ›systemrelevanter‹, aber auch konzeptionell herausgefordert, an den oben aufgezeigten Bruchstellen weiterzuarbeiten. Das sei mit Blick auf die ethische Diskussion der kommenden Zeit in vier Hinsichten skizziert.

1. ›Caring democracy‹ nicht ohne Herrschaftskritik reklamieren

Wenngleich es scheint, als seien die gesellschaftliche Bedeutung und die strukturell bedingten Versorgungslücken in menschlich essenziellen Bereichen stärker öffentlich bewusst geworden, muss der Care-Diskurs zu kritischer Unterscheidung fähig bleiben. Dazu gehört auch die selbstkritische Frage, ob und inwiefern die Deklaration der *Demokratie als fürsorgliche Praxis* der US-Politikwissenschaftlerin Joan Tronto, die international vielfach aufgegriffen und mittlerweile auch in der katholischen Sozialethik verankert ist, im hiesigen Kontext eines ursprünglich staatsbetonten und patriarchalischen, dann neoliberal transformierten Wohlfahrtsstaats tragfähig ist. Aktuell zeigt sich, dass dieses Motto nicht per se dem Anspruch genügt, die ökonomische Verwertungslogik, Vorrang der Marktfreiheit, Individualismus, soziale Distanz und Verantwortungslosigkeit zu überwinden, wie die Autorin es beabsichtigt (Tronto, 2016), und politisch nachhaltig, rechtlich abgesichert eine Kultur praktizierter Mitmenschlichkeit zu etablieren. Diese Notwendigkeiten tragen zwar viele Vertreterinnen der Sorgeperspektive in Wissenschaft und Zivilgesellschaft vor, doch steht der Nachweis aus, wie sie als politisch-ethische Forderungen allgemeine und systemrelevante Kraft entfalten können. So offenbart die »Corona-Krise« auch die Schwäche einer »Care«-Diskussion, die auf Kapitalismus- und Staatskritik verzichtet oder sie vermeintlich publikumsverträglich unter alternativen Symboliken und Anleihen an moralische Theoreme verbirgt.

Zugleich etikettiert das politische und administrative Corona-Management ›Fürsorge‹ neu. Im Krisenregime mischen sich moralisch aufgeladene Rhetorik der politischen Mandatsträger und staatlich verordnete Maßnahmen, die es schwer machen, gegenteilige Auffassungen zum Thema Gesundheit zu diskutieren und zugleich die Grundrechte, insbesondere auf öffentliche Debatte und politische Intervention, wahrzunehmen. So werden machtkritische Überlegungen des Philosophen Michel Foucault aktuell, die gesellschaftliche Praxis des Sorgens um sich und andere könne in eine »Regierungstechnik« umschlagen, die vor allem disziplinierend wirkt.[23] Auch deshalb darf die (geschlechter-)kritische Debatte sich nicht damit begnügen, bürgerlichen Gemeinsinn einzufordern und das »Sorgen« a priori als tugendhaft zu etikettieren (vgl. Tronto, 2013 u. dies., 2016). Vielmehr sollte sie sich ihrer macht- und exklusionskritischen Wurzeln erinnern, die in einer nicht nur vom Sexismus, sondern auch von Klassenherrschaft und Rassismus geprägten Gesellschaft und im Ringen sozialer Bewegungen ihren historischen Ort hatte (Tronto, 1993; vgl. auch Plonz, 2020). Da die wissenschaftliche Diskussion mittlerweile durch Ansätze der Männerforschung und Queer-Studies bereichert wird, könnte sich ihr herrschaftskritisches Profil schärfen – sofern sie nicht durch Identitätsdebatten gelähmt wird.

2. ›Gerechtes Sorgen‹ braucht einen verlässlichen Wohlfahrtsstaat

In der Pandemielage bestätigt sich die geschlechter- und sorgeperspektivische Kritik an einem Menschenbild in Wirtschaft und Politik, das über die Grundbedingungen von Leiblichkeit und Sozialität, Bedürftigkeit und Verletzlichkeit hinweggeht. Alle Menschen sind im Lauf ihres Lebens über längere Phasen auf Hilfe angewiesen. Auch der Alltag gesunder und mündiger Personen kann nur in gegenseitiger Hilfsbereitschaft gelingen, die abzulegen dem Versuch gleichkommt, nicht als Mensch leben zu wollen. Körperliche, soziale und emotionale Bedürfnisse sind Voraussetzung, Mittel und Ziel achtsamer oder fürsorglicher Praxis, die vielfach, wenn auch nicht exklusiv, in asymmetrischen Beziehun-

---

[23] So Gerald Posselt in seinem Vortrag »Die Sorge um sich und die anderen. Zur Verschränkung von Ethik und Politik in Foucaults Spätwerk«, der 2022 in der DZPhil erscheinen soll.

gen geübt wird. Damit geht auch das Risiko von Macht- und Gewaltausübung einher und von Vernachlässigungen, denen gegenüber Vorsorge zu treffen ist.

Unter den aktuellen Bedingungen der sozialen Isolierung, der Einschränkung oder weiteren Privatisierung von Betreuung und Versorgung wird die menschliche Integrität vielfach verletzt, besonders die von Kindern und Jugendlichen. Psychische Krisen junger Menschen haben stark zugenommen.[24] Erwachsene ringen mit Erschöpfung in »Home-Office«-Zeiten und besonders Mütter zahlen den Preis der Verfestigung ungewollter traditioneller Arbeitsteilungsmuster.[25] Damit ist Gesundheit im umfassenden Sinn beeinträchtigt. Dem menschengerechten Umgang mit Gebürtigkeit, Krankheit und Sterblichkeit (Klinger) wird rasch der Boden entzogen, wo Nähe unmöglich und professionelle Hilfe zu schwach ausgerüstet ist. Die Verwundbarkeit ohnehin vulnerabler Gruppen wächst, wenn professionelle und rechtliche Standards »krisenbedingt« außer Kraft gesetzt und materielle Ressourcen ungleich verteilt bleiben. Das begünstigt häusliche Gewalt oder Vernachlässigung von Schulbildung.[26]

Vertreterinnen der philosophischen wie der sozialwissenschaftlichen Linie fordern, diese Aspekte der *Conditio Humana* im gesellschaftlichen Grundkonsens zu verankern und sie zu respektieren, zu schützen und zu erfüllen, um es mit der Terminologie der Menschenrechtspolitik zu sagen. Aus der »Care-Perspektive« offenbart die aktuelle Krise, wie wichtig öffentliche Institutionen des Wohlfahrtsstaats und des Bildungswesens und die darin tätigen Menschen für die Verwirklichung der Menschenrechte sind. Nötig ist ein Wohlfahrtsstaat, der dem Auftrag allgemeiner Daseinsvorsorge und Zugänglichkeit wirklich gerecht wird. Ein Wohlfahrtsstaat also, der weder strukturell und wirtschaftlich prekär ist, noch seinerseits die Prekarisierung und Fragmentierung großer Bevölkerungsgruppen verschärft und damit Hilfe zum Privileg der Wohlhabenden verkommen lässt.

3. Pluralität der Akteure und Kontingenz sorgender Praxis politisch-ethisch fruchtbar machen

Angesichts der aktuellen Erfahrungen wird deutlich, dass es nicht sinnvoll ist, die Anliegen der sozialen (Geschlechter-)Gerechtigkeit und gelingender Interaktion auf Dauer voneinander zu trennen und dabei einen Kontrast zwischen

---

[24] Internationale Studien sprechen von einer Verdopplung, SZ 10.08.2021.
[25] SZ-Bericht am 10.08.2021; Pressemitteilung des Wirtschafts- und Sozialwissenschaftlichen Instituts in der Hans-Böckler-Stiftung, 03.08.2021, in der die Korrelation von Pandemie-Lage und Belastungen der Erwerbstätigen skizziert ist.
[26] Daher ist es problematisch und widerspricht internationaler Praxis, wenn die BRD die Auswirkungen der Pandemie auf benachteiligte, arme Bevölkerungsgruppen nicht untersucht.

Verteilungs- und Verantwortungsethik aufzubauen.[27] Sorge- oder achtsamkeitsethische Überlegungen sollten expliziter mit politisch eingreifendem Denken zu Typus und Struktur des Wohlfahrtsstaats (samt seinen essentiellen Real- und Moralregimeordnungen) verbunden werden. Auch die politischen Dimensionen des privaten wie des professionellen Handelns sollten stärker hervorgehoben und (z. B. in der Ausbildung) vermittelt werden. Wie lassen sich aber sorge-ethische Gedanken als politische würdigen, ohne dabei in Idealismus und Moralismus abzugleiten? Es wurde schon ausgeführt, dass Letzteres droht, wenn die ideologie- und ökonomiekritische Arbeit fallen gelassen wird, was gerade im Feld der ›sozialwissenschaftlichen Linie‹ bzw. zivilgesellschaftlich Aktiven zu beobachten ist. Fruchtbar weiterarbeiten ließe sich vermutlich in Anknüpfung an die Erfahrungen von Pluralität und Kontingenz – was hier in zwei Überlegungen erst angedeutet werden kann.

Pluralität: Wenn es Elisabeth Conradi darum geht, Subjektivität von vornherein interrelational aufzufassen und auf deren gelingende Betätigung zu achten, sind die Anerkennung der bleibenden Verschiedenheit und die Entschlossenheit, alle an relevanten Entscheidungen zu beteiligen, zwei wichtige Bedingungen dafür (Conradi, 2016b: 830). Auch Tatjana Schönwälder und Michael Stiegler wollen aus philosophischer Sicht die Anerkennung von Pluralität und deren praktische Betätigung zum Hebel für ein kritisch-politisches Verständnis des Sorgediskurses machen (vgl. Schönwälder-Kuntze/Stiegler, 2017: 19–33). Auf globaler Ebene wird Pluralität als Stärke oder Gegenmacht sozialer Bewegungen erörtert: von lateinamerikanischen Feministinnen bis zu afrikanischen Philosophen und zahlreichen engagierten Personen und zivilgesellschaftlichen Allianzen, die mit vielfältigen Ideen im Kopf gegen Menschenrechtsverletzungen angehen und die politisch eingreifende »Sorge für die beschädigte und gefährdete Welt« artikulieren.[28]

Kontingenz: Sozialwissenschaftlich Forschende haben herausgearbeitet, dass Pflege- und Betreuungsarbeit mit der Kontingenz und Unbeherrschbarkeit zeitlicher Bedürfnisse umgehen muss, weil diese zum Leben gehören – und dass es dafür eine neue Politik braucht (Kumbruck et al., 2010; s.a. Nowak, 2011: 381–391). Die Ökonomin Maren Jochimsen hat ihr Fach von der Situation der radikalen Asymmetrie und Bedürftigkeit aus kritisch umzuorientieren versucht (Jochimsen, 2019: 68–88). Unter dem herrschenden Zeitregime ist die im menschlichen Miteinander ohnehin und zugespitzt in der pflegenden fürsorglichen Praxis waltende Kontingenz und ergo die zeitliche Abweichung ein systemsprengendes Moment.

---

[27] Vgl. Conradi, 2016b: 818, mit Andrea Maihofer.
[28] Vgl. die Beiträge beim Kongress der Initiative *medico international*: Die (Re)konstruktion der Welt. Hilfe. Solidarität. Politik, 12.–14.02.2021,
URL: https://www.medico.de/reconstruction (Stand: 28.03.2021).

Aus theologischer Sicht ist hier ein Schlüsselmoment anvisiert. Wenn es richtig ist, dass das Reich Gottes, also der Umbruch der imperialen, sozial exklusiven Weltordnung »mitten unter uns« ist, gegenwärtig in der alltäglichen Praxis (Lk 17,21) – was entspricht dieser Hoffnung in der unberechenbaren sorgenden Praxis? Gibt es Möglichkeiten, die ›Störungen‹ als Kairos wahr- und annehmen zu können und von diesen ausgehend etwas »ganz Anderes« im Sinn ernsthafter politischer Veränderungen zu fordern? Lässt sich mitten in ihr die begründete Verheißung auf den Anbruch einer neuen (sabbat-förmigen) Zeitordnung sehen und handelnd ergreifen? Und wie lässt sich diese Praxis, die häufig von Mühsal, Belastungen und auch Resignation gezeichnet ist, im Licht der einbrechenden *Neuen Zeit* gestalten?

So zu fragen mag ambivalent bis gewagt erscheinen, doch kann Theologie sich nicht auf Felder beschränken, die eindeutig und sicher sind. Antwortversuche müssten im Dialog der Beteiligten, nicht allein am Schreibtisch gemacht werden. Vielleicht lässt sich über diese Wahrnehmungen und Fragen weiterdenken, um Handlungsfähigkeit zu stärken, etwa mit Impulsen von Hannah Arendt. Offenheit für den Anbruch der Freiheit in der Kommunikation verschieden bleibender Menschen spielt in ihrer politischen Theoriearbeit eine wichtige Rolle. Kontingenz in der von vornherein ›normalen‹ menschlichen Situation der Pluralität, die Arendt ja auch am biblischen Schöpfungsbericht (Gen 1,27 f.) festmachte, ist Grund und Bewährungsfeld des Urteilsvermögens, das sich den Erfahrungen lernend stellt (vgl. Schües, 2012: 49–72).

4. Tätige Sorge für sich und andere und das Ethos der Nächstenliebe zusammendenken

»Im Moment ist nur Abstand Ausdruck von Fürsorge«, erklärte Kanzlerin Merkel in ihrer Fernsehansprache zur Pandemie (18.03.2020). »Es ist ernst. Nehmen Sie es auch ernst!« Wie kann es in dieser Krise aus evangelisch-ethischer Perspektive gelingen, gesundheitliche und politische Erfordernisse zu erkennen und dabei den Sirenengesängen der Selbst- und Fremd-Disziplinierung als Ausdruck von Fürsorglichkeit (der ›Pastoralmacht‹ Foucaults) nicht nachzugeben, die in der Öffentlichkeit dominieren?

Dafür ist – sachanalytisch – die kritisch-konstruktive Rezeption der hier dargestellten Erträge und Desiderate von Sozialkritik und praktischer Philosophie aus der Geschlechterperspektive eine wesentliche Voraussetzung, die paradoxerweise in der christlichen Ethik des Sozialen und Politischen bislang eher vernachlässigt wurden. Die feministische Diskussion mündet in der Aussage: Es geht um »Tätige Sorge für sich und andere«, verkoppelt mit dem politischen Desiderat, diese auch sach- und menschengerecht zu ermöglichen. Deshalb sollten wir, im Licht der skizzierten Sorgediskurse, ihrer Erträge und offenen Flanken, über die Vergegenwärtigung des Ethos der Nächstenliebe diskutieren. Der Kampf um Zeit und Raum für mehr Fürsorgerationalität gegen die ökonomistische Verwertungslogik und für die Verankerung der Geschlechterperspektive gilt theologisch-ethisch gesehen der praktischen Bewährung dieses Ethos. Er gilt seiner sachdienlichen Form und Ausgestaltung im öffentlichen Raum.[29]

Der konstruktiven und offenen Diskussion dieser Auffassung stehen (im christlichen wie im profanwissenschaftlichen Milieu) leider die eingangs angesprochenen Widerstände entgegen. Ihnen gegenüber darf eine evangelische Ethik nicht kapitulieren. Sie sind, im Gegenteil, auf dem Weg einer kritisch arbeitenden theologisch-ethischen Rezeption der Care-Thematik, die auf Selbstverständigung und Kommunikationsfähigkeit sowie auf Revisionen theologischer Theorie- und Aus-Bildung abzielt, noch stärker zu ergründen.[30] Hinzu kommt: Sowohl die philosophischen wie auch die theologisch arbeitenden »Sorge-Ethikerinnen« müssen damit umgehen, dass ihre Anliegen in den Denkmustern der westlichen (vom antik-griechischen Erbe geprägten) Welt methodisch, inhaltlich und hermeneutisch keinen Ort haben (also utopisch sind) und doch im Gespräch mit ihnen zu Gehör gebracht (also real gemacht) werden müssen. Im Milieu der theologischen Ethik schlägt sich dies paradoxerweise so nieder, dass auch die vom nicht-westlichen (hebräischen) Denken herkommenden biblischen Überlieferungen am Rand der Argumentation bleiben oder in den philosophisch geprägten Diskurs eingepflegt werden, um den ›Makel‹ ihrer Unzeitgemäßheit zu überwinden. Dabei fallen einerseits sozial-ethisch bzw. -politisch wichtige Impulse aus der Debatte heraus. Andererseits wird die Chance verpasst, problematische Tendenzen profan ansetzender Ökonomie- und Sozialkritik, wie etwa die Moralisierung oder lebensphilosophisch anmutende Rückwärtsorientierung, mit den Ressourcen der biblischen, ideologie- und sozialkritischen Traditionen kritisch zu befragen (vgl. Plonz, 2018: 467–482, bes. 477 ff.).

Es sind mindestens fünf Charakteristika der biblischen Tradition, die Nächstenliebe in der hier entwickelten Konstellation geschlechterkritischer Sorgediskurse, Zeitpolitik und den Bedrängnissen durch die Pandemie relevant machen und daraufhin aus evangelischer Sicht erörtert werden sollten.[31]

---

[29] Diese Hinwendung zum Ethos der Nächstenliebe impliziert eine entschlossene Abkehr von ihrer traditionell paternalistischen und individualistischen Auffassung im christlichen, gerade auch »sozialethischen« Diskurs, der weitgehend für ein Ethos von Anpassung und Unterwerfung stand – ein fataler Beitrag zum herrschenden Moralregime.

[30] In diesem Rahmen wären auch klärende Diskussionen zwischen den wenigen Vertreterinnen geschlechterkritischer theologischer Ethik zu führen, für die es bis dato keine Plattform gibt.

[31] Aus Raumgründen kann hier nicht auf exegetische Literatur rekurriert werden. Stellvertretend sei genannt: RAINER KESSLER, Der Weg zum Leben. Ethik des Alten Testaments, Gütersloh 2017.

(1) Das biblische Verständnis der Nächstenliebe ist nicht von lang gepflegten Gegensätzen zwischen Fürsorge und Gerechtigkeit, Beziehungs- und Verteilungsgerechtigkeit, Differenz und Gleichheit geprägt, die aus philosophischen und feministischen Debatten bekannt sind.

(2) Sondern sie umfasst in der biblischen Überlieferung ein weites Spektrum an Erfahrungen und Dimensionen, die mit der bürgerlichen Trennung von Vernunft und Gefühl, der Scheidung zwischen Eros und Agape und anderen Dualismen nicht konform gehen.

(3) Es geht um historisch und sozial konkrete, damit auch um konflikthaltige Situationen und ihre jeweilige Bewältigung, nicht um den moralischen Appell an Harmonie oder Unterordnung. Nächstenliebe ist ein Gebot der Tora und hat seinen Ursprung im Wissen und der Erfahrung von Feindschaft.

(4) Die Ausgestaltung und Konkretisierung von Nächstenliebe in der Rechtsform sind zentrale Merkmale und damit auch die Auseinandersetzung mit der Frage (der Prophetie), was unter welchen Umständen Recht ist, wie es zu erhalten und neu zu gewinnen ist.

(5) Vom Zusammenhang im Levitikus-Buch und dem weiteren Kontext in der hebräischen Bibel erschließt sich, dass Nächstenliebe mit der Heiligung der Gemeinde im alltäglichen Handeln und der Wahrung der Alterität des und der Anderen zusammen zu denken ist.

Das Ethos der Nächstenliebe ist *nicht zeitlos*, es hat sein Echo gezeitigt, und zwar häufig in säkularer oder arkaner Form.[32] Heute, da weltweit über die Notwendigkeit der Rekonstruktion einer Welt, in der alle leben können, nachgedacht und in vielfältigen Formen politisch eingreifend gehandelt wird, wird auch über Heilung gesprochen: nicht nur der Corona-Kranken und der durch die Corona-Maßnahmen krank Gemachten, sondern über die Heilung der ganzen gefährdeten Welt – auch das eine in der Bibel, im Judentum (vgl. Brumlik, 2016: 87–92) und christlichen Traditionen (Missionsbewegungen) wichtige Verknüpfung. So geschehen beim vorgenannten Kongress von *medico internacional* oder in der Kunst wie dem im süditalienischen Migrantenelend und dem Kampf um Menschenrechte afrikanischer Erntearbeiter und -arbeiterinnen angesiedelten Film *Das neue Evangelium* von Milo Rau.

Biblisch motivierte Menschen, die auch mündige Bürgerinnen sind, sollten sich per se an diesem Ringen um Heilung und Anerkennung von Menschlichkeit beteiligt wissen – und sich darüber verständigen, darin den heutigen Sinn des Ethos der Nächstenliebe zu erkennen. Das wäre nicht nur praktisch, sozial

---

[32] Vom biblischen Erbe beeinflusste oder sich dezidiert als jüdisch verstehende Philosophinnen/Ethiker und zuvor die erste Generation der *kritischen Theorie* haben hier eine hervorragende Rolle und sollten in der evangelischen Ethik stärker rezipiert werden.

und politisch wichtig, sondern auch im Sinn einer theologischen Ethik, die zwar ›Religion im Erbe‹ (Bloch) hat, aber auch eine nicht-religiös argumentierende, nach-metaphysische Ethik politikfähiger Subjekte im pluralen Kontext anstrebt.

Literatur

Appelt, Erna/Aulenbacher, Brigitte/Wetterer, Angelika (Hrsg.): Gesellschaft. Feministische Krisendiagnosen (Forum Frauen- und Geschlechterforschung der Sektion Frauen- und Geschlechterforschung in der Deutschen Gesellschaft für Soziologie 36). Münster: Westfälisches Dampfboot 2014.

Bedford-Strohm, Heinrich/Jähnichen, Traugott/Reuter, Hans-Richard (Hrsg.): Arbeitswelten (Jahrbuch Sozialer Protestantismus 5). Gütersloh: Gütersloher Verlagshaus 2011.

Belitz, Wolfgang (Hrsg.): Wege aus der Arbeitslosigkeit (rororo aktuell 13671). Reinbek bei Hamburg: Rowohlt 1995.

Bialluch, Christoph/Bruder, Klaus-Jürgen/Leuterer, Bernd et al. (Hrsg.): Paralyse der Kritik - Gesellschaft ohne Opposition? (Forschung psychosozial). Gießen: Psychosozial-Verlag 2019.

Breier, Karl-Heinz/Gantschow, Alexander (Hrsg.): Politische Existenz und republikanische Ordnung. Zum Staatsverständnis von Hannah Arendt (Staatsverständnisse 48). Baden-Baden: Nomos 2012.

Care.Macht.Mehr, Von der Care-Krise zur Care-Gerechtigkeit, URL: https://care-macht-mehr.com/ (Stand: 20.11.2019).

Conradi, Elisabeth: Take care. Grundlagen einer Ethik der Achtsamkeit. Frankfurt a. M./New York: Campus 2001.

Conradi, Elisabeth: Die Ethik der Achtsamkeit zwischen Philosophie und Gesellschaftstheorie, in: Dies./Vosmann, Frans (Hrsg.), Praxis der Achtsamkeit, Frankfurt: Campus 2016, 53-86 (2016a).

Conradi, Elisabeth/Vosmann, Frans (Hrsg.): Praxis der Achtsamkeit. Schlüsselbegriffe der Care-Ethik. Frankfurt: Campus 2016.

Conradi, Elisabeth: Verteilungsgerechtigkeit oder achtsame Zuwendung? Deutschsprachige Care-Diskurse und ihre ethico-politische Dimension, in: Das Argument. Zeitschrift für Philosophie und Sozialwissenschaften 320, 58 (2016) 6, 818-832 (2016b).

Dengler, Corinna: Feminist Futures: Was Degrowth von feministischer Wissenschafts-, Wirtschafts- und Wachstumskritik lernt. Rahmenpapier Dissertation, URL: https://voado.uni-vechta.de/bitstream/handle/ 21.11106/241/ Dengler-Rahmenpapier.pdf?sequence=2&isAllowed=y. (Stand: 04.03.2021).

Eckart, Christel/Senghaas-Knobloch, Eva (Hrsg.): Fürsorge-Anerkennung-Arbeit. Feministische Studien extra. Weinheim: Dt. Studien-Verlag 2000.

Evangelische Kirche von Westfalen (Hrsg.): Zukunft der Arbeit - Leben und Arbeiten im Wandel, Schwerpunktthema Landessynode. Bielefeld: 1983.

Gesellschaft für Zeitpolitik (Hrsg.): Zeit ist Leben. Manifest, URL: http://www.zeitpolitik.de/zumdownload.html#ankerManifest (Stand: 17.10.2020).

Globig, Christine: Zur Reetablierung des Fürsorgebegriffs in der evangelischen Ethik, in: Henkel, Anna/Karle, Isolde et al. (Hrsg.), Sorget nicht - Kritik der Sorge. Baden-Baden: Nomos 2019, 181-196.

Großmaß, Ruth/Perko, Gudrun: Ethik für soziale Berufe (UTB Nr. 3566). Paderborn: Budrich 2011.

Haubner, Tine: Die Ausbeutung der sorgenden Gemeinschaft. Laienpflege in Deutschland. Frankfurt a. M.: Campus 2017.

Haug, Frigga: Das Care-Syndrom. Ohne Geschichte hat die Frauenbewegung keine Perspektive, in: Das Argument. Zeitschrift für Philosophie und Sozialwissenschaften 292, 53 (2011) 3, 345-364 (2011b).

Haug, Frigga: Die Vier-in-Einem-Perspektive als Leitfaden für Politik, in: Das Argument. Zeitschrift für Philosophie und Sozialwissenschaften 291, 53 (2011) 2, 241-250 (2011a).

Heimbach-Steins, Marianne (Hrsg.): Sozialethik der Pflege und Pflegepolitik (Jahrbuch für Christliche Sozialwissenschaften 57. 2016). Münster: Aschendorff 2016.

Henkel, Anna/Karle, Isolde/Lindemann, Gesa et al. (Hrsg.): Sorget nicht - Kritik der Sorge (Dimensionen der Sorge 2). Baden-Baden: Nomos 2019.

Jochimsen, Maren A.: Die Gestaltungskraft des Asymmetrischen. Asymmetrie und Abhängigkeit als Ausgangspunkt ökonomischen Denkens und Handelns, in: Knobloch, Ulrike (Hrsg.), Ökonomie des Versorgens. Weinheim: Beltz 2019, 68-88.

Jochimsen, Maren A./Knobloch, Ulrike (Hrsg.): Lebensweltökonomie in Zeiten wirtschaftlicher Globalisierung (Reihe Lebensweltökonomie 2). Bielefeld: Kleine 2006.

Kittay, Eva F.: Learning from My Daughter - The Value and Care of Disabled Minds. New York: Oxford University Press 2019.

Klinger, Cornelia: Lebenssorge und geschlechtliche Arbeitsteilungen in sozialphilosophischer und kapitalismuskritischer Perspektive, in: Appelt, Erna/Aulenbacher, Brigitte et al. (Hrsg.): Gesellschaft. Feministische Krisendiagnosen. Münster: Westfälisches Dampfboot 2014, 82-104.

Knobloch, Ulrike (Hrsg.): Ökonomie des Versorgens. Feministisch-kritische Wirtschaftstheorien im deutschsprachigen Raum (Arbeitsgesellschaft im Wandel)/Weinheim: Beltz 2019.

Kramer, Nicole/Menzel, Birgit/Möller, Birgit et al. (Hrsg.): Sei wie das Veilchen im Moose. Aspekte feministischer Ethik (Die Frau in der Gesellschaft 11946). Frankfurt a. M.: Fischer 1994.

Kuhlmann, Helga (Hrsg.): Und drinnen waltet die züchtige Hausfrau. Zur Ethik der Geschlechterdifferenz, Gütersloh: Kaiser/Gütersloher Verlagshaus 1995.

Kumbruck, Christel/Senghaas-Knobloch, Eva/Rumpf, Mechthild (Hrsg.): Unsichtbare Pflegearbeit. Fürsorgliche Praxis auf der Suche nach Anerkennung (Protestantische Impulse für Gesellschaft und Kirche 10). Berlin/Münster: Lit 2010.

Kurz-Scherf, Ingrid: Vom guten Leben. Feministische Perspektiven diesseits und jenseits der Arbeitsgesellschaft, in: Belitz, Wolfgang (Hrsg.), Wege aus der Arbeitslosigkeit. Reinbek bei Hamburg: Rowohlt 1995, 181–206.

Link, Christian: Die Welt als Gleichnis. Studien zum Problem der natürlichen Theologie. München: Kaiser 1982.

Lutz, Helma: Vom Weltmarkt in den Privathaushalt. Die neuen Dienstmädchen im Zeitalter der Globalisierung. Opladen: Budrich 2007.

Lynch, Kathleen: Affective equality. Care, Equality and Citizenship, in: We care! A report of the WIDE Annual Conference 2009, Basel 2010, 8–11.

Medico international (Hrsg.): Die (Re)konstruktion der Welt. Hilfe. Solidarität. Politik. Online-Konferenz, 12.–14. Februar 2021, URL: https://www.medico.de/reconstruction (Stand: 17.05.2021).

Meier-Gräwe, Uta (Hrsg.): Die Arbeit des Alltags. Gesellschaftliche Organisation und Umverteilung. Wiesbaden: Springer 2015.

Mieth, Corinna/Goppel, Anna/Neuhäuser, Christian (Hrsg.): Handbuch Gerechtigkeit. Stuttgart: Metzler 2016.

Nagl-Docekal, Herta/Pauer-Studer, Herlinde (Hrsg.): Jenseits der Geschlechtermoral. Beiträge zur feministischen Ethik (Zeit-Schriften 11630). Frankfurt a. M.: Fischer 1993.

Netzwerk Vorsorgendes Wirtschaften (Hrsg.): Wege vorsorgenden Wirtschaftens. Marburg: Metropolis 2013.

Plonz, Sabine: Himmlisches Bürgerrecht – Liebe zur Welt. Anläufe zu einer dialogisch-politischen Theologie im ökumenischen Kontext. Frankfurt a. M.: Lembeck 2007 (2007a).

Plonz, Sabine: Alles hat seine Zeit. Qohelet, Jesus und die moderne Tätigkeitsgesellschaft, in: Dies., Himmlisches Bürgerrecht – Liebe zur Welt. Frankfurt a. M.: Lembeck 2007, 147–154 (2007b).

Plonz, Sabine: Mitmenschliche Praxis und politische Ethik heute – ein utopisches Projekt, in: Das Argument. Zeitschrift für Philosophie und Sozialwissenschaften 320, 58 (2016) 6, 799–801.

Plonz, Sabine: Ethik des Politischen als Lernprozess. Eine protestantische Erkundung der Liberalismuskritik von Joan Tronto und Armatya Sen, Antrittsvorlesung als PD für Theologische Ethik, Münster, 14.06.2017, URL: https://bibel-kontextuell.de/wp-content/uploads/2020/03/Plonz_Antrittsvorlesung2017.pdf. (Stand: 09.09.2020).

Plonz, Sabine: Menschenwürdige Arbeit für Hausangestellte? Eine Fallstudie zur Aktualisierung der protestantischen Ethik, in: Ethik und Gesellschaft. Ökumenische Zeitschrift für Sozialethik 11 (2017), URL: http://www.ethik-und-gesellschaft.de/ojs/index.php/eug/article/download/eug-2-2017-art-6/509, (Stand: 26.01.2018).

Plonz, Sabine: Wirklichkeit der Familie und protestantischer Diskurs. Ethik im Kontext von Re-Produktionsverhältnissen, Geschlechterkultur und Moralregime. (Reihe: ethik und gesellschaft 5). Baden-Baden: Nomos 2018.

Plonz, Sabine: Menschwerdung und ethische Praxis im Kapitalismus, in: Knobloch, Ulrike (Hrsg.), Ökonomie des Versorgens. Weinheim: Beltz 2019, 169-195.

Plonz, Sabine: »Revolution«? Der Care-Diskurs und sein politisch-ethischer Anspruch, in: Bialluch, Christoph/Bruder, Klaus-Jürgen et al. (Hrsg.), Paralyse der Kritik - Gesellschaft ohne Opposition? Gießen: Psychosozial-Verlag 2019, 381-392.

Posselt, Gerald: Die Sorge um sich und die anderen. Zur Verschränkung von Ethik und Politik in Foucaults Spätwerk. Im Erscheinen: DZPhil 2022.

Praetorius, Ina: Wirtschaft ist Care oder: Die Wiederentdeckung des Selbstverständlichen. Ein Essay (Schriften zu Wirtschaft und Soziales 16). Berlin: Heinrich-Böll-Stiftung 2015.

Rössler, Beate: Feministische Gerechtigkeit, in: Mieth, Corinna/Goppel, Anna/Neuhäuser, Christian (Hrsg.), Handbuch Gerechtigkeit. Stuttgart: Metzler 2016, 92-98.

Scheiwe, Kirsten: »Menschenwürdige Arbeit für Hausangestellte« - Zur Bedeutung des ILO-Übereinkommens 189 für Deutschland, in: Meier-Gräwe, Uta (Hrsg.), Die Arbeit des Alltags, Wiesbaden: Springer 2015, 37-57.

Schnabl, Christa: Gerecht sorgen. Grundlagen einer sozialethischen Theorie der Fürsorge (Studien zur theologischen Ethik 109). Freiburg: Herder 2005.

Schnerring, Almut/Verlan, Sascha: Equal Care. Über Fürsorge und Demokratie, Berlin: Verbrecher Verlag 2020.

Schönwälder-Kuntze, Tatjana/Stiegler, Michael: Wie subsidiär ist (der) »Care«(-Diskurs)?, in: Femina Politica 26 (2017) 2, 19-33.

Schües, Christina: Conditio humana - eine politische Kategorie, in: Breier, Karl-Heinz/Gantschow, Alexander (Hrsg.), Politische Existenz und republikanische Ordnung, Baden-Baden: Nomos 2012, 49-72.

Sen, Amartya: Die Idee der Gerechtigkeit. München: DTV 2010.

Social Platform: Care. Recommendations for care that respects the rights of individuals, guarantees access to services and promotes social inclusion, URL: https://www.socialplatform.org/wp-content/uploads/2013/03/20121217_SocialPlatform_Recommendations_on_CARE_EN1.pdf (Stand: 09.08.2021).

Heimbach-Steins, Marianne (Hrsg.), Sozialethik der Pflege und Pflegepolitik. Jahrbuch für Christliche Sozialwissenschaften 57. Münster: Aschendorff 2016.

Tronto, Joan C.: Moral Boundaries. A political Argument for an Ethic of Care. New York: Routledge 1993.

Tronto, Joan C.: Caring Democracy. Markets, Equality, and Justice. New York: NYU 2013.

Tronto, Joan C.: Kann »Sorgende Demokratie« eine politische Theorie der Transformation sein?, in: Das Argument. Zeitschrift für Philosophie und Sozialwissenschaften 320, 58 (2016) 6, 839-848.

Villa, Paula-Irene: Corona-Krise meets Care-Krise - Ist das systemrelevant?, in: Leviathan 48 (2020) 3, 433-450.

Waerness, Kari: Fürsorgerationalität, in: Eckart, Christel/Senghaas-Knobloch, Eva (Hrsg.), Fürsorge-Anerkennung-Arbeit. Weinheim: Dt. Studien-Verlag 2000, 54-66.

We care! Feminist responses to the care crises. A report of the WIDE Annual Conference 2009, Basel 2010.

Winker, Gabriele: Care-Revolution. Schritte in eine solidarische Gesellschaft. X-Texte zu Kultur und Gesellschaft. Bielefeld: Transcript 2015.

Wir mischen uns öffentlich ein. Das Manifest vom Kirchentag 1995, in: Wolf, Carola (Hrsg.), Frauen und Marktwert. Berlin: Wichern 1996, 138–140.

Wolf, Carola (Hrsg.): Frauen und Marktwert. Krisen und Chancen weiblicher Erwerbsarbeit. Analysen, Erfahrungen, Konzepte. Berlin: Wichern 1996.

Zentralkomitee der deutschen Katholiken (Hrsg.): Gerechte Pflege in einer sorgenden Gesellschaft. Zur Zukunft der Pflegearbeit in Deutschland, Erklärung der Vollversammlung des ZdK, URL: https://www.zdk.de/veroeffentlichungen/erklaerungen/detail/Gerechte-Pflege-in-einer-sorgenden-Gesellschaft-Zur-Zukunft-der-Pflegearbeit-in-Deutschland–248M/ (Stand: 22.03.2021).

»Die Nacht ist bald vorüber, der Tag naht« (Röm 13,12)

Paulinisches Zeitverständnis im Kontext des römischen Reiches
Carsten Jochum-Bortfeld

Gegenwärtige Debatten um Zeit, um Ent- und Beschleunigung sind in manchem recht weit weg von den Lebenswelten antiker Menschen. Doch wenn man sich anschaut, worum heutige Diskussionen zum Thema ›Zeitpolitik‹ kreisen, wird deutlich: Ein solcher Blick auf das Thema ›Zeit‹ ist den Menschen im römischen Reich nicht fremd. Für Jürgen P. Rinderspacher ist ein zentraler Aspekt von Zeitpolitik, dass mit Zeitstrukturen und deren Veränderung »nicht-zeitliche Sozialstrukturen« (Rinderspacher, 2015) geprägt, gestaltet und umgeformt werden. Ein solches Verständnis von Zeitpolitik lässt sich auch auf das politische und gesellschaftliche Leben des römischen Reiches und konkreter auf prägende Ereignisse in der Regierungszeit des Kaisers Augustus beziehen.

1. Annäherungen an antike Lebenswelten

Anhand von zwei Ereignissen aus der römischen Provinz Asia unter der Regierung des Augustus werde ich mich dem Thema ›Zeit‹ in politischen und gesellschaftlichen Kontexten des römischen Reiches annähern: ein Prozess vor Marcus Agrippa 14 v. Chr. über die Geltung der Edikte zum jüdischen Leben im römischen Reich und die Kalenderreform in der Provinz Asia 9 v. Chr.

1.1 Jüdisches Leben nach den väterlichen Gesetzen

Im Jahr 14 v. Chr. wurden, so berichtet es Josephus in seinen Antiquitates (Ios. Ant. Iud.16,2,3-5), Marcus Agrippa, der zweite Mann im römischen Reich, und Herodes, König von Israel, während einer Reise durch das östliche Mittelmeer von Vertretern jüdischer Gemeinschaften um eine grundsätzliche Klärung eines rechtlichen Konfliktes gebeten (vgl. Schuol, 2007: 106-124; Baltrusch, 2020: 208-215). Jüdischen Menschen im Reich war es seit Caesar per Edikt zugesichert, nach ihren ›väterlichen Gesetzen‹ zu leben (Schuol, 2007: 80-106.254-257). Dazu gehört auch die Einhaltung der Sabbatruhe. Aus den Texten des Josephus wissen wir, dass in den griechischen Städten diese Edikte

Caesars, die von Augustus bestätigt worden waren, mitunter kaum Berücksichtigung fanden (vgl. u. a. Ios. ant. Iud. 16,2,3-4; vgl. a. a. O.: 103.259). Immer wieder wurden jüdische Männer am Sabbat vor Gericht geladen. Aus Sicht der griechischen Städte und ihrer Bürger war das keine Schikane. In einem Prozess als Zeuge aufzutreten, galt als Bürgerpflicht. Wer ihr nicht nachkam, distanzierte sich von der Polisgemeinschaft. Einen vergleichbaren Eindruck hinterließ die Distanzierung jüdischer Menschen von den Kulten für die Stadtgottheiten (und im zunehmenden Maße für die Roma Dea, die römische Stadtgottheit, und für den vergöttlichten Julius Caesar) (vgl. a. a. O.: 104) und die Zahlung der Tempelsteuer. In den Augen der Mehrheitsbevölkerung taten Juden nichts dafür, dass die Götter der jeweiligen Stadt wohlgesonnen waren, und sie schafften ihr Geld nach Jerusalem, anstatt es für die Belange der Stadt einzusetzen. Durch das Leben nach den ›väterlichen Gesetzen‹ zeigten sich Juden aus der Perspektive der Polis als integrationsunwillig und als Angehörige einer Parallelgesellschaft.

Vertreter jüdischer Gemeinschaften versuchten nun beim Stellvertreter des Kaisers eine grundsätzliche rechtliche Klärung der Angelegenheit zu erreichen. Von Herodes erhofften sie Unterstützung der jüdischen Sache. Das Vorhaben gelang: Agrippa bestätigte die bisherigen rechtlichen Regelungen. Jüdinnen und Juden durften weiterhin nach den väterlichen Gesetzen leben. Agrippa formuliert, so Josephus, einen wichtigen Vorbehalt: Alles muss mit den römischen Interessen vereinbar sein (Ios. ant. Iud. 12,3,2; 16,6,4) (vgl. a. a. O.: 121–124). Nach Schuol zeigt sich darin das zentrale Moment kaiserlicher Politik im Umgang mit Juden: Die rechtliche Zusicherung der jüdischen Lebensweise schafft loyale Untertanen und bindet Juden quasi als Klienten an ihren Patron, den Kaiser (vgl. a. a. O.: 259–263). Macht man sich klar, dass sich das römische Kaiserreich noch in seiner Konsolidierungsphase befand,[1] wird die Wichtigkeit einer solchen Rechtssprechung deutlich. Die Zuneigung der griechischen Städte erhielt der Kaiser durch andere Maßnahmen, vor allem im wirtschaftlichen Bereich. Wichtig an dieser Episode aus dem Jahr 14 v. Chr. ist, dass gelebte und geteilte Zeit politische Konsequenzen hat: Die Zugehörigkeit zur Polis schließt die Teilhabe an deren Kalendern und Zeiträumen ein. Dass jüdische Menschen hier eine Sonderstellung bekommen, verdankt sich einer besonderen politischen Konstellation. Es hat aber auch zur Folge, dass jüdische Gemeinschaften sich in ein besonderes Abhängigkeitsverhältnis zum Kaiser begeben. Ihre Zeit ist eben in Augustus' Händen.

---

[1] Im Jahr 23 v. Chr. zeigte eine schwere Krankheit des Augustus, auf welch wackeligen Fundamenten die neue Regierungsform stand: Mit Blick auf seinen sehr schlechten Gesundheitszustand stand die nicht geklärte Nachfolgefrage im Raum. Nur die rasche Genesung verhinderte eine Eskalation (vgl. DAHLHEIM, 2010: 209-211).

1.2 Die Kalenderreform der Asia

»Umstellung der Uhren« (Ebner, 2012: 151) – so überschreibt Martin Ebner seine Darstellung der Auswirkungen des Kaiserkultes auf die zeitlichen Orientierungsrahmen im römischen Reich. Er hebt damit eine wesentliche Auswirkung der Herrschaft des Augustus und seiner Nachfolger in den Provinzen hervor: Die besondere Form der Verehrung des Kaisers sorgte dafür, dass die lokalen »Festkalender [...] umgeschrieben wurden« (Ebner, 2012: 151). Wie sehr die Eingriffe in lokale Zeitstruktur-Traditionen mit der Herrschaftsideologie des Prinzipats verbunden war, zeigt die Kalenderinschrift von Priene:

> »Da die Vorsehung, die unser Leben (in göttlicher Weise) strukturiert, mit Eifer und Großmut unser Leben auf das Vollkommenste in Ordnung gebracht hat, indem sie Augustus hervorbrachte [...], wodurch sie uns und unseren Nachkommen einen Retter schickte, der den Krieg beendete und alles ordnet; da der Kaiser nun durch sein Erscheinen die Hoffnungen (all derer, die durch Evangelien je einen Vorteil erlangten), überbot, weil er nicht nur die vor ihm lebenden Wohltäter überragte, sondern auch den künftigen keine Hoffnung auf eine Steigerung ließ; da für den Kosmos der Geburtstag des Gottes der Anfang der durch ihn verursachten Evangelien war. [...] deshalb haben zu gutem Gelingen und zum Heil die Griechen in der Asia den Beschluss gefasst, dass der neue Jahresbeginn für alle Städte am 9. Tag vor den Kalenden des Oktober beginnt, welcher der Geburtstag des Augustus ist; dass damit der Tag stets übereinstimmt für jede Stadt, das griechische Datum gemeinsam mit dem römischen verwendet wird; dass der erste Monat [...] als Monat des Kaisers geführt wird, beginnend mit dem 9. Tag vor den Kalenden des Oktober, dem Geburtstag des Kaisers [...]« (OGIS 458,32-56; zitiert nach: a.a.O., 152).

9 v. Chr. veröffentlichte der Landtag der Provinz Asia diese Inschrift an verschiedenen Orten der Provinz: Das Jahr begann fortan mit dem Geburtstag des Kaisers am 23.9. Diese Kalenderreform ist vom Statthalter der Provinz, Paullus Fabius Maximus, durch ein Edikt zur Einführung des Julianischen Kalenders, den Caesar für Rom 45 v. Chr. durchgesetzt hatte, im Prinzip angeordnet worden. Die Reform war wohl mit dem Ziel eines einheitlichen Kalenders für das ganze Imperium Romanum auf den Weg gebracht worden. Die Vertreter der Provinz kamen diesem Druck der Zentrale des Reiches nach und zeigten sich als loyale Untertanen des Kaisers – mit der klaren Erwartung, dass der Kaiser diese Loyalität vergelten wird. Die neue Zeitstruktur der Asia transportierte zentrale Elemente der Ideologie des Prinzipats: Das Jahr beginnt nicht nur mit dem Geburtstag des Kaisers. »Der Geburtstag des Augustus wird als Ziel- und Initiationstag der göttlichen Vorsehung betrachtet, mit dem diese eine alles Bisherige übertreffende Heilszeit beginnen lässt. Der Geburtstag des Augustus wird damit zum heilsgeschichtlich signifikanten Datum stilisiert, das in der

Provinz Asia bei jedem Jahresanfang in Erinnerung gerufen und konsequenterweise als Ausgangspunkt aller ›guten Nachrichten‹ (euangelia) beschrieben wird« (Ebner, 2012: 153).

Zeitstrukturen waren im römischen Reich nicht neutral. Sie stellen auch nicht nur eine ideologische Fassade dar, sondern sind Teile der Fundamente und Pfeiler eines neuen politischen Systems.[2] Das Prinzipat war nicht einfach die Fortführung der alten Res Publica: Auch wenn Augustus alles tat, um als Wahrer der alten Ordnung zu erscheinen. Er erschuf einen neuen Staat, mit einem Mann in der Mitte, um den sich alles drehte – auch die Zeit (vgl. Hannah, 2005: 146–147).

2. Das Goldene Zeitalter

Wie sehr sich die Zeit um Augustus drehte, zeigt die Saecularfeier des Jahres 17 v. Chr. Augustus ließ eine groß angelegte Feierlichkeit in Rom planen, die dem Zeitbewusstsein und »Lebensgefühl, der Zukunftshoffnung der Epoche, eine äußere Gestalt verleihen und zugleich allen Menschen das Erreichte dauerhaft ins Gedächtnis rufen« (Bleicken, 2000: 366) sollte. Diese Feierlichkeiten in der Reichshauptstadt dienten dem Abschluss des alten und der Ausrufung eines neuen Saeculums. »Dabei griff Augustus auf schon früh in der Republik bekannte Vorstellungen von den sich ablösenden Zeitaltern (saecula) zurück. Danach sollten am Ende eines Zyklus mittels einer religiösen Feier das Leid und die Schuld der Vergangenheit beim Aufbruch zu einer besseren, von Not und Schuld freien Zukunft entsühnt und vergessen werden« (a.a.O.). In der Vergangenheit wurde dieser Ritus in Krisenzeit durchgeführt. Im Jahr 49 v. Chr. war eine Saecularfeier durch den Krieg zwischen Caesar und Pompeius, dem Beginn des Bürgerkrieges, verhindert worden. Jetzt, nach Ende des Krieges, wurde diese ausgefallene Feier nachgeholt. Die Vorstellungen von den sich abwechselnden Epochen wurden im Kontext der Feierlichkeiten mit der in der griechisch-römischen Kultur bekannten Vorstellung der Abfolge der Weltalter (Hes. erg. 106–201) verbunden (vgl. Müller, 2003: 33–35). Der zu feiernde Übergang in eine bessere Zukunft war der Beginn des Goldenen Zeitalters durch die Herrschaft des Augustus. Das politische und militärische Wirken des Gaius Octavius war schon früh mit dem Goldenen Zeitalter in Verbindung gebracht worden. Die 4. Ekloge des Vergil (Verg. ecl. 4) nimmt wohl Bezug auf das sog. 2. Triumvirat zwischen Octavius, Antonius und Lepidus (40 v. Chr.). Das Dreier-Bündnis nährte die Hoffnung, dass der römische Bürgerkrieg ein Ende

---

[2] Zur Regierung des Augustus vgl. Bleicken (2000: 371–390); Dahlheim (2010:180–203).

gefunden hat, was sich allerdings als Trugschluss herausstellte. Erst als alle innen- und außenpolitischen Gegner ausgeschaltet oder in die Schranken gewiesen waren, konnte das Goldene Zeitalter beginnen.

Konkreter Anlass war der diplomatische Erfolg gegenüber dem Partherreich 20 v. Chr. Beharrliches Säbelrasseln hatte dazu geführt, dass die 53 v. Chr. bei Carrhae verlorenen Legionsfeldzeichen wieder in römischen Besitz zurückkehrten. Augustus konnte die Schmach der Niederlage tilgen und den Gegner an der Ostgrenze in die Schranken weisen. Dieser außenpolitische Erfolg wurde auf dem Brustpanzer einer Statue des Augustus[3] bildlich dargestellt: Der Partherkönig übergibt einem Repräsentanten römischer Legionen (vielleicht ist es auch der römische Kriegsgott Mars) das römische Feldzeichen. Unterhalb dieser Szene liegt die Erdgöttin, göttliche Garantin des Friedens (vgl. Zanker, 1997: 192-196).

In der Aeneis des Vergil, das Epos, das in der folgenden Zeit schnell zum zentralen und prägenden Dichtwerk des Kaiserreiches avancierte, wurde Augustus als Bringer des Goldenen Zeitalters gepriesen (vgl. Aen. 1,286-295). In Augustus vollendet sich die göttliche Bestimmung der Römer, die Welt zu beherrschen.

Die Saecularfeier selbst wurde dann zu einer öffentlichen Inszenierung des neuen Herrschers, seiner Familie und der seiner getreuen Weggefährten. »Mehre die Herrschaft und die Hoheit des römischen Volkes, der Quiriten, in Krieg und Frieden und beschirme immer den Stamm der Latiner [...], gewähre dem römischen Volk, den Quiriten, und den Legionen des römischen Volkes Deine Gunst.« (CIL VI,32323; zitiert nach Bringmann/Schäfer, 2002: 276 f.) So beteten Augustus und Agrippa zu Apoll und Diana nach den Opferhandlungen zur Entsühnung des ganzen Volkes. Im Zusammenhang der verschiedenen Rituale fanden sieben Tage lang Spiele und Theateraufführungen statt. Einer der Höhepunkte war der öffentliche Vortrag des für diesen Anlass gedichteten Werkes von Horaz (Carmen saeculare), das die Herrschaft des Augustus als Erfüllung des göttlichen Willens und Wiederkehr des Goldenen Zeitalters preist.

Ein Bauwerk schließt die Ausrufung und Feier des Goldenen Zeitalters in besonderer Weise ab: die Ara Pacis Augustae. Dieser Altar wurde am 30.01. (dem Geburtstag der Livia, der Frau des Augustus) 9. v. Chr. eingeweiht. Nach erfolgreicher Konsolidierung der östlichen Provinzen durch Agrippa und der Reorganisation Spaniens und Galliens durch Augustus wird 13 v. Chr. vom Senat die Errichtung eines Friedensaltars in Auftrag gegeben. Der Abschluss der jeweiligen Missionen wurde als endgültige Etablierung der Herrschaft Roms verstanden. Der römische Frieden war vollendet. Friede im römischen Sinne kann es nur geben, wenn die Feinde endgültig unterworfen sind und Rom

---

[3] Sie wurde in der Villa der Livia bei Prima Porta gefunden.

herrscht (vgl. Dahlheim, 2010: 250; zur Ara Pacis vgl. a. a. O., 250-255). Genau dies feierte man an diesem besonderen Altar. Gerade seine Ostseite gibt Zeugnis vom durch römische Waffen geschützten Goldenen Zeitalter: Eine dort abgebildete junge Mutter (evtl. die Erdgöttin Tellus oder Venus) sitzt mit zwei spielenden Kindern auf dem Schoß. Auf einem Relief ihr gegenüber thront Roma Dea auf einem Hügel voller Waffen – eine Verkörperung des durch Krieg errungenen Friedens. Am Tag der Tempeleinweihung wurden in den folgenden Jahren Opfer dargebracht. Der Tempelweihtag fand einen festen Platz im jährlichen Festkalender Roms. Die mit diesem Altar verbundene Vorstellung vom Frieden prägte die Zeit der Stadt Rom. Vor dem Altar auf dem Marsfeld ließ Augustus gleichzeitig einen aus Ägypten herbeigebrachten Obelisken aufstellen, und zwar als Zeiger einer riesigen Sonnenuhr. Am 23.09. fiel der Schatten des Zeigers auf die Ara Pacis.

Augustus gibt so der Reichsbevölkerung vor, wie die Gegenwart zu verstehen ist. Die Deutung von Zeit wird benutzt, um die Herrschaft des Augustus als die beste aller möglichen zu präsentieren.

3. Die römischen *fasti*

Am Tempelweihtag der Ara Pacis kann man eine bestimmte Entwicklung der Kaiserzeit aufzeigen. Zu den traditionellen Feiertagen der römischen Republik kamen verschiedene Festtage hinzu, die mit dem Kaiser, seiner Herrschaft und seiner Familie im Zusammenhang standen. Diese Festtage waren auf öffentlichen Kalendern (den *fasti*) das ganze Jahr über in der Öffentlichkeit präsent (vgl. Haensch, 2011: 177-179; Rüpke 2012: 121-123). Es gab im römischen Staat verschiedene Verzeichnisse, die als *fasti* bezeichnet werden.[4] Hier geht es um Verzeichnisse der jährlich wiederkehrenden öffentlichen Feierlichkeiten. Schon das Protokoll der Saecularfeier und der an vielen Orten im Reich aufgestellte Taten-Bericht des Augustus sorgten für eine Präsenz dieser Feier und der von Augustus dokumentierten Ereignisse (vgl. Dahlheim, 2010: 355-358; Bringmann/Schäfer, 2002: 276, Anm. 44), unabhängig von den jeweiligen Geschehnissen. Die bis zum Ende der Flavischen Dynastie im römischen Stadtgebiet und Italien weit verbreiteten Kalender hatten eine ähnliche Funktion.[5] Sie

---

[4] Die Bezeichnung *fasti* taucht auch bei den öffentlichen Listen der Consuln auf (vgl. Rüpke, 2012: 82-83).

[5] Rüpke ordnet Kalender dem Trend zur Verdoppelung von Religion in der augusteischen Zeit zu. Religion existierte nicht nur im konkreten Vollzug z. B. von Ritualen, sondern war präsent in verschiedenen Erinnerungsmedien. (Vgl. Rüpke, 2016:192-217; zu den Kalendern vgl. 213-215).

verzeichnen die Tempelstiftungstage (dies natales templorum) und die Feiertage (feriae). Nicht nur die Zahl der Tempelstiftungstage nahm unter der augusteischen Herrschaft deutlich zu: 30 neue *feriae* fanden auf Beschluss des Senats Eingang in den römischen Kalender.

Die Kalender wurden außerhalb von Rom in der Regel von finanzkräftigen Einzelpersonen oder von Vereinen gestiftet und zunächst in prächtigem Marmor aufgestellt. So boten die Kalender dem Kaiser die Möglichkeit, im Alltag der Bewohner Roms und Italiens präsent zu sein, ohne dass er persönlich anwesend war. Er war gegenwärtig in dem Hinweis auf einen bestimmten Feiertag im Kalender (vgl. Rüpke, 2016: 214). Die Stifter der Kalender konnten hoffen, dass das Ansehen des Kaisers auf sie abstrahlte.

Die Kalender führten buchstäblich vor Augen, wie der ganze Jahreslauf vom Kaiser und seinen Taten strukturiert wurde. Rüpke bezeichnet die *fasti* als Erinnerungsmedien (vgl. Rüpke, 2012: 121–123). Die Festtage und Tempelweihtage erinnern an wichtige und ruhmreiche Ereignisse der römischen Geschichte. Sie wirkten als Vorbild und normierend auf das Handeln römischer Bürger. Das Tempelweihfest für die Ara Pacis Augustae verankerte die Vorstellung vom römischen Frieden und römischer Weltherrschaft im Kreislauf des Jahres. Der 30. Januar stand dafür, dass Rom durch den Willen der Götter herrschte. Gleichzeitig erinnerte der Geburtstag der Livia römische Frauen daran, welche Rolle sie in der Gesellschaft zu spielen hatten.[6] Die Gestaltung von Zeitstrukturen wirkte sich auf die nichtzeitlichen Elemente der Gesellschaft aus. Die Kalender sorgten mit dafür, dass zentrale römische Wertvorstellungen, die für die Gedenktage wichtig waren, festgeschrieben und tradiert wurden.

4. Der Kalender Athens

Die *fasti* waren, das zeigen die archäologischen Funde, vor allem in der Reichshauptstadt und in Italien verbreitet. Wie die strukturierte Zeit in den Provinzen aussah, ist nicht so gut dokumentiert. Die Kalenderreform in der Asia macht jedenfalls deutlich, wie weit die Macht des Augustus reichte.

Die römische Herrschaft basierte aber insgesamt darauf, dass lokale Traditionen gewahrt und auch unterstützt wurden. Am Kult der Artemis in Ephesus kann man zeigen, wie zunächst Augustus und später verschiedene Herrschaftsträger des Imperiums die Verehrung der Artemis regelten und unterstützten (vgl. MacLean Rogers, 2012: 115–121). Das dürfte auch in anderen Teilen Griechenlands der Fall gewesen sein. Deswegen schließt sich hier der Blick auf eine

---

[6] Zur Rolle der Livia bei der Ausbildung eines Rollenmusters für römische Frauen (vgl. DIERICHS, 2000).

andere öffentliche Darstellung des Jahreskreislaufs an: das Parthenonfries. Im Parthenonfries spiegelt sich, so Evelyn B. Harrison, der Zyklus der attischen Jahresfeste wider (vgl. Harrison, 2000: 267-291). Das Jahr beginnt mit der Geburt des Erechtheus (vgl. Vinzenz Brinkmann, 2016: 62): Er wird inmitten der olympischen Götter seiner jungfräulichen Mutter Athena von der leiblichen (Leih-)Mutter überreicht. Erechtheus, Sohn der Stadtgöttin Athene und mythischer König der Stadt, kann später die Stadt durch die Opferung seiner Tochter im Krieg gegen den Poseidon-Sohn Eumolpos vor der Vernichtung retten. Nach der Tötung des Eumolpos fordert Poseidon den Tod des Erechtheus. Dieser stirbt – aufgespießt auf Poseidons Dreizack. Doch gleichzeitig kehrt er in Gestalt einer Schlange ins Leben zurück, um fortan auf dem Burgberg der Athene, der Akropolis, zu leben. Durch den Tod des Erechtheus war aber der Zorn des Poseidon gestillt, und Athen konnte als Stadt am Meer weiter existieren. Der elfte Monat des attischen Jahres, Thargelion, ist bestimmt von dem Thema Reinigung und Befreiung der Stadt und des Tempels. Die Tötung zweier φαρμάκοι zur Befreiung von jedweden Flüchen und anderen negativen Schicksalssphären kann in Beziehung zum Tod des Erechtheus, der den Zorn des Poseidons besänftigt hat, gesehen werden. In der rituellen Wiederholung vergegenwärtigten die Athener, wem sie ihre Existenz als Polis zu verdanken haben.

Sich für das Wohl der Gemeinschaft zu opfern, hatte in der Bauzeit des Parthenons und der Athener Akropolis einen hohen Stellenwert. Athen wurde nach den Zerstörungen durch die Perser von Grund auf neu erbaut. Athen hatte den Krieg mit Persien überlebt, da sich Männer für die Polis geopfert hatten (vgl. a. a. O., 68; Primavesi, 2016: 97-99). Auch diese Erinnerung fand seinen Ort im rituellen Gedächtnis des attischen Jahres. Die Feiern im Jahreszyklus haben in vielerlei Gestalt zum Thema, worin sich die Existenz Athens gründet. Das gemeinsame sich Einfinden in den zeitlichen Ablauf der Feste steht im Zusammenhang mit dem Wohl der Stadt. Eine solche Strukturierung der Zeit dient dem Erhalt der Polis. Diese existentielle Ausrichtung des Festjahres macht deutlich, wie wichtig vom Selbstverständnis der Stadt her die Teilnahme an den jeweiligen Feierlichkeiten war. Wer nicht partizipierte, war in den Augen der Bürgerschaft nicht am Wohl der Stadt interessiert. Vor diesem Hintergrund ist die Agitation gegen jüdische Gruppierungen in griechischen Städten zu verstehen. Sie richtete sich gegen die, die nicht bereit waren, sich in den Ablauf der vorgegebenen Zeiten zu integrieren.

Gleichzeitig macht der Jahreszyklus in Athen deutlich: Gemeinsam geteilte Zeit ist eine wichtige Grundlage für soziale Interaktionen. Die gemeinsame Erinnerung daran, wem Athen seine Existenz verdankt: dem kämpferischen Einsatz von Bürgern für ihre Stadt – das prägte das gegenwärtige Miteinander in der Polis. Das gemeinsame Begehen von Feiertagen zeigte, wovon das gesellschaftliche Leben bestimmt war und was das Handeln der einzelnen Bürger der Stadt normierte. Hier versicherte man sich gewissermaßen der gemeinsam geteilten Wertvorstellungen. Dass man sich daran orientierte – darauf konnten sich die Bürger einer Polis in ihren alltäglichen Handlungen verlassen.

5. Der nahende Tag und seine Konsequenzen: Röm 12–13

Mit derartigen Zeitpolitiken haben sich neutestamentliche Schriften auseinandergesetzt. Sie können aus den gesellschaftlichen so konstruierten Zeiten nicht einfach aussteigen, aber sie entwickeln, gerade mit Blick auf ihre jüdischen Traditionen, ein anderes Verständnis von Zeit.

5.1 Röm 13,11–14

»Unsere Rettung ist jetzt näher [...]. Die Nacht ist bald vorüber, der Tag naht.« (Röm 13,11b–12a) – Zentrale Sätze aus dem 13. Kapitel des Römerbriefes, mit einer eigenen Zeitansage, aus der dann für den Briefeschreiber bestimmte Konsequenzen für die Lebenspraxis der Messiasleute[7] folgen. In diesen Sätzen zeigt sich, dass Paulus in der apokalyptischen Tradition lebt.[8] Der dringliche Hinweis auf den nahenden Tag ist ein sprachliches Bild für das Kommen Gottes, des endgültigen Heils und der vollkommenen Durchsetzung der neuen Schöpfung. In 1 Kor 5,5 spricht Paulus vom Tag des Messias als Tag des Gerichts. Es ist ein Tag »weltweiten Heils, das die Gegenwart der Glaubenden verändert« (Bieler/Schottroff, 2007: 88). In 1 Kor 16,16 stimmen Paulus und seine Mitabsender per Brief in den Gebetsruf Marantha ein: Es geht um eine Zukunft, die die Gegenwart radikal verändert (vgl. a. a. O.). Diese Zeitansage ist vergleichbar mit der Vorstellung vom durch Augustus gebrachten Goldenen Zeitalter. In Rom galt die *aurea aetas* ab 17 v. Chr. als gegenwärtig. Paulus erwartet das Kommen Gottes noch, aber es ist nahe – und er erwartet etwas anderes als das augusteische Zeitalter.

Aus dieser Zeitansage erfolgt eine bestimmte Erwartung, wie die im Brief Angesprochenen mit der Nähe des Heils umgehen sollen: Die Werke der Finsternis sollen abgelegt und die Waffen des Lichts angelegt werden. Paulus arbei-

---

[7] Der Begriff Messiasleute geht auf Luise Schottroff zurück. Mit dieser Bezeichnung soll der Einsicht Rechnung getragen werden, dass die Selbstbezeichnung »Christen« im paulinischen Schriftgut nicht zu finden ist. Die Menschen in den Gemeinschaften waren Anhängerinnen und Anhänger des Messias Jesus.

[8] Für Ernst Käsemann (1974: 350) stellt gerade die Verwendung des Begriffs ὥρα eine Verbindung zur in der neutestamentlichen Literatur verbreiteten apokalyptischen Paränese dar (vgl. u. a. Eph 5,14).

tet hier mit dem in jüdischer Tradition weit verbreiteten Dualismus von Licht und Finsternis (vgl. Wolter, 2019: 340-341): Die Finsternis als Sphäre des Unheils und der Gottferne; das Licht ist die heilvolle Sphäre der Nähe Gottes. Das, was die Angeschriebenen in ihrem Alltag tun sollen, soll diesem so verstandenen Licht entsprechen. Bildlich gesprochen: Strahlen dieses Lichts sollen in dem Handeln erkennbar sein.

Die Nacht, die vorübergeht, ist die Gegenwart: Ein Handeln, das ihr entspricht, soll vermieden werden. Röm 13,13-14 charakterisiert einen Lebenswandel, der der Nacht entspricht: ein Leben im Überfluss und der Maßlosigkeit. Man könnte hier an das Leben der römischen Oberschicht denken, aber ein solcher Lebensstil liegt eigentlich außerhalb der Reichweite der Messiasleute, die insgesamt aus der Unterschicht stammen. Es geht hier wohl stärker um einen Versuch, im Kleinen die Lebensweise der Oberschicht zu imitieren (vgl. 1 Kor 11,22; vgl. Schottroff, 2013: 217-223). Paulus baut hier ein abschreckendes Bild auf, in der Art: ›So wie die wollen wir nicht werden.‹ In Röm 13,14 wird sein Zielpunkt deutlich: Das Anziehen des Kyrios Messias Jesus steht dem Verfallen der ἐπιθυμία entgegen.[9] Mit Blick auf Gal 3,26-29 kann das Anziehen des Herrn und Messias konkretisiert werden: Es geht um eine Lebenspraxis, die Herrschafts- und Konfliktverhältnisse in der griechisch-römischen Gesellschaft überwindet. Gal 3,28 spricht die alltäglichen Erlebnisse von Herrschaft, Unterdrückung und Gewalt an: Freie herrschen über Sklavinnen und Sklaven, Männer über Frauen, Griechen bedrängen Juden. Der Gegensatz von männlich - weiblich verweist aber auch auf die imperiale Herrschaft Roms: Die von Rom unterworfenen Völker wurden in der imperialen Propaganda feminisiert (vgl. Lopez, 2008: 108-110). Roms Herrschaft wird durch die Unterwerfung von Frauen durch wehrhafte Männer dargestellt. Solche Bilder fanden sich nicht nur auf ausgewählten Gegenständen aus dem kaiserlichen Haushalt, sondern auch auf Münzen und in den Wohnzimmereinrichtungen der lokalen Oberschicht in den Provinzen. All das soll in Christus, also in der Gemeinschaft der Getauften, nicht mehr gelten und keine Wirkung mehr haben. Wer den Messias angezogen hat (Gal 3,27), lebt anders. Der Indikativ von Gal 3,27 wird in Röm 13,14 zum Imperativ (vgl. Wengst, 2008: 403): ›Zieht den Messias an, lebt euer Leben anders als ihr es tagtäglich erlebt, wenn Freie über Sklaven herrschen, Männer über Frauen.‹

Das von Paulus eingeforderte Handeln bekommt hier ein recht deutliches Profil. Es grenzt sich von bestimmten Handlungsmustern der gegenwärtigen Gesellschaft ab. Die Zeitansage des Paulus will die alltägliche Praxis der Ange-

---

[9] In Apk 18,14 wird ἐπιθυμία im Kontext des Luxus der Hure Babylon verwandt. Es ist das Streben nach Reichtum und Luxus.

sprochenen prägen: »Schwimmt nicht mit dem Strom, sondern macht euch von den Strukturen dieser Zeit frei« (Röm 12,1 nach Bibel in gerechter Sprache).[10]

5.2 Röm 13,1-7

Dieses Kapitel des Römerbriefs ist gerade deshalb so interessant, weil es die Konfliktlinien für ein Leben der Anhängerinnen und Anhänger Jesu aufzeigt. Bevor Paulus seinen apokalyptischen Weckruf erschallen lässt, stellt er den Bezugsrahmen klar, in dem er laut wird: dem römischen Kaiserreich. Der Kaiser wird zwar nicht konkret angesprochen: ἐξουσία (lat. potestas) meint die Regierungsvollmacht bzw. -gewalt von Amtsträgern im römischen Reich (vgl. Wengst, 2008: 396, Anm. 735; Jochum-Bortfeld, 2008: 239-241). Hier ist der gesamte Herrschaftsapparat des Reiches im Blick. Dem sollen sie sich alle unterordnen. Paulus formuliert hier imperativisch. Es ist keine reine Umschreibung eines Zustandes, sondern Paulus erwartet mit der generellen Aufforderung an alle ein bestimmtes Verhalten von seinen Glaubensgeschwistern in Rom (vgl. Wolter, 2019: 309 f.). Die Begründung liefert Paulus mit einer Vorstellung, die in der prophetischen und vor allem apokalyptischen Tradition weit verbreitet ist: Menschliche Herrschaft kommt von Gott, sie befindet sich in der Hand Gottes.

Gerade in der apokalyptischen Literatur wird dies mit einer Zeitansage verbunden: Der weltlichen und menschlichen Macht wird eine bestimmte Zeit gegeben, zu herrschen (und häufig auch Gewalt auszuüben).[11] Diese Zeit impliziert eine Frist. Nach ihrem Ablauf hat es ein Ende damit. Dass Gott den Reichen der Welt die Möglichkeit und den Raum gibt, ihre Macht auszuüben, beinhaltet das Ende dieser Reiche. Setzt man diese Vorstellung in Verbindung mit dem imperialen Selbstverständnis Roms, so sieht man den Unterschied:

---

[10] Von daher ist der Einwand E. W. STEGEMANNS gegen imperiumskritische Auslegungen des Römerbriefes nur bedingt berechtigt (2014: 14-17). Für ihn ist Röm 13,1-7 »die Achillesferse der imperiumskritischen Lektüre« (14) paulinischer Briefe. Stegemann betont zurecht, dass die paulinische Aussage in Röm 13,11f. die Zukunft betrifft: Der Tag Gottes kommt noch, er ist noch nicht da. Noch herrschen die gegenwärtigen Mächte. Daraus aber zu schließen, dass aus dieser Erwartung der Zukunft keine grundlegenden Konsequenzen für die Gegenwart gezogen werden, die das Verhältnis zum Imperium betreffen, geht an Röm 13 vorbei. Aus der klaren Zukunftserwartung resultiert ein Imperativ für die Gegenwart: Aus der unbedingten Bindung an Christus folgt ein bestimmter Lebenswandel, der dem gegenwärtigen Dunkel der Nacht gegenübersteht. Der Kyrios Jesus Christus wird damit dem Kyrios in Rom entgegengestellt, mit Konsequenzen für das gegenwärtige und alltägliche Handeln.

[11] Vgl. Dan 2,21; 7,25; Apk 13,5.

Rom versteht sich als ewig regierende Macht (imperium sine fine, vgl. Verg. Aen 6, 851-853). Das Imperium hat sich über die Welt ausgebreitet, weil Jupiter es so wollte. Dass Rom seine Macht aus der Hand des Gottes Israels hat, ist aus römischer Perspektive eine undenkbare Vorstellung.

Es bleibt aber dabei: Paulus will, dass sich alle dieser Macht unterordnen. Das äußert sich konkret im Zahlen von Tributen und Zöllen (Röm 13,6-7) – ein bisher nicht beachteter Aspekt römischer Zeitpolitik. Wolter weist auf den Begriff φόρος hin: Tribute zahlen eigentlich unterworfene Völker an die herrschenden Mächte. Römische Bürger mussten solche Zahlungen nicht leisten, genauso wenig wie die freien Städte in den Provinzen.[12] Paulus konstruiert das Verhältnis der Angesprochenen zur staatlichen Macht jedoch als ein imperiales Unterwerfungsverhältnis (vgl. Wolter, 2019, 321). Er tut so, als müssten sie die verschiedene Tributzahlungen leisten.[13]

Tribute bzw. Steuern wie die Kopf- und die Bodensteuer wurden für einen bestimmten Zeitraum erhoben.[14] Die Zeit im Jahr musste also von den Steuerpflichtigen genutzt werden, das Geld für die Steuerzahlungen an Rom zu verdienen. Der Finanzbedarf des Reiches (vor allem für Militär, Administration und Hofhaltung)[15] zwingt die Untertanen dazu, über den eigenen Bedarf hinaus wirtschaftlich tätig zu werden. Für das römische Reich stellt der Staat damit den Motor wirtschaftlicher Entwicklung dar. Für die Steuerzahler bedeutet der Finanzbedarf eine zeitpolitische Maßnahme besonderer Art: Sie werden gezwungen, Lebenszeit für die Erwirtschaftung von Geld für die Steuerzahlungen aufzubringen. Sie mussten Lebenszeit für das Imperium einsetzen.[16]

Auch wenn Paulus in Röm 13,11 ff. vehement dazu auffordert, die Zeichen der Zeit zu erkennen und sich in seinem Leben gänzlich auf Gott und seinen Messias auszurichten – in den Versen vorher ist ihm klar: Aus den zahlreichen politischen Zwängen des Reiches können die Messiasleute nicht einfach aussteigen. Gerade im Hinblick auf Tribute bzw. Steuern besteht ein massiver

---

[12] Zur Steuerfreiheit römischer Bürger bzw. der freien Städte vgl. WOLTER (2019: 320) bzw. SNOWDON (2010: 98-100).

[13] Vor indirekten Steuern waren römische Bürger und Bürger der freien Städte natürlich nicht geschützt. Vgl. zu indirekten Steuern beispielhaft das Zollgesetz der Provinz Asia (vgl. COTTIER ET AL., 2008).

[14] Zum römischen Abgabenwesen vgl. ALPERS (2005: 178).

[15] Infrastrukturmaßnahmen wie Straßen- und Brückenbau, sofern sie nicht von den Oberen der Städte oder der Provinzen übernommen wurden, kann man als militärische und administrative Ausgaben ansehen: Sie dienten der Beweglichkeit der Legionen oder der Schnelligkeit der Reichspost.

[16] Mit MARTIN LEUTZSCH (2001: 64-67) kann man die Erhebung von Steuern als staatlichen Eingriff in die Lebenszeit von Menschen verstehen.

Druck auf Anpassung. In die Diskussion um das Verhältnis der frühen Gemeinden zum römischen Staat wurde u. a. von Warren Carter der förderliche Begriff *negotiation* (Aushandlung) in die Debatte eingebracht (vgl. Carter, 2008: 12–14).[17] Carter versteht neutestamentliche Texte, die sich mit dem römischen Reich auseinandersetzen, als Ausdruck eines Klärungsprozesses innerhalb der Gemeinschaften: Es geht um die Frage, wie man sich gegenüber dem Imperium verhalten soll. Neutestamentliche Texte setzen sich dabei häufig kritisch mit Formen widerspruchsfreier Anpassung an Rom auseinander. Die Texte wollen dabei einen innergemeindlichen Diskussionsprozess anstoßen, wie das Bekenntnis zu dem einen Gott und seinem Messias Jesus im Alltag konkret mit Leben gefüllt werden kann, ein Prozess, in dem ausgehandelt wird, wie diese alltägliche Praxis im römischen Reich aussehen kann. Aushandlung umschreibt den Versuch, die Grenzen der unvermeidbaren und notwendigen Anpassung an den Staat immer wieder neu auszuloten und sich so Freiräume zu erarbeiten (vgl. Carter, 2008: 14–15).

In Bezug auf die Tributzahlungen gibt es nur begrenzte Möglichkeiten der Aushandlungen. Anhand von Mk 12,13–17 kann man die politische Brisanz des Problems sehen. Dort versuchen Vertreter der jüdischen Selbstverwaltung Jesus mit der Frage nach der Steuer als Gegner Roms zu überführen (vgl. Herzog II, 2004: 53–59). Für Paulus ist völlig klar, dass gezahlt werden muss. Er ruft seine Glaubensgeschwister dazu auf, dass sie ihre Lebenszeit einsetzen, die Mittel für die Tribute aufzubringen, wissend darum, dass die Maßnahmen gegen Steuerverweigerung hart sind. Und zwar nicht nur für die einzelnen, die nicht zahlen, sondern möglicherweise auch für deren Umfeld. Nicht umsonst bringt Paulus das Gewissen ins Spiel. Röm 13,5 ist ein impliziter Hinweis, sich genau zu überlegen, welche Folgen offene Opposition Rom gegenüber für die Mitmenschen haben kann.[18]

---

[17] CARTER fragt hier zurecht: »Can any group live an unqualified existence of opposition to the dominant society without some degrees of participation and even accomodation? Postcolonial studies of subaltern negotiation of imperial power indicate ambiguity or hybridity, both accomodation and resistance, as a key dimension of daily interaction.« (John, 13; vgl. Stegemann, 2014, 5.) Unter dem Dach der Society of Biblical Literature tagt seit einigen Jahren regelmäßig eine Programmeinheit mit dem Titel: »Jesus Tradi-tions, Gospels, and Negotiating the Roman Imperial World«.

[18] Paulus dürfte völlig klar sein, dass die römische Staatsgewalt bei Steuerverweigerung rigoros vorgeht: Dabei dürfte man von römischer Seite aus lieber ein paar Leute zu viel als zu wenig verhaftet oder getötet haben.

5.3 Füllung der Lebenszeit (Röm 13,8-10)

Paulus weiß, dass ein Teil der Lebenszeit für Rom eingesetzt werden muss, aber eben nicht das ganze Leben. In Röm 13,8-10 macht er, bevor er in 13,11 ff. vom kommenden Tag spricht, deutlich, was Grundton des Lebens sein soll: die gegenseitige Nächstenliebe, die er als Erfüllung der Tora versteht.

Trotz der gebotenen Unterordnung unter die Macht des Imperiums gilt die Tora in den Augen des Paulus als verbindliche Weisung Gottes für den Lebensweg und die Lebenszeit der Messiasleute. Gott als Ursprung der Gebote bestimmt deren Leben. Hier geht es aber nicht einfach um eine Überbietung weltlicher Macht, sondern um die Frage: Womit wird die Lebenszeit gefüllt? Aus den Verpflichtungen Rom gegenüber kommen die Messiasleute nicht heraus. Mit den Geboten wendet sich Paulus der Frage nach einem gottgemäßen und lebensförderlichen Leben zu. Gegenseitige Nächstenliebe und eben nicht Gewalt, Schwert, Tribute und Zölle bestimmen das Leben. Diese vier Begriffe können als eine Charakterisierung des Imperiums verstanden werden: Aufrechterhaltung der Ordnung durch Gewalt (vgl. Nippel, 1995: 85-98) und Sicherstellung der finanziellen Grundlage des Herrschaftsapparats durch Steuern und Abgaben verschiedener Art.

In Röm 12,1 ff. hat Paulus die Thematik Nächstenliebe schon vorbereitet. Er behandelt dort die Frage, wie das alltägliche Leben der Messiasanhängerinnen und -anhänger aussehen kann. Dabei geht er auf die Beziehungen innerhalb der Gruppe ein, aber auch auf den Umgang mit anderen, mit denen, die den messianischen Gruppierungen schaden wollen, also auch mit den Vertretern staatlicher Macht (vgl. Wengst, 2008: 389).

Bei der Beschäftigung mit den Binnenbeziehungen ist es interessant, dass hier eine räumliche Vorstellung wichtig wird: der Körper bzw. Leib Christi. Die Würdigung der unterschiedlichen Gnadengaben in der Gemeinschaft läuft in Röm 12,9-10 auf die geschwisterliche Liebe hinaus. Sie sind prägendes Merkmal des σῶμά Χριστοῦ. In ihm gewinnt die geschwisterliche Liebe eine räumliche Gestalt. Das Imperium gestaltet in der Hauptstadt des Reiches und den vielen anderen Städten die öffentlichen Plätze im Sinne der neuen Zeit um (vgl. Jochum-Bortfeld, 2021: 67-75). Die Messiasleute können dem nichts entgegensetzen, aber sie geben den Raum, den sie mit ihrer Zeit gestalten können, nicht auf.

Bevor das Thema Nächstenliebe explizit im Brief genannt wird, wird es implizit auf den Umgang mit denen ausgedehnt, die den Gemeinschaften schaden wollen: Verfolger sollen gesegnet werden (Röm 12,14); Böses soll nicht mit Bösem vergolten werden. Allen Menschen soll Gutes entgegengebracht werden (Röm 12,17). Der Umgang mit anderen soll nach Möglichkeit friedlich sein. Im Duktus der Verse wird deutlich: Das ist eine qualitativ andere Vorstellung als die der Pax Romana. Die Bestrafung des erlittenen Unrechts soll allein Gott überlassen bleiben, im Sinne der Tora (vgl. Dtn 32,35).[19] »Besiege mit dem Guten das Böse.« So endet in Röm 12,21 dieser Gedankengang, bevor dann in 13,1 ff. die staatliche Macht Thema wird. Röm 12,1-21 und 13,8-14 rahmen mit ihren Ausführungen zum Umgang mit der Lebenszeit im Sinne Gottes die Frage, ob und wie man sich der staatlichen Macht unterordnet. Die Passagen sind jeweils aufeinander bezogen und kommentieren sich gegenseitig.

In unbedingter Bindung an die Tora (Röm 3,31) positionieren sich die Messiasleute gegenüber Rom: gegenseitige Liebe statt Frieden durch Unterwerfung. Das stellt aber keinen Versuch zum Sturz Roms dar, sondern den Versuch, die Lebenszeit anders zu gestalten. Dass sie dabei immer wieder scheitern werden, das ist ein anderes zentrales Thema des Römerbriefes: Die Menschen sind durch Christus gerechtfertigt, ohne dass die ganze Tora getan wird, also ohne, dass sie mit Erfolg getan wird (vgl. Crüsemann, 2014: 64-66). Im Römerbrief versucht Paulus einen anderen Umgang mit Zeit ins Werk zu setzen. Die Zeit wird in Beziehung zum Gott Israels gesehen und von ihm her bestimmt. Lebenszeit soll im Sinne der Tora, der Gebote Gottes, gefüllt werden, wissend wie stark Roms Macht ist und wie sehr sie die Zeit der Menschen bestimmt.

5.4 Mit Hoffnung in die Zukunft schauen

Claudia Janssen kann mit ihrer Übersetzung von Röm 12,1 in »Bibel in gerechter Sprache« (»Ich ermutige euch, Geschwister [...]«) zeigen, dass es in diesem Teil des Römerbriefes auch um Hoffnung und Mutmachen geht (vgl. Ehrensperger, 2009: 174-178; Janssen, 2021: 129 f.). Der Blick in die Zukunft ist ein hoffnungsvoller. Der neue Tag wird der Nacht ein Ende bereiten, weil in der Auferweckung Jesu dieser Tag schon längst begonnen hat. Paulus erwartet etwas umstürzend Neues von der Zukunft, weil in der Vergangenheit etwas geschehen ist, was seine Existenz grundlegend umgekrempelt hat. Deshalb glaubt Paulus, dass er die im Brief Angesprochenen zu einem neuen Lebenswandel ermutigen kann. Sein neues Zeitverständnis ermöglicht den Blick in eine nicht von menschlichen Mächten festgelegte und damit offene Zukunft.

Für Rom ist der Blick in die Zukunft von einem ›Es geht immer so weiter‹ geprägt. Das Goldene Zeitalter wird von Augustus auf Dauer gestellt. Es ist gegenwärtig und wird auf immer gegenwärtig sein - jedenfalls in der Perspektive

---

[19] Römische Strafexpeditionen gegen Aufrührer und Feinde zeigen, wie wichtig es im Imperium war, den Gegner hart zu bestrafen. Vgl. den Feldzug Sullas gegen den Aufstand unter Mithridatis VI in Kleinasien (Plut. Sull. 25) und den Vernichtungsfeldzug des Germanicus gegen germanische Stämme von 14-16 n. Chr. (Tac. ann. 1,50-52.55-71; 2,5-26) als Reaktion auf die verheerende Niederlage des Varus 9 n. Chr. Vergil fasst es so zusammen: »debellare superbos« (Aen. 6,854).

des Augustus und seines Umfeldes. Römische Politik war darauf ausgerichtet, die Herrschaft über das Reich zu erhalten. Die Strukturierung von Zeit war hier ein wichtiges Instrument.

Der Blick auf eine offene Zukunft ist der Versuch des Paulus, die Wirklichkeit des Imperiums, aus der man nicht einfach herauskommen kann, anders zu denken und zu sehen. Eine veränderte Sicht auf die Zeit, die vom Gott Israels und nicht vom Kaiser bestimmt wird, ist für Paulus eine Basis dafür, dass die Anhängerinnen und Anhänger des Messias Jesus ihre Lebenszeit mit Blick auf das anbrechende Reich Gottes in der Orientierung an Gottes Weisung füllen können. Dieser andere Blick spricht der Ordnung des Imperiums ihre Totalität ab. In Vielem müssen die Messiasleute der römischen Macht gehorchen, aber der anbrechende Tag eröffnet für Paulus andere und neue Handlungsräume.

Literatur

Alpers, Michael: Das römische Steuer- und Finanzwesen im 1. Jh. n. Chr., in: Erlemann, Kurt et al., Neues Testament und Antike Kultur 2: Familie – Gesellschaft – Wirtschaft. Neukirchen-Vluyn: Neukirchener Verlag 2005, 178–181.

Baltrusch, Ernst: Herodes. König im Heiligen Land. München: C.H. Beck ²2020.

Bibel in gerechter Sprache, hrsg. von Bail, Ulrike et al. Gütersloh: Gütersloher Verlagshaus ⁴2011.

Bieler, Andrea/Schottroff, Luise: Abendmahl. Essen um zu leben. Gütersloh: Gütersloher Verlagshaus 2007.

Bleicken, Jochen: Augustus. Eine Biographie. Berlin: Alexander Fest Verlag 2000.

Bringmann, Klaus/Schäfer, Thomas: Augustus und die Begründung des römischen Kaisertums. Berlin: Akademie Verlag 2002.

Brinkmann, Vinzenz: Das Parthenonfries und das attische Jahr, in: Ders. (Hrsg.), Athen – Triumph der Bilder. Petersberg: Michael Imhof Verlag 2016, 62–69.

Carter, Warren: John and Empire. Initial Explorations. New York/London: T&T Clark 2008.

Cottier, Michel et al. (Hrsg.): The Customs Law of Asia (Oxford Studies in Ancient Documents). Oxford: Oxford University Press 2008.

Crüsemann, Marlene: »Heißt das, dass wir die Tora durch das Vertrauen außer Kraft setzen?« Röm 3,28–31, in: Dies., Gott ist Beziehung. Beiträge zur biblischen Rede von Gott, hrsg. v. Claudia Janssen u. Luise Schottroff. Gütersloh: Gütersloher Verlagshaus 2014, 53–65.

Dahlheim, Werner: Augustus. Aufrührer, Herrscher, Heiland. München: C.H. Beck 2010.

Dierichs, Angela: Das Idealbild der Kaiserin: Livia Augusta, in: Späth, Thomas/Wagner-Hasel, Beate (Hrsg.), Frauenwelten in der Antike. Geschlechterordnung und weibliche Lebenspraxis. Darmstadt: Wissenschaftliche Buchgesellschaft 2000, 241–261.

Ebner, Martin: Die Stadt als Lebensraum der ersten Christen. Das Urchristentum in seiner Umwelt I (GNT 1,1). Göttingen: Vandenhoeck & Ruprecht 2012.

Ehrensperger, Kathy: Paul and the Dynamics of Power. Communication and Interaction in the Early Christ Movement. London/New York: T&T Clark 2009.

Haensch, Rudolf: Inscriptions as Sources of Knowledge for Religions and Cults in the Roman World of Imperial Times, in: Rüpke, Jörg (Hrsg.), A Companion to Roman Religion. Malden: Wiley-Blackwell 2011, 176-187.

Hannah, Robert: Greek and Roman Calendars. Constructions of Time in the Classical World. London et al.: Bristol Classical Press 2005.

Harrison, Evelyn B.: Eumolpos Arrives in Eleusis. Hesperia 69 (2000), 267-291.

Herzog II, William R.: Onstage and Offstage with Jesus of Nazareth: Public Transcript, Hidden Transcript and Gospel Texts, in: Horsley, Richard (Hrsg.), Hidden Transcripts and the Arts of Resistance. Applying the Work of James C. Scott to Jesus and Paul (Semeia Studies 48). Atlanta: Society of Biblical Literature 2004, 41-60.

Janssen, Claudia: Schwimmt nicht mit dem Strom (Röm 1,1-7; 12,1-8). Impulse für eine Kirche der Vielfalt, in: Link-Wieczorek, Ulrike (Hrsg.), In der Kraft des Geistes: Kirche in gesellschaftlichen und kulturellen Umbrüchen. Leipzig: Evangelische Verlagsanstalt 2021, 115-135.

Jochum-Bortfeld, Carsten: Die Verachteten stehen auf. Widersprüche und Gegenentwürfe des Markusevangeliums zu den Menschenbildern seiner Zeit (BWANT 178). Stuttgart: Kohlhammer 2008.

Jochum-Bortfeld, Carsten: Paulus in Ephesus. Eine Expedition in die Entstehungszeit des Neuen Testaments. Gütersloh: Gütersloher Verlagshaus 2021.

Käsemann, Ernst: An die Römer (HNT 8a). Tübingen: J.C.B. Mohr (Paul Siebeck) ³1974.

Leutzsch, Martin: Zeit und Geld im Neuen Testament, in: Ebach, Jürgen (Hrsg.), »Leget Anmut in das Geben«. Zum Verhältnis von Ökonomie und Theologie (Jabboq Bd. 1). Gütersloh: Gütersloher Verlagshaus 2001, 44-104.

Lopez, Davina C.: Apostle to the Conquered. Reimagining of Paul's Mission (Paul in Critical Contexts). Minneapolis: Fortress Press 2008.

Müller, Reimar: Die Entdeckung der Kultur. Antike Theorien von Homer bis Seneca. Düsseldorf/Zürich: Artemis & Winkler 2003.

Nippel, Wilfried: Public Order in Ancient Rome (Key Themes in Ancient History). Cambridge: Cambridge University Press 1995.

Primavesi, Oliver: König zwischen zwei Göttern. Die Erechtheus-Tragödie des Euripides, in: Brinkmann, Vinzenz (Hrsg.), Athen - Triumph der Bilder. Petersberg: Michael Imhof Verlag 2016, 92-111.

Rogers, Guy MacLean: The Mysteries of Artemis of Ephesos. Cult, Polis, and Change in the Graeco-Roman World (Synkrisis Comparative Approaches to Early Christianity in Greco-Roman Culture). New Haven/London: Yale University Press 2012.

Rinderspacher, Jürgen P.: Was ist Zeitpolitik? URL: www.boell.de/index.php/de/2015/09/24/was-ist-zeitpolitik-0 (Stand: 9.10.2020).

Rüpke, Jörg: Pantheon. Geschichte der antiken Religionen. München: C. H. Beck 2016.

Rüpke, Jörg: Religiöse Erinnerungskulturen. Formen der Geschichtsschreibung in der römischen Antike. Darmstadt: Wissenschaftliche Buchgesellschaft 2012.

Schottroff, Luise: Der erste Brief an die Gemeinde in Korinth (ThKNT 7). Stuttgart: Kohlhammer 2013.
Schuol, Monika: Augustus und die Juden. Rechtsstellung und Interessenpolitik der kleinasiatischen Diaspora (Studien zur Alten Geschichte 6). Frankfurt a. M.: Verlag Antike 2007.
Snowdon, Michael: Greek Freedom and Roman Hegemony. The Transaction of Roman Rule in the Greek East (201 BCE- 14 CE). Ontario: McMaster University 2010.
Stegemann, Ekkehard W.: Anpassung und Widerstand. Anmerkungen zu einer neuen imperiumskritischen Lektüre des Paulus, in: KuI 29 (2014), 4–17.
Wengst, Klaus: »Freut euch, ihr Völker, mit Gottes Volk!« Israel und die Völker als Thema des Paulus – ein Gang durch den Römerbrief. Stuttgart: Kohlhammer 2008.
Wolter, Michael: Der Brief an die Römer. Teilband 2: Röm 9–16 (EKK VI/2). Ostfildern: Patmos Verlag/Göttingen: Vandenhoeck & Ruprecht 2019.
Zanker, Paul: Augustus und die Macht der Bilder. München: C.H. Beck ³1997.

»Für alles gibt es einen bestimmten Zeitpunkt« (Koh 3,1)

Zeitpolitik als alttestamentliches Thema[1]
Ruth Ebach

1. Rhythmisierung von Zeit

Zeitpolitik ist durchaus kein üblicher alttestamentlicher oder exegetischer Terminus. Doch schaut man auf den Umgang mit vorgesetzten Rhythmen sowie mit Arbeit und Arbeitszeit mitsamt der kritisierten Ausbeutung der Schwächsten, dann können doch einige alttestamentliche Perspektiven zu dieser aktuellen Diskussion beigesteuert werden. Besonders wichtig sind für die folgenden Überlegungen die Implikationen für die politisch-gesellschaftliche Identitätsbildung und -sicherung, die mit dem Zeitaspekt verbunden sind. Religion und Politik sind dabei Größen, die im ganzen Alten Orient untrennbar verbunden sind.

Einer der ältesten, wenn nicht sogar der älteste der gefundenen Texte in hebräischer Schrift und Sprache überhaupt entstammt nicht dem AT, sondern wurde in der Stadt Gezer gefunden. Das kleine Täfelchen stammt aus dem 10. Jh. v. Chr.[2] und war vermutlich eine Schreibübung für Schüler. Für die Zeit-Thematik interessant ist der Inhalt des kurzen Textes. Denn bei dem etwas ungenau als Gezer-Kalender bezeichneten Fundstück, handelt es sich um eine Aufzählung von agrarischen Tätigkeiten und deren Dauer (siehe zu Text und Übersetzung: Renz/Röllig, 1995: 30–37; zur Bedeutung für eine Rekonstruktion der Zeitwahrnehmung: Grund/Janowski, 2009: 517–519 u. im Überblick Albani, 2017):

---

[1] Vortrag gehalten auf dem Workshop »Zeitpolitik« des Herausgebendenkreises des Jahrbuchs Sozialer Protestantismus. Die Vortragsform wurde weitgehend beibehalten.

[2] Bereits die Zeitangabe »vor Christus« oder »vor Christi Geburt« beinhaltet einen nicht zu unterschätzenden Aspekt der Zeitpolitik in religiöser Dimension, indem das Christusereignis zum Anker der allgemeinen Zeitrechnung gemacht wird. Gerade in interreligiösen oder auch bewusst säkularen Kontexten wird dies sichtbar (vgl. Lux, 2017: 86–96, 86f.).

Zeile 1 Zwei Monate davon (sind) Obsternte, zwei Monate davon Saat,
2 zwei Monate Spätsaat,
3 ein Monat Flachsschnitt,
4 ein Monat Gerstenernte,
5 ein Monat Getreideernte und Abmessen,
6 zwei Monate Beschneiden,
7 ein Monat Sommerobsternte.

Insgesamt kommt man somit auf die 12 Monate des Jahres, die alle durch verschiedene Arbeitstätigkeiten bestimmt sind.

Zwei Aspekte können schon an diesem kurzen Beispiel unterstrichen werden:

1. Zum einen zeigt sich eine *zyklische Zeitwahrnehmung*. Die von außen gegebene Rhythmisierung der Geschichte beruht auf dem sich stets wiederholenden Wechsel der Jahreszeiten. In Gen 8,22, nach der Flut in der nicht-priesterlichen Urgeschichte, sichert die Zusage, dass die Jahreszeiten auf ewig bestehen bleiben, die Stabilität der Welt als solche und dient damit als heilvolle Beruhigung für die Menschen (zu dieser Stabilität vgl. Grund/Janowski, 2009: 489; breiter zur Zeitwahrnehmung siehe a. a. O.: 506-525):

   ²²In allen Tagen der Erde werden Saat und Ernte und Frost und Hitze und Sommer und Winter und Tag und Nacht nicht ruhen (לא ישבתו).³

2. Zum anderen wird die *landwirtschaftliche Prägung* und damit zugleich die *Abhängigkeit* von der *Natur* deutlich, die auch für weite Teile der späteren israelitischen Sozialgeschichte leitend bleibt. Arbeit ist in der Dauer und der Ausrichtung somit mit den Jahreszeiten, aber auch dem Tagesrhythmus verbunden, da das natürliche Licht die Arbeit erst ermöglicht. Ps 104, der längste Schöpfungshymnos des Alten Testaments, der die bunte Beschaffenheit der Welt mit ihren gottgewollten Licht- und Schattenseiten und damit auch -zeiten ausmalt, setzt dies in Szene. Denn bei Sonnenaufgang endet die gefährliche Nachtzeit und der Mensch betritt die Bühne. Sein Wirken ist dabei durch sein Arbeiten geprägt: »Nun geht der Mensch hinaus an sein Werk, an seine Arbeit bis zum Abend« (Ps 104,23). Das Werk⁴ kann im AT durchaus vielgestaltig sein, eine konkrete

---

3 Das hebräische Verb שבת »ruhen« wird im Folgenden an verschiedenen Stellen für das Verhältnis von Arbeit und Ruhe bzw. Arbeitszeit und Ruhetag (Sabbat) in den Fokus rücken. Das Zusammenspiel von Dauer und Wandel, das in einer solchen Zeitwahrnehmung prägend ist, weist Lux (2017: 90-92) auf.

4 Im Alten Testament gibt es eine Vielzahl von Begriffen für den Bereich der Arbeit. Die wichtigsten dabei sind מעשה und פעל, die das Tun beschreiben, und stärker auf der Seite der Dienstleistungen עבדה, das Dienen, was sowohl für den Sklavendienst als auch für das Dienen des Menschen Gott gegenüber gebraucht wird, und מלאכה. Zu den

Festlegung als Beruf oder Erwerbsarbeit ist in dieser Weise trotz Nennung von Berufen wie Hirten und Schmieden nicht vorhanden.[5] Dieses Werk gelingt jedoch dem Menschen nicht allein. Nicht nur, dass der Mensch auf Gott als Regenspender angewiesen ist (vgl. Dtn 11,11–17), ohne diesen ist überhaupt keine ertragreiche Arbeit möglich, wie es insbesondere späte weisheitliche Texte wie Ps 127 betonen: »Wenn Jhwh nicht ein Haus baut, haben sich die, die es bauen, vergeblich bemüht« (Ps 127,1).[6]

Der Aspekt der Rhythmisierung kann an einem alttestamentlichen Text, der ebenfalls an einem Anfang steht, genauer analysiert werden.[7] Zwar ist der Text gut 400 Jahre jünger als der Gezer-Kalender, doch ist es der Anfang des Alten Testaments in kanonischer Lesart und – nicht zuletzt – der Anfang der ganzen Welt, auch wenn keine *creatio ex nihilo* beschrieben wird. Wenige Texte sind so intensiv von Zeitrhythmen geprägt wie der erste Schöpfungsbericht in Gen 1,1–2,4a. (Gertz, 2018: 55 verweist auf den Umgang mit Kalendern als priesterliche Aufgabe.) So wird das Licht – im Gegensatz zu Jes 45,7 aber nicht die Finsternis! – als erstes Schöpfungswerk durch das Wort hervorgerufen. Von nun an ist der Wechsel von Abend und Morgen für die Welt, aber auch für das göttliche Wirken vorgegeben. Bevor Gott die Erde gestalten kann, muss er zunächst eine Zeitstruktur schaffen. Durch die Einführung eines Zeitrhythmus wird somit der fundamentale Kampf gegen das Chaos gewonnen (vgl. Schwienhorst-Schönberger, 2014: 9f.). Im Gegensatz zum Wechsel von Tag und Nacht, der der allgemeinen Welterfahrung entspricht, ist der Siebener-Rhythmus, der sich in der Wochenstruktur zeigt, nicht unmittelbar erfahrbar, sondern eine menschliche Setzung (vgl. Köckert, 2007: 68), die im priesterlichen Schöp-

---

    verschiedenen Begriffen und ihren Konnotationen siehe EBACH (2004), WALLIS (1994: 228). Zur Bedeutung der Arbeit im Alten Testament siehe auch KAMPLING (2016). GERTZ (2009: 268f.) warnt davor, einen zu einheitlichen israelitischen Blick auf Arbeit aus dem Alten Testament abzuleiten, da dieser zum einen stark von der jeweiligen sozialen Stellung abhängig ist und auf diese Weise zum anderen die Differenzen des vielstimmigen Kanons nivelliert würden. Für einen Überblick über sehr unterschiedliche alttestamentliche Stimmen in Bezug auf die Konnotation von Arbeit und die Verfügbarkeit ihres Ertrages siehe a.a.O.: 273–278.

5   Ausführlicher dazu LANG (2008).

6   Zu Ps 127 siehe HOSSFELD/ZENGER (2008: 512–534). Deutlich wird, dass durch diesen Psalm nicht die menschliche Arbeit als solche als sinnlos angesehen wird, sondern sie durchaus lebensförderlich bleibt, aber dabei notwendigerweise mit dem göttlichen Tun verknüpft werden muss. Stärker als Kritik an Arbeit fasst diesen Text hingegen IRSIGLER (1987) auf. Zum sonstigen Lob der Arbeit in weisheitlichen Zusammenhängen, gerade im Sprüchebuch, vgl. WALLIS, (1994: 232–234).

7   Insgesamt zum alttestamentlichen Rhythmus von Zeit siehe ausführlich bei Janowski (2019: 361–403, zu Gen 1 siehe 371–373).

fungsbericht jedoch göttlich und schöpfungstheologisch legitimiert wird. Die Genealogien als Strukturmerkmal der priesterlichen Urgeschichte setzen dann die Rhythmisierung von Zeit durch die Dauer von Menschenleben fort.

In der Fortsetzung von Gen 1, in den Versen 14–19, werden auch die Himmelskörper erschaffen:

¹⁴Und Gott sprach: Es seien Leuchten an der Feste des Himmels, um zwischen dem Tag und der Nacht zu scheiden und als Zeichen zu fungieren für festgesetzte Zeitpunkte und für Tage und für Jahre. ¹⁵Und sie sollen als Lichter fungieren an der Feste des Himmels, um auf die Erde zu leuchten. Und es geschah so. ¹⁶Da machte Gott die zwei großen Leuchten, die große Leuchte, um den Tag zu beherrschen, und die kleine Leuchte, um die Nacht zu beherrschen, und die Sterne. ¹⁷Und Gott setzte sie an die Feste des Himmels, um auf die Erde zu leuchten, ¹⁸und um den Tag und die Nacht zu beherrschen und um das Licht von der Finsternis zu scheiden. Da sah Gott, dass es gut war. ¹⁹Und es wurde Abend, und es wurde Morgen; vierter Tag.

Wiederum springen zwei Auffälligkeiten ins Auge:

1. Die großen und kleineren Lichter – also Sonne, Mond und Sterne – dienen nur im zweiten Schritt der Beleuchtung. Ihre vordringliche Aufgabe liegt im Aspekt der Rhythmisierung. Sie dienen der Trennung von Tag und Nacht, aber auch Jahre und besondere Zeiten werden durch sie angezeigt. Die Zeit ist im altorientalischen Denken stark von den Himmelskörpern abhängig, da diese als zuständig für den Wechsel von Tag und Nacht galten. Stehen die Gestirne auf göttlichen Befehl still, wie in Jos 10,13f. beschrieben, steht zugleich die Zeit still und sie kann sogar rückwärts ablaufen (2 Kön 20,9–11; vgl. Knauf, 2016: 471f.). Die Perspektiven der Zeitgebung und Strukturierung sind somit in das Schöpfungsgeschehen integriert und erhalten dadurch einen hohen Stellenwert. Konkrete gesellschaftliche Systeme fehlen im ersten Schöpfungsbericht hingegen vollständig. Es geht weder um einzelne Länder oder Völker noch um Könige oder Gesetze. All dies sind wandelbare Größen, der Rhythmus der Welt jedoch aus dieser priesterlichen Sicht gerade nicht.
2. Scheint sich hieraus eine kulturunabhängige weltumspannende Perspektive zu ergeben, zeigt sich aber – als zweiter Aspekt – an dieser Stelle eine kulturabhängige theologische und auch politische Spitzenaussage. So sind Sonne, Mond und Sterne Schöpfungs*werke*, die eine Aufgabe zugeteilt bekommen, sie kommen lange nach dem Licht[8] und sie

---

[8] GERTZ (2018: 53f.) wertet dies nicht als Absetzung des Lichts von den Gestirnen, son-

werden auffälligerweise gar nicht namentlich genannt. Dies lässt sich am besten durch eine implizite Abgrenzung gegen die klassischen, besonders mesopotamischen, Astralgottheiten erklären:[9] der Sonnengott – meist Schamasch, derselbe Begriff wie das hebräische Wort für Sonne שמש –, die Göttin Ischtar, die mit der Venus, also dem Morgen- bzw. Abendstern verbunden wird, und der Mondgott Sin.

In Gen 1 sind das alles nur größere und kleinere Leuchten und keine Staatskult tragenden Gottheiten. Dies muss nicht als Diffamierung von Astralkulten verstanden werden, doch wird es als innerisraelitische Verhältnisbestimmung erklärbar.[10] So zeigt der jüngere Text Dtn 4,15-19, der deutlich auf den ersten Schöpfungsbericht Bezug nimmt, dass die anderen Völker die Himmelskörper – oder Abbildungen von ihnen – durchaus verehren können, dass diese aber zum einen göttliche Geschöpfe sind – eine zugleich positive und machtbegrenzende Aussage – und dass zum anderen Israel selbst dies nicht tun darf (vgl. Ebach, 2014: 275f.).

Die göttliche Schöpfungsarbeit setzt sich noch weitere Tage fort. Die verschiedenen Tiere und der Mensch werden erschaffen, Gott leistet Schwerarbeit.[11] Zur Vollendung kommt das Werk jedoch erst am siebten Tag, an dem Gott ruhte.[12] Dies tut er nicht *nach* Vollendung des Werkes, sondern *als* dessen Vollendung (vgl. Ebach, 2004: 279f.).

Die priesterlichen Verfasserkreise verankern diese Ruhe auch für den Menschen, jedoch nicht in Gen 2, sondern in einem anderen bekannten Text, dem

---

dern sieht im Aufbau von Gen 1 an dieser Stelle die Ausstattung der Daseinsbereiche als thematisch leitend an. Dabei unterscheidet er zwischen der Wahrnehmung des »diffusen Tageslichts« und dem »gebündelten Sonnen- und Mondstrahl«. Zudem weist er darauf hin, dass das Thema Zeit am Anfang, in der Mitte und am Ende des Schöpfungsberichts zur Geltung kommt.

[9] Vgl. neben anderen WESTERMANN (1974: 176f.); STECK (1975: 99), der hier eine »kritische Abgrenzung gegen jede Eigenmächtigkeit dieses Schöpfungswerkes intendiert« sieht, und WENHAM (1987: 21), der den Vorgang als »polemic« bezeichnet.

[10] GERTZ (2018: 55-57) wendet sich mit dem Hinweis auf verschiedene altorientalische Texte, die ähnliche Benennungen aufweisen, und auf das Fehlen eines polemischen Tons gegen die Annahme, dass sich hier eine bewusste Auseinandersetzung mit Astralgottheiten und damit eine Absetzung von babylonischen kultischen Grundmustern verberge, und sieht stärker einen wissenschaftlichen Stil gegeben, der eher ein Ausweis »babylonischer Gelehrsamkeit« (a.a.O.: 56) darstelle.

[11] An anderen Stellen des Alten Testaments, gerade in der Prophetie (vgl. Am 9,5f.), wird das göttliche Wirken explizit mit Bildern aus der handwerklichen Arbeitswelt beschrieben.

[12] An dieser Stelle wird nur das Verb שבת »ruhen« für Gottes Tätigkeit verwendet, der Tag selbst wird nicht als Sabbat bezeichnet.

Dekalog nach der Version in Ex 20. Auch in altbabylonischen Arbeitsverträgen werden Ruhetage festgehalten, entscheidend für die Thematik der theologischen und politischen Begründung von Zeitstrukturen ist jedoch die *Begründung*, die im Dekalog für die Sabbatruhe gegeben wird.

> ⁸Erinnere Dich an den Ruhetag/Sabbat-Tag (את־יום השבת), um ihn zu heiligen (לקדשו). ⁹Sechs Tage magst[13] du arbeiten und all deine Arbeit verrichten, ¹⁰aber der siebte Tag ist ein Ruhetag für Jhwh, deinen Gott, da darfst du deine ganze Arbeit nicht verrichten. Du und dein Sohn und deine Tochter, dein Knecht und deine Magd und dein Vieh und dein Fremdling, der in deinen Toren ist. ¹¹Denn sechs Tage hat Jhwh den Himmel und die Erde gemacht, das Meer und alles, was in (und auf) ihnen ist, und er ruhte am siebten Tag. Darum hat Jhwh den Ruhetag gesegnet und ihn geheiligt.

In Ex 20 wird der Ruhetag und damit zugleich der 7-Tage-Rhythmus mit der Schöpfung begründet. Wenn etwas als קדוש, als heilig, bezeichnet wird, so bedeutet dies, dass es etwas Abgegrenztes ist. Und so wird auch der heilige *eine* Tag von den anderen abgegrenzt. Diese Arbeitsruhe gilt für alle: die eigene Familie, die Angestellten und auch die Fremdlinge, die Schutz im Raum dieser Gesellschaft und Familie gesucht haben.[14] In Ex 20 wird dies nicht sozial begründet, es geht bei der Ruhe als *imitatio Dei* um die Ehrung Gottes, nicht um die Notwendigkeit von Arbeitsruhe für eine funktionierende Gesellschaft.[15]

Anders klingt dies in der zweiten Form des Dekalogs in Dtn 5. Das stark sozial ausgerichtete Deuteronomium, das in seinem entworfenen Ideal etwa auch auf die zeitnahe Zahlung des gerechten Lohns an Lohnarbeiter besteht (Dtn 24) (Frevel, 2017: 65 f.), begründet auch die Ruhe auf eine andere Weise (vgl. Krüger: 2009, 624 f.):

---

13   Zur Übersetzung siehe Köckert (2007: 69), der unterstreicht, dass es sich um ein Gebot des Ruhetages handelt, nicht um ein Gebot, an den anderen Tagen zu arbeiten. Anders bei Crüsemann (2003: 195), der explizit von einem »Arbeitsgebot« spricht.
14   In dem angesprochenen Du ist damit erkennbar sowohl der Hausherr als auch die Hausherrin subsummiert, die ansonsten in der Aufzählung fehlen würde. Zur Festlegung des Du, gerade im Deuteronomium, siehe Ebach (2014: 131–135).
15   Auch in den Sabbatbestimmungen des Heiligkeitsgesetzes im Buch Levitikus (bes. Lev 25) steht der privilegrechtliche Aspekt des Tages und damit der Ruhe von Mensch, Tier und auch dem Land in der Fokussierung auf Jhwh stärker im Vordergrund als der soziale Aspekt, den die deuteronomistische Theologie betont (vgl. Otto 1994: 249–256). Zur deuteronomistischen Begründung des Sabbatgebotes im Folgenden, zum Zusammenspiel von Arbeit und Ruhe insgesamt Janowski (2019: 228–245).

¹²Bewahre den Ruhetag und heilige ihn, wie Jhwh, dein Gott, es dir geboten hat. ¹³Sechs Tage magst du arbeiten und all deine Arbeit verrichten, ¹⁴aber der siebte Tag ist ein Ruhetag für Jhwh, deinen Gott, da darfst du deine ganze Arbeit nicht verrichten, du und dein Sohn und deine Tochter und dein Knecht und deine Magd und dein Rind und dein Esel und all dein Vieh und dein Fremdling, der in deinen Toren ist, damit dein Knecht und deine Magd ruhen werden wie du. ¹⁵Und erinnere dich daran, dass du Sklave gewesen bist im Land Ägypten und dass Jhwh, dein Gott, dich von dort herausgeführt hat mit starker Hand und ausgestrecktem Arm. Darum hat dir Jhwh, dein Gott, geboten, den Ruhetag zu halten.

Wird auch hier zunächst der Tag als Tag Jhwhs gekennzeichnet und auch am Ende das göttliche Heilshandeln betont, das der hier geforderten Verehrung im Dekalog vorausgeht, wird im Kontrast zu Ex 20,12–15 das Ziel des Tages durch die Ruhe aller Menschen der Hausgemeinschaft angegeben.[16] Denn durch die sozialgerechte Behandlung der Menschen im eigenen Einflussbereich wird ein Zustand vermieden, der Israel immer wieder und besonders im Deuteronomium in das kollektive Gedächtnis geschrieben wird: das Sklavendasein. Dies bedeutet allerdings keine allgemeine Absage an Fronarbeit, gerade bei besiegten Völkern ist diese im AT durchaus auch von Israel aus belegt (vgl. Kegler, 2001). Aber die eigene Ruhe soll nicht dadurch ermöglicht werden, dass die Schwachen in der Gesellschaft an diesem Tag arbeiten oder, um den Arbeitsausfall der sozial höher Gestellten auszugleichen, gar mehr arbeiten.[17] Mensch und Tier und an anderer Stelle (Ex 23,10f.) auch der Boden selbst brauchen Ruhe als notwendiges Gegenüber zur Arbeit. Nachhaltigkeit gehört zur klugen Lebensführung. Gerade da nach dem Deuteronomium der Haushalt die entscheidende Grundstruktur darstellt, in dem etwa auch Generationenpflege und Bildungsarbeit stattfindet, wenden sich Paränese und Gesetzgebung an den Einzelnen und auch seinen privaten Bereich.

Im Setting des angeordneten Ruhetages treffen zwei Zeitsysteme aufeinander, wie es sich an vielen Stellen des Alten Testaments zeigt: ein zyklisches und ein lineares.[18] Jede Woche wird in der Ruhe an das eine große Ereignis der Schöpfung und Befreiung erinnert, so wie auch jeder Sonntag einmal als Ostergedenktag fungierte. Ludger Schwienhorst-Schönberger spricht treffend von

---

[16] Ein paralleler Zweck der Sabbatruhe wird auch in Ex 23,12 angegeben, indem auf die Möglichkeit zum Aufatmen von Mensch und Tier am Ruhetag hingewiesen wird.

[17] Zur sozialethischen Ausrichtung des Gebots und seiner Begründung im Rahmen des Deuteronomiums siehe OTTO (2012: 739–741).

[18] Zu diesen beiden Dimensionen des alttestamentlichen Zeitverständnisses siehe SCHWIENHORST-SCHÖNBERGER (2010), mit einem entschiedenen Plädoyer für die Wahrnehmung der zyklischen Zeitvorstellung (ders., 2014: 3).

einer »Semiotisierung der Geschichte« (2014: 16). Besonders an den Festen wird diese Verschränkung erkennbar, werden doch zumeist mit dem wirtschaftlichen und naturgebundenen Leben verbundene Feste (etwa Erntefeste) mit der eigenen kollektiven Heilsgeschichte verknüpft.[19]

An dieser Stelle wird der kulturelle Aspekt von Zeiteinteilung besonders gut greifbar.[20] Der Ablauf der Feste, die an den Exodus und die Wüstenzeit erinnern, gehört zur *israelitischen* Kultur, denn man erinnert die eigene Geschichte. Die Fremdlinge, deren Nationalität und kulturelle Prägung in den Texten notorisch unbestimmt bleibt, werden wie die Armen meist bei den Festen integriert, da es dort Ruhe und Essen gibt. Nur beim Passafest, der zentralen Feier des Exodus und damit dem zentralen Erinnerungsfest, wird im Deuteronomium (Dtn 16,1–8) der Fremdling auffälligerweise nicht erwähnt und es kann nach spätpriesterlicher Gesetzgebung (Ex 12,48) nur der teilnehmen, der beschnitten ist (vgl. Ebach, 2014: 54). Zeitpolitik und Kultur und dabei insbesondere die dominierenden Facetten einer »Leitkultur« oder »Mehrheitskultur« hängen eng miteinander zusammen. Gerade dieser Aspekt zeigt sich – trotz Religionsfreiheit – auch in der aktuellen Situation. Der religiöse Aspekt der Zeitfestlegung ist beispielsweise an den Positionierungen der Schulferien um die christlichen Feste Ostern und Weihnachten herum ablesbar. Noch auffälliger war, dass es eine sehr kritische gesellschaftliche Reaktion gab, als besonders in Göttingen 2020 am Opferfest, dem höchsten muslimischen Feiertag, trotz Corona Familien zusammenkamen, an Weihnachten jedoch mit Hinblick auf die immens wichtige Funktion des Festes für die Individuen und die Familien der Gemeinschaft Lockerungen zumindest in Teilen von Deutschland erlaubt wurden. An dieser Stelle geht es weniger um die geltende Rechtslage als um die Abwägungen bei ihrer Festlegung.[21] Diese Entscheidung ist vertretbar, ist jedoch politisch zumindest begründungsbedürftig. Und auch innerhalb des Christen-

---

[19] Und auch die Heilsgeschichte verläuft zugleich linear und zyklisch. So ist etwa das Richterbuch dadurch geprägt, dass sich derselbe Ablauf immer und immer wieder wiederholt (Richterschema) – der sich wiederholende Wechsel von guten und schlechten Königen ist aber zum Beispiel auch aus mesopotamischen Chroniken bekannt. Und auch auf das einmalige und zurückliegende Ereignis des Exodus aus Ägypten, dessen Erinnerung immer wieder beschworen wird, folgt nach dem Exil im Deuterojesajabuch der Aufruf zum neuen Exodus (vgl. Jes 40).

[20] Gerade CRÜSEMANN (1992: 167) unterstreicht den identitätsbildenden Beitrag der Zeiteinteilung: »Es geht hier um die Zeitstruktur biblischen Glaubens, um die Umsetzung der Alleinverehrung Gottes in einem Rhythmus, der mit dem Jahres- und Naturrhythmus genauso eng zusammenhängt, wie er von denen der anderen Götter getrennt ist.«

[21] Die Schulgesetze der meisten Bundesländer erlauben mittlerweile zumindest das Fehlen in der Schule bei hohen Feiertagen nichtchristlicher Religionen und verbieten zum Teil auch die Ansetzung von Prüfungen für die entsprechenden Tage.

tums wurde die Ausrichtung auf die römisch-katholische und evangelische Kirche an den Lockerungen insofern erkennbar, als dass sie sich nicht auf den späteren Termin des russisch-orthodoxen oder griechisch-orthodoxen Weihnachtsfestes bezogen. Dieser Zusammenhang zeigt – historisch gewachsene – Machtstrukturen bei der Rhythmisierung des Gemeinschaftslebens.

An dieser Stelle wird ein Aspekt deutlich, der das alttestamentliche Bild von modernen Gesellschaftsstrukturen unterscheidet, und doch auch zugleich, dass es dennoch Überschneidungen gibt. Denn werden die Rhythmen im Alten Testament zumeist durch die Natur und Gott selbst gesetzt, hat sich diese Wahrnehmung als Setzung von nichtmenschlicher Seite in den letzten Jahrhunderten deutlich verändert. Tag und Nacht bestehen als (göttlich vorgegebener) Rhythmus weiter, mit Abstrichen eventuell auch Jahreszeiten und vielleicht sogar die Lebensspanne, aber elektrisches Licht, Gewächshäuser und Video-Konferenzen über Zeitzonen hinweg haben eine aktivere Gestaltung des Rhythmus ermöglicht und zugleich nötig gemacht. Und mit der Einführung der Sommerzeit aus Energiespargründen wurde sogar die Zeitfestlegung selbst verändert, die eigentlich im Gegensatz zur alttestamentlichen Zeit als vom Tageslicht unabhängige Größe kreiert wurde. Nun sind es stärker innerweltliche und aktiv eingeführte Strukturen als Zeitgeber, da man sich vom »natürlichen« Rhythmus immer mehr befreit. Und doch ist dieser Unterschied weniger trennscharf, als man es zunächst meinen mag. Denn auch im Alten Testament stehen hinter dem, was Gott strukturiert und fordert, ebenso handfeste politische und gesellschaftliche Positionen und Interessen menschlicher Gruppen. Und – andersherum – bieten Gesellschaftsstrukturen für die Einzelnen auch Aspekte der Setzung von außen.

Alttestamentliche Texte haben in der Regel eine kollektive Stoßrichtung und die individuelle Perspektive der Lebensgestaltung ist stärker im Hintergrund. Ein festgelegter gesamtgesellschaftlicher Rhythmus kann beengen, aber auch den Platz für Ruhe verankern, wie die beiden Dekalog-Fassungen zeigen. Diese Struktur darf jedoch – in moralischer Perspektive – nach den Vorschriften des Alten Testaments nicht ausgenutzt werden. Auch wenn man weiß, dass ein periodisch wiederkehrender allgemeiner Schuldenerlass naht, darf dies keine Auswirkungen auf die Bereitschaft, etwas zu leihen, haben (Dtn 15,9).

2. Arbeit als Teil des menschlichen Lebens

Wie ein Mensch oder eine Gruppierung zur Arbeit steht, ist eng mit Mechanismen der Identitätskonstruktion verbunden. Dies gilt sowohl für die Menge der Arbeit als auch für ihre *Prägung*.[22] Theodor Herzl hat in seinem Werk »Der Ju-

---

[22] Man denke in neuzeitlicher Perspektive beispielsweise an die Selbststilisierung der DDR als Arbeiter- und Bauernstaat.

denstaat« das Land als »Siebenstundenland« gekennzeichnet, denn es sollte in zwei Schichten jeweils sieben Stunden am Tag mit einem Wechsel nach jeweils dreieinhalb Stunden gearbeitet werden (vgl. Herzl, 1936: 42 f.). Der Siebener-Rhythmus als Zahl der Vollkommenheit ist dabei sicher kein Zufall. Die Arbeitszeit möchte er in einem der relevantesten Identitätsmarker abbilden, den er sich für den Staat ausdenkt. So hält er fest: »Wir haben keine Fahne. Wir brauchen eine. Wenn man viele Menschen führen will, muß man ein Symbol über ihre Häupter heben« (Herzl, 1936: 84). Er beschreibt die von ihm kreierte Fahne, die er auch in sein Tagebuch zeichnet, folgendermaßen: »Ich denke mir eine weiße Fahne mit sieben goldenen Sternen. Das weiße Feld bedeutet das neue, reine Leben; die Sterne sind die sieben goldenen Stunden unseres Arbeitstages. Denn im Zeichen der Arbeit gehen die Juden in das neue Land« (Herzl, 1936: 84; vgl. Brenner, 2020: 60–70).

Die brisante Frage nach der Verknüpfung von Anthropologie und Arbeit ist durchaus auch ein exegetisches Thema. Im Gegensatz zu den altorientalischen Parallelen wird der Mensch *nicht* geschaffen, um für die Götter Arbeit zu verrichten. So wurden im babylonischen Atramchasis-Mythos Menschen dafür geschaffen, dass die niederen Götter, die Igigu, nicht mehr selbst arbeiten mussten.[23] In beiden alttestamentlichen Schöpfungserzählungen, die eng mit den mesopotamischen verwandt sind, besteht darin jedoch *nicht* der Sinn der Menschenschöpfung. Und doch wird in beiden Schöpfungsberichten dem Menschen Arbeit zugewiesen (vgl. Ebach, 2004). Der nicht arbeitende Mensch ist und bleibt Mensch, aber die Menschheit als Ganze braucht Arbeit, um leben zu können.[24] Die in den Schöpfungstexten genannten Arbeiten sind Kulturarbeiten, die dem Leben des Menschen und der Gemeinschaft dienen.[25] Und diese Bestimmung zieht sich durch das Alte Testament: Arbeit ist weder für Götter da noch geschieht sie um der Arbeit selbst willen, sondern zur guten Gestaltung

---

[23] Zur Verbindung aus Arbeitsbestimmung und Menschsein im altorientalischen Kontext und den Schöpfungstexten siehe auch Krüger (2009) und breit zur Bestimmung des Menschen im Atramchasis-Mythos, die mit der lebenswichtigen Kanalanlegung und damit der Bewohnbarmachung des Lebensraums verbunden ist Wöhrle (2018).

[24] Crüsemann (2003: 194 f.) verweist auf das Verbot von Arbeit, das das Menschsein gefährden kann. Hier mag man modern gewendet daran denken, dass der systematische Entzug von Arbeit am Arbeitsplatz zu den Erscheinungsformen von Mobbing gerechnet wird (Straining).

[25] Im nichtpriesterlichen Schöpfungsbericht liegt dieser Aspekt an der Oberfläche, indem in Gen 2,15 das Bebauen und Bewahren der Erde als Aufgabe des Menschen angegeben wird. Doch auch im priesterlichen Schöpfungsbericht kann die Gestaltung der Erde als Auftrag erkannt werden. Zum Herrschaftsauftrag in Gen 1,26–28 als Grundlage der Sicherung des Lebensraums des Menschen siehe Wöhrle (2009: 171–188).

der vorfindlichen Welt. Dies gilt sowohl für den Herrschaftsauftrag in Gen 1, in dem das Herrschen über die Tiere dazu dient, den Lebensraum der Menschen zu sichern, als auch für die Garten-Eden-Erzählung. So beschreibt diese, direkt am Beginn, im Stil der altorientalischen Schöpfungstexte, in Gen 2,4b-5, einen Zustand, der durch die Abwesenheit dessen geprägt ist, was nach der eigenen Welterfahrung zur Erde dazugehört:

> [4b]Am Tag, als Jhwh, Gott, Erde und Himmel machte [5]und es noch keine Sträucher des Feldes auf der Erde gab und noch kein Kraut des Feldes spross, weil Jhwh, Gott, es noch nicht hatte regnen lassen auf die Erde und noch kein Mensch da war, um den Erdboden zu bebauen ...

Am Ende des ätiologischen Textes, in der dem Menschen real vorfindlichen Welt, sind die aufgezeigten Lücken geschlossen. Es ist der Mensch da, um den Boden zu bebauen, er wird also seiner Aufgabe gerecht (vgl. Ebach, 1980: 9; Gertz, 2009: 280f.) - von einem Sündenfall ist in dieser Erzählung weder terminologisch noch sachlich die Rede, dies bleibt zu betonen. Darum trifft Ludwig Köhlers stark negative Darstellung der Wertung von Arbeit im Alten Testament gerade nicht, der ausführt: »Die Arbeit ist im AT nicht ein sittliches Gut, sondern eine Notwendigkeit; sie ist Mühsal und steht unter dem Fluch Gen 3 19« (Köhler, 1966: 139). Die Arbeit dient als Antwort auf die Mühen der vorfindlichen Realität, ist aber von Anfang an mit dem Menschsein verbunden. Dabei setzt die menschliche Arbeit die göttliche Schöpfungsarbeit fort (vgl. Wallis, 1994: 229f.). Der Mensch gehört, schon am Wort erkennbar, zum Erdboden (אדם und אדמה), wobei sich dies vor allem auf seine Erschaffung aus ihm bezieht. »Work« und »Life« sind somit im Alten Testament gerade keine Gegensatzpaare, die man in Balance, in ein Gleichgewicht, bringen müsste. Doch liegt dies daran, dass der Bereich der Arbeit und des Tuns deutlich breiter gefasst wird, als es aktuell mit Berufstätigkeit gemeint ist. Es geht um das sich aktive Verhalten in und zum Nutzen der Gemeinschaft. Dies kann an allen Plätzen des gemeinschaftlichen Gefüges geschehen. Da ein Lohnsystem noch nicht in der heutigen Ausprägung vorliegt, sind die Grenzen zwischen Beruf, Familienarbeit und Freizeit nicht trennscharf zu ziehen.[26]

Die nichtpriesterliche Urgeschichte dekliniert die Grundkonflikte in der Welt anhand von Personenkonstellationen durch, doch ist sie zugleich eine Geschichte von Kulturerrungenschaften. Dies bezieht sich neben dem grundle-

---

[26] Die fehlende Trennung der Tätigkeitsbereiche hat auch Auswirkungen auf den Bereich der Geschlechtergerechtigkeit bzw. auf die gleichberechtigte Wahrnehmung von verschiedenen Tätigkeiten, die in der modernen Welt durch die Lebensbereiche Beruf und Familie voneinander getrennt werden (vgl. dazu Crüsemann, 2003: 195).

genden Wissen um Gut und Böse auf den Ackerbau und Weinanbau, die Hirtentätigkeiten, die Schmiedekunst, aber auch die Leier- und Flötenspieler.[27] Kultur gehört zu den für die Menschen so grundlegenden Aspekten, dass sie in der Urgeschichte verankert wird.[28] Und zur Gestaltung einer dem Menschen lebensdienlichen Welt gehört nicht nur ein puristisches Minimum als Ziel der Arbeit, es geht, wie es der bereits genannte Schöpfungspsalm Ps 104 festhält, auch um den Wein, um den Menschen zu erfreuen, und das Öl zur Gesichtspflege (V. 15).

Auch die jüngeren Zukunftstexte des Alten Testaments skizzieren keine Welt ohne Arbeit, aber eine Arbeit, die sich für die lohnt, die sie vollbringen. So kündet Jhwh in Am 9,14 am Schluss des ganzen Amosbuches hoffnungsfroh nach viel Gericht und Katastrophen an: [29]

> [14]Und ich werde das Geschick meines Volks Israel wenden und sie werden verwüstete Städte aufbauen und bewohnen und Weinberge pflanzen und ihren Wein trinken und Gärten anlegen und ihre Früchte essen.

Das ist kein Schlaraffenland, aber eben auch kein Sklavenhaus, wie es Ägypten war. Und es setzt voraus, dass man genügend Zeit hat, die Früchte auch zu genießen.[30] Anders als in der klassischen griechischen Philosophie wird die körperliche Arbeit nicht Sklaven oder niederen Menschengruppen zugeordnet, sie gehört zum Menschen als solchem (vgl. Ebach, 1980: 7f.).

Nun kann man einwenden, dass sich eine moderne funktionalisierte Gesellschaft zu sehr von diesen Gesellschaftsstrukturen mit einer engen Bindung an die Landwirtschaft unterscheidet und zudem auch der einzelne Mensch in den Blick zu nehmen ist, der keiner Arbeit nachgehen kann. Zur altorientalischen Einordnung dieser Thematik bietet sich ein letzter Zeitsprung an, der an den Beginn des 2. Jahrtausends v. Chr. führt. In einem Text, der die städtische und differenzierte Kultur Sumers eindrücklich zeigt, wird ein kleiner Wettstreit zwischen den Göttern Enki (dem Menschenschöpfer) und Ninmach (eine Art

---

[27] Das Anwachsen der Menschheit und die Differenzierung der Arbeit wird somit göttlich legitimiert, aber zugleich in seiner Ambivalenz dargestellt, wie CLAUS WESTERMANN (1980: 46) zeigt: »Grundsätzliches Mißtrauen gegenüber dem Fortschritt der menschlichen Arbeit in Kultur und Technik ist genauso fragwürdig wie die Blindheit gegenüber der Gefährdung des Menschen und der menschlichen Gemeinschaft durch jede Übersteigerung von Macht und Größe mit den Mitteln der Kultur und Technik.«

[28] Zur Hochschätzung von Kultur im weiten Wortsinn in alttestamentlichen Texten siehe WESTERMANN (1980: 46–48).

[29] So auch in Jes 65,21–23, siehe dazu auch EBACH (2004). Zu Am 9 vgl. auch HIRTH (1989: 219).

[30] Zur Korrespondenz von Arbeit und Ruhe in den verschiedenen alttestamentlichen Traditionen siehe EBACH (1980: 18–21).

Hebammengöttin) geschildert.³¹ Beide haben – wie es bei mesopotamischen Gottheiten nicht selten vorkommt – sehr viel Bier getrunken und streiten in diesem Zustand darüber, ob Ninmach in der Lage sei, Menschen zu erschaffen, denen Enki dann keinen sinnvollen Platz auf der Erde zuweisen könnte. Ninmach erschafft einen Menschen, dessen Hände zittern, einen blinden Menschen, einen Menschen mit zwei Klumpfüßen, einen Menschen mit geistiger Beeinträchtigung, einen inkontinenten Menschen und eine gebärunfähige Frau. Enki findet in der urbanen Gesellschaft für alle einen sinnvollen Platz. So wird etwa der, der nicht stehen kann, zu einem Meister der Schmiedekunst, der Blinde wird zu einem besonderen Sänger, einige bekommen wichtige Beraterfunktionen beim König. Deutlich wird an diesem Text zum einen, dass in einer funktionalisierten Gesellschaft Platz für alle Menschen ist. »Mit anderen Worten: Jeder findet in der Stadt Enkis Beruf, Nahrung und Auskommen« – so formuliert es die Altorientalistin Annette Zgoll (2012: 48).³² Zum anderen wird aber auch deutlich, dass dieser Text die Rolle des Menschen in der Gesellschaft gerade über seine Arbeit deutet, die es für jeden Menschen in sinnvoller Weise gibt.

Die Arten der Betätigung sind also durchaus gesellschaftsabhängig, doch das Prinzip bleibt bestehen. So kann man viele Texte des Alten Testaments als Plädoyer für das Tätig-Sein lesen, doch braucht jede Tätigkeit einen Konterpart. Dies schildert der aus hellenistischer Zeit stammende Text Koh 3. Denn auch über den aus der Beerdigungsliturgie bekannten Vers über die Zeit zum Leben und zum Sterben hinaus kommt in diesem Text eine Rhythmisierung der Zeit und aller möglichen komplementären Tätigkeiten zu tragen, auch wenn die Arbeit als solche nicht explizit genannt wird. In diesem Text zeigt sich somit ein Aspekt einer »lebensdienlichen Work-Life-Balance«, wie sie im Rahmen der Diskussionen um Zeitpolitik immer wieder beschworen wird.

¹Für alles gibt es einen bestimmten Zeitpunkt und eine Zeit für jedes Vorhaben unter der Sonne. ²Eine Zeit zum Zeugen (bzw. Gebären) und eine Zeit zum Sterben, Zeit zum Pflanzen und Zeit zum Pflanzen-Ausreißen, ³Zeit zum Töten und Zeit zum Heilen, Zeit zum Niederreißen und Zeit zum Aufbauen, ⁴Zeit zum Weinen und Zeit zum Lachen, Zeit zum Klagen und

---

[31] Der Text ist abgedruckt in TUAT III, 386–401 (WILLEM H. PH. RÖMER). Vgl. zu diesem Text und breiter der Rolle des Menschen in den altorientalischen Schöpfungstexten die Ausführungen von ZGOLL (2012); zur Erzählung um Enki und Ninmach siehe (a.a.O.: 46–49).

[32] Die Fähigkeit des eigenständigen Brotverdienens ist in diesem Text eine Definition des Menschlichen (vgl. a.a.O., 49). Die Stoßrichtung des Textes liegt dabei auf der Breite der aktiven Mitarbeit verschieden ausgestatteter Menschen und gerade nicht auf der Grenzziehung, die einem Menschen das Menschsein absprechen wollte.

> Zeit zum Tanzen, ⁵Zeit, Steine zu werfen, und Zeit, Steine zu sammeln, Zeit, sich zu umarmen, und Zeit, sich aus der Umarmung zu lösen, ⁶Zeit zum Suchen und Zeit zum Verlieren, Zeit zum Bewahren und Zeit zum Wegwerfen, ⁷Zeit zum Zerreißen und Zeit zum Zusammennähen, Zeit zum Schweigen und Zeit zum Reden, ⁸Zeit zum Lieben und Zeit zum Hassen, Zeit des Kriegs und Zeit des Friedens.

Man kann diesen Text durchaus als lakonisch bezeichnen, als Hinnehmen des eben unabänderlich Gegebenen, wie es im gleichen Buch auch die bekannten Phrasen »Alles ist eitel« und »Es gibt nichts Neues unter der Sonne« nahelegen können. Der Ablauf der Welt hängt nicht am Tun des Einzelnen. Doch wird man dem Text im Kontext des Qoheletbuches nur gerecht, wenn man zugleich sieht, dass in einem geordneten Kosmos alles ein Gegenüber hat und braucht und dass der Mensch an den meisten der Handlungen und ihrer zeitlichen Ansetzung einen aktiven Anteil trägt.³³ Je nach Situation gibt es somit in diesem auch zyklisch gedachten Zeitablauf Unterschiedliches, was angemessen ist.³⁴ Koh 3 trifft sich im komplementären Zusammenstellen von Tätigkeiten mit weiten Teilen anderer alttestamentlicher Aussagen zur Zeiteinteilung, auch im Kontext der Arbeit. Es muss bei allem Arbeiten auch eine Zeit für Ruhe geben, aber ein Leben ohne Arbeit ist in alttestamentlicher Sicht nicht das Ziel des menschlichen Daseins. Ein Leben, das nicht in Balance zu einem davon zu trennenden Aspekt der Arbeit steht, sondern erfüllte Arbeitszeit als Bestandteil des Lebens kann bei allen nötigen Differenzierungen im Einzelnen als alttestamentliches Ideal erkannt werden. Und so kann der Überblick über Zeiteinteilung und Arbeitszeit im Alten Testament mit Koh 3,22 abschließen:

> ²²Und ich sah, dass es nichts Besseres gibt, als dass der Mensch sich freut bei seinem Tun, denn das ist sein Anteil. Denn wer würde ihn dazu bringen zu sehen, was später sein wird?

---

³³ Zur Behandlung der Zeit in Koh 3 siehe KÖHLMOOS (2015: 114-124) und KRÜGER (2000: 153-161), der das Zusammenspiel aus Kontingenzerfahrung und aktiver Ordnung des Lebens, das sich in Koh 3,1-8 zeigt, herausstellt. Breiter zum facettenreichen Zeitverständnis im Qoheletbuch, das die Zeit als Schöpfungswerk des Gottes begreift, siehe KRÜGER (2014).

³⁴ Wie Fox (1998) zeigen kann, geht es in Koh 3 nicht darum, dass der Termin für das jeweilige Handeln bereits festgesetzt ist, sondern darum, dass es bestimmte durch die Umstände geprägte Zeiten gibt, in denen das jeweilige Handeln angemessen ist. KÖHLMOOS (2015: 114) übersetzt in dieser Linie mit »Für alles gibt es den richtigen Zeitpunkt«. Vgl. auch KRÜGER (2000: 156f.), der darauf hinweist, dass sich der Ertrag der Handlungen zu diesen Zeiten einstellt. In der momentanen Covid-19-Pandemielage (2020/2021) wird die Zeitgebundenheit von Handlungen in der Zusammenstellung der Zeit zum Umarmen und der Zeit, dies gerade nicht zu tun, unmittelbar greifbar.

Literatur

Albani, Matthias: Art. Kalender (AT), in: Das Wissenschaftliche Bibellexikon im Internet (www.wibilex.de). 2017.
Brenner, Michael: Israel. Traum und Wirklichkeit des Jüdischen Staates.
    Von Theodor Herzl bis heute. München: C. H. Beck 2020.
Crüsemann, Frank: Die Tora. Theologie und Sozialgeschichte des alttestamentlichen
    Gesetzes. München: Kaiser 1992.
Crüsemann, Frank: Gottes Fürsorge und menschliche Arbeit. Ökonomie und soziale
    Gerechtigkeit in biblischer Sicht, in: Ders., Maßstab: Tora. Israels Weisung und
    christliche Ethik. Gütersloh: Gütersloher Verlagshaus 2003, 190–207.
Ebach, Jürgen: Zum Thema: Arbeit und Ruhe im Alten Testament. Eine utopische
    Erinnerung, in: ZEE 24 (1980), 7–21.
Ebach, Jürgen: Menschsein *mit,* nicht *durch* Arbeit. Zum Thema »Arbeit« in der
    hebräischen Bibel, in: ThPQ 152 (2004), 275–283.
Ebach, Ruth: Das Fremde und das Eigene. Die Fremdendarstellungen des
    Deuteronomiums im Kontext israelitischer Identitätskonstruktionen (BZAW 472).
    Berlin/Boston: De Gruyter 2014.
Fox, Michael V.: Time in Qohelet's »catalogue of times«, in: JNSL 24 (1998), 25–39.
Frevel, Christian: Prekäre Arbeitsverhältnisse. Lohn und Lohnverzug im Alten Testament,
    in: Söding, Thomas/Wick, Peter (Hrsg.), Würde und Last der Arbeit. Beiträge zur
    neutestamentlichen Sozialethik (BWANT 209). Stuttgart: Kohlhammer 2017, 57–71.
Gertz, Jan Christian: »Im Schweiße deines Angesichts ...«. Alttestamentliche Perspektiven
    zum Thema »Sinn der Arbeit – Ethos der Arbeit«, in: Oeming, Manfred/Boës, Walter
    (Hrsg.), Alttestamentliche Wissenschaft und kirchliche Praxis, FS J. Kegler. Beiträge
    zum Verstehen der Bibel 18. Münster: Lit 2009, 267–283.
Gertz, Jan Christian: Das erste Buch Mose. Genesis. Die Urgeschichte Gen 1–11 (ATD 1).
    Göttingen: Vandenhoeck & Ruprecht 2018.
Grund, Alexandra/Janowski, Bernd: »Solange die Erde steht ...« Zur Erfahrung von Raum
    und Zeit im alten Israel, in: Janowski, Bernd et al. (Hrsg.), Der Mensch im Alten
    Israel. Neue Forschungen zur alttestamentlichen Anthropologie (HBS 59).
    Freiburg i. Br. u. a.: Herder 2009, 487–535.
Herzl, Theodor: Der Judenstaat, Berlin [11]1936.
Hirth, Volkmar: Die Arbeit als ursprüngliche und bleibende Aufgabe des Menschen.
    Beobachtungen am Alten Testament, in: BZ 33 (1989), 210–221.
Hossfeld, Frank-Lothar/Zenger, Erich: Psalmen 101–150 (HThKAT). Freiburg i. Br. u. a.:
    Herder 2008.
Irsigler, Hubert: »Umsonst ist es, daß ihr früh aufsteht ...« Psalm 127 und die Kritik
    der Arbeit in Israels Weisheitsliteratur, in: BN 37 (1987), 48–72.
Janowski, Bernd: Anthropologie des Alten Testaments. Grundfragen – Kontexte –
    Themenfelder. Mit einem Quellenanhang und zahlreichen Abbildungen.
    Tübingen: Mohr Siebeck 2019.

Kampling, Rainer: Art. Arbeit / Mühe, in: HGANT (^{5}2016), 101–103.
Kegler, Jürgen: Arbeitsorganisation und Arbeitskampfformen im Alten Testament, in: Ders., »dass Gerechtigkeit und Friede sich küssen (Ps 85,11)«. Gesammelte Aufsätze, Predigten, Rundfunkreden (BEAT 48). Frankfurt a. M. u. a.: Lang 2001, 90–106.
Knauf, Ernst Axel: Art. Zeit (AT), in: HGANT (52016), 471 f.
Köckert, Matthias: Die Zehn Gebote. München: C. H. Beck 2007.
Köhler, Ludwig: Theologie des Alten Testaments, Tübingen: Mohr Siebeck ^{4}1966.
Köhlmoos, Melanie: Kohelet. Der Prediger Salomo (ATD 16/5). Göttingen: Vandenhoeck & Ruprecht 2015.
Krüger, Annette: Der Mensch und seine Arbeit. Bemerkungen zu einer anthropologischen Konstante, in: Janowski, Bernd et al. (Hrsg.), Der Mensch im Alten Israel. Neue Forschungen zur alttestamentlichen Anthropologie (HBS 59). Freiburg i. Br. u. a.: Herder 2009, 613–629.
Krüger, Thomas: Kohelet (Prediger) (BKAT 19 (Sonderband)). Neukirchen-Vluyn: Neukirchener Verlag 2000.
Krüger, Thomas: Wahrnehmungen und Deutungen der Zeit im Buch Kohelet, in: Ebner, Martin et al. (Hrsg.), Zeit (JBTh 28 (2013)). Neukirchen-Vluyn: Neukirchener Theologie 2014, 21–45.
Lang, Bernhard: Art. Arbeit (AT), in: Das Wissenschaftliche Bibellexikon im Internet (www.wibilex.de). 2008.
Lux, Rüdiger: »Ein jegliches hat seine Zeit ...« Des Menschen Zeit nach dem Buch des Predigers Salomo, in: Ders., Ein Baum des Lebens. Studien zur Weisheit und Theologie im Alten Testament, hrsg. v. Berlejung, Angelika u. Heckl, Raik (ORA 23). Tübingen: Mohr Siebeck 2017, 86–96.
Otto, Eckart: Theologische Ethik des Alten Testaments (ThW 3/2), Stuttgart u. a.: Kohlhammer 1994.
Otto, Eckart: Deuteronomium 1–11, Zweiter Teilband: 4,44–11,32 (HThKAT). Freiburg i. Br. u. a.: Herder 2012.
Renz, Johannes/Röllig, Wolfgang: Handbuch der althebräischen Epigraphik, Bd. 1: Die althebräischen Inschriften, Teil 1: Text und Kommentar. Darmstadt: WBG 1995.
Schwienhorst-Schönberger, Ludger: Art. Zeit, Zeitverständnis (AT), in: Das Wissenschaftliche Bibellexikon im Internet (www.wibilex.de), 2010.
Schwienhorst-Schönberger, Ludger: Die Ordnung der Zeit im Alten Testament, in: Ebner, Martin et al. (Hrsg.), Zeit (JBTh 28 (2013)). Neukirchen-Vluyn: Neukirchener Theologie 2014, 3–20.
Steck, Odil Hannes: Der Schöpfungsbericht der Priesterschrift (FRLANT 115). Göttingen: Vandenhoeck & Ruprecht 1975.
Wallis, Gerhard: Die Selbstverwirklichung durch Arbeit im Alten Testament, in: Ders., Mein Freund hatte einen Weinberg. Aufsätze und Vorträge zum Alten Testament (BEAT 23). Frankfurt a. M. u. a.: Lang 1994, 225–237.
Wenham, Gordon J.: Genesis 1–15 (WBC 1). Waco, TX: Zondervan Academic 1987.

Westermann, Claus: Genesis. 1. Teilband: Genesis 1-11 (BKAT 1/1). Neukirchen-Vluyn: Neukirchener Verlag 1974.

Westermann, Claus: Arbeit und Kulturleistung in der Bibel, in: Concilium 16 (1980), 45-50.

Wöhrle, Jakob: dominium terrae. Exegetische und religionsgeschichtliche Überlegungen zum Herrschaftsauftrag in Gen 1,26-28, in: ZAW 121 (2009), 171-188.

Wöhrle, Jakob: »Als die Götter Mensch waren«. Zum Beginn des Atramḫasīs-Epos, in: Kleber, Kristin et al. (Hrsg.), Grenzüberschreitungen. Studien zur Kulturgeschichte des Alten Orients, FS Hans Neumann (Dubsar 5). Münster: Zaphon 2018, 797-813.

Zgoll, Annette: Welt, Götter und Menschen in den Schöpfungsentwürfen des antiken Mesopotamiens, in: Schmid, Konrad (Hrsg.), Schöpfung (Themen der Theologie 4). Tübingen: Mohr Siebeck 2012, 17-70.

B Konkretionen

Allzeit darf Lohnarbeit nicht sein

Arbeitspolitik als Zeitpolitik?

Michael Brugger & Matthias Möhring-Hesse

Allzeit schaffen ... Dass Menschen über den Tag und über ihr ganzes Leben hinweg arbeiten und dass sie das müssen, kann man sich in der uns vertrauten Gesellschaft gut vorstellen. Auch deswegen kann man dort mit ›arbeiten‹ mehr oder weniger alle Tätigkeiten referieren. All das, was Mann und Frau so tut, bringen sie unter das mit ›arbeiten‹ assoziierte Müssen sowie die mit gemeinte Mühe und rechtfertigen damit ihr Tun vor sich selbst und vor anderen. Dass man bei all dem Arbeiten auch noch gegen Lohn für andere und unter deren Weisung arbeitet und dass man das unbedingt muss, auch das gilt in der uns vertrauten Gesellschaft als selbstverständlich. Doch es gilt nur zeitlich befristet: Allzeit darf Lohnarbeit nicht sein.

Dass jemand gegen Lohn für andere arbeitet, betrifft sie oder ihn - so die gesellschaftlich gepflegte Vorstellung von Lohnarbeit - nicht ganz und gar, sondern immer nur zu einem Teil. Man spricht dazu von der Arbeitskraft und meint damit ein besonderes Vermögen einer Person, das man von ihr unterscheiden kann: Jemand verfügt über seine Arbeitskraft, »ist« sie aber nicht. Gegen Lohn vollziehen Menschen ihre Arbeitskraft und veräußern so für jemand anderes etwas, was sie »haben«, nicht aber »sind«. Mehr noch: Das, was man mit »Arbeitskraft« meint und das man gegen Lohn an andere veräußern kann, ist nur ein Teil all der Vermögen, über die eine Person verfügt und die man zu großen Teilen, weil zu sehr an die Person gebunden, nicht gegen Lohn verausgaben kann. Nur unter dem Vorbehalt, dass »lediglich« Arbeitskraft veräußert wird, wird Lohnarbeit gesellschaftlich akzeptiert - und mit ihr zugleich auch das »Müssen«, sich durch Lohnarbeit und d. h. durch den »Verkauf« der eigenen Arbeitskraft mit eigenem Einkommen zu versorgen. Dieser Vorbehalt drückt sich auch in der zeitlichen Befristung von Lohnarbeit aus: Gegen Lohn müssen und dürfen Menschen lediglich in der mittleren Phase ihres Lebens zwischen Kindheit und Jugend auf der einen und dem »Ruhestand« auf der anderen Seite arbeiten - und auch dann nur während eines Teils der Tage, Wochen und Jahre. Weil Lohnarbeit die Menschen nicht ganz betrifft, werden ihr lebens- und arbeitszeitliche Grenzen gesetzt. Deswegen ist Lohnarbeit immer auch ein Zeitverhältnis oder genauer: ein Sozialverhältnis in der Zeit. Nur mit ihrer lebens- und arbeitszeitlichen Begrenzung kann man sich in der uns vertrauten Gesellschaft vorstellen, dass jedermann und jedefrau – von Ausnahmen abgesehen – gegen Lohn arbeitet und arbeiten muss.

Zum gesellschaftlichen Narrativ über die Lohnarbeit gehört weiterhin, dass sie aus einem Arbeitsvertrag heraus entsteht. Mit einem solchen Vertrag »verkaufen« Arbeitnehmer:innen ihre Arbeitskraft gegen Lohn. Dazu vereinbaren sie mit ihren Arbeitgeber:innen die Veräußerung von Arbeitskraft einer bestimmten Qualität und in einem bestimmten Umfang sowie die Zahlung eines entsprechenden Lohns. Zentrale Gegenstände des Arbeitsvertrages sind deshalb eine zumindest vage Definition der Arbeitskraft, die verausgabt werden soll, und der zeitliche Umfang, mit dem dies geschehen soll. Dem gesellschaftlichen Narrativ folgend hat man die Lohnarbeit im Rahmen des Bürgerlichen Rechts institutionalisiert. Über die Vertragskonstruktion wird die Lohnarbeit samt der ihr innewohnenden »Leistung weisungsgebundener, fremdbestimmter Arbeit in persönlicher Abhängigkeit« (§ 611a Abs. 1 BGB) sowie die sie ausmachende Ausbeutung, die Ergebnisse eigener Arbeit gegen Lohn an Arbeitgeber:innen abzutreten, in der grundlegenden Freiheit »aufgehoben«, die man auch den Arbeitnehmer:innen zugesteht, die aber genau diese Freiheit in den Zeiten und an den Orten ihrer Lohnarbeit nicht ausüben können. Mit ihrer Unterschrift unter dem Arbeitsvertrag bestätigen die Arbeitnehmer:innen, dass sie aus freien Stücken in die Abhängigkeit und Ausbeutung der Lohnarbeit treten, also freiwillig etwas von ihrer Freiheit aufgeben.

Tatsächlich ist es mit dem »freien Arbeitsvertrag« nicht allzu weit her – und dies nicht nur, weil die Arbeitnehmer:innen nicht frei darin sind, ob sie ihre Arbeitskraft gegen Lohn veräußern oder nicht. Der »freie Arbeitsvertrag« täuscht zudem eine vertragliche Kreativität vor, so als ob die Vertragsparteien die Gegenstände ihres Vertrages ausgehandelt und dann vereinbart hätten. Stattdessen vollziehen sie in jedem Arbeitsvertrag bereits zuvor politisch ausgehandelte Sozialverhältnisse. Mit ihrem Vertrag schaffen sie nicht ihr Verhältnis; vielmehr treten sie in ein Sozialverhältnis ein, das für sie vorgesehen und deswegen auch durch Gesetz und Konvention sowie durch Kollektivverträge vorbereitet wurde. Zwar müssen Arbeitnehmer:innen und Arbeitgeber:innen »nach« dem Arbeitsvertrag und dann im Rahmen ihres vertraglich begonnenen Verhältnisses immer und immer wieder aushandeln, ob und in welchem Maße die vertraglich intendierte Veräußerung von Arbeitskraft tatsächlich auch »geschieht«. Aber auch diese Aushandlungsprozesse werden durch die vorausliegenden, politisch ausgehandelten Regeln bestimmt. Mit dem (ein wenig in Vergessenheit geratenen) Konzept der Arbeitspolitik lassen sich die beiden Arenen der politischen Aushandlung von Lohnarbeit und deren Zusammenhang, also die politische Regulation des Lohnarbeitsverhältnisses (»politics of production«) und die politischen Aushandlungen innerhalb von Lohnarbeitsverhältnissen (»politics in production«), gut »einfangen« (vgl. zur Einführung: Kuhlmann, 2017: 90–96).

Die Begrenzung von Lohnarbeit entsteht durch Arbeitspolitik – und genauso entsteht das Lohnarbeit ausmachende Sozialverhältnis: Wie und mit welchen Grenzen Arbeit auf die Veräußerung von Arbeitskraft, wie und mit welchen Grenzen diese Veräußerung zeitlich befristet wird, wird »jenseits« der Lohnarbeitsverhältnisse, etwa vom Gesetzgeber oder in Tarifverhandlungen, entschieden und den konkreten Lohnarbeitsverhältnissen vorgegeben. Auf dieser Grundlage wird konkret, und d. h. »innerhalb« der Lohnarbeitsverhältnisse ausgehandelt, ob und wie in der Veräußerung von Arbeitskraft die vorgegebenen Beschränkungen vollzogen werden, und dazu auch, wie sie interpretiert werden und welche Relevanz sie haben. Gerade die Zeit der Lohnarbeit, deren zeitliche Befristung, die Bedeutung sowie die Robustheit der zeitlichen Beschränkungen, auch die Lage der befristeten Lebens- und Arbeitszeit – dies und vieles mehr sind Ergebnisse von Arbeitspolitik, also von politischen Aushandlungen entweder auf der den konkreten Arbeitsverhältnissen vorgelagerten politischen Arena oder auf der die Arbeitsverhältnisse wesentlich ausmachenden politischen Arena. Auf beiden Arenen besteht ein komplexes Interessengemenge, wobei die Interessenlagen von Arbeitnehmer:innen und Arbeitgeber:innen nicht eindeutig und auch nicht einfach gegenläufig sind.

In der »Historie« der Arbeitspolitik hat die Zeitpolitik eine eindrucksvolle Bilanz (vgl. Otto, 1990: 51–76): Durch Einführung und vor allem durch die massenhafte Ausweitung von Lohnarbeit entstand eine abgrenzbare Arbeitszeit und eine Lebensphase der Erwerbstätigkeit. Zumindest im industriellen Bereich wurde die sich ausbildende Arbeitszeit am Tag und in der Woche zunächst ausgeweitet; zudem wurden zur Lohnarbeit deutlich jüngere Arbeitnehmer:innen, sprich: Kinder, herangezogen. Die Arbeit am Sonntag wurde zur Regel gemacht. Seither konnten – über eine lange Zeitstrecke hinweg – die Dauer des Arbeitstages und die der wöchentlichen Arbeitszeit gesenkt werden. So wurde in Deutschland der Achtstundentag 1918 zunächst für Arbeiter:innen und 1919 auch für Angestellte eingeführt. Beginnend mit dem »Sodener Abkommen« von 1958 wurde die Arbeitszeit – zunächst in der Metallindustrie – stufenweise auf 40 Stunden pro Woche gesenkt. 1990 einigten sich die Tarifparteien in der Metall- und Druckindustrie auf eine schrittweise Einführung der 35-Stunden-Woche. Die Arbeitswoche wurde zunächst um den Sonntag, dann um ein »freies Wochenende« und dabei um zwei ganze Tage verkürzt. Durch Verlängerung von Kindheit und Jugend sowie durch das Absenken des Renteneintrittsalters bei gleichzeitiger Verlängerung der Lebenszeit wurde die Lebensphase verkürzt, innerhalb derer Menschen erwerbstätig sind oder genauer: sich dem Arbeitsmarkt zur Verfügung stellen müssen. Der säkulare Trend, die Lebens- und die Arbeitszeit einzuschränken, wurde seit den 1990er Jahren gestoppt und – mehr noch – umgekehrt. Zumindest für die Vollzeitbeschäftigten sind sowohl die Lebensarbeitszeiten als auch die Arbeitszeiten wieder länger geworden, wobei sich allerdings zugleich der Anteil derer, die nicht in Vollzeit beschäftigt sind, an der Gesamtheit der abhängig Erwerbstätigen deutlich erhöht hat.

In den vergangenen Jahrzehnten ist, nicht zuletzt in den Auseinandersetzungen um die 35-Stundenwoche, Zeitpolitik zum Inbegriff für die qualitative Seite der Arbeitspolitik geworden. Dazu sind die Fragen und Themen, die der Zeitpolitik zugerechnet werden, ausgeweitet und unter anspruchsvollen Leitbildern wie die der Zeitsouveränität oder des Zeitwohlstands formuliert worden (vgl. Geissler, 2008: 257-277; Rinderspacher, 2012: 11-26). Mit der thematischen Ausweitung wurden politische Akteur:innen und Akteurskonstellationen mit in den Blick genommen, die sich jenseits der bislang im Fokus stehenden politischen Arenen bewegen. Über ihre Zeitpolitik wurden sie mit in das nunmehr erweiterte Feld der Arbeitspolitik einbezogen. Indem die »Arbeitszeitpolitik als isolierte [...] Politikform« aufgelöst und sie als »Bestandteil einer integrierten Arbeitspolitik [betrieben wird], in der die Herrschaft über den Arbeitsprozess in den Fokus gerät« (Kratzer/Sauer, 2007: 174-180, 180), wurde sie zugleich zum Synonym für solch integrierte Arbeitspolitik. Dazu wurde die »Herrschaft über den Arbeitsprozess« als Verfügung über die Zeit und die Kontrolle der Zeitverwendung thematisiert. Der doppelte Singular ›Zeit-‹ und ›-politik‹ erleichtert es, Zeitpolitik für ein konzeptionell eindeutiges und zugleich konkretes Konzept zu nehmen, das unterschiedliche Arbeitspolitiken integriert.

Dem integrativen »Versprechen« der Zeitpolitik wollen wir in diesem Beitrag nachgehen. Wir wollen prüfen, wie weit der Singular von ›-politik‹, also das »Versprechen«, Arbeitspolitiken konzeptionell in Zeitpolitik zu integrieren, und wie weit der Singular von ›Zeit-‹, also das »Versprechen«, mit ›Zeit‹ ein belastbares Konzept für eine integrative, dabei qualitativ ausgerichtete Arbeitspolitik gefunden zu haben, trägt. Dazu werden wir für drei aktuelle zeitpolitische Politikfelder nach der Rolle des Konzepts Zeit fragen: Sonntagsschutz (1.), Entgrenzung und Verdichtung von Arbeitszeit in Industrie und stationärer Pflege (2.) sowie extreme Entgrenzung und Prekarität in der häuslichen Pflege (3.). Anschließend werden wir zusammentragen, was denn über die drei Politikfelder hinweg übergreifend und damit integrativ mit ›Zeitpolitik‹ gemeint sein könnte (4.).

I. SONNTAGSSCHUTZ

Eine aktuelle politische Auseinandersetzung mit augenfälligem Bezug zu zeitpolitischen Fragen ist der Konflikt um den arbeitsfreien Sonntag. Die »Sonntagsruhe« genießt in Deutschland Verfassungsrang. Durch Übernahme von Artikel 139 der Weimarer Verfassung ins Grundgesetz in Artikel 140 wurde vorgesehen, dass der Sonntag als Tag zur seelischen und geistigen Erbauung unter Berücksichtigung verschiedener im Arbeitszeitgesetz geregelter Ausnahmen arbeitsfrei zu halten ist.

Über die ersten Jahrzehnte hinweg war dieses Verfassungsrecht wirksam – und bewirkte den von Franz-Josef Degenhardt beißend besungenen »Deutschen Sonntag«. Unterschiedliche rechtliche Regelungen erlaubten ab Mitte der 1990er-Jahre zunehmend Ausnahmen von der sonntäglichen Arbeitsfreiheit vor allem im Dienstleistungssektor. Nachdem der lange Samstag für eine lange Zeit hinweg das Highlight der bundesdeutschen Wochenendkonsumkultur gewesen war, kommen mit Neuregelungen von Arbeitszeitrecht und Ladenschlussgesetzen – städtisch begrenzt und begründet – verkaufsoffene Sonntage hinzu. Gegeben hatte es solche Sonntage auch schon vorher, sie waren jedoch eng an städtische Feier- oder Markttage gebunden und nur im Zusammenhang mit einer kulturell im städtischen Leben verankerten Tradition erlaubt gewesen. Mit den neuen gesetzgeberischen Regelungen werden nun aber neue Anlässe für Sonntagsöffnungen ermöglicht – und diese Möglichkeiten von Stadtmarketing-Abteilungen und kommunalen Einzelhandelsvereinen dankend ergriffen.

Dieser Entwicklung widersprach man aus den christlichen Kirchen. So positionierten sich 1999 EKD und Bischofskonferenz in einer gemeinsamen Veröffentlichung für den Schutz des arbeitsfreien Sonntags (vgl. EKD/DBK, 1999). In den darauffolgenden Jahren kommt es zur Gründung von lokalen Initiativen gegen sonntägliche Ladenöffnungen und 2006 zur Gründung einer bundesweiten Allianz für den freien Sonntag. Anlass war die Föderalismusreform im Jahr 2006, die die Gesetzgebung für Ladenöffnungszeiten an die Länder übertrug. Die Initiator:innen der bundesweiten Sonntagsallianz sehen darin die Gefahr einer weiteren Aushöhlung der Sonntagsruhe. Von Katholischer Betriebsseelsorge und Katholischer Arbeitnehmer:innenbewegung initiiert, formiert sich die Allianz bald ökumenisch. Als weitere Bündnispartnerin schließt sich die Gewerkschaft ver.di als Vertreterin der Interessen der Arbeitnehmer:innen im Einzelhandel der Allianz an.[1]

Politische Argumentationen: Kultur – Muse – Gemeinschaft

In den Veröffentlichungen der genannten Akteur:innen hebt man, so eine erste typische Argumentation, auf die religiöse und kulturelle Bedeutung des Sonntags als »Geschenk der jüdisch-christlichen Überlieferung« (Allianz für den

---

[1] Die öffentlich nicht zugänglichen Informationen zur Gründungsgeschichte der Allianz verdanken die Autoren Herrn Erwin Helmer, Betriebsseelsorger und damaliger Vorsitzender der Bundeskommission Betriebsseelsorge.

freien Sonntag Rhein/Main, 2018) ab. Die christliche Bedeutung des Sonntags als Erbe des jüdischen Sabbats und als Tag der Erinnerung an die Auferstehung Christi wird hervorgehoben. Mit diesem bibeltheologischen Bezug wird der Sonntag als »Zeichen der Befreiung: Befreiung von Sklaverei, Ausbeutung und der Verzweckung des Menschen« (a. a. O.) vorgestellt. Darin wird auch die Relevanz des Sonntags »für ein gutes Leben« (Sonntagsallianz Bayern, 2009) gesehen, der wiederum eschatologisch geweitet und als der arbeitsfreie Sonntag als »Hinweis und Verheißung auf die erlösende Ruhe und Freude im Reich Gottes« (EKD/DBK, 1999) gedeutet wird.

Hingewiesen wird auch auf die kulturgeschichtliche Bedeutung des Sonntags als Teil der Woche: »Der freie Sonntag ist Teil der Woche; diese ist die einzige von Menschen geschaffene Zeitstruktur und in 5000 Jahren gewachsen. Diese Struktur hat sich in mehreren Religionen und Kulturen durchgesetzt« (Sonntagsallianz Bayern, 2009). Die hohe Relevanz der rhythmisierten Unterbrechung der Arbeitswoche durch den wiederkehrenden arbeitsfreien Sonntag macht eine zweite Argumentation in den Veröffentlichungen zur Sonntagsruhe aus. »Der Sonntag rhythmisiert Spannung und Entspannung, er verhindert Erschöpfung und die Ausbeutung der körperlichen und seelischen Ressourcen«, heißt es. Begründet wird diese notwendige Rhythmisierung einmal mit dem biologischen Argument, dass der Körper wie jede Zelle Erholung brauche und Gesundheit Ruhepausen bedürfe, und andererseits mit einer notwendigen Rhythmisierung des Zeitempfindens (vgl. EKD/DBK, 1999; Sonntagsallianz Bayern, 2009). Als ständig wiederkehrender Pol der Woche wird der freie Sonntag als Tag der Muße, Reflexion und der Kreativität ausgezeichnet. Er »lässt die Menschen kontemplatives Verhalten wieder erlernen« (Sonntagsallianz Bayern, 2009). Zudem schützt der Sonntag als der arbeitsfreie Tag der Woche vor »dem sich beschleunigenden Wandel, von dem Anpassungsdruck des Erwerbslebens wie des Freizeitverhaltens« (EKD/DBK, 1999). Er steht für »das Recht auf Untätigkeit« (Allianz für den freien Sonntag Rhein/Main, 2018), in dem sich die Logik und die Geschwindigkeit des Kapitalismus bricht. In einer Veröffentlichung wird die Sonntagsruhe als ein »machtvolle[r] Faktor gegen das herrschende (Zeit-)Regime ökonomischer Verwertbarkeit« (Sonntagsallianz Bayern, 2009) gesehen.

In einer dritten Argumentation wird die autonome Zeitverfügung in den Vordergrund gestellt. »Am Sonntag können wir selbstbestimmt leben«, stellt die hessische Sonntagsallianz fest und markiert damit einen Gegensatz zur Fremdbestimmung an allen anderen Wochentagen. Über sich selbst und seine Zeit frei bestimmen zu können, wird mehrfach hervorgehoben. In einer gegenüber dem Wirtschaftssystem kritischen Positionierung dient der Sonntag »zur Emanzipierung von Sachzwängen« (Sonntagsallianz Bayern, 2009) und dafür, dass Menschen für das Zeit haben, »was sich ökonomisch nicht rechnet« (EKD/DBK, 1999).

Eine weitere Argumentation betont die Bedeutung des Sonntags als Phase kollektiver Zeitnutzung und damit als Möglichkeitsraum für Gemeinschaft. Es wird betont, dass eine »synchronisierte Zeitstruktur, die es Menschen ermöglicht, gemeinschaftlich zu handeln«, soziale Beziehungen stärke. Deshalb wird der Sonntag als Garant für gelingende Beziehungen für Familien, Freundschaften, Nachbarschaft und soziales Umfeld angeführt. Auch in dieser Argumentation wird eine ökonomisierungskritische Begründung für den Sonntagsschutz gegeben: »Problematisch ist diese Entwicklung [der Auflösung des verbindlichen Ruhetags], wenn das ökonomische Kalkül alle Lebensbereiche bestimmt, soziale Beziehungen belastet und persönliche Zeitgestaltung immer mehr einengt« (EKD/DBK, 1999)

Die verfassungsrechtliche Verankerung der Sonntagsruhe wird in einer fünften Argumentationslinie »genutzt«. So appellieren EKD und DBK an die politisch Verantwortlichen: »Zu den Aufgaben der gesetzgebenden Organe gehört es, den Schutz des Sonntags im Sinne der Verfassung entschieden zu sichern. Dies gilt für die Kommunen und Länder, aber auch für den Bund und zunehmend auch für die europäische Ebene. Nur großflächige Regelungen zum Sonntagsschutz werden der kulturprägenden Bedeutung des Sonntags gerecht« (EKD/DBK, 1999).

Vor allem in den Papieren der Sonntagsallianzen findet sich eine letzte Argumentation, in der auf die strukturpolitische Dimension des Sonntagsschutzes abgestellt wird. Die Sonntagsruhe ermögliche einen Blick »auf urbane Strukturen ohne Plastiktüten« und stärke »die wohnortnahen Geschäfte gegenüber der Konkurrenz auf der grünen Wiese« (Sonntagsallianz Bayern, 2009). Die hessische Sonntagsallianz stellt fest: »Der Sonntag ermöglicht der Stadt Aufatmen ohne Geschäftigkeit«.

Auch wenn das Eintreten für den freien Sonntag eine stark zeitpolitisch gefärbte Angelegenheit zu sein scheint, macht ein näherer Blick auf die für die Allianz und deren Umfeld typischen Argumentationen deutlich, dass die Sonntagsruhe durch eine Vielzahl normativer Ziele begründet wird. Einerseits soll der Sonntag als religiöse oder kulturelle Errungenschaft verteidigt werden. Darüber hinaus wird er zum Garanten für menschliche Autonomie und Gemeinschaft gleichermaßen erhoben. Rechtliche, strukturpolitische und sogar ästhetische Argumente spielen eine Rolle. Dabei hat die in den Argumentationen angesprochene Zeit durchweg instrumentelle Funktionen für normative Ziele »jenseits« der Zeit: Der arbeitsfreie Sonntag dient etwa der Muße oder Selbstbestimmung. Quer zu den unterschiedlichen Argumentationen findet sich in den Veröffentlichungen eine Kapitalismus- bzw. Ökonomiekritik. So wird etwa der Sonntag vor der imperialen Ausweitung »der Wirtschaft«, der Lohnarbeit oder des Konsums geschützt, werden Zeiten der Autonomie und Selbstbestimmung gegen die kapitalistische Fremdbestimmung in der Lohnarbeit verteidigt oder der »Kampf um den freien Sonntag« als Moment im Widerstand gegen einen extensiven Kapitalismus vorgestellt.

Zeitpolitik des freien Wochenendes

Die unterschiedlichen Argumentationen zusammenfassend, lässt sich die in einem engeren Sinn zeitbezogene Pointe im Eintreten für den arbeitsfreien Sonntag in dem Ziel ausmachen, die in gesellschaftlichen Zusammenhängen gemeinsame Zeit kollektiv zu strukturieren und damit ein kollektives Zeiterleben und eine kollektive Zeitverwendung durchzusetzen: Das gemeinsame Zeiterleben soll über die Arbeitswoche mit der sie abschließenden Sonntagsruhe strukturiert und in dieser Struktur »rhythmisiert« werden. Damit wird der Sonntag – entgegen der christlichen Sinndeutung – zum letzten Tag einer arbeitsamen und »wirtschaftsaffinen« Woche »gemacht«. Er bekommt seine Bedeutung als Gegenentwurf zur Ökonomisierung. Womöglich nähert man sich damit seinem kulturgeschichtlichen Ursprung als Kind des in der Sklaverei entstandenen Sabbats an. Vom Mief des »deutschen Sonntags« wird die gesellschaftlich erzwungene Sonntagsruhe befreit, indem der arbeitsfreie Sonntag als Möglichkeitsraum für *gemeinsam* außerhalb von Arbeit und Konsum verbrachte Zeit gefasst wird. Die Zeitspanne des Sonntags wird von der ihr gegenübergestellten Zeitphase der Arbeitswoche unterschieden, so in dieser jede gemeinsame Zeitnutzung unter dem Diktat, zumindest aber unter dem Primat wirtschaftlicher Kooperationen und Interessenlagen stehen, wenn sie denn nicht sogar zur Vereinzelung und Desintegration sozialer Zusammenhänge »neigt«. In all dem ist die Zeitpolitik des freien Sonntags Arbeitspolitik: Die Zeit der Lohnarbeit wird auf die mit dem freien Sonntag geschaffene Arbeitswoche begrenzt – und die Lohnarbeit zu einer zyklisch wiederkehrenden Veranstaltung gemacht, aus der die Arbeitnehmer:innen verlässlich herausgerissen werden, sodass die ihre Lohnarbeit ausmachende Abhängigkeit und Ausbeutung immer wieder eine Pause »hat«.

Wird das zeitpolitische Anliegen der Sonntagsruhe so rekonstruiert, wird schnell deutlich, dass die fokussierte Zeitspanne mit dem Sonntag unzureichend bestimmt ist. Die Zeit, die der »Arbeitswoche« gegenübergestellt wird und die diese »Arbeitswoche« immer wiederkehrend unterbricht, lässt sich inzwischen nur als Wochenende, und d.h. als die Zeitspanne von Freitagabend bis zum Sonntag, ausmachen. Argumentiert man, wie gesehen, mit dem Sonntag als kulturellem Erbe, sollte der weitreichendere kulturelle Fortschritt eines freien Wochenendes nicht verschwiegen werden. Auch scheint eine Thematisierung des Wochenendes angebracht, wenn man den Sonntag gleichermaßen als Tag der Muße und der Gemeinschaft stilisiert. Nur durch mehrere Tage gemeinsam freier Zeit sind solch divergierende Ansprüche ohne Stress vereinbar. Wer nur den Sonntag hat, wird schnell zwischen dem einen und dem anderen entscheiden müssen und in seiner Selbstbestimmung eingeschränkt sein.

2. Entgrenzung und Verdichtung

Dass in den Jahrzehnten seit den 1970er-Jahren eine Subjektivierung und Flexibilisierung der Erwerbsarbeit stattgefunden hat, ist mittlerweile arbeitssoziologischer Standard. Boltanski und Chiapello haben in »Der neue Geist des Kapitalismus« die Individualisierung und Projektorientierung gegenwärtiger Arbeitskulturen nachgezeichnet, Voß und Pongratz haben den postfordistischen Nachfolger des Arbeitnehmers im Normalarbeitsverhältnis als »Arbeitskraftunternehmer« beschrieben (vgl. Boltanski/Chiapello, 2003; Pongratz/Voß, 2004). Selbstkontrolle und Selbstmanagement werden gemäß dieser bereits etwas angestaubten Diagnosen zu zentralen Qualitäten der zeitgenössischen Erwerbsarbeitsarrangements. Dass diese Arrangements mit Verdichtung und Entgrenzung von Erwerbsarbeit einhergehen und dadurch gesundheitliche Belastungen für Beschäftigte bergen, wurde in einigen neueren Veröffentlichungen vor allem mit Blick auf den industriellen Kontext erneut aufgezeigt (vgl. Amlinger-Chatterjee, 2017: 47-48; DGB, 2019; Ahlers/Erols, 2019; Korunka, 2020: 13). Darin wird angemerkt, dass Verdichtungs- und Entgrenzungserfahrungen unter einer zeitlichen Perspektive betrachtet werden müssen. Gerade diese beiden Aspekte werden im Rahmen des zeitpolitischen Ansatzes als Gestaltungsherausforderungen benannt (vgl. Rinderspacher, 2018: 18). Im arbeitssoziologischen Diskurs werden mit Blick auf die Extensivierung der Arbeit als Belastungsfaktoren darüber hinaus auch räumliche Entgrenzung, Unvorhersehbarkeit, veränderte Steuerungsformen und vor allem die Arbeitsmenge benannt (vgl. Haipeter, 2020: 47-54; Däubler, 2017: 10-12). Mit Blick auf die Verdichtung von Arbeit ist die Behauptung interessant, dass es sich dabei um kein neues Phänomen, sondern um einen dauerhaften Effekt betrieblicher Rationalisierung handelt. Lediglich die Steuerungsformen der Verdichtung haben sich unter den Bedingungen des »neuen Geistes« und einer »Ökonomie des Zeitpunkts« (Kratzer, 2020: 4-10, 8; vgl. Ahlers, 2019: 6) verändert. Die Zunahme ergebnisorientierter Steuerung führt neben der quantitativen Verdichtung durch ein Mehr an Arbeitsaufgaben zu einer zunehmenden qualitativen Verdichtung aufgrund von höherer Komplexität der Arbeitsaufgaben.

Politische Argumentationen: Stress und Überlastung

Exemplarisch sollen zwei arbeitspolitische Argumentationen, die sich mit Phänomenen der Arbeitsverdichtung und -entgrenzung auseinandersetzen, auf ihre zeitpolitischen Implikate analysiert werden. Zunächst lohnt sich ein Blick auf die ein paar Jahre zurückliegenden Entwicklungen rund um eine Anti-Stress-Verordnung. In einem zweiten Schritt soll ›die Zeitpolitik‹ in den Regelungen zur Personalbemessung im Krankenhaus gesucht werden.

Die Anti-Stress-Verordnung

Mitte der 2010er-Jahre kursierten Medienberichte über Neuerungen in der Arbeitsorganisation bei großen Konzernen. VW, Telekom, Daimler und andere reagierten auf einen mit der zunehmenden Nutzung von Smartphones und Tablets entstehenden Trend: Mithilfe mobiler Endgeräte hatten Beschäftigte vermehrt auch abends und am Wochenende berufliche E-Mail-Kommunikation bedient. Bald waren die gesundheitlichen Folgen dieses Verhaltens problematisiert worden, woraufhin die genannten Konzerne zu drastischen Mitteln griffen. Nach Feierabend und am Wochenende konnten Beschäftigte – ausgenommen die höheren Führungsebenen – nicht mehr auf das E-Mail-Postfach zugreifen. Der Daimler-Konzern ging sogar so weit, für alle Beschäftigten eine »Mail on Holiday«-Funktion einzuführen. E-Mails, die während des Urlaubs eingehen, werden gelöscht, um »emotionale Entlastung« für die Beschäftigten zu erreichen. Andere Großbetriebe beließen es bei Selbstverpflichtungen oder Richtlinien für Führungskräfte, den E-Mail-Verkehr außerhalb der Kernarbeitszeiten zu beschränken (vgl. Daimler, 2014; Hoffmann, 2014).

Solche Entwicklungen erweckten auch die Aufmerksamkeit politischer Entscheidungsträger:innen. 2014 unterstützte die damalige Arbeitsministerin Andrea Nahles in einem Zeitungsinterview die Einführung einer für Betriebe bundesweit gültigen Anti-Stress-Verordnung und begründete diese Zustimmung mit einem unbestrittenen »Zusammenhang zwischen Dauererreichbarkeit und psychischen Erkrankungen« (vgl. dpa, 2014.) Die Linke und Die Grünen positionierten sich ebenfalls auf diese Weise (vgl. Ernst, 2016; Bündnis 90/Die Grünen). Nahles bezog sich mit dieser Aussage auf eine Initiative der IG Metall, die im Jahr 2012 eine Kampagne zur Einführung einer solchen Anti-Stress-Verordnung gestartet hatte (vgl. IG Metall, 2012). Psychische Belastungen seien als arbeitsplatzbedingte Belastung im Gegensatz zu anderen Belastungen bisher unzureichend gesetzlich geregelt und bedürfen deshalb einer eigenen gesetzlichen Regelung in Form einer Verordnung, analog zu den Verordnungen zu Lärmschutz, Ergonomie oder Gefahrenstoffen am Arbeitsplatz.

Nahles' Konnex zwischen dauernder Erreichbarkeit und psychischen Erkrankungen illustriert ihren zeitpolitischen Ansatz. Wie argumentiert jedoch die IG Metall, die als Urheberin dieser Initiative ausgemacht werden kann? Für die Einführung der Anti-Stress-Verordnung argumentiert sie unter dem normativen Konzept der psychischen Gesundheit, wobei dessen Bedeutung im Verordnungsentwurf knapp als psychische Integrität beschrieben ist (vgl. IG Metall, 2012: 6). Offensichtlich stellt psychische Gesundheit von Arbeitnehmer:innen das normative Ziel einer Anti-Stress-Verordnung dar. Was psychische Gesundheit in jenen Veröffentlichungen bedeutet, lässt sich jedoch nur – ex negativo – von den beschriebenen Belastungen und deren Bedingungsfaktoren her verdeutlichen. Als Bedingungsfaktoren werden von der IG Metall unterschiedliche Aspekte ins Spiel gebracht.

Mit Blick auf die Arbeitsaufgabe wird hervorgehoben, dass die Beschäftigten nicht qualitativ überfordert werden dürfen, dass sie vielmehr ihre Fähigkeiten und Fertigkeiten erhalten und entfalten können sollen. Dafür seien in Sachen Arbeitsorganisation angemessene Handlungsspielräume und ein berechenbarer Arbeitsrhythmus erforderlich, der – so wird es explizit formuliert – »permanente Erreichbarkeit« (IG Metall, 2012: 11) ausschließe. Mit Blick auf die Arbeitsplatzumgebung wird festgehalten, dass Raumgröße und -klima wie auch Lärm mit Blick auf psychische Belastungen eine Rolle spielen. Daneben werden die Beziehungen am Arbeitsplatz als Einflussfaktor benannt. Beziehungen zu Vorgesetzten und Kolleg:innen sollen, so wird gefordert, derart gestaltet sein, dass sie gesundheitsförderlich sind. Dies wird durch ausreichende Anerkennung und Unterstützung, Entwicklungsmöglichkeiten und die Einbindung in Entscheidungen und ein gutes Betriebsklima erreicht. Belastend seien dagegen Rollenunklarheit oder Gratifikationskrisen. Auch der Aspekt der Arbeitsmenge spielt im Papier der IG Metall eine Rolle, in dem auf die gesundheitliche Belastung durch Unter- oder Überforderung eingegangen wird. Letztendlich kommt das Papier auch auf den Aspekt der ›Zeit‹ als Belastungsfaktor zu sprechen. Ganz konkret werden in diesem Zusammenhang Regelmäßigkeit, belastungsnahe Zeitausgleiche, ergonomische Schichtpläne, freie Wochenenden und die Vermeidung sozialer und biologischer Desynchronisation gefordert (vgl. IG Metall, 2012: 14).

Der vor allem von Politiker:innen behauptete Zusammenhang zwischen zeitlicher Intensivierung und Extensivierung als Hauptfaktoren psychischer Belastungen wird in den Forderungen der IG Metall zwar ebenfalls klar benannt, aber maßgeblich erweitert. Im Forderungskatalog zur »Anti-Stress-Verordnung«, die psychische Gesundheit erhalten soll, werden weitere Dimensionen und normative Zielvorstellungen aufgeführt. Beziehungen, qualitativ angemessene Leistungsanforderungen, Arbeitsmenge und auch räumliche Rahmenbedingungen spielen neben Aspekten der Arbeitszeit eine ebenbürtige Rolle.

Die Pflegepersonal-Rahmenordnung (PPR) 2.0 und Entlastungstarifverträge

Anfang des Jahres 2020 sah man Vertreter:innen der Gewerkschaft ver.di, der Krankenhausgesellschaft und des Deutschen Pflegerats in seltener Einigkeit versammelt. Auf einer Pressekonferenz wurde die Pflegepersonal-Rahmenordnung (PPR) 2.0 vorgestellt. Dabei handelt es sich um ein aktualisiertes Instrument zur Bemessung des Personalbedarfs im Krankenhaus, das von den Ministerien, die sich Mitte 2018 in der konzertierten Aktion für die Pflege versammelt hatten, in Auftrag gegeben worden war (vgl. Göpel, 2020). Nachdem das Gesundheitsministerium wenige Monate zuvor ein Instrument zur Bemessung von Personaluntergrenzen gesetzlich verankert hatte, sollte das neue Messinstrument bis zur Einführung eines wissenschaftlich fundierten Instruments nicht nur Untergrenzen, sondern tatsächliche Personalbedarfe für die Krankenhauspflege berechenbar machen (vgl. a. a. O.). Wie schon in der ersten Pflegepersonal-Rahmenordnung wird die notwendige Personalausstattung mit dem Maßstab von Minutenwerten für nach einem einheitlichen Schema kategorisierte Pflegeleistungen berechnet. Neu an der zweiten Version ist, dass diese Werte auf Basis von pflegewissenschaftlichen Erkenntnissen und Erfahrungen der beteiligten Akteure neu justiert wurden und zum Beispiel auch Dokumentations- und Fortbildungspflichten sowie Qualitätssicherung stärker berücksichtigt werden. Wenig überraschend ergibt sich aus diesen neuangelegten Berechnungen ein deutlich erhöhter Personalbedarf. In einer Erklärung sprechen die drei Verfasser von einem mittel- bis langfristigen Mehrbedarf von 40.000 bis 80.000 Stellen (vgl. Springer Pflege, 2020).

Seit Jahren werden die alltäglich aus dieser Unterversorgung folgenden Verdichtungs- und Entgrenzungserfahrungen unter Stichworten wie »Satt-und-Sauber-Pflege« und »Einspringen aus dem Frei«[2] von Pflegekräften und ihren Vertretungen thematisiert. Auch in Tarifkämpfen sichtbare Demonstrationsplakate mit dem Slogan »Pflege: Come in and Burnout« illustrieren den Zusammenhang von Personalmangel und psychischen Belastungen. Gestiegene Dokumentationspflichten bei gleichzeitig steigendem Personalmangel führen zu einer Reduktion der Pflegeleistungen »aufs Wesentliche«, womit eben die Grundversorgung alla »satt und sauber« gemeint ist. Hinsichtlich der Entgrenzung von Arbeitsverhältnissen in der stationären Pflege formuliert das »Einspringen aus dem Frei« ein weit verbreitetes Problem in Folge personeller Unterbesetzung: Für ungeplante Schichtdienste werden Pflegekräfte in ihrer Freizeit angerufen und zur spontanen Unterstützung der überlasteten Kolleg:innen an den Arbeitsplatz »gebeten«.[3]

In eine tarifliche Auseinandersetzung mündeten diese Problemlagen erstmals im Jahr 2016, als die Beschäftigten der Berliner Charité zusammen mit ver.di unter dem Titel »Tarifvertrag Gesundheitsschutz und Demografie« ein Tarifwerk über Mindestbesetzungsregeln im Krankenhaus erkämpften (vgl.

---

[2] Dagegen richtete sich explizit eine Aktion der Gewerkschaft ver.di im Jahr 2018 (vgl. ver.di 2016).

[3] Auf Basis einer breiten Empirie zeigt diese Zusammenhänge der DGB-Index Gute Arbeit (DGB, 2018). Einen detaillierten Einblick in die persönlichen Wahrnehmungen der Beschäftigten in einer sich verändernden Krankenhauspflege liefert Andreas Pfeuffer in einem Interview mit Pflegekräften (vgl. SCHULTHEISS, 2014, 39–62).

ver.di, 2016; Kunkel/ Jäger, 2017: 299). Damit wurde die Belastungssituation in der Krankenhauspflege erstmals zum Gegenstand tarifvertraglicher Regelungen. »Mit dem TV GS werden allgemein geltende Überlastungsindizien definiert, die einzeln oder gehäuft auftretend darauf hinweisen, dass eine Belastungssituation existiert« (Kunkel/Jäger, 2017: 299). Diese Indizien sind laut Tarif mangelnde Qualität in der Stationssteuerung, die sich an Krankheits-, Ausfall- und Fluktuationsquoten misst; die Unterschreitung der Personalausstattung; Überstundenzahlen; die Zahl der Gefährdungs- und Überlastungsanzeigen; die Häufigkeit des Einsatzes von Springer:innen und Leiharbeitnehmer:innen. Das Tarifwerk sieht als Reaktion auf Überlastungen vor allem im Pflegebereich Mindestbesetzungsregelungen in Pflege- und Funktionsdienst vor, sowie einen paritätisch besetzten Gesundheitsausschuss zur Prüfung von Überlastungssituationen und Entscheidungen über Belastungsausgleiche. Außerdem ist die Einrichtung einer vierteljährlich tagenden Clearingstelle verankert, in der Konfliktfälle bearbeitet und organisationales Lernen organisiert wird. Auf akute Überlastung soll mit Bettenschließungen und Überlastungsausgleichen reagiert werden können (vgl. Kunkel/Jäger, 2017: 301-302).

Überlastung, Belastung und Entlastung bilden die normativen Konzeptionen, mit denen die Tarifauseinandersetzungen gegen Entgrenzung und Verdichtung in der Pflege geführt werden. Überlastung resultiert aus unzureichender Personalausstattung, die es wiederum verunmöglicht, Pflegetätigkeiten in einer für Patient:in und Pflegekraft qualitativ angemessenen Form zu leisten. Die qualitativ angemessene Form ist in der Pflege zeitlich konnotiert. Sie bildet sich in ausreichend Zeit für Pflegetätigkeiten und sofortiger Verfügbarkeit bei allfälligen Unwägbarkeiten in der Patientenversorgung ab. Ist diese Zeit, wie beschrieben, nicht gegeben, führt dies nicht nur zu psychischen Belastungen für die Beschäftigten, sondern auch zu einer Gefährdung des Patientenwohls, weil Pflegetätigkeiten unter Zeitdruck erfolgen und in der Pflege alltägliche Unwägbarkeiten zu Ausnahmesituationen führen.[4] Dieses qualitative Risiko soll, so fordert es der Tarifvertrag, von Beschäftigten durch Überlastungsanzeigen indiziert werden und zu einer Reduzierung der Arbeitsmenge, z.B. durch Bettenschließungen, führen. Normativ entscheidend sind berufsethische Vorstellungen von Arbeitsqualität und Patientenwohl im Sinne des ebenfalls in den Tarifkämpfen auftauchenden Slogans »Mehr von uns ist besser für alle«.

Die in Minutenwerten für kategorisierte Tätigkeiten erfolgende Personalbemessung spielt im Tarifvertrag wie auch in der Pflegepersonalbemessungsregelung eine entscheidende Rolle. Auch in der Pflege ist also eine zu große Ar-

---

[4] Pflegekräfte berichten, dass der Personal- und Zeitmangel zu vermehrten ungerechtfertigten Zwangsmaßnahmen führt (vgl. DEUTSCHER ETHIKRAT, 2019: 8). Allgemeiner wird der Konflikt beschrieben in: DEUTSCHER ETHIKRAT, 2016, z. B. 134.

beitsmenge für die Überlastung ausschlaggebend. Besonders ist aber, dass professionelle, zudem normativ aufgeladene Vorstellungen von der Qualität der Arbeitsergebnisse geltend gemacht werden und die zu hohe Arbeitsmenge von deren Nicht-Erfüllbarkeit her festgestellt sowie verurteilt wird. Dieses Dilemma schildern Pflegekräfte, wenn sie die klaffende Lücke zwischen ihrem beruflichen Ethos und den realen Arbeitsbedingungen mit Aussagen wie »Eigentlich ist es ein schöner Beruf, aber unter diesen Bedingungen ...« thematisieren. Hohe Personalfluktuation ist der statistisch fassbare Ausdruck dieser Unzufriedenheit.[5]

Zeitpolitik der Begrenzung und Entlastung?

Fragen der Arbeitszeit bilden in Metallindustrie wie Krankenpflege einen wichtigen Maßstab für politische Forderungen. Problematisiert werden Aspekte wie Zeitmangel, Überstunden, unberechenbare Abruf-Konstellationen, Wochenendarbeit, Schichtregelungen oder das »Einspringen aus dem Frei«. Gefordert werden dagegen Rhythmus, Regelmäßigkeit, Verlässlichkeit und statt Hetze ausreichend Zeit zur Erfüllung der anstehenden Tätigkeiten. Es zeigt sich, dass in den Metallbetrieben wie in den Krankenhäusern Zeiteinheiten eine wichtige Messgröße zur Beurteilung von Entgrenzung und Verdichtung sind. In beiden Bereichen werden aber auch qualitative Indikatoren zur Belastungsregulierung oder Stressreduktion stark gemacht, wie sie auch arbeitswissenschaftlich mit Blick auf Verdichtung und Entgrenzung diskutiert werden: die Einhaltung fachlicher Standards, adäquate Leitung und Führung durch Vorgesetze, die Qualität von Beziehungen, Handlungs- und Entfaltungsspielraum. Die übergreifende normative Zielvorstellung mit Blick auf die Beschäftigten ist psychische Gesundheit durch qualitativ und quantitativ angemessene Arbeitsbelastung.

Zeit funktioniert vor allem im Pflegebereich als ein Ordnungs- und Gestaltungsmoment, um Belastungen handhabbar zu machen. Die normativen Ziele sind jedoch in beiden Fällen qualitativer Art, was sich auch in über das Zeitmoment hinausgehenden Beurteilungskriterien wie Beziehungen zu Vorgesetzten und Kolleg:innen, der Einhaltung von fachlichen Standards und Maßnahmen zum organisationalen Lernen zeigt. Zeitpolitisch gewendet hieße das, dass der Faktor Zeit einer neben anderen ist und eine instrumentelle Rolle als Indikator für übergeordnete Ziele wie die Qualität von Arbeit oder die Gesundheit von Beschäftigten dient.

---

[5] Diesen Konflikt bestätigen statistisch die Ergebnisse des DGB-Index Gute Arbeit 2018 (vgl. DGB, 2018).

3. Extreme Entgrenzung und Prekarität – 24-Stunden-Pflege

In zeitpolitischen Veröffentlichungen wird als ein zentrales Konfliktfeld die Vereinbarkeit von Sorgeaufgaben und Erwerbsarbeit im Lebenslauf thematisiert (vgl. Jurczyk, 2020). Weniger thematisiert wird dabei die Betreuung und Pflege von älteren Menschen in den privaten Haushalten. Unter dem Stichwort der 24-Stunden-Pflege[6] hat sich in den Jahrzehnten seit dem Fall des Eisernen Vorhangs und vor allem seit den EU-Osterweiterungen und damit einhergehenden Arbeitsgesetzgebungen in Deutschland flächendeckend ein rechtlich und ethisch fragwürdiger Erwerbsarbeitssektor entwickelt, den zu thematisieren sich unter einer zeitpolitischen Brille aufdrängt.

Frauen aus Mittel- und Osteuropa leben als Pendelmigrantinnen für mehrere Wochen in den Haushalten von pflegebedürftigen Personen in Deutschland. Sie betreuen die pflegebedürftige Person in der Alltagsgestaltung und übernehmen Tätigkeiten der Grundpflege. Der besondere Vorteil für die Angehörigen der pflegebedürftigen Person liegt darin, dass die sogenannte Live-In-Pflegekraft rund um die Uhr verfügbar ist und die Kosten für diese Pauschalbetreuung im Vergleich zu einer Betreuung im Pflegeheim relativ niedrig sind. Dies deshalb, weil es sich um ein arbeitsrechtlich nicht eindeutig reguliertes Arbeitsverhältnis handelt. Zwar gibt es Vertragskonstellationen, die dieses Verhältnis »legalisieren«; gleichwohl handelt es sich dabei in den allermeisten Fällen um rechtlich höchst fragwürdige Konstruktionen. Scheinselbstständigkeiten oder Dienstreise- und Entsendungsverträge balancieren auf einem schmalen Grat zwischen Legalität und Illegalität. Regelungen zu Mindestlohn, Arbeitsschutz und dabei vor allem der Arbeitszeit werden schlicht nicht kontrolliert und nach allem, was man bisher weiß, mithilfe der genannten Vertragskonstrukte strukturell und systematisch ignoriert.[7] Dass es sich dabei nicht nur um ein gesellschaftliches Randphänomen handelt, zeigt sich an Schätzungen, die davon ausgehen, dass ein Viertel der bezahlten Pflegearbeit in Deutschland von Live-Ins geleistet wird (Emunds, 2019: 147–167, 155. Übernommen von: Habel/Tschenker, 2020). Dass es sich – entgegen einer verbreite-

---

[6] Die in dieser Bezeichnung problematische Verwendung des Pflegebegriffs für nichtprofessionelle Care-Tätigkeiten ist uns bewusst. Kritik am »Pflegen kann jeder!« findet sich z.B. bei Angelika Zegelin und Gabriele Meyer (2021: 20–23).

[7] Bernhard Emunds gibt in seinem Buch »Damit es Oma gut geht. Pflegeausbeutung in den eigenen vier Wänden« (Emunds, 2016) einen detaillierten Einblick in die rechtlich wie ethisch vielschichtigen Problemlagen der 24-Stunden-Pflege. Für die rechtlichen Fragestellungen empfehlen sich die Seiten 51–67. Anschaulich auch beschrieben vom Projekt Faire Mobilität (Projekt Faire Mobilität, 2018).

ten öffentlichen Einschätzung – dabei um ein für die beschäftigten Frauen keineswegs vorteilhaftes Arbeitsverhältnis handelt, zeigen empirische Studien, Erfahrungen von Berater:innen, gerichtliche Auseinandersetzungen und zahlreiche Medienberichte (vgl. Emunds, 2016, 120 f.).[8]

Bernhard Emunds bezeichnet die Arbeitsverhältnisse in der 24-Stunden-Pflege auf Basis dieser Befunde als »menschenunwürdig«. Sein hartes Urteil führt er vor allem auf das strukturell ausbeuterische Arbeitszeitregime zurück (vgl. Emunds, 2016, 138).[9]

Politische Argumentation: Unsichtbare Sorgearbeit

Wie reagieren politische Akteur:innen auf das ausbeuterische Arbeitszeitregime der 24-Stunden-Pflege? Deutlich benannt sind mögliche systemische Gründe für die hochprekäre Situation der Live-Ins in einem 2014 von der Gewerkschaft ver.di veröffentlichten Positionspapier. Dort wird konstatiert, dass aktuelle Beschäftigungsverhältnisse in diesem Bereich »Ausbeutungsverhältnissen sehr nahekommen« (ver.di, 2014: 25). In diesem Zusammenhang werden die hochproblematischen Arbeitszeit- und Entlohnungsstrukturen thematisiert. Die politischen Forderungen der Gewerkschaft zielen jedoch nicht vorrangig auf die konkrete Veränderung von Zeit- und Entlohnungsstrukturen, sondern stellen die Problematik in den größeren Zusammenhang der Organisation des deutschen Pflegesystems. Konkret wird der in der Pflegeversicherung verankerte Vorrang ambulanter vor stationärer Pflege problematisiert. Dieser generiert Anforderungen an die Familien, oder genauer die weiblichen Familienmitglieder der Pflegebedürftigen, die diesen unter gegenwärtigen gesellschaftlichen Bedingungen und veränderten Rollen- und Erwerbsmustern nicht mehr entsprechen können oder wollen. Das Ausweichen auf Live-In-Kräfte erfolgt als Reaktion darauf, dass in den aktuellen gesetzlichen Regelungen und Vergütungssystemen eine Vielzahl von Versorgungs- und Betreuungstätigkeiten nicht abgebildet und somit »unsichtbar« (ver.di, 2014: 28) gemacht sind. Diese fehlende Anerkennung von Leistungen spiegelt sich in der fehlenden Anerkennung der Live-Ins wider. Diese ersetzen mit ihrer Arbeit die vorher »selbstverständlich« vor allem von weiblichen Familienangehörigen erbrachte Sorgearbeit. »Es findet eine Aufhebung der Trennung von Erwerbs- und Famili-

---

[8] Öffentlich skandalisiert wurde das Thema neben vielen anderen z. B. vom ARD-Mittagsmagazin am 01.12.20 (vgl. Das Erste, 2020). Informationen zur aktuellen Rechtssprechung finden sich hier: Projekt Faire Mobilität, 2020.

[9] Simone Habel und Theresa Tschenker zeigen in ihrer Studie, dass sich dieses Zeitregime während der Pandemie noch verschärft hat (vgl. Haber/Tschenker, 2020).

enarbeit statt«, konstatiert das ver.di-Papier (vgl. a. a. O.). Daraus resultiert auch das Aufweichen der sonst für Erwerbsarbeit gängigen Standards. Politische Erfordernisse sieht ver.di deshalb in der Sichtbarmachung dieser Dienstleistungen im Sinne einer rechtlichen Anerkennung innerhalb der versorgenden Arbeitsteilung. Komplementär zu ambulanten oder teilstationären Pflegeleistungen sollen die Versorgungstätigkeiten der Live-Ins als solche anerkannt und im Rahmen von »integrative[n], servicebasierte[n] Versorgungsmodellen« - auch durch Leistungen der Pflegeversicherung - vergütet werden (a. a. O.: 27).

Zeitpolitik der häuslichen Pflege?

In der Bewertung der problematischen Beschäftigungssituation von Live-In-Pflegekräften spielt die Frage der Arbeitszeitgestaltung eine große Rolle. Gerade der Anspruch der andauernden zeitlichen und räumlichen Verfügbarkeit der Live-Ins, der das 24-Stunden-Pflege-System kennzeichnet, wird als ein Hauptkriterium für dessen ausbeuterischen Charakter gesehen. Einher geht diese Situation mit fehlendem Arbeitsschutz und gesetzeswidriger Entlohnung. Mit Blick auf eine politische Bearbeitung der Konfliktlage stellt ver.di jedoch weniger auf eine pragmatische Bearbeitung von Arbeitszeitregelungen oder Mindestlohnkontrollen ab. Die Gewerkschaft sieht die Notwendigkeit einer anderen politischen Bewertung sorgender Tätigkeiten und damit zusammenhängend eines Leitbildwandels im Pflegesystem: Arbeits- und sozialpolitisch unsichtbar gemachte, traditionell unentgeltlich auf weibliche Familienmitglieder abgewälzte Pflegearbeit muss durch Integration in den Leistungskatalog der Pflegeversicherung anerkannt werden und so nachweisbar, berechenbar und angemessen vergütet werden.

Will man diese Strategie zeitpolitisch deuten, so funktioniert dies höchstens indirekt: Die Zeit, die für häusliche Pflege und sorgende Tätigkeiten aufgewendet wird, soll durch Kalkulation und Entlohnung sichtbar gemacht werden und so überhaupt erst zum Gegenstand arbeitspolitischer Aushandlungen gemacht werden.

4. DIE BEGRENZUNG DER LOHNARBEIT

Zumindest wenn man von den unterschiedlichen Bedeutungen, die das Konzept Zeit in den aktuellen zeitpolitischen Auseinandersetzungen hat, ausgeht, dann bekommt man Zeitpolitik nicht als ein integratives Konzept der Arbeitspolitik in den Blick. Zwar kann man die vorgestellten und vermutlich auch viele andere Politikfelder unter den Begriff der Zeitpolitik bringen. Doch bleiben sie auch dann unterschiedliche Arbeitspolitiken, deren Gegenstände wie deren Begründungen sich unterschiedlich auf das Konzept Zeit beziehen, zumeist auch »jenseits« dieses Konzepts liegen, deshalb »nur« mehr oder weniger stark an dieses Konzept und damit an Aspekte der Zeit anschließen kann: In den Diskussionen um den Sonntagsschutz haben wir festgestellt, dass das Ziel einer zeitlichen Synchronisierung und damit gesellschaftlichen Rhythmisierung verfolgt wird. Dies in deutlicher Opposition zu ausufernden Ansprüchen des »Wirtschaftssystems«. Die zeitliche Rhythmisierung dient der Ermöglichung von Gemeinschaftserfahrungen, individueller Muße und dem Erhalt des kulturellen und religiösen Lebens. Die Analyse von politischen Forderungen hinsichtlich Verdichtungs- und Entgrenzungserfahrungen von Erwerbsarbeit in Industrie und stationärer Pflege hat ebenfalls gezeigt, dass diese Erfahrungen auf einer zeitlichen Schiene thematisiert werden. Normative Zielvorstellungen sind hier jedoch Qualität der Arbeitsleistung und -ergebnisse bei gleichzeitiger angemessener psychischer und physischer Belastung – »Gesundheit« – der Beschäftigten. Mehr in der Pflege als in der Industrie stellen Zeitindikatoren ein Messinstrument dafür dar. Allerdings ist dieses in beiden untersuchten Feldern deutlich flankiert von qualitativen Indikatoren und letztlich auch auf qualitative Ziele ausgerichtet. Das »ausbeuterische Zeitregime« in der 24-Stunden-Pflege wiederum stellt augenscheinlich einen zeitpolitischen Skandal dar. Als dessen Hintergrund wird das im Rahmen der Pflegeversicherung etablierte Leitbild von »ambulant vor stationär«, das auf die innerfamiliale, unentgeltliche und »unsichtbare« Sorge für Pflegebedürftige setzt, gesehen. Durch veränderte Rollen- und Familienbilder wackeln die tönernen Füße dieses Leitbildes zunehmend und werden aktuell durch hunderttausende prekär beschäftigte Live-Ins bei gleichzeitigem politischem Ignorieren ihrer Situation gestützt. Nach unseren Erkundigungen können wir mit dem Begriff ›Zeitpolitik‹ im Singular nur auf einen recht abstrakten Zusammenhang unterschiedlicher, allenfalls locker zusammenhängender Arbeitspolitiken referieren.

Deren gemeinsamer »Kern« lässt sich vielleicht in diesem Grundgedanken fassen: Bei der gesellschaftlichen Strukturierung der gemeinsamen Zeiterfahrung und -verwendung werden immer auch die Zeiten der Lohnarbeit »festgelegt«. Politisch sollten diese Zeitstrukturen so ausgehandelt werden, dass die für Lohnarbeit vorgesehene Arbeitszeit und Lebenszeit in einer stabilen, deshalb für alle verlässlichen Weise restringiert werden – und dies in zweifacher Hinsicht, um *erstens* die Lohnarbeit als ein gesellschaftlich akzeptiertes Verhältnis zu »behalten«, in das hinein man die Mehrheit der Menschen u.a. zur Sicherung ihrer Einkommen hineinzwingt, und um *zweitens* andere Formen der Zeitverwendung »jenseits« der Lohnarbeit zu ermöglichen und sie trotz der imperialen Kräfte des Lohnarbeitsverhältnisses zu sichern. Mit diesem »Kern« ist Zeitpolitik tatsächlich integrativ; sie »einigt« unterschiedliche arbeitspolitische Themen in dem Ansinnen, der Lohnarbeit nach innen wie außen auch zeitliche Grenzen zu setzen und diese Grenzen gegen die gegenteiligen Triebkräfte des Lohnarbeitsverhältnisses durchzusetzen.

Dieser der Zeitpolitik zugeschriebene »Kern« ist nun allerdings nicht so umfassend, dass darüber unterschiedliche Arbeitspolitiken konzeptionell integriert werden könnten. Sollten wir mit dem rekonstruierten »Kern« der Zeitpolitik richtig liegen, dann wäre der wohl eher Moment eines integrativen Konzepts von Arbeitspolitik: Die politisch zu bestimmende Lohnarbeit ist, weil grundlegend ein Verhältnis der Abhängigkeit und der Ausbeutung, systemisch widersprüchlich und ebenso systemisch für die Beteiligten als auch für das gesellschaftliche Umfeld gefährlich, weil prinzipiell destruktiv. In Arbeitspolitiken werden – an unterschiedlichen Gegenständen und auf unterschiedlichen Arenen – die Widersprüche und die Gefährdungen der Lohnarbeit gelöst, ohne sie aber auflösen zu können. So werden sich in allen politisch ausgehandelten Lösungen die Widersprüche und Gefährdungen immer wieder neu einstellen, die dann wieder politisch manifest werden, bearbeitet und neu gelöst werden müssen. Arbeitspolitik hat also etwas von der Sisyphus zugemuteten Arbeit: Wegen der Konstruktionslogik von Lohnarbeit führt sie nie zur Auflösung der politisch zu bearbeitenden Probleme, sondern immer wieder nur zu deren befristeten Bewältigung. Anders als Sisyphusarbeit ist Arbeitspolitik allerdings nicht sinnlos, sondern für die »Existenz« von Lohnarbeit und für deren gesellschaftliche Akzeptanz notwendig. Unter diesem Fokus besteht die besondere Pointe der Zeitpolitik darin, dass die für Lohnarbeit zur Verfügung stehende Arbeits- und Lebenszeit immer wieder neu begrenzt werden muss, um deren systemisch imperiale Tendenz zur extensiven oder intensiven Ausweitung zu »begegnen«.

Nimmt man Zeitpolitik unter diesen Fokus, wird man deswegen die in Lohnarbeit zu verbringende Arbeits- und Lebenszeit nicht von anspruchsvollen Erwartungen der Selbstkontrolle und Selbstwirksamkeit, der symmetrischen Kooperation sowie der gemeinsamen Teilhabe ausnehmen, wird man also die »Befreiung der Arbeit« auch in der Lohnarbeit nicht aufgeben müssen. In dieser Richtung gibt es überzeugende, politisch wirksame und überdies erfolgreiche Ansätze und Begründungen. Aber dem für Zeitpolitik herausgearbeiteten »Kern« würde es entsprechen, auch diesen Ansätzen gegenüber »misstrauisch« zu bleiben und qualitative Verbesserungen in der politisch verfolgten Richtung auf ihre imperiale Wirksamkeit zu befragen. Die geschilderten Konflikte in Zusammenhang mit Entgrenzung und Verdichtung zeigen: Auch in der »Befreiung der Arbeit« wird man deswegen Vorkehrungen einbauen, die Arbeits- und die Lebenszeit »befreiter« Lohnarbeit in harten und deswegen verlässlichen Zeiten zu begrenzen.

Betrachtet man als Beispiel für menschenunwürdige Lohnarbeit die 24-Stunden-Pflege, werden zwei der Begrenzung von Lohnarbeit vorausliegende Erfordernisse sichtbar. Eine rechtlich abgebildete Form von gesellschaftlicher Zugehörigkeit ist Voraussetzung dafür, überhaupt als Adressatin von Arbeitspolitiken wahrgenommen zu werden. Die nicht nur zeitliche Ausbeutung funktioniert in der 24-Stunden-Pflege vor allem deshalb, weil die Live-Ins ›zwischen den Welten‹ pendeln und deshalb gar nicht als Arbeitnehmer:innen mit Ansprüchen auf bundesdeutsche Arbeitsschutzstandards in Betracht gezogen werden, vielmehr flüchtet man sich dankbar in windige Vertragskonstruktionen. Verdoppelt wird diese Missachtung durch die rechtlich gewollte Informalität häuslicher Sorgearbeit. Damit die Sorgearbeit in privaten Haushalten – in diesem Fall vor allem in ihrer Extensivierung – begrenzt werden kann, muss sie überhaupt erst als Lohnarbeit markiert und anerkannt werden. Dafür scheint nicht nur die Kritik und Veränderung von tatsächlichen politischen Regelungen angezeigt, sondern ein kultureller Wandel in der Zuschreibung von Geschlechterrollen und Familienbildern erforderlich. Das in diesem Wandel »vernünftigere« politische Arrangements einen Beitrag leisten können, sei unbenommen. Ob jedoch Sorgearbeit überhaupt angemessen innerhalb von Lohnarbeitsverhältnissen abgebildet werden kann, sei an dieser Stelle nur als offene Frage formuliert.

Abschließend drängt sich eine letzte Pointe des für Zeitpolitiken herausgearbeiteten »Kerns« auf: Zur Aushandlung von kollektiven Zeitstrukturen sind die Lohnarbeit transzendierende Politiken notwendig, weswegen unter diesem Fokus nicht nur arbeitspolitische Gegenstände und auch nicht nur die für die Arbeitspolitik typischen Akteure und Arenen in den Blick genommen werden. Die zeitlichen Grenzen der Lohnarbeit werden maßgeblich durch die der Lohnarbeit gegenüberstehenden und um die »Arbeit« der Arbeitnehmer:innen konkurrierenden Bereiche und Gegenstände gesetzt und wirkmächtig gemacht. Die notwendigen, immer wieder neu auszuhandelnden und durchzusetzenden Grenzen der Lohnarbeit lassen sich deshalb nicht ausschließlich »aus der Lohnarbeit« heraussetzen. Sie laufen immer auch über die kollektiven Zeitstrukturen einer Gesellschaft, wie zum Beispiel das Wochenende mit dem Sonntag als dessen Teil. Solche kollektiven Zeitstrukturen lassen der Lohnarbeit weniger Zeit, als die sie aus sich heraus – betrieben durch Arbeitnehmer:innen und Arbeitgeber:innen in unterschiedlichen, häufig widersprüchlichen Konstellationen – immer wieder »beansprucht«. Sie fallen nicht vom Himmel und sie bestehen auch nicht ein für alle Mal; sie müssen in den Gesellschaften, die Lohnarbeit zulassen, immer wieder gegen die der Lohnarbeit inhärenten Triebkräfte erkämpft werden.

Literatur

Ahlers, Elke/Erols, Serife: Arbeitsverdichtung in den Betrieben? Empirische Befunde aus der WSI-Betriebsrätebefragung, in: Policy Brief WSI 33 (2019).

Allianz für den freien Sonntag Rhein/Main in der Hessischen Allianz für den freien Sonntag: Wir sind frei ... gerade am Sonntag. 10 gute Gründe für den freien Sonntag, 2018, URL: http://www.sonntagsallianz-hessen.de/2019/Freier%20Sonntag_Broschuere.pdf (Stand: 09.12.2020).

Amlinger-Chatterjee, Monischa et al.: Flexible Arbeitszeiten, in: Z.Arb.Wiss 71 (2017), 39–51.

Boltanski, Luc/Chiapello, Ève: Der neue Geist des Kapitalismus, Konstanz: Herbert von Halem Verlag 2003.

Bundesministerium für Arbeit und Soziales (Hrsg.): Gemeinsame Erklärung Psychische Gesundheit in der Arbeitswelt, Berlin 2013, URL: https://www.bmas.de/SharedDocs/Downloads/DE/PDF-Publikationen/a-449-gemeinsame-erklaerung-psychische-gesundheit-arbeitswelt.pdf?__blob=publicationFile&v=1 (Stand: 17.12.20).

Bündnis 90/Die Grünen – Bundestagsfraktion (Hrsg.): Zeitpolitik, URL: https://www.gruene-bundestag.de/themen/zeitpolitik (Stand: 18.12.20).

Daimler (Hrsg.): Daimler Mitarbeiter können im Urlaub eingehende Mails löschen lassen, URL: https://media.daimler.com/marsMediaSite/de/instance/ko/Daimler-Mitarbeiter-koennen-im-Urlaub-eingehende-E-Mails-loeschen-lassen.xhtml?oid=9919305 (Stand: 01.04.21).

Das Erste (Hrsg.): 24-Stunden-Pflege: Moderne Sklaverei?, 2020, URL: https://www.daserste.de/information/politik-weltgeschehen/mittagsmagazin/videos/24-Stunden-Pflege-100.html (Stand: 06.04.21).

Däubler, Wolfgang: Arbeitszeitrecht – nicht mehr zeitgemäß?, in: Zeitpolitisches Magazin 31/2017, 10-12, URL: http://www.zeitpolitik.de/pdfs/zpm_31_1217.pdf (Stand: 18.12.20).

Deutscher Ethikrat (Hrsg.): Hilfe durch Zwang? Öffentliche Befragung des Deutschen Ethikrats, 2019, 8, URL: https://www.ethikrat.org/fileadmin/Publikationen/Studien/befragung-hilfe-durch-zwang.pdf (Stand: 18.12.20).

Deutscher Ethikrat (Hrsg.): Patientenwohl als ethischer Maßstab für das Krankenhaus, 2016, URL: https://www.ethikrat.org/publikationen/publikationsdetail/?tx_wwt3shop_detail%5Bproduct%5D=6&tx_wwt3shop_detail%5Baction%5D=index&tx_wwt3shop_detail%5Bcontroller%5D=Products&cHash=d34d49f366c897c16cfc62b44ded2860 (Stand: 18.12.20).

Deutscher Gewerkschaftsbund (Hrsg.): DGB-Index Gute Arbeit 2018. Interaktionsarbeit, URL: https://index-gute-arbeit.dgb.de/++co++fecfee2c-a482-11e8-85a5-52540088cada (Stand: 18.12.20).

Deutscher Gewerkschaftsbund (Hrsg.): DGB-Index Gute Arbeit 2019. Arbeiten am Limit, URL: https://index-gute-arbeit.dgb.de/++co++07123474-1042-11ea-bc98-52540088cada (Stand 11.04.21).

dpa (Hrsg.): Andrea Nahles will eine Anti-Stress-Verordung, 26.08.14, URL: https://www.zeit.de/politik/deutschland/2014-08/nahles-will-anti-stress-verordnung (Stand 17.12.20).

Emunds, Bernhard: Damit es Oma gut geht. Pflegeausbeutung in den eigenen vier Wänden. Frankfurt: Westend 2016.

Emunds, Bernhard: Überforderte Angehörige – ausgebeutete Live-Ins – Burnout-gefährdete Pflegekräfte. Sozialethische Bemerkungen zur verweigerten sozialen Wertschätzung Pflegender in Deutschland, in: Fuchs, Michael/Greiling, Dorothea/Rosenberger, Michael (Hrsg.), Gut versorgt? Ökonomie und Ethik im Gesundheits- und Pflegebereich (Bioethik in Wissenschaft und Gesellschaft 6). Baden-Baden: Nomos 2019, 147–167.

Ernst, Klaus: Anti-Stress-Verordnung ist überfällig. Pressemitteilung, 27.09.16, URL: https://www.linksfraktion.de/presse/pressemitteilungen/detail/anti-stress-verordnung-ist-ueberfaellig/ (Stand 17.12.20).

Geissler, Birgit: Zeitsouveränität. Die paradoxe Suche nach Selbstbestimmung, in: Wagner, Gabriele/Hessinger, Philipp (Hrsg.), Ein neuer Geist des Kapitalismus? Paradoxien und Ambivalenzen der Netzwerkökonomie. Wiesbaden: Herbert von Halem Verlag 2008.

Göpel, Gunnar: Neues PPR 2.0: Künftig immer zu Zweit im Nachtdienst, 15.01.20, URL: https://www.pflegen-online.de/neues-ppr-20-kuenftig-immer-zu-zweit-im-nachtdienst (Stand: 17.12.20).

Habel, Simone/Tschenker, Theresa: Stay At Work. Zur Situation der Live-In-Pflege in der Corona-Krise, URL: https://nbi.sankt-georgen.de/blog/2020/stay-at-work-zur-situation-der-live-in-pflege-in-der-corona-krise (Stand: 31.03.21).

Haipeter, Thomas: Entwicklungen, Herausforderungen und Perspektiven der Leistungsregulierung, in: WSI-Mitteilungen 1/2020, 47–54.

Hoffmann, Daniela: Keine E-Mails während der Freizeit, 28.06.14, URL: https://www.computerwoche.de/a/keine-e-mails-waehrend-der-freizeit,2556778 (Stand: 17.12.20).

IG Metall Vorstand (Hrsg.): Anti-Stress-Verordnung. Eine Initiative der IG Metall, URL: https://www.igmetall.de/download/docs_antistress-Broschuere-druck4-ansicht_kayadeniz_4aba81aa843af9fcd8160556959d480b171e0b64.pdf (Stand: 17.12.20).

Jurczyk, Karin: Stoppt die Rushhour des Lebens!, in: Die Zeit 33/2020, 6. August 2020, URL: https://www.zeit.de/2020/33/zeitnot-stress-erwerbstaetigkeit-zeitpolitik (Stand: 31.03.21).

Korunka, Christian: Arbeitsintensivierung: Ursachen, Verläufe und Risikogruppen, in: WSI-Mitteilungen 1/2020, 11–18.

Kratzer, Nick/Sauer, Dieter: Welche Arbeitszeitpolitik? Ein neues Verhältnis von Zeitökonomie und Zeitpolitik, in: WSI-Mitteilungen 4/2007, 174–180.

Kratzer, Nick: Arbeitsintensität und Arbeitsintensivierung, in: WSI-Mitteilungen 1/2020, 4–10.

Kuhlmann, Martin: Art. Arbeitspolitik, in: Hirsch-Kreinsen, Hartmut/Minssen, Heiner (Hrsg.), Lexikon der Arbeits- und Industriesoziologie. Baden-Baden: Nomos 2017.

Kunkel, Kalle/Jäger, Meike: Ein erster Schritt auf einem langen Marsch. Personalbemessung als zentrale Komponente für humane Arbeitszeiten, in: ver.di (Hrsg.), Jahrbuch Gute Arbeit 2017 »Der Streit um die Zeit – Arbeitszeit und Gesundheit«, 299–304, URL: https://innovation-gute-arbeit.verdi.de/gute-arbeit/jahrbuch-gute-arbeit/++co++5c0d982a-78fa-11e6-b7c9-525400ed87ba (Stand: 18.12.20).

Otto, Karl A.: Wieviel wurde in unterschiedlichen Epochen gearbeitet? Ein quantitativer Vergleich, in: König, Helmut/Greiff, Bodo von/Schauer, Helmut (Hrsg.), Sozialphilosophie der industriellen Arbeit. Wiesbaden: VS Verlag 1990.

Pongratz, Hans/Voß, Günter: Arbeitskraftunternehmer. Erwerbsorientierungen in entgrenzten Arbeitsformen. Berlin: edition Sigma 2004.

Projekt Faire Mobilität (Hrsg.): Es lohnt sich zu kämpfen – »24-Stunden-Pflegekraft« erstreitet Lohnnachzahlung, Oktober 2020, URL: https://www.faire-mobilitaet.de/faelle/++co++27d75b00-1904-11eb-84e6-001a4a160123 (Stand: 06.04.21).

Projekt Faire Mobilität (Hrsg.): Polnische Pflegerinnen arbeiten v. a. für Spesen, Juni 2018, URL: https://betriebsseelsorge.de/sites/default/files/media/docs/Polnische%20Pflegerinnen.pdf (Stand: 31.03.21).

Rat der Evangelischen Kirche in Deutschland (EKD) u. Deutsche Bischofskonferenz (DBK) (Hrsg.): Menschen brauchen den Sonntag. Gemeinsame Erklärung des Rates der Evangelischen Kirche und der Deutschen Bischofskonferenz, 1999, URL: https://www.ekd.de/23021.htm (Stand: 09.12.2020).

Rinderspacher, Jürgen P.: Zeitwohlstand – Kriterien für einen anderen Maßstab von Lebensqualität, in: WISO 1/2012, 11–26.

Rinderspacher, Jürgen P.: Mehr Zeitwohlstand durch mehr autonome Arbeitszeitverkürzung – Arbeitszeitpolitik und der Wandel der Zeiten. Vortragsmanuskript IG-Metall NRW Beschäftigtenversammlung am 12.01.2018, Düsseldorf 2018, URL: http://www.zeitpolitik.de/pdfs/IGM_2017_Arbeitszeit.pdf (Stand: 31.03.21).

Schultheiß, Franz: Im öffentlichen Dienst. Kontrastive Stimmen aus einer Arbeitswelt im Wandel. Bielefeld: transcript 2014.

Sonntagsallianz Bayern (Hrsg): Unruhig werden, um die Ruhe zu bewahren. 12 Argumente für den freien Sonntag, 2009, URL: https://www.allianz-fuer-den-freien-sonntag.de/ueber-uns/materialien (Stand: 09.12.2020).

SpringerPflege (Hrsg.): PPR 2.0 kommt, 14.01.20, URL: https://www.springerpflege.de/krankenhaus/ppr-2-0-kommt/17565946 (Stand: 17.12.20).

ver.di (Hrsg.): Charité: Neuer Tarifvertrag Gesundheitsschutz und Mindestbesetzung steht, 28.04.16, URL: https://www.verdi.de/themen/nachrichten/++co++6bd40cbe-0e45-11e6-963a-52540059119e/ (Stand: 21.05.21).

ver.di (Hrsg.): Migrantinnen aus Osteuropa in Privathaushalten. Problemstellungen und politische Herausforderungen, URL: https://gesundheit-soziales-hessen.verdi.de/++file++5374a0796f6844065400076a/download/Migrantinnen%20in%20Privathaushalten%20FINAL.pdf (Stand: 14.05.2021).

ver.di (Hrsg.): Tarifvertrag Entlastung, URL: https://gesundheit-soziales-bawue.verdi.de/themen/tarifvertrag-entlastung (Stand: 17.12.20).

Zegelin, Angelika/Meyer, Gabriele: Pflegen kann jede*r. Von der Trivialisierung und Imperialisierung der Pflege, in: Pflegezeitschrift 74 (2021), 20–23.

Systemrelevant und ausgebeutet

Informell-häusliche Pflegearbeit im deutschen Pflegesystem

Tine Haubner

Das deutsche Pflegesystem zeichnet sich durch eine am Subsidiaritätsprinzip (vgl. Hagedorn, 2020; Gabriel, 2017) ausgerichtete privatistisch-familialistische Pflegekultur aus (vgl. Lessenich, 2003: 230), in der nicht nur das Credo »ambulant vor stationär« gilt, sondern vor allem die häuslich-informelle Pflege priorisiert wird. So hat die 1995 eingeführte Pflegeversicherung mit der gesetzlichen Gleichstellung privat-gewerblicher und frei-gemeinnütziger Leistungsanbieter und budgetierten Leistungen nicht nur den Aufbau eines Wohlfahrtsmarktes Pflege und eine Ökonomisierung und Rationalisierung von Pflegedienstleistungen vorangetrieben. Mithilfe von Cash-for-Care-Programmen (wie dem Pflegegeld) und dem erschwerten Zugang zu vollstationärer Versorgung hat sie außerdem darauf hingewirkt, dass die privatistisch-familialistische Pflegekultur aufrechterhalten und die Mehrheit der Pflegebedürftigen weiterhin informell-häuslich – das heißt mehrheitlich unbezahlt und jenseits arbeitsvertraglicher Regularien – gepflegt wird. Bezogen auf alle Pflegehaushalte in Deutschland werden so rund 90 Prozent des Zeitaufwands durch Hauptpflegepersonen und weitere informelle Helfer*innen und nur rund 10 Prozent von professionellen Diensten abgedeckt (vgl. Hielscher et al., 2017).

Zum Zeitpunkt ihrer Einführung sollte die Pflegeversicherung, dem damals amtierenden Bundesminister für Arbeit und Sozialordnung Norbert Blüm zufolge, einer »Sozialpolitik aus der Nähe« entsprechen. Statt »kalter Verteilungsmaschinen« sollte sie »einen Anschub für eine nachbarschaftliche Sozialpolitik, für eine neue Kultur des Helfens geben« (Blüm, 1995 zit. n. Dammert, 2009: 65). Diese »neue Kultur des Helfens« zielt allerdings nicht nur auf die pflegenden Angehörigen ab, die noch immer unbezahlt das Gros der häuslichen Pflege übernehmen. Die Pflegeversicherung kann überdies als Vorreiter bei der sozialpolitischen Entdeckung, Förderung und Stärkung des informellen Sektors auch über die Familie hinaus gelten. Angetrieben von Kostendruck, steigenden Versorgungsbedarfen im Kontext des demografischen Wandels und der abnehmenden Pflegebereitschaft der Familien werden seit den späten 1990er Jahren zunehmend die informellen Hilfen von Nachbarn, Freiwilligen bis hin zu Ungelernten, Arbeitslosen und migrantischen Pflegekräften politisch zu mobilisieren versucht (vgl. Haubner, 2019). Auf diskursiver Ebene wird diese Entwicklung vom wohlfahrtspluralistischen Leitbild »sorgender Gemeinschaften« gerahmt (vgl. Haubner, 2020)[1], das auf eine neue »Vergesellschaftung des Sorgens« (vgl. BMFSFJ, 2017: 216) unter verstärkter Einbeziehung der »informellen Netzwerke« (Blaumeister/Klie, 2002) der Familien, Nachbarn, Freunde, freiwillig Engagierten – kurzum der »Zivilgesellschaft« der pflegenden Laien – abzielt.[2]

Im Folgenden wird die These vertreten, dass sich hinter den Appellen an eine »neue Kultur des Helfens« und »sorgende Gemeinschaften« eine staatlich forcierte Strategie *indirekter Ausbeutung* verbirgt (vgl. Haubner, 2017), die die Grundlage des »konservativen« deutschen Pflegesystems bildet (vgl. Jürgens, 2010: 572). Die staatliche Pflegepolitik versucht demzufolge, informell-häusliche Pflegearbeit innerhalb und außerhalb der Familie zu mobilisieren, um ein an Kostenreduktion orientiertes Pflegesystem angesichts steigender Bedarfe aufrechtzuerhalten. Dies geschieht mithilfe zweier Strategien: Einerseits wird informelle Pflegearbeit durch die Architektur der Pflegeversicherung strukturell erzwungen, weil die Pflegeversicherung als Teilleistungsversicherung konzipiert ist und nur etwa die Hälfte der anfallenden Pflegekosten trägt. Andererseits wird informelle Pflegearbeit durch Cash-for-Care-Programme und die Schaffung niedrigschwelliger Beschäftigungsformate zwischen grauem Pflegemarkt und Niedriglohnsektor aktiv gefördert und angereizt. Diese Form der staatlich regulierten ausbeuterischen Arbeitskraftnutzung wird auch im Kontext der Corona-Pandemie fortgesetzt. Informelle Pflegearbeit umfasst dabei ein ganzes Spektrum verschiedener, teilweise bezahlter, aber überwiegend unbe-

---

[1] Das Leitbild »sorgender Gemeinschaften« wird, neben dem zweiten Engagementbericht und dem achten Familienbericht, insbesondere im siebten Altenbericht der Bundesregierung beworben. In Letztem heißt es beispielsweise: »Da die bessere Vereinbarkeit von Pflege und Beruf zu den vorrangigen senioren- und familienpolitischen Aufgaben gehört, wird die Bundesregierung (...) die Diskussion über die Vereinbarkeit von Pflege und Beruf weiterführen. Dabei wird sie auch berücksichtigen, dass die Sorgearbeit in der Familie immer noch vorrangig von Frauen geleistet wird. Hilfreich könnten Gemeinschaftsinitiativen sein, die vor Ort die Rahmenbedingungen für die Vereinbarkeit von Pflege und Beruf für berufstätige Frauen und Männer, die Pflegeaufgaben übernehmen, verbessern können.« (BMFSFJ, 2017: 6)

[2] Der Pflegewissenschaftler Thomas Klie fordert in diesem Sinne zu einem kulturellen Aufbruch auf: »Wir brauchen einen Aufbruch, allerdings nicht in der Pflege, sondern in einer Sorgekultur. International sprechen wir von der Compassionate Community, von der sorgenden Gemeinschaft, von Caring Communities, von sorgenden Gemeinschaften. Das Thema gehört in die Mitte der Gesellschaft, nicht delegiert an sozialstaatliche Akteure.« (KLIE, 2015: 213)

zahlter Pflegearbeiten. Ihr gemeinsames Merkmal aber ist, dass sie entweder (wie im Falle familiärer oder freiwilliger Pflegearbeit) jenseits arbeitsvertraglicher Grundlagen und unbezahlt oder (im Falle migrantischer Pflegekräfte) mithilfe der Missachtung arbeitsrechtlicher Grundlagen unterbezahlt und expansiv genutzt werden. Bezeichnend ist zudem, dass es sich bei den pflegepolitisch adressierten Gruppen der pflegenden Angehörigen, Freiwilligen oder migrantischen Pflegekräfte nicht nur um informelle Pflegekräfte, sondern in der Regel um sozial verwundbare Bevölkerungsgruppen handelt. Diese Gruppen, die im Folgenden als »Care-Reserve«[3] bezeichnet werden, zeichnen sich durch Ressourcenschwäche in *materieller* und *kultureller* Hinsicht aus und werden kostengünstig für die informelle Laienpflege in Dienst genommen. Die *ökonomische Erpressbarkeit* und die *kulturelle Anrufung* begründen schließlich die sozialpolitisch exekutierte und von verschiedenen Leistungsanbietern abgewickelte Ausbeutung der informellen »Care-Reserve«. Um diese These zu plausibilisieren, soll im Folgenden zunächst der hier verwendete und auf informelle Sorgearbeit zugeschnittene Ausbeutungsbegriff vorgestellt werden. Anschließend wird der Blick auf ausgewählte empirische Beispiele der »Care-Reserve« und ihre Ausbeutung geworfen. Dabei stehen insbesondere die pflegenden Angehörigen, aber auch andere Trägergruppen informeller Pflegearbeit vor und während der Corona-Pandemie im Fokus.

»Exploitation comes home«[4]: Indirekte Ausbeutung in der häuslichen Pflege

Wenn im Folgenden von der Ausbeutung informeller Pflegearbeit die Rede ist, so ist damit keineswegs nur eine griffige Empörungsmetapher gewählt. Stattdessen wird Ausbeutung als sozialwissenschaftlicher Analysebegriff ernst genommen. Dies ist alles andere als selbstverständlich, fristet der Begriff doch als »toter Klassiker« oder vermeintlichen Anachronismus vermeintlicher marxistischer Irrlehren seit den 1980er Jahren ein sozialwissenschaftliches Schatten-

---

[3] Mit »Reserve« soll einerseits (in freier Anlehnung an die Marxsche Industriereserve, vgl. MEW 23: 665) auf sowohl brachliegende als auch sozialpolitisch erschlossene und ausgebeutete »Bevölkerungspotenziale« verwiesen werden, während »Care« auf den spezifischen Arbeitskontext der Sorgearbeiten, sowie die geschlechts- und kulturspezifischen Merkmale der adressierten Bevölkerungsgruppen abzielt (vgl. HAUBNER, 2017: 152 ff.).

[4] So lautete der Titel eines Aufsatzes der amerikanischen Feministin und Soziologin Nancy Folbre, den diese 1982 im Cambridge Journal of Economics veröffentlicht hatte und der den Ausbeutungsbegriff auf den Bereich unbezahlter Hausarbeit anwendete (vgl. FOLBRE, 1982).

dasein. Der vorliegende Beitrag geht demgegenüber davon aus, dass es sich lohnt, über Ausbeutung in einem sozialwissenschaftlichen Sinne zu sprechen und dass mithilfe des Ausbeutungsbegriffes Licht ins Dunkel des deutschen Pflegesystems gebracht werden kann. Dafür ist es allerdings nötig, Ausbeutung in Bezug auf den hier untersuchten Gegenstand informeller Laienpflege neu zu denken. Weil der Ausbeutungsbegriff erst im Kontext marxistischer Gesellschaftstheorien den Status eines wissenschaftlichen Analysebegriffes erhalten hat und dort primär auf bezahlte »produktive« Lohnarbeit angewandt wurde, ist es nötig, mit Marx über Marx hinauszugehen.

Der Ausbeutungsbegriff bezeichnet zunächst ganz grundlegend einen spezifischen Vorteils-Nachteils-Nexus zwischen zwei Akteuren: Ein Akteur beutet demnach einen anderen aus, wenn dieser Vorteile (zumeist auf Kosten) des anderen Akteurs durch die Aneignung von dessen Arbeitsleistung generieren kann (vgl. Wertheimer, 1996). Karl Marx hatte diesen Gedanken gesellschaftstheoretisch weiterentwickelt, um die »Bewegungsgesetze« der kapitalistischen Produktionsweise und die Profiterzeugung zu erklären (MEW 23: 15f.). Die Erwirtschaftung von Profit führt er dabei werttheoretisch auf die Eigenschaft menschlicher – und das heißt konkret »produktiver« – Arbeitskraft zurück, mehr Wert zu produzieren, als diese zu ihrer Reproduktion benötigt. Informell-häusliche Pflegearbeit stellt allerdings keine »produktive Arbeit« im marxschen Sinne, geschweige denn eine formelle Lohnarbeit dar. Pflegearbeit zeichnet sich, wie alle Sorgearbeiten[5] durch begrenzte Profitabilität aus. Sie kann weder ausgelagert, substituiert, zeitlich beschleunigt noch in ihrem organisatorischen Ablauf gestrafft oder durch Personalabbau verschlankt werden, ohne dass die Qualität der Leistung unmittelbar davon betroffen ist. Pflegebedürftige können nicht schneller oder effizienter besser gepflegt werden, wovon die Klagen über die Minutenpflege in stationären Einrichtungen beredtes Zeugnis ablegen. Weil Pflege- und Sorgearbeiten nur begrenzt rationalisierbar sind, erscheinen die mit diesen Dienstleistungen anfallenden Kosten im gesamtwirtschaftlichen Vergleich als überproportional hoch. Diese »Kostenkrankheit«, die der Wirtschaftswissenschaftler William Baumol auf das ökonomische »Problem divergierender Produktivitäten« zurückführt, teilt sie mit den Leistungen des Gesundheitssektors (vgl. Baumol, 2012). Zudem wird Pflegearbeit nicht auf

---

[5] Mit »Care-Work«, »Reproduktions-« oder »Sorgearbeit« können alle »praktischen Relationen zwischen Menschen, die sich aus den Bedingungen der Kontingenz, das heißt aus dem Werden und Vergehen des Lebens ergeben«, verstanden werden (KLINGER, 2014: 83). Es handelt sich dabei um überwiegend von Frauen unbezahlt verrichtete Arbeitstätigkeiten, die auf die Befriedigung der Bedürfnisse von (menschlichen) Lebewesen abzielen und daher den eigenwilligen Rhythmen des Lebens folgen müssen, um ihren Zweck zu erfüllen (vgl. KNOBLOCH, 2013).

freien Märkten, sondern auf einem staatlich hochregulierten Wohlfahrts- oder Quasi-Markt gehandelt, auf dem sich Preise nicht in Abhängigkeit von Angebot und Nachfrage bilden und auf dem die Maximierung von Profiten bei vielen Anbietern nicht im Vordergrund steht (vgl. Le Grand, 1991: 1260). Stattdessen gibt die Pflegeversicherung mit ihren limitierten Leistungen den finanziellen Rahmen für Preise auf dem Pflegemarkt vor und erzeugt damit einen Kostendruck, der sich nicht nur in geringen Löhnen bei der bezahlten Pflegearbeit, sondern auch im überproportional hohen Anteil informeller und auch unbezahlter häuslicher Pflegearbeit niederschlägt.

Informelle Pflegearbeit erzeugt nur in bestimmten Fällen Profite und sie wirkt überwiegend *indirekt* an der kapitalistischen Gewinnerwirtschaftung mit. Nichtsdestotrotz findet auch hier, jenseits formeller und »produktiver« Lohnarbeit und Profiterzeugung Ausbeutung statt: Der hohe und politisch forcierte Anteil informeller Pflegearbeit ermöglicht es nämlich, Pflegekosten selbst bei steigenden Versorgungsbedarfen in einer alternden Gesellschaft gering zu halten. Auf diese Weise werden nicht nur staatliche Pflegekosten eingespart, sondern auch privatwirtschaftliche Profite nicht durch steigende Reproduktionskosten der Arbeitskräfte affiziert. Insofern trägt das Gros informeller und auch unbezahlter Pflegearbeit zur Profitmaximierung *indirekt* bei, weshalb hier von indirekter Ausbeutung gesprochen wird.[6] Auf diese Weise kann die für Ausbeutung spezifische einseitige Vorteilsbeschaffung durch die Nutzung fremder Arbeitskraft auch für staatlich hochregulierte Quasi-Märkte wie die Altenpflege und selbst ihre informellen Grauzonen gelten.

Ausbeutung in der häuslichen Pflege muss daneben aber auch in Rechnung stellen, dass es sich um hochgradig feminisierte Arbeit handelt, die zudem in dem Ruf einer weiblichen »Berufung« oder eines Gratis-»Liebesdienstes« steht (vgl. Klinger, 2012; Senghaas-Knobloch, 2008). Es ist ausbeutungstheoretisch so keinesfalls irrelevant, wer die in der Regel mit informeller häuslicher Pflegearbeit betrauten Gruppen sind: weibliche Angehörige (Töchter, Ehefrauen, Schwieger- und Enkeltöchter), aber auch (ebenfalls mehrheitlich weibliche) Freiwillige oder (ebenfalls mehrheitlich weibliche) migrantische Pflegekräfte. Diese Gruppen können als sozial verwundbare Gruppen gelten (vgl. Haubner, 2017: 145 ff.). »Soziale Verwundbarkeit« bezeichnet dabei soziale Positionen gesellschaftlicher Akteure, die sich nicht durch eine spezifische Ressourcenausstattung, sondern gerade durch deren Mangel auszeichnen. Soziale Verwundbarkeit kann dabei sowohl in einem materiell-ökonomischen als auch kulturell-symbolischen Sinn verstanden werden. Sie kann einerseits ökono-

---

[6] Dass auch jenseits bezahlter Lohnarbeit Ausbeutung stattfindet und sich die Profiterzeugung in kapitalistischen Gesellschaften auch dem großen Anteil unbezahlter Haus- und Sorgearbeit verdankt, haben maßgeblich marxistisch-feministische Theorien vorgedacht (vgl. u. a. DALLA COSTA/JAMES, 1972; VOGEL, 1973; FEDERICI, 2012).

misch, durch den Nichtbesitz von (produktiven) Vermögen oder durch den Ausschluss von Erwerbsarbeit bzw. sozialstaatlichen Entgeltersatzleistungen hervorgerufen werden. In diesem Fall handelt es sich um materielle Verwundbarkeit, die die Betroffenen ihrerseits zu Konzessionen (beispielsweise in Bezug auf prekäre oder informelle Arbeitsverhältnisse) zwingt. Andererseits wird soziale Verwundbarkeit durch verschiedene kulturell-symbolisch vermittelte Diskriminierungs- und Ausgrenzungspraktiken erzeugt, die Ausschlüsse und Abwertungen in Bezug auf askriptive Personenmerkmale (wie Alter, Geschlecht, ethnische und soziale Herkunft) stiften.

Auf diese Weise folgt der hier verwendete Ausbeutungsbegriff dem von Marx entwickelten, geht allerdings auch über ihn hinaus: Ausbeutung wird (wie bei Marx) als einseitige Vorteilsbeschaffung durch die Nutzung fremder Arbeitskraft, allerdings (im Unterschied zu Marx) zum Zweck der *indirekten* Profiterzeugung verstanden. Diese Vorteilsbeschaffung erfolgt außerdem mithilfe der Nutzung *sozial verwundbarer* Arbeitskräfte und berücksichtigt neben materiellen auch kulturelle Faktoren der Ausbeutbarkeit menschlicher Arbeitskraft. Im Folgenden sollen diese sozial verwundbaren Arbeitskräfte vorgestellt und ihr ausbeuterischer Einsatz auch im Kontext der Corona-Pandemie kritisch diskutiert werden. Dabei liegt der Fokus insbesondere auf den pflegenden Angehörigen, können diese doch »mit Fug und Recht« als »größter Pflegedienst der Nation« bezeichnet werden (vgl. Klie, 2014: 47 f.).

Die »stillen Helden der Gesellschaft« und der Preis häuslich-familiärer Pflege

In einer Regierungserklärung zu Beginn des Jahres 2014 lobte die Bundeskanzlerin pflegende Angehörige als »die stillen Helden der Gesellschaft« (Ärztezeitung, 2014). Tatsächlich verfügt kein anderes nord- und westeuropäisches Land über einen so hohen Anteil an pflegenden Angehörigen wie Deutschland (vgl. Klie, 2014: 48). Trotz einer prognostizierten Abnahme familiärer Pflegebereitschaft (vgl. Rothgang, 2003: 35), werden von den insgesamt 3,4 Mio. Pflegebedürftigen ganze 75 Prozent von Angehörigen, d.h. 51,7 Prozent ausschließlich von Angehörigen und 24,3 Prozent zusätzlich von ambulanten Pflegediensten, häuslich versorgt. Die Mehrheit dieser mindestens 3 bis 5 Mio. privaten Pflegepersonen in Deutschland ist weiblich, im jungen Seniorenalter (zwischen 60 bis 64 Jahren) und mit insgesamt 63 Stunden pro Woche und mit täglich rund sieben Stunden, nahezu im Umfang einer Vollzeitbeschäftigung, in die Pflege eingebunden (vgl. Hielscher et al., 2017). Bei der nach wie vor hohen Pflegebereitschaft der mehrheitlich weiblichen Angehörigen spielt *kulturelle Verwundbarkeit* nach Geschlecht eine zentrale Rolle: Frauen werden demnach Sorgeverpflichtungen eher zugeschrieben als Männern. Und sie übernehmen aufgrund internalisierter Rollenübernahme unbezahlte Sorgearbeiten mit höherer Wahrscheinlichkeit und biografisch früher als Männer (vgl. Klaus/Vogel, 2019: 91). Im Rahmen intergenerationell tradierter geschlechtsspezifischer häuslicher Arbeitsteilungen verrichten daher weibliche Angehörige noch immer das Gros der häuslichen Pflegearbeit. Weil sie darüber hinaus durchschnittlich über geringere Einkommen verfügen und häufig (aufgrund häuslicher Sorgepflichten) in Teilzeit beschäftigt sind – und das heißt *materiell-ökonomisch* in der Regel verwundbarer als Männer sind –, gelten sie als prädestinierte Hauptpflegepersonen, wenn sich Lohneinbußen durch steigenden Pflegeaufwand abzuzeichnen beginnen (vgl. Schmid, 2015: 111). Die staatliche Pflegepolitik sattelt erfolgreich auf diese sozialen Verwundbarkeiten auf: Indem der Staat keine bedarfsdeckenden Leistungen für die pflegerische Versorgung zur Verfügung stellt (weil die Pflegeversicherung nur etwa die Hälfte der anfallenden Pflegekosten trägt), ist die unbezahlte häusliche Pflege stets notwendig, um Versorgungsbedarfe abzudecken. Auf diese Weise werden materielle und kulturelle Verwundbarkeiten mehrheitlich weiblicher Angehöriger zur Voraussetzung einer subsidiären Pflegearbeitsteilung, die mithilfe des hohen Anteils unbezahlter informell-häuslicher Pflege Pflegekosten für Staat und Arbeitgeber gering zu halten imstande ist.

Dies geht allerdings zulasten der Pflegepersonen, ist doch die Pflegeübernahme noch immer mit einem erhöhten Armutsrisiko insbesondere für Frauen verbunden. Denn obgleich die Leistungen für Demenzkranke (insbesondere seit dem Zweiten Pflegestärkungsgesetz von 2017) ausgebaut worden sind, erhalten die Pflegehaushalte im zweiten Pflegegrad nur 316 Euro Pflegegeld im Monat. Eine Studie der gewerkschaftsnahen Hans-Böckler-Stiftung beziffert demgegenüber die monatlichen Pflegeausgaben mit durchschnittlich 360 Euro. Einkommensstärkere Haushalte können so auch bei schwerer und schwerster Pflegebedürftigkeit häusliche Pflege besser aufrechterhalten (vgl. Hielscher et al., 2017). Insgesamt nehmen die meisten pflegenden Angehörigen externe Unterstützungsangebote nur eingeschränkt in Anspruch. Die Mehrheit gibt dem Pflegegeldbezug und damit der informellen und unbezahlten Pflege Vorrang: In zwei Drittel der deutschen Pflegehaushalte kommt kein ambulanter Pflegedienst und jede fünfte Pflegeperson übernimmt die Pflege ohne zusätzliche Hilfe. Dies ist nachvollziehbar, hat doch die Pflegeversicherung mit der Budgetierung der Leistungen einen Unterbietungswettbewerb in Gang gesetzt, der auch auf Kosten der Leistungsqualität geht. In Anbetracht des Stakkatos in der ambulanten Minutenpflege und begrenzten Sachleistungen entscheidet sich die Mehrheit der Angehörigen, insbesondere aus einkommensschwächeren Haushalten, bei hohem Pflegeaufwand häufig notgedrungen dafür, die Pflege selbst in die Hand zu nehmen.

Die Pflegeversicherung verstärkt schließlich materielle Verwundbarkeiten auch, indem sie wenig zur Vereinbarkeit von Pflege und Beruf beiträgt, was wiederum insbesondere für Frauen nachteilige Folgen hat. Das Eintreten eines Pflegefalls erhöht die Erwerbsunterbrechungsrate von Frauen um 146 Prozent. 34 Prozent aller Pflegepersonen im erwerbsfähigen Alter schränken ihre Erwerbstätigkeit ein, 15 Prozent geben sie ganz auf (vgl. Hielscher et al., 2017). Das häufige Dilemma pflegender Angehöriger, die aufgrund der Pflegebelastung die Erwerbsbeteiligung zurückstellen und auf diese gleichzeitig aufgrund der unzureichenden sozialen Absicherung nicht verzichten können, führt mitunter zu einem Kreislauf aus Überlastung, gesteigerten Armutsrisiken, sozialer Isolation und einer verstärkten Angewiesenheit auf Versicherungsleistungen. Schließlich fordert häusliche Pflege auch einen hohen gesundheitlichen Preis: Pflegende Angehörige weisen zu 50 Prozent mehr körperliche Beschwerden auf als die Durchschnittsbevölkerung (vgl. Fringer, 2011: 13). Und 40 bis 70 Prozent von ihnen leiden im Zusammenhang mit dem subjektiven Stresserleben der Pflege unter depressiven Symptomen (vgl. Deufert, 2013: 521), wobei sich Frauen deutlich stärker durch die Pflege belastet fühlen als Männer (vgl. Nowossadeck et al., 2016). Die soziale Verwundbarkeit der zumeist weiblichen Hauptpflegepersonen stellt somit nicht nur die Voraussetzung, sondern auch eine Folge langjähriger Pflegeübernahme und damit das Geheimnis einer Pflegepolitik dar, die sich im internationalen Vergleich mit einem Hochstand familiärer Pflegebereitschaft preist.

Pflegende Angehörige in der Pandemie

Die Corona-Pandemie hat die soziale Verwundbarkeit pflegender Angehöriger verschärft. Sie haben in der Pandemie nicht nur Sorge, pflegebedürftige Angehörige zu infizieren, sie sind auch durch das Wegbrechen zusätzlicher Unterstützungsangebote besonders stark belastet. Durch die Schließung vieler Einrichtungen und ambulanter Dienste waren sie (die altersbedingt zudem meist selbst zu den sogenannten »Risikogruppen« zählen) in noch stärkerem Ausmaß auf die alleinige Pflege ihrer Angehörigen zurückgeworfen und zugleich überproportional von beruflichen Existenzsorgen betroffen. Dabei wurden sie zudem nicht ausreichend mit Schutzmasken und Desinfektionsmitteln unterstützt. Im Rahmen des Bevölkerungsschutzgesetzes wurde zwar das Pflegeunterstützungsgeld für erwerbstätige Pflegepersonen von zehn auf zwanzig Tage ausgeweitet. Dies ist aber gemessen an den Bedarfen – nicht nur im Rahmen der pandemiebedingten monatelang eingeschränkten ambulanten Versorgung – in hohem Maße unzureichend. Die gesetzliche Möglichkeit einer sechsmonatigen Bezugsdauer des Pflegeunterstützungsgeldes auf der Grundlage eines zinslosen Darlehens ist außerdem für einkommensschwache Pflegehaushalte keine bedarfsadäquate Unterstützung. Diese gesetzlichen Änderungen dürfen zudem nicht darüber hinwegtäuschen, dass die Versorgung mit ambulanten Angeboten bereits lange vor Ausbruch der Pandemie unzureichend war. Nicht nur betrug bereits vor der Pandemie die Wartedauer auf einen Tagespflegeplatz meist mehrere Monate. Im Unterschied zum gesetzlichen Recht auf Kita-Betreuung steht pflegenden Angehörigen ein Recht auf Tages- oder Kurzzeitpflege außerdem nicht zu.

Die Forderung nach einem Recht auf Home-Office für pflegende Angehörige (wie sie etwa von der Grünen Bundestagsfraktion vertreten wird, vgl. Grüne Bundestagsfraktion, 2020) ist in diesem Zusammenhang zwar in Bezug auf Vereinbarkeit durchaus begrüßenswert. Vor dem Hintergrund entgrenzter Arbeitsverhältnisse und der enormen zeitlichen Belastung pflegender Angehöriger (etwa im Zusammenhang mit der häuslichen Versorgung von Demenzkranken) stellt sich hier aber die Frage, ob dies den Beanspruchungen pflegender Angehöriger wirklich entgegenwirkt oder ob pflegende Angehörige nicht mit der individuellen Lösung des Vereinbarkeitsproblems tendenziell alleingelassen werden. Dass Home-Office für Vereinbarkeitsfragen nicht unbedingt die Lösung ist, darauf weist eine Studie der Hans-Böckler-Stiftung im Jahr 2019 hin (vgl. Lott, 2019). Sie zeigt, dass der Gender-Care-Gap[7] insbesondere unter den Beschäftigten mit Home-Office und selbstbestimmten Arbeitszeiten hoch ist: Mütter im Home-Office arbeiten im Durchschnitt etwas über eine Stunde mehr als Mütter ohne Home-Office. Väter machen im Home-Office im Durchschnitt fast sechs Überstunden pro Woche und arbeiten so mehr als zwei Stunden länger als Väter, die nie im Home-Office sind. Dass Haushalte einmal mehr mit Pflege und Sorgearbeit allein gelassen werden, schlägt sich schließlich auch in einer mittlerweile empirisch nachgewiesenen »Retraditionalisierung« von Geschlechterarrangements in der häuslichen Sorgearbeitsteilung nieder, die Frauen zu den größten Verliererinnen der Corona-Krise macht (vgl. Kohlrausch/Zucco, 2020).

Freiwillige in der Pflege

Obgleich Angehörige noch immer das Gros informeller Pflegearbeit in Deutschland verrichten, lässt sich seit den späten 1990er Jahren eine pflegepolitische Suchbewegung nach weiteren informellen Unterstützungspotentialen in der Langzeitpflege beobachten. Dies geschieht in Reaktion auf einen wachsenden Handlungsdruck des subsidiären Pflegesystems: Mit der steigenden weiblichen Erwerbsbeteiligung, den Anforderungen einer zunehmend auf Flexibilität und Mobilität setzenden Arbeitswelt und dem demografischen Wandel geraten die

---

[7] Damit wird die Lücke in der häuslichen Zeitverwendung von Männern und Frauen für unbezahlte Sorge- und Hausarbeit bezeichnet.

Pflegekapazitäten der Familien an Grenzen. Vor dem Hintergrund einer abnehmenden Pflegebereitschaft weiblicher Angehöriger wird daher die Mobilisierung weiterer informeller Unterstützungspotentiale in der Pflege politisch vorangetrieben. Dies zeigt sich exemplarisch am Ausbau freiwilligen Engagements in der Pflege. Seit der Jahrtausendwende widmen sich pflegepolitische Reformen sukzessive dem Ausbau des »informellen Engagements« in der Pflege (vgl. Sozialministerium Baden-Württemberg, 2014: 9): Das Pflegeleistungs-Ergänzungsgesetz implementiert 2002 niedrigschwellige Betreuungsangebote (nach § 45c Abs. 3 SGB XI), die vor allem auf die Stärkung häuslicher Betreuung durch freiwillige Helfer abzielen. Im selben Jahr erhält bereits jeder zehnte Pflegehaushalt Unterstützung durch Freiwillige (vgl. ZQP, 2013: 7). Das Pflegeweiterentwicklungsgesetz ergänzt sechs Jahre später Fördermöglichkeiten für Selbsthilfe und Engagement um die Zielgruppe körperlich Kranker und deren Angehörige (vgl. Simonson, 2013). 2013 räumt das Pflege-Neuausrichtungsgesetz den Kassen ein Recht auf Mittel zur Selbsthilfeförderung ein und erlaubt stationären Einrichtungen Aufwandsentschädigungen an freiwillig Engagierte zu zahlen, ehrenamtliche Initiativen oder auch die Selbsthilfe zu fördern (vgl. Klie, 2013: 17 f.). Das Ehrenamtsstärkungsgesetz erhöht unterdessen die steuerfreie Übungsleiterpauschale, flexibilisiert die Mittelverwendung und entschärft die Haftbarkeit Engagierter.

Die Pflegeversicherung wirkt hier als Monetarisierungstreiber des Engagements in der Pflege: Mit dem Ersten Pflegestärkungsgesetz stehen seit 2015 für Versicherte zusätzlich zum Pflegegeld mindestens 104 Euro für die zweckgebundene Inanspruchnahme freiwilliger Hilfen zur Verfügung. Mit dem zweiten Pflegestärkungsgesetz wird schließlich ab 2017 die Förderung auf bis zu 125 Euro im Monat ausgeweitet. Diese »Angebote zur Unterstützung im Alltag« stellen eine gängige Finanzierungsgrundlage für freiwilliges Engagement in privaten Pflegehaushalten dar: Allein in Nordrhein-Westfalen gibt es im Jahr 2008 über 800 anerkannte Angebote solcher Betreuungsleistungen (vgl. Fringer et al., 2010: 173). Sie verwandeln das freiwillige Engagement mitunter in eine informelle nebenberufliche Beschäftigung mit Stundensätzen zwischen 5 und 10 Euro, die z. T. weit unter dem gesetzlichen Pflege-Mindestlohn liegen. Zudem wirkt die Pflegeversicherung auch als Treiber einer Semi-Professionalisierung des Engagements. So ist die Förderung der »Angebote zur Unterstützung im Alltag« an die Vorlage eines Qualitätskonzeptes gebunden. Die Freiwilligen werden infolgedessen in Studienprogrammen an Universitäten vorbereitet oder in mehrwöchigen Schulungen wahlweise zu »Demenz-Lotsen«, »Demenzhelfern«, »Alltags-« oder »Pflegebegleitern« ausgebildet.

Die staatliche Förderung freiwilliger Pflegearbeit trägt dabei auch zur Ausweitung der Angebotspalette bei. Neben den klassischen Einsatzfeldern der Besuchs- und Begleitdienste im Rahmen von Hospizbewegung, stationären Pflegeeinrichtungen und kirchlicher Nachbarschaftshilfe sind mittlerweile auch

Einsatzbereiche entstanden, die sich generationen- und kulturübergreifend quartiersbezogenen Aspekten pflegerischer Unterstützung widmen (wie psychosoziale Angehörigenbegleitung oder die Wohnberatung; vgl. Naumann/ Schacher, 2013: 12). Mittlerweile kann gelten, dass das Engagement aus dem Gesundheitswesen nicht mehr wegzudenken ist und jährlich Leistungen im Umfang von 4,5 Milliarden unentgeltlichen Arbeitsstunden und damit einen Wert von 109 Milliarden Euro erbringt (vgl. Fringer, 2011: 23). Das Engagement in der Pflege habe zudem Wachstumschancen, heißt es in repräsentativen Studien (vgl. ZQP, 2013: 12) und wird u. a. in der »Demografie-Strategie« und der »Nationalen Engagement-Strategie« der Bundesregierung als eine »tragende Säule« eines »sozialen und lebendigen Gemeinwesens« angesehen (Bundesregierung, 2010: 3).[8]

Dabei kann auch im Kontext freiwilliger Pflegearbeit von Ausbeutung gesprochen werden. Nicht nur dominieren ältere Frauen das »verborgene Ehrenamt« (Fringer, 2011: 22). Galt das »freiwillige soziale Jahr« für Frauen einst als »Vorschule zur Ehe« (vgl. Münchmeier, 1992), wird freiwillige Betreuungsarbeit in der Pflege nun mitunter als »erste Wahl« verheirateter Frauen angesehen.[9] Für viele weibliche Angehörige stellt es zudem eine letztverbleibende Option dar, häuslich erworbene Pflegeerfahrungen für eine geringe Entschädigung zu nutzen. Dabei werden auch qualifikatorische Grenzüberschreitungen in den eigenen vier Wänden nicht sanktioniert, wenn freiwillige Laien Pflegebedürftigen bei Toilettengängen, der Körperpflege oder Nahrungsaufnahme assistieren, Injektionen setzen oder den Haushalt führen (vgl. Haubner, 2017: 300 ff.). Der Ausbau und die staatliche Förderung des Engagements in der Pflege stellt sich vor diesem Hintergrund als die Möglichkeit dar, vergleichsweise kostengünstige, weil unqualifizierte und auf einen Zuverdienst angewiesene Laien ohne Anspruch auf den gesetzlichen Pflegemindestlohn und arbeitsrechtliche Konventionen zum Füllen pflegerischer Versorgungslücken einzusetzen. Das entlastet nicht nur den Staat und die Arbeitgeberseite von steigenden Versicherungsbeiträgen und Pflegekosten, sondern mitunter auch stationäre und ambulante Träger, die wie in der freien Wohlfahrtspflege üblich schon lange

---

[8] So heißt es in der Nationalen Engagementstrategie: »Die Bundesregierung fördert das bürgerschaftliche Engagement als Teil übergreifender Lösungsansätze zur Bewältigung der mit dem demografischen Wandel verbundenen Herausforderungen.« (BUNDESREGIERUNG, 2010: 42)

[9] »›Geringfügige‹ stundenweise Arbeit ist dort nicht zweite, sondern erste Wahl, wo die sie ausführenden Frauen verheiratet sind, in unmittelbarer Nähe wohnen und spezifische Vorteile wie Ortskenntnisse, kulturelle Vetrautheit u. Ä. mitbringen. Für viele Aspekte von Betreuungsarbeit qualifiziert bereits die Familientätigkeit« (EVERS, 2002: 543).

Freiwillige beschäftigen. Dass die Freiwilligen tatsächlich eklatante Versorgungsdefizite kompensieren und den Pflegebedürftigen wertvolle Stützen sind, steht dabei außer Frage. Welche An- und zum Teil Überforderungen ein solcherart semi-professionalisiertes Engagement jedoch für die Freiwilligen und auch Pflegebedürftige haben kann, wird kaum thematisiert.

Migrantische Pflegekräfte in den Grauzonen des Pflegemarktes

Neben der Freiwilligenarbeit wird auch die Arbeit migrantischer Pflegekräfte staatlich gefördert. Im Rahmen eines transnationalen »Teilarbeitsmarktes haushaltsnaher Dienstleistungen« (vgl. Lutz, 2007) werden in steigendem Umfang auch vergleichsweise kostengünstige und überwiegend informelle Pflegeverrichtungen von sozial verwundbaren Armutsmigrantinnen eingekauft. Längst ist von einer feminisierten und hochgradig ethnisierten »globalen Dienstbotenkaste« die Rede, die die »weibliche Rückseite der Globalisierung« bildet (vgl. Lutz, 2008) und die steigende Erwerbsintegration von Frauen in Ländern des globalen Nordens ermöglicht. Mit den gestiegenen häuslichen und pflegerischen Versorgungsbedürfnissen der Privathaushalte ist so ein transnationales Migrations- und Arbeitsregime (vgl. Karakayali, 2010) entstanden, dass die Nichteinhaltung arbeitsrechtlicher Standards im Schutz des Privathaushalts zu unterlaufen ermöglicht. Dabei überkreuzen sich verschiedene ökonomische Abhängigkeitsverhältnisse sowie kulturelle, ethnische und sexistische Diskriminierungspraxen. Bei einem Großteil der migrantischen Pflegekräfte handelt es sich ebenfalls um Laien, die für pflegerische Verrichtungen nicht qualifiziert sind. An der Expansion dieses Graumarktes ist maßgeblich staatliche Migrationspolitik beteiligt: So wird der Einsatz migrantischer Pflegekräfte aus mittel- und osteuropäischen Staaten im Rahmen der EU-Osterweiterung 2004 sukzessive legalisiert. Sie fungiert »als Hebel zur Schaffung eines neuen Niedriglohnarbeitsmarktes« (Frings, 2010: 60), auf dem Armutsmigrantinnen die ungedeckten Bedarfe von Pflegehaushalten decken – ohne den Ausbau staatlicher Sicherungssysteme im Bereich Pflege zu erzwingen. Den migrantischen Pflegekräften wird darin kein wirksamer Schutz vor der Nicht-Einhaltung arbeitsrechtlicher Regularien gewährt.

Ausbeutung erscheint hier als unterwertige und rechtswidrige Arbeitskraftnutzung, bei der die ohnehin geringen Löhne der migrantischen Pflegekräfte durch den expansiven Zugriff durch die Arbeitgeberhaushalte, willkürliche Verlängerungen der Arbeitszeit oder die staatlich legitimierte Erweiterung des Tätigkeitsspektrums zusätzlich abgesenkt werden (vgl. Haubner, 2017: 377 ff.). Dies wird durch die materielle und kulturelle Verwundbarkeit der Pflegekräfte ermöglicht, die aus arbeitsmarktpolitischer Perspektivlosigkeit, der unzureichenden sozialstaatlichen Absicherung in den Herkunftsländern sowie ethnisierenden Zuschreibungen (wie Familiensinn, Sparsamkeit, Fleiß und Gehorsam) resultiert. Der Staat nutzt dabei die Möglichkeit, pflegerische Versorgung mit Verzicht auf einen umfassenden Ausbau der Versorgungsstrukturen in Zeiten steigender Pflegebedarfe vergleichsweise kostengünstig aufrechtzuerhalten. Daneben profitieren private Agenturen, die an der Vermittlung der Pflegekräfte beteiligt sind, von hohen Vermittlungsgebühren und dem Unwissen der Vertragspartner über arbeitsrechtliche Konditionen.

Der Rückgriff auf informelle Arbeitspotentiale in der Corona-Pflegekrise

Die Altenpflege hat während der Pandemie ungekannte gesellschaftspolitische Aufmerksamkeit erfahren. Die Pflege gilt als »systemrelevant« und wird allerorten für den selbstlosen Einsatz der Pflegekräfte hochgelobt. Hinter dem auch zweifelhaften Applaus für bezahlte Pflegekräfte im Sommer 2020 verschwand aber nicht nur die unbezahlte Pflegearbeit der Angehörigen. Zudem blieb der rasant verstärkte Zugriff auf ein bemerkenswert breites Spektrum verfügbarer Arbeitskräfte verdeckt, der neben gesetzlichen Lockerungen beim medizinischen Fachpersonal über die Aktivierung von Freiwilligenarbeit bis hin zu Appellen an die Mobilisierung informeller Pflegearbeit durch migrantische Pflegekräfte reicht (vgl. Dyk et al., 2020). Im Kontext der Pandemie sind so nicht nur eilig Gesetze verabschiedet worden, die eine verstärkte Arbeitskraftnutzung des Fachpersonals im Gesundheitssektor ermöglichen (vgl. ebd.: 421f.). Um die stationären Pflegeeinrichtungen nicht mit zusätzlichen Pflegebedürftigen zu überlasten, forderten Pflegeexperten im Frühjahr 2020 zusätzlich einen gelockerten Grenzübertritt migrantischer Pflegekräfte. Diese waren aus Angst vor einer Ansteckung, verschärften Grenzkontrollen und langen Wartezeiten nicht in ihre Arbeitgeber-Pflegehaushalte zurückgekehrt. So plädierte Frederic Seebohm, der Geschäftsführer des Verbands für häusliche Betreuung und Pflege (VHBP), im Fernsehmagazin »Report Mainz« für die Passierfähigkeit der migrantischen Pflegekräfte (vgl. Report Mainz, 2020). Die ausbeuterischen Arbeitsbedingungen oder Fragen des Infektionsschutzes sprach er hingegen nicht an. Zwar basierte das deutsche Pflegeregime auch schon lange vor der Krise auf der Ausbeutung von Armutsmigrantinnen. Mit dem plötzlichen Mangel der Pflegekräfte wurde dieser Umstand sichtbar, wenngleich dies nicht dazu führte, Fragen der Arbeitsqualität und des Schutzes der Arbeitskräfte öffentlich zu problematisieren.

Im selben Zeitraum wurde aber nicht nur für die Aufrechterhaltung des »Graumarktes Pflege« (vgl. Lutz/Palenga-Möllenbeck, 2014) plädiert. Auch innerhalb der Republik wurden unter steigendem politischem Handlungsdruck informelle Pflegepotenziale aktiviert. Während die pflegenden Angehörigen überwiegend sich selbst überlassen blieben, wurde die Pflegebereitschaft von Freiwilligen verstärkt adressiert. Getreu dem Credo »Je größer die Versorgungsprobleme werden, desto unbürokratischer soll die Versorgung möglich sein« empfahl der Spitzenverband der gesetzlichen Krankenkassen, den Kreis der Leistungserbringer um Freiwillige, zusätzliche Betreuungskräfte und Nachbarn zu erweitern (vgl. GKV-Spitzenverband, 2020: 3). Parallel forderte die Familienministerin auf der Online-Plattform »Freiwillige helfen jetzt« dazu auf, Teilnehmende des Bundesfreiwilligendienstes und andere Freiwillige im Rahmen »erweiterter Einsatzbereiche« in Pflege und Krankenhäusern einzusetzen (vgl. BMFSFJ, 2020). Landesregierungen erstellten Freiwilligenregister für das Gesundheitswesen, ein internes Strategiepapier des Bundesinnenministeriums plädierte für die Stärkung des bürgerschaftlichen Engagements in Krisenzeiten, und in verschiedenen Städten ließen sich Freiwillige, Schüler, Senioren und Arbeitslose für die Grundversorgung in Krankenhäusern schulen.[10]

Schluss

Zusammengefasst hat die Pandemie die sozialen Folgen eines maßgeblich auf der Ausbeutung informeller Pflegearbeit basierenden Systems drastisch deutlich werden lassen. Einerseits wird unter Pandemiebedingungen verstärkt den Familien (und darin den Frauen) das Gros privater, häuslicher und unbezahlter Pflegearbeit aufgehalst. Dabei zeigt sich umso deutlicher, dass Familien und überwiegend Frauen mit den Belastungen häuslicher Pflege kaserniert werden. Diese subsidiäre Kasernierung wiederum, so ließe sich schlussfolgern, ist ein wesentlicher Erfolgsfaktor des deutschen Pflegeregimes in Pandemiezeiten: Wenn das Gros der Pflege in den vier Wänden der Privatsphäre verrichtet wird, bleibt auch das Infektionsgeschehen kontrollierbar und das Gesundheitssystem wird entlastet. Den Preis allerdings zahlen die pflegenden Angehörigen, deren Pflegebereitschaft in den kommenden Dekaden zudem spürbar abnehmen wird. Dabei gibt sich der Privathaushalt als zweischneidiges Refugium zu erkennen: Die Dominanz häuslich-informeller Pflege mag unser Gesundheitssystem einerseits entlasten. Es wird aber andererseits auch deutlich, dass es sich bei überarbeiteten Fachkräften, informell oder illegal beschäftigten Armutsmigranten, überlasteten Angehörigen und dem unverbindlichen Einsatz Freiwilliger um eine fragile und prekäre Ressource handelt. Darüber kann auch die Rede einer neuerlichen »Systemrelevanz« der Pflege nicht hinwegtäuschen. Der affirmative Bezug auf »Systemrelevanz« ist vielmehr problematisch, weil er

---

[10] https://www.merkur.de/welt/pflege-notstand-corona-krise-verband-warnt-hundert tausenden-ohne-versorgung-zr-13611751.html (Stand: 08.12.2021).

grundlegende Fragen zu Struktur und Aufbau des Pflegesystems nicht zulässt und tendenziell Gefahr läuft, den für die häusliche Pflege auch bereits vor der Pandemie höchst unbefriedigenden *status quo* eines auf Ausbeutung basierenden Pflegesystems zu konsolidieren.

Die gegenwärtige Krise wirkt nicht nur im Bereich der Pflege als ein Vergrößerungsglas, unter dem sich lange bekannte Strukturprobleme deutlich zuspitzen. Mit den Versorgungslücken und der politischen Mobilisierung informeller Pflegeressourcen wird nun stärker sichtbar, dass Pflegearbeit an ganz verschiedene Ausfallbürgen des pandemisch verstärkten Pflegenotstands delegiert wird und dass selbst unter Krisenbedingungen das Credo der Kosteneinsparung dominiert. Dass in einem der reichsten Länder Europas ein viel gerühmtes Gesundheitssystem an seine Grenzen stößt, Personal, Fachkräfte und Intensivbetten fehlen, Familien an ihre Belastungsgrenzen stoßen, ein relevanter Teil der Pflege über einen Graumarkt an der Schwelle zur Lohnsklaverei abgedeckt wird und sämtliche verfügbaren Potentiale informeller Laienhilfen ausbeuterisch mobilisiert werden, ist eigentlich skandalös. Die Corona-Krise bietet einen geeigneten Anlass dafür, einen schon lange nötigen Kurswechsel in der gesellschaftlichen Organisation von Pflege und eine Pflegepolitik ohne Ausbeutungszwang kompromisslos zu fordern.

Literatur

Baumol, William J.: The Cost Disease. Why Computers Get Cheaper and Health Care Doesn't. New Haven/London: Yale University Press 2012.

Blaumeister, Heinz/Klie, Thomas: Zwischen Mythos und Modernisierung – Pflegekulturelle Orientierung im Wandel und die Zukunft der Pflege, in: Motel-Klingebiel, Andreas/Kondratowitz, Hans-Joachim/Tesch-Römer, Clemens (Hrsg.), Lebensqualität im Alter. Generationenbeziehungen und öffentliche Servicesysteme im sozialen Wandel. Opladen: Leske + Budrich 2002, 159–173.

BMFSFJ (Bundesministerium für Familie, Senioren, Frauen und Jugend) (2020): Neue Plattform bringt Freiwillige und Einsatzstellen zusammen, URL: www.bmfsfj.de/bmfsfj/aktuelles/allemeldungen/neue-plattform-bringt-freiwillige-und-einsatzstellen-zusammen/154524 (Stand: 13.04.2021).

BMFSFJ (2017): Siebter Altenbericht. Sorge und Mitverantwortung in der Kommune – Aufbau und Sicherung zukunftsfähiger Gemeinschaften. Berlin 2017.

Bundestagsfraktion Bündnis 90/Die Grünen: Pflegende Angehörige unterstützen – Nicht nur in der Corona-Krise, Antrag an den Deutschen Bundestag, Drucksache 19/18957. Berlin 2020.

Bundesregierung: Nationale Engagementstrategie. Berlin 2010.

Dalla Costa, Mariarosa/James, Selma: The Power of Women and the Subversion of the community. London: Falling Wall Press 1972.

Dammert, Matthias: Angehörige im Visier der Pflegepolitik. Wie zukunftsfähig ist die subsidiäre Logik der deutschen Pflegeversicherung? Wiesbaden: VS Verlag 2009.

Deufert, Daniela: Genderaspekte in der Angehörigenpflege, in: Zeitschrift für Gerontologie und Geriatrie 46 (2013), 520-525.

Dyk, Silke v./Graefe, Stefanie/Haubner, Tine: »Was schulden uns die Alten?« Isolierung, Responsibilisierung und (De-)Aktivierung in der Corona-Krise, in: Leviathan 48 (2020) 3, 407-432.

Evers, Adalbert: Arbeit und Engagement bei sozialen Dienstleistungen – welches Leitbild? in: WSI-Mitteilungen, 9/2002, 539-545.

Federici, Silvia: Aufstand aus der Küche. Reproduktionsarbeit im globalen Kapitalismus und die unvollendete feministische Revolution. Münster: edition assemblage 2012.

Folbre, Nancy: Exploitation comes home: a critique of the Marxian theory of family labour, in: Cambridge Journal of Economics 6 (1982), 317-329.

Fringer, André: Pflegenden Angehörigen ehrenamtlich helfen. Bürgerschaftliches Engagement im Spannungsfeld öffentlicher Interessen. Marburg: Tectum 2011.

Fringer, André et al.: Das Ehrenamt bei der Unterstützung von Pflegebedürftigen und ihren Familien. Profil und Motive, in: Pflege: die wissenschaftliche Zeitschrift für Pflegeberufe 23 (2010) 3, 173-180.

Frings, Dorothee: Die Entwicklung haushaltsnaher Dienstleistungen im Kontext der begrenzten Arbeitnehmerfreizügigkeit für Neu-Unionsbürgerinnen, in: Scheiwe, Kirsten/Krawietz, Johanna (Hrsg.), Transnationale Sorgearbeit. Rechtliche Rahmenbedingungen und gesellschaftliche Praxis. Wiesbaden: VS Verlag 2010, 57-80.

Gabriel, Karl: Subsidiarität als Leitsemantik und Strukturmerkmal des deutschen Wohlfahrtsstaats, in: Gabriel, Karl/Reuter, Hans-Richard (Hrsg.), Religion und Wohlfahrtsstaatlichkeit in Deutschland. Konfessionen – Semantiken – Diskurse. Tübingen: Mohr Siebeck 2017, 363-395.

GKV-Spitzenverband: Empfehlungen des GKV-Spitzenverbandes zur Kostenerstattung zur Vermeidung von durch das Coronavirus SARS-CoV-2 verursachten pflegerischen Versorgungsengpässen in der häuslichen Versorgung nach § 150 Abs. 5 Satz 3 SGB XI vom 27.03.2020.

Hagedorn, Jonas: Wohlfahrtsstaatstheorie und die Kostenexplosion sozialer Dienstleistungen. Vorüberlegungen zu einem durchgehenden Thema christlicher Sozialethik, in: Bachmann, Claudius/Kaiser-Duliba, Alexandra/Sturm, Cornelius (Hrsg.), Wirtschaftsethik. Sozialethische Beiträge (Forum Sozialethik 21). München: Aschendorff 2020, 165-202.

Haubner, Tine: Die Grenzen der Gemeinschaft: »Caring Communities« im Kontext der Pflegekrise, in: Pflege. Praxis – Geschichte – Politik. (APuZ-Schriftenreihe 10497), Bonn 2020, 42-53.

Haubner, Tine: Grauzonen der Sorgearbeit. Informelle Pflegearbeit im Kontext des Pflegenotstands, in: Artus, Ingrid/Birke, Peter/Kerber-Clasen, Stefan/Menz, Wolfgang (Hrsg.), Sorgearbeit und Industrielle Beziehungen. Schwerpunktheft der Industriellen Beziehungen. 2019: Budrich, 425-444.

Haubner, Tine: Die Ausbeutung der sorgenden Gemeinschaft. Laienpflege in Deutschland. Frankfurt a. M.: Campus 2017.

Hielscher, Volker et al.: Pflege in den eigenen vier Wänden. Zeitaufwand und Kosten. Pflegebedürftige und ihre Angehörigen geben Auskunft. Studie Nr. 363 der Hans-Böckler-Stiftung. Stuttgart 2017.

Jürgens, Kerstin: Deutschland in der Reproduktionskrise, in: Leviathan 38 (2010), 559–587.

Karakayali, Juliane: Transnational Haushalten. Biografische Interviews mit care workers aus Osteuropa. Wiesbaden: VS Verlag 2010.

Klaus, Daniela/Vogel, Claudia: Unbezahlte Sorgetätigkeiten von Frauen und Männern im Verlauf der zweiten Lebenshälfte, in: Vogel, Claudia/Wettstein, Markus/Tesch-Römer, Clemens (Hrsg.), Frauen und Männer in der zweiten Lebenshälfte. Älterwerden im sozialen Wandel. Wiesbaden: VS Verlag 2019, 91–112.

Klie, Thomas: Im Interview mit Bjørn Kähler, in: Thomas Behr (Hrsg.), Aufbruch Pflege. Hintergründe – Analysen – Entwicklungsperspektiven. Wiesbaden: Gabler 2015, 205–213.

Klie, Thomas: Wen kümmern die Alten? Auf dem Weg in eine sorgende Gesellschaft. München: Pattloch 2014.

Klie, Thomas: Engagementpolitische und sozialrechtliche Förderung des Engagements in der Pflege, in: Zentrum für Qualität in der Pflege. Freiwilliges Engagement im pflegerischen Versorgungsmix. ZQP-Themenreport. Berlin 2013, 14–19.

Klinger, Cornelia: Krise war immer ... Lebenssorge und geschlechtliche Arbeitsteilungen in sozialphilosophischer und kapitalismuskritischer Perspektive, in: Appelt, Erna/Aulenbacher, Brigitte/Wetterer, Angelika (Hrsg.), Gesellschaft. Feministische Krisendiagnosen. Münster: Westfälisches Dampfboot 2014, 82–104.

Klinger, Cornelia: Leibdienst – Liebesdienst – Dienstleistung, in: Sauer, Dieter/Wittke, Volker/Dörre, Klaus (Hrsg.), Kapitalismustheorie und Arbeit. Neue Ansätze soziologischer Kritik. Frankfurt a. M.: Campus 2012, 258–272.

Kohlrausch, Bettina/Zucco, Aline: Die Corona-Krise trifft Frauen doppelt. Weniger Erwerbseinkommen und mehr Sorgearbeit. Policy Brief der WSI 40 (2020) 5. Düsseldorf 2020.

Knobloch, Ulrike: Sorgeökonomie als kritische Wirtschaftstheorie des Sorgens, in: Baumann, Hans et al. (Hrsg.), Care statt Crash. Sorgeökonomie und die Überwindung des Kapitalismus. Denknetz Jahrbuch. Zürich: Edition 8 2013, 9–23.

Le Grand, Julian: Quasi-Markets and Social Policy, in: The Economic Journal 101 (1991), 1256–1267.

Lessenich, Stephan: Dynamischer Immobilismus. Kontinuität und Wandel im deutschen Sozialmodell. Frankfurt a. M.: Campus 2003.

Lott, Yvonne: Weniger Arbeit, mehr Freizeit? Wofür Mütter und Väter flexible Arbeitsarrangements nutzen. WSI-Report 47/2019, Düsseldorf 2019.

Lutz, Helma/Palenga-Möllenbeck, Ewa: Care-Migrantinnen im geteilten Europa – Verbindungen und Widersprüche in einem transnationalen Raum, in: Aulenbacher,

Brigitte/Riegraf, Birgit/Theobald, Hildegard (Hrsg.), Sorge. Arbeit, Verhältnisse, Regime (Soziale Welt Sonderband 20), Baden-Baden: Nomos 2014, 217-231.

Lutz, Helma: Vom Weltmarkt in den Privathaushalt. Die neuen Dienstmädchen im Zeitalter der Globalisierung. Opladen: Budrich ²2008.

Lutz, Helma: »Die 24-Stunden-Polin«- Eine intersektionelle Analyse transnationaler Dienstleistungen, in: Klinger, Cornelia/Knapp, Gudrun-Axeli/Sauer, Birgit (Hrsg.), Achsen der Ungleichheit. Zum Verhältnis von Klasse, Geschlecht und Ethnizität, Frankfurt a. M.: Campus 2007, 210-234.

MEW=Karl Marx/Friedrich Engels: Werke. Hrsg. vom Institut für Marxismus-Leninismus beim ZK der SED. Berlin/Ost: Dietz 1956 ff.

Ministerium für Arbeit und Sozialordnung, Familie, Frauen und Senioren Baden-Württemberg (Hrsg.): Engagementstrategie Baden-Württemberg - Lebensräume zu »Engagement-Räumen« entwickeln. Ergebnisse des Beteiligungsprozesses und Bewertung. Stuttgart 2014.

Münchmeier, Richard: Gemeinschaft als soziale Ressource. Von der symbolischen Bedeutung des Ehrenamtes für den Sozialstaat, in: Müller, Siegfried/Rauschenbach, Thomas (Hrsg.), Das soziale Ehrenamt. Nützliche Arbeit zum Nulltarif. Weinheim/München: Juventa 1992, 57-69.

Naumann, Dörte/Schacher, Uwe: Ungenutzte Potenziale im Engagementfeld Pflege? Einschätzungen der Bevölkerung und kommunaler Sozial- und Pflegeplaner, in: Zentrum für Qualität in der Pflege (Hrsg.), Freiwilliges Engagement im pflegerischen Versorgungsmix. ZQP-Themenreport. Berlin 2013, 36-52.

Nowossadeck, Sonja et al.: Pflege und Unterstützung durch Angehörige. Report Altersdaten des Deutschen Zentrums für Altersfragen. Berlin: DZA 2016.

Report Mainz: Verband rechnet mit 100.000-200.000 nicht versorgten Menschen in der häuslichen Betreuung, URL: https://www.swr.de/unternehmen/kommunikation/pressemeldungen/daserste-report-mainz-osteuropaeische-pflegekraefte-102.html (Stand: 13.04.2021).

Rothgang, Heinz: Long-term care for older people in Germany, in: European Study of Long-Term Care Expenditure. Report to the European Commission, Employment and Social Affairs. PSSRU Discussion Paper 1840. (2003), 24-42.

Senghaas-Knobloch, Eva: Care-Arbeit und das Ethos fürsorglicher Praxis unter neuen Marktbedingungen am Beispiel der Pflegepraxis, in: Berliner Journal für Soziologie 18 (2008) 2, 221-243.

Simonson, Julia: Freiwilliges Engagement in der Pflege und dem Gesundheitswesen, in: Zentrum für Qualität in der Pflege (Hrsg.), Freiwilliges Engagement im pflegerischen Versorgungsmix. ZQP-Themenreport. Berlin 2013, 20-35.

Vogel, Lise: The Earthly Family, in: Radical America 7 (1973) 4 & 5, 9-50.

Wertheimer, Alan: Exploitation. Princeton: Princeton University Press 1996.

Zentrum für Qualität in der Pflege (ZQP), Freiwilliges Engagement im pflegerischen Versorgungsmix. ZQP-Themenreport. Berlin 2013.

Subsidiarität

Sozialethische Erwägungen zu einem sozialpolitischen Zuständigkeitsprinzip am Beispiel der Pflegearbeit[1]

Jonas Hagedorn

1. Problemaufriss

Im Globalen Norden wird das Subsidiaritätsprinzip in vielen Diskursen, Politikfeldern und im Rechtsbereich bemüht und hat ordnungspolitisch Karriere gemacht. Es prägt die Behandlung föderaler ordnungspolitischer Fragen innerhalb von Nationalstaaten[2] ebenso wie die Bearbeitung von Ordnungsfragen größerer Gebilde z. B. der Europäischen Union oder der Vereinten Nationen (vgl. z. B. Herzog, 1975: 2592–2597; Spieker, 1999: 51 f.; UNDP, 1999: 2; Ostheimer, 2021: 872).

Zu Recht wird darauf hingewiesen, dass das Subsidiaritätsprinzip kein ›katholisches Prinzip‹ ist (vgl. Nell-Breuning, 1976b), sondern dass der grundlegende Gedanke hinter dem Subsidiaritätsprinzip in Kontexten mit religiös oder konfessionell pluralen Hintergründen auftaucht, z. B. für den US-amerikanischen Kontext bei Abraham Lincoln:

> »The legitimate object of government is to do for a community of people whatever they need to have done, but cannot do at all, or cannot so well do, for themselves, in their separate and individual capacities. In all that the people can individually do as well for themselves, government ought not to interfere« (Lincoln, 1854/1907: 215).

---

[1] Der Beitrag entstand im Rahmen des von der Deutschen Forschungsgemeinschaft (DFG) finanzierten Forschungsprojektes »Zukunftsfähige Altenpflege. Sozialethische Reflexionen zu Bedeutung und Organisation personenbezogener Dienstleistungen«. Ich danke Bernhard Emunds, Hermann-Josef Große Kracht und Michael Hainz SJ für wichtige Hinweise und Anregungen.

[2] Für Deutschland kann die Kompetenzstufung zwischen Bund und Ländern (bis hin zum Kommunalrecht und der Garantie kommunaler Selbstverwaltung) als Beispiel angeführt werden.

Im Kern geht es beim Subsidiaritätsprinzip um das Verhältnis zwischen Individuum, kleineren und größeren Organisationen bis hinauf zum Staat, die in der Erbringung einer Leistung miteinander verbunden bzw. aufeinander verwiesen sind.³ Dies wird besonders dann deutlich, wenn fraglich wird, welche Einheit oder Organisationsebene eine spezifische (gesellschaftlich notwendige)⁴ Aufgabe erfüllen soll. Strittig wird also die Zuständigkeit für eine Aufgabe, deren Erfüllung auf gemeinsam geteilten Erwartungen beruht: Welcher Einheit oder Ebene soll die Zuständigkeit für eine solche Aufgabe zugewiesen werden?

Mit dieser Frage, die das Subsidiaritätsprinzip normativ zu orientieren versucht, wird theoretisch ein Moment des ›Schwervermittelbaren‹ evident. Um deutlich zu machen, worin dieses Moment bei der Behandlung der Subsidiarität besteht, soll kurz auf differenzierungstheoretische Erkenntnisse eingegangen werden. Mit Niklas Luhmann (1977; 1990) können drei Basisformen gesellschaftlicher Differenzierung unterschieden werden: die segmentäre, stratifikatorische und funktionale Differenzierung. Unter *segmentärer* Differenzierung kann die Entstehung gleichartiger sozialer Einheiten verstanden werden, die mehr oder weniger autosuffizient ihr gemeinschaftliches Leben organisieren und nahezu alle Güter, die sie benötigen, selbst herstellen. Weil es zur alltäglichen Versorgung der Mitglieder einer Einheit kaum Verbindungen zu anderen sozialen Einheiten gibt, zeitigt das Verschwinden einer sozialen Einheit keine Effekte für andere soziale Einheiten; ein solches Verschwinden kann sogar weitgehend unentdeckt bleiben. *Stratifikatorische* Differenzierung verweist auf soziale Schichtungen der Über- und Unterordnung, wie sie in vormodernen Hochkulturen bestehen und in ständischen Ordnungen mit ihren unterschiedlichen Statuszuweisungen Ausdruck finden. Moderne Gesellschaften sind durch *funktionale* Differenzierung gekennzeichnet. Hier kommt es zu einer Fragmentierung in hochspezialisierte Teilsysteme (Politik, Wissenschaft, Erziehung, Wirtschaft und Recht; vgl. Luhmann, 1981: 5),⁵ die spezifische Handlungslogiken entwickeln und die durch die Besonderheit eines jeweils dominanten symbolisch generalisierten Kommunikationsmediums – eines spezifischen Codes (z. B. wahr/falsch im Fall der Wissenschaft) – geprägt sind. Luhmann beschrieb die funktionale Differenzierung als zentrales Merkmal gesellschaftlicher Modernisierung, die im Unterschied zur stratifikatorischen

---

³ Dieser Verbundenheit oder Einbettung wurde in der Tradition der katholischen Soziallehre auch mit konzentrischen Kreisen oder in der Rede vom Teil und Ganzen Ausdruck verliehen.
⁴ Zur Klärung vgl. Abschnitt 2.2.
⁵ Sporadisch wies Luhmann auch Religion, Kunst, Medizin, Militär und – in Aufnahme der folgend skizzierten Überlegungen – Familie als gesellschaftliche Funktionssysteme aus; vgl. LUHMANN (2017: 17).

Differenzierung die vormalige ständische Gliederung hierarchisch angeordneter sozialer Einheiten auflöste. Während auf dem Komplexitätsniveau stratifikatorischer Differenzierung der Produktionsausfall eines Standes schon erhebliche Effekte auf andere Stände und die Gesellschaft hatte, so ist der Grad wechselseitiger Abhängigkeit im Kontext funktionaler Differenzierung noch einmal deutlich gesteigert.

Hartmann Tyrell (1978; 1983) und Franz-Xaver Kaufmann (1988/2019; 1994/2019) stellten aber auch dar, dass in modernen Gesellschaften segmentäre und stratifikatorische Strukturen teils fortbestehen. Einerseits lassen sich Familien weiterhin als segmentäre Wohlfahrtsproduzentinnen beschreiben, andererseits können – in stratifikatorischer Hinsicht – vertikale Strukturdifferenzen benannt werden, z. B. die emergenten Ebenen gesellschaftlicher Strukturierung und soziale Schichtungen. Anders als der frühe Luhmann unternahm Kaufmann zudem den Versuch, die Familie als gesellschaftliches Teilsystem auszuweisen – mit »einigermaßen exklusiven Leistungen [...], welche Familien für andere gesellschaftliche Teilbereiche im Sinne einer funktionalen Notwendigkeit erbringen« (Kaufmann, 1994/2019: 197). Für die Bearbeitung des Subsidiaritätsprinzips sind die hier kurz angerissenen soziologischen Basisformen gesellschaftlicher Differenzierung insofern relevant, als mit ihnen Unklarheiten, die in Subsidiaritätsdebatten mitschwingen, wenn schon nicht ausgeräumt, so doch zumindest erhellt werden können: Sie können nämlich helfen zu erklären, warum womöglich aneinander vorbeigeredet wird.

In der Literatur zur Subsidiarität sind Frontstellungen zu beobachten, die das »Prinzip der Zuständigkeitsverteilung«, um das es bei der Subsidiarität geht, nicht nur »*innerhalb* desselben institutionellen Aufbaus« für gültig erachten, sondern es auch als »Prinzip des Aufbaus und der Koordination der Funktionserfüllung und funktionalen Zuständigkeit zwischen Kultursachbereichen[6]« (Koslowski, 1997: 46; Herv. i. O.) am Werke sehen. Andere betonen dagegen – in Anlehnung an die Rede vom Teil und Ganzen traditioneller Soziallehre –, dass »das Subsidiaritätsprinzip nur innerhalb eines je einzelnen sozialen Ganzen gilt und als ein Ordnungsprinzip sozialnotwendig ist für dieses Ganze«; es gelte daher »nicht für andere Gruppen außerhalb dieses Ganzen. Unter ihnen gilt ja nicht das Ganzheits- und Gliedschaftsprinzip, in dem auch das Subsidiaritätsprinzip wurzelt« (Ermecke, 1981: 65). Das Denken in konzentrischen Kreisen, das mit dem Entwicklungsniveau funktionaler Differenzierung kontrastiert wird, findet sich auch in neueren Texten zur Subsidiarität (vgl. Heinze, 2019: 58). Mein Eindruck ist, dass diese theoretischen Frontstellungen zum Verständnis, wie mit dem Subsidiaritätsprinzip in modernen, funktional aus-

---

[6] Ein älterer Begriff, der hier der Einfachheit halber als Synonym für Teilsysteme verstanden werden kann.

differenzierten und hocharbeitsteiligen Gesellschaften bestimmte Aufgaben adressiert werden, wenig beitragen. Wichtiger wäre es, die Aufgaben oder Leistungen und die Einheiten bzw. Akteure, die sie erbringen könnten und die entsprechend adressiert werden könnten, zu fokussieren.

Der Sachverhalt lässt sich veranschaulichen, wenn wir auf die Pflege und Versorgung von pflegebedürftigen Personen blicken. Hier sind unterschiedliche Einheiten bzw. Akteure denkbar, die die Arbeit leisten könnten: u. a. Familienangehörige, größere nachbarschaftliche oder gemeindliche Netze, professionelle Dienste der Wohlfahrtsverbände, gewerbliche Anbieter oder soziale Dienste in kommunaler Trägerschaft. Alle wären prinzipiell in der Lage, Pflegearbeit zu leisten, und damit adressierbar, wobei wir uns zwischen unterschiedlichen gesellschaftlichen Teilsystemen mit je dominanten Eigenlogiken und auf unterschiedlichen Ebenen gesellschaftlicher Strukturierung bewegen. Anhand dieses Beispiels und vieler anderer Beispiele, die ähnliche Arbeits- und Handlungsfelder betreffen (z. B. die Sorge für Kinder oder – enger gefasst – die Übernahme von Erziehungsaufgaben), wird deutlich: Für Verständnis und Anwendung des Subsidiaritätsprinzips ist das horizontale und vertikale Changieren zwischen Teilsystemen und Ebenen gesellschaftlicher Strukturierung die Regel, d. h. nichts Besonderes. Dieses Changieren an sich steuert zur Klärung der Subsidiarität, d. h. konkret der Frage, welche Akteure bzw. welche Organisationen und Ebenen man prinzipiell responsibilisieren könnte, wenig bei. Im Rahmen eines ersten Zugriffs ist vielmehr zunächst schlicht zu fragen, welche Einheiten bzw. Akteure für welche Aufgaben grundsätzlich verantwortlich gemacht werden könnten (wobei z. B. Grenzen zwischen Funktionssystemen sekundär sind). Im Fall der Pflege muss den Einheiten bzw. Akteuren gemeinsam sein, dass sie Pflegearbeit zu leisten imstande und damit rational adressierbar sind – vom Individuum angefangen bis hinauf zur für die Aufgabe kompetenten Großorganisation.

Anders als die traditionelle katholische Soziallehre, die das Subsidiaritätsprinzip dem Namen nach für jung, der Sache nach aber für alt befunden hat,[7] versuche ich im Folgenden zu plausibilisieren, dass es sich bei der Subsidiarität um ein dezidert ›modernes Prinzip‹ handelt, dessen Normativität und Orientierungskraft erst auf dem Niveau moderner, funktional ausdifferenzierter und hocharbeitsteiliger Gesellschaften möglich wurden und richtig zur Geltung kamen. Die Systemtheorie, die in ihrer analytischen Perspektive stark vom akteurzentrierten Institutionalismus abweicht und mit einer steuerungspolitischen Skepsis einhergeht (woraus auch die angedeuteten theoretischen Frontstellungen resultieren), liefert Grundlagenwissen, um die Modernisierung zu

---

[7] Pars pro toto: »Der Name ›Subsidiaritätsprinzip‹ ist jung, die Sache, um die es geht, ist alt« (NELL-BREUNING, 1949: 33).

verstehen, die das Subsidiaritätsprinzip erst hervorgebracht hat. Um jedoch zu klären, was das Subsidiaritätsprinzip normativ leistete und heute leisten kann, ist eine akteurzentrierte Perspektive zu berücksichtigen.[8]

Ich vernachlässige im Folgenden weitgehend die ordnungspolitische Thematisierung der Subsidiarität im Rahmen des deutschen Föderalismus oder supranationaler Konstellationen. Ohne explizit auf Kompetenzstufungen zwischen Bund und Ländern einzugehen, konzentriere ich mich stattdessen auf die Daseinsvorsorge im deutschen Sozial- bzw. Wohlfahrtsstaat,[9] fokussiere also Subsidiarität als sozialpolitisches Prinzip in Deutschland. Wenn die normative Prägekraft der Subsidiarität sozialpolitisch zum Thema oder in Anschlag gebracht wird, gerät hier vorrangig das weite Feld der Sorgearbeit in den Blick, darunter die sozialen Dienste der Freien Wohlfahrtspflege.

Der deutsche Sozialstaat gilt in der Forschungsliteratur als explizit-familialistischer Wohlfahrtsstaat[10] – als ein Staat, der im Zusammenspiel mit den Wohlfahrtsverbänden die soziale Infrastruktur zwar auf- und ausbaute, die Sorgeverantwortung aber lange Zeit primär bei den Familien und nicht-vollzeiterwerbstätigen Frauen verortete.

---

[8] Zur Spannung zwischen Systemtheorie und akteurzentriertem Institutionalismus vgl. MAYNTZ/SCHARPF (1995).

[9] Wohlfahrtsstaat und Sozialstaat werden heute gemeinhin synonym verstanden. HANS GÜNTER HOCKERTS (2014: 143) konstatierte in diesem Zusammenhang: »In der sozialwissenschaftlichen Verkehrssprache überwiegt inzwischen der Wohlfahrtsstaatsbegriff, die juristische und die Alltagssprache halten jedoch nach wie vor am ›Sozialstaat‹ fest.« FRANZ-XAVER KAUFMANN (2014: 778) favorisierte hingegen die drei ›verwandten‹ Begriffe Sozialpolitik, Sozialrecht und Sozialstaat. Sozialpolitik schafft als Folge legislativer Prozesse Sozialrecht, welches wiederum als Grundlage für die Adressierung sozialer Rechte im Rahmen des Sozialstaats gilt. In der ›konfessionssoziologischen‹, sozialethischen Wohlfahrtsstaatsforschung hat sich der Begriff Wohlfahrtsstaat durchgesetzt; vgl. GABRIEL ET AL. (2013); GABRIEL/REUTER (2017); GROSSE KRACHT (2017).

[10] Die feministische Wohlfahrtsstaatsforschung im Anschluss an GØSTA ESPING-ANDERSENS 1990 erschienenes Buch *The Three Worlds of Welfare Capitalism* reagierte auf die berechtigte Kritik, die Wohlfahrtsstaatstypologie Esping-Andersens habe die vergeschlechtlichte Wertschöpfung familiärer Sorgearbeit nicht hinreichend berücksichtigt. Für den Kontext der Sorge- und Pflegearbeit konzipierte Sigrid Leitner eine neue Typologie, die aus vier Clustern besteht, mit deren Hilfe die Intensität familialisierender und defamilialisierender staatlicher Maßnahmen sichtbar gemacht wird. Beim *expliziten Familialismus* ergreift der Staat familialisierende Maßnahmen, unterlässt aber den Ausbau von Dienstleistungen, die defamilialisierend wirken könnten; er adressiert Pflegeverantwortung explizit an private Haushalte bzw. Familienangehörige und fördert deren Übernahme. Den impliziten Familialismus kennzeichnen schwache familialisierende wie defamilialisierende staatliche Maßnahmen; wegen

Ich definiere zunächst, was unter Sorgearbeit verstanden wird: Unter Sorgearbeit können erstens Versorgungs- und Reinigungsaufgaben in privaten Haushalten subsumiert werden (d.h. Einkaufen, Kochen, Spülen, Putzen, Waschen etc.), deren Schwerpunkt nicht auf der Interaktion mit Menschen liegt, denen diese Arbeiten gelten. Zweitens fallen unter Sorgearbeit aber auch stark beziehungsorientierte, interaktive Arbeiten der Beratung und Betreuung, der Pflege, der Erziehung und Bildung; kurzum: ein Tätigsein, das hilft, junge wie alte Menschen zu trösten, aufzubauen und zu pflegen; ein Tätigsein, das Zugewandtheit und Zärtlichkeit, Verlässlichkeit und Vertrauen ins Leben vermittelt; ein Tätigsein, das für Menschen Bedingungen schafft, unter denen sie lernen, wachsen und reifen können und unter denen sie sich als angenommen und ›heil‹ erfahren können. Sorgearbeit erfolgt unbezahlt und/oder bezahlt.[11]

Ich will den Bogen noch ein wenig weiter spannen. Wenn Wirtschaft nicht nur geldwirtschaftlich beschränkt, sondern im weiten Sinne verstanden wird als ein System, das die Güter (Waren und Dienstleistungen) her- und bereitstellt, die Menschen zum Leben brauchen, dann handelt es sich bei der beschriebenen Sorgearbeit – unabhängig davon, ob sie bezahlt oder unbezahlt erfolgt – um einen zentralen (sorgewirtschaftlichen) Bestandteil der Wirtschaft insgesamt.[12] Die Sorgewirtschaft ist eine Wirtschaft, für die der sachliche Produktionsfaktor Kapi-

---

fehlender Alternativen sind die Pflegebedürftigen schlicht auf das staatlich nicht weiter geförderte Engagement der eigenen Familie angewiesen. Als Kontrast zum expliziten Familialismus fungiert der Defamilialismus; hier sind staatlicherseits defamilialisierende Maßnahmen deutlich stärker ausgeprägt (darunter z.B. auch ein Zwang zur Erwerbsarbeit, der kaum freie Ressourcen zur familiären Pflegearbeit lässt) als familialisierende Maßnahmen. Der optionale Familialismus ist sowohl durch familialisierende Maßnahmen in großem Umfang als auch durch ambitionierte defamilialisierende Maßnahmen charakterisiert; hier können Menschen freier entscheiden, Angehörigenpflege zu übernehmen oder nicht – einerseits, weil es vielfältige Unterstützungsmaßnahmen für pflegende Angehörige gibt, die ihnen die Übernahme von Pflegeverantwortung erleichtern; andererseits, weil es attraktive (teil-)stationäre Einrichtungen gibt, sodass Angehörige auch ohne ihr permanentes Zutun die pflegebedürftigen Familienmitglieder gut versorgt wissen (vgl. LEITNER, 2003; 2010; 2013).

[11] Im Bereich bezahlter Dienstleistungen kommen die sogenannten SAHGE-Berufe ins Spiel. In Abgrenzung von den MINT-Fächern und -Berufen (Mathematik, Informatik, Naturwissenschaften, Technik) versuchen einige Sozialwissenschaftler*innen die personenbezogenen Dienste als SA(H)GE-Berufe zu profilieren, d.h. als Berufe in den Bereichen Soziale Arbeit, Gesundheit und Pflege sowie Erziehung und Bildung (vgl. MERGNER, 2011). Zur Erweiterung des Akronyms von SAGE zu SAHGE (inkl. Hauswirtschaftliche Dienste) vgl. BMFSFJ (2017).

[12] Nell-Breuning definierte die Wirtschaft als »ein[en] menschliche[n] Handlungszusammenhang mit dem Ziel der Unterhaltsfürsorge, d.i. der Versorgung mit allem, dessen der Mensch als raum- und zeitgebundenes Geist-Leib-Wesen bedarf, um als einzelner

tal (Produktionsmittel) bis heute weniger wichtig ist als der menschliche Produktionsfaktor Arbeit (personale Arbeitsleistungen). Alle Menschen sind in allen Phasen ihres Lebens zentral auf die personalen Arbeitsleistungen der Sorgewirtschaft angewiesen (vgl. Emunds et al., 2022: 120–127).

Für einen Teilbereich – den Kontext der gesellschaftlichen Strukturierung der Pflege – betrachte ich im Folgenden die Anwendung und Anwendbarkeit des Subsidiaritätsprinzips. Pflege »bedarf einer geduldigen Haltung und eines

---

und in Gemeinschaft ein seiner Menschenwürde entsprechendes (›kulturelles‹) Leben führen zu können. Dieser menschliche Handlungszusammenhang, als Ganzes gesehen, ist ein Sozialprozeß; Subjekt des Wirtschaftens ist aber nicht nur und nicht einmal an erster Stelle das gesellschaftliche Ganze, sondern sind vor allem die Einzelmenschen sowie eine Vielfalt von sozialen Gebilden, insbesondere (Familien-)Haushalte und Unternehmungen, die als ›Wirtschaftssubjekte‹ oder ›Einzel-Wirtschaften‹ selbst wirtschaften und durch diese ihre wirtschaftliche Betätigung zugleich Träger des Sozialprozesses ›Wirtschaft‹ sind. [...] [D]as Sach- oder Werkziel ist bei ihnen und beim Sozialprozeß der Gesamtwirtschaft immer ein und dasselbe: die Unterhaltsfürsorge im weitesten Sinn des Wortes oder doch ein Beitrag dazu« (NELL-BREUNING, 1963: 773). JOHN KENNETH GALBRAITH (1908-2006), kanadischstämmiger Wirtschaftswissenschaftler und Professor an unterschiedlichen Forschungseinrichtungen in den USA, spitzte die Indienstnahme weiblichen Arbeitsvermögens wie folgt zu: »Die Verwandlung der Frauen in eine heimliche Dienerklasse war eine ökonomische Leistung ersten Ranges. Diener für niedere Arbeiten konnte sich nur eine Minderheit der vorindustriellen Gesellschaft leisten; im Zuge der Demokratisierung steht heute fast dem gesamten männlichen Bevölkerungsanteil eine Ehefrau als Dienerin zur Verfügung. Würden diese Arbeiten mit Geld entlohnt, so bildeten die Hausfrauen die mit Abstand größte Gruppe der ganzen Arbeiterschaft. Der Geldwert der Hausfrauentätigkeit wurde einmal sehr grob auf ungefähr ein Viertel des gesamten Bruttosozialprodukts geschätzt« (GALBRAITH, 1976: 41). Auch Nell-Breuning rekurrierte auf die enorme Bedeutung weiblich konnotierter Sorgearbeit für ökonomische Wertschöpfungsprozesse: »Der Teilbereich der Arbeit, deren zeitliche Dauer sich gesetzlich oder tarifvertraglich regeln läßt, d. i. die im Dienstvertrag (Lohnarbeitsverhältnis) geleistete unselbständige Erwerbstätigkeit, fesselt seit 150 Jahren unsere Aufmerksamkeit in solchem Grad, daß wir in Gefahr sind, völlig zu übersehen, daß er [...] weit zurücksteht hinter anderen Arten von Arbeit, insbesondere von in andere Rechtsgestalt gekleideter Arbeit. Selbst in den industriell höchstentwickelten Ländern dürfte [...] die sogenannte ›Eigenarbeit‹ in der Hauptsache die ohne ökonomischen Entgelt geleistete und daher in die volkswirtschaftliche Gesamtrechnung nicht eingehende Arbeit der Frauen in den Haushalten auch heute noch an Stundenzahl überwiegen und bei weiterer Verkürzung der Lohnarbeit im Verhältnis zu dieser sogar wieder zunehmen. Diese an Bedeutung für den Fortbestand unserer Gesellschaft nicht zu überschätzende Arbeit spielt in der Diskussion über Arbeitszeitverkürzung keine Rolle. Bestenfalls wird beiläufig vermerkt, die Arbeitszeitverkürzung, die allein wir meinen und von der allein wir reden, mache für sie mehr Zeit frei und schaffe günstigere Voraussetzungen für sie. Weiter reicht die übliche Sicht nicht« (Nell-Breuning, 1983/90: 311).

nicht-instrumentellen Verständnisses von Zeitnutzung, um sich auf die Gegebenheiten leibseelischer Existenz einzustellen« (Aulenbacher/Dammayr, 2014: 70). Dabei versuche ich darzulegen, dass aufgrund spezifischer Zeitstrukturen der Pflege(-arbeit) Subsidiarität in diesem Feld nicht zufällig seit Jahrzehnten eine akzentuierte sozialpolitische Rolle spielt, mit der Zuständigkeiten ›nach unten‹ adressiert werden. Auch der Siebte Altenbericht (vgl. BMFSFJ, 2016) ging – anders als die übrigen Altenberichte – nicht sparsam mit dem Begriff Subsidiarität um. Dennoch bleiben Subsidiarität und das mit ihr in Verbindung stehende Prinzip ein schillernder Begriff. In den »Wohlfahrtsstaatlichen Grundbegriffen« (2003) äußerte sich Christoph Sachße grundsätzlich zur Subsidiarität und schätzte diesen Begriff und seinen Bedeutungsgehalt als äußerst elastisch ein: »Wie ›Subsidiarität‹ in hundert Jahren industriegesellschaftlicher Entwicklung die spezifisch deutsche Art wohlfahrtsstaatlicher Regulierung legitimierte, so legitimiert sie heute deren Deregulierung« (Sachße, 2003: 212). Seit neunzig Jahren fand und findet die klassisch gewordene Formulierung des Subsidiaritätsprinzips in Deutschland in einem breiten politischen Spektrum Verwendung, das von sozialdemokratischen Positionen über konservative Positionen im wohlfahrtsstaatsfreundlichen Flügel der Christdemokratie bis zu dezidiert neoliberalen Positionen reicht. Mit anderen Worten: Subsidiarität ist extrem dehnbar, sodass es »in einem Jahrhundert sowohl für eine weitreichende korporatistische Quasi-Verstaatlichung als auch eine in gegenteilige Richtung weisende Deregulierung und Entstaatlichung von Sozialpolitik und Wohlfahrtspflege in Deutschland in Anspruch genommen werden konnte« (Gabriel, 2017a: 389).

Scheinbar jede politische Richtung versucht(e) sich mit der Subsidiarität ins Spiel zu bringen. Bei der Auslegung des Prinzips ist die Christliche Sozialethik nur (noch) eine Stimme unter vielen. Angesichts der allgemeinen Sachlage zur Verwendung der Subsidiarität stehen zwei Wege offen: (a) Man nimmt Abstand von einem Begriff, der zu einer politisch instrumentellen Formel, theoretisch jedoch weitgehend zu einer Leerformel geworden ist und deshalb im Rahmen politischen Vokabulars keine reflexiv belastbare Orientierung mehr zu geben vermag. (b) Man versucht sich den Begriff anzueignen und ihn ›wiederzubesetzen‹, was bedeutet, ihn – vor dem Hintergrund der Prinzipienlehre, der er entstammt – kritisch auf seine changierende, politisch interessierte Nutzung hin zu befragen. Bei wenigen Prinzipien scheint dies so interessant zu sein wie beim Fahrstuhlprinzip Subsidiarität, das je nach politischer Konjunktur sowohl zur Propagierung eines aktivierenden und ausgedünnten Sozialstaats (Adressierung ›nach unten‹) als auch zum Auf- und Ausbau umfangreicher Strukturen öffentlicher Daseinsvorsorge (Adressierung ›nach oben‹) herangezogen wurde.

Im Folgenden stelle ich in einem ersten Schritt dar, wie das Subsidiaritätsprinzip definiert wurde und warum es als leitsemantische Erfindung der sozialpolitischen Moderne gelten muss; dabei stelle ich mich gegen weitverbreitete

Behauptungen, das Subsidiaritätsprinzip sei zwar klassisch erst 1931 formuliert worden, der Sache nach aber ›uralt‹; zudem gehe ich auf den sozialpolitischen Diskurs der Bundesrepublik ein und untersuche, ob sich die These, Subsidiarität sei ein Prinzip für magere Jahre, erhärten lässt (2). Anschließend behandle ich Subsidiarität im Kontext feminisierter Sorgepraxis und stelle dar, wie über Jahrzehnte mit der Subsidiarität zeitextensive, unentgeltliche Sorgearbeiten an Frauen adressiert wurden – eine soziale Adressierung und Disziplinierung (3). Erst wenn dieses Arbeitsvermögen erschöpft war und Familien – konkret: die Frauen in ihnen – die Arbeit nicht mehr zu leisten imstande waren, kam die Freie Wohlfahrtspflege ins Spiel, die im Rahmen wohlfahrtskorporativer Subsidiarität soziale Dienste erbrachte (4). Vor dem Hintergrund der mit der Subsidiarität vorgenommenen familialen und wohlfahrtskorporativen Adressierungen wende ich mich praktischen Auswirkungen auf die zeitliche Inanspruchnahme und Strukturierung der Pflegearbeit in Deutschland zu und führe deskriptiv-statistische Belege an; hier zeigt sich u. a., dass der deutsche Sozialstaat in pflegepolitischer Hinsicht wegen steter Verantwortungsadressierungen ›nach unten‹ bis heute unterentwickelt ist (5). Abschließend versuche ich eine normative Neubestimmung der Subsidiarität, um Zuständigkeiten unter Berücksichtigung von Entfaltungsmöglichkeiten und den Interessen aller Betroffenen angemessener zu adressieren.

2. Zum Verständnis der Subsidiarität

2.1 Subsidiarität – historischer Kontext ihrer Formulierung und ihres Staatsverständnisses

Subsidiarität (lat. *subsidium*=Hilfe) ist eine Maxime, mit der versucht wurde und versucht wird, im Blick auf gesellschaftlich notwendige Arbeiten und Zeitaufwendungen Zuständigkeiten zwischen Staat, intermediären Akteuren, kleineren sozialen Einheiten und Individuen zu bestimmen. Dabei ist der Subsidiarität traditionell eine doppelte normative Stoßrichtung eigen. Einerseits fällt unter das Subsidiaritätsprinzip das Kompetenzanmaßungsverbot; andererseits das Hilfestellungsgebot. Die Verbotsseite soll die größeren Organisationen bis hinauf zum Staat daran hindern, kleineren Organisationen Leistungen zu entziehen, die sie selbst zu einem guten Ende führen können. Die Gebotsseite betrifft den »hilfreichen Beistand« (vgl. Nell-Breuning, 1968/90), den größere Einheiten den kleineren schulden; Staat und intermediäre Akteure müssen sich gegenüber den kleineren sozialen Einheiten bis hinab zum Individuum als hilfreich erweisen (vgl. Nell-Breuning, 1949: 35; Gabriel/Reuter, 2016: 1511).

Eine klassisch gewordene Formulierung des Subsidiaritätsprinzips nahmen die Jesuiten Gustav Gundlach (1892–1963) und Oswald von Nell-Breuning

(1890-1991) vor (vgl. Nell-Breuning, 1968: 582). Sie wurde von Nell-Breuning in die Sozialenzyklika Quadragesimo anno (1931) eingetragen (vgl. Nell-Breuning, 1968: 574) und lautet:

> »[E]s [verstößt] gegen die Gerechtigkeit, das, was die kleineren und untergeordneten Gemeinwesen leisten und zum guten Ende führen können, für die weitere und übergeordnete Gemeinschaft in Anspruch zu nehmen [...]. Jedwede Gesellschaftstätigkeit [...] soll die Glieder des Sozialkörpers unterstützen, darf sie aber niemals zerschlagen oder aufsaugen« (*Quadragesimo anno* 79; Texte zur katholischen Soziallehre, 2007: 91).

An dieser Stelle, an der sich das Subsidiaritätsprinzip erstmals unter seinem heute prominenten Namen findet, ist die doppelte normative Stoßrichtung grundgelegt: *eripere* (entreißen) und *communitati demandare* (der Gesellschaftstätigkeit zuweisen) sind verboten; *subsidium afferre* (Hilfeleistung bringen) im Sinne »hilfreichen Beistands« jedoch sittlich geboten. Dabei liegt die Annahme zugrunde, dass in der politischen Moderne Westeuropas die Bürger*innen eines Staates oder die Mitglieder einer Gesellschaft so aufeinander verwiesen sind, dass ein größeres Sozialgebilde[13] (etwa eine Gewerkschaft als Beispiel für eine Organisation), das im Allgemeinen über mehr Ressourcen und Handlungsoptionen als ein kleineres Sozialgebilde verfügt, seinen Gliedern (hier: Mitgliedern) »hilfreichen Beistand« schuldet. Ohnehin geht es beim Subsidiaritätsprinzip immer um das – üblicherweise hierarchisch gedachte – Verhältnis sozialer Einheiten bzw. Ebenen zueinander, die bis hin zum Individuum, d.h. der einzelnen Bürgerin bzw. dem einzelnen Bürger in Deutschland reichen. In Deutschland werden diese Verwiesenheits- und Verpflichtungsverhältnisse im korporativen Sozialstaat politisch organisiert, der »schicksalsvollste[n] Macht unseres gesellschaftlichen Lebens« (Kaufmann/Lessenich, 2015: 129).[14]

Gundlach und Nell-Breuning diskutierten und formulierten das Subsidiaritätsprinzip vor dem Hintergrund des deutschen Wohlfahrtsstaates Weimarer

---

13 Sozialgebilde ist eine Art Containerbegriff, der in der katholischen Soziallehre oft Verwendung fand. Soziologisch gilt er als unspezifische und außer Gebrauch geratene »Bezeichnung für soziale Systeme jeder Art, seien es Gruppen, Organisationen oder Gesellschaften« (LAUTMANN, 1994: 614). Ebenfalls wurde in der katholischen Soziallehre von sozialen Gebilden gesprochen; ein Begriff, der soziologisch von Leopold von Wiese geprägt wurde und unter dem traditionell zu Einheiten verdichtete soziale Beziehungen verstanden wurden (vgl. SIEVERS, 1994: 223).

14 Der öffentlichen Daseinsvorsorge kommt dabei ein solcher Rang zu, dass Ernst Forsthoff den Leitsatz prägte, dass der »moderne Mensch ohne beherrschten Lebensraum [...] nicht mehr nur *im* Staat, sondern im wesentlichen *vom* Staat« (FORSTHOFF, 1958: 7) lebe.

Prägung – sechs Jahre nach Gründung der Liga der Freien Wohlfahrtspflege (1924). Obwohl die Ausbreitung des Faschismus in Italien und des Kommunismus in Russland als Kontrastfolie mitzudenken ist (vgl. Rauscher, 1989: 386), wurde das Subsidiaritätsprinzip vom Weimarer Wohlfahrtsstaat und vom deutschen Sozialkatholizismus her ausformuliert. Es prägte dann nach 1945 leitsemantisch die weitere Entwicklung des deutschen Sozialstaats – wahrscheinlich wie kein anderes sozialpolitisches Prinzip.

Der Grundgedanke hinter dem Prinzip diente dem Katholizismus aber schon Ende der 1920er Jahre dazu, die Unterschiede zur und die Konfliktlinien mit der Sozialdemokratie zu markieren.[15] Mit ihm wurde Kritik geübt an einem Verständnis vom Staat, der in die und auf die (scheinbar) gut funktionierenden kleine(re)n Lebenskreise und intermediären Sozialgebilde ein- und übergreift. Gegen ein solches Staatsverständnis, das in der katholischen Soziallehre als *Versorgungsstaat* bezeichnet und zurückgewiesen wurde, steht der ›gute‹ *subsidiäre Sozialstaat* oder (gleichbedeutend) *Wohlfahrtsstaat*, der die Eigeninitiative und Eigenrechte der kleineren sozialen Einheiten wahrt und ihnen »hilfreichen Beistand« bietet, wenn sie bestimmte Leistungen nicht mehr zu erbringen imstande oder willens sind (vgl. Nell-Breuning, 1968/90). Intermediäre kollektive Akteure (der Zivilgesellschaft, wie man heute sagen würde) waren dabei die eigentlichen Agenturen, die sozialstaatlich relevante Aufgaben leisten sollten. »[D]as einst blühend [...] in einer Fülle verschiedenartiger Vergemeinschaftungen entfaltete menschliche Gesellschaftsleben« (*Quadragesimo anno* 78; Texte zur katholischen Soziallehre, 2007: 90) galt als Ideal. Dabei wurden die Selbsthilfe intermediärer »Kollektivitäten« (Nell-Breuning, 1931: 48 f.) und die begrenzte Staatsregie im katholischen Milieu auch als eine Art Bollwerk gedacht gegen kulturkämpferische Bedrohungen, wie man sie im Kaiserreich erlebt hatte, aber auch gegen kollektivistisch-totalitäre Ansinnen wie im italienischen Faschismus. Man kann deshalb von einem gewissen Antieta-

---

[15] Vgl. NELL-BREUNING (1929: 153; Herv. i. O.): »Während wir unter Selbstverwaltung verstehen, daß der Staat den kleineren Gemeinschaftsgebilden, von der Familie angefangen, die *in* ihm bestehen, aber vor ihm da sind, ihre Eigenrechte beläßt, sie ihre eigenen Angelegenheiten kraft eigenen und ursprünglichen Rechtes selbst verwalten läßt, wird uns hier gleich zweimal eingeschärft, Selbstverwaltung bestehe darin, daß seitens des Staates gewisse Verwaltungsbefugnisse den Nächstbeteiligten zur unmittelbaren Erledigung ›übertragen werden‹; ›echte (sic!) Selbstverwaltung = Übertragung staatlicher Aufgaben und die Ausübung staatlicher Hoheitsrechte durch beauftragte, der Staatsaufsicht unterstehende Körperschaften‹. Das ist der Selbstverwaltungsbegriff des zentralistischen Absolutismus oder absolutistischen Zentralismus, wie man will; mit unserem Begriff von Demokratie hat diese *Auftrags*verwaltung nichts mehr gemein.«

tismus (in antiobrigkeitsstaatlichem Sinne) ausgehen, der der Ausformulierung dieses Prinzips historisch anhaftete (vgl. Gabriel, 2007: 31, 92, 142 f.).

Neben dem Subsidiaritätsprinzip, das von Nell-Breuning früh als »Prinzip der Subsidiarität der Kollektivitäten«[16] beschrieben wurde, ist in *Quadragesimo anno* (mit Rückverweis auf die Sozialenzyklika *Rerum novarum* [1891]) wertschätzend vom »Rechts- und Wohlfahrtsstaat« (*Quadragesimo anno* 25; Texte zur katholischen Soziallehre, 2007: 69) die Rede. Während der Begriff des Wohlfahrtsstaates in dieser Zeit von namhafter Seite (z. B. Carl Schmitt und Franz von Papen) pejorativ verwendet wurde (vgl. Abelshauser, 1987: 10; Hagedorn, 2018: 349 f.), verband die solidaristische Theoriebildung mit ihm eine notwendige und durch und durch positiv konnotierte Ergänzung des auf liberalen Ideen aufruhenden Rechtsstaats. Damit wurde auch der Unterscheidung zwischen Wohlfahrtsstaat und Versorgungsstaat Rechnung getragen, die sich bereits bei Heinrich Pesch findet und die dem im Katholizismus guten Klang von Wohlfahrtspflege und Wohlfahrtseinrichtungen entsprach. Pesch brachte die freigemeinnützige Wohlfahrtspflege in Verbindung mit dem Staat und zeichnete in seinem fünfbändigen Lehrbuch der Nationalökonomie ein positives Bild einer »staatlichen Rechts- und Wohlfahrtsgemeinschaft« (Pesch, 1920: 718).[17] Die sozialistische Entwicklung zu einer »große[n] Versorgungsanstalt [...] für ökonomisch unselbständige, unfreie Menschen« (Pesch, 1920: 232) lehnte er dagegen ab (vgl. auch Pesch, 1920: 265). Der Staat sollte sich »lediglich als Schutz- und subsidiäre Hilfsmacht, keineswegs aber als eine allgemeine Versorgungsanstalt« gerieren (Pesch, 1914: 313; Pesch, 1924: 7) – und tunlichst alles vermeiden, was einer »Verletzung des Gesetzes der *Subsidiarität der Kollektivitäten*« (Nell-Breuning, 1932b: 122) gleichkäme, die ihn zum »Versorgungsstaat« (ebd.) werden ließe. Diese frühe Unterscheidung zwischen ›gutem‹, subsidiärem Sozial- oder Wohlfahrtsstaat und ›bösem‹, etatistisch-übergriffigem Versorgungsstaat wurde auch später in den bundesrepublikanischen

---

16 Vgl. u. a. Nell-Breuning (1931: 48 f.); Nell-Breuning (1932a: 145 f.; »Prinzip der Subsidiarität der Kollektivitäten« als »Grundprinzip der christlichen Gesellschaftslehre« [ebd.]); Nell-Breuning (1932b: 122).

17 Pesch schwebte ein Staat vor, »der Rechts- und Wohlfahrtsstaat zugleich ist, der in der Verwirklichung der Gerechtigkeit und der öffentlichen Wohlfahrt zum Besten des gesamten Volkes seine pflichtgemäße Aufgabe erblickt, ein Staat ferner, der sich vor bureaukratischer Bevormundung und Reglementierung der Volkswirtschaft hütet, der nur ergänzend eingreift, wo private und berufsgenossenschaftliche Initiative nicht genügen, um auch allgemeine Interessen zu wahren, dessen Verwaltung die Kunst des Individualisierens versteht, dessen Wirtschaftsrecht dem Ziele der Volkswirtschaft entspricht und zugleich elastisch genug ist, um dem Wandel der wechselnden Verhältnisse sich anzupassen« (Pesch, 1920: 241; Herv. i. O.).

Auseinandersetzungen mit dem protestantischen Ordoliberalismus virulent.[18] Während die Vertreter des Ordoliberalismus diese Differenz nivellierten und spöttisch vom »Wohlfahrts- bzw. Versorgungsstaat« sprachen, bestanden die katholischen Sozialethiker – von Ausnahmen abgesehen auch diejenigen, die nicht dem Solidarismus zuzuordnen waren – auf dieser Unterscheidung.

2.2 Subsidiarität – eine leitsemantische Erfindung der sozialpolitischen Moderne

Subsidiarität – so meine These – konnte als leitsemantisches Motiv in der präkapitalistischen Ökonomie und Arbeitsteilung, für die Otto Brunner den Begriff der Wirtschafts- und Sozialform des »ganzen Hauses« prägte, um eine subsistenzwirtschaftliche Einheit von Produktion und Konsumtion zu konstruieren (vgl. Brunner, 1950/56; kritisch dazu z. B. Wehler, 1987: 81–83; Opitz, 1994),

---

[18] Es gebe eine »neuerdings Mode gewordene subtile Unterscheidung – Wohlfahrtsstaat ja, Versorgungsstaat nein«; darin »[liegt] eine gewisse Erweichung unseres Standpunktes«; »mit der Bejahung des guten Wohlfahrtsstaates im Gegensatz zum bösen Versorgungsstaat« sei eine »schon viel zu weit [gehende] [...] Konzessionsbereitschaft« (RÜSTOW, 1959: 175) verbunden. Als weiterer einflussreicher Autor des protestantischen Ordoliberalismus, der den Wohlfahrtsstaat scharf kritisierte, kann Wilhelm Röpke genannt werden. Früh beklagte er, dass »ein Ersatz für die Sicherheit und den Daseinshalt gesucht wird, die vorher langfristige Arbeitsverhältnisse, Besitz, Reserven, Selbsthilfe, Eigenversorgung, Berufsgemeinschaft und Familiensolidarität gewährt hatten, und daß dieser Ersatz schließlich im modernen Wohlfahrtsstaate und in einer anonym-mechanischen Massensolidarität gefunden wird« (RÖPKE, 1949: 254). Für Röpke war der Wohlfahrtsstaat Inbegriff der Vermassung; er kritisierte ihn, weil er »eine zunehmende Zentralisierung der Entscheidungen und Verantwortungen und eine wachsende Kollektivisierung der Bedingungen der individuellen Wohlfahrt und der individuellen Lebensplanung« (RÖPKE, 1955a: 12f.) hervorbrächte. Und er plädierte dafür, »die Entfaltung jener kleinen und mittleren Gemeinschaften buntester Art nach Kräften zu fördern und damit Gruppenhilfe innerhalb von Kreisen, die noch Freiwilligkeit, Verantwortungssinn und menschliche Wärme erlauben und die kalte Unpersönlichkeit der modernen Massenversorgungsmaschine vermeiden. Ohne allen Zweifel ist der moderne Wohlfahrtsstaat eine Antwort auf die Zersetzung der echten Gemeinschaften, die das Werk der letzten hundert Jahre ist und unsere Zeit mit einem ihrer schwersten Passiva belastet« (RÖPKE, 1955b: 910). Im Wohlfahrtsstaat erblickte Röpke demnach einen Staat, der als »riesige Pumpmaschine zu einer Täuschung für alle wird, zu einem Selbstzweck, der eigentlich niemandem mehr dient außer den davon lebenden Maschinisten, die natürlich alles Interesse daran haben, die Täuschung nicht ruchbar werden zu lassen« (RÖPKE, 1955b: 911; Herv. i. O.), und gegen den unbedingt die »Eigen- und Gruppenvorsorge« und »die Rückverlegung des Schwerpunktes der Lebensplanung und solidarischen Verantwortung in die Familie« (RÖPKE, 1956: 5) angemahnt werden müssten.

keine Rolle spielen.[19] Dennoch wurden in der katholischen Soziallehre immer wieder große Linien – teils bis zur ersttestamentlichen Verantwortungszuteilung in Ex 18,18–22 – gezogen, um hervorzuheben, dass Subsidiarität zwar erst in Quadragesimo anno (1931) klassisch auf den Begriff gebracht worden sei, aber der Sache nach historisch weit zurückverfolgt werden könne (vgl. Höffner, 1983/2015: 266f.; Nell-Breuning, 1968/90: 87f.; Rauscher, 1975/88: 289). Vor dem Hintergrund historischen Interesses mögen weit zurückreichende meso- und mikrosozial orientierte Praktiken zwar von Überlegungen geleitet worden sein, die sich im gedanklichen Spektrum von Subsidiarität einordnen ließen, doch verstellt eine – mitunter ›geglättete‹ – historische Perspektive, die eine solche *longue durée* oder gar Universalität der politischen Geltung von Subsidiarität betont, einen realistischen Blick einerseits auf die moderne Sozialstaatlichkeit, d.h. auf die Wirkungsweise, wie der Sozialstaat gesellschaftliche Ressourcen mobilisiert und im Zusammenspiel mit intermediären kollektiven Akteuren Daseinsvorsorge herstellt, und andererseits auf die (Sozial-)Staatsbedürftigkeit des modernen Menschen (vgl. Forsthoff, 1958; Vogel, 2007). Ich versuche also darzustellen, dass Subsidiarität nur da explizit und in der elaborierten Fassung, wie wir sie in *Quadragesimo anno* vorfinden, zum ordnungs- und sozialpolitischen Prinzip (und damit auch zum sozial disziplinierenden politischen Instrument) werden konnte, wo bereits funktional ausdifferenzierte, hocharbeitsteilige Gesellschaften und (relativ komplexe) sozialstaatliche Strukturen bestanden, die Verantwortlichkeiten bzw. Zuständigkeiten für gesellschaftlich notwendige Arbeiten überhaupt erst verhandelbar und strittig werden ließen.[20]

Voraussetzung dafür, dass die Adressierung von Zuständigkeiten gesellschaftlich zum Thema und strittig wurde, war also das komplexe Zusammenwirken unterschiedlicher Akteure, Bereiche und Ebenen bei (der Strukturierung) der industriegesellschaftlichen Produktion und sozialen Reproduktion. Auf dieser Entwicklungsstufe entstanden die Bedingungen, die ein ordnungs-

---

[19] Ich überspringe hier die eingangs dargestellte stratifikatorische Differenzierung.

[20] Es dürfte – dies nur als zu überprüfende Hypothese – kein Zufall sein, dass das Subsidiaritätsprinzip im Weimarer Wohlfahrtsstaat vom Katholizismus her ausformuliert wurde, einer politischen Kraft, die ab 1918/19 demokratisch gestaltend am Auf- und Ausbau der Wohlfahrtsstaatlichkeit mitwirkte. Während im Kaiserreich die wohlfahrtsproduktiven Konkurrenzen vor allem zwischen den Konfessionen bestanden und über die Wohlfahrtsverbände ›ausgetragen‹ wurden, verlagerten sich diese Konkurrenzen in der Weimarer Zeit hin zu der Dualität von Sozialdemokratie und Katholizismus. »Der Protestantismus spielte in den Formierungsprozessen des Weimarer Wohlfahrtsstaates als ›sichtbare Größe‹ eine untergeordnete Rolle. Beträchtliche Teile des Protestantismus konnten ihren ›Statuseinbruch‹ nicht verwinden und verweigerten sich der Mitarbeit an der zu konsolidierenden Weimarer Republik« (HAGEDORN, 2018: 26f.).

politisches Prinzip wie das der Subsidiarität nötig machten; ein Prinzip, mit dem in einer Gesellschaft Verantwortlichkeiten oder Zuständigkeiten für Leistungen zwischen Personen, größeren kollektiven Akteuren und Staat adressiert werden konnten.

Leistungen können einerseits in die Geldwirtschaft eingelassen sein; das ist bei Dienstleistungen der Fall, deren Erbringung mit einer Geldzahlung abgegolten wird. Andererseits werden Leistungen – besonders im Rahmen der Sorgewirtschaft – oft unbezahlt erbracht, d. h. sie sind nicht monetär quantifiziert und erfolgen entsprechend unentgeltlich – ohne sofort erkennbaren monetären Gegenwert. Leistungen können also sowohl bezahlt als auch unbezahlt erbracht werden. Der Fokus liegt im Folgenden auf gesellschaftlich notwendigen Leistungen, d. s. Leistungen, die (gesellschaftlichen und sozialstaatlichen) Substitutionsbedarf auslösen (vgl. Kambartel, 1993: 241 f.; Krebs, 2002: 46–48), sobald sie nicht mehr erbracht werden (z. B. die Sorge für Kinder oder die Pflege von Hochaltrigen).[21] Auch wenn jene Leistungen unentgeltlich erbracht werden (in Form elterlicher Erziehung oder der Pflege von Angehörigen), sind sie i. w. S. Teil des gesellschaftlichen Leistungsaustausches. Gesellschaftlich notwendige, aber unbezahlte Leistungen benötigen von jeher eine materielle Basis oder Refinanzierung. Im Blick auf die unentgeltliche Sorgearbeit von Hausfrauen sollte dies in der alten Bonner Republik weitgehend das *male breadwinner model* leisten, das über einen ›familiengerechten Lohn‹ für die männliche Erwerbsarbeit die materielle Basis für die gesellschaftlich notwendigen, aber unbezahlten Sorgeleistungen der Frauen in privaten Haushalten zu liefern hatte.

Die Verteilung oder Zuweisung von Zuständigkeiten für Leistungen zwischen Individuen, intermediären Akteuren und Staat wird vor allem bei gesellschaftlich notwendigen Leistungen relevant, darunter den unbezahlten oder bezahlten Sorgeleistungen. Dem Bundessozialhilfegesetz und dem Jugendwohlfahrtsgesetz (beide 1961) – zwei institutionellen Pfeilern des frühen bundesdeutschen Systems sozialer Dienstleistungen – war das Subsidiaritätsprinzip eingeschrieben, um die freien Träger bei der Erbringung sozialer Dienstleistun-

---

[21] Für die Bearbeitung der Deckung dieser Bedarfe kommt dem Staat letztverantwortlich die Zuständigkeit zu, insofern er aufgrund seines Institutionengefüges dazu normativ verpflichtet ist und insofern seine Bürger*innen diesen Staat normativ als zuständigen Sozialstaat erleben, verstehen und adressieren. Zu gesellschaftlich notwendigen Leistungen, bei denen bei Aus- oder Wegfall – gemäß gemeinsam geteilten, grundlegenden Überzeugungen – unmittelbar Substitutionsbedarfe ausgelöst würden, dürften die meisten interaktiven Sorgearbeiten zählen. Denn zum Selbstverständnis unserer Gesellschaft und Sozialstaatlichkeit zählt z. B. die Überzeugung: »Ein alter oder kranker Mensch, der sich selbst nicht helfen kann und der auch niemanden hat, der ihm hilft, kann auf gesellschaftliche Hilfe rechnen. Wir lassen Hilfsbedürftige nicht einfach auf der Straße herumliegen« (Krebs, 2002: 60).

gen zu priorisieren.²² Der Sozialstaat bediente sich also maßgeblich der Freien Wohlfahrtspflege, um Sorgearbeit entlang der SA(H)GE-Berufe²³ professionell bereitzustellen. Professionelle Sorgearbeit wurde wiederum erst dann virulent, wenn auf Ressourcen unbezahlter Sorgearbeit nicht in ausreichendem Maße zurückgegriffen werden konnte. Vor dem Hintergrund der Sorgearbeit zeigt das ordnungspolitische Prinzip der Subsidiarität demnach sein sozialpolitisches Kolorit. Soziale Dienste, deren privatgemeinnütziger Vorrang vor kommunalen Trägern über das Subsidiaritätsprinzip begründet wurde, kamen dann ins Spiel, wenn es in den Familien, konkret bei den Frauen, die über die Subsidiarität sorgeverpflichtet wurden, nicht ›rund lief‹.²⁴

Sowohl in den sozialen Diensten der Freien Wohlfahrtspflege als auch in den Familien bediente man sich vornehmlich weiblichen Arbeitsvermögens, das zu geringem Entgelt oder unentgeltlich abgeschöpft wurde (für die Pflege vgl. Kreutzer, 2005; Eylmann, 2015). Dieser Vorgang wurde in der Sozialethik – jenseits kleinerer Einlassungen – erst ab den 2000er Jahren problematisiert (vgl. Schnabl, 2005; Plonz, 2006).

2.3 Subsidiarität – ein Prinzip für magere Jahre?

Eine grundlegende Spannung in den Debatten um das richtige Verständnis der Subsidiarität lässt sich katholischerseits an den teils konträren Positionen Joseph Höffners, Anton Rauschers und Oswald von Nell-Breunings ablesen. Während Höffner und Rauscher sowie ihre Schüler die Sozialstaatstätigkeit oder die sozialstaatlich gewährleisteten, professionell erbrachten Dienste mit dem Subsidiaritätsprinzip i.d.R. als ›zweite Wahl‹ und sogenannten ›Notbehelf‹ auswiesen und die Erstzuständigkeit bei den einzelnen Bürger*innen betonten,²⁵ konditionierte Nell-Breuning – besonders deutlich ab den 1970er Jahren – die

---

[22] Zur Einordnung vgl. (4.).

[23] Vgl. Anm. 11.

[24] D.h.: wenn Familien, präziser: Frauen, die über die Subsidiarität sorgeverpflichtet wurden, diese Sorgearbeit nicht mehr leisten konnten (wegen höherer Erwerbsbeteiligung und Überlastung) oder sie u.a. wegen eines veränderten Frauen- und Familienbildes nicht mehr leisten wollten.

[25] Vgl. RAUSCHER (1958: 16). Joseph Höffner et al. formulierten in dem im Auftrag Konrad Adenauers erstatteten Professorengutachten zur »Neuordnung der sozialen Leistungen« in der Bundesrepublik: »Sofern Einzelmenschen oder kleinere Lebenskreise in den ihnen von Natur aus zustehenden Rechts- und Aufgabenbereichen mit oder ohne Schuld versagen, gebietet das Subsidiaritätsprinzip, daß die umfassenderen Sozialgebilde – je nach ihrer Zuständigkeit – ergänzungsweise und möglichst nur vorübergehend Hilfe leisten« (ACHINGER ET AL., 1955: 23; Herv.i.O.; vgl. auch HÖFFNER, 1983/2015: 266). Weiter heißt es: »Nach dem Subsidiaritätsprinzip ist der Mensch selber der Erstverantwortliche« (ACHINGER ET AL., 1955: 23).

Adressierung von Zuständigkeiten gemäß den Entfaltungsmöglichkeiten jeder einzelnen Person und deren Möglichkeit bzw. Vermögen, jene Aufgaben gut erfüllen zu können.[26] Ich konzentriere mich im Folgenden hauptsächlich auf die sozialpolitischen Debatten der 1980er und 2010er Jahre, in denen Subsidiarität (erneut) zum Thema wurde.

2.3.1 Die Renaissance der Subsidiarität in den 1980er Jahren

Nach dem weiteren Ausbau sozialer Dienste im »goldenen Zeitalter« des bundesdeutschen Sozialstaats (vgl. Leibfried, 2009; Jähnichen et al., 2010) der 1970er Jahre, in denen es um Subsidiarität als ordnungs- und sozialpolitisches Leitmotiv ruhiger geworden war, wird das Subsidiaritätsprinzip Anfang der 1980er Jahren erneut in zweierlei Hinsicht als vielbemühter Schlüsselbegriff verwendet: Einerseits wurde von Selbsthilfeorganisationen Kritik an einer Sozialstaatsbürokratie geübt, die den einzelnen bedürftigen Bürger zu sehr gängele und normiere. Andererseits – was sich durchaus ergänzte – wurde Kritik erhoben gegen die steigenden Kosten des Sozialstaats, wobei auf sozialethischer Seite die Vermutung aufkam, »Subsidiarität [werde] als Prinzip für die Bewältigung der sozialen Probleme in mageren Jahren gebraucht« (Senft, 1990: 15).[27] Unter dem Stichwort der »Krise des Wohlfahrtsstaates« (vgl. Dettling, 1983) wurden Subsidiarität und Selbsthilfe parallel in Szene gesetzt, und es wurde über »Alternativen zur staatlichen Finanzierung und Bereitstellung kollektiver Güter« (Schmid, 1984) nachgesonnen (vgl. kritisch dazu Vobruba, 1984). Für die sozialwissenschaftliche Debatte war der Band unter dem fragenden Titel »Neue Subsidiarität: Leitidee für eine zukünftige Sozialpolitik?« (vgl. Heinze, 1986a) ein wichtiger Impuls. In jenen Jahren rekurrierten Gerhard Naegele (1983) und andere in ihren Überlegungen zur »›Wiederentdeckung‹ des Subsidiaritätsprinzips« zustimmend oder kritisch auf die Regierungserklärung Helmut Kohls, in der er mit der Subsidiarität »Vorfahrt für die jeweils kleinere Gemeinschaft« forderte und an die Eigenverantwortung der Bürger appellierte:

> »Wir wollen mehr Selbst- und Nächstenhilfe der Bürger füreinander. Das politische Strukturprinzip dafür ist die Subsidiarität. Es verlangt die Vorfahrt für die jeweils kleinere Gemeinschaft. Was diese zu leisten vermag, soll ihr die größere nicht abneh-

---

[26] Dies wird in (6.) näher ausgeführt. Es wäre ein lohnendes Forschungsprogramm, den Verständnishintergrund von Subsidiarität und Eigenverantwortung in sozialethischen Stellungnahmen zur deutschen Sozialpolitik seit 1997 auszuleuchten und ihren argumentativen Stellenwert zu vermessen (vgl. u. a. GABRIEL/GROSSE KRACHT, 2004).

[27] Senft verwies in diesem Zusammenhang auf den Artikel von Windhoff-Héritier (1982); ich verdanke Senft (1990) weitere wichtige Quellenhinweise.

men. Familie, Nachbarschaft, freie Träger, Initiativ- und Selbsthilfegruppen und soziale Dienste können mehr Bürgersinn und Bürgerverantwortung erzeugen, als es großen und anonymen Institutionen je möglich sein wird. Unsere Sozialpolitik wird überall dort helfen, wo es möglich ist, freiwillige soziale Initiativen von Bürgern zu wecken, aufzubauen und zu erhalten. Wir werden deshalb einen Wettbewerb sozialer Initiativen ins Leben rufen und besondere Beispiele praktizierter Mitmenschlichkeit aufzeichnen. [...] Wir sind davon überzeugt, daß freie Initiative und Leistung für den einzelnen wie für das Ganze besser sind als staatliche Lenkung und Bevormundung. Wir vertrauen auf den Bürger, der seine Zukunft in seine Hände nimmt« (Kohl, 1982: 7225 f., 7229).

Im politischen Diskurs hoben Parteigänger Bundeskanzler Kohls zum einen hervor, dass mithilfe der Subsidiarität die Massengesellschaft davor bewahrt werden sollte, »zu einer Großorganisation zu degenerieren, die über ein Stellwerk reglementiert wird« (Blüm, 1982: 1039). Zum anderen, so argumentierten sie, sei Subsidiarität angesichts der Finanzierungslasten des Staatshaushalts »einfach kostengünstiger«. »Mit dem Grundsatz der Subsidiarität müssen wir den bürokratisierten Daseinsvorsorgestaat überwinden« (Remmers, 1983: 6). Die Arbeit an einer »neuen Subsidiarität« erfolgte in zeitlicher Nähe zur zunehmenden und immer vehementer vorgetragenen Kritik an der Freien Wohlfahrtspflege, der ein Mangel an Wirtschaftlichkeit und »funktionaler Dilettantismus« (vgl. Seibel, 1994) attestiert wurde. Anhänger der Selbsthilfeinitiativen im linkspolitischen Spektrum machten dagegen vornehmlich repressive Strukturen des Staates aus: »die von ›oben‹ als Hilfeleistung getarnte Unterdrückung der menschennahen Entscheidungsbereiche« (Zellentin, 1979: 157). Ihr stellten sie als Alternativmodell den staatlich geförderten »Ausbau eines Systems der Sozialen Selbsthilfe« gegenüber, für den das Subsidiaritätsprinzip »eine zentrale normativ-theoretische Grundlage« (Vilmar/Runge, 1986: 19) lieferte. Es räumte nämlich der Autonomie der darin involvierten Selbsthilfeinitiativen größeren Vorrang ein als staatlichen Durchgriffsrechten und der möglichen Regulierung durch die sozialstaatliche Administration. »Unter der Fahne der Subsidiarität ging der Fingerzeig [...] gen informelle Netzwerke« (Bahl, 2021: 206). Der Grundgedanke dahinter war, dass die Steuerungsmechanismen Markt und Staat gleichermaßen Entfremdung erzeugten (der Bürger als Kunde oder Untertan). Als einziger Ausweg blieb die Rückbesinnung auf »kleine Netze«, Nachbarschafts- und Selbsthilfegruppen, wobei sich bundesweit eigentümliche, semantisch über die Subsidiarität vermittelte Verbindungslinien zwischen konservativen Kreisen der Christdemokratie und (links-)alternativen Milieus auftaten (vgl. Vobruba, 1984: 464). Ein in den 1980er Jahren kontrovers diskutiertes Beispiel für die (spannungsreiche und widerspruchsvolle) Kooperation alternativer Projekte und staatlicher Verwaltung war das »Berliner Modell« (vgl. Heinze, 1986b: 20–24; Fink, 1986), bei dem die Senatsverwaltung Selbsthilfegruppen bezuschusste und im Gegenzug in anderen sozialen Bereichen einen Rückbau betrieb und Ausgaben senkte (vgl. Heinze, 1986b: 22 f.). Im Kontext der Selbsthilfebewegungen avancierte die »neue Subsidiarität« also zum Abwehrbegriff gegen Restriktionen sowie (vermeintlich) überbordende sozialstaatliche Leistungen, die – so die Argumentation – die Kosten nach oben trieben. Vom Vorrang der Selbsthilfe und der Hilfeinitiativen vor Ort war nun die Rede. Subsidiarität wurde zum Inbegriff einer »neuen Kultur der Hilfe zur Selbsthilfe«.

2.3.2 Ein zweites sozialpolitisches Erwachen der Subsidiarität in den 2010er Jahren

Nach der europapolitischen Thematisierung und Indienstnahme der Subsidiarität in den 1990er und 2000er Jahren[28] erlebte sie in Deutschland in den 2010er Jahren pflegepolitisch ein Revival. Angesichts alarmierender Zustandsdiagnosen und beunruhigender Zukunftsszenarien hinsichtlich der Zahl und Versorgung pflegebedürftiger Menschen forderten renommierte Pflegeexperten wie Thomas Klie »einen Aufbruch, allerdings nicht in der Pflege, sondern in einer Sorgekultur. International sprechen wir von der *Compassionate Community* [...], von *Caring Communities*, von *sorgenden Gemeinschaften*. Das Thema gehört in die Mitte der Gesellschaft, nicht delegiert an sozialstaatliche Akteure« (Klie, 2015: 213). Nicht Staat, nicht Markt und auch nicht die freigemeinnützigen Träger professioneller Pflege wurden vorrangig angesprochen und adressiert, sondern die »kleinen Netze«, d. h. die informellen Netzwerke der Laienpflege (Familie, Nachbarschaft, Ehrenamt) (vgl. Haubner, 2017: 12 f.). Dieses Leitbild subsidiärer »Nahraumsolidarität« (zit. nach Haubner, 2017: 162) findet seinen Niederschlag im Siebten Altenbericht, der im Auftrag des SPD-geführten Bundesministeriums für Familie, Senioren, Frauen und Jugend

---

[28] In den 1990er Jahren spielte Subsidiarität im Zuge postkommunistischer Transformationsprozesse und beim Aufbau zivilgesellschaftlicher Strukturen in ehemaligen Ostblockstaaten eine Rolle (vgl. *Centesimus annus* und deren Rezeption in Mittel- und Osteuropa). Politisch bestimmend wurde das Subsidiaritätsprinzip aber vor allem im europäischen Integrationsprozess, wobei es auf Bestreben der deutschen Bundesregierung und der Ministerpräsidenten der Bundesländer Eingang insbesondere in den 1992 unterzeichneten Vertrag von Maastricht fand (vgl. DELORS, 1993: 9). Durch den 2007 ratifizierten Lissabon-Vertrag zur Änderung des EU- und EG-Vertrags wurde es in Art. 5 Abs. 3 EUV verankert und die entsprechende Bestimmung des EGV aufgehoben. An dieser Stelle kann die europapolitische Verwendung des Subsidiaritätsbegriffs und seiner Deutung nicht diskutiert werden (vgl. SPIEKER, 1999; zur europapolitischen Thematisierung der Subsidiarität auch in den Folgejahren vgl. ROCK, 2019; SENFT, 2019).

2016 erschien. Darin skizzierten die Autoren Rolf G. Heinze und Thomas Klie – durchaus im Einklang mit dem aktivierenden Sozialstaat – »Subsidiarität als Ordnungsrahmen für lokale Strukturen und Netzwerke«, deren Engagement- und Arbeitspotenziale für die pflegerische Versorgung fruchtbar gemacht und zur tragenden Säule einer alternden Gesellschaft entwickelt werden sollen (vgl. BMFSFJ, 2016: 44-53).[29]

Im Folgenden vertiefe ich das Verständnis und die Anwendung der Subsidiarität anhand der Betrachtung von zwei konkreten Praxisfeldern, in denen das Prinzip normativ relevant war bzw. ist: der Praxis feminisierter Sorge und der Praxis der Wohlfahrtspflege.

3. FAMILIALE SUBSIDIARITÄT UND FEMINISIERTE SORGEPRAXIS

Subsidiarität galt vielen Sozialethikern und politisch Interessierten in der frühen Bundesrepublik als Chiffre, um die Abschöpfung unbezahlter Sorgearbeit in Familien zu legitimieren und in sozialpolitischen Auseinandersetzungen generell auf die Mobilisierung gesellschaftlicher Ressourcen zu drängen. Die normative Rede von Subsidiarität hatte in diesem Kontext zwei Effekte: Staatliche und (zivil-)gesellschaftliche Institutionen (darunter die Kirchen) adressierten über das Subsidiaritätsprinzip einerseits Zuständigkeiten an die kleinsten sozialen Einheiten, in denen zumeist Frauen die Arbeit zu leisten hatten (*soziale Adressierung*). Damit konnte das Spektrum sozialstaatlich zu gewährleistender sozialer Dienstleistungen vorerst klein gehalten werden. Andererseits war es Teil des über die Subsidiarität konstruierten gesellschaftlichen Selbstverständnisses, dass Staat und Verbände als Leistungserbringer erst dann ins Spiel kamen, wenn die kleineren Lebenskreise ihr ›Versagen‹ offenbart hatten, konkret: wenn Frauen in den ihnen zugewiesenen Leistungen und in der ihnen zugedachten Rolle ›versagten‹ (*soziale Disziplinierung*).[30] Subsidiarität wurde damit als Norm der Eigenvorsorge und in die Familie inkorporierte Frauenmoral konstruiert und verfestigte ordnungspolitisch den *male breadwinner state* und die privatistische, weiblich stereotypisierte Sorge- und Pflegekultur. Die Dissoziation von Erwerbs- und Familienleben und die Polarisierung der »Geschlechtscharaktere« in den Lexika des 19. Jahrhunderts (vgl. Hausen, 1976) erlebte eine Fortsetzung mit der Subsidiarität als sozialpolitischem Prinzip im 20. Jahrhundert. Denn gerade in der sensiblen, in beiden Konfessionen norma-

---

[29] Als vorgreifende Kritik dazu kann u. a. die »Neuverhandlung des Alters in der Aktivgesellschaft« von DENNINGER ET AL. (2014) verstanden werden.

[30] Vgl. Fn. 25; vgl. auch LUTZ (2018: 88).

tiv hochaufgeladenen Sphäre der Familie war die Aktivität, das Zuständigwerden der nächst-höheren Ebene, immer ein Zeichen dafür, dass etwas nicht ›rund lief‹, was eigentlich ›rund laufen‹ sollte. Diese sozialpolitische Adressierung familialer Zuständigkeit an Frauen dürfte zur besonders leidvollen Seite der Instrumentalisierung des Subsidiaritätsprinzips zählen.

Das Subsidiaritätsprinzip fungierte demnach zur Abwehr der Adressierung von Ansprüchen der Bürger*innen an ihren Staat (›Nachfrageseite‹ der Bürger*innen) und zur Unterdrückung sozialpolitischer Ambitionen des Staates, sozialstaatliche Leistungen auszubauen (›Angebotsseite‹ des Staates). Mit diesen Reflexen, die mit dem Subsidiaritätsprinzip legitimatorisch in Szene gesetzt werden konnten, wurde in der frühen Bundesrepublik Sozialpolitik gemacht – im Sinne eines Sozialstaats auf Sparflamme, der sich die unbezahlten Sorgearbeiten von Frauen aneignete. Sorgearbeiten, gleichwohl sie gesamtgesellschaftlich von höchster – gerade auch ökonomischer – Bedeutung sind, denn Sorgen steht nicht nur am Anfang jeden Wirtschaftens, sondern im Zentrum jeder ökonomischen Wertschöpfung (vgl. Emunds et al., 2022: 120–127),[31] wurden nicht als gesamtgesellschaftliche Aufgaben verstanden, sondern jenseits staatlich gewährleisteten »hilfreichen Beistands« und staatlich organisierten Lastenausgleichs ›nach unten‹ ausgelagert.

In der katholischen Tradition der Soziallehre finden sich viele Belege, die die Erstzuständigkeit oder Erstverantwortung der Familien, der sogenannten kleinsten Lebenskreise, und der vorherrschend als Trägerinnen der Sorgearbeit in Erscheinung tretenden Frauen mit dem Subsidiaritätsprinzip verbinden und ›rechtfertigen‹. Dabei werden mit der Subsidiarität Zuständigkeiten an kleinere soziale Einheiten, insbesondere an die Familien, adressiert: (a) weil sich von ihnen her – als »Mutterzelle[n]« der Gesellschaft (Papst Pius XII.; zit. nach Höffner, 1983/2015: 317) – Gesellschaft erst konstituiere,[32] (b) weil die

---

[31] »Wirtschaft beginnt mit der Herstellung von Menschen: mit Gebären, Nähren, Erziehen, damit, daß das Überleben der Menschen, die geboren worden sind, sichergestellt wird. Das Wirtschaftsgeschehen wird zu einem Teil über Geld und Märkte abgewickelt, die sich zu einem eigenständigen System verselbständigt haben, das aber nach wie vor und notwendigerweise auf einem Sockel von wirtschaftlichen Maßnahmen [des Sorgens] ruht« (PRAETORIUS, 1997: 254).

[32] »Denn da das häusliche Zusammenleben sowohl der Idee als der Sache nach früher ist als die bürgerliche Gemeinschaft, so haben auch seine Rechte und seine Pflichten den Vortritt, weil sie der Natur näherstehen« (*Rerum novarum* 10; TEXTE ZUR KATHOLISCHEN SOZIALLEHRE, 2007: 7). »Das Subsidiaritätsprinzip schützt die Eigenständigkeit und Eigenverantwortlichkeit der gesellschaftlichen Lebensbereiche, weil nur so die menschliche Person mit ihren sozialen Freiheitsrechten wahrhaft Ursprung und Ziel des gesellschaftlichen Lebens ist. Daß der Mensch nicht zum Schaltermenschen werde, daß die menschliche Person das lebendige und lebenspendende Zentrum des

soziale Verantwortung des Einzelnen nicht erlahmen dürfe und Familien menschennah und damit tendenziell bedürfnisgerecht Leistungen erbrächten[33] sowie (c) weil mit dem Subsidiaritätsprinzip der Grundsatz zusammenhänge: »So wenig Staat wie möglich, so viel Staat wie nötig«, und die nächsthöhere Ebene nur eingreifen dürfe, wenn die Verantwortung der unteren Ebenen versage.[34]

Diesen Hang, Subsidiarität zur Zurückdrängung sozialstaatlichen Tätigwerdens und zur vermeintlichen Legitimierung der einseitig bevorteilenden Ausnutzung des weiblichen Arbeitsvermögens in den Familien sozialpolitisch in Anspruch zu nehmen, erkannten Sozialwissenschaftlerinnen und feministische Theoretikerinnen. Subsidiarität wurde von feministischer Seite in den letzten Jahren als repressives, frauendiskriminierendes Prinzip dechiffriert, dem permanent die Gefahr anhafte, sorgende Tätigkeiten als unentgeltliche

---

gesellschaftlichen Lebens ist und bleibt, das muß die Richtschnur unseres gesellschaftspolitischen Wollens und Tuns sein« (RAUSCHER, 1964/88: 309). Das Subsidiaritätsprinzip erinnere schließlich daran, »daß das gesellschaftliche Leben nicht von ›oben‹ kommt« (RAUSCHER, 1980/88: 108).

[33] »Das Subsidiaritätsprinzip verträgt sich [...] nicht mit der Zentralisierung in der Gesellschaft und staatlichem Dirigismus, bei dem immer mehr Befugnisse und Entscheidungen von den kleineren Lebenskreisen weggenommen und ›nach oben‹ verlagert werden. [...] Durch Selbstverwaltung und eine föderative Struktur soll die Gesellschaft ›menschennah‹ bleiben« (RAUSCHER, 1975/88: 294). »Das Subsidiaritätsprinzip wehrt einem *falschen Versorgungsdenken*, als ob die Sorge und gestaltende Vorsorge nicht mehr ureigenste Angelegenheit des Menschen, sondern Abfallprodukt des gesellschaftlichen Prozesses sei. [...] Gesellschaftspolitische und insonderheit sozialpolitische Maßnahmen, die diese soziale Verantwortung des Menschen erlahmen lassen, verstoßen gegen das Subsidiaritätsprinzip« (RAUSCHER, 1964/88: 307).

[34] »Der Staat soll alle die Aufgaben verwirklichen, wofür er da ist. Aber [das Subsidiaritätsprinzip] setzt dem Hunger nach ständiger Ausdehnung dieses Aufgabenbereiches Grenzen und schützt das Recht der ›kleinen Lebenskreise‹ gegen Übergriffe. Zugleich stärkt es damit die Lebensfähigkeit der Gesellschaft insgesamt, weil sich zum Beispiel der Staat auf seine Aufgaben konzentrieren kann und soll, sich aber nicht mit Dingen belasten darf, die in einen anderen Zuständigkeitsbereich gehören. In diesem Sinne muß auch die Maxime verstanden werden: ›So wenig Staat wie möglich, so viel Staat wie nötig‹« (RAUSCHER, 1975/88: 288). »[G]egen die Überforderung des Sozialstaates haben wir nicht rechtzeitig und nicht laut genug protestiert. Im Gegenteil: Man hat das Subsidiaritätsprinzip umzudeuten versucht, nämlich zu einer Art Verstärker des Solidaritätsprinzips. Man betonte nicht mehr die Formel: ›Soviel Staat wie nötig, sowenig Staat wie möglich‹ – diese Formel [...] bringt einen für die Subsidiarität unaufgebbaren Kern gut zum Ausdruck! –, statt dessen interpretierte man die Subsidiarität geradezu als Verpflichtung des Staates zum Eingreifen, zur Solidarität. [...] Unter solchen Prämissen mußte sich das Anspruchsdenken ausbreiten, das jetzt zurückzuschrauben soviel Mühe kostet« (RAUSCHER, 1984/88: 613).

Vorleistungen für kapitalistisches Wirtschaften zu instrumentalisieren und einer »einseitig bevorteilenden [weiblichen] Arbeitskraftnutzung« (Haubner, 2017: 16, 109, 137) das Wort zu reden.[35]

> »Inhaltlich spielt [...] das Subsidiaritätsprinzip [...] in der Ausgestaltung des Systems eine Rolle. Auf einer grundsätzlichen Ebene sind soziale Dienste allgemein und Fürsorgeaufgaben (Erziehung, Betreuung und Pflege) speziell zunächst der untersten Ebene, der Familie zugeordnet. Alle anderen Hilfsdienste und -angebote greifen nachrangig. [...] Dieses System operiert mit einer gendercodierten Arbeitsteilung, in der eine Person kontinuierlich erwerbstätig ist, um eine andere Person relativ kontinuierlich für Fürsorgearbeiten freizustellen. Frauen werden in das System daher in erster Linie als Ehefrauen und Mütter integriert, abgesichert über die Person, die kontinuierlich das Erwerbseinkommen erzielt. [...] Das ›Care-Regime‹ ist in diesem Typ familien- und frauenorientiert sowie überwiegend privat und informell geregelt. Die eigentliche Zuständigkeit für Fürsorgearbeit liegt entsprechend dem Subsidiaritätsprinzip in der Familie. Theoretisch hängt dies mit der starken Wirksamkeit des Differenzgedankens in der politischen Konzeption der Geschlechterverhältnisse zusammen« (Schnabl, 2005: 116). »Im Rahmen von Budgetkrisen und Sozialstaatskritik erfüllt der Ruf nach einer aktiven Zivilgesellschaft mit wechselseitig umeinander besorgten Bürgern und Bürgerinnen auch die Funktion, entstandene Versorgungslücken zu kompensieren. In der aktuellen Debatte werden solche Schritte nicht selten durch den Verweis auf das Subsidiaritätsprinzip untermauert« (a. a. O.: 433).

Kommen wir im nächsten Schritt zur Wohlfahrtspflege bzw. zu den von Wohlfahrtsverbänden dominierten sozialen Diensten, die die unentgeltliche, feminisierte Sorgepraxis ergänzen und bei Ausfall ersetzen.

4. Wohlfahrtskorporative Subsidiarität und Wohlfahrtspflege

Subsidiarität wurde in einer Zeit begrifflich gefasst und zum ordnungspolitischen Prinzip erhoben, in der sich der Staat in der Erbringung sozialstaatlicher Aufgaben auf ›Gegenüber‹-Akteure stützen konnte, die nicht bloß ausführende Organe waren. Damit sind nicht-staatliche Akteure gemeint, die im Laufe der

---

[35] Dabei nutzt die Gesellschaft vorteilnehmend die beanspruchende gesellschaftlich notwendige (wenn sie wegfällt also unmittelbar substituierungsbedürftige) Arbeit von Menschen zu Bedingungen, die das Spektrum persönlicher Entfaltungsmöglichkeiten dieser Menschen massiv verengen und in diesem Sinne die Grundlagen eines selbstbestimmten Lebens untergraben können.

Jahrzehnte in immer größerem Umfang in die Erbringung sozialstaatlicher Aufgaben eingebunden wurden.[36] Bis heute zählen zu diesen mit quasistaatlichen Aufgaben betrauten kollektiven Akteuren neben Gewerkschaften, Arbeitgeberverbänden etc. die Verbände der Freien Wohlfahrtspflege. Die Freie Wohlfahrtspflege spielt in Deutschland insofern eine herausgehobene Rolle, da ihre Verbände bereits in der Entwicklungsphase deutscher Sozialstaatlichkeit die sozialen Dienste besetzt hatten, die für einen zur sozialpolitischen Einsicht gelangten Staat große praktische Relevanz erlangten.[37]

> »Als sich in Deutschland das auszubilden beginnt, was man in sozialpolitischen Diskursen ›Sozialstaat‹ und in sozialwissenschaftlichen Zusammenhängen ›Wohlfahrtsstaat‹ nennt, hatte es der Staat damit zu tun, dass seine sozialpolitischen Gestaltungsansprüche bereits ›besetzt‹ waren« (Möhring-Hesse, 2018: 59).

Die legitimatorische Bezugnahme auf Subsidiarität, um die Kooperation von sozialstaatlich gewährleisteten und von der Freien Wohlfahrtspflege erbrachten sozialen Diensten sowie die duale Wohlfahrtspflege insgesamt[38] normativ zu orientieren, bezeichne ich als wohlfahrtskorporative Subsidiarität. Dabei ist zu beachten, dass die Wohlfahrtsverbände – solange im Verhältnis zum Staat eine gewisse ›Augenhöhe‹ oder ›Gleichrangigkeit‹ bestand – an der Festlegung der Bedingungen der Leistungserbringung und Indienstnahme immer auch selbst mitgewirkt haben (vgl. Möhring-Hesse, 2018: 62); sie waren also »an ihrer eigenen Beauftragung durch den Staat beteiligt« (Möhring-Hesse, 2008: 157). In den korporatistischen, netzwerkartigen Kooperationsverhältnissen zur Erbringung sozialer Dienste war der Staat zudem ein lernender Staat; eben weil der Staat mit nicht-staatlichen Akteuren kooperierte, erhielt er die Möglichkeit, »aus der Erbringung der von ihm beauftragten Dienste zu ›lernen‹ und die Erfahrungen der Wohlfahrtsverbände und deren Einrichtungen bei seinen weiteren Planungen zu berücksichtigen« (Möhring-Hesse, 2008: 157).

---

[36] »Obgleich die Wohlfahrtsverbände und ihre Einrichtungen – in Gewährleistung einer freien, also nicht staatlichen Wohlfahrtspflege – dem Staat eigentlich gegenüberstehen sollten, wurden sie in den Sozial- und Wirtschaftswissenschaften seit den 1980er Jahren in die unmittelbare Nähe des Sozialstaats gerückt« (MÖHRING-HESSE, 2008: 141).

[37] »Die protestantische Innere Mission war zwar insgesamt staatsnäher als die Caritas, übernahm aber die Idee einer dualen Ausrichtung der Wohlfahrtspflege im sich entwickelnden deutschen Sozialstaat« (GABRIEL, 2017b: 117).

[38] Die duale Wohlfahrtspflege ruht auf zwei Säulen: die Säule der öffentlichen Wohlfahrtspflege, die auf verschiedenen staatlich-kommunalen Ebenen angesiedelt ist, und die Säule der verbandlichen Wohlfahrtspflege, deren Eigenbezeichnung auch die Freie Wohlfahrtspflege ist.

Im Kontext des sogenannten »Subsidiaritätsurteils« des Bundesverfassungsgerichtes (1967) wurde das Subsidiaritätsprinzip zum Gegenstand kontroverser Debatten (vgl. Backhaus-Maul, 2018: 28). Dabei war umstritten, »ob die extensive Behauptung eines Vorrangs der Verbände gegenüber Staat und Kommunen sich zu Recht auf das Subsidiaritätsprinzip berufen könne« (Gabriel, 2017b: 118). Nell-Breuning vertrat die Position: »Die unzutreffende Berufung auf das Subsidiaritätsprinzip hat nicht nur diesem selbst, sondern dem Ansehen der Katholischen Soziallehre überhaupt schweren Abbruch getan« (Nell-Breuning, 1976a: 16 [Fn. 5]). Gegen die Behauptung, aufgrund der Subsidiarität bestehe stets eine Vorrangstellung freier vor kommunalen Trägern, führte er das Argument an, dass die größere Nähe zu den Betroffenen den Ausschlag gebe – und diese Nähe könne vielleicht eher von einer kommunalen Einrichtung gewährleistet werden als von einer karitativen Organisation, die aus einer fernen Ordenszentrale heraus geleitet werde (vgl. Nell-Breuning, 1976b: 79 f.).

Die netzwerkartigen Beziehungen zwischen Wohlfahrtsverbänden oder anderen kollektiven Akteuren einerseits und dem Sozialstaat andererseits blieben lange Zeit theoretisch unterbelichtet; erst mit den Forschungsansätzen zum (Neo-)Korporatismus nahm man sich dieses Desiderats an (vgl. Alemann, 1981; Streeck, 1983; Offe, 1983; Kaufmann, 1999; Gabriel/Reuter, 2013). In der Folge versuchte man u. a. mit dem Begriff Governance die komplexen Regelungs- und Steuerungsprozesse im Zusammenspiel staatlicher und nicht-staatlicher Akteure zu charakterisieren, die wie im Fall der Freien Wohlfahrtspflege die Erbringung sozialer Dienste institutionell und organisational prägen und die auf die Handlungskoordination zwischen Trägern und Sozialstaat einwirken (vgl. Benz et al., 2007; Jüster, 2015).

Der sozialstaatliche Korporatismus wurde in der frühen Bonner Republik von dem eher evangelisch-lutherisch verwurzelten Ordoliberalismus scharf kritisiert,[39] und zwar immer wieder auch mit Rekurs auf das Subsidiaritäts-

---

[39] Vgl. RÖPKE (1955a: 12): »Von besonderem Interesse ist [...] der Fall Westdeutschlands, wo wir es mit einer merkwürdigen Kombination freier Marktwirtschaft und eines höchstverwickelten Systems der Sozialdienste zu tun haben, und wo zweifellos der Zustand dieses Systems eine Reform, ja sogar die Frage nahelegt, ob nicht die soziale Marktwirtschaft mehr und mehr zu einem gigantischen Wohlfahrtsstaat zu werden droht.« Vgl. auch RÜSTOW (1956: 367): »Kollektive soziale Sicherung [...] führt stets zu einem empfindlichen, größeren oder geringeren Freiheitsverlust. Und eben deshalb sollte von ihr nur subsidiär und so wenig wie möglich Gebrauch gemacht werden.« Alexander Rüstow forderte, »daß man alles daran setzen sollte, die wirtschaftlich-sozialen Verhältnisse so zu gestalten, daß in der Regel jeder und jede Familie imstande wäre, für sich selbst zu sorgen. Für sich selbst zu sorgen in der Gegenwart, und für sich selbst zu sorgen auch für die Zukunft, für Notfälle, Krankheiten, Alter usw. Und

prinzip.[40] Anfang der 1970er Jahre distanzierte sich der Rat der Evangelischen Kirche in Deutschland mit der Denkschrift »Die soziale Sicherung im Industriezeitalter« (1973) von ordoliberalen Vorstellungen, die Subsidiarität als Gebot der Nachrangigkeit staatlicher Hilfe auslegten. Auf industriegesellschaftlichem Problemniveau betont die Schrift,

> »daß die Arbeit und die Produktionsmittel, auf denen in wirtschaftlicher Hinsicht die soziale Sicherung beruht, aus der Verfügungsgewalt der Familie, der Großfamilie und aus all jenen kleineren menschlichen Lebensgemeinschaften ausgewandert sind, die früher solidarisch ihre hilfs- und schutzbedürftigen Glieder mitzutragen hatten. Personale Gemeinschaften, die wirtschaftlich sich selbst tragen und ihre Glieder unabhängig von der Gesellschaft dauerhaft sichern können, gibt es heute kaum mehr« (Kammer für soziale Ordnung der EKD, 1973: 11).

So sei »heute nur noch die gesamte Volkswirtschaft eines Staates in der Lage, die großen ökonomischen und sozialen Risiken auszugleichen. Sie ist die einzig wirklich umfassende und damit tragfähige Risikogemeinschaft« (a.a.O.: 12). Das heißt: »Die wirtschaftliche Absicherung der großen Lebensrisiken (Unfall, Krankheit, Erwerbslosigkeit, Tod des Ernährers) sowie die Altersversorgung und zusätzliche Kosten für die längere Ausbildung von Kindern gehören heute in grundlegender Weise in die Verantwortung der Gesellschaft« (a.a.O.: 17). Zur Subsidiarität führt die Denkschrift aus: »Das Prinzip der Subsidiarität wird falsch ausgelegt, wenn gefordert wird, auch bei großen sozialen Risiken dürfe die im Staat vertretene Gesamtheit erst dann eingreifen, wenn sich herausstellt, daß personale Gemeinschaften nicht mehr ausreichend helfen können« (a.a.O.: 18).

Mit der Rede von den ›Gegenüber‹-Akteuren klang bereits an, dass staatliche Institutionen, denen die Verantwortung für die Bereitstellung sozialer Dienste angetragen wird, diese Leistungen zumeist nicht selbst erbringen. Sie nehmen dafür nicht-staatliche Akteure, in der Bonner Republik waren dies vor

---

daß die soziale Hilfe dann beschränkt werden könnte auf die hoffentlich immer seltener werdenden Ausnahmefälle, wo das nicht zutrifft. Daß also das Sozialideal, und zwar aus sozialem Gefühl heraus, sein sollte, die soziale Hilfe, die Staatshilfe, als notwendiges Übel immer mehr einzuschränken« (RÜSTOW, 1958: 18).

[40] »Das Programm der sozialen Marktwirtschaft [...] beruht auf dem weltanschaulichen Grundsatz der freien Selbstverantwortung [...]. In der Durchführung dieses Grundsatzes fordert das Subsidiaritätsprinzip [...], daß die öffentliche Hand sich streng auf diejenigen Aufgaben beschränkt, die auf dem Wege privater Freiwilligkeit schlechterdings nicht zu lösen sind. [...] Wir [...] meinen, daß Selbsthilfe unbedingt an die erste Stelle gehört und daß erst dann und da, wo die Leistungskraft des einzelnen überfordert ist, der Anspruch auf Gemeinschaftshilfe in Kraft tritt« (RÜSTOW, 1959: 175f.).

allem freigemeinnützige Träger, in Anspruch und beauftragen sie, die sozialen Dienstleistungen zu erbringen. Seit den 1980er Jahren, verschärft dann infolge der Einführung der Pflegeversicherung (1995), wurde den kommunalen und freigemeinnützigen Trägern und Einrichtungen, die nicht privatwirtschaftlich geführt wurden, mit Misstrauen begegnet. Weil nicht marktförmig diszipliniert, wurde ihnen – im Vergleich zu privatwirtschaftlichen Anbietern – mangelnde Effizienz nachgesagt (vgl. Möhring-Hesse, 2008: 141). Um sie wirtschaftlich effizienter aufzustellen, wurden betriebswirtschaftliche Standardvorstellungen implementiert. Träger und Einrichtungen gerieten unter betriebswirtschaftliche Führung und wurden angehalten, sich wie privatwirtschaftliche Unternehmen zu verhalten und entsprechend zu wirtschaften (vgl. a.a.O.: 142). Die politisch Verantwortlichen setzten die noch nicht privatwirtschaftlich durchgetakteten Leistungserbringer unter Anpassungsdruck; sie sollten zu Unternehmen werden, wie sie sich die Betriebswirtschaftslehre vorstellt, und nach dem Effizienzprinzip wirtschaften.[41] Gleichzeitig begann der Sozialstaat, die Position neu zu bestimmen, die er gegenüber den Verbänden in der Erbringung sozialstaatlicher Aufgaben eingenommen hatte. Dabei wurde der Sozialstaat immer mächtiger; die Verbände und sozialen Dienste verloren an ›Augenhöhe‹ und gerieten in eine inferiore Position. Das gezeichnete Bild der Betriebswirtschaftslehre von sozialen Diensten ist aber nicht angemessen, denn traditionell

> »entsprechen weder Soziale Dienste noch die sie erstellenden Einrichtungen der Freien Wohlfahrtspflege dem Bild, das man sich in der Betriebswirtschaftslehre von Betrieben und deren Betriebswirtschaft macht. Zum Beispiel sind die Einrichtungen der Freien Wohlfahrtspflege, wie angesprochen, gegenüber ihrem ›output‹, also den Sozialen Diensten oder genauer: deren Nutzen, nicht gleichgültig; und sie sind in der Definition dieses ›outputs‹ nicht eigenständig, sondern von politischen Setzungen des Sozialstaats, von Standards von Professionen sowie von Erwartungen ›befreundeter‹ Organisationen und Milieus abhängig. Auch spielt die in der Betriebswirtschaftslehre privilegierte Effizienz traditionell allenfalls in Teilbereichen der Sozialen Dienste eine zentrale Rolle, weil professionell und programmatisch bestimmte Leistungserbringer ihren ›output‹ nicht sinnvoll von ihrem verfügbaren ›input‹ bestimmen können« (Möhring-Hesse, 2018: 64).

---

[41] Dieses Effizienzprinzip kann auf zweifache Weise formuliert werden: Ein bestimmter Output wird mit minimalem Input (Minimalprinzip) erwirtschaftet oder mit einem bestimmten Input soll ein möglichst hoher Output (Maximalprinzip) erreicht werden (vgl. MÖHRING-HESSE, 2008: 143).

Die angesprochene marktförmige Gestaltung der Wohlfahrtsproduktion geht zudem mit einem neuen (Selbst-)Verständnis der Nutzer*innen sozialer Dienste einher, die als Konsument*innen, die Konsumentensouveränität an den Tag legen könnten oder deren Kaufbereitschaft und Kaufkraft das alles Entscheidende wären (vgl. Möhring-Hesse, 2008: 155), konzipiert wurden und sich selbst als solche zu verstehen begannen. Auch dieses Bild souveräner Konsument*innen ist aber nicht angemessen, weil die Deckung akuter Beratungs- und Hilfebedarfe, die Versorgung bei Sorge- und Pflegebedürftigkeit ebenso wie medizinische Notfallhilfe i.d.R. Situationen implizieren, in denen Menschen nur bedingt flexibel oder gar entscheidungs- und handlungsfähig sind. Menschen in solchen Lebenssituationen (ebenso wie ihre Angehörigen) funktionieren nicht als Wahlfreiheit suchende, informierte Konsument*innen, sondern sie sind schlicht auf hochwertige Dienste angewiesen, deren Qualität – unabhängig von Kaufkraft, Wahlfreiheit und Konsumentensouveränität – heute sozialstaatlich vorgegeben und gewährleistet werden muss.

Diese Notwendigkeit nicht-marktförmiger Gestaltung essentieller Bereiche der Wohlfahrtsproduktion spiegelt sich auch in der Entstehungsgeschichte sozialer Dienste wider. Im Laufe der Zeit wurden viele soziale Dienste nämlich wie andere öffentliche Güter geschaffen aufgrund gemeinsam geteilter Erwartungen von Bürger*innen, die deren Bereitstellung kollektiv adressierten. Bürger*innen begannen die Überzeugung zu teilen, dass nur auf höheren Ebenen gesellschaftlicher Strukturierung und – im modernen Sozialstaat – staatlich-institutionell gewährleistet bestimmte Problemlagen angemessen zu bewältigen sind.[42]

Die marktförmige Gestaltung der Wohlfahrtsproduktion und die Konzeption sozialer Dienste als effizienzorientierte Unternehmen ist dagegen ein historisch junges Phänomen. Diese Transformation wurde von staatlichen Institutionen vorangetrieben – häufig verbunden mit dem Versprechen, dass nicht nur die öffentlichen Kassen, sondern darüber hinaus auch die Steuer- und Beitragszahler*innen durch diese ›Umprogrammierung‹ entlastet würden und dass die Souveränität der Kund*innen erhöht würde (vgl. Möhring-Hesse, 2009: 98). Die Nebenwirkungen der Auflösung bedarfsorientierter, korporatistischer Strukturen der Wohlfahrtsproduktion waren weniger im Blick bzw. wurden billigend in Kauf genommen. Eine wichtige Nebenwirkung oder Kehrseite dieser Transformation war die machtvolle Neupositionierung, die der Staat über die von ihm initiierte Verbetriebswirtschaftlichung sozialer Dienste realisierte (vgl. Möhring-Hesse, 2008). Denn fortan konnten staatliche Institu-

---

[42] Dabei handelt es sich um Erwartungen, die Bürger*innen auch dann teilen, wenn sie selbst nicht vorhaben, Empfänger*innen dieser Dienste zu werden, oder vielleicht sogar für sich selbst ausschließen könnten, jemals diese Dienste zu nutzen.

tionen sozialstaatliche Entscheidungen des Rückbaus oder der unzureichenden Anpassung an Bedarfe über das Verhalten vermeintlicher Kund*innen legitimieren und damit die politische Natur ihrer Entscheidung hinter betriebswirtschaftlichen Sachzwängen verbergen (vgl. Möhring-Hesse, 2009: 98). Wenn etwa die Anbieterstrukturen in der ambulanten Altenpflege in bestimmten Regionen mit geringerer Bevölkerungsdichte ausgedünnt wurden, weil sogenannte Kund*innen nicht genügend ›nachfragten‹, fanden Bürger*innen kein ausreichendes Angebot mehr vor, das sie mit Blick auf ihre Daseinsvorsorge aber eigentlich erwarteten (vgl. Kutzner/Gerlinger, 2018). In diesen und anderen Fällen konnten staatliche Institutionen verschleiern, sie seien politisch dafür verantwortlich. Dieses politische Agieren hinter der vermeintlich ›unpolitischen‹ Kulisse betriebswirtschaftlicher ›Rechtfertigung‹ brachte den Sozialstaat in eine mächtige Position[43] – unmittelbar gegenüber den Einrichtungen, die im Auftrag staatlicher Institutionen Dienstleistungen erbringen, aber auch gegenüber den Nutzer*innen dieser Leistungen. »Staatliche Entscheidungen werden hinter einer betriebswirtschaftlichen Rationalität verborgen, werden zum ›Sachzwang‹, denen sich weder die erstellenden Einrichtungen, noch die Bürgerinnen und Bürger widersetzen können« (Möhring-Hesse, 2009: 98).

Mit der Verbetriebswirtschaftlichung sozialer Dienste, in deren Folge Bürger*innen zu Kund*innen und Empfänger*innen von Leistungen zu Konsument*innen mit sogenannter, aber de facto nicht einlösbarer Konsumentensouveränität wurden, ist eine soziale Disziplinierung neuer Art eingeleitet worden. Im Zuge dieses Prozesses konnte der Staat beginnen zu negieren, politischer Adressat bestimmter sozialstaatlicher Erwartungen seiner Bürger*innen und damit für auftretende Versorgungsengpässe politisch verantwortlich zu sein. Die politische Natur der Gewährleistung und Sicherung sozialstaatlicher Leistungen bzw. sozialer Dienste wird seitdem hinter betriebswirtschaftlicher Rationalität und vermeintlicher Wahlfreiheit der Konsument*innen verborgen (vgl. Möhring-Hesse, 2018; gegen Cremer, 2005; 2019).

Das wohlfahrtskorporative Subsidiaritätsverständnis orientierte in der Vergangenheit die bedarfsorientierte Ausgestaltung der Wohlfahrtsproduktion in der Bundesrepublik – unter besonderer Betonung der Nähe sozialer Dienste zu den Menschen. Weil die Träger als ›Gegenüber‹-Akteure mit dem Sozialstaat kooperierten, waren sie – in ihrer zivilgesellschaftlichen Eigenständigkeit – dennoch politischer Ausdruck einer zur sozialpolitischen Einsicht gelangten Gesellschaft und eines entsprechenden Sozialstaates. Diese an wohlfahrtskorporativer Subsidiarität orientierte Politik des »hilfreichen Beistands« steht in der marktförmigen Gestaltung der Wohlfahrtsproduktion grundsätzlich in Frage.

---

[43] MÖHRING-HESSE (2018: 74) sprach von einer »Ausweitung der sozialstaatlichen Kontrolle«.

5. Praktische Auswirkungen auf die Zeitstrukturen – zur Strukturierung der Pflegearbeit

Sowohl die Persistenz feminisierter Sorgepraxis, die über die familiale Subsidiarität normativ flankiert wurde und wird, als auch einige Folgen der Abkehr von der nicht-marktorientierten Wohlfahrtspflege, die mit der wohlfahrtskorporativen Subsidiarität legitimiert wurde, lassen sich empirisch belegen. Die Pflegepolitik des deutschen Sozialstaats und die Strukturierung der Pflegearbeit bieten hier viel Anschauungsmaterial, in dem sich spezifische Auslegungen des Subsidiaritätsprinzips spiegeln (vgl. Haubner, 2017: 176). Einerseits wird Subsidiarität als Vorrangprinzip verstanden, das »der privaten, häuslichen und familiären Eigenarbeit kleiner sozialer Gemeinschaften gegenüber gesamtgesellschaftlicher Solidarität den Vorzug gibt« (Haubner, 2018: 1). Andererseits stehen die sozialen Dienste unter einem Kostendruck, der ihr traditionelles Selbstverständnis ebenso wie ihr stellvertretendes Tätigsein einer zur sozialpolitischen Einsicht gelangten Gesellschaft beschädigt bzw. in Frage stellt; es entstehen kaum überbrückbare Spannungen in Konzeption und Kommunikation des eigenen karitativen Selbstverständnisses (vgl. u. a. Dammayr, 2019: 156, 191; Möhring-Hesse, 2018: 60 f.).

Beginnen wir mit der familialen Pflegepraxis. Nach wie vor »gelten die Familie und ihr nahestehende Pflegepersonen als bevorzugte ökonomische und soziale Unterstützungseinheit« (Haubner, 2018: 1). Empirisch belegen lässt sich dies im Blick auf die Verteilung der Arbeitszeit in der bezahlten und unbezahlten Altenpflege. Tabelle 5.1 zeigt, dass sich die Arbeitszeit zur Pflege älterer pflegebedürftiger Menschen zu ca. 85 % auf die Familien und den jeweiligen Nahbereich der Pflegebedürftigen konzentriert, in denen (abgesehen vom an die Pflegebedürftigen ausgezahlten Pflegegeld) unentgeltlich gepflegt wird – das heißt: in denen freiwillige Gratisarbeit geleistet wird, die ein ›Geschenk‹ an Gesellschaft und Staat darstellt bzw. Letztere als Trittbrettfahrer erscheinen lässt.[44] Die restlichen 15 % sind der Erwerbsarbeit zuzuordnen. Betrachtet man diese näher, so wird deutlich, dass selbst bei zurückhaltenden Schätzungen zu Live-In[45]-versorgten Pflegehaushalten die verbrachte pflegerische Erwerbs-

---

[44] Vgl. (3.)

[45] Der Begriff »Live-In(s)« ist ein mittlerweile gebräuchlicher Begriff in der Forschungsliteratur. Als Live-Ins werden migrantische Arbeitskräfte aus Mittel- und Osteuropa bezeichnet, die zumeist eine Eins-zu-Eins-Betreuung und -Pflege von Pflegebedürftigen in privaten Haushalten übernehmen. Ihre Einsatzzeit erstreckt sich i. d. R. über vier bis zwölf Wochen. Danach werden sie von Live-Ins, mit denen sie in einem Rotationssystem stehen, abgelöst. Dadurch dass Live-Ins am Ort ihrer Erwerbstätigkeit wohnen (*live-in*), besteht die Gefahr permanenter Verfügbarkeit und entsprechend entgrenzter Arbeitszeit.

arbeitszeit in privaten Haushalten mit 51,7 % bzw. 57,1 % an den gesamten Vollzeitäquivalenten (VZÄ) bezahlter Altenpflege leicht über dem Anteil liegt, der auf die stationäre Pflege entfällt. In Deutschland ist der Live-In-Anteil an den bezahlten Arbeitsstunden in der Altenpflege so bedeutsam geworden,[46] dass das deutsche Pflegesystem neben der familienbasierten Angehörigenpflege als ein deprofessionalisiert-servicebasiertes System mit Schwerpunkt auf der Versorgung in privaten Haushalten zu charakterisieren ist.

Tab. 5.1: Verteilung der Arbeitszeit in der bezahlten und unbezahlten Altenpflege in Deutschland, unter Berücksichtigung unterschiedlicher Angaben zur Zahl Live-In versorgter Pflegehaushalte (2019).[47]

	Bei Annahme von 105.000 Live-Inversorgten Pflegehaushalten		Bei Annahme von 163.000 Live-In versorgten Pflegehaushalten	
Informelle Laienpflege, ausgenommen Live-In-Pflege (VZÄ)[48]	5,6 Mio.	86,04 %	5,5 Mio.	84,30 %
Live-In-Pflege (VZÄ)[49]	209.300	3,22 %	325.000	4,98 %
Pflege durch ambulante Dienste (VZÄ)	260.500	4,00 %	260.500	3,99 %
Pflege in stationären Einrichtungen (VZÄ)	439.000	6,74 %	439.000	6,73 %
		100 %		100 %

Quelle: Statistisches Bundesamt, 2020: 29 f., 41 f.; Hielscher et al., 2017: 60, 95; Kantar, 2019: 91 f.; Räker et al., 2020: 80 (eigene Berechnungen).

---

[46] Vgl. EMUNDS ET AL. (2022: 89–91). Bei Berücksichtigung ausschließlich erwerbsmäßig erbrachter Pflege beläuft sich der Live-In-Anteil bei sehr zurückhaltender Schätzung Live-In versorgter Haushalte auf 23 % bis 32 %. Weniger zurückhaltende Schätzungen ergeben weit höhere Anteile; dazu vgl. HAGEDORN (2021: 8).

[47] Bei der ambulanten Pflege wurde der Bereich der Verwaltung und Geschäftsführung sowie der sonstige Bereich nicht berücksichtigt; dagegen alle Beschäftigten (VZÄ) in der Pflegedienstleitung, in der körperbezogenen Pflege, in der Betreuung (§ 36 Absatz 2 Satz 3 SGB XI) und in der Haushaltsführung. Hinsichtlich der stationären Versorgung wurde das in der Pflege und Betreuung eingesetzte Personal berücksichtigt; die Vollzeitäquivalente im Hauswirtschaftsbereich, im haustechnischen Bereich, in der Verwaltung und Geschäftsführung sowie im sonstigen Bereich wurden nicht eingerechnet.

Für die Pflege insgesamt gilt, dass sie viel Zeit in Anspruch nimmt. Es fehlt aber bislang ein realistischer Blick für den tatsächlichen zeitlichen Aufwand von Pflegearbeit. Wenn diese Perspektive angelegt würde, müsste dies zur Folge haben, »die Zeit, die Care-Arbeit braucht«, anzuerkennen und »bei allen Überlegungen zur politischen Gestaltung einer Gesellschaft [zu] berücksichtig[en]« (Bücker, 2020: 9) sowie – das betrifft die familienbasierte Angehörigenpflege – »den zeitlichen Umfang von Erwerbsarbeit so neu zu verteilen, dass eine Vollzeiterwerbstätigkeit deutlich weniger als 40 Stunden umfasst« (a. a. O.: 7). Bisher findet dagegen eine extensive Inanspruchnahme unentgeltlicher Pflegearbeit statt, deren ausreichendes Vorhandensein einfach angenommen wird. Diese Ressource wird als willkommener Beitrag zur Senkung der aus öffentlichen Kassen zu tragenden Kosten bei der Erledigung der gesamtgesellschaftlichen Aufgabe der Langzeitpflege gesellschaftlich und sozialstaatlich in Anspruch genommen, wobei die Bereitschaft, das Kostbare dieser Ressource zu beachten, d. h. zu beachten, dass es zu ihrem Vorhandensein auch eines »hilfreichen Beistands« bedarf, weitgehend ausbleibt.

In der formellen Pflegeerwerbsarbeit herrscht ein permanenter Kostendruck. Weil bei der Pflege als interaktiver Sorgearbeit entscheidend personale Arbeitsleistungen Kosten generieren,[50] wird mit dem Kostendruck ein Zwang

---

[48] Im Pflege-Report 2020 wird angegeben, dass in privaten Haushalten jede Woche im Mittel 60,7 Stunden pro pflegebedürftiger Person durch Hauptpflegepersonen, Freund*innen, Verwandte oder andere Personen im Nahbereich informell geleistet werden (bezahlte Tätigkeiten durch Live-Ins sind ausgenommen) (vgl. RÄKER ET AL., 2020: 80). Auf Grundlage einer 40-Stunden-Woche und von 45 Kalenderwochen (52 Kalenderwochen abzüglich der Urlaubszeit von fünf Wochen und der gesetzlichen Feiertage) entspricht dies – bei Abzug Live-In-versorgter Personen – 5,5 bzw. 5,6 Mio. Vollzeitäquivalenten.

[49] Die Angaben zu den Vollzeitäquivalenten der Live-Ins basieren auf der Erhebung von HIELSCHER ET AL. (2017: 60), der zufolge eine Live-In im Durchschnitt eine wöchentliche Arbeitszeit von 69 Stunden hat; Zeiten der vor Ort verbrachten Bereitschaft, die gemäß EU-Arbeitsrecht voll als Arbeitszeit zählen, sind dabei offenbar nicht mitgezählt. Zieht man zur Berechnung der Vollzeitäquivalente (auf Grundlage einer 40-Stunden-Woche und von 45 Kalenderwochen [52 Kalenderwochen abzüglich der Urlaubszeit von fünf Wochen und der gesetzlichen Feiertage]) diese wöchentliche Arbeitszeit von Live-In-Erwerbstätigen heran, so erhalten wir für Deutschland näherungsweise je nach Schätzung der Pflegehaushalte, in denen Live-Ins arbeiten und leben, 209.300 Vollzeitäquivalente (errechnet nach KANTAR, 2019: 91 f.) bzw. 325.000 Vollzeitäquivalente (errechnet nach HIELSCHER ET AL., 2017: 95). Die Angabe der Kantar-Studie wurde aufgegriffen von: BUNDESREGIERUNG/BMG, 2021: 2; BMG-ARBEITSENTWURF, 2021: 113.

[50] Aufgrund der Kosten sachlicher Produktionsmittel weisen die relativen Arbeitskosten in der Industrie und in unternehmensnahen Dienstleistungen i. d. R. einen im Vergleich zu interaktiven Sorgebranchen geringeren Anteil an den Ausgaben auf.

verbunden, die Arbeitskosten und die Preise für Leistungen nicht oder nur moderat ansteigen zu lassen und damit erschwinglich zu halten. Erheblich erschwert wird das Unterfangen durch die Rationalisierungsbarrieren, die der Pflegearbeit inhärent sind (vgl. Emunds et al., 2022: 72-74; 109-114). Die Steigerung der quantitativen Arbeitsproduktivität, die in anderen Branchen Lohnsteigerungen und Verbesserungen der Arbeitsbedingungen, darunter Arbeitszeitverkürzungen, erleichtert(e), stößt beim Pflegehandeln an Grenzen. Es ist schwierig, mehr Pflegebedürftige pro Stunde und Arbeitskraft angemessen zu pflegen. Diese Grenzen sind wenig flexibel. Selbst wenn das Pflegehandeln – normativen Standards zuwider – jeglicher fürsorglicher Anteile entkernt wäre: Irgendwann geht es einfach nicht schneller.

Die »sorglose« Inanspruchnahme unentgeltlicher Pflegeressourcen, d.h. eine Inanspruchnahme, die sich nicht um das Wohlergehen der pflegenden Angehörigen und den Schutz vor Überforderung, Depression, gesundheitlichem Verschleiß und sozialer Isolation sorgt, aber auch der Kostendruck, der auf Trägern, Diensten und Beschäftigten lastet, wird in der Strukturierung der Pflege auf zwei Weisen sichtbar:

(a) Pflegende werden *zeitextensiv* beansprucht. Pflegetätigkeiten, denen geringe oder fehlende Arbeitseinkommen bzw. Lohnersatzleistungen gegenüberstehen, gehen mit tendenziell immer größer werdender zeitlicher Beanspruchung einher[51] und werden normativ über das Subsidiaritätsprinzip und den Appell an Eigenverantwortung an Angehörige und nachbarschaftliche »kleine Netze« adressiert (vgl. BMFSFJ, 2016). Hier ist vor allem das Arbeitsvermögen

---

[51] Es ist davon auszugehen, dass das Arbeitsvolumen unbezahlter Pflege, vor allem durch Angehörige, zunimmt. Zwischen 2003 und 2019 ist der Anteil der zu Hause versorgten Bezieher*innen von Pflegeversicherungsleistungen um elf Prozentpunkte auf 80,2 % angestiegen (2003 wurden 69,2 % der Leistungsbezieher*innen zu Hause versorgt) (vgl. STATISTISCHES BUNDESAMT, 2005: 9; STATISTISCHES BUNDESAMT, 2020: 19). Die formelle Beschäftigung (VZÄ) in der ambulanten Pflege pro 1.000 Leistungsbezieher*innen lag 2003 bei 83,9 Arbeitnehmer*innen (VZÄ); 2019 betrug sie 78,7 Arbeitnehmer*innen (VZÄ) (vgl. STATISTISCHES BUNDESAMT, 2005: 9, 15; STATISTISCHES BUNDESAMT, 2020: 19, 29 f.; berücksichtigt wurde das in Fn. 47 ausgewiesene Personal). Wenn die erhebliche Steigerung der zu Hause versorgten Pflegebedürftigen (zwischen 2003 und 2019 um 130 %) und der Rückgang der Vollzeitäquivalente pro 1.000 Leistungsbezieher*innen in der formellen ambulanten Versorgung (im genannten Zeitraum von minus 6,2 %) nicht durch Live-Ins aufgefangen wurden, ist eine Zunahme unbezahlter (Angehörigen-)Pflegearbeit zu konstatieren. Dabei ist der Anteil Pflegebedürftiger in häuslicher Umgebung mit hohen Pflegebedarfen um vier Prozentpunkte angestiegen; 2003 lag er bei 10 % (Pflegestufe III); 2019 bei 14 % (Pflegegrade 4 und 5) (vgl. STATISTISCHES BUNDESAMT, 2005: 9; STATISTISCHES BUNDESAMT, 2020: 19).

informeller Laienpflegekräfte im Fokus: pflegende Angehörige, ehrenamtlich Tätige und (von den Angehörigen beauftragte und in Vertretung fungierende) Live-In-Kräfte.

(b) Pflegende werden unter *Zeitdruck* gesetzt. Dieser wird ersichtlich in der Erbringung zergliederter Leistungen in weniger Zeit zu einem Arbeitseinkommen, das mit dem Entgelt anderer Branchen Schritt zu halten versucht. Dabei ist vor allem das Arbeitsvermögen der Fachpflege im Fokus.

Die unter Zeitdruck gesetzten professionell Pflegenden sehen sich mit einer aufgezwungenen Externalisierung fürsorglicher Pflegeanteile aus der bezahlten professionellen Pflegepraxis konfrontiert; sie müssen z. B. kommunikative Anteile auf ein Minimum reduzieren und entgegen internalisierten Standards fürsorglicher Pflege arbeiten (vgl. Emunds et al., 2022: 93-98). Andere wählen Teilzeit bei Nutzung von Freizeit (vgl. Tab. 5.2).

Tab. 5.2: Formelle Beschäftigungsverhältnisse des Personals und Arbeitsverdichtung in der ambulanten und stationären Altenpflege zwischen 1999 und 2019.

	Ambulante Versorgung					Stationäre Versorgung				
	1999		2019			1999		2019		
	Anzahl	Geschätzte VZÄ pro 100 ambulant Versorgten über 74 J.	Anzahl	Geschätzte VZÄ pro 100 ambulant Versorgten über 74 J.	Zuwachs zw. 1999 u. 2019 (in %, bezogen auf die abs. Zahlen)	Anzahl	Geschätzte VZÄ pro 100 ambulant Versorgten über 74 J.	Anzahl	Geschätzte VZÄ pro 100 ambulant Versorgten über 74 J.	Zuwachs zw. 1999 u. 2019 (in %, bezogen auf die abs. Zahlen)
Vollzeitbeschäftigt	56.914 (31,0 %)		117.124 (27,8 %)		106 %	211.544 (48,0 %)		231.847 (29,1 %)		10 %
Teilzeitbeschäftigt (über 50 %)	49.149 (26,7 %)		157.984 (37,5 %)		221 %	100.897 (22,9 %)		329.229 (41,3 %)		226 %
Teilzeitbeschäftigt (50 % und weniger, aber nicht geringfügig beschäftigt)	28.794 (15,7 %)		59.996 (14,2 %)		108 %	54.749 (12,4 %)		109.172 (13,7 %)		99 %

	Ambulante Versorgung					Stationäre Versorgung				
	1999		2019			1999		2019		
	Anzahl	Geschätzte VZÄ pro 100 ambulant Versorgten über 74 J.	Anzahl	Geschätzte VZÄ pro 100 ambulant Versorgten über 74 J.	Zuwachs zw. 1999 u. 2019 (in %, bezogen auf die abs. Zahlen)	Anzahl	Geschätzte VZÄ pro 100 ambulant Versorgten über 74 J.	Anzahl	Geschätzte VZÄ pro 100 ambulant Versorgten über 74 J.	Zuwachs zw. 1999 u. 2019 (in %, bezogen auf die abs. Zahlen)
Geringfügig beschäftigt	39.126 (21,3 %)		71.077 (16,9 %)		82 %	42.795 (9,7 %)		63.512 (8,0 %)		48 %
Auszubildende, Helfer*innen im freiwilligen sozialen Jahr etc.	9.799 (5,3 %)		15.369 (3,6 %)		57 %	30.955 (7,0 %)		62.729 (7,9 %)		103 %
Personal insgesamt	183.782 (100 %)	14,3 (bei 10,9 % in Pflegestufe III)	421.550 (100 %)	bei 13,6 % in den Pflegegraden 4+5	129 %	440.940 (100 %)	75,0 (bei 22,4 % in Pflegestufe III)	796.489 (100 %)	85,0c (bei 44,6 % in den Pflegegraden 4+5)	81 %

Quelle: Statistisches Bundesamt, 2001: 7, 8, 11, 17; Statistisches Bundesamt, 2020: 19, 21, 25, 29: 37, 41 (eigene Berechnungen).

Zwischen 1999 und 2019 hat die Vollzeitbeschäftigung in der ambulanten, aber besonders auch in der stationären Altenpflege anteilig abgenommen. Dagegen hat die Teilzeitbeschäftigung (ausgenommen die geringfügige Beschäftigung) erheblich zugenommen. In 2019 waren lediglich 27,8 % der in der ambulanten Versorgung und 29,1 % der in der stationären Pflege tätigen Arbeitnehmer*innen vollzeitbeschäftigt (vgl. Tab. 5.2). Dabei leisteten Pflegekräfte in der ambulanten wie stationären Altenpflege im Jahr 2019 schätzungsweise 5,8 Millionen unbezahlte Überstunden, was einem Nettowert von 61 Mio. Euro bzw. jährlich rund 3.180 Vollzeitstellen entspricht (vgl. Bundesregierung, 2021: 41 f.; Sandmann, 2021). Auch ist eine Arbeitsverdichtung festzustellen. Bei anteilig höheren Pflegebedarfen sind die verfügbaren Vollzeitstellen pro 100 Versorgten in der ambulanten Pflege leicht zurückgegangen; in der stationären Versorgung sind im Zeitraum von zwanzig Jahren lediglich 10 Vollzeitäquivalente pro 100 stationär Gepflegten hinzugekommen, obwohl der Anteil von Menschen mit hohen Pflegegraden und entsprechend hohen Pflegebedarfen in stationären Einrichtungen um über 20 Prozentpunkte angestiegen ist.

6. Pflegepolitische Orientierungskraft der Subsidiarität heute – Versuch einer normativen Neubestimmung

Hinsichtlich der zeitlichen Beanspruchung durch Pflegearbeit in familialen Pflegekontexten spielt Subsidiarität im beschriebenen Sinne (vgl. 3.) weiterhin eine wichtige normative Rolle, die über die Betonung der Eigenverantwortung und der familialen Zuständigkeit zeitextensive Inanspruchnahmen ›legitimiert‹. Unentgeltlich in der überfordernden Angehörigenpflege und bezahlt in der zeitlichen Totalbeanspruchung der Live-Ins kommen diese Inanspruchnahmen paradigmatisch zum Ausdruck. Der Zeitdruck in der ambulanten und stationären Pflege, der im Zuge der Verbetriebswirtschaftlichung[52] und »Ausweitung der sozialstaatlichen Kontrolle« (Möhring-Hesse, 2018: 74) verschärft zutage tritt (vgl. 4.), charakterisiert die zeitliche Strukturierung von formeller Pflegeerwerbsarbeit. Sowohl die zeitextensiven Inanspruchnahmen von Pflegeressourcen in familialen bzw. informellen Kontexten als auch die unter Zeitdruck gesetzten formellen Pflegearbeiten in der ambulanten und stationären Versorgung (vgl. 5.) sind ›Zeitdiagnosen‹, die deutlich machen, dass die Zeit und Ressourcen, die Pflege – ihrer Eigenlogik als interaktiver Sorge entsprechend – braucht (vgl. Emunds et al., 2022: 72–78), missachtet bzw. nicht in ausreichender Weise zur Verfügung gestellt werden. In der häuslichen Pflege fehlt es an Ressourcen, die die Pflegenden entlasten könnten, darunter Lohnersatzleistungen für pflegende Angehörige, die helfen, die Zeit der Erwerbsarbeit zugunsten der Zeit der Pflegearbeit zu reduzieren. In der ambulanten und stationären Pflege wird den Beschäftigten nicht die Zeit eingeräumt, die fürsorgliche Pflege braucht und die davor schützt, den Standards guter Pflege zuwider arbeiten zu müssen (vgl. Jäger, 2021). Es fehlt also in beiden Fällen – in der zeitlichen Beanspruchung durch und in der zeitlichen Strukturierung von Pflegearbeit – an »hilfreichem Beistand«, der die Spezifika dieser Interaktionsarbeit ernst nimmt.

Normativ birgt die Subsidiarität ein ungehobenes Potential, das helfen könnte, sowohl die zeitliche Beanspruchung durch als auch die zeitliche Strukturierung von Pflegearbeit neu auszurichten.

---

52 Zu den Folgen – darunter dem Kostendruck – vgl. Stoebe (2019); Eckhardt (2019).

Dafür greife ich auf die bereits mehrfach erwähnte, von Nell-Breuning vorgenommene Übersetzung der Subsidiarität als »hilfreichen Beistand« zurück. Bei einer normativen Neubestimmung des Prinzips, wie ich sie im Anschluss an Nell-Breuning versuchen will, drängt sich zunächst die Frage auf, unter welchen Bedingungen ein »hilfreicher Beistand« hilfreich ist – und wann er nicht hilfreich ist und zu unterbleiben hat. Dies ist die Kernfrage der Subsidiarität. Denn »[d]as Subsidiaritätsprinzip fordert diejenige Verteilung der Aufgaben [...], bei der dem Menschen am besten geholfen ist« (Nell-Breuning, 1955: 7) – sowohl dem Menschen, der eine Leistung empfängt, als auch dem Menschen, der eine Leistung erbringt. In den 1970er Jahren setzte Nell-Breuning diesen Gedanken erstmals explizit mit Artikel 2 GG in Beziehung: »[H]ilfreich ist der Beistand, der die Selbstentfaltung (GG Art. 2) fördert; schädlich ist der sie beeinträchtigt, hindert oder stört« (Nell-Breuning, 1976a: 8).[53]

Sozialpolitisch verstehe ich das Subsidiaritätsprinzip als Zuständigkeitsprinzip, das Zuständigkeiten nach folgenden Kriterien adressiert: Zuständig ist derjenige Akteur bzw. diejenige Einrichtung oder Ebene – von der Einzelperson über intermediäre soziale Netzwerke und Verbände bis hin zu den verschiedenen Ebenen staatlichen Handelns –, die (a) persönliche Entfaltungsmöglichkeiten mit einer Aufgabe verbindet[54] oder eröffnet, und die (b) *gut*

---

[53] Es gibt einige Anhaltspunkte dafür, dass Nell-Breuning selbst das Subsidiaritätsprinzip nicht immer widerspruchsfrei gedacht hat – einerseits gemäß den Entfaltungsmöglichkeiten bzw. der Selbstverwirklichung jedes Bürgers und andererseits gemäß den Möglichkeiten oder Vermögen, etwas im Sinne aller Betroffenen gut zu leisten (etwas »zum guten Ende führen [zu] können« [*Quadragesimo anno* 79; TEXTE ZUR KATHOLISCHEN SOZIALLEHRE, 2007: 91]). Beispielsweise schreibt Nell-Breuning: Es sei so zu helfen, »daß meine Hilfe bald überflüssig wird und die Menschen wieder zu dem Bewußtsein kommen, es ist doch viel schöner, viel beglückender, wenn man sich selbst helfen kann, und es ist nichts demütigender, als wenn man sich helfen lassen muß schon vor Schwäche und Unfähigkeit und noch viel demütigender, wenn man sich helfen läßt aus Nachlässigkeit, aus Trägheit, aus Bequemlichkeit« (NELL-BREUNING, 1982: 18 f.). Hier wird der Eindruck vermittelt, als müsse der Mensch aus Motiven der Selbstachtung tunlichst jeden Zustand der Hilfsbedürftigkeit (auch den, der aus »Schwäche und Unfähigkeit« erwächst) vermeiden. Das ist sehr nah am »Primat der Eigenverantwortung der Individuen und der gesellschaftlichen Subsysteme« (SPIEKER, 1982: 40), der sich nach unserer Lesart (vgl. EMUNDS ET AL., 2022: 64–70) gerade nicht mit dem Subsidiaritätsprinzip begründen lässt.

[54] Das Subsidiaritätsprinzip kann z. B. daran erinnern, »dass es Menschen guttut, Aufgaben zu übernehmen und sich dadurch in die Gesellschaft einzubringen. Ein Gemeinwesen, das es allen Menschen ermöglicht, sich am gesellschaftlichen Leben zu beteiligen, gibt ihnen die Chance, sich als anerkannt und ebenbürtig zu erfahren, sich über diese Beiträge zur Gesellschaft persönlich zu entfalten und so ihre Freiheit zu realisieren« (EMUNDS, 2019: 228).

imstande ist,[55] etwas im Sinne aller Betroffenen gut zu leisten. Bei Kriterium (b) ist eine zweifache Perspektive zu berücksichtigen. Zum einen ist der *Leistungserbringer* im Fokus (b1): Die Person oder der kollektive Akteur, die bzw. der eine Leistung erbringt, muss imstande sein, eine *gute* Leistung zu erbringen (z. B. mit einem bestimmten Know-how und entsprechenden Ressourcen ausgestattet sein, um etwas gut zu leisten). Zum anderen ist der *Leistungsempfänger* bzw. die Qualität der Leistung selbst im Fokus (b2): Nach Maßgabe allgemein zustimmungsfähiger Kriterien muss es sich bei einer Leistung, die eine Person empfängt, um eine *gute* Leistung handeln.[56] Die unter (a) und (b) genannten Kriterien dürften sich zwar in vielen Fällen wechselseitig bedingen; sie sind aber dennoch zu differenzieren. Dies lässt sich an Beispielen anschaulich machen:

Zu (a): Bei der Angehörigenpflege lässt sich der Fall beschreiben, dass eine Person zwar in der Lage ist, ihre pflegebedürftige Angehörige *gut* zu versorgen (sie ist pflegerisch kundig), und dass auch aus Sicht des pflegebedürftigen Menschen ›alles *gut* ist‹, die Pflegeperson aber mit der Zeit ihre persönlichen Entfaltungsmöglichkeiten und Lebenspläne immer mehr schwinden sieht und daran leidet.

Zu (b1): Wenn wir den Blick auf Engagementfelder weiten, wo Menschen, die hilfebedürftig sind, von ehrenamtlich Tätigen begleitet werden, dann können Personen in Erscheinung treten, die in ihrem Ehrenamt zwar aufgehen, aber nicht die nötige Kompetenz und Distanz mitbringen, die eine solche Begleitung erfordert. Dies kann in Enttäuschung und Schuldzuweisung umschlagen, wenn die vormals Hilfebedürftigen nicht mehr auf Hilfe angewiesen sind und denjenigen Grenzen setzen, die sich um ihrer eigenen Selbstverwirklichung willen weiter engagiert zeigen wollen.

---

[55] Vgl. NELL-BREUNING (1968/90: 84): »Was kann der Einzelmensch, was kann die Gliedgemeinschaft äußerstenfalls, wenn sie all ihre Kräfte auf dieses eine Ziel hin anspannt, gerade eben noch ›verkraften‹, und was liegt schlechthin jenseits ihrer äußersten Möglichkeiten? Dann kommt der Unsinn heraus, der Einzelmensch (die Gliedgemeinschaft) müsse sich bis zum letzten, bis zum völligen Zusammenbruch der Kräfte auspumpen, bevor die Gemeinschaft helfend beispringen darf. [...] [D]as Subsidiaritätsprinzip wendet sich an vernünftige Menschen, von denen man erwarten darf, daß sie Redewendungen wie ›leisten können‹ und ›zu leisten außerstande sein‹ vernünftig verstehen.«

[56] Hierbei kann nicht ausschließlich auf die Selbstauskunft oder Einschätzung des einzelnen Leistungsempfängers rekurriert werden, da seitens des Empfängers teils gar nicht gewusst werden kann, welche Güte eine Leistung hat (siehe [Klein-]Kinder und erwachsene Menschen mit kognitiven Beeinträchtigungen).

Zu (b2): Zur Veranschaulichung können wir an dieser Stelle von Eltern ausgehen, die es als persönliche Entfaltung betrachten, ihre Kinder – jenseits des offiziellen Schulsystems und isoliert von anderen Kindern – selbst zu unterrichten (in Deutschland ist dies gesetzlich verboten, in den USA hingegen erlaubt). Wenn es sich um ausgebildete Lehrer handelte, wären sie womöglich in der Lage, das, worin sie ihre Erfüllung sehen, gut zu leisten. Dennoch lassen sich triftige Gründe dafür anführen, dass ein solcher ›Schulersatz‹ für die Kinder in fachlicher wie in sozialpsychologischer und -pädagogischer Hinsicht nicht unbedingt *gut* ist.

Eine so verstandene Subsidiarität assoziiert mit dem Prinzip keinen bloßen »Primat der Eigenverantwortung der Individuen« (Spieker, 1982: 40) oder fordert schlicht eine »Rückverlegung des Schwerpunktes der Lebensplanung und solidarischen Verantwortung in die Familie« (Röpke, 1956: 5), sondern tariert – auf dem Niveau moderner Sozialstaatlichkeit und im Bewusstsein um die Wirkungsweise, wie der Sozialstaat gesellschaftliche Ressourcen mobilisiert und im Zusammenspiel mit intermediären kollektiven Akteuren Daseinsvorsorge herstellt – Zuständigkeiten für gesellschaftlich notwendige Tätigkeiten und Leistungen so aus, dass sie persönlich erfüllend und im Sinne aller Betroffenen *gut* erbracht werden können. Mit dem Subsidiaritätsprinzip geraten also die gesellschaftlichen und sozialstaatlich-institutionell zu gewährleistenden Ressourcen in den Blick, die Menschen benötigen, um bestimmte Aufgaben in modernen Gesellschaften »zum guten Ende führen [zu] können« (*Quadragesimo anno,* 79; Texte zur katholischen Soziallehre, 2007: 91); Ressourcen, die es z.B. ermöglichen, »die Zeit, die Care-Arbeit braucht« (Bücker, 2020: 9), unter nicht nur gerade noch erträglichen, sondern guten Bedingungen aufzubringen. Dagegen verletzt eine Politik des »aktivierenden Sozialstaats«, die dem Grundsatz »ambulant vor stationär« – ohne Ansehen der Pflegebedürftigen sowie der Lebenspläne der Pflegenden – Vorrang einräumt und pflegerische Zuständigkeiten einfach in private Haushalte verlagert, ohne wirklich entlastende Ressourcen bereitzustellen, das Subsidiaritätsprinzip. Gleiches gilt für eine Politik, die »das Ende des deutschen subsidiär geprägten Wohlfahrtskorporatismus« (Boeßenecker/Vilain, 2013: 11) einleitete und die seither die Pflegedienste und -einrichtungen betriebswirtschaftlichen Effizienzkriterien unterwirft und sie unter erhöhten Kostendruck setzt. Auch hier ist keine Politik des »hilfreichen Beistands« gegeben, die die Ressourcen bereitstellt, die die Interaktionsarbeit Pflege notwendig voraussetzt. Angesichts der beschriebenen zeitextensiven Beanspruchung durch Pflegearbeit in familialen bzw. informellen Pflegekontexten und der prekären zeitlichen Strukturierung von formeller Pflegeerwerbsarbeit kann das Subsidiaritätsprinzip gegenwärtig nur ein Prinzip sein, das die ›positive Gebotsseite‹ überbetont, das vehement den »hilfreichen Beistand« des Sozialstaats einfordert und das dabei alle Ebenen sozialstaatlichen Handelns normativ in die Pflicht nimmt.

Literatur

Abelshauser, Werner: Die Weimarer Republik – ein Wohlfahrtsstaat?, in: Abelshauser, Werner (Hrsg.), Die Weimarer Republik als Wohlfahrtsstaat. Zum Verhältnis von Wirtschafts- und Sozialpolitik in der Industriegesellschaft (Vierteljahrschrift für Sozial- und Wirtschaftsgeschichte). Stuttgart: Franz Steiner 1987, 9–31.

Achinger, Hans/Höffner, Joseph/Muthesius, Hans/Neundörfer, Ludwig: Neuordnung der sozialen Leistungen. Denkschrift auf Anregung des Herrn Bundeskanzlers. Köln: Greven Verlag 1955.

Alemann, Ulrich von (Hrsg.): Neokorporatismus. Frankfurt a.M.: Campus 1981.

Aulenbacher, Brigitte/Dammayr, Maria: Krisen des Sorgens. Zur herrschaftsförmigen und widerständigen Rationalisierung und Neuverteilung von Sorgearbeit, in: Aulenbacher, Brigitte/Dammayr, Maria (Hrsg.), Für sich und andere sorgen. Krise und Zukunft von Care in der modernen Gesellschaft (Arbeitsgesellschaft im Wandel). Weinheim/Basel: Beltz Juventa 2014, 65–76.

Backhaus-Maul, Holger: Unergründete Tiefen. Zum Stand der immer noch jungen Wohlfahrtsverbändeforschung, in: Heinze, Rolf G. et al. (Hrsg.), Neue Governancestrukturen in der Wohlfahrtspflege. Wohlfahrtsverbände zwischen normativen Ansprüchen und sozialwirtschaftlicher Realität (Wirtschafts- und Sozialpolitik 19). Baden-Baden: Nomos 2018, 17–37.

Bahl, Friederike: Die Politik der Sorge unter Transnationalisierungsdruck. Von der Dienstleistungsgesellschaft abseits des nationalstaatlichen Containers, in: Emunds, Bernhard et al. (Hrsg.), Freiheit – Gleichheit – Selbstausbeutung. Zur Zukunft der Sorgearbeit in der Dienstleistungsgesellschaft (Die Wirtschaft der Gesellschaft, Jahrbuch 6). Marburg: Metropolis 2021, 197–219.

Benz, Arthur/Lütz, Susanne/Schimank, Uwe/Simonis, Georg (Hrsg.): Handbuch Governance. Theoretische Grundlagen und empirische Anwendungsfelder. Wiesbaden: VS 2007.

Blüm, Norbert: Solidarität und Subsidiarität in der Sozialpolitik, in: Bulletin. Presse- und Informationsamt der Bundesregierung, Nr. 114 v. 19.11.1982, 1037–1040.

BMFSFJ (Bundesministerium für Familie, Senioren, Frauen und Jugend): Siebter Bericht zur Lage der älteren Generation in der Bundesrepublik Deutschland: Sorge und Mitverantwortung in der Kommune – Aufbau und Sicherung zukunftsfähiger Gemeinschaften, und Stellungnahme der Bundesregierung (Siebter Altenbericht). Deutscher Bundestag Drucksache 18/10210. Berlin 2016.

BMFSFJ (Bundesministerium für Familie, Senioren, Frauen und Jugend): Zweiter Gleichstellungsbericht der Bundesregierung. Deutscher Bundestag Drucksache 18/12840. Berlin 2017.

BMG-Arbeitsentwurf: Entwurf eines Gesetzes zur Reform der Pflegeversicherung (Pflegereformgesetz) 2021. Bearbeitungsstand: 15.03.2021, 13.22 Uhr (liegt dem Autor vor).

Boeßenecker, Karl-Heinz/Vilain, Michael: Spitzenverbände der Freien Wohlfahrtspflege. Eine Einführung in Organisationsstrukturen und Handlungsfelder sozialwirtschaftlicher Akteure in Deutschland. Weinheim/Basel: Beltz Juventa ²2013.

Brunner, Otto: Das »ganze Haus« und die alteuropäische »Ökonomik« (1950), in: Brunner, Otto (Hrsg.), Neue Wege der Sozialgeschichte. Vorträge und Aufsätze. Göttingen: Vandenhoeck & Ruprecht 1956, 33-61.

Bundesregierung, BMG: Antwort der Bundesregierung auf die Kleine Anfrage der Abgeordneten Pia Zimmermann, Susanne Ferschl, Matthias W. Birkwald, weiterer Abgeordneter und der Fraktion DIE LINKE (Drucksache 19/26836 – Agenturen für sogenannte 24-Stunden-Pflegekräfte) 2021. Deutscher Bundestag – Drucksache 19/27415, Berlin 2021.

Bücker, Teresa: Zeit, die es braucht. Care-Politik als Zeit-Politik, in: Aus Politik und Zeitgeschichte 70 (2020) 45, 4-9.

Cremer, Georg: Die künftige Rolle von Markt und Wettbewerb in der Wohlfahrtspolitik verbandlicher Caritas, in: Gabriel, Karl/Ritter, Klaus (Hrsg.), Solidarität und Markt. Die Rolle der kirchlichen Diakonie im modernen Sozialstaat. Freiburg i. Br.: Lambertus 2005, 148-165.

Cremer, Georg: Wohlfahrtsverbände zwischen Marktbehauptung und sozialpolitischem Anspruch, in: Sozialer Fortschritt 68 (2019) 1, 31-44.

Dammayr, Maria: Legitime Leistungspolitiken? Leistung, Gerechtigkeit und Kritik in der Altenpflege (Arbeitsgesellschaft im Wandel). Weinheim/Basel: Beltz Juventa 2019.

Delors, Jacques: Entwicklungsperspektiven der Europäischen Gemeinschaft, in: Aus Politik und Zeitgeschichte (1993) 1, 3-9.

Denninger, Tina/van Dyk, Silke/Lessenich, Stephan/Richter, Anna: Leben im Ruhestand. Zur Neuverhandlung des Alters in der Aktivgesellschaft (Gesellschaft der Unterschiede 12). Bielefeld: transcript 2014.

Dettling, Warnfried: Krise des Wohlfahrtsstaates, in: Matthes, Joachim (Hrsg.), Krise der Arbeitsgesellschaft? Verhandlungen des 21. Deutschen Soziologentages in Bamberg 1982. Herausgegeben im Auftrag der Deutschen Gesellschaft für Soziologie. Frankfurt a. M.: Campus 1983, 518-523.

Eckhardt, Birgit: Wer bezahlt, bestellt?, in: Sozialer Fortschritt 68 (2019) 1, 75-78.

Emunds, Bernhard: Gerechtigkeit – Katholisch, in: Lexikon für Kirchen- und Religionsrecht. Bd. 2, 2019, 226-229.

Emunds, Bernhard/Hagedorn, Jonas/Heimbach-Steins, Marianne/Quaing, Lea: Häusliche Pflegearbeit gerecht organisieren (Arbeitsgesellschaft im Wandel). Weinheim/Basel: Beltz Juventa 2022.

Ermecke, Gustav: Zehn Thesen zu den sozialwissenschaftlichen Grundlagen und der sozialethischen Bedeutung des Subsidiaritätsprinzips, in: Kimminich, Otto (Hrsg.), Subsidiarität und Demokratie (Schriften der Katholischen Akademie in Bayern 99). Düsseldorf: Patmos 1981, 62-67.

Esping-Andersen, Gøsta: The Three Worlds of Welfare Capitalism. Cambridge: Polity Press 1990.

Eylmann, Constanze: Es reicht ein Lächeln als Dankeschön. Habitus in der Altenpflege (Pflegewissenschaft und Pflegebildung 12). Göttingen: V&R unipress 2015.

Fink, Ulf: Subsidiarität – Lösung für sozialpolitische Probleme der Gegenwart, in: Heinze, Rolf G. (Hrsg.), Neue Subsidiarität: Leitidee für eine zukünftige Sozialpolitik? (Beiträge zur sozialwissenschaftlichen Forschung 81). Opladen: Westdeutscher Verlag 1986, 157–169.

Forsthoff, Ernst: Die Daseinsvorsorge und die Kommunen. Ein Vortrag (anlässlich der Jahrestagung des Verbandes kommunaler Unternehmen e.V. am 15.12.1957). Köln-Marienburg: Sigillum-Verlag 1958.

Gabriel, Karl: Caritas und Sozialstaat unter Veränderungsdruck. Analysen und Perspektiven (Diakonik 1). Berlin: Lit 2007.

Gabriel, Karl: Subsidiarität als Leitsemantik und Strukturmerkmal des deutschen Wohlfahrtsstaats, in: Gabriel, Karl/Reuter, Hans-Richard (Hrsg.), Religion und Wohlfahrtsstaatlichkeit in Deutschland. Konfessionen – Semantiken – Diskurse. Tübingen: Mohr Siebeck (2017a), 363–395.

Gabriel, Karl: Zenit überschritten: Konfessionelle Wohlfahrtsverbände und die Gestaltung der Ökonomisierung. Interview mit Karl Gabriel, in: Wolfgang Schroeder (Hrsg.), Konfessionelle Wohlfahrtsverbände im Umbruch. Fortführung des deutschen Sonderwegs durch vorsorgende Sozialpolitik? (Studien der Bonner Akademie für Forschung und Lehre praktischer Politik). Wiesbaden: Springer VS (2017b), 115–126.

Gabriel, Karl/Große Kracht, Hermann-Josef: Abschied vom deutschen Sozialmodell? Zum Stellenwert von Solidarität und Eigenverantwortung in aktuellen Texten kirchlicher Soziallehre, in: Stimmen der Zeit 222 (2004) 4, 227–243.

Gabriel, Karl/Reuter, Hans-Richard: Religion und Wohlfahrtsstaatlichkeit in Deutschland. Korporatistischer Sozialversicherungsstaat mit konfessioneller Prägung, in: Gabriel, Karl et al. (Hrsg.), Religion und Wohlfahrtsstaatlichkeit in Europa. Konstellationen – Kulturen – Konflikte. Tübingen: Mohr Siebeck 2013, 93–140.

Gabriel, Karl/Reuter, Hans-Richard: Subsidiarität (ethisch), in: Evangelisches Soziallexikon, ⁹2016,. 1511–1514.

Gabriel, Karl/Reuter, Hans-Richard (Hrsg.): Religion und Wohlfahrtsstaatlichkeit in Deutschland. Konfessionen – Semantiken – Diskurse. Tübingen: Mohr Siebeck 2017.

Gabriel, Karl/Reuter, Hans-Richard/Kurschat, Andreas/Leibold, Stefan (Hrsg.): Religion und Wohlfahrtsstaatlichkeit in Europa. Konstellationen – Kulturen – Konflikte. Tübingen: Mohr Siebeck 2013.

Galbraith, John Kenneth: Wirtschaft für Staat und Gesellschaft. München/Zürich: Droemer Knaur 1976.

Große Kracht, Hermann-Josef: Rechtsstaat – Wohlfahrtsstaat – Versorgungsstaat. Geschichte und Gegenwart der katholischen Interpretation des Sozialstaatsprinzips, in: Gabriel, Karl/Reuter, Hans-Richard (Hrsg.), Religion und Wohlfahrtsstaatlichkeit in Deutschland. Konfessionen – Semantiken – Diskurse. Tübingen: Mohr Siebeck 2017, 23–41.

Hagedorn, Jonas: Oswald von Nell-Breuning SJ. Aufbrüche der katholischen Soziallehre in der Weimarer Republik. Paderborn: Ferdinand Schöningh 2018.

Hagedorn, Jonas: Empirisches Material zum internationalen Vergleich der Pflegesysteme Deutschlands, Österreichs, Frankreichs und der Niederlande. URL: https://nbi.sankt-georgen.de/assets/documents/fagsf-73.pdf (Stand: 14.07.2021).

Haubner, Tine: Die Ausbeutung der sorgenden Gemeinschaft. Laienpflege in Deutschland. Frankfurt a. M.: Campus 2017.

Haubner, Tine: Zusammenfassung zu »Die Ausbeutung der sorgenden Gemeinschaft. Laienpflege in Deutschland«. URL: http://peter.fleissner.org/Transform/Zusammenfassung%20Haubner.pdf (Stand: 27.04.2018).

Hausen, Karin: Die Polarisierung der »Geschlechtscharaktere« – Eine Spiegelung der Dissoziation von Erwerbs- und Familienleben, in: Conze, Werner (Hrsg.), Sozialgeschichte der Familie in der Neuzeit Europas (Industrielle Welt – Schriftenreihe des Arbeitskreises für moderne Sozialgeschichte 21). Stuttgart: Ernst Klett 1976, 363–393.

Heinze, Rolf G.: »Neue Subsidiarität« – Zum soziologischen und politischen Gehalt eines aktuellen sozialpolitischen Konzepts, in: Heinze, Rolf G. (Hrsg.), Neue Subsidiarität: Leitidee für eine zukünftige Sozialpolitik? (Beiträge zur sozialwissenschaftlichen Forschung 81). Opladen: Westdeutscher Verlag (1986b), 13–38.

Heinze, Rolf G.: Verbandliche Wohlfahrtspflege und Wohlfahrtsmarkt. Neuformulierung der Subsidiarität?, in: Sozialer Fortschritt 68 (2019) 1, 45–65.

Heinze, Rolf G. (Hrsg.): Neue Subsidiarität: Leitidee für eine zukünftige Sozialpolitik? (Beiträge zur sozialwissenschaftlichen Forschung, 81). Opladen: Westdeutscher Verlag (1986a).

Herzog, Roman: Subsidiaritätsprinzip (Lemma), in: Evangelisches Staatslexikon, ²1975, 2591–2597.

Hielscher, Volker/Kirchen-Peters, Sabine/Nock, Lukas: Pflege in den eigenen vier Wänden: Zeitaufwand und Kosten. Pflegebedürftige und ihre Angehörigen geben Auskunft, in: STUDY – Hans Böckler Stiftung 363 (2017).

Hockerts, Hans Günter: Die sozialstaatlichen Grundentscheidungen in der frühen Bundesrepublik, in: Masuch, Peter et al. (Hrsg.), Grundlagen und Herausforderungen des Sozialstaats. Denkschrift 60 Jahre Bundessozialgericht. Bd. 1: Eigenheiten und Zukunft von Sozialpolitik und Sozialrecht. Berlin: Erich Schmidt 2014, 139–159.

Höffner, Joseph: Christliche Gesellschaftslehre (1983), in: Ders.: Perspektiven sozialer Gerechtigkeit. Ausgewählte Schriften. Hrsg. von Ursula Nothelle-Wildfeuer und Jörg Althammer. Paderborn: Ferdinand Schöningh 2015, 239–481.

Jäger, Silke: Moralische Verletzungen. Der wahre Grund, warum Pflegekräfte aufgeben. URL: https://krautreporter.de/3829-der-wahre-grund-warum-pflegekrafte-aufgeben?shared=5924062f-fb61-471c-a3eb-44bfaebbc78c&utm_campaign=share-url-47157-article-3829&utm_source=twitter.com (Stand: 14.07.2021).

Jähnichen, Traugott/Henkelmann, Andreas/Kaminsky, Uwe/Kunter, Katharina (Hrsg.): Caritas und Diakonie im »goldenen Zeitalter« des bundesdeutschen Sozialstaats.

Transformationen der konfessionellen Wohlfahrtsverbände in den 1960er Jahren (Konfession und Gesellschaft 43). Stuttgart: W. Kohlhammer 2010.

Jostock, Paul: Die Berechnung des Volkseinkommens und ihr Erkenntniswert (Schriften der Deutschen Wirtschaftswissenschaftlichen Gesellschaft 7). Stuttgart/Berlin: W. Kohlhammer 1941.

Jüster, Markus: Die verfehlte Modernisierung der Freien Wohlfahrtspflege. Eine institutionalistische Analyse der Sozialwirtschaft (Forschung und Entwicklung in der Sozialwirtschaft 9). Baden-Baden: Nomos 2015.

Kambartel, Friedrich: Arbeit und Praxis. Zu den begrifflichen und methodischen Grundlagen einer aktuellen politischen Debatte, in: Deutsche Zeitschrift für Philosophie 41 (1993) 2, 239-249.

Kammer für soziale Ordnung der EKD (Hrsg.): Die soziale Sicherung im Industriezeitalter. Eine Denkschrift. Gütersloh: Gütersloher Verlagshaus Gerd Mohn 1973.

Kantar (Hrsg.): Wissenschaftliche Evaluation der Umstellung des Verfahrens zur Feststellung der Pflegebedürftigkeit (§ 18c Abs. 2 SGB XI). Los 2: Allgemeine Befragungen. Abschlussbericht für das Bundesministerium für Gesundheit (BMG). München: Kantar – Public Division Deutschland 2019.

Kaufmann, Franz-Xaver: Familie und Modernität (1988), in: Ders., Bevölkerung – Familie – Sozialstaat. Kontexte und sozialwissenschaftliche Grundlagen von Familienpolitik. Hrsg. von Tilman Mayer. Wiesbaden: Springer VS 2019, 101-130.

Kaufmann, Franz-Xaver: Die Entwicklung der korporatistischen Steuerungsstrukturen ambulanter Krankenversorgung in Deutschland und ihre verteilungspolitischen Implikationen, in: Igl, Gerhard/Naegele, Gerhard (Hrsg.), Perspektiven einer sozialstaatlichen Umverteilung im Gesundheitswesen (Soziologie und Sozialpolitik 13). München: R. Oldenbourg 1999, 27-49.

Kaufmann, Franz-Xaver: Sozialwissenschaften, Sozialpolitik und Sozialrecht, in: Masuch, Peter et al. (Hrsg.), Grundlagen und Herausforderungen des Sozialstaats. Denkschrift 60 Jahre Bundessozialgericht. Bd. 1: Eigenheiten und Zukunft von Sozialpolitik und Sozialrecht. Berlin: Erich Schmidt 2014, 777-811.

Kaufmann, Franz-Xaver/Lessenich, Stephan: Franz-Xaver Kaufmann im Gespräch mit Stephan Lessenich.»Die Moderne ist das fortgesetzte Stolpern von Krise zu Krise«, in: Zeitschrift für Sozialreform 61 (2015) 2, 129-146.

Klie, Thomas: Interview mit Prof. Dr. jur. habil. Thomas Klie. Geführt von Bjørn Kähler, in: Thomas Behr (Hrsg.), Aufbruch Pflege. Hintergründe – Analysen – Entwicklungsperspektiven. Wiesbaden: Springer Gabler 2015, 205-213.

Kohl, Helmut: Abgabe einer Erklärung der Bundesregierung, in: Deutscher Bundestag (Hrsg.), Stenographischer Bericht. 121. Sitzung (13. Oktober 1982). Plenarprotokoll 9/121. Bonn 1982, 7213-7229.

Koslowski, Peter: Subsidiarität als Prinzip der Koordination der Gesellschaft, in: Nörr, Knut Wolfgang/Oppermann, Thomas (Hrsg.), Subsidiarität. Idee und Wirklichkeit. Zur Reichweite eines Prinzips in Deutschland und Europa. Tübingen: J. C. B. Mohr (Paul Siebeck) 1997, 39-48.

Krebs, Angelika: Arbeit und Liebe. Die philosophischen Grundlagen sozialer Gerechtigkeit. Frankfurt a. M.: Suhrkamp 2002.

Kreutzer, Susanne: Vom »Liebesdienst« zum modernen Frauenberuf. Die Reform der Krankenpflege nach 1945 (Geschichte und Geschlechter 45). Frankfurt a. M.: Campus 2005.

Kutzner, Janina/Gerlinger, Thomas: Perspektiven professioneller Akteure pflegerischer Versorgung in ländlichen Regionen auf die Angebote und Strukturen vor Ort, in: Bleck, Christian/van Rießen, Anne/Knopp, Reinhold (Hrsg.), Alter und Pflege im Sozialraum. Theoretische Erwartungen und empirische Bewertungen. Wiesbaden: Springer VS 2018, 211–224.

Lautmann, Rüdiger: Sozialgebilde, in: Lexikon zur Soziologie, ³1994, 614.

Leibfried, Stephan: Rezension zu Ruck, Michael; Marcel Boldorf (Hrsg.), Geschichte der Sozialpolitik in Deutschland seit 1945. Bd. 4: Bundesrepublik Deutschland 1957-1966. Sozialpolitik im Zeichen des erreichten Wohlstandes. Baden-Baden 2007/ Geyer, Martin H. (Hrsg.), Geschichte der Sozialpolitik in Deutschland seit 1945. Bd. 6: Bundesrepublik Deutschland 1974-1982. Neue Herausforderungen, wachsende Unsicherheiten. Baden-Baden 2008 / Ritter, Gerhard A. (Hrsg.), Geschichte der Sozialpolitik in Deutschland seit 1945. Bd. 11: Bundesrepublik Deutschland 1989-1994. Sozialpolitik im Zeichen der Vereinigung. Baden-Baden 2007, in: H-Soz-Kult (28.05.2009).

Leitner, Sigrid: Varieties of Familialism: The Caring Function of the Family in Comparative Perspective, in: European Societies 5 (2003) 4, 353–375.

Leitner, Sigrid: Familialismus in konservativen Wohlfahrtsstaaten. Zum Wandel des Geschlechterleitbilds in der Kinderbetreuungs- und Altenpflegepolitik, in: Auth, Diana/Buchholz, Eva/Janczyk, Stefanie (Hrsg.), Selektive Emanzipation. Analysen zur Gleichstellungs- und Familienpolitik (Arbeitskreis »Politik und Geschlecht« in der Deutschen Vereinigung für Politische Wissenschaft e.V. 21). Opladen: Barbara Budrich 2010, 219–238.

Leitner, Sigrid: Varianten von Familialismus. Eine historisch vergleichende Analyse der Kinderbetreuungs- und Altenpflegepolitiken in kontinentaleuropäischen Wohlfahrtsstaaten. Berlin: Duncker & Humblot 2013.

Lincoln, Abraham: The Nature and Object of Government, with Special Reference to Slavery. Fragmentary Notes (1854), in: Lincoln, Abraham (Hrsg.), Early Speeches 1832-1856. Including Legislative and Congressional Resolutions, Political Circulars, Notes, etc. (Life and Works of Abraham Lincoln, edited by Marion Mills Miller, Volume II). New York: The Current Literature Publishing Co. 1907, 214–218.

Luhmann, Niklas: Differentiation of Society, in: Canadian Journal of Sociology 2 (1977) 1, 29–53.

Luhmann, Niklas: Soziologische Aufklärung 3. Soziales System, Gesellschaft, Organisation. Opladen: Westdeutscher Verlag 1981.

Luhmann, Niklas: The Paradox of System Differentiation and the Evolution of Society, in: Alexander, Jeffrey C./Colomy, Paul (eds.), Differentiation Theory and Social Change.

Comparative and Historical Perspectives. New York: Columbia University Press 1990, 409-440.

Luhmann, Niklas: Zur Innendifferenzierung des Gesellschaftssystems. Schichtung und funktionale Differenzierung, in: Soziale Welt 68 (2017), 5-23.

Lutz, Helma: Die Hinterbühne der Care-Arbeit. Transnationale Perspektiven auf Care-Migration im geteilten Europa (Arbeitsgesellschaft im Wandel). Weinheim: Beltz Juventa 2018.

Mayntz, Renate/Scharpf, Fritz W. (Hrsg.): Gesellschaftliche Selbstregelung und politische Steuerung (Schriften des Max-Planck-Instituts für Gesellschaftsforschung Köln 23). Frankfurt a. M.: Campus 1995.

Mergner, Ulrich: Seien wir SAGE! Wie kann die gesellschaftliche Anerkennung der Disziplinen und Professionen im Bereich der »sozialen Dienstleistungen« erhöht werden?, in: Bayerische Sozialnachrichten. Mitteilungen der Landesarbeitsgemeinschaft der öffentlichen und freien Wohlfahrtspflege in Bayern (2011) 4, 3-9.

Möhring-Hesse, Matthias: Verbetriebswirtschaftlichung und Verstaatlichung. Die Entwicklung der Sozialen Dienste und der Freien Wohlfahrtspflege, in: Zeitschrift für Sozialreform 54 (2008) 2, 141-160.

Möhring-Hesse, Matthias: Zur Verbetriebswirtschaftlichung öffentlicher Güter, in: Unternehmerin Kommune + Forum Neue Länder 13 (2009) 4, 97-98.

Möhring-Hesse, Matthias: Verbetriebswirtschaftlichung und Verstaatlichung. Der destruktive Formwandel der Freien Wohlfahrtspflege, in: Heinze, Rolf G./Lange, Joachim/Sesselmeier, Werner (Hrsg.), Neue Governancestrukturen in der Wohlfahrtspflege. Wohlfahrtsverbände zwischen normativen Ansprüchen und sozialwirtschaftlicher Realität (Wirtschafts- und Sozialpolitik 19). Baden-Baden: Nomos 2018, 57-78.

Nell-Breuning, Oswald von: Besprechung von Fritz Naphtalis Wirtschaftsdemokratie, in: Stimmen der Zeit 117 (1929), 152-153.

Nell-Breuning, Oswald von: Katholischer Siedlungsdienst, in: Stimmen der Zeit 121 (1931), 40-55.

Nell-Breuning, Oswald von: Die soziale Enzyklika. Erläuterungen zum Weltrundschreiben Papst Pius' XI. über die gesellschaftliche Ordnung. Köln: Katholische Tat-Verlag (1932a).

Nell-Breuning, Oswald von: Zur Krise des Versorgungsstaates, in: Schweizerische Rundschau. Monatsschrift für Geistesleben und Kultur 32 (1932b), 112-125.

Nell-Breuning, Oswald von: Zur Sozialen Frage. Freiburg i. Br.: Herder 1949.

Nell-Breuning, Oswald von: Zur Sozialreform. Erwägungen zum Subsidiaritätsprinzip, in: Stimmen der Zeit 157 (1955) 1, 1-11.

Nell-Breuning, Oswald von: Wirtschaftsethik, in: Staatslexikon. Recht - Wirtschaft - Gesellschaft, Bd. 8, ^{6}1963, 772-781.

Nell-Breuning, Oswald von: Der Königswinterer Kreis und sein Anteil an »Quadragesimo anno«, in: Broermann, Johannes/Herder-Dorneich, Philipp (Hrsg.), Soziale Verantwortung. Festschrift für Goetz Briefs zum 80. Geburtstag. Berlin: Duncker & Humblot 1968, 571-585.

Nell-Breuning, Oswald von: Baugesetze der Gesellschaft. Solidarität und Subsidiarität (1968). Freiburg i. Br.: Herder ²1990.

Nell-Breuning, Oswald von: Das Subsidiaritätsprinzip, in: Theorie und Praxis der sozialen Arbeit 27 (1976a) 1, 6-17.

Nell-Breuning, Oswald von: Ein katholisches Prinzip?, in: Brockmann, Heinz Wilhelm (Hrsg.), Kirche und moderne Gesellschaft. Düsseldorf: Patmos (1976b), 61-83.

Nell-Breuning, Oswald von: Subsidiarität. Prinzip der katholischen Soziallehre, in: Thomas-Morus-Akademie Bensberg, Katholische Akademie im Erzbistum Köln (Hrsg.), Subsidiaritätsprinzip und Gemeinsinn – erst in der Krise wieder gefragt? (Bensberger Protokolle 36). Bergisch Gladbach: Thomas-Morus-Akademie Bensberg 1982, 9-19.

Nell-Breuning, Oswald von: Anteil einräumen. Arbeitszeitverkürzung in beschäftigungspolitischer und gesellschaftspolitischer Hinsicht (1983), in: Nell-Breuning, Oswald von (Hrsg.), Den Kapitalismus umbiegen. Schriften zu Kirche, Wirtschaft und Gesellschaft. Ein Lesebuch. Düsseldorf: Patmos 1990, 311-316.

Offe, Claus: Stellungnahme zum Beitrag von Wolfgang Streeck, in: Scharpf, Fritz W./Brockmann, Marlene (Hrsg.), Institutionelle Bedingungen der Arbeitsmarkt- und Beschäftigungspolitik (Schriften des Wissenschaftszentrums Berlin: Internationales Institut für Management und Verwaltung/Arbeitsmarktpolitik). Frankfurt a. M.: Campus 1983, 199-206.

Opitz, Claudia: Neue Wege der Sozialgeschichte? Ein kritischer Blick auf Otto Brunners Konzept des »ganzen Hauses«, in: Geschichte und Gesellschaft. Zeitschrift für historische Sozialwissenschaft 20 (1994) 1, 88-98.

Ostheimer, Jochen: Subsidiarität (I. Sozialethik), in: Staatslexikon. Recht – Wirtschaft – Gesellschaft, Bd. 5, 2021, 866-873.

Pesch, Heinrich: Lehrbuch der Nationalökonomie (Bd. 1). Freiburg i. Br.: Herder ²1914.

Pesch, Heinrich: Lehrbuch der Nationalökonomie (Bd. 2). Freiburg i. Br.: Herder ²,³1920.

Pesch, Heinrich: Des wissenschaftlichen Sozialismus Irrgang und Ende. Freiburg i. Br.: Herder 1924.

Plonz, Sabine: Arbeit, Soziale Marktwirtschaft und Geschlecht. Studienbuch feministische Sozialethik. Neukirchen-Vluyn: Neukirchener Verlag 2006.

Praetorius, Ina: Ökonomie denken jenseits der androzentrischen Ordnung, in: Internationaler Verband für Hauswirtschaft (Hrsg.), Europa. Herausforderungen für die Alltagsbewältigung. Hauswirtschaft als Basis für soziale Veränderungen (Tagungsband Internationale Arbeitstagung 21. bis 23. Oktober 1996 in Wien). Wien 1997, 251-260.

Räker, Miriam/Schwinger, Antje/Klauber, Jürgen: Was leisten ambulante Pflegehaushalte? Eine Befragung zu Eigenleistungen und finanziellen Aufwänden, in: Jacobs, Klaus et al. (Hrsg.), Pflege-Report 2020. Neuausrichtung von Versorgung und Finanzierung. Wiesbaden: Springer 2020, 65-95.

Rauscher, Anton: Subsidiaritätsprinzip und berufsständische Ordnung in »Quadragesimo anno«. Eine Untersuchung zur Problematik ihres gegenseitigen Verhältnisses

(Schriften des Instituts für Christliche Sozialwissenschaften der Westfälischen Wilhelms-Universität Münster 6). Münster: Aschendorff 1958.

Rauscher, Anton: Das Subsidiaritätsprinzip als sozialphilosophische und gesellschaftspolitische Norm (1964), in: Rauscher, Anton (Hrsg.), Kirche in der Welt. Beiträge zur christlichen Gesellschaftsverantwortung (Bd. 1). Würzburg: Echter 1988, 296-309.

Rauscher, Anton: Personalität, Solidarität, Subsidiarität (1975), in: Rauscher, Anton (Hrsg.), Kirche in der Welt. Beiträge zur christlichen Gesellschaftsverantwortung (Bd. 1). Würzburg: Echter 1988, 253-295.

Rauscher, Anton: Die spezifische Leistung der Grundsatzwissenschaften im Hinblick auf die praktische Bewältigung gesellschaftspolitischer Fragen (1980), in: Rauscher, Anton (Hrsg.), Kirche in der Welt. Beiträge zur christlichen Gesellschaftsverantwortung (Bd. 1). Würzburg: Echter 1988, 93-109.

Rauscher, Anton: Verantwortlich sind wir. Aktuelle Aufgaben katholischer Verbände in Kirche, Gesellschaft und Staat (1984), in: Rauscher, Anton (Hrsg.), Kirche in der Welt. Beiträge zur christlichen Gesellschaftsverantwortung (Bd. 1). Würzburg: Echter 1988, 610-618.

Rauscher, Anton: Subsidiarität (I. Sozialethik), in: Staatslexikon. Recht - Wirtschaft - Gesellschaft, Bd. 5, [7]1989, 386-388.

Remmers, Werner: Mit der Zukunft rechnen, in: Bundesarbeitsblatt (1983) 3, 5-11.

Rock, Joachim: Mind the gap. Für ein Europa der Solidarität und Subsidiarität, in: Rock, Joachim/Steinke, Joß (Hrsg.), Die Zukunft des Sozialen - in Europa? Soziale Dienste und die europäische Herausforderung. Baden-Baden: Nomos 2019, 27-46.

Röpke, Wilhelm: Civitas humana. Grundfragen der Gesellschafts- und Wirtschaftsreform. Erlenbach-Zürich: Eugen Rentsch [3]1949.

Röpke, Wilhelm: Grenzen und Gefahren des Wohlfahrtsstaates. Vortrag gehalten vor der Industrie- und Handelskammer Frankfurt a. M. am 24. Januar 1955 (Schriftenreihe der Industrie- und Handelskammer Frankfurt a. M. 5). Frankfurt a. M.: Hauserpresse (1955a).

Röpke, Wilhelm: Der Wohlfahrtsstaat im Kreuzfeuer der Kritik, in: Universitas. Zeitschrift für Wissenschaft, Kunst und Literatur (1955b) 10, 903-915.

Röpke, Wilhelm: Probleme der kollektiven Alterssicherung, in: Frankfurter Allgemeine Zeitung (1956) 48, 5.

Rüstow, Alexander: Wohlfahrtsstaat oder Selbstverantwortung?, in: Die Sammlung. Zeitschrift für Kultur und Erziehung 11 (1956), 364-370.

Rüstow, Alexander: »Nicht Versorgungsstaat, sondern Vitalpolitik«, in: Nicht Versorgungsstaat, sondern Vitalpolitik. Die Freiheit als Prüfstein der Gesellschaft (Vorträge anlässlich der Internationalen Frühjahrstagung des Wirtschaftsring e.V. Bonn in Oestrich (Rheingau) vom 16. bis 17. Mai 1958). Aachen: Heinrich Kutsch 1958, 3-26.

Rüstow, Alexander: Die Deckung des Krankheitsrisikos in der sozialen Marktwirtschaft. Vortrag gehalten auf dem Verbandstag der privaten Krankenversicherung am 3. Juni 1959 in Bad Reichenhall, 1959, 175-178.

Sachße, Christoph: Subsidiarität: Leitmaxime deutscher Wohlfahrtsstaatlichkeit, in: Lessenich, Stephan (Hrsg.), Wohlfahrtsstaatliche Grundbegriffe. Historische und aktuelle Diskurse (Theorie und Gesellschaft 52). Frankfurt a. M./New York: Campus 2003, 191-212.

Sandmann, Philipp: Situation in der Altenpflege. Millionen Überstunden werden nicht bezahlt, in: ntv.de (20.04.2021).

Schnabl, Christa: Gerecht sorgen. Grundlagen einer sozialethischen Theorie der Fürsorge (Studien zur theologischen Ethik 109). Fribourg/Freiburg i. Br.: Academic Press Fribourg/Herder 2005.

Seibel, Wolfgang: Funktionaler Dilettantismus. Erfolgreich scheiternde Organisationen im »Dritten Sektor« zwischen Markt und Staat. Baden-Baden: Nomos 1994.

Senft, Josef: Im Prinzip von unten. Redefinition des Subsidiaritätsgrundsatzes für ein solidarisches Ethos (Erfahrung und Theologie. Schriften zur praktischen Theologie 15). Frankfurt a. M.: Peter Lang 1990.

Senft, Josef: EU zwischen Krise und Hoffnung. Das Subsidiaritätsprinzip wird zur Entsolidarisierung missbraucht, in: Stimmen der Zeit (2019) 5, 323-335.

Sievers, Burkard: Gebilde, soziales, in: Lexikon zur Soziologie, ³1994, 223.

Spieker, Manfred: Subsidiarität. Strukturelle und moralische Bedingungen im sozialen Rechtsstaat, in: Thomas-Morus-Akademie Bensberg/Katholische Akademie im Erzbistum Köln (Hrsg.), Subsidiaritätsprinzip und Gemeinsinn - erst in der Krise wieder gefragt? (Bensberger Protokolle 36). Bergisch Gladbach: Thomas-Morus-Akademie Bensberg 1982, 33-60.

Spieker, Manfred: Herrschaft und Subsidiarität. Die Rolle der Zivilgesellschaft, in: Mückl, Wolfgang J. (Hrsg.), Subsidiarität. Gestaltungsprinzip für eine freiheitliche Ordnung in Staat, Wirtschaft und Gesellschaft (Rechts- und staatswissenschaftliche Veröffentlichungen der Görres-Gesellschaft - N. F., Bd. 85). Paderborn: Ferdinand Schöningh 1999, 49-61.

Statistisches Bundesamt: Kurzbericht. Pflegestatistik 1999. Pflege im Rahmen der Pflegeversicherung. Deutschlandergebnisse. Bonn: Statistisches Bundesamt 2001.

Statistisches Bundesamt: Pflegestatistik 2003. Pflege im Rahmen der Pflegeversicherung - Deutschlandergebnisse. Bonn: Destatis 2005.

Statistisches Bundesamt: Pflegestatistik 2019. Pflege im Rahmen der Pflegeversicherung - Deutschlandergebnisse. Wiesbaden: Destatis 2020.

Stoebe, Ulrich: Die Freie Wohlfahrtspflege und die wachsenden Steuerungsansprüche des Staates. Fokus Kostendruck, in: Sozialer Fortschritt 68 (2019) 1, 67-74.

Streeck, Wolfgang: Interessenverbände als Hindernisse und Vollzugsträger öffentlicher Politik, in: Scharpf, Fritz W./Brockmann, Marlene (Hrsg.), Institutionelle Bedingungen der Arbeitsmarkt- und Beschäftigungspolitik (Schriften des Wissenschaftszentrums Berlin: Internationales Institut für Management und Verwaltung/Arbeitsmarktpolitik). Frankfurt a. M.: Campus 1983, 179-198.

Katholische Arbeitnehmer-Bewegung Deutschland e. V. (Hrsg.): Texte zur katholischen Soziallehre. Die sozialen Rundschreiben der Päpste und andere kirchliche

Dokumente. Mit Einführungen von Oswald von Nell-Breuning SJ und
Johannes Schasching. Kevelaer/Köln: Butzon & Bercker/Ketteler-Verlag 2007.
Tyrell, Hartmann: Anfragen an die Theorie der gesellschaftlichen Differenzierung,
in: Zeitschrift für Soziologie 7 (1978) 2, 175 193.
Tyrell, Hartmann: Zwischen Interaktion und Organisation II. Die Familie als Gruppe,
in: Neidhardt, Friedhelm (Hrsg.), Gruppensoziologie. Perspektiven und Materialien
(Kölner Zeitschrift für Soziologie und Sozialpsychologie, Sonderheft 25). Opladen:
Westdeutscher Verlag 1983, 362-390.
UNDP: Decentralization. A Sampling of Definitions. Working paper prepared
in connection with the Joint UNDP-Government of Germany evaluation of the UNDP
role in decentralization and local governance, 1999.
Vilmar, Fritz/Runge, Brigitte: Auf dem Weg zur Selbsthilfegesellschaft? 40.000 Selbsthilfegruppen. Gesamtüberblick, politische Theorie und Handlungsvorschläge. Essen:
Klartext 1986.
Vobruba, Georg: Kritik am Wohlfahrtsstaat. Eine Orientierung, in: Gewerkschaftliche
Monatshefte (1984) 8, 461-475.
Vogel, Berthold: Die Staatsbedürftigkeit der Gesellschaft. Hamburg: Hamburger Edition
2007.
Wehler, Hans-Ulrich: Deutsche Gesellschaftsgeschichte (Bd. 1). München: C. H. Beck 1987.
Windhoff-Héritier, Adrienne: Selbsthilfe-Organisationen. Eine Lösung für die Sozialpolitik
der mageren Jahre?, in: Soziale Welt 33 (1982) 1, 49-65.
Zellentin, Gerda: Abschied vom Leviathan. Ökologische Aufklärung über politische
Alternativen (Kritische Wissenschaft). Hamburg: Hoffmann und Campe 1979.

Zeitregimes im Homeoffice

Georg Lämmlin & Andreas Mayert

1. Einführung

Im Rahmen des gewerkschaftlichen Kampfes um die Arbeitszeitverkürzung bzw. um die 35-Stunden-Woche in den 80er-Jahren hatte Oskar Negt diesem Kampf eine »radikale Arbeitszeitverkürzung, die nicht nur eine qualitative Umgewichtung von Arbeitszeit und freier Zeit bewirkt, sondern auch eine bewußte Entfaltung des ganzen Spektrums differenzierter Wunschzeiten und Zeiterfahrungen in neuen Arbeitsformen einleitet«, zum Ziel gesetzt, die im Übrigen nichts weiter sei »als die Anpassung der Arbeitszeit an die Produktionsbedingungen einer durch Vervielfältigung der Mikroelektronik geprägten Gesellschaft« (Negt, 1984: 209). Auch wenn das Schlagwort der Digitalisierung hier noch fehlt, weist diese Zielsetzung doch bereits deutlich voraus auf die Transformation der Arbeitsverhältnisse unter den Bedingungen einer forcierten Digitalisierung der Arbeitswelt. Negt ging es bei seinen Äußerungen vermutlich auch um die Befürchtung der Einsparung von Arbeitsplätzen im Zuge erwarteter Produktivitätszuwächse im Rahmen des technischen Fortschritts, also um die Gegenstrategie, durch eine Verringerung der wöchentlichen Arbeitszeit eine Verlagerung der Arbeitsleistung auf mehr Köpfe zu erreichen. Zugleich enthalten seine Äußerungen jedoch wichtige Bezüge zur Ermöglichung von Arbeitszeitflexibilisierung unter den Bedingungen »neuer Arbeitsformen«. Auch wenn die Utopie einer Umgewichtung von Arbeitszeit und freier Zeit, wie Negt sie intendiert sah, so (noch) nicht eingetreten ist, zeigt sich an der verstärkten Nutzung bzw. Verordnung von Arbeiten im »Homeoffice« im Zuge der Corona-Pandemie eine neue Ausgangslage für die Diskussion um die Strukturierung von Arbeitszeit und privat verfügbarer Zeit bzw. die darin wirksamen Zeitregimes.

Die Diskussion und Untersuchung der Frage, ob und in welchem Ausmaß neue Technologien eine Verlagerung von Arbeit aus dem betrieblichen Büro ins Homeoffice ermöglichen, ist alles andere als neu. Tatsächlich wurde unter dem Eindruck der zunehmenden Verbreitung von – aus damaliger Sicht – leistungsfähigen Computern und dazugehöriger Software in Unternehmen und Privathaushalten bereits seit den 1980er-Jahren ein »Boom« des Homeoffice vorhergesagt. So erwartete z. B. Toffler (1980: 210), dass »the new production system could shift literally millions of jobs out of the factories and offices into [...] where they came from originally: the home«. Diese Erwartung erfüllte sich seinerzeit nicht. Deutliche Fahrt nahm die Diskussion um betriebsexterne Arbeit jedoch mit dem Fortschritt der Kommunikations- und Informationstechnologien und insbesondere ihrer Verbindung auf. Das Internet ermöglichte im Zusammenspiel mit der Entwicklung immer kleinerer und mit dem Internet ständig verbundener Endgeräte (Laptop, Smartphone, Tablet) das »Mobile Office« – bestimmte Arbeit war nun grundsätzlich von jedem Ort aus möglich und schloss den sekundenschnellen Zugriff auf für die Arbeit relevante Unternehmensdaten und eine (theoretisch) ebenso schnelle Kommunikation mit Kolleg*innen ein (vgl. Messenger, 2019). Selbstredend war davon bei Weitem nicht jede Arbeit betroffen. Mobiles Arbeiten blieb und bleibt für Tätigkeiten, die direkt mit betrieblicher Produktion oder mit einer persönlichen, an bestimmte Einrichtungen gekoppelte Dienstleistung am Menschen gebunden sind (wie beispielsweise stationäre Pflege und Betreuung oder Gastronomie), ausgeschlossen und daher weitgehend auf verwaltende, planende, steuernde und forschende Tätigkeiten begrenzt.[1] Die Befunde zum Homeoffice, die sich in diesem Rahmen beobachten lassen, spiegeln daher nur einen begrenzten Ausschnitt der gesellschaftlichen Arbeitsverhältnisse wider.

Das schrittweise Entstehen einer neuen Form der betriebsexternen Leistungserbringung neben der alten betriebsinternen wurde von einer multidisziplinären Erforschung ihrer Auswirkungen auf Beschäftigte und Betriebe begleitet. Auch wenn dabei häufig – außer wenn direkt die Work-Life-Balance von Beschäftigten in den Blick genommen wurde – nicht individuelle Zeitregimes im Mittelpunkt standen, lassen die Forschungsergebnisse doch einige Rückschlüsse darauf zu, ob die Flexibilisierung des Arbeitsortes und der Arbeitszeit aus Beschäftigtensicht neben einer »qualitativen Umgewichtung von Arbeitszeit« auch eine »bewußte Entfaltung des ganzen Spektrums differenzierter Wunschzeiten und Zeiterfahrungen in neuen Arbeitsformen« – wenigstens tendenziell – ermöglicht (vgl. hierzu 2.2 und 2.3). Die Corona-Pandemie und die damit verbundene Ausweitung des Homeoffice bieten die zusätzliche Möglichkeit, aus Sicht von Beschäftigten vorhandene Vor- und Nachteile des Home-

---

[1] Einen Grenzfall bilden Tätigkeiten im Bildungsbereich: Während die universitäre Lehre stark digitalisiert und auf digitalen Plattformen abgewickelt wurde, konnte die schulische Bildung nur zum Teil in digitale Form überführt werden, die den Schüler*innen wie den Lehrkräften ein Arbeiten (bzw. Lernen) im »Homeoffice« bzw. »Homeschooling« erlaubte.

Office unter einmaligen Bedingungen unter die Lupe zu nehmen. Geht man davon aus, dass Homeoffice vor der Pandemie hauptsächlich dann stattfand, wenn es aus Betriebs- und Beschäftigtensicht zu einer Win-win-Situation führte,[2] kann die aus betrieblicher Sicht unfreiwillige Ausweitung des Homeoffice möglicherweise klarer herausstellen, welche positiven und negativen Effekte des Homeoffice auf Beschäftigte generalisierbar sind, also nicht von Spezifika abhängen, die Homeoffice vor Corona geprägt haben. Auf diese Weise können – um bei Negt zu bleiben – Schlüsse über die Zukunft und die Erfolgsbedingungen der nun nicht mehr ganz neuen »Arbeitsform« Homeoffice aus Beschäftigtensicht für die Zeit nach der Corona-Pandemie gezogen werden. Weil die Pandemie und die von vielen Arbeitgeber/innen gelockerten Regeln zur Nutzung des Homeoffice bei Verfassung dieses Textes noch andauerten, erlauben die meisten seit Beginn der Pandemie publizierten Studien allerdings nur vorsichtige Schlussfolgerungen bezüglich der Auswirkungen des »Quasi-Experiments« einer erheblichen Ausweitung des Homeoffice.[3] Studien, die in den Jahren nach der Pandemie erscheinen werden, dürften weit tiefergehende Schlussfolgerungen zulassen.

Die weitere Betrachtung wird sich vorwiegend auf die Aspekte von Zeitregimes beziehen, die in älteren (vor Corona) und neueren (seit Corona) Studien sichtbar werden. Dabei wird der Aspekt der Produktivität des Arbeitens im Homeoffice ausgeblendet, soweit er in den Rahmen einer »betrieblichen« Beurteilung fällt. Bezüglich betrieblicher Vor- und Nachteile des Arbeitens eines Teils der Beschäftigten im Homeoffice lassen sich aus Studien aufgrund der Heterogenität von Betrieben und Arbeitnehmer*innen keine eindeutigen Schlussfolgerungen über eine allgemeine Vorteilhaftigkeit dieser Arbeitsform ableiten, sodass dieser Aspekt hier zunächst nur kurz erwähnt werden soll.[4] Er ist gleichwohl für die Betrachtung der Zeitregimes auch relevant, weil zum einen

---

[2] Mit Win-win-Situation ist nicht gemeint, dass für Betriebe und Beschäftigte nur positive Effekte mit der Arbeit im Homeoffice einhergehen, sondern dass von beiden Gruppen die positiven Effekte höher gewertet werden als die negativen. So wurde in verschiedenen Studien bestätigt, dass Beschäftigte, die das Homeoffice wählen, bereit sind, für die höhere Flexibilität einen Preis zu bezahlen – z. B. unbezahlte Überstunden (vgl. z. B. HANSEN, 2017) –, wenn die Vorteile in der Nettobetrachtung überwiegen.

[3] Am 27. Januar 2021 trat die Corona-Arbeitsschutzverordnung in Kraft, nach welcher Arbeitgeber/innen verpflichtet sind, überall dort Homeoffice anzubieten, wo es möglich ist (vgl. www.bundesregierung.de/breg-de/aktuelles/verordnung-zu-homeoffice-1841120).

[4] Die Einschätzung von GEJANDRAN/HARRISON (2007: 1525) trifft auch 14 Jahre später noch zu: »Despite a growing consensus on the structural features and importance of telecommuting as an alternative work arrangement, there is no single, overarching theory of its consequences.«

die individuelle Produktivität von Beschäftigten im Homeoffice sowie betrieblich anfallenden Kosten (Ausstattung der Arbeitsplätze, Reorganisation der Arbeitsabläufe etc.) einen starken Einfluss auf die Strukturierung und das Ausmaß der Arbeitszeit haben, und zum anderen eine höhere oder geringere Produktivität auch auf individuelle Zeitregimes im Homeoffice zurückgeführt werden kann.

2. EINFLUSSFAKTOREN AUF ZEITREGIMES VON BESCHÄFTIGTEN

Den Maßstab für die ethische Beurteilung von Zeitregimes kann wiederum die von Oskar Negt formulierte Zielsetzung der »Zeitsouveränität« bilden: »Aber erst die volle Entfaltung der Zeitdimension in ihren reichhaltigen subjektiven Ausdrucksqualitäten wie: Zeitballung und Zeitverlust, Wartezeit und Erlebniszeit, kollektive Erfahrungszeit und Langeweile, Zeit, die sich auf die Zukunft richtet, und Zeit, die der Aufarbeitung der Vergangenheit dient – erst eine solche Entwicklung der ganzen Breite und Tiefe des Zeitspektrums könnte Zeitsouveränität im Sinne bewußter menschlicher Lebenstätigkeit herstellen.« (Negt, 1984: 207). Die Frage, ob eine solche Form der Zeitsouveränität mithilfe einer Ausweitung der Arbeit im Homeoffice und einer damit einhergehenden Selbstbestimmung bei der Gestaltung des Arbeitsalltags wenigstens für einen Teil der Erwerbstätigen theoretisch erreichbar ist, kann nur im Rahmen unterschiedlicher Einflussfaktoren beantwortet werden.

1. *Ökonomisch-arbeitskultureller Gesamtkontext:* Ein Einfluss auf die Zeitsouveränität von Beschäftigten geht in sehr grundlegender Weise vom ökonomisch-kulturellen Gesamtkontext der Arbeitskultur und den damit einhergehenden Arbeitsnormen aus. Diese Faktoren werden hier in den zwei Stichworten der neuen Kultur bzw. des neuen Geistes des Kapitalismus und des Überwachungskapitalismus aufgenommen.

2. *Arbeitsweltliche Faktoren:* Einfluss auf die Zeitsouveränität von Beschäftigten haben arbeitsweltliche Faktoren, beispielsweise der Wirtschaftszweig eines Betriebs, seine Größe, die Art der betrieblichen Arbeitsorganisation, die technische Ausstattung des Betriebs, die Stellung der Beschäftigten im Betrieb, die ausgeübten Tätigkeiten von Beschäftigten im Kontext der innerbetrieblichen Arbeitsteilung und die Intensität der Arbeitsteilung. Es besteht somit eine Vielzahl von arbeitsorganisationsinternen Faktoren, die über die Möglichkeit und das Ausmaß selbstbestimmter Zeitorganisationskompetenz mitentscheiden.

3. *Arbeits-Lebenswelt-Nexus:* Die Zeitsouveränität von Beschäftigten wird durch außerbetriebliche bzw. lebensweltliche Faktoren wie beispielsweise die Existenz einer Familie, die Existenz von Kindern und ihr Alter,

die häusliche und außerhäusliche familiäre »Arbeitsteilung« und durch die sonstigen Bedingungen des Arbeitens »zu Hause« (z.B. Ausstattung des Arbeitsplatzes, Störungsfreiheit) beeinflusst.

2.1 Ökonomisch-arbeitskultureller Gesamtkontext

Die »Kultur des neuen Kapitalismus« hatte Richard Sennett bereits 1998 unter den Titel »Der flexible Mensch« gefasst (vgl. Sennett, 2000). Die Kultur besteht in einer neuen Form der Flexibilität und Selbststeuerung der Beschäftigten: »Von den Arbeitnehmern wir verlangt, sich flexibler zu verhalten, offen für kurzfristige Veränderungen zu sein, ständig Risiken einzugehen und weniger abhängig von Regeln und förmlichen Prozeduren zu werden.« (Sennett, 2000: 10) Diese Anforderung bildet den Kern von Sennetts Diagnose eines Wandels zum »flexiblen Kapitalismus« in den USA im Verlauf der 80er- und 90er-Jahre des 20. Jahrhunderts, der meist mit dem Titel »Neoliberalismus« charakterisiert wird. Er fordert von den Beschäftigten zunächst innerhalb der betrieblichen Organisation eine flexible, »unternehmerische« Haltung sowohl im Blick auf die Ziele der Unternehmen wie im Blick auf die eigene Berufs-, Karriere- und Lebensgestaltung. Die klare und dauerhafte Geltung von Regelungen wird zunehmend durch Orientierung an kurzfristigen und flexiblen Anpassungsprozessen abgelöst. Diese Anforderung findet sich auch im Kern der neuen Form des mobilen Arbeitens von zu Hause, als die sich Arbeiten im Homeoffice charakterisieren lässt. Wenn man die Redewendung »Arbeit nach Hause mitnehmen« aufgreift, dann stellt diese Form eine Gesamtheit davon dar, nicht nur die gesamte Arbeit, sondern auch ihre (Selbst-)Organisation mit nach Hause zu nehmen. Was nicht bedeutet, dass die (betrieblichen) Kontrollmechanismen ganz abgeschafft werden. Vielmehr treten sie in einer neuen Form auf, wenn der Erfolg des Arbeitens zu Hause einerseits den subtilen Mechanismen des Vergleichs im Team und andererseits den Maßstäben von Effizienz- und Effektivitätsmessungen ausgesetzt wird. Die Arbeit im Homeoffice erfährt ihre Rechtfertigung gerade nur dann und nur soweit, wie sie unter Effizienz- und Effektivitätsgesichtspunkten nicht hinter der betrieblichen Arbeitsform zurückbleibt – und muss dazu auch das kompensieren, was durch den Wegfall der betrieblichen Routinen, der Interaktion im Team vor Ort und der technischen Ausstattung im Betrieb bzw. Büro im Homeoffice erschwerend wirkt.

Damit verbunden wird auch das betriebliche Zeitregime modifiziert oder abgelöst. Wenn im betrieblichen Zeitregime die Arbeitszeit über Zeiterfassungssysteme protokolliert und kontrolliert wird, so müssen diese für das Homeoffice entweder technisch angepasst oder durch anderes ersetzt werden, sei es durch manuelle Dokumentation, digitale Erfassung in anderer Form oder Vertrauensarbeitszeit. Die Kontrollform bedarf, da bzw. sofern sie nicht über eine technische Schnittstelle gelöst werden kann, einer Verknüpfung mit der internalisierten Form der (Selbst-)Kontrolle der Arbeitszeit, sowohl auf ihre Intensität (beispielsweise in Bezug auf die Ablenkung durch den häuslichen Kontext) wie ihre Extension (bspw. durch die fehlende Begrenzung von Büroarbeitszeiten). Der »locus of control« wechselt in der Folge des Arbeitens unter Flexibilitäts- bzw. Mobilitätsbedingungen von der externen Kontrolle zur Internalisierung der Zeit- und Effizienznormen. Dieses internalisierte Zeitregime ist allerdings nicht identisch mit freier Verfügung über die eigene Zeit bzw. ihrer autonomen Steuerung. Vielmehr bedeutet sie eine Internalisierung externer Vorgaben in die eigene Zeitverfügung, eine Form von internalisierter Kontrolle gerade unter Verzicht auf die Möglichkeit eigener Verfügung: »Herrschaft, die von Triebverzichten lebt [...], ist untrennbar an den sozialpsychologischen Tatbestand geknüpft, daß Verinnerlichung ökonomischer Gewalt vor allem heißt: *Internalisierung der Arbeitsnormen ins Zeitbewußtsein*« (Negt, 1984: 207).

Diese Form der Internalisierung erfordert und basiert auf einer neuen Kultur, die von Luc Boltanski und Ève Chiapello als »Der neue Geist des Kapitalismus« analysiert wird. Sie beobachten eine Transformation des kapitalistischen Wirtschaftssystems im Verlauf der Entwicklung seit dem Höhepunkt der Kapitalismuskritik im Rahmen der 68er-Bewegung über die Stagnations- und Wachstumsphasen der 70er- und 80er-Jahre mit der Flexibilisierung der Organisationsformen (bspw. »lean management« oder »kaizen« als kontinuierlicher Verbesserungsprozess) bis zu der grundlegenden Transformation im Gefolge der Ereignisse von 1989. In der Kapitalismuskritik unterscheiden Boltanski/Chiapello zwei Formen, die sich aus unterschiedlichen, so von ihnen benannten »Empörungsquellen« speisen: Die »Sozialkritik« aus der »Empörung« über Armut und Ungleichheit auf der einen, die Schwächung bzw. Zerstörung gesellschaftlicher Solidarität durch die Beförderung des Eigeninteresses auf der anderen Seite. Die »Künstlerkritik« entspringt der Empörung über fehlende Authentizität der kapitalistischen Lebensform auf der einen, die Unterdrückung von Freiheit, Autonomie und Kreativität auf der anderen Seite (vgl. Boltanski et al., 2006: 80-84).

Der »neue Geist des Kapitalismus« basiert darauf, dass es den Unternehmen – beispielsweise über die entsprechenden Managementkonzepte – gelungen ist, sich an die Herausforderungen durch die Kritik strukturell anzupassen. Die strukturelle Anpassung der Unternehmensorganisation und -kultur basiert auf einer Aufnahme der »Künstlerkritik« mit den beiden ihr zugeordneten Quellen der Empörung, der fehlenden Authentizität und der Abhängigkeitsverhältnisse. Den Bedürfnissen nach Authentizität und Freiheit würde in den neuen Organisationen und im New Management Rechnung getragen, indem Eigenschaften wie »Autonomie, Spontaneität, Mobilität, Disponibilität, Kreativität, Plurikompetenz [...], die Fähigkeit, Netzwerke zu bilden« als Erfolgsfaktoren behandelt und integriert werden. Sie sind, nach Auffassung der Autoren, »direkt der Ideenwelt der 68er entliehen« (Boltanski et al., 2006: 143 f.). Daraus lässt sich schlussfolgern, dass es der Unternehmensorganisation gelungen ist, das kritische Regime von Autonomie, Spontaneität und Kreativität zu internalisieren und so über diese Momente wiederum das betriebliche Regime in die von Autonomie, Spontaneität und Kreativität getriebene »Selbstkontrolle« der Beschäftigten zu externalisieren, woraus am Ende eine Internalisierung des betrieblichen Regimes in den Aspekten der Autonomie, Spontaneität und Kreativität bei den Beschäftigten folgt.

Boltanski/Chiapello verfolgen diesen »neuen Geist« einer Internalisierung des kapitalistischen Geistes über die Aufnahme der Künstlerkritik in das betriebliche Regime in der Veränderung der institutionellen Formen des Wirtschaftssystems, etwa die Rolle der Gewerkschaften. Dies ist in diesem Rahmen insofern von Bedeutung, als gewerkschaftliche Organisation eng mit dem betrieblichen Rahmen von Arbeit und Beschäftigung verbunden ist, während die Situation der Beschäftigten im Homeoffice, abgesehen von generellen Regelungen, sehr viel weniger direkt für die gewerkschaftliche »Organisation« erreichbar ist. Sie erweist sich in dieser Perspektive als eine spezifische Realisierungsweise des »new capitalism«, in gewisser Weise als deren Spitze, in der das betriebliche (Zeit-)Regime vollends in die Selbstkontrolle der Beschäftigten übernommen wurde. Authentizität und Autonomie könnten, anstatt für dieses betriebliche Regime instrumentalisiert zu werden, nur dann wirklich zum Tragen kommen, wenn durch Arbeitsplatzsicherheit und -stabilität Menschen gestärkt und ihnen Freiräume verschafft werden, mit den »Möglichkeiten, sich einer überzogenen Selbstkontrolle zu widersetzen und die vermehrt eingesetzten, neuen, vor allem computergesteuerten Kontrollinstrumente gerade angesichts des Autonomie-Ideals des neuen kapitalistischen Geistes in Frage zu stellen (vgl. Boltanski et al., 2006: 508). Die betrieblichen und persönlichen, gesellschaftlichen und familiären Zeitregimes überlagern sich im Homeoffice in paradoxer Weise in der Vertauschung von Fremd- und Selbststeuerung. Im Gegensatz zur betrieblichen Situation entfällt die externe Dimension von betrieblicher Fremdsteuerung, die ganz in die persönliche Selbststeuerung übernommen ist, nun aber einer anderen Fremdsteuerung durch die häusliche Umgebung ausgesetzt ist. Entscheidend für die Beobachtung dieser Situation ist deshalb die Frage der Konflikte, inwiefern sie in den Studien sichtbar werden und wie sie gelagert sind.

Die Internalisierung des betrieblichen Regimes unter den Vorzeichen von Autonomie und Authentizität wäre allerdings, aus der Sicht der Unternehmen, zu riskant, wenn sie ganz den Beschäftigten überlassen würde, wenn man dem Konstrukt des »Überwachungskapitalismus« folgt. Hier bildet umgekehrt die Möglichkeit einer technologischen Steuerung des Verhaltens die Basis und Form für die (vermeintliche) Selbststeuerung der Einzelnen im Sinne eines Funktionierens der Gesellschaft, das zugleich den Unternehmen dient. Shoshana Zuboff richtet die Perspektive dieses »Überwachungskapitalismus« zwar auf die Nutzer*innen aus, die im Rahmen der »›Annexion‹ der ›Gesellschaft‹ und der ›sozialen Beziehungen‹ und gesellschaftlichen Schlüsselprozesse als unverbrauchtes Territorium für Rendition, Berechnung, Modifikation und Vorhersage« (Zuboff, 2018: 462) in die Produktions- und Kontrollprozesse einbezogen werden. Sie lässt sich aber auch auf die Beschäftigten beziehen, die ebenfalls diesem Kontrollregime durch die neuen technologischen Möglichkeiten, oder genauer durch die Konstruktion einer technologischen (Kontroll-)Umgebung unterworfen werden. Eine Kontrollumgebung, die in einem Anreiz- und Belohnungssystem besteht, das auf subtile Weise die Selbststeuerung der Einzelnen ebenso »anstupst« wie untergräbt. Das Modell dieser technologischen Anreiz- und Kontrollumgebung sieht Zuboff in der digitalisierten »Spielcasinoumgebung« und »deren technischen Finessen bei der gezielten Ausformung des Spielerverhaltens« (Zuboff, 2018: 431). Auch wenn dieser Sichtweise möglicherweise eine behavioristische Engführung zum Verhängnis wird, die sie eigentlich aufdecken möchte, kann sie die kritische Referenz für die Befunde zum Homeoffice bilden, die sich unter den Bedingungen der Corona-Pandemie wie in einem »Vergrößerungsglas« zeigen.

Dabei gilt es allerdings zu beachten, dass diese Befunde nicht direkt für eine Normalitätsform des mobilen Arbeitens in häuslicher bzw. außerbetrieblicher Umgebung gelten können, denn ihnen liegt weder die jeweils individuelle Präferenz und Entscheidung noch ein jeweiliges betriebliches Konzept oder eine Strategie zugrunde. Sie kommen vielmehr über politische Entscheidungen zustande, die mit einer gesellschaftlichen bzw. medizinischen Notlage begründet werden. Deshalb können diese Befunde nicht direkt in die Bewertung einer entsprechenden Normalitätsform übertragen werden, die anderen Bedingungen und Regelungen unterliegen würde. »Bei der Überführung von Homeoffice-Möglichkeiten von der punktuellen Notfallmaßnahme in den Regelbetrieb wird häufig unterschätzt, dass hierbei viele neue Anforderungen an Beschäftigte und Führungskräfte gestellt werden und es nicht um ein ›weiter so am anderen Ort‹ geht (BMAS, 2018: 16-32). [...] Die Unternehmen müssen nicht nur die technischen Voraussetzungen (inkl. Datenschutz und Arbeitsschutz) schaffen, sondern auch Regeln für die Freiheit festlegen bzw. aushandeln und für Klarheit hinsichtlich notwendiger Kompetenzen von Mitarbeitern und Führungskräften sorgen. Anders ausgedrückt: Mobiles und flexibles Arbeiten erfordert bei Mitarbeitern und Führungskräften Kompetenzen, die bei deren Auswahl meist keine Rolle gespielt haben und in sehr unterschiedlichem Maße entwickelt sind. Aktuell gibt es noch eine große Differenz zwischen dem Wunsch von Beschäftigten nach mobilem und zeitlich flexiblem Arbeiten und dessen Realisierungsmöglichkeiten (BMFSFJ, 2019: 13 ff.)« (Fuchs, 2020: 293). Die Voraussetzungen für die Übertragung der betrieblichen Kultur auf die Situation des mobilen Arbeitens waren in dieser Notlage nicht in umfassender Weise gegeben, weder auf der Seite der technischen und kulturellen Aspekte bei den Betrieben, noch auf der Seite der Kompetenzen und Motive der Beschäftigten. »Bei dem oft unterschwelligen Vorwurf, die Diskrepanz beruhe auf dem Unwillen der Arbeitgeber, wird oft darüber hinweggesehen, dass auch die Beschäftigten über bisher weniger benötigte Kompetenzen verfügen müssen. Ein hohes Maß an Selbstorganisation, Selbstmotivation ohne direktes Feedback, effizientes Arbeiten und Kommunikation sind ebenso Voraussetzungen wie der Selbstschutz vor Überarbeitung und die eigenverantwortliche Organisation der Balance von Arbeit und Privatleben (BMAS, 2016: 10ff.)« (Fuchs, 2020: 293). Dieses hohe Maß an Internalisierung des betrieblichen Regimes in die Selbststeuerung von Organisation, Motivation und Effizienz bildet die risikoreiche Basis für das Experiment Homeoffice unter den Bedingungen der Corona-Pandemie im Sinne eines gesellschaftlichen Labors.

2.2 Arbeitsweltliche Faktoren

2.2.1 Homeoffice-Nutzung vor der Corona-Pandemie

Obwohl ein Boom des Homeoffice, wie oben bereits beschrieben wurde, seit knapp vier Jahrzehnten erwartet wird, war die Arbeit im Homeoffice – soweit damit eine gewisse Regelmäßigkeit verbunden ist bzw. diese nicht nur ab und zu stattfindet – bis zur Corona-Pandemie in Deutschland »kein Massenphänomen« (Grunau et al., 2019: 4). Ganz im Gegenteil legen Daten des European Labour Force Survey bzw. des Mikrozensus die Schlussfolgerung nahe, dass sich die Arbeit im Homeoffice bis 2018 in Deutschland eher auf einem absteigenden Ast befand. Gaben 2004 noch 14,5 % der befragten Erwerbstätigen an, in den letzten vier Wochen vor der Befragung gewöhnlich oder manchmal im Homeoffice gearbeitet zu haben, waren es 2018 nur noch 11,8 % (vgl. Bonin et al., 2020: 21 u. 23). Die relativ geringe regelmäßige Nutzung des Homeoffice vor der Pandemie wird durch eine Vielzahl weiterer Studien bestätigt. Eine Umfrage der Bundesanstalt für Arbeitsschutz und Arbeitsmedizin ermittelte, dass 2017 12 % der Beschäftigten Telearbeit mit ihrem Arbeitgeber/ihrer Arbeitgeberin vereinbart hatten. Davon arbeiteten zwei Drittel mindestens einen Tag in der Woche daheim (vgl. BAuA, 2020: 1). Eine auf Daten des SOEP beruhende Auswertung des DIW aus dem Jahr 2016 kommt auf einen höheren Wert: 16 % der Befragten gaben an, ihre Arbeit auch zu Hause zu erledigen. Jedoch gaben nur 3,9 % an, täglich von zu Hause aus zu arbeiten, bei 4,6 % der Befragten kam das mehrmals in der Woche vor und bei 2,8 % alle zwei bis vier Wochen (vgl. Brenke, 2016: 96). Eine neuere Umfrage im Rahmen des DGB-Index Gute Arbeit kommt für das Jahr 2019 auf 18 % Beschäftigte, die auch im Homeoffice arbeiten. Allerdings gaben nur 6 % der Beschäftigten mit Homeoffice-Nutzung (bzw. 1,1 % aller befragten Beschäftigten) an, 75 % oder mehr ihrer wöchentlichen Arbeitszeit im Homeoffice zu verbringen, während 68 % der »Homeoffice-

Arbeitnehmer« weniger als 25 % der Wochenarbeitszeit daheim verbrachten (vgl. DGB, 2020: 13). Eine auf Eurostat-Daten beruhende Studie der Europäischen Kommission kommt zu dem Ergebnis, dass 2019 in Deutschland 11 % der Beschäftigten »Teleworker« waren, was auf Grundlage dieser Datenquelle punktgenau dem Anteil an Teleworkern im Jahr 2009 entspricht (European Commission, 2020: 4). Abweichend von diesen Ergebnissen, kommen Bonin et al. (2020) in einer im Juni 2019 durchgeführten Befragung zu dem deutlich höheren Wert von 24 % mobilen Arbeitnehmern/Arbeitnehmerinnen,[5] 21,2 % gaben dabei an, ihre Arbeit unter anderem daheim zu erledigen (vgl. Bonin et al., 2020: 36). 4,6 % arbeiteten täglich mobil (also einschließlich unterwegs), 5,2 % einige Male in der Woche und 10,6 % mehrfach im Monat (a. a. O.: 39). Zusammengerechnet liegt die Zahl der regelmäßig (mehrfach im Monat) mobil Arbeitenden somit deutlich höher als nach anderen Studien, was aber neben der Einbeziehung der »Arbeit von unterwegs« vor allem auch darauf zurückzuführen sein dürfte, dass Bonin et al. (2020) jede mobile Arbeit berücksichtigten und somit nicht nur »Teleworker« im engeren Sinne. Zum Beispiel lag der Anteil der mobil arbeitenden Beamt*innen nach dieser Studie im Jahr 2019 bei 47 % (Bonin et al., 2020: 36). Grund dafür dürfte sein, dass z. B. Lehrer*innen traditionell einen großen Teil ihrer Arbeit daheim erledigen (Klausuren korrigieren, Unterricht vorbereiten etc.), was aber (vor Corona) nicht viel mit dem Einsatz von Informations- und Kommunikationstechnologien zu tun hatte. Zusammenfassend lässt sich daher festhalten, dass eine regelmäßige Arbeit im Homeoffice unter Nutzung von Informations- und Kommunikationstechnologie vor der Corona-Pandemie trotz der enormen technischen Fortschritte in diesem Bereich in Deutschland umfangmäßig nur eine vergleichsweise kleine Rolle bei der Gestaltung der (wöchentlichen/monatlichen) Arbeitszeit von Beschäftigten gespielt hat.

Das führt zur Frage nach dem Warum der Stagnation des Anteils von Homeoffice-Beschäftigten an allen Beschäftigten bis zur Corona-Pandemie. Denn nicht nur die technischen Voraussetzungen für eine Arbeit von zu Hause hatten sich in den davor liegenden Jahrzehnten deutlich verbessert, auch die Nachfrage nach einer flexibleren Gestaltung der Arbeitszeit hatte aus verschiedenen Gründen zugenommen, zum einen durch den Strukturwandel: Der Beschäftigungsanteil im für das Homeoffice nur gering geeigneten Produktionssektor sinkt seit geraumer Zeit, während die Beschäftigungsanteile im Service-Sektor – der zu einem immer größeren Anteil auch digitale Service-Angebote umfasst – ebenso zunimmt wie der Anteil hochqualifizierter Fachkräfte in den für Homeoffice besonders gut geeigneten Informations-, Kommunikations- und Wissenssektoren (vgl. Gschwind/Vargas, 2019: 36). Hinzu kommen

---

[5] Einbezogen sind dabei auch Beschäftigte, die arbeiten, während sie unterwegs sind.

sozio-demografische Veränderungen: Der Anteil der Zwei-Verdiener-Haushalte nimmt seit vielen Jahren zu,[6] sodass man erwarten kann, dass für den aus diesen Gründen wachsenden Anteil von Erwerbstätigen, die Arbeitsverpflichtungen und Familienverantwortung miteinander vereinbaren müssen, eine flexiblere Gestaltung des Arbeitsortes und der Arbeitszeit zunehmend erwünscht ist (a. a. O.: 37).

Die Studie von Grunau et al. (2019) gibt auf Grundlage des IAB-Betriebspanels 2018 und des Linked-Personal-Panels 2016/2017 einige Hinweise auf das Warum. 74 % der befragten Betriebe gaben an, ihren Beschäftigten kein Homeoffice anzubieten (a. a. O.: 4). Bei den Begründungen für das fehlende Angebot überwog mit 90 % die Aussage, dass die Tätigkeiten der Beschäftigten dies nicht zuließen – was aber, soviel sei kurz eingeschoben, in vielen Fällen sicher nicht für alle Beschäftigten in Betrieben, die kein Homeoffice anbieten, zutreffen dürfte. 22 % der Betriebe nannten als Grund, dass die Zusammenarbeit der Beschäftigten dadurch erschwert würde, 10 % verwiesen auf mit der Arbeit im Homeoffice verbundene Probleme bei der Führung und Kontrolle von Beschäftigten. Technische Unzulänglichkeiten spielten nur für 9 % der Betriebe eine Rolle (a. a. O.: 11). Befragte Beschäftigte, die kein Homeoffice nutzen, bestätigen die Angaben der Betriebe nur zum Teil. 76 % der Beschäftigten gaben an, ihre Tätigkeit ließe kein Homeoffice zu (technologische Nichteignung). Viel prominenter als auf Betriebsseite werden jedoch arbeitsorganisatorische Probleme betont. 66 % der Befragten gaben an, ihre Anwesenheit sei dem Vorgesetzten wichtig (Führung und Kontrolle). 59 % gaben an, die Zusammenarbeit mit Kolleg*innen sei aus dem Homeoffice schwierig (Koordination) (a. a. O.: 11).[7] Mit Blick auf arbeitsweltliche Faktoren spielen somit zwei Gründe die Hauptrolle beim Nichtangebot von Homeoffice: erstens die technologische Nichteignung von Tätigkeiten für das Homeoffice und zweitens arbeitsorganisatorische Schwierigkeiten der Koordination, Führung und Kontrolle von Beschäftigten im Homeoffice.

Seit Ausbruch der Corona-Pandemie und der damit verbundenen, enormen Ausweitung von Homeoffice-Beschäftigung (siehe hierzu weiter unten) haben die beiden genannten Hindernisse eine größere Aufmerksamkeit im wissen-

---

[6] Hinzu kommt, dass auch die Zahl an Alleinerziehenden mit minderjährigen Kindern zugenommen hat – von 1,3 Millionen (1996) auf 1,5 Millionen (2018), vgl. BMFSFJ (2021).

[7] Zudem gaben 54 % der Beschäftigten an, dass die technischen Voraussetzungen für eine Arbeit im Homeoffice fehlen. Der enorme Unterschied zu den Betriebsangaben ist möglicherweise darauf zurückzuführen, dass die Betriebe bei ihrer Antwort die potenzielle technische Umsetzbarkeit von Homeoffice berücksichtigten, während die befragten Beschäftigten vom Status quo der fehlenden technischen Voraussetzungen ausgingen.

schaftlichen Diskurs erfahren, denn die Beantwortung der Frage, wie viel Arbeit im Homeoffice auf längere Sicht an den genannten Hindernissen scheitern könnte, gewährt auch einen Einblick in die mögliche Arbeitswelt nach Beendigung der Corona-Pandemie. Zugleich kann auf dieser Grundlage zumindest gemutmaßt werden, wie viele und welche Beschäftigten, die seit der Corona-Pandemie durch die Ausweitung des Homeoffice plötzlich größere Freiheitsgrade bei der Gestaltung ihrer Arbeitszeit bzw. mehr Zeitsouveränität besitzen,[8] nach Beendigung der Pandemie in ihre Büros zurückkehren müssen/dürfen oder den Gewinn an Zeitsouveränität in die Nach-Pandemie-Zeit mitnehmen werden.

2.2.2 Für wie viele Beschäftigte und welche Arten von Beschäftigung ist das Homeoffice grundsätzlich geeignet?

Eine Studie, die beide Faktoren – technische Eignung für eine Leistungserbringung im Homeoffice und arbeitsorganisatorische Schwierigkeiten bei einer verstärkten Nutzung dieser Arbeitsform – berücksichtigt, stammt von Juhász et al. (2020). Interessant an ihrem Ansatz ist der Vergleich der heute notwendigen arbeitsstrukturellen Veränderungen einer vermehrten Homeoffice-Beschäftigung mit einer anderen Zeit, die von erheblichen Veränderungen des Ortes, an dem Arbeitsleistungen erbracht werden, geprägt war: Die Industrialisierung im 19. Jahrhundert, die sukzessive die Heimarbeit-Ökonomie des 18. Jahrhunderts in eine Fabrikarbeit-Ökonomie transformierte. Diese Transformation vollzog sich nicht – um einen heute inflationär verwendeten Begriff zu nennen – disruptiv, sondern dauerte in einigen Industriezweigen einige Jahrzehnte (z.B. in der Textilindustrie), in anderen beinahe ein ganzes Jahrhundert. Den Grund für diesen langen Entwicklungsprozess sehen die Autor*innen nicht darin, dass die potenziellen Produktionszuwächse, die durch eine Umschichtung von Heim- in Fabrikarbeit möglich wurden, unterschätzt wurden – diese waren offensichtlich groß. Vielmehr lag ein wichtiger Grund darin: »[O]ne distinguishing feature of the factory-system was the development of ›flow-production‹ – that is, the production of highly standardized goods at low unit cost by arranging machines and equipment in line sequence to process goods continuously through a sequence of specialized operations. This required both an extensive division of labor and coordination across employees working on diffe-

---

[8] Einige Beschäftigte besitzen zudem einen größeren Freiheitsgrad bei der Wahl des Arbeitsortes. Für die Mehrzahl der Beschäftigten gab es hier jedoch keine Entscheidungsfreiheit. Nach Bonin et al. (2020: 105) gaben 80% der befragten Frauen und 78% der befragten Männer im Juli/August 2020 an, dass sie das Homeoffice auf Anweisung des Arbeitgebers bzw. der Arbeitgeberin nutzen.

rent parts of the production process. [...]. The move to factory production initially proceeded without basic organizational knowledge. Instead, organizational innovations were developed through a long process of trial and error that took generations to converge to best-practice methods« (Juhász et al., 2020: 3). Den potenziellen Produktivitätszuwächsen standen mithin – neben den Investitionskosten neuer Technologien – die arbeitsorganisatorischen Schwierigkeiten gegenüber, einen friktionslosen und effizienten Arbeitsablauf zu gewährleisten, um die potenziellen Produktivitätszuwächse auch tatsächlich zu realisieren. Neben der Koordinationsaufgabe ging es dabei auch um Führung und Kontrolle, denn aufgrund der extremen Arbeitsteilung konnte ein einzelner Arbeitnehmer – gewollt oder versehentlich – den gesamten Produktionsprozess stilllegen. Erst als das Organisationsproblem durch »best practices« gelöst war, setzte sich Fabrikarbeit schließlich überall durch, wo sie anderen Formen der Produktionsgestaltung überlegen war. Die Analogie zum Homeoffice besteht darin, dass auch hier der technische Fortschritt eine mit der Verlagerung des Arbeitsortes einhergehende Umgestaltung des ökonomischen Leistungsprozesses mit potenziellen Produktivitätszuwächsen (und Kosteneinsparungen) ermöglicht, der »technologischen Geeignetheit« der von Beschäftigten erbrachten Arbeitsleistung für einen Wechsel des Arbeitsortes jedoch auch hier arbeitsorganisatorische Probleme einer effizienten Koordination, Führung und Kontrolle dieser Beschäftigten gegenüberstehen. Diese arbeitsorganisatorischen Probleme mögen deutlich geringer sein als während der Industrialisierung – aber auch die potenziellen betrieblichen Produktivitätszuwächse einer sukzessiven Umschichtung von betrieblicher Büroarbeit ins Homeoffice stehen in keinem Verhältnis zu den Produktionszuwächsen der Umschichtung von Heimarbeit in Fabrikarbeit während der Industrialisierung. Juhász et al. (2020: 9 f.) erwarten daher, dass der Anteil von Beschäftigten im Homeoffice nach der Pandemie ebenfalls nur relativ langsam zunehmen wird, obwohl die Ausweitung des Homeoffice während der Pandemie immerhin einen gewissen Einfluss auf das Tempo einer stärkeren Verbreitung dieser Arbeitsform haben könnte: »In much the same way that the breakthrough technologies in cotton textiles led to organizational innovations that then spilled over to other sectors and helped them move towards factory-based production during the Industrial Revolution, the pandemic may lead to technological and organizational innovations that make remote work profitable for an increasing number of firms and sectors. However, the experience from the move to factory-based production suggests that these types of major organizational innovations proceed slowly, so that the dramatic shift to work from home in 2020 may not (yet) be permanent.«

Bleibt die Frage, wie groß der Anteil der Beschäftigten ist, für die bereits heute neben der technischen Geeignetheit auch arbeitsorganisatorische Gegebenheiten für eine Arbeit im Homeoffice sprechen. Eine im Auftrag der Europäischen Kommission durchgeführte Studie von Sotero et al. (2020) befasst sich genau mit dieser Frage. Auf Grundlage der im European Working Conditions Survey angegeben Tätigkeiten, die zur Ausübung eines Berufs mit einer bestimmten Intensität durchgeführt werden müssen (z.B. »Bedienung von Fahrzeugen, mechanisierten Geräten oder Ausrüstungen«, »Menschen heben oder bewegen«),[9] entwickeln sie zunächst einen Index, der die technische Möglichkeit angibt, einen Beruf auch im Homeoffice durchführen zu können. Auf der gleichen Datengrundlage wird die Intensität sozialer Interaktionen, die zur Durchführung eines Berufs notwendig sind (z.B. »Andere ausbilden und unterrichten«, »Koordination der Arbeit und Aufgaben anderer«), ermittelt. Die Annahme ist hier, dass eine höhere Intensität sozialer Interaktionen allein zwar noch nicht dagegenspricht, eine Tätigkeit im Homeoffice durchzuführen, dass sie aber die beschriebenen arbeitsorganisatorischen Probleme verursachen kann, sodass eine effiziente Leistungserbringung im Homeoffice erschwert wird oder nicht mehr profitabel ist. Als zusätzliche Variablen, die für oder gegen die Ausübung eines Berufs im Homeoffice sprechen, wurden von den Studienautoren die »Computernutzung bei der Arbeit« und der »Homeoffice-Anteil eines Berufs vor Corona« berücksichtigt.

Unter Beachtung der Beschäftigungsanteile in den verschiedenen Berufen kommen sie zu dem Ergebnis, dass 34% aller Beschäftigungsverhältnisse in der EU-27 technologisch für eine Leistungserbringung im Homeoffice geeignet sind, vor der Pandemie aber nur 10% der EU-27-Beschäftigten gelegentlich oder regelmäßig im Homeoffice tätig waren (vgl. Sotero et al., 2020: 45). Der Wert von 34% kommt dem Anteil der Beschäftigten, für die eine Arbeit im Homeoffice technisch möglich ist, vermutlich sehr nahe, denn während der ersten Welle der Corona-Pandemie im März und April 2020 nutzten 39% der EU-27-Beschäftigten (und 38% der deutschen Beschäftigten) die Möglichkeit, im Homeoffice zu arbeiten (vgl. Sotero et al., 2020: 22). Homeoffice wurde offenbar für so gut wie jeden Beschäftigten ermöglicht, dessen/deren Beruf technisch für diese Art der Leistungserbringung geeignet ist. Damit verbunden war eine erhebliche Veränderung der Struktur der Homeoffice-Beschäftigten. Vor der Pandemie wurde Homeoffice am intensivsten von hochausgebildeten Fachkräften sowie von Beschäftigten an der Spitze der Unternehmenshierarchie genutzt (ICT Professionals, Administrative and Commercial Managers, Chief Executives, Senior Officials and Legislators, legal, social and cultural Professionals, …). Wenig verbreitet war Homeoffice hingegen bei Beschäftigten, die Büro-Routinetätigkeiten durchführen (z.B. Bürokaufleute), obwohl ihre Tätigkeiten zumindest technologisch gut für das Homeoffice geeignet sind. Dieser Sachverhalt wird durch die Homeoffice-Nutzung im März/April 2020 verdeutlicht: Zwar lagen

---

[9] Für jede Tätigkeit werden dabei Werte zwischen 0 und 100 ermittelt.

nach Beginn der Corona-Pandemie »Manager« und »Professionals« mit über 50 % immer noch an der Spitze der Homeoffice-Nutzung, bei anderen Berufsgruppen (z. B. Bürokaufleute, Sachbearbeiter*innen, Sekretär*innen) gab es aber einen sprunghaften Anstieg von 5 % auf 30 %. Ein etwas geringerer, aber immer noch sprunghafter Anstieg ließ sich bei Beschäftigten beobachten, die in Service-Sektoren und im Verkauf beschäftigt waren – von 5 % auf 25 % (vgl. Sotero et al., 2020: 12 u. 25). Zusätzlich zeigt sich die gute technologische Geeignetheit dieser Berufe für das Homeoffice an den von Sotero et al. (2020: 46) ermittelten Werten. Für Beschäftigte, die »unterstützende Büroarbeiten« durchführen (Sachbearbeiter*innen, Sekretär*innen, kaufmännische Angestellte), wird in der Studie berechnet, dass 85 % der Beschäftigungsverhältnisse technologisch für eine Leistungserbringung im Homeoffice geeignet sind. Dieser Wert liegt noch über dem für Manager (76 %) und »Professionals« (71 %). Für Beschäftigte in Service-Sektoren und im Verkauf wurde die technologische Geeignetheit für eine Leistungserbringung im Homeoffice (= 25 %) während der Pandemie anscheinend voll ausgereizt.

Doch wie viel der zusätzlichen Homeoffice-Beschäftigung wird bleiben? Der von Sotero et al. (2020) ermittelte Index für die notwendigen »sozialen Interaktionen« zur Ausübung eines Berufs liefert hierfür einen Näherungswert. Die Studie unterscheidet zwischen ...
- ... Berufen, bei denen (a) der Indexwert physischer Interaktionen und (b) der Indexwert sozialer Interaktionen unter einer bestimmten Grenze liegen – diese Berufe sind für das Homeoffice sowohl technologisch als auch aufgrund des geringen Koordinationsaufwandes geeignet.
- ... Berufen, bei denen (a), aber nicht (b) erfüllt ist – diese Berufe sind für das Homeoffice technologisch geeignet, der hohe Koordinationsaufwand stellt aber die arbeitsorganisatorische Geeignetheit in Frage.

Im Ergebnis – und für Homeoffice-Befürworter vermutlich enttäuschend – sind in der EU-27 nur 13 % der Beschäftigten in Berufen tätig, die (a) und (b) erfüllen, während für 22 % der Beschäftigten trotz einer grundsätzlichen technologischen Geeignetheit ihrer Berufe die Intensität sozialer Interaktionen eher gegen eine Leistungserbringung im Homeoffice spricht (vgl. Sotero et al., 2020: 50). Der theoretische Ansatz von Juhász et al. (2020) wird damit grundsätzlich bestätigt. Liegen die Autoren der beiden Studien richtig, dann ist zu erwarten, dass nach der Pandemie ein größerer Teil der temporären Homeoffice-Beschäftigten wieder ins Büro zurückkehren wird. Das würde dann, wenn sich Vorkrisen-Trends fortsetzen, vor allem für die Beschäftigten gelten, die in der Unternehmenshierarchie nicht weit oben stehen und Routine-Bürotätigkeiten durchführen. Andererseits könnten während der Pandemie auch Erfahrungen gesammelt (und in Homeoffice-Technologien investiert) worden sein, um arbeitsorganisatorische Probleme zu lösen und Homeoffice auch für Routine-Bürotätigkeiten in Zukunft in höherem Maße zu ermöglichen. Zusätzlich lässt sich das Koordinationsproblem in den betroffenen Berufsfeldern abmildern, wenn Homeoffice nicht als vollständiges Substitut, sondern als Ergänzung zur Büroarbeit eingesetzt wird und Beschäftigte entsprechend ihren wöchentlichen Arbeitsalltag zwischen Büro und Homeoffice aufteilen, statt vollständig ins Homeoffice zu wechseln. Hinzu kommt, dass sich die Arbeitsleistung von Routinetätigkeiten häufig gut quantitativ erfassen lässt, sodass auch das Kontrollproblem lösbar erscheint. Der Wert von 13 % gibt daher vermutlich die untere Grenze der (im Jahr 2021) für das Homeoffice geeigneten Beschäftigungsverhältnisse an.

Zwei aktuelle Studien gewähren einen gewissen Einblick in die Zeit nach der Corona-Pandemie und bringen möglicherweise etwas mehr Licht ins Dunkel der künftig zu erwartenden arbeitsstrukturellen Veränderungen. Demmelhuber et al. (2020) befragten im Juli 2020 (deutsche) Unternehmen nach ihren Erfahrungen mit der Ausweitung von Homeoffice-Beschäftigung im Zuge der Pandemie. Zum Zeitpunkt der Befragung war die erste Pandemiewelle abgeebbt und die zweite Welle noch nicht in Sicht, sodass sich die Ergebnisse zwar noch nicht auf einen tatsächlichen Zeitpunkt nach der Pandemie beziehen, aber doch einen Moment betreffen, zu dem von vielen Unternehmen ein (erstes) Fazit bezüglich der Homeoffice-Ausweitung gezogen wurde. Andererseits sind die Ergebnisse auch mit Vorsicht zu genießen, denn die Angaben der befragten Unternehmen beziehen sich nur auf einen relativ kurzen Zeitraum der ausgedehnten Homeoffice-Nutzung, sodass sich aus betrieblicher Sicht *erhebliche* negative Effekte der Homeoffice-Ausweitung kaum realisieren konnten. Probleme, die sich dennoch gezeigt haben, haben daher möglicherweise nur eine untergeordnete Rolle bei der Gesamtbewertung der Homeoffice-Ausweitung gespielt. Diese Vermutung wird durch das widersprüchliche Antwortverhalten der Unternehmen gestützt. Zwar gaben nur 16 % der befragten Unternehmen an, dass die Ausweitung des Homeoffice mit Schwierigkeiten verbunden war (vgl. Demmelhuber et al., 2020: 2), wenn aber danach gefragt wurde, wie sich Quantität und Qualität der Arbeitsleistung von Beschäftigten im Homeoffice während der Pandemie verändert haben, lassen die Antworten der Unternehmen auf eine nicht unbedeutende Skepsis bezüglich dieser Arbeitsform schließen. So geben 33 % der Unternehmen an, die Arbeitszeit der Homeoffice-Beschäftigten habe sich zum »schlechteren« verändert, während nur 23 % von einer Verbesserung ausgehen. 35 % der Unternehmen beklagen eine Verschlechterung des Outputs der Beschäftigten, eine Verbesserung sehen 27 %. Für die Frage nach arbeitsorganisatorischen Problemen ist besonders relevant, dass 59 % der Unternehmen eine Verschlechterung der Zusammenarbeit angeben, während nur 7 % eine Verbesserung beobachten. Das gesamte Arbeitsergebnis der Homeoffice-Beschäftigten beurteilen 37 % der Unternehmen als »schlechter« als vor der Homeoffice-Nutzung, 18 % gehen von einer Verbesserung aus (a. a. O.: 3). Diese Antworten lassen es fraglich erscheinen, ob viele

Unternehmen im Homeoffice ein Modell der *näheren* Zukunft sehen. Auch in den Fällen, bei denen kein Unterschied bei der Arbeitsleistung der Beschäftigten beobachtet wurde, ist nicht offensichtlich, warum ohne die Aussicht auf bessere Arbeitsergebnisse bereits jetzt in erhebliche arbeitsstrukturelle Veränderungen und Homeoffice-Technologien investiert werden sollte – jedenfalls soweit noch nicht geschehen. Nur für jene 18 % der Unternehmen, die eine Verbesserung der Arbeitsleistung beobachten, scheint eine Ausweitung des Homeoffice daher mit einem direkten wirtschaftlichen Vorteil verbunden zu sein. Es wird interessant sein zu beobachten, wie sich diese Werte nach der zweiten Pandemiewelle entwickeln werden, denn zu diesem Zeitpunkt können die Unternehmen auf einen deutlich längeren Zeitraum der Homeoffice-Nutzung zurückblicken.

Etwas weniger ambivalente Ergebnisse liefert eine Studie von Backhaus/ Tisch (2020), die im Oktober 2020 und damit auch noch vor dem zweiten Lockdown durchgeführt wurde. Dabei wurden 1.053 Betriebe direkt danach gefragt, ob sie nach Beendigung der Pandemie Homeoffice-Regelungen im Vergleich zur Vorkrisenzeit ausweiten, reduzieren oder überhaupt nicht verändern wollen. Von allen Betrieben gehen 67 % davon aus, nichts zu ändern. 19 % wollen Homeoffice-Regeln ausweiten, 9 % reduzieren.[10] Das spricht zunächst ebenfalls nicht für einen umfänglich revolutionären Trend hin zum Homeoffice. Allerdings unterscheiden sich die Ergebnisse stark nach Unternehmensgröße. Insbesondere Unternehmen mit mehr als 249 Beschäftigten sind zu einer Ausweitung (54 % dieser Betriebe) des Homeoffice bereit (Backhaus/ Tisch, 2020: 2). Da in dieser Unternehmenskategorie 42,8 % der deutschen Arbeitnehmer*innen beschäftigt sind,[11] liegt der Anteil der von einer geplanten Ausweitung von Homeoffice-Regeln betroffenen Beschäftigten vermutlich über 19 %, leider gibt es in der Studie keine Angabe dazu.

Zusammenfassend lässt sich festhalten, dass die während der Corona-Pandemie ermöglichte Ausweitung von Homeoffice-Nutzung vermutlich nicht dazu führen wird, dass nach der Pandemie ein Anteil von Homeoffice-Beschäftigten zu beobachten sein wird, der sich in der Nähe des Anteils während der Pandemie bewegt. Allerdings haben Unternehmen und Beschäftigte während der zweiten Welle der Corona-Pandemie weitere Erfahrungen mit dieser Arbeitsform gesammelt und – was Unternehmen betrifft – auch in die Ausstattung von Homeoffice-Arbeitsplätzen investiert, sodass der Anteil der Homeoffice-Beschäftigten nach der Pandemie mit hoher Wahrscheinlichkeit den Anteil während der Vorkrisenzeit übertreffen wird. Ob damit bezüglich der Homeoffice-

---

[10] 5 % wissen nicht, was sie tun werden.
[11] www.destatis.de/DE/Themen/Branchen-Unternehmen/Unternehmen/Kleine-Unternehmen-Mittlere-Unternehmen/aktuell-beschaeftigte.html (Zugriff am 15.02.2021).

Nutzung zunächst ein neuer Gleichgewichtszustand auf höherem Niveau erreicht wird oder mit einem langjährigen, sukzessiven Wachsen des Homeoffice-Anteils zu rechnen ist, hängt vor allem von zwei Dingen ab.

(i) Auf Unternehmensseite müssen relevante Produktivitätsgewinne erkennbar werden, die eine kostspielige Umgestaltung der Arbeitsorganisation neben zusätzlichen Investitionen in Homeoffice-Technologien lohnenswert erscheinen lässt.

(ii) Aber auch auf Beschäftigtenseite muss die Arbeit im Homeoffice mit tatsächlichen Vorteilen verbunden sein bzw. mit Vorteilen, die denkbare nachteilige Effekte überwiegen.

Die nächsten zu stellenden Fragen lauten daher, welche Vor- und Nachteile mit der Arbeit im Homeoffice einhergehen können und wie sich diese Arbeitsform insbesondere auf die Zeitsouveränität von Beschäftigten auswirkt. Während mit Letzterem zumeist die Work-Life-Balance von Beschäftigten angesprochen wird, müssen zunächst die vorgelagerten arbeitsweltlichen Aspekte besprochen werden, die im Ergebnis darüber entscheiden, wie stark denn die Balance zwischen Arbeit und Privatleben überhaupt von betrieblichen Taktungen und Zwängen abgekoppelt werden kann, wenn die Leistungserbringung im Homeoffice erfolgt.

2.2.3 Arbeitsweltliche Einflussfaktoren auf die Zeitsouveränität von Homeoffice-Beschäftigten

Arbeitsweltliche Einflussfaktoren auf die Zeitsouveränität von Beschäftigten sind dadurch gekennzeichnet, dass ihnen ein prägender Charakter zukommt. Sie entscheiden (mit) darüber, in welchem Ausmaß Beschäftigte ihre Zeitaufteilung im Homeoffice tatsächlich selbstbestimmt regulieren können. Vier Faktoren sollen hier näher betrachtet werden:

(a) die Autonomie von Homeoffice-Beschäftigten bezüglich durchgeführter Arbeitsschritte und dabei verwendeter Arbeitsmethoden zur Erreichung eines bestimmten Arbeitsziels (Methodenflexibilität),

(b) die Autonomie von Homeoffice-Beschäftigten bezüglich der zeitlichen Aufteilung ihrer Arbeitsleistung zur Erreichung eines bestimmten Arbeitsziels (Zeitflexibilität),

(c) die Interdependenz der Arbeitsleistung von Homeoffice-Beschäftigten mit Arbeitsleistungen von Kolleg*innen,

(d) die organisationskulturelle Verankerung der Leistungserbringung im Homeoffice und die in diesem Zusammenhang geleistete Unterstützung.

(a) Methodenflexibilität

Diese Form der Autonomie hat nur einen indirekten Einfluss auf die Zeitsouveränität von Homeoffice-Beschäftigten. Ihr Gegenstand ist der Grad der Freiheit bei der Wahl der Methoden und/oder der durchzuführenden Arbeitsschritte, mit denen ein bestimmtes Arbeitsziel erreicht wird. Insofern ist diese Form der Autonomie grundsätzlich nur für jene »Professionals« relevant (z. B. Manager, hochqualifizierte Fachkräfte in Wissenssektoren, Programmierer), deren Homeoffice-Anteil bereits vor der Pandemie vergleichsweise hoch war.

Methodenflexible Arbeit ist sowohl im betrieblichen Büro als auch im Homeoffice möglich. Verschiedene Studien haben allerdings gezeigt (vgl. hierzu z. B. die Meta-Studie von Gajendran et al., 2014), dass Arbeitnehmende im Homeoffice nicht nur mehr Autonomie als im betrieblichen Büro empfinden, sondern das Empfinden von Autonomie noch zunimmt, je größer der Anteil der im Homeoffice verbrachten Arbeitszeit im Verhältnis zur Arbeitszeit im Büro ist. Ein größeres Ausmaß an wahrgenommener Autonomie gilt als Transmissionsmechanismus zwischen Homeoffice-Nutzung und einer größeren Zahl positiver Effekte dieser Arbeitsform – z. B. eine höhere Arbeitszufriedenheit und bessere Arbeitsergebnisse (vgl. Wieland, 2020: 23; Chen/Fulmer, 2018). Ein Grund für die positiven Auswirkungen von Methodenflexibilität dürfte in der mehr oder weniger vollständigen Kontrolle über die verschiedenen Schritte liegen, die zu einer erfolgreichen Erbringung der Arbeitsleistung führen, was zu einer Erhöhung der intrinsischen Arbeitsmotivation führen kann (vgl. Bailey/Kurland, 2002; Shockley, 2014). Während das auch für die Leistungserbringung im Betrieb gilt, kommt im Homeoffice hinzu, dass Methodenflexibilität mit einer Abkopplung von betrieblichen Taktungen (z. B. Pausenzeiten) einhergeht und damit auch ein bestimmtes Maß an Zeitsouveränität miteinschließt – Beschäftigte werden nicht durch externe betriebliche Zeitvorgaben aus der gerade durchgeführten Arbeit herausgerissen und können einen individuellen Arbeitsrhythmus finden. Das Fehlen von Störungen von Kolleg*innen und die damit einhergehende Möglichkeit, sich auf individuelle Aufgaben zu konzentrieren, kommt als weiterer Grund in Frage, warum methodenflexible Arbeit im Homeoffice die Arbeitsleistung steigert und zufriedener macht (vgl. Kröll/Nüesch, 2019). Auch die Gewissheit, bei der Erbringung der Arbeitsleistung über störungsfreie Zeiträume zu verfügen, kann als Gewinn an Zeitsouveränität interpretiert werden.

(b) Zeitflexibilität

Die hier vorgenommene Unterscheidung von Methoden- und Zeitflexibilität ist deshalb von Bedeutung, weil vor der Corona-Pandemie häufig jene Beschäftigten kein Homeoffice nutzen konnten, die auch im Homeoffice wenig oder keine Methodenflexibilität genießen (würden) – also jene Büro-Beschäftigten, die hauptsächlich Routinetätigkeiten durchführen (vgl. 2.2.2). Die mit Methodenflexibilität zusammenhängenden positiven Effekte dürften daher bei diesen Beschäftigten nicht beobachtbar sein (vgl. Dutcher, 2012).[12] Zeitliche Flexibilität im Homeoffice ist hingegen – entsprechende betriebliche Regelungen vorausgesetzt – auch ohne Freiheit bezüglich der methodischen Arbeitsgestaltung möglich.

Meta-analytische Studien haben gezeigt (vgl. z.B. Allen et al., 2015a: 51), dass Flexibilität bezüglich der zeitlichen Arbeitsplanung zur Erreichung eines bestimmten Arbeitsziels genau die gleichen positiven Effekte hat wie Flexibilität über die methodische oder inhaltliche Arbeitsgestaltung: höhere Arbeitszufriedenheit und bessere Arbeitsergebnisse (bzw. höhere Produktivität). Dieser Effekt ist unabhängig davon, ob zugleich Methodenflexibilität vorliegt (vgl. Bloom et al., 2015).[13] Es ist allerdings nicht eindeutig, ob die positiven Effekte tatsächlich auf das Homeoffice bzw. den Ort der Arbeitsleistung zurückzuführen sind oder ganz einfach auf die Freiheit bei der Arbeitszeitgestaltung, also unabhängig von einer Veränderung des Arbeitsortes sind (vgl. z.B. Hosboyar et al., 2018 u. Shockley 2014). Allerdings lässt sich nicht von der Hand weisen, dass Arbeitszeitflexibilisierung ohne Veränderung des Arbeitsortes Beschäftigte in Bezug auf die Art der Nutzung ihrer Zeitsouveränität mehr einschränkt als die zeitflexible Homeoffice-Alternative – es sei denn, man stellt (kostspielige) betriebliche Freizeit- und Ruhezonen zur Verfügung und organisiert ggf. auch noch die Kinderbetreuung. Hinzu kommt, dass Homeoffice-Arbeitnehmende durch das Fehlen von Wegezeiten insgesamt mehr Zeit zur Verfügung steht als ihren Kolleg*innen im betrieblichen Büro, selbst wenn für beide Gruppen die gleichen Freiheitsgrade bei der Gestaltung ihrer Arbeitszeit gelten.

Die Freiheit bei der Arbeitszeitgestaltung hat aber auch eine Schattenseite – und diese betrifft vermutlich zeitflexible Homeoffice-Beschäftigte aufgrund der für sie geringeren externen Einschränkung bei der Nutzung ihrer Zeit stärker als zeitflexible Büro-Beschäftigte. Seit Beginn der wissenschaftlichen Untersuchung der Arbeit im Homeoffice wird problematisiert, dass das Homeoffice nicht nur als Substitut, sondern auch als Zusatz zur Arbeit im Büro genutzt wird. Homeoffice-Arbeitnehmende arbeiten bei gleicher vertraglich vereinbarter Arbeitszeit im Durchschnitt mehr Stunden als ihre Kolleg*innen im Büro. So zeigt beispielsweise Gschwind (2019: 53) auf Grundlage einer Erhebung von

---

[12] DUTCHER (2012) zeigt sogar, dass die Produktivität von Homeoffice-Beschäftigten, denen »langweilige« Arbeitsaufgaben gegeben werden, sinkt. Allerdings dürften Routine-Bürotätigkeiten weit weniger langweilig sein als die Arbeitsaufgaben, die Dutcher (2012) in seiner (experimentellen) Studie verwendet hat: Buchstaben- und Zahlenkolonnen eintippen.

[13] BLOOM ET AL. (2015) dokumentieren in einer experimentellen Studie, dass die Produktivität und Arbeitszufriedenheit von Call-Center-Mitarbeiter*innen im Homeoffice zunehmen. Diese genießen offensichtlich nur sehr wenig Flexibilität bei der Wahl ihrer Arbeitsmethoden.

Eurofound für die (damalige) EU-28, dass Beschäftigte im Homeoffice zu einem erheblich größeren Anteil in ihrer Freizeit arbeiten als Beschäftigte im Betrieb. Während 10% der im Betrieb Beschäftigten angeben, auch in der Freizeit zu arbeiten, tun dies 60% der regelmäßig im Homeoffice Beschäftigten. Allerdings geben diese Angaben keinen Aufschluss darüber, ob mit Arbeit während der Freizeit ungewöhnliche Arbeitszeiten (z. B. in der Nacht oder am Wochenende) oder unbezahlte Überstunden gemeint sind. Gschwind (2019: 51) zeigt auf der gleichen Datenbasis jedoch auch, dass im Homeoffice Beschäftigte häufiger als ihre Kolleg*innen im Büro extrem lang arbeiten. Zusätzlich gibt es hier Unterschiede zwischen den Geschlechtern. 21% der regelmäßig im Homeoffice beschäftigten Männer und 13% der regelmäßig im Homeoffice beschäftigten Frauen arbeiten pro Woche 48 Stunden oder mehr, bei den im Betrieb Beschäftigten liegen die Vergleichswerte bei 9% (Männer) und 5% (Frauen). Bei den nur unregelmäßig im Homeoffice tätigen Beschäftigten sind die Geschlechterunterschiede noch größer. Während lediglich 6% der so beschäftigten Frauen länger als 48 Stunden pro Woche arbeiten, liegt der entsprechende Wert für Männer bei 17%. Die Gründe für die Unterschiede zwischen den Geschlechtern dürften neben der immer noch allzu häufig traditionellen familiären Rollenverteilung vor allem in der weit höheren Teilzeitquote von Frauen[14] und – was die unregelmäßige Homeoffice-Tätigkeit betrifft – ihrem wesentlich geringeren Anteil in Führungspositionen liegen, denn Personen auf dieser Hierarchiestufe dürften vor der Pandemie einen großen Teil der unregelmäßig im Homeoffice Beschäftigten ausgemacht haben (vgl. Gschwind, 2019: 51). Die Beschäftigtenbefragung im Rahmen des DGB-Index Gute Arbeit kommt bezüglich der Verbreitung von Arbeitszeiten von über 48 Stunden auf sehr ähnliche Werte. Während 16% der Beschäftigten mit Homeoffice-Nutzung angeben, mehr als 48 Stunden pro Woche zu arbeiten, liegt der Vergleichswert für die Beschäftigten ohne Homeoffice-Nutzung bei 6%. Zudem geben 29% der Beschäftigten mit Homeoffice-Nutzung, aber lediglich 10% der nur im Betrieb Beschäftigten an, sehr häufig oder oft unbezahlte Überstunden zu leisten (vgl. DGB, 2020: 26). Eine Studie von Lott (2019) untersucht Abweichungen von vertraglich vereinbarten Arbeitszeiten für Beschäftigte mit oder ohne Homeoffice-Nutzung, allerdings nur für Mütter und Väter. Nach ihren Ergebnissen machen Mütter im Homeoffice etwas mehr als eine, Väter knapp zwei Überstunden mehr als Mütter/Väter, die kein Homeoffice nutzen (vgl. Lott, 2019: 5).

Allerdings ist nicht klar, ob die zusätzlich geleistete Arbeit auf den Arbeitsort Homeoffice oder auf andere Charakteristika der Beschäftigten bzw. ihrer

---

[14] ARNTZ ET AL. (2019: 20) zeigen, dass Frauen (in Deutschland) häufig nach der Geburt ihres ersten Kindes von einer Vollzeitbeschäftigung im Büro zu einer Teilzeitbeschäftigung im Homeoffice wechseln.

Berufe zurückzuführen ist. So berechnen Beckermann et al. (2015: 15) auf Grundlage des SOEP, dass Homeoffice-Beschäftigte zwar im Schnitt 5,1 Stunden mehr als vertraglich vereinbart arbeiten als Beschäftigte, die kein Homeoffice nutzen. Allerdings sind davon nur 1,8 Stunden durch die Nutzung des Homeoffice erklärbar, während die restlichen Zusatzstunden unter anderem auf individuelle Eigenschaften der Beschäftigten sowie Berufs- und Unternehmenscharakteristika zurückzuführen sind. Zu einem sehr ähnlichen Ergebnis kommen Arntz et al. (2019: 19). Ihren Berechnungen nach arbeiten Männer im Homeoffice 3,7 Stunden und Frauen 1,3 Stunden länger. Allein durch die Beschäftigung im Homeoffice erklärbar sind jedoch nur 0,7 Stunden bei Männern und eine Stunde bei Frauen.

Eine einheitliche Erklärung dafür, dass bedingt durch die Beschäftigung im Homeoffice – wenn auch im Durchschnitt moderat – mehr gearbeitet wird als im betrieblichen Büro, existiert nicht, aber alle Erklärung sind recht ähnlich. Fehr/Gächter (2000) und Kelliher/Anderson (2010) gehen davon aus, dass Homeoffice-Beschäftigte das in sie gesetzte Vertrauen ihres/ihrer Arbeitgeber*in »belohnen« bzw. der geleistete Mehraufwand mit einem reziproken Verhalten der Beschäftigten erklärt werden kann. Sehr ähnlich argumentiert Hansen (2017). Für sie liegt die Erklärung in einer Art Geschäft zwischen Unternehmen und Homeoffice-Beschäftigten. Letztere »bezahlen« die Möglichkeit zur Homeoffice-Nutzung damit, dass sie mehr als vertraglich vereinbart arbeiten. Ross/Ali (2017) führen neben diesen Erklärungen einen weiteren möglichen Grund für den geleisteten Mehraufwand an: Beschäftigte im Homeoffice verspüren danach eine gewisse Schuld, dieses Instrument im Unterschied zu Kolleg*innen nutzen zu können, und reagieren mit unbezahlten Überstunden. Rupietta/Beckmann (2016) erklären den geleisteten Mehraufwand hingegen mit einer höheren intrinsischen Arbeitsmotivation von Beschäftigten im Homeoffice. Da der Grund für die höhere Motivation aber auch darin liegen kann, dass Beschäftigte im Homeoffice Schuldgefühle haben oder das in sie gesetzte Vertrauen belohnen/bezahlen wollen, schließen sich die verschiedenen Erklärungen nicht gegenseitig aus.

Da Beschäftigung im Homeoffice vor der Corona-Pandemie hauptsächlich für einen nicht repräsentativen Kreis von Bürobeschäftigten (Manager, hochspezialisierte Fachkräfte) möglich war, ist es nicht möglich, die zwar relativ moderate, aber doch vorhandene Bereitschaft zu unbezahlter Mehrarbeit auch für jene Beschäftigten vorauszusetzen, die das Homeoffice erst seit Beginn der Pandemie nutzen und möglicherweise zum Teil nach der Pandemie weiter nutzen werden. Wie bereits dargelegt, hat die Ausweitung der Homeoffice-Regelungen dazu geführt, dass Routine-Bürobeschäftigte diese Arbeitsform zu einem deutlich größeren Anteil nutzen können als in der Vorkrisenzeit. Diese arbeiten nicht nur in völlig anderen Kontexten und mit weit geringerer Methodenflexibilität, sie waren zu Beginn der Pandemie zudem auf die Arbeit im

Homeoffice nicht vorbereitet bzw. verfügten über keine Erfahrungen mit dieser Arbeitsform. Hinzu kommt, dass die Ausweitung des Homeoffice von Schul-, Kindergarten- und Kindertagesstätten-Schließungen begleitet wurde, was die Arbeitsleistung betroffener Beschäftigter zum Teil eingeschränkt haben dürfte, vor allem aber in normalen Zeiten kein Begleitumstand des Homeoffice ist.[15] Daten zu Mehrarbeit seit Ausbruch der Pandemie sind daher (bislang) wenig aussagekräftig.

Die in Kapitel 2.2.2 bereits erwähnte Studie von Demmelhuber et al. (2020) lässt jedenfalls nicht darauf schließen, dass es während der Pandemie zu einer signifikanten Ausweitung unbezahlter Überstunden gekommen ist: Nur 23 % der Unternehmen gaben an, die Arbeitszeit der Homeoffice-Beschäftigten habe sich »verbessert«, während 33 % von einer »Verschlechterung« ausgehen. Auch die Angaben zur Arbeitsleistung der Beschäftigten tendieren eher zu einer Verschlechterung. In der Studie von Bonin et al. (2020: 115) geben 94 % der Befragten, die im Juli/August das Homeoffice nutzten, an, dass sie die Notwendigkeit einer selbstbestimmten Arbeitstaggestaltung sehr positiv oder positiv bewerten, was auch nicht für eine zeitliche Überlastung spricht. 11 % der Befragten, die erst seit der Pandemie mit dem Homeoffice begonnen haben, wollen es nach der Pandemie nicht mehr nutzen. Unter diesen geben 36 % als Grund »mache zu viele Überstunden« an (Bonin et al., 2020: 123). Überschlägig waren somit knapp 4 % der befragten Beschäftigten mit Homeoffice-Beginn seit der Pandemie mutmaßlich von einer arbeitszeitlichen Überlastung betroffen, was kein dramatischer Wert ist. Zudem scheint es sich in diesen Fällen, da sie mit einer Ablehnung des Homeoffice verbunden sind, um unfreiwillige Überstunden zu handeln, während die Mehrarbeit durch Homeoffice-Nutzung, die in den Studien vor der Pandemie gemessen wurde, freiwillig war.

Insgesamt lässt sich festhalten, dass eine mit dem Homeoffice in vielen Fällen verbundene Zeitflexibilität vor Ausbruch der Pandemie vor allem positive Effekte auf die Beschäftigten hatte bzw. die Befürchtung, Beschäftigte nutzten ihre Zeitsouveränität (auch) für eine deutliche Mehrarbeit, sich im Durch-

---

15 Nach Berechnungen von FUCHS-SCHÜNDELN ET AL. (2020: 6) leben in 25,9 % der Haushalte deutscher Beschäftigter Kinder unter 15 Jahren. Unter Berücksichtigung, dass in 4 % dieser Haushalte nur eine/einer der Partner*innen erwerbstätig ist, und unter der Annahme, dass zur Aufrechterhaltung der Betreuung nur ein/eine Partner*in während der Pandemie zu Hause bleiben muss, waren von der Schließung der verschiedenen Bildungs- und Betreuungseinrichtungen 11 % der Beschäftigten betroffen. Leider wird in der Studie nicht ausgewiesen, wie viele dieser Beschäftigten das Homeoffice nutzten. Nach Berechnungen von Bonin et al. (2020: 109) gaben 23 % der befragten Männer und 25 % der befragten Frauen an, dass sie neben der Arbeit im Homeoffice Kinder betreuten, eine Aufschlüsselung nach dem Alter der Kinder wird hier leider nicht vorgenommen.

schnitt nicht bestätigte. Zwar arbeiteten die damaligen Homeoffice-Beschäftigten tatsächlich deutlich länger als Beschäftigte ohne Homeoffice-Nutzung, jedoch ist dieser Befund überwiegend auf die Natur ihrer Beschäftigung zurückzuführen bzw. nur zu einem relativ geringen Grad durch das Homeoffice bedingt. Nach Ausbruch der Pandemie und der erheblichen Ausweitung der Homeoffice-Nutzung war ein Zugang zu dieser Beschäftigungsform auch für viele Routine-Bürobeschäftigte möglich. Bei dieser Gruppe lässt sich bislang nicht feststellen, dass es in nennenswertem Ausmaß zu einer Ausweitung von Überstunden gekommen ist. Vielmehr wird die gewonnene Zeitsouveränität bzw. die Flexibilität bei der Gestaltung des Arbeitstages sehr weit überwiegend positiv beurteilt. Einschränkend muss hinzugefügt werden, dass es für eine abschließende Beurteilung der Auswirkungen des Homeoffice seit Ausbruch der Pandemie noch zu früh ist. Die Erfahrungen mit dem Homeoffice sind noch gering und in die Beurteilungen der Beschäftigten wird auch (positiv) eingeflossen sein, dass viele sich des Privilegs der Homeoffice-Nutzung während der Pandemie bewusst waren. Zudem dürften aufgrund der Ad-hoc-Einführung des Homeoffice und der außergewöhnlichen Begleitumstände der Homeoffice-Ausweitung viele Unternehmen noch keine größeren arbeitsorganisatorischen Veränderungen durchgeführt haben, die zu einer strikteren Steuerung und Kontrolle der Arbeitsleistung von Homeoffice-Beschäftigten führen, sodass sich die Homeoffice-Erfahrungen der Beschäftigten in Zukunft noch ebenso ändern können wie ihre tatsächliche Zeitsouveränität bei der Gestaltung des Arbeitstages.[16]

(c) Die Interdependenz der Arbeitsleistung von Homeoffice-Beschäftigten mit Arbeitsleistungen von Kolleg*innen
Bereits in 2.2.2 wurde darauf hingewiesen, dass die Notwendigkeit einer Koordination der Arbeitsleistungen verschiedener Beschäftigter dazu führen kann, dass Tätigkeiten, die sich technologisch dazu eignen, (auch) im Homeoffice

---

[16] Nach einer in Spanien, Frankreich und Italien durchgeführten qualitativen Studie von FANA ET AL. (2020: 8) hat – jedenfalls in den untersuchten Ländern – der Übergang zu einer strikteren Steuerung und Kontrolle der »neuen« Homeoffice-Beschäftigten nach einer Latenzphase zu Beginn der Pandemie und Homeoffice-Ausweitung bereits begonnen: »Overall, at the very beginning of the transition to telework the net effect of the mass transition to telework on autonomy was positive (for medium skilled and clerks) or remained unaltered (for high and low skilled workers). In this initial period workers often gained decision-making power over their daily work routines and even over the definition of priorities. During the same period, attempts to increase direct control by the employer or the management mostly took the form of a boost in personal communication via digital platforms and phone calls. However, the progressive stabilisation of remote work restored managerial control in both decision-making and definition of deadlines and production goals.«

durchgeführt zu werden, im Ergebnis aufgrund arbeitsorganisatorischer Schwierigkeiten (noch) nicht für eine Leistungserbringung im Homeoffice in Frage kommen. Weitere Fortschritte im Bereich der Informations- und vor allem Kommunikationstechnologien und Schulungen der Beschäftigten im Umgang mit den Technologien können diese Grenze verschieben. Doch auch wenn neue Technologien die Koordinationsaufgabe erleichtern bzw. auch dann handhabbar machen können, wenn Beschäftigte im Homeoffice arbeiten, ändert sich nichts an der Notwendigkeit, verschiedene Tätigkeiten zu koordinieren – diese Notwendigkeit besteht schließlich auch im betrieblichen Büro. Ältere Studien haben gezeigt, dass die positiven Effekte des Homeoffice auf die Produktivität und Arbeitszufriedenheit von Beschäftigten nicht beobachtbar sind, wenn Tätigkeiten nur in enger Koordination mit Kolleg*innen durchführbar sind (vgl. z. B. Golden/Veiga, 2005), andere Studien zeigen sogar einen negativen Effekt auf die Produktivität (vgl. z. B. Turetken et al., 2011). Golden/Veiga (2005) zeigen zudem, dass der unter (a) beschriebene Effekt, wonach ein höheres Ausmaß an im Homeoffice verbrachten Tagen zu einem höheren Empfinden von Autonomie und entsprechend besseren Arbeitsergebnissen führt, bei hoher Interdependenz der Tätigkeiten von Homeoffice-Beschäftigten mit Tätigkeiten ihrer Mitarbeitenden einen anderen Charakter annimmt. Die Arbeitsergebnisse im Homeoffice verbessern sich unter diesen Bedingungen nur bis zu einer bestimmten Intensität der Homeoffice-Nutzung, sie verschlechtern sich hingegen nach Überschreitung dieser Grenze.

Auch bereits besprochene Studien weisen darauf hin, dass Beschäftigten die Koordination von Tätigkeiten bei Nutzung des Homeoffice schwerfällt. In der Studie von Grunau (2019: 11) gaben 59 % der Beschäftigten, die kein Homeoffice nutzen, als Grund die schwierige Zusammenarbeit mit Kolleg*innen an. In der Studie von Demmelhuber et al. (2020) gaben 59 % der befragten Unternehmen an, die Zusammenarbeit der Beschäftigten habe sich durch die Ausweitung des Homeoffice verschlechtert. In der Studie von Bonin et al. (2020: 117) findet sich die Angabe, dass 67 % der im Juni/Juli 2020 im Homeoffice Beschäftigten, die zuvor nicht das Homeoffice genutzt haben, einen schlechteren Kontakt zu Mitarbeitenden beklagen. Doch selbst unter jenen, die bereits das Homeoffice genutzt haben, geben 54 % einen schlechteren Kontakt an – vermutlich weil die Mitarbeitenden nun zu einem weitaus größeren Teil als vor der Krise auf ihre Heimbüros verteilt sind, was die Zusammenarbeit erschwert. Diese Probleme sind natürlich nicht unlösbar, haben aber – egal welche Lösung gefunden wird – erheblichen Einfluss auf die Zeitsouveränität von Homeoffice-Beschäftigten, die auf eine starke Koordination ihrer Tätigkeiten mit Kolleg*innen angewiesen sind. Wie beispielsweise eine Studie von Frodermann et al. (2020) zeigt, bedeutet die Arbeit im Homeoffice häufig nicht, betrieblichen Taktungen völlig aus dem Weg gehen zu können. Auf die Frage, mit welchen Tätigkeiten sie ihren letzten Arbeitstag verbracht haben, gaben 69,9 % der Befragten mit Homeoffice-Nutzung an: unter anderem mit Besprechungen vor Ort. 85,2 % gaben zudem ortsunabhängige Besprechungen über Telefon- oder Videokonferenzen an. Bei Beschäftigten ohne Nutzung des Homeoffice sind die Anteile beinahe spiegelbildlich verteilt, was aber letztlich nur heißt, dass die Abstimmung mit den Kolleg*innen zu einem bestimmten Zeitpunkt unabhängig von der Arbeitsform notwendig wird (vgl. Frodermann et al., 2020: 7). Die Ergebnisse der oben aufgeführten Wirkungsstudien lassen sich in diesem Zusammenhang auch so interpretieren, dass die mit Methoden- und vor allem Zeitflexibilität verbundenen Vorteile des Homeoffice deshalb bei einem hohen Koordinationsaufwand verschwinden oder sich ins Gegenteil verkehren, weil beide Flexibilitätsformen nicht mit einer intensiven Koordination von Tätigkeiten vereinbar sind. Wer mit anderen eng zusammenarbeitet, egal ob im Büro oder aus dem Homeoffice, kann weder seine Arbeitsmethoden und seinen Arbeitsrhythmus frei bestimmen, noch kann die Person die Erbringung ihrer Arbeitsleistung frei über den Tag verteilen oder dafür gar die Nacht oder das Wochenende nutzen, wenn andere auf ihre Arbeitsergebnisse zu bestimmten Zeitpunkten, im Extremfall kontinuierlich, angewiesen sind. Dass alles spricht nicht gegen das Homeoffice als Arbeitsort, es schränkt nur für einen vermutlich nicht kleinen Teil von Beschäftigten das Versprechen einer sehr weitgehenden Zeitsouveränität im Homeoffice ein. Das dürfte auch einer der Gründe sein, warum vor der Pandemie nur ein sehr geringer Teil der Homeoffice-Nutzenden die gesamte wöchentliche Arbeitszeit daheim verbrachte (vgl. 2.2.1). Und es dürfte auch ein Grund dafür sein, dass zwar ein weit überwiegender Teil der seit der Corona-Pandemie ins Homeoffice gewechselten Beschäftigten gute oder sehr gute Erfahrungen mit dieser Arbeitsform berichtet, aber nur 5 % der Befragten nach der Pandemie täglich im Homeoffice arbeiten wollen (vgl. Bonin et al., 2020: 124). Bei allen Vorteilen von Methoden- und vor allem Zeitflexibilität im Homeoffice lässt sich somit festhalten, dass sie in modernen, arbeitsteilig organisierten Unternehmen an ihre praktischen Grenzen stoßen. Selbst bei Nutzung des Homeoffice wird Zeitsouveränität für viele Beschäftigte daher nur in einem bestimmten Rahmen möglich sein, der sich für individuelle Beschäftigte umso enger gestaltet, je stärker ihre Arbeitsleistung mit der Arbeitsleistung anderer Beschäftigter verflochten ist.

(d) Die organisationskulturelle Verankerung der Leistungserbringung im Homeoffice und die in diesem Zusammenhang geleistete Unterstützung
Unter Punkt (b) wurde die Hypothese von Fehr/Gächter (2000) und Kelliher/Anderson (2010) geschildert, wonach Beschäftigte im Homeoffice deshalb zu unbezahlter Mehrarbeit bereit sind, weil sie das in sie gesetzte Vertrauen ihres Arbeitgebers bzw. ihrer Arbeitgeberin »belohnen« wollen. Auf Zeitsouveränität bezogen, lässt sich daraus schließen, dass eine vertrauensvolle Beziehung zwischen Unternehmen und Beschäftigten direkten Einfluss

auf das Zeitregime von Beschäftigten haben kann, soweit das arbeitsorganisatorisch möglich ist. Die Auswirkungen einer vertrauensvollen Unternehmens-Beschäftigten-Beziehung auf das Zeitregime individueller Beschäftigter beginnen allerdings bereits mit der Frage, ob ein Beschäftigter die formale Option Homeoffice – soweit vorhanden – auch tatsächlich nutzen kann. Vermitteln Unternehmen und/oder Vorgesetzte den Eindruck, dass die Nutzung von Homeoffice zwar möglich ist, aber nicht gern gesehen wird, werden viele Beschäftigte vor einer tatsächlichen Nutzung zurückschrecken. In der politischen Diskussion wird zurzeit vorgeschlagen, ein Recht auf Homeoffice einzuführen, um hiermit die tatsächliche Nutzung zu fördern. Auch ein solches Recht würde aber leerlaufen, wenn Unternehmenskultur oder Vorgesetzte den Eindruck vermitteln, dass die Nutzung dieses Rechtes nicht gern gesehen wird oder sogar zu Nachteilen führen kann.

Dass ein unterstützendes Verhalten von Unternehmensseite bzw. ein Vertrauen der Beschäftigten darauf, dass Unternehmen die Nutzung des Homeoffice nicht in irgendeiner Form sanktionieren, die tatsächliche Nutzung des Homeoffice fördert, ist vielfach nachgewiesen worden. Eine Studie von Shockley et al. (2013) zeigt, dass eine von Beschäftigten wahrgenommene familienfreundliche Unternehmenskultur zu einer stärkeren Nutzung des Homeoffice führt, während Lautsch et al. (2009) die unterstützende Rolle des jeweiligen Vorgesetzten als Schlüssel zu einer tatsächlichen Nutzung des Homeoffice betonen. Wenn der Wunsch nach Homeoffice in einem konkreten Fall aus begründeten Bedenken – z.|B. in Bezug auf die Koordination der Zusammenarbeit der Mitarbeitenden – abgelehnt wird, ist es aus Unternehmenssicht wichtig, diese Ablehnung gut zu begründen. Auch hierbei geht es letztlich um Vertrauen: Mitarbeitende werden durch den Nachweis, dass eine Ablehnung des Homeoffice-Wunsches nicht willkürlich erfolgt, zum einen nicht allgemein von der Nutzung abgeschreckt und betroffene Beschäftigte werden auf die Ablehnung ihres Wunsches mit weniger Unzufriedenheit reagieren, wie Greer/Payne (2014) zeigen. Hinzu kommt, dass durch schlecht begründete Homeoffice-Verweigerungen ein »Homeoffice-feindliches« Klima im Kollegium aufkommen kann und Nutzende des Homeoffice auf diese Weise Nachteile erleiden oder sich von vornherein gegen das Homeoffice entscheiden, um Konflikten mit Kolleg*innen aus dem Weg zu gehen, deren Wunsch abgelehnt wurde (vgl. Tietze/Nadin, 2011). Ein weiterer Aspekt, wie eine förderliche Unternehmenskultur die Zeitsouveränität von Beschäftigten beeinflussen kann, ist darin zu sehen, dass es unter diesen Bedingungen wahrscheinlicher ist, dass Homeoffice-Nutzende auch die notwendige technische Unterstützung sowie eine ausreichende Schulung erhalten. Kompetente und technisch gut ausgestattete Homeoffice-Nutzende können autonomer arbeiten und werden nicht durch Friktionen ausgebremst, wodurch ein effizienter Arbeitsrhythmus und souveräne Zeiteinteilung gefördert werden (vgl. Richardson/McKenna, 2014).

Abgesehen von der Auswirkung der Unternehmenskultur auf die Nutzung des Homeoffice, gehen von einem das Homeoffice unterstützenden Unternehmensklima und von unterstützenden Vorgesetzten direkte Effekte auf das unter (a) und (b) beschriebene Autonomieempfinden von Beschäftigten im Homeoffice und darüber auf ihr Verhalten aus (vgl. Gálvez et al., 2011). Oben ist bereits beschrieben worden, dass Beschäftigte das in sie gesetzte Vertrauen unter Umständen durch Mehrarbeit belohnen bzw. ihr Zeitregime anpassen. Im umgekehrten Fall einer nicht unterstützenden Unternehmenskultur kann es allerdings auch zu Anpassungen des Zeitregimes kommen, beispielsweise indem Beschäftigte aus Angst vor Nachteilen stets auf Abruf bereitstehen oder überlang arbeiten. In diesem Fall wird den Beschäftigten allerdings ein Zeitregime aufgezwungen und von echter Zeitsouveränität kann nicht die Rede sein.

Unter diesen Gesichtspunkten ist es interessant, wie Beschäftigte in Deutschland die Unterstützung des Homeoffice durch ihre Arbeitgeber*innen erleben. Studien zeigen, dass vor Corona in vielen Betrieben eher keine Kultur herrschte, die eine Homeoffice-Nutzung unterstützte, bzw. überhaupt ermöglichte. Die schon mehrfach erwähnte Studie von Grunau et al. (2019) ergab, dass in 74 % der befragten Betriebe Homeoffice nicht möglich war und 66 % der Beschäftigten dies darauf zurückführten, dass dem Vorgesetzten ihre Anwesenheit wichtig sei. Eine Studie von Arnold et al. (2015: 17) hat beinahe den gleichen Wert ermittelt, hier gaben 69 % der Beschäftigten an, ihre Anwesenheit sei dem Vorgesetzten wichtig. Das spricht für eine ausgeprägte Anwesenheitskultur vor der Pandemie. Bei der Arbeitszeitbefragung der BAuA (2020: 2) gaben 67 % der Betriebe an, ihre Homeoffice-Regeln im Vergleich zur Vorkrisenzeit nicht auszuweiten, 9 % der Betriebe wollen sie sogar einschränken. Während bei den Begründungen die Nichtgeeignetheit der Tätigkeiten für das Homeoffice überwiegt, nennen immerhin 39 % der Betriebe als Grund die Unternehmenskultur, 11 % eine mangelnde Fähigkeit der Führungskräfte (vgl. BAuA, 2020: 3). Einblicke in die Zeit vor Corona finden sich auch in der Umfrage von Bonin et al. (2020), die nach Beginn der Pandemie durchgeführt wurde. So geben 84 % der befragten Männer und 77 % der befragten Frauen, die vor der Pandemie nicht das Homeoffice genutzt hatten, an, der Grund für die Nutzung im Juli/August 2020 sei, dass der Arbeitgeber bzw. die Arbeitgeberin nun erst die Voraussetzungen dafür geschaffen oder verbessert habe. 52 % der befragten Frauen und 40 % der Männer gaben an, dass der Arbeitgeber bzw. die Arbeitgeberin vor Corona eine Homeoffice-Beschäftigung abgelehnt habe (Bonin et al., 2020: 105). Die Einstellungen der Arbeitgeber*innen und direkten Führungskräfte und ihre Unterstützung der Beschäftigten haben sich während der Pandemie offenbar gewandelt. Beide Unterstützungsformen werden weit überwiegend (Arbeitgeber*in: 89 %, Führungskraft: 90 %) als gut oder sehr gut beschrieben (vgl. Bonin et al., 2020: 113). Die Auswirkungen sind deutlich erkennbar. 34 % der Beschäftigten, die schon vor der Pandemie das Homeoffice genutzt hatten, sind nun zufriedener mit dieser Arbeitsform, nur 16 % unzufriedener (vgl. Bonin et al., 2020: 120). Ein indirekter Hinweis darauf, dass vor der Pandemie eher eine ablehnende Haltung gegenüber dem Homeoffice auf Seiten der Arbeitgeber*innen vorlag, liefert auch die Antwort auf die Frage, ob künftig eine größere Offenheit des/der Arbeitgeber*in in Bezug auf das Homeoffice im Vergleich zur Vorkrisenzeit erwartet wird. 69 % bejahen diese Frage (vgl. Bonin et al., 2020: 127). Ein Hinweis darauf, dass die Beschäftigten sich nicht sicher sind, ob es zu dieser größeren Offenheit kommen wird, ist ihre große Unterstützung (63 %) eines Rechtsanspruchs auf das Homeoffice (vgl. Bonin et al., 2020: 128).

Diese Skepsis bezüglich der Zukunft ist nicht unberechtigt, wie die schon angeführte Studie der BAuA (2020) zeigt. Dennoch dürften die Erfahrungen während der Corona-Krise wenigstens in einem Teil der Betriebe auch Einfluss auf die Unternehmenskultur und die Einstellung von Führungskräften in Bezug auf das Homeoffice genommen haben. Die Erfahrungen mit diesem Instrument sind mittlerweile deutlich länger als im Juli/August 2020 und zudem zeigen die Einstellungen der Beschäftigten, dass auch die Nachfrage nach einer Homeoffice-Nutzung deutlich zunehmen wird. Es wird für viele Betriebe schwer sein, sich dem völlig zu verschließen. Auch an dieser Stelle muss einschränkend darauf hingewiesen werden, dass verlässliche Ergebnisse erst vorliegen werden, wenn die Pandemie tatsächlich beendet ist und die Frage des künftigen Umgangs mit dem Homeoffice für Unternehmen nicht mehr vorwiegend hypothetisch ist.

2.3 Der Arbeits-Lebenswelt-Nexus
2.3.1 Fallstricke bei Diskussionen um die Work-Life-Balance

Die Auswirkungen einer Nutzung des Homeoffice und die damit häufig einhergehende Flexibilisierung der Arbeitszeit betroffener Beschäftigter auf die Bedingungen, unter denen diese Beschäftigten ihr Privatleben zeitlich strukturieren können, werden oft unter dem Aspekt der Ermöglichung einer selbstbestimmteren und damit individuell passgenaueren Gestaltung ihrer »Work-Life-Balance« diskutiert und untersucht. Die mit dieser Begriffswahl einhergehenden impliziten, manchmal auch expliziten Assoziationen sind zum Teil und nicht völlig zu Unrecht kritisiert worden (vgl. z. B. Eikhof et al., 2007). Die Kritik setzt an zwei Punkten an:

(i) Erstens suggeriert der Begriff »Work-Life-Balance« eine Dichotomie zwischen Arbeit und Leben, die für das Gros der Arbeitnehmer*innen so nicht existiert. Für viele Beschäftigte ist ihre Arbeit nicht nur ein Teil des Lebens, sondern auch ein Teil, den sie schätzen. Nach einer Arbeitskräftebefragung des Statistischen Bundesamtes aus dem Jahr 2017 sind 89 % der Erwerbstätigen mit ihrer Arbeit zufrieden oder sogar (33%) sehr zufrieden (vgl. Statistisches Bundesamt, 2018). Umfragen nach Beginn der Corona-Pandemie zeigen, dass für Beschäftigte, insbesondere die sozialen Beziehungen zu Kolleg*innen wichtig sind. 81% derjenigen, die seit Ausbruch der Pandemie das Homeoffice nutzen, geben an, dass ihnen die persönlichen Kontakte zu ihren Mitarbeitenden fehlen (vgl. Bonin et al., 2020: 117). Arbeiten zu können, gilt nicht ohne Grund als wichtiger Bestandteil sozialer Teilhabe. Andererseits spricht die Kritik an der suggerierten Dichotomie zwischen Arbeit und Leben nicht dagegen, Beschäftigten mehr Zeitsouveränität bei der Organisation der beiden Teilbereiche Arbeits- und Privatleben einzuräumen, wenn sie das wünschen. Die Begriffswahl mag unglücklich sein, soweit sie eine Trennung der Teilbereiche suggeriert, richtig interpretiert, geht es aber letztlich bei der Herstellung von »Balance« um mehr Zeitsouveränität bei der Organisation zweier wichtiger Lebensbereiche.

(ii) Der zweite Kritikpunkt ist wichtiger und setzt daran an, dass der Begriff Leben, wenn von »Work-Life-Balance« geredet wird, in vielen Studien und öffentlichen Diskursen engführend und zusätzlich nicht immer geschlechterneutral interpretiert wird. Die Engführung besteht darin, dass Leben häufig mit Familienleben gleichgesetzt wird, obwohl dieses für wohl die allermeisten Beschäftigten nur ein Teil, für Beschäftigte ohne (minderjährige) Kinder oder pflegebedürftige Angehörige sogar nur ein marginaler Teil des Privatlebens ist. Fast alle Studien, die dem Namen nach den Zusammenhang zwischen Homeoffice-Nutzung und Work-Life-Balance untersuchen, beschäftigen sich bei genauerer Betrachtung mit der Vereinbarkeit von Beruf und Familie. Diese Engführung ist aber verzeihlich, soweit man Schwierigkeiten bei der Herstellung einer »Work-Life-Balance« vor allem bei Beschäftigten mit minderjährigen Kindern vermuten darf und mitbedenken sollte, dass das Fehlen einer Balance bei diesen Beschäftigten auch auf ihre Familien zurückwirkt und insofern von besonderer Relevanz ist. Schwerwiegender ist es hingegen, wenn die Relevanz der Herstellung einer Balance zwischen Arbeits- und Familienleben vorwiegend bei weiblichen Erwerbstätigen verortet wird, z.B. wenn Homeoffice und Arbeitszeitflexibilisierung mit der Begründung für nötig gehalten werden, die Erwerbsbeteiligung von Müttern zu erhöhen – so, als ginge dieser Teil der Herstellung einer Balance Väter nichts an. Die hinter solchen Argumenten stehenden Motive sind zumeist nobel, sie transportieren aber eine Interpretation der innerfamiliären Arbeitsteilung, die zwar den heutigen Gegebenheiten oft noch entspricht, aber in Zukunft nicht mehr entsprechen sollte. In vielen Bereichen wird heute eine geschlechterneutrale Sprache gefordert, um ungleiche Geschlechterverhältnisse nicht assoziativ zu perpetuieren. In gleicher Weise sollten Studien und Diskurse nicht das Bild vermitteln, Vereinbarkeitsfragen seien in erster Linie Frauen- bzw. Müttersache. Glücklicherweise wird dieses Problem gerade in Studien zu den Auswirkungen der Ausweitung des Homeoffice während der Pandemie zum Teil aufgegriffen, sodass der Kritikpunkt mittlerweile weniger Gewicht hat, auch wenn er stets im Hinterkopf behalten werden sollte.

Work-Life-Balance und die Vereinbarkeit von Familie und Beruf sind nicht die einzigen Aspekte, unter denen die Auswirkungen einer Nutzung des Homeoffice und der damit häufig einhergehenden Flexibilisierung der Arbeitszeit von Beschäftigten untersucht werden. Die Auswirkungen zeit- und ortsflexibler Beschäftigung können auch – quasi an der oben geschilderten Kritik ansetzend – auf die gesamte Lebenszufriedenheit bezogen werden, deren Bestimmungsfaktoren – unter anderem – Arbeit und Privatleben sind (vgl. z.B. Hansen, 2017). Wie die weitere Diskussion zeigen wird, sind allerdings bereits die Einflussfaktoren auf die Work-Life-Balance und auf die Vereinbarkeit von Familie und Beruf so vielgestaltig, dass es nicht sinnvoll erscheint, Homeoffice-Nutzung mit der Lebenszufriedenheit in Beziehung zu setzen, deren Ausprägung von noch mehr Bedingungen abhängt als die oben genannten Konstrukte. In den folgenden Abschnitten werden daher nur Studienergebnisse vorgestellt, die sich mit der Work-Life-Balance (2.3.2) und der Vereinbarkeit von Familie und Beruf (2.3.3) beschäftigen.

2.3.2. Homeoffice und Work-Life-Balance

Die Auswirkungen von Homeoffice auf die Work-Life-Balance von Beschäftigten sind ambivalent. Sie hängen unter anderem von der Intensität der Homeoffice-Nutzung (täglich, einige Tage pro Woche, gelegentlich), von den (heterogenen) Präferenzen der Beschäftigten und von der tatsächlichen Zeitflexibilität von Homeoffice-Nutzenden ab, zudem gibt es Unterschiede zwischen den Geschlechtern. Aufgrund der Vielzahl von Einflussfaktoren wundert es nicht, dass es wenige generalisierbare positive Effekte des Homeoffice auf die Work-Life-Balance gibt. Mal können positive, mal negative Effekte überwiegen und zum Teil sind beide Effekte ungefähr gleich groß. Eine im Jahr 2018 durchgeführte Befragung der Bundesanstalt für Arbeitsschutz und Arbeitsmedizin kam beispielsweise zu dem Ergebnis, dass es in Bezug auf die Zufriedenheit von Beschäftigten mit ihrer Work-Life-Balance keinen feststellbaren Unterschied zwischen Homeoffice-Nutzenden und nur im Betrieb Beschäftigten gibt. Zwar gaben Homeoffice-Nutzende an, bei der Arbeitsplanung mehr Rücksicht auf private Belange nehmen zu können (+), gleichzeitig können sie aber auch deutlich schlechter »abschalten« als ihre Kolleg*innen im Büro (-), sodass sich positive und negative Effekte des Homeoffice gerade auszugleichen scheinen (vgl. BauA, 2018: 3).

Das eindeutigste Ergebnis verschiedener Studien ist, dass im Falle einer nur teilweisen Nutzung des Homeoffice (ein bis zwei Tage in der Woche) die positiven Effekte zu überwiegen scheinen (vgl. so z.B. Gajendran/Harrison, 2007;

Hill et al., 2010; Allen et al., 2015a).[17] Das deckt sich mit dem in Abschnitt 2.2 erzielten Ergebnis, wonach die Intensität der Homeoffice-Nutzung nicht zu hoch sein sollte, wenn eine kooperative Zusammenarbeit und dahingehend auch hohe Kommunikations- und Abstimmungshäufigkeit mit Kolleg*innen wichtig ist. Kommunikations- und Koordinationserfordernisse lassen sich bei täglicher Homeoffice-Nutzung nur unter großen Schwierigkeiten aufrechterhalten und erfordern oft auch eine ständige Erreichbarkeit, was möglicherweise erklärt, warum positive Effekte auf die Work-Life-Balance vor allem bei einer Aufteilung zwischen Arbeit im Büro und Arbeit im Homeoffice zu beobachten sind. Diese Vermutung wird durch Studien gestützt, die in den Blick nehmen, wie es sich auf Homeoffice-Nutzende auswirkt, wenn ihre formale Zeitflexibilität in der Praxis durch die Notwendigkeit eines ständigen Kontaktes mit Kolleg*innen unterminiert wird. Sie zeigen, dass tatsächliche Zeitflexibilität im Homeoffice der Schlüssel zu positiven Effekten auf die Work-Life-Balance ist. Fehlt sie, hat das Homeoffice – wenig überraschend – keine Effekte auf die Work-Life-Balance (vgl. Messenger, 2019). Weitere Studien zeigen, dass Homeoffice-Nutzung einen umso geringeren oder sogar negativen Einfluss auf die Work-Life-Balance hat, je stärker das Homeoffice statt mit der Arbeit am Desktop-PC mit dem Einsatz von mobilen Kommunikationstechnologien (Mobiltelefon, Tablet etc.) verbunden ist, weil deren ständige Verfügbarkeit einer Arbeitskultur Vorschub leistet, bei der Beschäftigte auch daheim ständig erreichbar sind bzw. glauben, ständig erreichbar sein zu müssen (vgl. Bittman et al., 2009; Duxbury et al., 2014). Aus diesem Grund fällt Beschäftigten dann auch das Abschalten von der Arbeit schwer. Die Lösung dieses Problems wird – erneut wenig überraschend – in einer Optimierung des Zeitregimes der Homeoffice-Nutzenden bzw. in einer klaren Grenzziehung zwischen Arbeits- und Privatsphäre gesehen (vgl. Kreiner et al., 2009).

Das wird aber vermutlich nicht für jeden Homeoffice-Nutzenden in gleich erfolgreicher Weise möglich sein. Nach der im Rahmen des DGB-Index Gute Arbeit durchgeführten Beschäftigtenbefragung gaben 24 % der Beschäftigten ohne Homeoffice-Nutzung an, sie hätten Schwierigkeiten, Arbeit und Privatleben miteinander zu vereinbaren – unter den Homeoffice-Nutzenden sind es 34 %. Zugleich geben aber auch 30 % der Homeoffice-Nutzenden an, durch die Arbeit von daheim ließe sich Arbeit und Privatleben besser vereinbaren (vgl. DGB, 2020: 30). Diese differenzierte Beantwortung der Frage nach den Vor- und Nachteilen des Homeoffice findet sich in jeder Umfrage, in der sie gestellt wird. Das dürfte zum einen auf die unterschiedlichen häuslichen Situationen zurück-

---

17 Gschwind/Vargas 2019 verweisen zudem noch auf in Finnland, den Niederlanden, Frankreich und Italien durchgeführte Studien, die entsprechende positive Effekte zeigen.

zuführen sein, aber auch unterschiedliche Präferenzen der Beschäftigten spielen eine große Rolle. Die gerade erwähnte DGB-Beschäftigtenbefragung ergab auch, dass 67% der Befragten keine Arbeit im Homeoffice wünschen. Von diesen gaben 62% an, die Trennung von Arbeit und Privatleben sei ihnen wichtig (vgl. DGB, 2020: 36). In der Studie von Bonin (2020: 42 u. 44) gaben 59% der Befragten ohne Homeoffice-Nutzung im Jahr vor der Pandemie an, dass sie nicht im Homeoffice arbeiten wollen. 63% der Befragten ohne Homeoffice-Wunsch nannten als Grund, sie wollten Arbeit und Privatleben nicht vermischen. In der Studie von Grunau et al. (2019: 11) gaben 56% der Befragten ohne Homeoffice-Wunsch an, dass ihnen die Trennung von Beruf und Privatem wichtig sei. Die von Kreiner et al. (2009) genannte klare Grenzziehung zwischen Arbeit und Privatem nehmen diese Beschäftigten nicht daheim vor, sondern durch eine klare örtliche Grenze zwischen daheim und Arbeitsplatz.

Das tun jedoch nicht alle Beschäftigten. Die Vermischung von Arbeit und Privatleben ist für Beschäftigte kein unbedingter Ausschlussgrund der Homeoffice-Nutzung, wie Lott (2020: 1) zeigt. Sie berücksichtigte bei der Fragestellung, ob sich durch das Homeoffice Arbeit und Privatleben besser vereinbaren lassen, nur Homeoffice-Nutzende. Von diesen gaben 34% an, Arbeit und Privatleben ließen sich besser vereinbaren als bei ausschließlicher Arbeit im betrieblichen Büro und es komme zu keiner Vermischung der Bereiche, 18% gaben ebenfalls eine bessere Vereinbarkeit an, aber zusätzlich auch eine Vermischung von Arbeit und Privatleben. Die restlichen 48% antworten, eine bessere Vereinbarkeit sei durch das Homeoffice nicht möglich. Dieses Ergebnis zeigt zweierlei: Erstens kann nicht davon ausgegangen werden, dass das Homeoffice generell ein geeignetes Instrument zur Gewährleistung einer besseren Work-Life-Balance ist, und zweitens ist dieser Nachteil für manche Homeoffice-Nutzende kein Grund, es nicht trotzdem zu nutzen.[18] Zum Teil wird das auf den Grad familiärer Verpflichtungen zurückzuführen sein. Der große Anteil an Befragten, der von keiner besseren Vereinbarkeit ausgeht, lässt aber darauf schließen, dass andere positive Effekte des Homeoffice den Nachteil der nicht besseren Vereinbarkeit überwiegen können – z.B. die Abwesenheit von Fahrzeiten zum Büro und zurück und ungestörteres Arbeiten. Hinzu kommt, dass eine Verbesserung der Vereinbarkeit zwischen Familie und Privatleben für einige Beschäftigte nicht der springende Punkt bei der Wahl des Homeoffice ist, weil andere für diese Vereinbarkeit zuständig sind. Wie Wheatley (2012) zeigt, verhalten sich Männer und Frauen im Homeoffice sehr unterschiedlich. Männliche Homeoffice-Nutzende arbeiten daheim wie im betrieblichen Büro und nei-

---

[18] Obwohl die Studie von Lott 2020 erschienen ist, beziehen sich ihre Ergebnisse auf das Jahr 2014. Die Homeoffice-Nutzung beruhte daher wohl größtenteils auf einer freien Entscheidung der Beschäftigten.

gen sogar zu längeren Arbeitszeiten, während sie nur wenig Zeit mit Hausarbeit verbringen, während Frauen zu einem erheblichen Teil neben ihrer Homeoffice-Arbeit zusätzlich Hausarbeit leisten und dazu tendieren, zum Ausgleich ihre vertraglich vereinbarte Arbeitszeit zu reduzieren. Auf diesen Punkt wird im nächsten Abschnitt noch detaillierter zurückgekommen, wenn es ganz direkt um die Vereinbarkeit von Familie und Beruf geht.

2.3.3 Homeoffice und die Vereinbarkeit von Familie und Beruf

In Befragungen geben Arbeitgeber/innen sehr häufig an, dass sie erwarten, Beschäftigten fiele durch die Nutzung des Homeoffice die Vereinbarkeit von Familie und Beruf leichter. In der Studie von Grunau (2019: 8) geben beispielsweise 55 % der befragten Betriebe an, der Vorteil des Homeoffice liege darin, Beschäftigten die Vereinbarung von Familie und Beruf zu erleichtern. Doch, ähnlich wie bei den Auswirkungen des Homeoffice auf die Work-Life-Balance, liefern Studien sehr divergierende Ergebnisse bezüglich der Geeignetheit des Homeoffice als Instrument zur Gewährleistung einer besseren Vereinbarkeit von Familie und Beruf.

Auch aus theoretischer Sicht ist nicht eindeutig, ob das Homeoffice zu einer besseren Vereinbarkeit von Familie und Beruf führen kann. Beachtet man allein den Aspekt der höheren Zeitsouveränität, der mit Homeoffice-Nutzung häufig zusammenhängt, müsste der Effekt auf die Vereinbarkeit positiv sein, weil eine selbstbestimmte Planung des Arbeitstages unter Berücksichtigung der familiären Verpflichtungen möglich wird und zudem Zeitersparnisse durch den Wegfall von Wegezeiten anfallen, die für die Familie eingesetzt werden können. Eine solche Sichtweise geht aber davon aus, dass der mit der gewonnenen Zeitsouveränität einhergehende Wechsel des Arbeitsortes keine weiteren Auswirkungen hat, so als seien die familiären Verpflichtungen statisch bzw. unabhängig von der An- oder Abwesenheit eines Beschäftigten in seiner Wohnung. Doch hat die mit dem Wechsel des Arbeitsortes verbundene Nähe zur Familie zur Folge, dass Homeoffice-Nutzende nun unweigerlich zwei Rollen annehmen, die des/der Beschäftigten und die des/der Familienverantwortlichen, wobei die Grenze zwischen den beiden Rollen – ansonsten könnte nicht von einer Vereinbarkeit von Familie und Beruf gesprochen werden – zwangsläufig durchlässig ist. Die Durchlässigkeit der Rollengrenzen kann zwei Konflikte zur Folge haben, die auch für Büro-Beschäftigte bestehen, die durch die Tätigkeit im Homeoffice aber verringert oder verstärkt werden können. Der erste Konflikt ist der »work-to-home-conflict« und beschreibt die Auswirkungen eines Eindringens der Arbeit in die Familiensphäre, wenn etwa während des Beisammenseins mit der Familie berufliche Telefongespräche angenommen oder E-Mails beantwortet werden. Für im betrieblichen Büro beschäftigte Arbeitnehmer*innen entstehen solche Konflikte beispielsweise, wenn notwendige

Überstunden geplante Familienaktivitäten verhindern. Der zweite Konflikt, der »home-to-work-conflict«, verläuft in entgegengesetzter Richtung. Er beschreibt das Eindringen der Familiensphäre in die Arbeit, z. B. durch Störungen, plötzlich notwendige Arztbesuche der Kinder usw. (vgl. hierzu Delanoeije/Verbruggen, 2019: 2 f.). Bei der Arbeit im betrieblichen Büro tritt ein solcher Konflikt beispielsweise auf, wenn plötzlich eine persönliche Kinderbetreuung notwendig wird, die die Arbeit im Büro unterbricht. Von diesen Notfällen abgesehen ist die Wahrscheinlichkeit des Eintretens eines »home-to-work-conflicts« für Beschäftigte im betrieblichen Büro durch die räumliche Trennung zur Familie geringer. Theoretisch müsste der zuerst genannte Konflikt durch die zeitliche Flexibilität und die örtliche Nähe zur Familie für Homeoffice-Beschäftigte leichter zu handhaben sein als für Beschäftigte im betrieblichen Büro. Beim »home-to-work-conflict« ist allerdings unklar, ob für Homeoffice-Nutzende gegenüber Beschäftigten im Büro die Vorteile (z. B. flexibel auf plötzliche Kinderbetreuungspflichten reagieren zu können) oder die Nachteile (z. B. Störungen, größere Inanspruchnahme für häusliche Pflichten durch die räumliche Anwesenheit der Beschäftigten) überwiegen, sodass auch insgesamt offen ist, ob Homeoffice-Nutzung in der Gesamtbetrachtung zu einer besseren Vereinbarkeit von Familie und Beruf bzw. zu einem geringeren Konfliktausmaß führt als die Beschäftigung im betrieblichen Büro.

Studien liefern leider keine Klarheit darüber, wie sich Homeoffice-Nutzung auf diese beiden Konflikte auswirkt. Eine Metastudie von Allen et al. (2013) geht von einem kleinen, aber statistisch signifikanten Effekt des Homeoffice auf die Verringerung des »work-to-home-conflicts«, aber von keinem Effekt auf den »home-to-work-conflict« aus. In der Gesamtbetrachtung würde das Homeoffice somit die Vereinbarkeit zwischen Familie und Beruf in geringem Maße erleichtern.[19] Während die Metastudie von Allen et al. (2013) den Nachteil hat, vor allem US-amerikanische Studien einbezogen zu haben, haben Allen et al. (2015b) in einer weiteren Metastudie eine Vielzahl internationaler Studien berücksichtigt und fanden einen eher negativen Gesamteffekt des Homeoffice auf die Vereinbarkeit von Familie und Beruf. Ihre Schlussfolgerung ist daher (einmal mehr), dass positive oder negative Effekte auf die Vereinbarkeit von einer Vielzahl von Einflussfaktoren abhängen, nicht zuletzt von der Existenz und der Ausgestaltung staatlicher Kinderbetreuungssysteme. Mit anderen Worten scheint es ein letztlich fruchtloses Unterfangen zu sein, nach einem generell positiven Einfluss des Homeoffice auf die Vereinbarkeit von Familie und Beruf zu suchen. Gesucht werden müssen stattdessen Bedingungen, die Einfluss da-

---

[19] SHOCKLEY (2014: 6 f.) schreibt mit Bezug auf diese Studie: »It is important to note that although telecommuting use does correlate with work-to-family conflict, the magnitude of the relationship is very small (and thus of questionable practical utility)«.

rauf nehmen, dass die Arbeit im Homeoffice tatsächlich zu einer besseren Vereinbarkeit von Familie und Beruf führt.

Eine deutsche Studie von Lott (2020) sucht in diesem Sinne nach betrieblichen Bedingungen, die mit einer besseren Vereinbarkeit von Familie und Beruf verbunden sind. Sie schließt dabei an frühere Studien an, die an dieser Stelle den Schlüssel zu einer besseren Vereinbarkeit vermuten. So haben Shockley/Allen (2007) die Hypothese aufgestellt, dass die Nutzung des Homeoffice misslingen muss, wenn sie nicht von einer unterstützenden Haltung des Betriebs und/oder des Vorgesetzten begleitet wird. Eine wenig unterstützende Betriebskultur führe zu mehr Rollenstress in Bezug auf die Beschäftigtenrolle von Arbeitnehmer*innen, was zu innerfamiliären Konflikten führen kann, wenn hierdurch die Familienrolle in Mitleidenschaft gezogen wird – z. B. wenn Rollenstress zu Mehrarbeit führt, um Betrieb und/oder Vorgesetzte zu überzeugen, im Homeoffice besonders produktiv zu sein. Lott (2020) zeigt, dass die Wahrscheinlichkeit einer erfolgreichen Vereinbarkeit von Familie und Beruf durch Nutzung des Homeoffice in der Tat erheblich steigt, wenn Regeln zur Homeoffice-Nutzung Teil von Betriebsvereinbarungen oder vertraglich vereinbart worden sind und wenn das Verhalten von Führungskräften bezüglich der Homeoffice-Nutzung als fair angesehen wird. Interessanterweise ist die Wahrscheinlichkeit einer positiven Vereinbarkeit ihrer Studie nach beinahe drei Mal höher, wenn die Arbeit im Homeoffice zu regulären Zeiten statt zu unüblichen Zeiten geleistet wird.[20] Das zeigt, dass bei der Vereinbarkeit von Familie und Beruf klare Zeitregeln einer absoluten Zeitflexibilität überlegen zu sein scheinen, die ansonsten als Vorteil des Homeoffice angesehen wird. Auch familiäre Verpflichtungen können daher eine im Homeoffice theoretisch vorhandene Zeitflexibilität erheblich einschränken und somit auch den Spielraum individueller Zeitregimes.

Ähnlich wie Lott (2020) gehen auch Noonan/Glass (2012) davon aus, dass die Vereinbarkeit von Familie und Beruf vor allem dann misslingt, wenn die Nutzung des Homeoffice dazu führt, dass länger und zu unüblichen Arbeitszeiten gearbeitet wird. Mit dem oben beschriebenen theoretischen Ansatz gut vereinbar würde ein solches Verhalten vor allem dazu führen, dass der »work-to-home-conflict« erhöht wird. Die Meta-Studie von Allen et al. (2013) hat gezeigt, dass es allein die Verringerung dieses Konfliktes ist, womit eine (leicht) bessere Vereinbarkeit von Familie und Beruf im Homeoffice ermöglicht wird. Wird

---

[20] Nach der Studie von GRUNAU ET AL. (2019: 13) geben 51 % der befragten Beschäftigten, die außerhalb der normalen Arbeitszeit das Homeoffice nutzen, an, dass die Grenze zwischen Arbeit und Freizeit verschwimmt. Beschäftigte, die das Homeoffice zu normalen Arbeitszeiten nutzen, geben »nur« zu 40 % ein Verschwimmen der Grenze zwischen Arbeit und Freizeit an.

dieser Effekt durch exzessives Arbeiten oder durch Arbeit, die in eine eigentlich der Familie vorbehaltenen Sphäre eindringt, verringert oder ins Gegenteil verkehrt, kann die Vereinbarkeit von Familie und Beruf nicht gelingen.

Eine interessante Bedingung für erfolgreiche Vereinbarkeit von Familie und Beruf liefern Virick et al. (2010). Sie gehen davon aus, dass die Arbeit im Homeoffice zu einer besseren Vereinbarkeit führt, wenn die Nutzenden dieser Arbeitsform eine spezifische Präferenz dafür besitzen, mit der Durchlässigkeit der Grenze zwischen ihren Rollen als Beschäftigte und Familienverantwortliche effektiv umzugehen. Die Durchlässigkeit der Grenzen ist für solche Beschäftigten keine Konfliktquelle, vielmehr ist die mit dem Homeoffice einhergehende Autonomiewahrnehmung für sie nicht auf die selbstbestimmte Arbeitsgestaltung beschränkt, sondern dehnt sich auf die Gestaltung der Grenze zwischen arbeits- und lebensweltlichen Herausforderungen aus. In gewisser Weise verfügen solche Beschäftigte über echte Zeitsouveränität bzw. befinden sie sich aufgrund ihrer individuellen Vorlieben in der glücklichen Lage, die Fülle der mit Orts- und Zeitflexibilität einhergehenden Möglichkeiten in Gänze zu nutzen. Man kann allerdings davon ausgehen, dass diese besondere Eigenschaft bei weitem nicht allen Beschäftigten vergönnt ist. Zudem lassen sich Präferenzen, auch die besten unter ihnen, leider nur schwer erlernen, sodass sich aus den Ergebnissen von Virick et al. (2010) kaum praktische Empfehlungen ableiten lassen.

Zwei Bedingungen, die auch Implikationen für die praktischen Gestaltung des Homeoffice haben, können aus der Studie von Gajendran/Harrison (2007) abgeleitet werden. Sie zeigen, dass die Arbeit im Homeoffice umso geeigneter ist, Familienkonflikte zu reduzieren, je öfter die Arbeit daheim stattfindet und je mehr Erfahrungen die Homeoffice-Nutzenden bereits besitzen. Letztlich lassen beide Ergebnisse darauf schließen, dass ein erfolgreicher Umgang mit denkbaren familiären Konflikten, die durch die Verwischung der Grenze zwischen Beruf und Familie verursacht werden, eine Folge von Lerneffekten ist. Eine hohe Homeoffice-Intensität hat aber auch negative Auswirkungen, wie an anderer Stelle bereits besprochen wurde, und ist daher nicht allen Nutzenden dieser Arbeitsform anzuraten. Dass zunehmende Erfahrungen bezüglich der Organisation der Homeoffice-Arbeit und ihrer Abstimmung mit familiären Pflichten auf Dauer auch die Vereinbarkeit von Familie und Beruf positiv beeinflusst, scheint hingegen selbstverständlich zu sein.

Wie im letzten Abschnitt bereits angedeutet, hat schließlich auch das Geschlecht derjenigen, die im Homeoffice arbeiten, Einfluss auf die Vereinbarkeit von Familie und Beruf. Eine Untersuchung von Sprung et al. (2015) bestätigt die bereits im vorangegangenen Abschnitt erwähnten Ergebnisse von Wheatley (2012), wonach Frauen und Männer die Möglichkeiten des Homeoffice anders nutzen: Männer, um mehr berufliche Arbeit leisten zu können, Frauen, um ihre beruflichen Pflichten besser mit häuslichen Anforderungen verbinden zu können, für die Männer nicht zur Verfügung stehen (wollen). Anschließend an die Hypothese von Sullivan/Lewis (2001), wonach es zwei Motive (Produktivität erhöhen oder Privatleben gestalten) zur Nutzung des Homeoffice gibt, arbeiten Sprung et al. (2015) heraus, dass die unterschiedliche Nutzung des Homeoffice durch Frauen und Männer tatsächlich auf differente Motive zurückgeht. Sprung et al. (2015) berücksichtigen dabei verschiedene »Work-Family-Benefits«, aber auch das Arbeiten von daheim. Ihr Ergebnis ist, dass Männer familienfreundliche Maßnahmen für vorteilhaft halten, wenn sie damit ihre berufliche Performance steigern können. Frauen hingegen beurteilen die Vorteilhaftigkeit familienfreundlicher Maßnahmen danach, ob sie effektiv dabei helfen, den Arbeits-Familien-Konflikt zu reduzieren. Diese Geschlechterdifferenzen dürften eine wichtige Ursache dafür sein, dass Untersuchungen zu den Auswirkungen des Homeoffice auf die Vereinbarkeit von Beruf und Familie und auf intrafamiliäre Konflikte so wenige und geringe positive Effekte entdecken. Analog zur im letzten Abschnitt besprochenen Work-Life-Balance liegt das wohl zu einem nicht unerheblichen Teil daran, dass die Vereinbarkeit von Familie und Beruf und die Reduzierung intrafamiliärer Konflikte überhaupt nicht der Grund sind, warum viele Männer das Homeoffice wählen. Entsprechend können sich dann auch keine positiven Effekte ergeben. Bereits vor 16 Jahren haben Hammer et al. (2005) herausgefunden, dass die Nutzung flexibler Arbeitsarrangements (inkl. Homeoffice) bei Männern weder mit einer Reduzierung des »work-to-home-conflicts« noch mit einer Verringerung des »home-to-work-conflicts« verbunden ist, während bei Frauen ein signifikanter Rückgang intrafamiliärer Konflikte ein Jahr nach dem Beginn eines flexiblen Arbeitsarrangements beobachtet werden kann.

Seit Beginn der Corona-Pandemie ist eine Diskussion aufgekommen, die sich mit der Frage beschäftigt, ob die Arbeitsarrangements, die sich im Zuge der Pandemiefolgen für viele Beschäftigte ergeben haben (z.B. Ausweitung des Homeoffice und Kurzarbeit), im Zusammenspiel mit der Schließung von Erziehungs- und Bildungseinrichtungen zu einer Re-Traditionalisierung der intrafamiliären Arbeitsteilung geführt haben. Die oben aufgeführten Studien zeigen hinsichtlich des Homeoffice bereits, dass auch vor der Pandemie nur sehr begrenzt davon gesprochen werden kann, dass traditionelle familiäre Arbeitsteilung ein Relikt der Vergangenheit ist – ganz im Gegenteil. Dieser Eindruck wird durch weitere Studien untermauert. Eine Studie von Müller et al. (2020: 334) zeigt auf Grundlage des SOEP, dass trotz der deutlich zunehmenden Erwerbsbeteiligung von Frauen in den letzten Jahrzehnten vor der Pandemie erhebliche Unterschiede bei den Erwerbskonstellationen in Paarhaushalten mit 12-jährigen oder jüngeren Kindern existierten. Nur in 13% dieser Haushalte waren beide Eltern vollzeitbeschäftigt. In beinahe der Hälfte der Paarhaushalte arbeitete der Mann Vollzeit, die Frau Teilzeit. Der umgekehrte Fall kam im Grunde fast nicht vor, nur in einem knappen Prozent der Haushalte arbeitete die Frau Vollzeit und der Mann Teilzeit. In 25 % der Haushalte wurde hingegen noch das sehr traditionelle Modell der Hausfrauenehe gelebt, der Mann arbeitete Vollzeit und die Frau war nicht erwerbstätig. Zählt man nur die beiden häufigsten Konstellationen zusammen – Mann Vollzeit/Frau Teilzeit und Mann Vollzeit/Frau nicht erwerbstätig – kommt man bereits auf 75 % an Haushalten mit einer sehr (25 %) oder tendenziell (50 %) traditionellen familiären Arbeitsteilung. Während diese Daten schon deutlich darauf hindeuten, dass seit Ausbruch der Pandemie wenig Spielraum vorhanden war, etwas zu re-traditionalisieren, was noch weit überwiegend traditionell war, muss diese Schlussfolgerung noch deutlich verschärft werden, wenn man die Verteilung der für Kinderbetreuung und Hausarbeit eingesetzten Zeit von Müttern und Vätern betrachtet. Selbst im Falle einer modernen Erwerbskonstellation – Mann und Frau Vollzeit – kümmerten sich Frauen erheblich mehr um Kinderbetreuung und Hausarbeit. Diese Unterschiede waren noch weitaus größer, wenn beide Erziehungsberechtigten in Teilzeit oder überhaupt nicht beschäftigt waren. Nur in zwei Paarkonstellationen kümmerte sich der Mann (etwas) mehr als die Frau um Kinderbetreuung und Hausarbeit: zum einen, wenn die Frau Vollzeit arbeitete und der Mann Teilzeit, zum anderen, wenn die Frau Vollzeit arbeitete und der Mann nicht erwerbstätig war (vgl. Müller et al. 2020: 335 und 337).

Die alles andere als geschlechtergerechte Arbeitsmarktpartizipation und Verteilung der häuslichen Arbeitsteilung setzte sich während der Pandemie ebenso fort wie die unterschiedliche Art der Homeoffice-Nutzung, wie Kohlrausch/Zucco (2020) zeigen. Ihren Angaben nach haben vor der Pandemie 87 % der Frauen und 79 % der Männer überwiegend im Betrieb gearbeitet, nach Ausbruch der Pandemie veränderten sich die Anteile der überwiegend im Betrieb Beschäftigten auf 51 % (Männer) und 55 % (Frauen), sodass sich die Anteile der Homeoffice-Nutzung etwas anglichen. Was sich nicht anglich, war die Art der Homeoffice-Nutzung. 21 % der Männer arbeiteten abwechselnd im Betrieb und im Homeoffice und nutzten es wohl in erster Linie als Mittel, ihre Produktivität aufrechtzuerhalten. Bei den Frauen lag dieser Anteil nur bei 13 % (vgl. Kohlrausch/Zucco, 2020: 4). Diese nutzten das Homeoffice vermutlich wie vor der Pandemie eher als Mittel, Familie mit dem Beruf zu vereinbaren. Noch deutlicher wird dieser Sachverhalt, wenn nach dem Kinderbetreuungsaufwand vor und seit der Pandemie gefragt wird. Vor der Pandemie gaben 62 % der Frauen und 6 % der Männer an, überwiegend die Kinderbetreuung zu übernehmen. Nach Ausbruch der Pandemie blieben die Geschlechterunterschiede groß. Nun gaben 54 % der Frauen und 12 % der Männer an, überwiegend die Kinderbetreuung zu übernehmen (vgl. Kohlrausch/Zucco, 2020: 6). Das wird an der geschlechterspezifischen Verteilung der Homeoffice-Nutzungsmöglichkeiten in den Haushalten im Rahmen der Homeoffice-Ausweitung sowie an der geschlechtsspezifischen Kurzarbeiterbetroffenheit liegen, mehr sollte in diese leichte Angleichung nicht hineininterpretiert werden.[21] Warum man diese geringen Veränderungen mit Vorsicht betrachten sollte, wird durch die Studie von Frodermann et al. (2020) verdeutlicht. Die Doppelbelastung beruflicher und familiärer Pflichten blieb auch hiernach zu einem weit größeren Anteil ein Problem, das hauptsächlich weibliche Beschäftigte lösen mussten. Während der Pandemie wurde das Arbeiten von zu Hause und die damit einhergehende Doppelbelastung in der Tat ein von vorwiegend weiblichen Beschäftigten zu lösendes Problem – und zusätzlich ein Problem, das erhebliche Auswirkungen auf die Arbeitsleistung von Frauen hatte. 53,3 % der befragten Frauen, aber nur 39,3 % der befragten Männer mit minderjährigen Kindern im Haushalt gaben an, dass sie während der Pandemie zu unüblichen Zeiten arbeiten mussten. 41,6 % der befragten Frauen, aber nur 32 % der befragten Männer mit minderjährigen Kindern gaben an, dass ihnen ihre Arbeitskonzentration während der Pandemie schwerfiel (vgl. Frodermann et al., 2020: 9). Das alles sind Hinweise darauf, dass die Doppelbelastung von Arbeit und Familienverantwortung vorwiegend eine Sache der Frauen blieb. Demmelhuber et al. (2020) liefern weitere Evidenz zur ungleichen Doppelbelastung durch Arbeits- und Familienverpflichtungen, wobei sie direkt nach den Auswirkungen des Homeoffice fragten. Außerdem belegen sie eindrücklich, dass die Wahrnehmung dieser Doppelbelastung von Männern und Frauen sehr unterschiedlich ist. Während jeweils 2 % der Männer und Frauen der Ansicht sind, Männer würden durch die Ausweitung des Homeoffice stärker benachteiligt, geben 29 % der weiblichen, aber nur 15 % der männlichen Befragten an, Frauen würden stärker belastet (vgl. Demmelhuber at al., 2020: 4). Sowohl die unterschiedliche negative Betroffenheit der Geschlechter als auch die geschlechterspezifisch unterschiedliche Wahrnehmung dieser Betroffenheit lassen darauf schließen, dass die Ausweitung des Homeoffice weder zu einer praktisch veränderten Rollenverteilung bei der Doppelbelastung mit Arbeits- und Haushaltspflichten noch auf Seiten der Männer zu einer wesentlichen Einsicht bezüglich einer geschlechtergerechten Arbeitsteilung geführt haben. Damit wurde das alte Rollenmodell fortgeschrieben, nicht aber erst im Rahmen der Pandemie verstärkt. Eine aktuelle Untersuchung der Hans-Böckler-Stiftung zur Belastung im Homeoffice zeigt, dass besonders Eltern, dabei stärker Frauen und weiterhin Haushalte mit niedrigen Einkommen am stärksten belastet sind (vgl. Hövermann, 2021: 10).

Umso mehr ist es erstaunlich, dass nun von einigen Forschenden (vgl. Arntz et al., 2020; Alon et al., 2020) im Homeoffice ein Instrument gesehen

---

[21] Die Ausweitung der Homeoffice-Nutzung im Zuge der Pandemie führte dazu, dass eine Arbeitsform, die zuvor in der Mehrheit von Männern genutzt wurde (vgl. BAuA 2020: 1; BONIN ET AL. 2020: 36), nun zu einem größeren Teil auch von Frauen genutzt werden könnte (vgl. BONIN ET AL. 2020: 104).

wird, dass zu einem geschlechtergerechten Arbeitsmarkt führen könnte. Diese These ruht auf zwei Annahmen. Zum einen ermögliche ein forcierter Ausbau des Homeoffice weiblichen Beschäftigten mit Kindererziehungsverpflichtungen eine höhere Teilnahme am Arbeitsmarkt, die durch die zuvor herrschende Anwesenheitskultur nicht in gleicher Weise möglich gewesen wäre. Zum anderen hätte die Ausweitung des Homeoffice mehr Männer als zuvor mit der Doppelbelastung durch Arbeits- und Familienverpflichtungen konfrontiert, sodass diese zum einen in Bezug auf Haushalts- und Familienverpflichtungen produktiver geworden seien, zum anderen ein Normenwechsel zu erwarten sei, der es für Männer weniger stigmatisierend mache, Arbeits- und Haushaltsverpflichtungen miteinander zu vereinbaren. Beide Annahmen sind nicht nur ausgesprochen spekulativ, sie könnten, wenn vor allem die auf Männer bezogenen Annahmen nicht zutreffen sollten, das Gegenteil von dem bewirken, was eigentlich angestrebt wird. Wie bereits mehrfach erläutert, führt das Homeoffice vor allem Frauen unter den heutigen Bedingungen dazu, dass ihre Doppelbelastung mit Arbeits- und Familienverpflichtungen quasi betoniert wird, während Männer das Homeoffice weiter als ein Instrument zur Produktivitätssteigerung sehen. Zum anderen sollte klar sein, dass die Ausweitung des Homeoffice keineswegs in Karrierejobs, sondern in Routine-Bürotätigkeiten stattfinden würde, die mit einem hohen Automatisierungsrisiko verbunden sind. Verbindet man daher die Ausweitung des Homeoffice mit den Erwerbschancen und Karrieren von Frauen, so wird einerseits ihre Doppelverantwortung für Arbeitsleistung und familiäre Verpflichtungen zementiert, zum anderen würden sie vermehrt solche Berufe ausüben, die aufgrund des hohen Routinegrades der dabei ausgeführten Tätigkeiten ein hohes Risiko tragen, automatisiert zu werden (vgl. Dengler/Matthes, 2018: 6).

Festhalten lässt sich, dass die Arbeit im Homeoffice unter bestimmten Bedingungen ein Instrument sein kann, familiäre und berufliche Verpflichtungen durch die damit zumeist einhergehende Zeit- und Ortsflexibilität besser zu vereinbaren, dass dabei jedoch eine Vielzahl von Bedingungen zu beachten ist, die einem solchen Ziel eher zuträglich oder abträglich sind. Insbesondere sollte das Homeoffice nicht als eine Art Schlüsselmechanismus für einen geschlechtergerechten Arbeitsmarkt gesehen werden. Hierzu müssten zunächst Männer in einem weit größeren Ausmaß, als heute beobachtbar ist, bereit sein, das Homeoffice mit dem Zweck der Vereinbarkeit von Familie und Beruf auszuüben. Das wird, ebenso wie die Nutzung des Homeoffice als normale und vor allem weit verbreitete Arbeitsform trotz der Ausweitung dieser Arbeitsform während der Pandemie, noch einige Zeit in Anspruch nehmen. Möglicherweise werden im Laufe der Jahre tatsächlich auch Männer das Homeoffice vor allem als Vereinbarkeitsinstrument von Arbeit und Familie wahrnehmen. Der Weg dahin scheint aber zum jetzigen Zeitpunkt noch ein sehr weiter zu sein.

3. Fazit

Die empirischen Befunde zeigen – wie kaum anders zu erwarten – ein stark gemischtes Bild. Bereits von hoher Bedeutung für die Einschätzung ist der auch theoretisch untermauerte Befund, dass aktuell nur ein Anteil von deutlich unter 20% der Beschäftigungsverhältnisse für eine regelmäßige Ausübung im Homeoffice geeignet ist, für insgesamt ein Drittel eine zeitweilige Homeoffice-Tätigkeit möglich scheint, indem Beschäftigte ihre Tätigkeit zwischen Büro und Homeoffice aufteilen. Aber auch für diesen Anteil der Beschäftigten ergibt sich ein ambivalenter Befund. Die unter optimalen Bedingungen gegebene Möglichkeit zu störungsfreier bzw. durch weniger »betriebliche Störungen« beeinflusster Selbstorganisation steigert die eigene Zufriedenheit und die Arbeitseffizienz. Diese Steigerung wird mindestens zu einem gewichtigen Teil aus Gründen der betrieblichen »Loyalität« nicht für persönlichen Zeitgewinn »verbraucht«, sondern betrieblich »investiert«. Unter weniger optimalen Bedingungen, durch Einschränkungen räumlicher, familiärer, technischer oder organisatorischer Art, bedarf es eines gesteigerten Einsatzes, um im Homeoffice dieser Effizienz-Erwartung zu entsprechen. Damit verbunden sinkt dann auch die Arbeitszufriedenheit, was aufgrund der dadurch stark eingeschränkten Zeitsouveränität gut erklärbar sein dürfte.

Zudem wird die betriebliche Arbeit durch einen Mehraufwand an (familiärer) Betreuungsarbeit ergänzt bzw. zusätzlich belastet. Diese Zusatzbelastung ist unter den Geschlechtern ungleich verteilt. Mehrheitlich wird sie stärker von Frauen übernommen, was sich dann auch auf die betriebliche Performance auswirkt und einen im Blick auf Karrierechancen Ungleichheit verstärkenden Effekt haben dürfte. Allerdings zeigt sich nicht, wenigstens nicht durchgängig, das Bild einer Re-Traditionalisierung, die Gleichstellungserrungenschaften wieder aufzuheben drohte (vgl. Krohn, 2020). Zum einen schon deshalb, weil die Verhältnisse ohnehin immer noch stark durch traditionelle geschlechtsspezifische Rollen- und Aufgabenverteilung geprägt sind, zum anderen, weil die verstärkte Homeoffice-Nutzung zwar auch, aber nicht nur zu einer Mehrbelastung von Frauen durch die familiäre Sorge- und Betreuungsarbeit führte. Die familiäre Zusatzarbeit führt in Konstellationen, in denen Männer zuvor zu einem gewissen, wenn auch nicht hälftigen Anteil in sie eingebunden waren, zu einer verstärkten Belastung der Frauen. Der von den Frauen übernommene Anteil steigt im Verhältnis zu dem der Männer. Aber dennoch steigt auch die Menge der von Männern übernommenen familiären Arbeit absolut, die Ungleichheit wird nur relativ, aber nicht absolut verstärkt. In Konstellationen, in denen Männer zuvor wenig in die familiäre Arbeit eingebunden waren, steigt dagegen ihr Anteil nicht nur absolut, sondern auch relativ. Wenn auch die Hauptlast der familiären Zusatzbelastung im Homeoffice (insbesondere durch fehlende Betreuung von Kindern sowie den höheren Aufwand der Essenversorgung) weiterhin stärker durch Frauen getragen wird, kann dennoch nicht generell von einer Rückkehr zur alten geschlechterorientierten Arbeitsteilung ausgegangen werden. Allerdings dürfte es im Blick auf eine Verstetigung der Arbeit im Homeoffice tatsächlich darauf ankommen, die krisenbedingte stärkere Belastung von Frauen wieder durch eine stärkere Aufteilung rückgängig zu machen bzw. dort erst überhaupt anzugehen, wo sie bisher geschlechterspezifisch ihnen zugemutet wurde. Die betrieblichen Gleichstellungsprogramme und -strukturen bedürfen daher einer Übertragung und Ausweitung auf die Organisation von Arbeit im Homeoffice.

Diese Einschränkungen können plausibilisieren, warum nach einer entsprechenden Studie vom Oktober 2020 nur etwa ein Fünftel der Unternehmen eine Ausweitung der Homeoffice-Regelungen über die Pandemie hinaus plant und ein knappes Zehntel sogar eine Reduzierung im Blick hat[22]. Dass diese Zurückhaltung trotz einer Stabilisierung oder sogar Steigerung der Arbeitsproduktivität im Homeoffice besteht, lässt sich möglicherweise damit begründen, dass innerhalb der Unternehmen dafür ein höherer Organisationsaufwand sowie technischer Aufwand verbunden ist, und möglicherweise mit einer Befürchtung hinsichtlich der längerfristigen Folgen fehlender direkter Interaktion und Kooperation für die Kreativität und Innovationsfähigkeit. Dem steht auch auf der Seite der Beschäftigten der Verlust sozialer Interaktion gegenüber, der mit einer vermehrten Tätigkeit im Homeoffice verbunden ist. Auch von Seiten der Beschäftigten ist mit dem Arbeiten im Homeoffice kein eindeutiger Gewinn an Zeitsouveränität verbunden. Homeoffice kann nicht generell als geeignetes Instrument zur Gewährleistung einer besseren Work-Life-Balance beurteilt werden, weil es tendenziell die Vermischung von beruflicher und privater Verfügungszeit verstärkt. Ein Gewinn für die Beschäftigten ist dann nur erreichbar, wenn sowohl die Unternehmenskultur wie die eigene Resilienz dieser Vermischung entgegenwirken.

Noch ist wenig erforscht, welcher Effekt der Entsolidarisierung mit dem Verlust von gemeinsamer Zeit im Betrieb (und unter Corona-Einschränkungen zudem »in der Gesellschaft«) einhergeht. Die »Vereinzelung« im Homeoffice dürfte nicht ohne Einfluss beispielsweise auf Beförderungen und Karrierechancen, aber auch auf Stellung und Rolle in Teams und Projekten bleiben. Die Mutmaßung einer Forcierung zum »unternehmerischen Selbst« lässt sich durch die Befunde noch nicht belegen. Es zeigen sich aber Hinweise darauf, dass der »Nachteil« einer geringeren betrieblichen Sichtbarkeit im Homeoffice gegenüber der Arbeit in betrieblicher Anwesenheit durchaus Einfluss auf Führungsentscheidungen hat oder nur durch eine verstärkte Performance kompensiert

---

22 »Insgesamt ist daher davon auszugehen, dass auch nach der Pandemie das Homeoffice-Potenzial nicht vollständig ausgeschöpft werden wird« (ALIPOUR ET AL., 2020: 36).

werden kann. Darauf lassen jedenfalls die sozialpsychologischen Interpretationen einer durch die Loyalität zu Vorgesetzten (als Bestätigung des »Vertrauensvorschusses«) getriebenen Leistungssteigerung schließen. Sie können durchaus im Sinne der subtilen Anreizsteuerung des »Überwachungskapitalismus« bzw. der Anpassung an den neuen Geist des Kapitalismus gelesen werden. Diese Internalisierung des betrieblichen (Zeit-)Regimes bildet dennoch nicht die einzige Limitierung der Zeitsouveränität im Homeoffice.

Die Einbindung in betriebliche Strukturen bleibt auch im Zusammenhang mit der notwendigen Koordination der Tätigkeiten als fremdbestimmendes Zeitregime im Homeoffice erhalten, mit der Einhaltung von Fristen und Teilnahme an Online-Meetings und Telefonkonferenzen, die gegebenenfalls in internationalen Unternehmen auch auf andere Zeitzonen abgestimmt sein müssen. Deshalb lässt sich auch folgern, dass aufgrund der Komplexität von Arbeitsorganisation in der globalisierten, arbeitsteiligen Gesellschaft die Zeitflexibilität und Selbstorganisation im Homeoffice an eine deutliche Grenze kommen, wobei Zeitsouveränität nur teilweise und nur für einen Teil der Beschäftigten möglich sein dürfte. Ob dies auch zu einer weiteren Segregierung zwischen einfacheren und höheren Tätigkeiten führen wird, lässt sich aufgrund der unterschiedlichen Betroffenheit vermuten, bedarf aber weiterer Untersuchungen. Als förderlich zeigen Studien an dieser Stelle verschiedene Aspekte auf: eine familienfreundliche Unternehmenskultur, die Unterstützung durch Führungskräfte und die technische Ausstattung und Schulung für einen reibungslosen Arbeitsprozess. Deshalb ist umgekehrt auch eine Rückwirkung von verstärkten (guten) Erfahrungen mit der Ausweitung von Homeoffice-Tätigkeit unter Pandemie-Bedingungen auf eine positive Einstellung von Führungskräften und Entwicklung entsprechender Unternehmenskulturen und technischer Ausstattung zu erwarten, der dann auch eine vermehrte Nachfrage nach Homeoffice bei den Beschäftigten gegenüberstehen könnte. Diese Entwicklung wird aber nur dann zu mehr Zeitsouveränität führen, wenn die nachteiligen Auswirkungen auf die Geschlechterungleichheit korrigiert und die Kontrollmechanismen des Überwachungskapitalismus begrenzt werden.

Literatur

Alipour, J.-V./O. Falck u. S. Schüller: Homeoffice während der Pandemie und die Implikationen für eine Zeit nach der Krise, in: ifo Schnelldienst 73 (2020), 30–36.

Allen, T. D./R. C. Johnson/K. Kiburz u. L. M. Shockley: Work-family conflict and flexible work arrangements. Deconstructing flexibility, in: Personnel Psychology. 66 (2013), 345–376.

Allen, T. D./T. D. Golden u. K. M. Shockley: How Effective Is Telecommuting? Assessing the Status of Our Scientific Findings, in: Psychological Science in the Public Interest 16 (2015a) 2, 40–68.

Allen, T. D./K. A. French/S. Dumani u. K. M. Shockley: Meta-analysis of work-family conflict, mean differences. Does national context matter?, in: Journal of Vocational Behavior 90 (2015b), 90–100.

Alon, T., M. Doepke/J. Olmstead-Rumsey u. M. Tertilt: The Impact of COVID-19 on Gender Equality, in: Covid Economics. Vetted and Real-Time Papers 4 (2020), 62–85.

Arntz, M./S. B. Yahmed u. F. Berlingieri: Working from Home and COVID-19. The Chances and Risks for Gender Gaps. ZEW expert brief 20-09. Mannheim: ZEW 2020.

Arntz, M./S. Ben Yahmed u. F. Berlingieri: Working from Home. Heterogeneous Effects on Hours Worked and Wages. ZEW Discussion Paper 19-015. Mannheim: ZEW 2019.

Backhaus, N. u. A. Tisch: Arbeit von zuhause in der Corona-Krise: Wie geht es weiter?. baua Bericht kompakt. Dortmund: Bundesanstalt für Arbeitsschutz und Arbeitsmedizin 2020.

Bailey, D. E. u. N. B. Kurland: A review of telework research. Findings, new directions, and lessons for the study of modern work, in: Journal of Organizational Behavior 23 (2002) 4, 383–400.

BAuA: BAuA Arbeitszeitbefragung. Telearbeit in Deutschland. baua Bericht kompakt. Dortmund: Bundesanstalt für Arbeitsschutz und Arbeitsmedizin 2020.

Beckmann, M./T. Cornelissen u. M. Kräkel: Self-Managed Working Time and Employee Effort. Theory and Evidence. SOEP papers on Multidisciplinary Panel Data Research 768/2015. Berlin: DIW.

Bittman, M./J. E. Brown u. J. Wajcman: The mobile phone, perpetual contact and time pressure, in: Work Employment Society 23 (2009) 4, 673–691.

Bloom, N./J. Liang/J. Roberts u. Z. J. Ying: Does working from home work? Evidence from a Chinese experiment, in: Quarterly Journal of Economics 130 (2015) 1, 165–218.

BMFSFJ: Allein und getrennt Erziehende fördern und unterstützen. Hintergrundmeldung vom 18.01.2021, URL: https://www.bmfsfj.de/bmfsfj/themen/familie/chancen-und-teilhabe-fuer-familien/alleinerziehende (Stand: 12.02.2021).

Boltanski, L./È. Chiapello u. F. Schultheis: Der neue Geist des Kapitalismus. Konstanz: UVK Verlagsgesellschaft 2006.

Bonin, H./W. Eichhorst/J. Kaczynska/A. Kümmerling/U. Rinne/A. Scholten u. S. Steffes: Verbreitung und Auswirkungen von mobiler Arbeit und Homeoffice. BMAS Forschungsbericht 549. Berlin: Bundesministerium für Arbeit und Soziales 2020.

Brenke, K.: Homeoffice. Möglichkeiten werden bei weitem nicht ausgeschöpft, in: DIW Wochenbericht 5/2016, 95-105.

Chen, Y. u. I. S. Fulmer: Fine-tuning what we know about employees' experience with flexible work arrangements and their job attitudes, in: Human Resource Management 57 (2018) 1, 381-395.

Delanoeije, J. u. M. Verbruggen: The Use of Work-Home Practices and Work-Home Conflict: Examining the Role of Volition and Perceived Pressure in a Multi-Method Study, in: Frontiers in Psychology 10 (2019), URL: www.frontiersin.org/articles/10.3389/fpsyg.2019.02362/full (Stand: 25.02.2021).

Demmelhuber, K./F. Englmaier, F. Leiss/S. Möhrle/A. Peichl u. T. Schröter: Homeoffice vor und nach Corona: Auswirkungen und Geschlechterbetroffenheit. ifo Schnelldienst Digital 4/2020. München: ifo-institut 2020.

Dengler, K. u. B. Matthes: Substituierbarkeitspotenziale von Berufen – Wenige Berufsbilder halten mit der Digitalisierung Schritt. IAB-Kurzbericht 4/2018. Nürnberg: IAB 2018.

DGB: Jahresbericht 2020 – Ergebnisse der Beschäftigtenbefragung zum DGB-Index Gute Arbeit. Berlin: Institut DGB-Index Gute Arbeit 2020.

Dutcher, E. G.: The effects of telecommuting on productivity. An experimental examination. The role of dull and creative tasks, in: Journal of Organizational Behavior 84 (2012), 355-363.

Duxbury, L./C. Higgins/R. Smart u. M. Stevenson: Mobile technology and boundary permeability, in: British Journal of Management 25 (2014) 3, 570-588.

Eikhof, D. R./C. Warhurst u. A. Haunschild: What Work? What Life? What Balance? Critical Reflections on the Work-life Balance Debate, in: Employee Relations 29 (2007) 4, 325-333.

European Commission: Telework in the EU before and after the COVID-19. Where we were, where we head to. EC Science for Policy Briefs. Brüssel: European Commission 2020.

Fana, M./S. Milasi/J. Napierała/E. Fernandez-Macías u. I. González Vázquez: Telework, work organisation and job quality during the COVID-19 crisis – A qualitative study, JRC Working Papers Series on Labour, Education and Technology. Brüssel: European Commission 2020.

Fehr, E. u. S. Gächter: Fairness and retaliation. The economics of reciprocity, in: Journal of Economic Perspectives 14 (2000) 3, 159-181.

Frodermann, C./P. Grunau/T. Haepp/J. Mackeben/K. Ruf/S. Steffes u. S. Wanger: Wie Corona den Arbeitsalltag verändert hat. IAB-Kurzbericht 13/2020. Nürnberg: IAB 2020.

Fuchs, S.: Vertrauen ist keine betriebswirtschaftliche Kategorie, Verantwortung auch nicht, in: Bertelsmann Stiftung u. Wittenberg-Zentrum für Globale Ethik (Hrsg.), Unternehmensverantwortung im digitalen Wandel. Ein Debattenbeitrag zu Corporate Digital Responsibility. Gütersloh: Verlag Bertelsmann Stiftung 2020, 292-297.

Fuchs-Schündeln, N./M. Kuhn u. M. Tertilt: The short-run macro implications of school and child-care closures. IZA Discussion Paper No. 13353. Bonn: IZA 2020.

Gálvez, A./M. J. Martínez u. C. Pérez: Telework and work-life balance. Some dimensions for organisational change, in: Journal of Workplace Rights 16 (2011) 3, 273-297.

Greer, T. W. u. S. C. Payne: Overcoming telework challenges. Outcomes of successful telework strategies, in: The Psychologist-Manager Journal 17 (2014), 87-111.

Gajendran, R. S. u. D. A. Harrison: The good, the bad, and the unknown about telecommuting. Meta-analysis of psychological mediators and individual consequences, in: Journal of Applied Psychology 92 (2007) 6, 1524-1541.

Gajendran, R. S./D. A. Harrison u. K. Delaney-Klinger: Are telecommuters remotely good citizens? Unpacking telecommuting's effects on performance via ideals and job resources, in: Personal Psychology 68 (2014), 353-393.

Golden, T. D. u. J. Veiga: The impact of extent of telecommuting on job satisfaction. Resolving inconsistent findings, in: Journal of Management 31 (2005), 301-318.

Grunau, P./K. Ruf/S. Steffes u. S. Wolter: Homeoffice bietet Vorteile, hat aber auch Tücken. ZEW-Kurzexpertise 19-03. Mannheim: ZEW 2019.

Gschwind, L. u. O. Vargas: Telework and its effects in Europe, in: J.C. Messenger (Hrsg.), Telework, in the 21st century - evolutionary perspective, Cheltenham: Edward Elgar 2019, 36-75.

Hammer, L. B./M. B. Neal/J. T. Newsom/K. J. Brockwood u. C. L. Colton: A longitudinal study of the effects of dual-earner couples' utilization of family-friendly workplace supports on work and family outcomes, in: Journal of Applied Psychology 90 (2005), 799-810.

Hansen, K. F.: Home Office - Salutary Action on Combining Work and Family?, in: Die Unternehmung 71 (2017), 390-413.

Hill, E. J./J. J. Erickson/E. K. Holmes u. M. Ferris: Workplace flexibility, work hours, and work-life conflict. Finding an extra day or two, in: Journal of Family Psychology 24 (2010) 3, 349-358.

Hövermann, A.: Belastungswahrnehmung in der Corona-Pandemie. Erkenntnisse aus vier Wellen der HBS-Erwerbspersonenbefragung 2020/21. Policy Brief WSI (2021), 1-14.

Hosboyar, M./N. Ensari u. P. D. Lopez: A quasi-experimental study on flexible work arrangements, in: Journal of Management, Marketing and Logistics 5 (2018) 2, 153-165.

Juhász, R./M. P. Squicciarini u. N. Voigtländer: Away from home and back. Coordinating (remote) workers in 1800 and 2020. NBER Working Paper 28251. National Bureau of Economic Research. Cambridge, MA 2020.

Kelliher, C. u. D. Anderson: Doing more with less? Flexible working practices and the intensification of work, in: Human Relations 63 (2010), 83-106.

Kohlrausch, B. u. A. Zucco: Die Corona-Krise trifft Frauen doppelt: Weniger Erwerbseinkommen und mehr Sorgearbeit. WSI Policy Brief 40. Düsseldorf: WSI 2020.

Kreiner, G. E./E. C. Hollensbe u. M. L. Sheep: Balancing borders and bridges.

Negotiating the work-home interface via boundary work tactics, in: Academy of Management Journal 52 (2009) 4, 704–730.

Kröll, C. u. S. Nüesch: The effects of flexible work practices on employee attitudes. Evidence from a large-scale panel study in Germany, in: The International Journal of Human Resource Management 30 (2009) 9, 1505–1525.

Lautsch, B. A./E. E: Kossek u. S. C. Eaton: Supervisory approaches and paradoxes in managing telecommuting implementation, in: Human Relations 62 (2009), 795–827.

Lott, Y.: Weniger Arbeit, mehr Freizeit? Wofür Mütter und Väter flexible Arbeitsarrangements nutzen, in: WSI Report 47/2019, Düsseldorf: WSI 2019.

Lott, Y.: Work-Life-Balance im Homeoffice: Was kann der Betrieb tun?, in: WSI Report 54/2020. Düsseldorf: WSI 2020.

Messenger, J. C.: Telework in the 21st century – an evolutionary perspective, in: J. C. Messenger (Hrsg.), Telework in the 21st century – evolutionary perspective. Cheltenham: Edward Elgar 2019, 1–34.

Müller, K. U./C. Samtleben/J. Schmieder u. K. Wrohlich: Corona-Krise erschwert Vereinbarkeit von Beruf und Familie vor allem für Mütter – Erwerbstätige Eltern sollten entlastet werden, in: DIW Wochenbericht 19/2020, 332–340.

Negt, O.: Lebendige Arbeit, enteignete Zeit. Politische und kulturelle Dimensionen des Kampfes um die Arbeitszeit. Frankfurt a. M./New York: Campus 1984.

Noonan, M. C. u. J. L Glass: The hard truth about telecommuting, in: Monthly Labor Review, 135 (2012), 38–45.

Richardson, J. u. S. McKenna: Reordering spatial and social relations. A case study of professional and managerial flexworkers, in: British Journal of Management 25 (2014) 4, 724–736.

Ross, P. u. Y. Ali: Normative commitment in the ICT sector. Why professional commitment and flexible work practices matter, in: International Journal of Employment Studies 25 (2017), 44–62.

Rupietta, K. u. M. Beckmann: Working from Home – What is the Effect on Employees' Effort?, WWZ Working Paper 2016/07. Basel: Center of Business and Economics 2016.

Sennett, R.: Der flexible Mensch. Die Kultur des neuen Kapitalismus. Berlin: Siedler 2000.

Shockley, K. M.: Telecommuting. SIOP White Paper Series. Bowling Green: Society for Industrial and Organizational Psychology 2014.

Shockley, K. M. u. T. D. Allen: When flexibility helps. Another look at the availability of flexible work arrangements and work-family conflict, in: Journal of Vocational Behavior 71 (2007), 479–493.

Shockley, K. M./C. A. Thompson u. J. K. Andreassi: Workplace culture and work-life integration, in: D. Major u. R. Burke (Hrsg.): Handbook of work-life integration of professionals. Challenges and opportunities. Northampton, MA: Edward Elgar 2013, 310–333.

Sostero, M., S. Milasi/J. Hurley/E. Fernández-Macías u. M. Bisello: Teleworkability and the COVID-19 crisis. A new digital divide? A Joint European Commission Eurofound Report. Sevilla: European Commission 2020.

Sprung, J. M./T. H. Toumbeva u. R. A. Matthews: Family-friendly organizational policies, practices, and benefits through the gender lens, in: M. Mills (Hrsg.), Gender and the work – family experience. Cham: Springer International Publishing 2015, 227–249.

Statistisches Bundesamt: 33 % der Erwerbstätigen sind mit ihrer Tätigkeit sehr zufrieden. Pressemitteilung 154 vom 30. April 2018, URL: www.destatis.de/DE/Presse/Pressemitteilungen/2018/04/PD18_154_12211.html (Stand: 24.02.2021).

Sullivan, C. u. S. Lewis: Home-based telework, gender, and the synchronization of work and family. Perspectives of teleworkers and their co-residents, in: Gender, Work, and Organization 8 (2001), 123–145.

Tietze, S. u. Nadin, S.: The psychological contract and the transition from office-based to home-based work, in: Human Resource Management Journal 21 (2011) 3, 318–334.

Toffler, A.: The third wave, New York: Bantam 1980.

Turetken, O./A. Jain/B. Quesenberry, u. O. Ngwenyama: An empirical investigation of the impact of individual and work characteristics on telecommuting success, in: IEEE Transactions on Professional Communication 54 (2011), 56–67.

Virick, M./N. DaSilva u. K. Arrington: Moderators of the curvilinear relation between extent of telecommuting and job and life satisfaction. The role of performance outcome orientation and worker type, in: Human Relations 63 (2010), 137–154.

Wheatley, D.: Good to be home? Time-use and satisfaction levels among home-based teleworkers, in: New Technology, Work and Employment 27 (2012) 3, 224–241.

Wieland, R.: Homeoffice – Ein arbeitspsychologischer Blick über die Coronakrise hinaus, in: Regionaler Konjunkturreport. Ergebnisse der Sonderumfrage zu den Folgen der COVID-19-Pandemie. Wuppertal: Wuppertaler Institut für Unternehmensforschung und Organisationspsychologie 2020, 20–29.

Zuboff, S.: Das Zeitalter des Überwachungskapitalismus. Frankfurt a. M./New York: Campus Verlag 2018.

Eine Tradition der Freiheit

Arbeitsfreier Sonntag und Sonntagsschutz
aus sozialethischer Perspektive

Ralf Stroh

Auch für das Verständnis des arbeitsfreien Sonntags gilt die hermeneutische Maxime: Etwas verstehen, heißt verstehen, wie es geworden ist. Und auch in diesem Fall besagt diese hermeneutische Maxime nicht, dass das zu Verstehende vollständig durch die kontingenten geschichtlichen Umstände seines Werdens definiert wäre, wohl aber, dass es kein sachgemäßes Verständnis vorbei an diesen geschichtlichen Rahmenbedingungen geben kann.

Gerade das Ernstnehmen der geschichtlichen Umstände, in denen ein kulturelles Phänomen verortet ist, eröffnet die Chance, seine über den zeitgeschichtlichen Status quo hinausweisenden Potentiale zu erkennen und ihnen zu Aufmerksamkeit, Geltung und Wirkung zu verhelfen. Dieser Zugang hat den Maßstab seiner Sachgemäßheit nicht in der Interpretation, die dem geschichtlichen Phänomen durch die Zeitgenossenschaft zu Beginn und im Verlauf seines Werdens zuteilgeworden ist – nach dem Motto »Die müssen es ja wissen. Die waren ja dabei« –, sondern in der je gegenwärtigen Orientierungskraft des geschichtlichen Blickes auf das Phänomen für die je gegenwärtige Praxis. Etwas verstehen, heißt verstehen, wie es geworden ist, um in der gegenwärtigen Praxissituation, die immer eine geschichtliche ist, handlungsfähig zu bleiben.

Zu den kontingenten geschichtlichen Umständen, unter denen der arbeitsfreie Sonntag vor 1700 Jahren durch ein Edikt des Kaisers Konstantin als rechtlich geschützter Tag der Arbeitsruhe begründet wurde, zählen unter anderem, dass er sich nicht der Initiative christlicher Kreise verdankt und sich auch nicht als die rechtliche Absicherung der jüdischen Sabbattradition verstehen lässt.

Der arbeitsfreie Sonntag verdankt sich nicht einer bestimmten religiösen Tradition – etwa der christlichen –, sondern ist die rechtliche Absicherung eines gesamtgesellschaftlichen Freiraums, der durch verschiedene religiöse und weltanschauliche Traditionen in je eigener Weise bejaht und ausgestaltet werden kann. Diese rechtliche Absicherung eines nicht religiös oder weltanschaulich verpflichtenden Freiraumes liegt seiner ersten geschichtlichen Verankerung als geltendes Recht durch Kaiser Konstantin (vgl. Herrmann-Otto, 2009; Leppin, 2019) zugrunde und auch die in Deutschland dem aktuell geltenden Recht zum Sonn- und Feiertagsschutz zugrundeliegende Gesetzgebung legitimiert sich nicht unter Rückgriff auf bestimmte religiöse oder weltanschauliche Traditionen, sondern beansprucht die Zustimmungsfähigkeit der geltenden Gesetzgebung durch ganz unterschiedliche religiöse und weltanschauliche Positionen (vgl. Mausbach, 1919; Az. BvR 2857/07).[1]

Dieser geschichtliche Befund nötigt dazu, den arbeitsfreien Sonntag unter zwei Gesichtspunkten zu betrachten: einmal in seiner Eigenschaft als rechtliche Absicherung eines nicht auf eine bestimmte religiöse oder weltanschauliche Tradition verpflichtenden gesamtgesellschaftlichen Freiraums, dessen Plausibilität abhängig davon ist, dass sein Beitrag zum Gemeinwohl einer pluralen, durch das Zusammenleben unterschiedlicher religiöser und weltanschaulicher Traditionen geprägten Gesellschaft für eben diese verschiedenen Traditionen einsichtig gemacht werden kann. Und zum anderen ist der arbeitsfreie Sonntag in seiner Eigenschaft als ein aus der Perspektive dieser Traditionen zu bejahendes und anzustrebendes Gut zu betrachten. Diese Klärung kann immer nur die Klärung einer je individuellen Perspektive einer bestimmten religiösen oder weltanschaulichen Tradition auf dieses Gut sein.

Der erste Gesichtspunkt bestimmt den gesamtgesellschaftlichen Diskurs zum arbeitsfreien Sonntag. Der zweite Gesichtspunkt bestimmt den Diskurs innerhalb der einzelnen religiösen oder weltanschaulichen Traditionen und deren Selbstklärung. Es liegt in der Natur der Sache, dass die Teilnahme am gesamtgesellschaftlichen Diskurs eine zumindest rudimentäre Selbstklärung der eigenen Perspektive voraussetzt. Wer etwas zum Gespräch beitragen will, muss sich zuvor darüber klar werden, was genau denn sein Beitrag sein soll. Das gilt gerade auch dann, wenn damit zu rechnen ist, dass das Gespräch Reifungspotentiale für die weitere Klärung der eigenen Perspektive enthält und die Teilnehmer im Verlauf des Gespräches dazulernen, sich also etwas sagen lassen und offen sind für Neues.

Der arbeitsfreie Sonntag aus der Perspektive der christlichen Sozialethik

Vom arbeitsfreien Sonntag lässt sich sagen, was Friedrich Schleiermacher mit Blick auf den biblischen Kanon auf die Formel gebracht hat: Er gehört nicht zum Sein, aber zum Wohlsein des christlichen Glaubens (Schleiermacher, 1960:

---

[1] Zur Einbringung der entsprechenden Passagen in die Weimarer Verfassung vgl. das Protokoll der 59. Sitzung. Donnerstag, den 17. Juli 1919, Bericht des Abgeordneten Dr. Mausbach, Spalte 1643 ff. – Die die gegenwärtige rechtliche Auslegung dieser Passagen prägende Deutung durch das Bundesverfassungsgericht findet sich in dessen Urteil vom 01.12.2009 (Az. 1 BvR 2857/07).

§ 127.2, II.280, 311). Es gab den christlichen Glauben, bevor es den arbeitsfreien Sonntag gab, genauso wie es ihn gab, bevor es den biblischen Kanon gab. Beide – biblischer Kanon und arbeitsfreier Sonntag – unterstützen und befördern das christliche Glaubensleben, begründen es aber nicht. Schleiermacher hat seinen Hinweis nicht als Delegitimation und Vergleichgültigung des biblischen Kanons verstanden, sondern wollte damit vielmehr einen glaubensdienlichen Umgang mit ihm befördern und den biblischen Kanon einem Verständnis öffnen, das ihn in seiner unverkürzten geschichtlichen Wirklichkeit erfasst und gerade dadurch zu größtmöglicher geschichtlicher Wirksamkeit in der christlichen Glaubenspraxis kommen lassen kann. In gleicher Weise ist auch der arbeitsfreie Sonntag in der Selbstbesinnung des christlichen Glaubens zu betrachten, um ihn zu unverkürzter geschichtlicher Wirksamkeit kommen zu lassen und nicht in unsachgemäßer Weise engzuführen auf einzelne seiner Aspekte.

Das Christentum ist aus dem Judentum erwachsen und insofern war für die ersten Christen, die eben gerade in ihrer Nachfolge Jesu seiner Deutung der jüdischen Überlieferung verpflichtet waren, zunächst der Sabbat der traditionelle Ruhetag. Die vom Sabbat unterschiedene besondere Bedeutung des Sonntags bzw. des ersten Tages der Woche als Herrentag folgt für den christlichen Glauben daraus, dass er als Tag der Auferstehung gefeiert wurde. Dieses Gedenken ersetzte nicht die Tradition des Sabbats, sondern ergänzte sie zunächst, und zwar ohne dass auch dieser Tag der Auferstehungserinnerung als Tag der Arbeitsruhe begangen worden wäre (vgl. Rordorf, 1962; Rordorf, 1972; Zahn, 1878). Das ritualisierte gemeinsame Gedächtnis der Auferstehung Jesu wurde in den Arbeitsalltag dort eingefügt, wo es eben gerade passte und sich durchführen ließ. Ein besonderes und öffentlich sichtbares Begehen dieses wöchentlichen Osterfestes war vor allem in der Zeit der Verfolgung der christlichen Gemeinde gar nicht möglich. An eine gesamtgesellschaftliche Prägekraft dieses christlichen Gedenktages war unter diesen Umständen nicht zu denken. Der Herrentag fand weitestgehend im Verborgenen statt. Dass dies die christliche Glaubensgemeinschaft nicht daran hinderte, gesellschaftliche Relevanz zu entwickeln, zeigt sich daran, dass Kaiser Konstantin im Jahre 321 eben genau diesen Wochentag, der ein besonders bedeutsamer Tag für den christlichen Glauben – wenn auch nicht nur für diesen – war, zum rechtlich geschützten Ruhetag erklärte.

Es ist eher unwahrscheinlich, dass dies aus einer besonderen Verpflichtung des Konstantin gegenüber dem christlichen Glauben heraus geschah. Vermutlich waren es profane politische Erwägungen, die aber natürlich in einen bestimmten kulturellen Horizont eingebettet gewesen sind, für den das religiöse Leben wesentlich zum Rahmen des politischen Entscheidens und Handelns hinzugehörte (Herrmann-Otto, 2009: 30).

Erst infolge der politischen Entscheidung Kaiser Konstantins, den Sonntag zum arbeitsfreien Tag zu erklären, entstand für die christliche Theologie die

Aufgabe, eine spezielle Theologie des Sonntags zu entwickeln, die über die liturgische Feier dieses Tages als Erinnerungstag des Ostergeschehens hinausging. Für die christliche Kultur ergab sich die Herausforderung, diesen arbeitsfreien Tag im christlichen Sinne auszugestalten und ihm eine besondere christliche Prägung zu geben. Im Zuge der innerchristlichen Ausdifferenzierungen entwickelten sich im Laufe der Jahrhunderte unterschiedlichste Formen einer christlich geprägten Sonntagskultur (Thomas, 1929; Weiler, 1998; HdG, 2002). Diese Vielfalt wurde nochmals gesteigert durch die Pluralisierung der weltanschaulich-religiösen Überzeugungen, die heute zu einer immensen Pluralisierung der Sonntagskultur geführt hat. Sonntagskultur gibt es nur im Plural. Genau dies war aber bereits zur Zeit Konstantins der Fall.

Seit den Anfängen begleitet die Einrichtung des arbeitsfreien Sonntags die Frage, ob die Menschen überhaupt einen angemessenen Umgang mit der ihnen eingeräumten Freiheit pflegen. Immer wieder wird der Vorwurf laut, die freie Zeit werde nur genutzt, um über die Stränge zu schlagen und sich dem Genuss hinzugeben.

Diesem »unreifen« Umgang mit der sonntäglichen Freiheit wird dann mit Versuchen begegnet, eine ganz bestimmte Sonntagskultur verpflichtend zu machen. Aus dem Tag der Freiheit von der Arbeit wird dadurch nicht selten ein Tag des Zwangs zur Einhaltung bestimmter kultureller Verhaltensweisen.

Zum Tragen kommt hierbei auch, dass im Gefolge des landesherrlichen Kirchenregiments eine besonders große Nähe zwischen Obrigkeit und Kirche entstand, die zum einen immer wieder dazu tendierte, religiöse Lebens- und Gestaltungsfragen mit den Mitteln der politischen Macht zu entscheiden. Zum anderen wurden die Freiräume des religiösen Lebens vor allem dahingehend bewertet, ob und inwiefern sie zur Stabilisierung des obrigkeitsstaatlichen Machtapparates dienstbar gemacht werden konnten. Das gilt auch und gerade von der Frage der Ausgestaltung des sonntäglichen Lebens.

Diese Versuche gab es unter veränderten Vorzeichen auch im Nationalsozialismus und in der DDR. Beide Systeme versuchten, der von ihnen als inakzeptabel, weil als nicht systemdienlich eingeschätzten christlichen Tradition mit eigenen sonntäglichen Bildungs- und Freizeitangeboten entgegenzuwirken.

Solche Instrumentalisierungen des arbeitsfreien Sonntags zum Zwecke der Durchsetzung und Etablierung einer möglichst einheitlichen Frömmigkeitskultur oder einer möglichst einheitlichen politischen Leitkultur folgen aber nicht notwendig aus dem Wesen des arbeitsfreien Sonntags als rechtlich abgesichertem Gut, sondern sind gerade aus der Perspektive des christlichen Glaubens als Abwege und Missverständnisse zu beurteilen. Dies zeigt zum einen der Blick auf die einschlägigen Aussagen in der Theologie Luthers zum Thema – gerade auch in ihrer Ambivalenz –, zum anderen die Besinnung auf die grundlegende Funktion freier und unverzweckter Geselligkeit für die Verkündigung Jesu und sein Wirken.

Zunächst ist daran zu erinnern, dass für Luther die besondere Bedeutung des Sonntags und sein Charakter als Tag der Arbeitsruhe nicht unter Rückgriff auf den Dekalog begründet werden kann. Er argumentiert in seinen Aussagen zum Sonntag gerade nicht mit der »gesetzlichen« Vorgabe des Sonntagsschutzes, sondern begründet den Sonntagsschutz funktional (vgl. Peters, 1990, 162 ff.)[2].

Ausdrücklich macht Luther an verschiedenen Stellen seiner Schriften darauf aufmerksam, dass es keine besonders heiligen Tage gibt.

> »Wir haben die Freiheit, wenn uns der Sabbat oder auch der Sonntag nicht gefällt, so können wir den Montag oder einen anderen Tag in der Woche nehmen und einen Sonntag daraus machen. Doch so, daß es ordentlich dabei zugehe und es ein Tag oder eine Zeit sei, die uns allen gelegen ist, und daß es nicht in eines jeden Gewalt stehe, für sich etwas Besonderes zu machen in den Dingen, welche die ganze Gemeinde oder sogar die ganze Kirche angehen« (Luther, 1913: 588–604.613–614)[3].

Und im Großen Katechismus macht Luther deutlich, dass die Besinnung auf die christliche Botschaft und ihre gemeinsame wie individuelle Vergegenwärtigung nicht auf bestimmte Tage beschränkt ist:

> »Solches aber (sage ich) ist nicht so an bestimmte Zeiten wie bei den Juden gebunden, daß es eben dieser oder jener Tag sein müsse. Denn es ist an sich selbst keiner besser als der andere, sondern das sollte wohl täglich geschehen. Aber weil es der Haufe nicht einhalten kann, muß man ja zum wenigsten einen Tag in der Woche dazu aussondern. Weil aber von alters her der Sonntag dazu bestellet ist, soll mans auch dabei bleiben lassen, auf daß es in einträchtiger Ordnung gehe und niemand durch unnötige Neuerung eine Unordnung mache« (Luther, 1529)[4].

Dass es eines besonderen Tages bedarf, der dadurch aus dem Alltag herausgehoben ist, dass an ihm die Arbeit mehrheitlich ruht, ist bereits bei Luther funktional damit begründet, dass die alltägliche Geschäftigkeit es ansonsten Men-

---

[2] Durchaus zurückhaltend wird daher Luthers Auslegung des 3. Gebotes in seinem Großen Katechismus durch ALBRECHT PETERS beurteilt (1990, 162 ff.).

[3] MARTIN LUTHER, Kirchweihtag, Luk. 14,1–6 (WA 49, 588–604, 613–614).

[4] Vgl. später SCHLEIERMACHER: »Es ist ein merkwürdiges Phänomen, daß in der Christenheit dieser Typus überall ist durchgesetzt worden auch bei den verschiedensten Verhältnissen, obgleich wir sagen müssen, daß in dem christlichen Bewußtsein der Sonntagsfeier nicht das göttliche Gebot zum Grunde liegt, auf welchem die jüdische Sabbatsfeier ruht; denn wenn das wäre: so hätte der Tag nicht können geändert werden, was überdies nicht durch Beschluß, durch eine förmliche Versetzung, sondern ganz allmählig geschah« (SCHLEIERMACHER, 1843: 594).

schen nicht erlaubt, sich gemeinschaftlich der Betrachtung ihres Lebens unter der Perspektive des Glaubens zu widmen oder für sich selbst Ruhe zur Versenkung in die Gehalte des christlichen Glaubens im Horizont ihrer Lebenserfahrung zu finden. Gemeinsame wie individuelle Besinnung ist bereits zu Luthers Zeiten für die meisten Menschen nur dadurch zuverlässig möglich, dass es mit den Mitteln der Politik gesetzte Freiräume von der dominierenden ökonomischen Strukturierung des menschlichen Zusammenlebens gibt.

Personenkreise, die aufgrund ihres Standes dieser ökonomischen Verzweckung all ihres Tuns und Lassens enthoben sind, wie Priester und Geistliche, benötigen keine Unterbrechung ihres Arbeitsalltages – sie sind ja durch ihren Stand dazu privilegiert, ohne ökonomisch motivierte Unterbrechung ihrer Besinnung das gemeinsame wie individuelle Leben beständig aus der Perspektive des Glaubens zu betrachten. Alle übrigen besitzen dieses Privileg nicht und sind daher darauf angewiesen, dass ihnen Zeiten der Besinnung rechtlich gewährt werden, wenn anders das gemeinschaftliche wie individuelle Tun und Lassen nicht besinnungslos vonstatten gehen soll.

> »Doch ist es nötig (Feiertage zu haben) und von der Christenheit verordnet um der unvollkommenen Laien und Arbeitsleute willen, daß die auch zum Wort Gottes kommen können. Denn die Priester und Geistlichen halten, wie wir sehen, alle Tage Messe, beten alle Stunde und üben sich in dem Wort Gottes mit Studieren, Lesen und Hören. Darum sind sie auch vor anderen von der Arbeit befreit, mit Zinsen versorgt und haben alle Tage Feiertag, tun auch alle Tage die Werke des Feiertags und ist ihnen keiner Werktag, sondern einer wie der andere« (Luther, 1520).

Die besondere Pointe dieser Argumentation Luthers kann nun vor dem Hintergrund reformatorischer Theologie gerade nicht darin bestehen, dass die rechtlich geschützten Feiertage dazu dienen, dass sich die »unvollkommenen Laien und Arbeitsleute« an diesen Tagen an die »Priester und Geistlichen« halten, um sich die Ergebnisse von deren Versenkung in den christlichen Glauben unkritisch anzueignen. Was individuell anzueignen ist, ist eben gerade nicht die Einsicht anderer in die Wahrheit der christlichen Botschaft, sondern diese Botschaft selbst in ihrer Wahrheit.

> »Denn in einer kirchlichen Öffentlichkeit, in der das reformatorische Verständnis vom Geschehen der Offenbarung gilt, ist eben nicht nur [...] jeder Theologe in der Bildung einer eigenen Überzeugung begriffen, sondern jeder Christ« (Herms, 1990: 142).

Dieser weite Theologiebegriff vergleichgültigt mitnichten das Können, das ausgebildete Theologinnen und Theologen beweisen müssen, sondern qualifiziert ganz im Gegenteil die ganz besondere theologische Aufgabe, der sie sich – im Unterschied zu allen übrigen Christen – qua Amt zu stellen haben:

> »Die Inhaber kirchlicher Ämter sind darauf verpflichtet und beschränkt, die Bedingungen für die Entstehung und Entwicklung befreiender Glaubensgewißheit zu pflegen: die Überlieferung des Evangeliums und das vernünftige Gespräch über seinen Sinn und seine Wahrheit. Innerhalb dieses Rahmens ist für jedermann die Berufung auf die Autorität der ihm selbst evident gewordenen Wahrheit möglich und zu respektieren – auch gegen Entscheidungen des Amtes« (Herms, 2003: 512).

Die Arbeitsruhe am Sonntag und die allsonntägliche Feier des Gedächtnisses der Auferstehung Jesu wird von den Inhabern des kirchlichen Amtes also nicht dann professionell genutzt, wenn sie bei dieser Gelegenheit ihre eigenen Einsichten mit der Intention präsentieren, diese seien von den Laien unmittelbar zu übernehmen. Vielmehr besteht ihre Professionalität darin, dass sie ihre eigenen Einsichten als ihre je individuelle Aneignung des ihnen vorgegebenen Glaubenszeugnisses präsentieren, sodass beides – die individuelle Aneignung durch den Prediger oder die Predigerin wie auch der Bezugspunkt dieser Aneignung, die biblische Überlieferung – den Hörern der Predigt in möglichst großer Klarheit und Deutlichkeit vor Augen gestellt wird mit der Einladung, sich durch das Beispiel der gehörten Auslegung zu eigener Auslegung im Horizont der eigenen Lebenserfahrungen inspirieren zu lassen.

Nur in diesem Zusammenspiel beispielhafter – aber eben gerade nicht stellvertretender – Aneignung der christlichen Botschaft durch den Prediger oder die Predigerin in Predigt und Gestaltung des gesamten Gottesdienstes und je individueller Resonanz auf dieses Beispiel durch alle übrigen Gottesdienstteilnehmer kommt der Gottesdienst zu seinem Ziel, nämlich der Inspiration zu je eigener verständiger Glaubenspraxis im Miteinander aller Gläubigen.

Und nur in diesem Zusammenspiel kommt auch jenes produktiv kritische Potential zum Tragen, das in der Einsicht in das Priestertum aller Gläubigen enthalten ist. Die Laien sind eben nicht die Agenten und Lobbyisten der Glaubenseinsichten der Inhaber kirchlicher Ämter, die aufgrund ihrer besonderen Situation – »alle Tage Feiertag [haben], tun auch alle Tage die Werke des Feiertags und ist ihnen keiner Werktag, sondern einer wie der andere« – scheinbar einen uneinholbaren Vorsprung im Blick auf das Verständnis der christlichen Botschaft haben. Sondern ganz im Gegenteil sind die Laien gerade aufgrund ihres Eingebundenseins in die vielfältigsten Alltagszwänge in der Lage, etwaige lebensferne Deutungen der christlichen Botschaft durch die Inhaber des Predigtamtes sofort zu identifizieren. Nicht weil ihnen ein anderer letztinstanzlicher Maßstab als derjenige der christlichen Botschaft zur Verfügung stünde – etwa die Sachzwänge des Alltags –, sondern weil sie den beiden, Laien wie Amtsträgern, gleichermaßen vorgegebenen Maßstab der christlichen Botschaft auf Erfahrungen beziehen, die unter Umständen in der Erfahrungswelt kirchlicher Amtsträger nur unzureichend präsent sind oder infolge Betriebsblindheit aus der professionellen Reflexion als scheinbar unerheblich herausfallen.

Der volle Gehalt der christlichen Botschaft kommt nur im Zusammenspiel theologischer Professionalität mit deren Möglichkeit zur von werktäglichen Ablenkungen freien Besinnung auf der einen und alltäglicher Welterfahrung im Horizont des Glaubenslebens der Laien auf der anderen Seite zur Entfaltung. Die Fragen, die das Leben an die menschliche Existenz stellt, sind deutlich mehr als die Fragen, die die Existenz als kirchlicher Amtsträger stellt. Sie gehen aber eben auch nicht in den Sachzwängen des Alltags auf – Stichwort »Der Mensch lebt nicht vom Brot allein« (Mt 4,4; 5. Mose 8,3) –, weswegen es gut ist, dass die Reduzierung des Blickes auf die alltäglichen Zwänge wiederum von den hauptberuflich für die Versenkung in die christliche Glaubenstradition freigestellten Personen aufgebrochen wird. Sie erinnern damit qua ihres besonderen Amtes alle Christen daran, was auch zu deren Glaubensleben wesentlich hinzugehört: sich nicht durch die alltäglichen Sorgen und Nöte von der Hoffnung ablenken zu lassen, die in der christlichen Botschaft allen Menschen zuteilwerden soll.

Das allgemeine Priestertum aller Gläubigen nimmt die je unterschiedlichen Rollen im Rahmen des christlichen Gesamtlebens ernst und vergleichgültigt sie gerade nicht. Daher können sowohl die Betriebsblindheit im kirchlichen Amt als auch die Betriebsblindheit in der Erfahrungswelt der Laien einander so korrigieren, dass beide einander in der möglichst unverkürzten Aneignung des komplexen Gehalts der christlichen Botschaft unterstützen.

Luthers energisches Engagement in der Öffentlichkeit für die unverfälschte biblische Botschaft hat er mehr als einmal genau damit begründet, dass es eben sein Amt sei, dem biblischen Glaubenszeugnis gegenüber den Selbstverständlichkeiten der Weltklugheit und sonstigen Missverständnissen öffentlich Gehör zu verschaffen. Und er hat ebenfalls mehr als einmal gegenüber weltfremden theologischen Theoriebildungen den Alltagsverstand als Korrektiv zur Geltung gebracht.

Mit diesem Hinweis wird zugleich klar, dass die Differenz des professionellen und des laienhaften Blicks auf den christlichen Glauben schon in der einzelnen Person verortet ist. Schon der Laie trägt in sich theologisch-kirchliche Theoriebildungen, die seine Wahrnehmung und Deutung des christlichen Glaubenszeugnisses beeinflussen, wie auch jede theologisch ausgebildete Person ihre Professionalität nie anders leben kann denn als eingebettet in das Zusammenspiel einer Vielzahl von Rollen und Erfahrungszusammenhängen.

Dieses sich gegenseitig Korrigieren und Bereichern der spezifischen Konzentration des kirchlich-theologischen Blicks auf das christliche Glaubenszeugnis sowie des weltlichen Blicks auf dasselbe gibt es also zum einen als inneren Dialog wie zum anderen auch als äußeren Dialog im Miteinander aller Menschen. Und zugleich erfolgt dieses sich gegenseitig Korrigieren und Bereichern nicht nur zwischen professionellen Theologen und Laien, sondern ganz basal überhaupt zwischen allen Personen, die sich um ein Verständnis der christlichen Botschaft und eine durch diese Botschaft orientierte Lebenspraxis bemühen.

Die öffentlich institutionalisierte Form dieser gemeinsamen christlichen Versenkung in die orientierende Kraft der biblischen Botschaft ist paradigmatisch der sonntägliche Gottesdienst (vgl. Stroh, 1998). Diese öffentlich institutionalisierte Form der Versenkung in die komplexen Gehalte der biblischen Botschaft kann ihre volle Leistungskraft aber nur entfalten, wenn sie eingebettet ist in eine informelle gemeinsame wie individuelle Beschäftigung mit den existenziellen Lebens- und Erfahrungsfeldern, die in dieser Botschaft in christlicher Perspektive zur Sprache gebracht werden. Der Gottesdienst vermag nur dann die Mitte des Gemeindelebens zu sein, wenn es auch um ihn herum ein individuelles wie gemeinsames Interesse an grundlegenden Lebensfragen und eine entsprechende informelle Kultur des Austausches darüber gibt. Die Mitte von Nichts ist ansonsten eben auch selbst Nichts. Der Gottesdienst weckt durch sich allein nicht das Interesse an Lebensfragen, sondern findet dort Resonanz, wo solche Fragen bestehen und als für jeden Menschen bedeutsam ernst genommen werden. Dann kann er dazu beitragen, diesem Interesse zu weiterer Befriedigung zu verhelfen. Und dann hat er auch das nötige kritische Korrektiv, um in seiner Gestaltung tatsächlich auch lebensnah und lebensrelevant zu sein.

Damit ist klar, dass der institutionalisierte sonntägliche Gottesdienst von seinem Wesen heraus gar nicht beanspruchen kann, das Ganze eines Sonntags auszufüllen. Er ist eingebettet in einen Lebensvollzug und Tagesablauf, in dem die Themen, die in ihm in institutionalisierter, ritualisierter und künstlerisch gestalteter Form vorkommen, in informeller Form bereits vor ihm vorkommen und in ihn mitgebracht werden, und anschließend in informeller Weise weiter präsent sind. Die formelle Beschäftigung mit der christlichen Botschaft kommt aus der informellen Beschäftigung mit dieser, hat in diesem bestehenden Interesse ihren Quellpunkt und führt wieder zu einem – hoffentlich – durch die formellen Impulse bereicherten informellen Glaubensleben zurück.

Und für all dies – den innerindividuellen wie den gemeinschaftlichen, formellen wie informellen Austausch über das angemessene Verständnis des christlichen Glaubenszeugnisses und die je individuelle Aneignung der christlichen Botschaft – ist eines nötig: Zeit und Muße zur Versenkung in diesen Austausch ohne Ablenkung durch äußere Zwänge.

Aus dieser Beschreibung wird nun auch deutlich, warum der arbeitsfreie Sonntag zwar nicht zum Sein des christlichen Glaubens, aber doch zu seinem Wohlsein gehört. Die Besinnung auf die Grundfragen unseres Lebens im Horizont der christlichen Botschaft ist nämlich umso fruchtbarer und inspirierender, je weniger sie in die Abläufe des werktäglichen Alltags eingezwängt wird. Es bedarf eines Abstandes von den alltäglichen Routinen, um sich darauf zu besinnen, wie wir selbst uns in ihnen vorfinden, mit welchen Hoffnungen und

Träumen, Ängsten und Sorgen wir sie erleben. Und dieser Abstand ist besonders fruchtbar, wenn er nicht nur ein individueller Abstand ist, sondern ein gemeinschaftlich geteiltes Aufmerksamwerden auf all dies in der Familie und im Freundeskreis, mit den Menschen eben, die um uns sind, gerade so, wie es sich in diesem Moment ergibt. Wobei all dies nicht notwendig ein intensiver Austausch sein muss. Zunächst und zuerst ist hier die Wahrnehmung gefragt und ein freundliches Nicken vom Balkon oder über den Gartenzaun, ein Gruß oder ein belangloser Spruch über das Wetter reichen schon aus, um in diesem nicht vom alltäglichen Betrieb bestimmten Miteinander ein Gespür dafür zu bekommen, dass wir selbst und die Menschen um uns herum mehr und anderes sind als nur Akteure, die den alltäglichen Betrieb am Laufen halten.

Das Wohlsein des christlichen Glaubenslebens liegt vor allem darin, dass es am arbeitsfreien Sonntag frei ist zur unverzweckten Geselligkeit – und zwar auch im Blick auf institutionalisierte Formen der Frömmigkeit selbst. Die institutionalisierten Formen des christlichen Lebens gehören zu diesem wesentlich hinzu[5], aber sie sind eben in dieses christliche Gesamtleben eingebettet. Das informelle Miteinander trägt seinen Wert in sich selbst, und diese freie Geselligkeit darf auch unabhängig davon genossen werden, ob sie unmittelbar zur Steigerung des formellen religiösen Lebens beiträgt. Und genau darin trifft sich die freie Geselligkeit mit einem Wesenszug des Lebenszeugnisses Jesu. Und zwar einem Wesenszug, der bereits seine Zeitgenossen erheblich irritiert hat (vgl. Stroh, 2016)[6].

Zahlreiche Zeitgenossen Jesu erhofften sich einen radikalen Wandel des gesellschaftlichen Miteinanders. Vieles in der Welt lag damals – wie wohl zu allen Zeiten – im Argen. Es gab in ihren Augen mehr als genug Herausforderungen und folglich viel zu tun. Keine Zeit also, um die Hände in den Schoß zu legen. Genau dies tat in ihren Augen aber Jesus und so kam er allein schon deshalb – vor aller inhaltlichen Kritik an den Einzelheiten seiner Lehre und seines Tuns – nicht als der ersehnte Retter infrage.

Vernachlässigung des Einsatzes für das Reich Gottes, mangelnde Ernsthaftigkeit des gesellschaftlichen Engagements und eine nachgerade dekadente Lebenshaltung wird Jesus zum Vorwurf gemacht. Für manche war er nichts wei-

---

[5] Es geht also nicht darum, die institutionellen Ausgestaltungen des christlichen Glaubenslebens zu vergleichgültigen, sondern ganz im Gegenteil darum, sie in ihrer unersetzlichen Funktion ernst zu nehmen – aber zugleich ihnen nicht etwas zuzumuten, das sie nicht leisten können.

[6] Die folgenden Überlegungen greifen Gedanken auf, die ich in einem Themenheft zum Sonntagsschutz unter dem Titel »Reich Gottes und freie Geselligkeit« formuliert habe: Schutzgebiet Sonntag. Zeit ist unbezahlbar, Arbeitshilfe zum Tag der Arbeit 2016, EVANGELISCHER VERBAND KIRCHE-WIRTSCHAFT-ARBEITSWELT, Hannover 2016.

ter als ein Fresser und Weinsäufer. Jesus selbst erzählt nach Auskunft des Matthäusevangeliums von dieser Kritik:

> »Der Menschensohn ist gekommen, isst und trinkt; so sagen sie: Siehe, was ist dieser Mensch für ein Fresser und Weinsäufer, ein Freund der Zöllner und Sünder!« (Mt 11,19).

Es war offensichtlich bekannt, dass Jesus gerne mit Menschen zusammensaß und einfach nur redete, einfach nur mit ihnen aß und trank. Mit Frauen und Männern, mit Hochstehenden und mit Außenseitern, mit Einheimischen und Fremden, mit Kranken und mit Verachteten und sogar mit Kindern.

Man kann den Menschen, die Jesus wegen dieses Verhaltens kritisieren, nicht entgegnen, damit hätten sie ja gar nicht das Wesentliche von Jesu Lebenswandel im Blick, sondern nur etwas völlig Nebensächliches. Denn von diesem Miteinanderreden wird im Neuen Testament durchgängig auf eine Weise berichtet, dass völlig klar ist: Diese Phasen freier Geselligkeit sind nicht nur Pausen zwischen Jesu eigentlichem Wirken, ein Ausruhen von seiner Tätigkeit als Rabbi oder seinem Handeln als Heiler. Nirgends wird im Neuen Testament der Eindruck erweckt, als würden solche Zusammenkünfte von Jesus mit den Worten beendet: »So, genug geredet und genug gefaulenzt! Jetzt geht's wieder an die Arbeit. Wo gibt's wen zu heilen oder wo muss einer belehrt werden, damit er sein Leben ändert?«

Es ist ein ernsthaftes Anliegen, das diese Kritiker Jesu umtreibt. So, wie es auch ein ernsthaftes Anliegen ist, das heute Menschen dazu bringt zu sagen: »So gerne wir es täten, aber wir können uns den freien Sonntag nicht leisten. Dazu sind die Zeiten zu schlecht. Wir müssen uns so vielen Herausforderungen stellen, dass wir uns keine Unterbrechung der Arbeit und des Wirtschaftens erlauben können. Und wenn, dann nur kurze Pausen, um die Arbeitskraft zu erhalten. Alles darüber hinaus ist unbezahlbarer Luxus.«

Natürlich: Sowohl zur Zeit Jesu wie zu unserer Zeit wird diese Kritik auch von jenen vorgebracht, die nur auf den Erhalt ihrer eigenen Macht und ihrer eigenen Vorteile bedacht sind. Aber das kann man leicht zur Seite schieben.

Doch was soll man denen in Kirche und Gesellschaft sagen, denen es wirklich ernst ist mit ihrem Vorwurf, wir hätten keine Zeit für freie Geselligkeit rein um ihrer selbst willen? Was soll man denen entgegnen, die verlangen, wenn man schon einen arbeitsfreien Tag habe, solle man den wenigstens deutlich sichtbar dazu nutzen, die Welt zu verbessern? Die daran leiden, dass es noch so viel zu tun gibt in dieser Welt? Und die sich darin aufreiben, ihrem eigenen Anspruch gerecht zu werden – gerade auch in den Kirchen und in den Gewerkschaften?

Lässt sich die Freiheit von den Anstrengungen der Berufsarbeit und das Aussteigen aus dem alltäglichen Wirtschaften nur dadurch legitimieren, dass

man stattdessen andere Anstrengungen und andere Arbeiten auf sich nimmt, um die Welt zu verändern und zu gestalten?
Die Kritiker Jesu sahen das offensichtlich so. Und Jesus selbst? Er fügt nach Auskunft des Matthäusevangeliums dem ihm gemachten Vorwurf nur einen einzigen Kommentar an:

> »Der Menschensohn ist gekommen, isst und trinkt; so sagen sie: Siehe, was ist dieser Mensch für ein Fresser und Weinsäufer, ein Freund der Zöllner und Sünder! Und doch ist die Weisheit gerechtfertigt worden aus ihren Werken« (Mt 11,19).

Jesu Handeln wird nach dem Zeugnis des Neuen Testamentes durch die Wirkung seines Tuns gerechtfertigt. Diese Wirkung ist die verändernde Kraft freier und vorbehaltloser Geselligkeit.

Was ist der Effekt von freier Geselligkeit, von miteinander essen und trinken, miteinander reden und aufeinander hören, wenn darüber hinaus scheinbar nichts Weltbewegendes geschieht? Was geschieht mit der Welt an einem Sonntag oder an einem politischen Feiertag, an dem die Menschen augenscheinlich nichts tun, um sie zu verändern? Was geschieht, wenn Menschen ihre Freizeit bloß feiern und sonst nichts?

Es geschieht etwas, das uns nicht auffällt, weil man es nur sehen kann, wenn man ganz genau hinschaut und auf die kleinen Dinge achtet, die man so leicht übersieht.

Einfach nur miteinander reden, ohne irgendeinen Hintergedanken, ohne ein gemeinsames Ziel und ohne einen Zweck als den, mal zu sehen, was man an- und miteinander erleben kann, eröffnet neue Weltsichten, erschließt Erfahrungen jenseits der eingespielten Rollen und Zuständigkeiten, von denen man erst dann weiß, wie reich sie einen machen, wenn man sie mit anderen teilen kann.

Es ist genau dieses Zusammenspiel ganz unterschiedlicher Perspektiven auf die christliche Botschaft und unser gemeinsames Leben, von dem bereits oben unter Rückgriff auf die Lehre vom allgemeinen Priestertum aller Gläubigen die Rede war. Die weltverändernde, befreiende Kraft der christlichen Botschaft entfaltet sich zunächst und zuerst in der freien Geselligkeit. Schleiermacher hat in seiner »Christlichen Sitte« die Theorie des christlichen Gesamtlebens entfaltet und dabei das »wirksame« Handeln dem »darstellenden« Handeln eingeordnet (vgl. Stroh, 1998).

Nur dort, wo es Raum für zweckfreien Erfahrungsaustausch gibt, sieht man nicht nur, wo die Welt noch im Argen liegt, sondern auch, wo wir Menschen verborgene Talente besitzen, die darauf warten, entdeckt zu werden.

Entscheidend dabei ist, auch den Punkt ernst zu nehmen, der für Jesu Geselligkeit besonders charakteristisch war: Es war eine vorbehaltlose Geselligkeit. Er saß ausnahmslos mit allen Menschen zusammen, die gerade da waren.

Mit Frauen und Männern, mit Hochstehenden und mit Außenseitern, mit Einheimischen und Fremden, mit Kranken und mit Verachteten und sogar mit Kindern. Das einheitsstiftende Band unseres Zusammenlebens ist nämlich vor allem anderen nicht irgendein gemeinsames Interesse oder eine gemeinsame Überzeugung, sondern die Tatsache, an einem Ort zu leben.

Jesus ignorierte und unterlief sämtliche Konventionen, wer mit wem Gemeinschaft haben darf und wer mit wem nicht. Erst dadurch konnte seine Geselligkeit revolutionäre Kraft entfalten und die Welt verändern. Nur durch das unverkürzte Zusammensein aller Menschen, die an einem Ort zusammenleben, kann der Reichtum offenbar werden, der in diesen Menschen jenseits ihrer gesellschaftlichen Rolle schlummert.

Die Pointe dieser Sicht auf die befreiende und lebensdienliche Kraft freier Geselligkeit im Geist der Nachfolge Jesu ist, dass sich kirchliches Engagement für den arbeitsfreien Sonntag gerade nicht dadurch zu legitimieren hat, dass in Kirchengemeinden und Dekanaten Sonntag für Sonntag eine Vielzahl von Angeboten gemacht würden, die die Zeiten nach den traditionellen Sonntagsgottesdiensten füllen. Es geht gerade nicht um eine besondere kirchliche Eventkultur. Die spezifisch christliche Sonntagskultur gründet darin, dass es kein besonderes »Event« braucht, um der Zeit, die man miteinander verbringt, einen Sinn und eine Bedeutung zu geben.

Die Vielfalt der Lebenserfahrungen, der Träume und Sehnsüchte, der Ängste und Zweifel, die zu einer Gemeinschaft gehören, werden nur dann fruchtbar, wenn es Orte und Zeiten gibt, an denen sie sich wirklich alle begegnen können – ohne besondere Planung und ohne jede äußerliche Lenkung, aber eben frei für solche Begegnung, weil frei von den Zwängen der Erwerbsarbeit und der gesellschaftlichen Rollen. Und nur dort, wo solches Miteinander geschützt ist und gelebt werden kann, bleibt eine Gesellschaft aufgebaut auf den konkreten Wünschen und Bedürfnissen der Menschen, die in ihr leben, und nicht ausgerichtet an abstrakten statistischen Daten.

Wenn die christlichen Kirchen für den Schutz des Sonntags eintreten, dann stehen sie in der Tradition Jesu. Sie wissen um den Segen einer Geselligkeit, die sich der Betrachtung eines Lebens öffnet, das größer ist, als es unsere gesellschaftlichen Rollen und Konventionen widerspiegeln. Und so dürfen auch die Christen sich trauen, zuweilen von ihrem oft so mühsamen Engagement für das Heil der Welt auszuruhen und am eigenen Leib und an der eigenen Seele den Segen zu genießen, der in freier und absichtsloser Geselligkeit verborgen ist.

Der arbeitsfreie Sonntag als gemeinwohlstiftendes Gut einer pluralen Gesellschaft

Die Selbstbesinnung des christlichen Glaubens erweist als eine Grundbedingung für eine Glaubenspraxis, die den lebensdienlichen Reichtum der christlichen Botschaft unverkürzt und unverfälscht zur Geltung bringt, die Wertschätzung und Sicherstellung unverzweckter freier Geselligkeit, die sich nicht durch das unmittelbare Aussein auf zu erreichende Ziele zu legitimieren hat.

Erstaunlicherweise ist es genau diese Einsicht in die gesellschaftliche Relevanz unverzweckter Geselligkeit, die auch die juristischen Begründungen bestimmt, die in der aktuellen Rechtsprechung den starken Sonntagsschutz in Deutschland als einen wesentlichen Bestandteil einer Gesellschaft herausstellen, die sich den Herausforderungen der Moderne mit Globalisierung und Pluralisierung von Lebensentwürfen stellen muss. Alle diese Begründungen kommen in dem Punkt überein, dass es sich bei dem starken Sonntagsschutz nicht um einen rückwärtsgewandten Versuch handelt, eine überkommene Tradition gegenüber unausweichlich anstehenden Veränderungen zu schützen, sondern ganz im Gegenteil um ein rechtliches Instrument, das dazu beiträgt, eine Gesellschaft angesichts der Herausforderungen der Moderne zukunftsfähig zu machen, also fähig, Veränderungen anzunehmen und aktiv mitzugestalten,

Genau diese Einsicht liegt dem verfassungsrechtlichen Schutz der Sonn- und Feiertage zugrunde, der durch das Urteil des Bundesverfassungsgerichtes aus dem Jahre 2009 eindrucksvoll bekräftigt wurde.

Dass die Frage des Sonntagsschutzes in Deutschland in der Neuzeit stets auch unabhängig von christlich-religiösen Traditionen gestellt und beantwortet wurde, zeigt ein Blick in die Geschichte.

> »Was die Sonntagsruhe insbesondere anlangt, so wurde in den Reichstagsverhandlungen der Werth derselben für den Arbeiter, ganz abgesehen von jedem religiösen Standpunkte, lediglich vom allgemein menschlichen Gesichtspunkte aus, in ihrer Bedeutung für die körperliche Erholung, für das Familienleben, für die sittliche, geistige und Fachbildung des Arbeiters in nachdrücklichster Weise anerkannt, und die Hoffnung ausgesprochen, daß die Arbeiter in ihrer großen Mehrzahl die ihnen gegönnte Muße zu ihrer höheren Ausbildung und besseren Gesittung verwenden würden. Andererseits wurde betont, daß die Gesetzgebung den Arbeiter gegen die Uebermacht der thatsächlichen Verhältnisse, welche ihn um des Lebensunterhaltes willen zur Sonntagsarbeit zwingen, schützen müsse; man habe den Zwang (der Gesetzgebung) gegen den Zwang (der sozialen Verhältnisse) nöthig« (Reichstag, 1873: 353 ff.).

Es ließen sich zahlreiche weitere Zitate aus den Beratungen des Reichstages und des ihm vorangehenden Norddeutschen Bundes anführen, die dokumentieren, dass die Fragen, die uns heute im Blick auf den Sonntagsschutz umtreiben, nicht wesentlich andere sind als die Fragen, die bereits vor 150 Jahren Menschen in Deutschland bewegt haben:

Angst um das wirtschaftliche Überleben – sowohl der Unternehmer als auch der Arbeitnehmer –; Kritik an einem vorgeblich übermäßigen Einfluss von Kirche und Pfarrern in Dingen, von denen sie angeblich nichts verstehen, und das in Zeiten, da das Christentum immer mehr an gesellschaftlichem Rückhalt verliere; zugleich der Hinweis aus sozialdemokratischer Richtung, dass der Sonntagsschutz auch ganz unabhängig von religiösen Traditionen etwas allgemein Menschliches zum Thema habe, weshalb man in dieser Sache völlig einig sei mit der kirchlichen Position und diese unterstütze, sowie der stete Verweis, dass die Nation sich bei einem übermäßigen Sonntagsschutz nicht als Wirtschaftsmacht auf dem Weltmarkt behaupten könne – um nur einige der Übereinstimmungen zu nennen.

Einzig der Verweis auf die Situation in England war damals mit anderen Inhalten gefüllt. Dieser Verweis diente in jenen Tagen nämlich vor allem dazu, zu beweisen, dass sogar der sogenannte »englische Sonntag« – so der damalige Ausdruck für das äußerst strenge Reglement in England, das die Sonntagsarbeit fast vollständig verbot – die wirtschaftliche Vormachtstellung Englands nicht gefährden könne und ganz im Gegenteil im ganzen Empire als soziale Wohltat empfunden werde.

Was es damals auch schon gab, war die Unterscheidung jener Arbeiten, die »trotz« des Sonntags bzw. »für« den Sonntag erlaubt sind, von jenen Arbeiten, die erkennbar lediglich ökonomischen Interessen dienen und daher nicht statthaft sein sollten.

Dass sich unsere heutige Diskussionslage nur unwesentlich von derjenigen im Preußen Bismarcks unterscheidet, beweist nicht, dass wir Menschen einfach nicht vorankommen in entscheidenden Fragen des menschlichen Zusammenlebens und offenbar nichts dazulernen. Sondern es beweist, dass entscheidende Fragen eben solche für alle Zeiten sind – keine Generation kann mit ihnen abschließen, sondern jede Generation muss sie für je ihre Zeit zu beantworten suchen. Das gilt zentral auch für die Frage des Verhältnisses von Arbeit und Arbeitsruhe, von wirtschaftlichem Leben und den übrigen Lebensvollzügen, von Ökonomie und Ethik. In diesen Fragen beweist man, dass man lernfähig und lernwillig ist, indem man solche Fragen eben nicht leichthin für erledigt erklärt, sondern sich ihnen mit all ihren Facetten jeden Tag aufs Neue stellt.

Eine dieser Facetten ist die rechtliche Seite. Sie dominiert heute in der öffentlichen Wahrnehmung. Allerdings wird gerade durch die aktuelle Rechtsprechung selbst stetig darauf aufmerksam gemacht, dass die Frage des Sonntagsschutzes mit rechtlichen Mitteln allein nicht beantwortet werden kann. Die Urteilsbegründungen sind auf eine höchst ungewöhnliche Weise angefüllt mit sozialethischen und sozialphilosophischen Argumenten und Querverweisen.

Einen unvoreingenommenen Beobachter müssen die strengen Auflagen, die aktuelle Urteile etwa den sonntäglichen Ladenöffnungen bereiten, erstaunen. Sie stehen quer zur heute üblichen Selbstverständlichkeit, in der ökonomische Argumente die ausschlaggebende Größe in gesellschaftlichen Entscheidungsprozessen bilden.

Zeugen die Argumente nicht von einem schlichtweg überholten Respekt vor einer längst verblassten christlichen Tradition?

Im Hintergrund der aktuellen Rechtsprechung steht jedoch nichts dergleichen. Vielmehr orientiert sie sich an einer betont weltanschaulich neutralen Position, die in einem Urteil des Bundesverfassungsgerichtes aus dem Jahre 2009 ihre bis heute normgebende Formulierung gefunden hat (BVerfG, 2009). Weltanschaulich neutral allerdings sowohl gegenüber christlich-religiösen Traditionen als auch gegenüber jenen der Ökonomie (als einer nur scheinbar neutralen Deutung unserer Lebenswirklichkeit).

Das Urteil des Bundesverfassungsgerichtes aus dem Jahr 2009 hatte sich mit den gesetzlichen Ladenöffnungsregelungen an Sonn- und Feiertagen im Bundesland Berlin beschäftigt und diese in wesentlichen Teilen als nicht verfassungskonform erklärt. Das Bundesverfassungsgericht hebt in damals völlig unerwarteter Weise überaus deutlich hervor, dass der Sonn- und Feiertagsschutz ein hohes und eigenständiges gesellschaftliches Gut ist – und zwar ganz unabhängig von seiner religiösen Bedeutung und Begründung –, das der Fürsorge des Gesetzgebers anvertraut ist und nicht einfachhin mit ökonomischen Interessen und Konsuminteressen identifiziert werden kann. Die Formulierungen der Urteilsbegründung sind übrigens in den entsprechenden Passagen deutlich in Kenntnis und unter Verwendung der protokollierten Diskussionen im Zuge der Abfassung der Weimarer Verfassung geschrieben worden (vgl. Mausbach, 1919; Az. BvR 2857/07).

Die Urteilsbegründung aus dem Jahre 2009 enthält wesentliche Gesichtspunkte für den Sonn- und Feiertagsschutz im weltanschaulich neutralen Staat. Sie enthält vor allem deswegen wesentliche Gesichtspunkte, weil in diesem Urteil deutlich hervorgehoben wird, dass unsere freiheitliche und demokratische Gesellschaft von Voraussetzungen lebt, die nur dort Bestand haben, wo noch andere Güter als lediglich ökonomische Güter gegeben sind. Unter den Bedingungen der Moderne, so das Gericht, lassen sich diese nichtökonomischen Güter nur bewahren und weitergeben, wenn es gesellschaftliche Räume und Zeiten gibt, in denen das Ökonomische zwar nicht vergessen wird, aber nicht alle anderen Aspekte des gesellschaftlichen Miteinander dominiert.

So heißt es in diesem Urteil:

> »Art. 139 WRV [Der Sonntag und die staatlich anerkannten Feiertage bleiben als Tage der Arbeitsruhe und der seelischen Erhebung gesetzlich geschützt] sichert mit seinem Schutz eine wesentliche Grundlage für die Rekreationsmöglichkeiten des Menschen

und zugleich für ein soziales Zusammenleben und ist damit auch Garant für die Wahrnehmung von Grundrechten, die der Persönlichkeitsentfaltung dienen. Er erweist sich so als verfassungsverankertes Grundelement sozialen Zusammenlebens und staatlicher Ordnung und ist als Konnexgarantie zu verschiedenen Grundrechten zu begreifen. Die Gewährleistung von Tagen der Arbeitsruhe und der seelischen Erhebung ist darauf ausgerichtet, den Grundrechtschutz – auch im Sinne eines Grundrechtsvoraussetzungsschutzes – zu stärken, und konkretisiert insofern die aus den jeweils einschlägigen Grundrechten folgenden staatlichen Schutzpflichten. [...] Schon die Entstehungsgeschichte der Vorschrift lässt die Verknüpfung der tradierten religiösen und sozialen Aspekte des Sonn- und Feiertagsschutzes zutage treten. Bei der Einbringung in der Weimarer Nationalversammlung hob der Berichterstatter, der Abgeordnete Mausbach (Zentrumspartei), hervor, die Bestimmung schütze die ›öffentliche Sitte‹ und die christliche Tradition und Religionsausübung. Die großen geschichtlichen Bestandteile der Kultusausübung enthielten aber auch wertvolle Freiheitsrechte für die Einzelnen; und gerade diese Seite der Sonntagsruhe, die ›Schonung der Freiheit‹ und der ›sozialen Gleichwertigkeit aller Klassen‹, sei darin angesprochen« (BVerfG, 2009: Abs. 148).

Klar benannt wird im Urteil der Sachverhalt, dass die Gesetzeslage sowohl einer religiösen wie auch einer weltlich-neutralen Begründung offensteht.

»Art. 139 WRV ist damit ein religiöser, in der christlichen Tradition wurzelnder Gehalt eigen, der mit einer dezidiert sozialen, weltlich-neutral ausgerichteten Zwecksetzung einhergeht« (BVerfG, 2009: Abs. 150).

Ebenso wird durch das Urteil darauf hingewiesen, dass mit dem starken Sonntagsschutz nicht die Richtung in eine Unterwerfung der Gesellschaft unter kirchliche Vorgaben eingeschlagen wird, sondern ganz im Gegenteil mit dem Sonntagsschutz die Verwirklichung der Ziele des weltanschaulich neutralen Sozialstaats angestrebt wird.

»Mit der Gewährleistung rhythmisch wiederkehrender Tage der Arbeitsruhe konkretisiert Art. 139 WRV überdies das Sozialstaatsprinzip. Unter diesem Gesichtspunkt hat er weitergehende grundrechtliche Bezüge. Die Sonn- und Feiertagsgarantie fördert und schützt nicht nur die Ausübung der Religionsfreiheit. Die Arbeitsruhe dient darüber hinaus der physischen und psychischen Regeneration und damit der körperlichen Unversehrtheit (Art. 2 Abs. 2 GG). Die Statuierung gemeinsamer Ruhetage dient dem Schutz von Ehe und Familie (Art. 6 Abs. 1 GG). Auch die Vereinigungsfreiheit lässt sich so effektiver wahrnehmen (Art. 9 Abs. 1 GG). Der Sonn- und Feiertagsgarantie kann schließlich ein besonderer Bezug zur Menschenwürde beigemessen werden, weil sie dem ökonomischen Nutzendenken eine Grenze zieht und dem Menschen um seiner selbst willen dient« (BVerfG, 2009: Abs. 153).

Besondere Begründung findet die Frage, warum es nicht ausreicht, durch entsprechende rechtliche Regelungen für individuelle Erholungsphasen von den Mühen der Arbeit zu sorgen.

»Die soziale Bedeutung des Sonn- und Feiertagsschutzes und mithin der generellen Arbeitsruhe im weltlichen Bereich resultiert wesentlich aus der – namentlich durch den Wochenrhythmus bedingten – synchronen Taktung des sozialen Lebens. Während die Arbeitszeit- und Arbeitsschutzregelungen jeweils für den Einzelnen Schutzwirkung entfalten, ist der zeitliche Gleichklang einer für alle Bereiche regelmäßigen Arbeitsruhe ein grundlegendes Element für die Wahrnehmung der verschiedenen Formen sozialen Lebens. Das betrifft vor allem die Familien, insbesondere jene, in denen es mehrere Berufstätige gibt, aber auch gesellschaftliche Verbände, namentlich die Vereine in den unterschiedlichen Sparten. Daneben ist im Auge zu behalten, dass die Arbeitsruhe an Sonn- und Feiertagen auch für die Rahmenbedingungen des Wirkens der politischen Parteien, der Gewerkschaften und sonstiger Vereinigungen bedeutsam ist und sich weiter, freilich im Verbund mit einem gesamten ›freien Wochenende‹, auch auf die Möglichkeiten zur Abhaltung von Versammlungen auswirkt. Ihr kommt mithin auch erhebliche Bedeutung für die Gestaltung der Teilhabe im Alltag einer gelebten Demokratie zu. Sinnfällig kommt das dadurch zum Ausdruck, dass nach der einfachrechtlichen Ausgestaltung der Tag der Wahlen ein Sonntag oder gesetzlicher Feiertag sein muss (vgl. § 16 Satz 2 Bundeswahlgesetz)« (BVerfG, 2009: Abs. 154).

Und zugleich wird hervorgehoben, dass diese gleichmäßige Taktung der Ruhephasen sich nicht lediglich dem Interesse an der Sicherstellung des Besuchs des sonntäglichen Gottesdienstes verdankt.

»Der Schutz des Art. 140 GG in Verbindung mit Art. 139 WRV ist nicht auf einen religiösen oder weltanschaulichen Sinngehalt der Sonn- und Feiertage beschränkt. Umfasst ist zwar die Möglichkeit der Religionsausübung an Sonn- und Feiertagen. Die Regelung zielt in der säkularisierten Gesellschafts- und Staatsordnung aber auch auf die Verfolgung profaner Ziele wie die der persönlichen Ruhe, Besinnung, Erholung und Zerstreuung. An den Sonn- und Feiertagen soll grundsätzlich die Geschäftstätigkeit in Form der Erwerbsarbeit, insbesondere der Verrichtung abhängiger Arbeit, ruhen, damit der Einzelne diese Tage allein oder in Gemeinschaft mit anderen ungehindert von werktäglichen Verpflichtungen und Beanspruchungen nutzen kann. Geschützt ist damit der allgemein wahrnehmbare Charakter des Tages, dass es sich grundsätzlich um einen für alle verbindlichen Tag der Arbeitsruhe handelt. Die gemeinsame Gestaltung der Zeit der Arbeitsruhe und seelischen Erhebung, die in der sozialen Wirklichkeit seit jeher insbesondere auch im Freundeskreis, einem aktiven Vereinsleben und in der Familie stattfindet, ist insoweit nur dann planbar und möglich, wenn ein zeitlicher Gleichklang und Rhythmus, also eine Synchronität, sichergestellt ist. Auch insoweit kommt gerade dem Sonntag im Sieben-Tage-Rhythmus und auch dem jedenfalls regelhaft landesweiten Feiertagsgleichklang besondere Bedeutung zu. Diese gründet darin, dass die Bürger sich an Sonn- und Feiertagen von der beruflichen Tätigkeit erholen und das tun können, was sie individuell für die Verwirklichung ihrer persönlichen Ziele und als Ausgleich für den Alltag als wichtig ansehen. Die von Art. 139 WRV ebenfalls erfasste Möglichkeit seelischer Erhebung soll allen Menschen unbeschadet einer religiösen Bindung zuteilwerden (vgl. BVerfGE 111, 10 [51])« (BVerfG, 2009: Abs. 163).

All diese Gründe wiegen aus Sicht der Rechtsprechung so schwer, dass sie auch nicht aufgrund ökonomischer oder persönlicher Interessen zur Seite geschoben werden können.

»Ein bloß wirtschaftliches Umsatzinteresse der Verkaufsstelleninhaber und ein alltägliches Erwerbsinteresse (›Shopping-Interesse‹) potenzieller Käufer genügen grundsätzlich nicht, um Ausnahmen von dem verfassungsunmittelbar verankerten Schutz der Arbeitsruhe und der Möglichkeit zu seelischer Erhebung an Sonn- und Feiertagen zu rechtfertigen« (BVerfG, 2009: Abs. 166).

Das Urteil des Bundesverfassungsgerichtes stellt keineswegs die Bedeutung des wirtschaftlichen Sektors für das Gemeinwohl infrage und bezweifelt auch nicht die Notwendigkeit, durch geeignete rechtliche Rahmensetzungen sicherzustellen, dass die Leistungsfähigkeit der Marktwirtschaft nicht durch sachfremde Eingriffe behindert wird.

Allerdings – und das ist für die aktuelle Rechtsprechung wegweisend – weist das Bundesverfassungsgericht sehr deutlich darauf hin, dass wirtschaftliche und ökonomische Interessen sowie die Interessen von Konsumenten nicht die einzigen Bedürfnisse und Interessen sind, die bei der Gestaltung des gesellschaftlichen Miteinanders zu berücksichtigen und rechtlich zu schützen sind.

Aus Sicht der Verfassung beinhaltet das gesellschaftliche Miteinander auch Güter, die keine wirtschaftlichen Güter sind und die nicht angemessen gewürdigt werden, wenn man sie umstandslos den Gesetzen des Marktes unterwirft.

Das Bundesverfassungsgericht greift damit implizit einen Gedanken auf, der als Böckenförde-Theorem bekannt geworden ist. Diese Überlegung des Juristen Ernst-Wolfgang Böckenförde besagt, dass der freiheitliche säkularisierte Staat von Voraussetzungen lebt, die er als Staat nicht selbst garantieren und erzeugen kann.

Die emotionalen und intellektuellen Fähigkeiten, die der freiheitliche, demokratische und soziale Rechtsstaat bei seinen Bürgern voraussetzt, damit er überhaupt als dieser freiheitliche Staat existieren kann, werden in Lebenszusammenhängen gebildet, die nicht dem staatlichen Zugriff und der staatlichen Verfügungsmacht unterliegen und die gerade deshalb von ihm mit den Mitteln des Rechts vor jeglicher Fremdbestimmung, sowohl von Seiten des Staates wie von anderen, zu schützen sind.

Bereits Jahre vor Böckenförde hat Wilhelm Röpke – einer der Vordenker der sozialen Marktwirtschaft und Berater Ludwig Erhards – in ähnlicher Weise die Voraussetzungen der sozialen Marktwirtschaft benannt, die nicht durch diese selbst garantiert werden können.

Für Röpke als Volkswirtschaftler war es evident, dass der Markt in seinem Funktionieren abhängig ist von Voraussetzungen, die »jenseits von Angebot und Nachfrage« liegen – so der Titel einer programmatischen Schrift aus seiner Feder (Röpke, 2009).

Gerade für den Wirtschaftsfachmann Röpke war deutlich, dass ein gelingendes Wirtschaftsleben in einer Gesellschaft existenziell darauf angewiesen ist, dass in dieser Gesellschaft das Miteinander nicht nur von ökonomischen Gesichtspunkten dominiert wird, sondern auch andere Erfahrungsbereiche maßgeblich bei der Gestaltung des gesellschaftlichen Lebens zum Zuge kommen. Nur so kann der Markt dem Menschen dienen, ansonsten wird er zum Selbstzweck.

So, wie der Markt davor geschützt werden muss, dass ihm sachfremde Vorgaben gemacht werden, so müssen jene gesellschaftlichen Bereiche, die nach anderen Maßstäben ablaufen, davor geschützt werden, dass umstandslos ökonomische Maßstäbe zu ihrer Gestaltung und Bewertung herangezogen werden. Wer diesen Schutz vor einer Alldominanz des Ökonomischen ignoriert oder ihn gar bewusst verweigert, steht daher nach der Rechtsprechung des Bundesverfassungsgerichtes außerhalb der geltenden Verfassung.

Es hat daher gute Gründe für sich, in komplexen Gesellschaften die nicht nach den Gesetzen des Marktes organisierbaren Lebensbereiche dadurch zu schützen und zu stärken, dass ihnen Zeiten eingeräumt werden, in denen bewusst andere als ökonomische Kriterien den Alltag strukturieren. Andernfalls ist ihre Kraft, sich gegenüber den Kräften des Marktes zu behaupten, gerade unter den Bedingungen der Globalisierung zu schwach. Es gibt eben keine »invisible hand«, die das Leben jenseits von Angebot und Nachfrage schützt und stärkt. Das tut nur die bewusste Entscheidung des Menschen.

Dass wir in einer komplexen und globalisierten Gesellschaft leben, spricht gerade nicht gegen, sondern für den rechtlich geregelten Sonntagsschutz. Das ist die klare Position der aktuellen Rechtsprechung und der aktuellen Gesetzeslage.

Wie in anderen Lebensbereichen, so entsteht auch in Fragen des gesellschaftlichen Miteinanders Regelungsbedarf gerade dann, wenn das Zusammenleben von einfachen Strukturen in komplexe Strukturen wechselt. In vormodernen Gesellschaften versteht sich vieles von selbst. In komplexen Gesellschaften sichern nur Regeln die Freiheit. Regeln stehen der Freiheit nicht im Wege, sondern ermöglichen in modernen Gesellschaften allererst den selbstbestimmten Freiheitsgebrauch. Auch die komplexen Strukturen der modernen Welt sind keine naturwüchsigen Phänomene, sondern entstehen durch menschliches Handeln und unterliegen daher auch der Verantwortung des Menschen.

Nehmen wir diese Verantwortung nicht an und verstecken uns hinter vorgeblichen Sachzwängen – etwa der Ökonomie – so gefährden wir die Voraussetzungen, die für die selbstbestimmte und nicht fremdbestimmte Teilnahme Deutschlands an Globalisierung und Digitalisierung unverzichtbar sind. Die aktuelle Rechtsprechung ist vor diesem Hintergrund nicht rückwärtsgewandt, sondern höchst aktuell und zukunftsorientiert. Es wäre fatal, ließe sich Deutschland vom Beispiel anderer Länder irritieren, die sich an diesem Punkt anders entschieden haben und dem Sonntagsschutz eine geringere Priorität einräumen.

Sonn- und Feiertagsschutz ist in dieser Perspektive Freiheitsschutz, wie der frühere Präsident des Bundesverfassungsgerichtes Hans-Jürgen Papier in einem Vortrag zum Thema Sonntagsschutz festgehalten hat (Papier, 2016).[7]

Die aktuelle Rechtsprechung zum Sonntagsschutz hat sich übrigens auch in der Zeit der Corona-Pandemie nicht geändert. Auch angesichts der wirklich höchst angespannten gesamtgesellschaftlichen Lage und bedrückender Notlagen vieler Beschäftigter wie auch zahlreicher Unternehmen hält die Rechtsprechung am starken Sonntagsschutz fest. Das könnte weltfremd erscheinen, gründet jedoch vor allem im Ernstnehmen geschichtlicher Erfahrungen. Es wird nämlich ernst genommen, dass der starke Sonntagsschutz gerade auch in Krisenzeiten begründet, festgehalten und bekräftigt worden ist.[8]

Der starke Sonntagsschutz in Deutschland geht nämlich auf rechtliche Regelungen zurück, die in der Weimarer Zeit getroffen und unmittelbar nach dem zweiten Weltkrieg bekräftigt worden sind.

Sowohl die Zeit, in der die Weimarer Reichsverfassung entstand, als auch die Entstehungszeit des Grundgesetzes waren Zeiten größter gesamtgesellschaftlicher Herausforderungen und wirtschaftlicher Not.

Die rechtliche Absicherung des arbeitsfreien Sonntags ist also kein Luxusgut, das man sich gesellschaftlich nur leisten kann, wenn es keine Krisen zu bewältigen gilt. Ganz in Gegenteil war damals offensichtlich die Auffassung, dass zur Bewältigung gesellschaftlicher Krisen gemeinsame freie Zeit unverzichtbar und unersetzlich ist.

---

[7] Papier war übrigens maßgeblich beteiligt an Zustandekommen und Wortlaut des wegweisenden Urteils des Bundesverfassungsgerichts aus dem Jahre 2009.
[8] Diese abschließenden Erwägungen habe ich auch in eine Argumentationshilfe der EKHN zum Sonntagsschutz eingebracht, die im Sommer 2021 erschienen ist.

Die aktuelle Rechtsprechung hält fest, dass auch die gegenwärtigen gesellschaftlichen Herausforderungen nur durch eine starke gemeinsame Anstrengung bewältigt werden können, bei der die Solidarität und das Engagement aller Menschen in unserem Land nötig sind.

Solidarität setzt Vertrautheit miteinander über berufliche und wirtschaftliche Bezüge hinaus voraus. Gesellschaftliches Engagement und das gemeinsame Anspannen aller Kräfte sind nur möglich, wenn es auch gemeinsame Zeiten der Entspannung gibt, die die Regeneration der Kräfte ermöglichen.

Daher wird auch die gegenwärtige Rechtsprechung von der Einsicht bestimmt, dass zu den unverzichtbaren Gütern einer freien und leistungsstarken Gesellschaft ein starker Schutz des arbeitsfreien Sonntags gehört.

Es gilt eben auch in Krisen: Der arbeitsfreie Sonntag ist eine Tradition der Freiheit und eine Tradition mit Zukunft.

Literatur

Bundesverfassungsgericht: Az. 1 BvR 2857/07 BVerfG, 1. Dezember 2009, Absatz 148.
BvR: Urteil vom 01.12.2009 (Az. 1 BvR 2857/07).
Deutscher Reichstag: Stenographische Berichte über die Verhandlungen des Deutschen Reichstages. I. Legislatur-Periode. – IV. Session 1873. Dritter Band - Anlagen zu den Verhandlungen des Reichstages.
Herms, Eilert: Die Lehre im Leben der Kirche, in: Ders., Erfahrbare Kirche. Beiträge zur Ekklesiologie. Tübingen: Mohr 1990, 142.
Herms, Eilert: Keine Alternative zur Ökumene; in: Ders., Von der Glaubenseinheit zur Kirchengemeinschaft II, Marburg: Elwert 2003.
Herrmann-Otto, Elisabeth: Konstantin der Große. Darmstadt: WBG academic ²2009.
Leppin, Hartmut: Die frühen Christen. Von den Anfängen bis Konstantin. München: C.H. Beck ²2019.
Luther, Martin: Kirchweihtag – Luk. 14, 1–6. WA 49, 588-604, 613-614.
Luther, Martin: Von den guten Werken. 1520.
Peters, Albrecht: Kommentar zu Luthers Katechismen. Band 1: Die Zehn Gebote. Göttingen: Vandenhoeck & Ruprecht 1990, 162 ff.
Reichstag: Protokoll der 59. Sitzung. Donnerstag, den 17. Juli 1919, Bericht des Abgeordneten Dr. Mausbach, Spalte 1643 ff.
Röpke, Wilhelm: Jenseits von Angebot und Nachfrage. Ergänzt durch eine Einführung von Hans Jörg Hennecke und ein Geleitwort des Herausgebers, hrsg. v. Hans Jürgen Below. Düsseldorf: Handwerk 2009.
Rordorf, Willy: Der Sonntag. Geschichte des Ruhe- und Gottesdiensttages im ältesten Christentum. Zürich: Zwingli Verlag 1962.

Rordorf, Willy: Sabbat und Sonntag in der Alten Kirche. Zürich: TVZ 1972.

Schleiermacher, Friedrich Daniel Ernst: Der christliche Glaube nach den Grundsätzen der ev. Kirche im Zusammenhange dargestellt, neu hrsg. v. Redeker, Martin, 7.= 2. Auflage. Berlin: de Gruyter 1960.

Schleiermacher, Friedrich Daniel Ernst: Die christliche Sitte. Berlin 1843.

Stiftung Haus der Geschichte der Bundesrepublik Deutschland (HdG) (Hrsg.): Am siebten Tag. Geschichte des Sonntags. Sankt Augustin: Siegler 2002.

Stroh, Ralf: Reich Gottes und freie Geselligkeit, in: Schutzgebiet Sonntag. Zeit ist Geld unbezahlbar. Arbeitshilfe zum Tag der Arbeit 2016. Evangelischer Verband Kirche-Wirtschaft-Arbeitswelt. Hannover: KDA 2016.

Stroh, Ralf: Schleiermachers Gottesdiensttheorie. Berlin/New York: de Gruyter 1998.

Thomas, Wilhelm: Der Sonntag im frühen Mittelalter. Unter Berücksichtigung der Entstehungsgeschichte des christlichen Dekalogs dargestellt. Göttingen: Vandenhoeck & Ruprecht 1929.

Weiler, Rudolf (Hrsg.): Der Tag des Herrn. Kulturgeschichte des Sonntags. Wien/Köln/Weimar: Böhlau 1998.

Zahn, Theodor: Geschichte des Sonntags vornehmlich in der alten Kirche. Hannover 1878.

Berichte

Vom Sozialpfarrer zum »Pfarrer in der Wirtschaft«?

Erfahrungen und Perspektiven

Peter Lysy & Johannes Rehm

Kirchlicher Dienst im Wandel der Arbeitswelt (Johannes Rehm)

»Da geht das soziale Gewissen der bayerischen Landeskirche«, sagten Synodale zueinander und deuteten auf Sozialpfarrer Werner Schanz, der gerade unterwegs war zu einem Synodentagungsort. Werner Schanz war von 1979 bis 1996 Leiter des Amtes für Industrie- und Sozialarbeit der Evangelisch-Lutherischen Landeskirche Bayerns. Dieses Amt war aus der 1954 in Nürnberg gegründeten Sozialpfarrstelle hervorgegangen (vgl. Blendinger, 2000: 255 ff. u. 325; Rehm/Pelikan/Büttner, 2009). Jenes verbriefte Bonmot bringt m.E. Respekt, aber auch eine gehörige Portion freundlichen Spott zum Ausdruck. Die kirchliche Industrie- und Sozialarbeit war über Jahre die institutionalisierte Artikulation des sozialen Gewissens der Landeskirchen. An sie war die Parteinahme für die sozial Schwachen im Arbeitsleben und der Dialog mit den Gewerkschaften stellvertretend delegiert. In nahezu allen Landeskirchen wirkten ab den 50er Jahren Sozial- und Industriepfarrer (vgl. Ranke, 1954: 954 f.; Storck, 1980: 609 f.). Bis heute verfügen einige wenige Landeskirchen sogar über eine Landessozialpfarrstelle.

Nun hat sich die Arbeitswelt seit der Jahrtausendwende grundlegend verändert, und folgerichtig wandelte sich mit ihr der kirchliche Dienst in der Arbeitswelt. Ein Industriearbeiter ist heute keineswegs automatisch zu den sozial Schwachen zu rechnen. Überhaupt ist die Arbeiterschaft im herkömmlichen Sinn kleiner geworden (vgl. Rehm, 2017). Den arbeitsweltlichen Diensten wurde aus inhaltlichen sowie aus organisatorischen Gründen inzwischen die Wahrnehmung der Arbeitswelt im kirchlichen Auftrag insgesamt übertragen, was Handwerk, das Gastgewerbe und die Unternehmerschaft einschließt. Die Ämter für Industrie- und Sozialarbeit waren einst als Avantgarde der Kirchenreformbewegung der 70er und 80er Jahre des 20. Jahrhunderts in Westdeutschland angesehen worden (vgl. Hager, 2010). Heute trägt kaum jemand mehr die Dienstbezeichnung Sozialpfarrer. Hat sich damit der alte Auftrag, soziales Gewissen einer vornehmlich bürgerlichen evangelischen Kirche zu sein, erledigt? Wo sind jene streitbaren Sozialpfarrer geblieben, welche den politischen Eliten ins Gewissen redeten und damit auch ihre Kirchenoberen manchmal gehörig in Bedrängnis brachten? Würden heute noch diese traditionellen Kommunikationsgewohnheiten und Arbeitsweisen auf Resonanz und Akzeptanz hoffen dürfen? Diese Fragen müssen offenbleiben. Sie sind aber auch weiterhin kritisch bzw. selbstkritisch zu stellen.

Im Folgenden wird von einer neuen Ausübung des geistlichen Amtes im säkularen Arbeitsumfeld berichtet, welche in der früheren Industrie- und Sozialarbeit der Kirchen aus mancherlei Gründen undenkbar gewesen wäre. Unser Bericht soll nicht zuletzt die innerkirchliche Diskussion über Spezialpfarrämter in der Arbeitswelt neu anregen. Damit wollen wir uns nicht von unseren Vorgängern abheben, uns gegen sie abgrenzen oder uns gar über sie erheben. Ganz im Gegenteil sind wir uns der Begrenztheit, der Zeitgebundenheit und der Angreifbarkeit unserer heutigen kda-Wirksamkeit sehr wohl bewusst. Aber machen eine andere Zeit und eine veränderte Arbeitswelt nicht auch neue Zugangsweisen und andere Zugangswege erforderlich? Dieser Praxisbericht zeigt, wie neue Projekte neue Kontakte und neue Wahrnehmungen der Kirche in der Arbeitswelt ermöglichen.

Das Projekt »Begleitung von Beschäftigten in Krisen- und Übergangssituationen« bei der AOK Bayern (Peter Lysy)

Mitarbeitende aller Ebenen, vom Vorstand zur Sachbearbeiterin, direkt im Betrieb von einem qualifizierten Seelsorger an ihrem Arbeitsplatz begleiten[1] – so simpel die Projektidee erscheint, so fremd war sie im Jahr 2013, als Pfarrer Peter Lysy sie dem damaligen Personalvorstand der AOK Bayern Hubertus Räde präsentierte, sowohl im unmittelbaren kirchlichen Umfeld als auch innerhalb der bayerischen Krankenkasse.[2] Dass trotz dieser Fremdheit das Projekt gestartet werden konnte, lag damals an einigen Gelingensfaktoren.

---

[1] In den USA findet diese Art von Begleitung im Betrieb im Rahmen von so genannten Chaplaincy Assistance Programmen (CAP) statt. Getragen werden diese in der Regel von interkonfessionellen Organisationen wie Marketplace Chaplains (https://mchapusa.com, Stand: 24.3.2021) oder Corporate Chaplains of America (s. https://chaplain.org, Stand: 24.3.2021). Viele der Corporate oder Business Chaplains sind in ihrem Hauptberuf Pastoren und Pastorinnen einer Kirchengemeinde.

[2] Im in Deutschland verbreiteten Modell der Betriebskontaktarbeit werden von Mitarbeitenden der arbeits- bzw. betriebsseelsorgerlichen Dienste der beiden Großkirchen in der Regel betriebliche Funktionsträger und -trägerinnen aufgesucht und begleitet, insbe-

Zum Ersten hatte die AOK Bayern im Rahmen einer damals aktuellen Mitarbeiterbefragung Bedarf für eine externe Beratung und Begleitung für ihre Beschäftigten identifiziert. Zum Zweiten konnte für die Vertragsgestaltung zwischen AOK Bayern und Evangelischer Kirche in Bayern (ELKB) auf das bewährte Vertragsmodell zurückgegriffen werden, das der kda Bayern bei seinen Programmen »Wirtschaftsvikariat«[3] und »Pfarrer und Pfarrerinnen in der Wirtschaft«[4] anwendet. So wurde zwischen AOK Bayern und ELKB ein zunächst für zwei Jahre befristeter Abstellungsvertrag vereinbart und Peter Lysy im kirchlichen Interesse zur AOK Bayern als Projektverantwortlicher unter Wahrung seiner Rechte und Pflichten beurlaubt. Zum Dritten kannte die AOK Bayern bereits strukturell und rechtlich die Form von Externen, die im oder für das Unternehmen in einer bestimmten Rolle tätig waren und daher bestimmte Zugangsrechte und Ressourcen erhalten konnten, ohne beim Unternehmen angestellt zu sein.[5]

Zudem war es von Beginn an hilfreich, dass sich der Personalvorstand aufgrund seiner mitarbeiterorientierten Haltung mit der Projektidee identifizierte und es sich aufgrund seiner evangelischen Prägung gut vorstellen konnte, dass ein evangelischer Pfarrer die Aufgabe einer adäquaten Mitarbeiterbegleitung in einem säkularen Kontext zu leisten imstande sei. Gerade dieser Vertrauensvorschuss ist nicht selbstverständlich. Andere Unternehmen hatten die Projektidee verworfen, da für sie in Frage stand, ob und wie das Projekt gemäß des seit 2006 geltenden Allgemeinen Gleichbehandlungsgesetzes[6] umgesetzt werden könnte. Hilfreich war es sicherlich auch, dass der Projektverantwortliche in diesem Zusammenhang neben seiner Qualifikation als Pfarrer sowohl auf eine Ausbildung als klinischer Seelsorger als auch auf mehrjährige Tätigkeiten im unternehmerischen Kontext und damit auf Fach- wie Feldkompetenz verweisen konnte.

---

    sondere Betriebs- und Personalräte, aber auch Führungskräfte oder Unternehmer und Unternehmerinnen (vgl. LYSY, 2018: 162–175, insbesondere 171).

[3] S. https://kda-bayern.de/kirche-und-gemeinde/wirtschaftsvikariat/ (Stand: 24.3.2021).

[4] S. https://kda-bayern.de/kirche-und-gemeinde/pfarrerinnen-in-der-wirtschaft/ (Stand: 24.3.2021).

[5] Als Beispiel sei hier nur der Erweiterte Landesausschuss Bayern erwähnt, der u. a. von der Arbeitsgemeinschaft der Krankenkassen, der Kassenärztlichen Vereinigung Bayerns und der Bayerischen Krankenhausgesellschaft gemeinschaftlich getragen wird und in der AOK Bayern angesiedelt ist. Nähere Infos dazu unter http://www.erweiterter-landesausschuss-bayern.de/index.html (Stand: 12.4.2021).

[6] Insbesondere AGG § 9 Abs.1, vgl. https://www.gesetze-im-internet.de/agg/AGG.pdf (Stand: 24.3.2021). Immer wieder ins Feld geführt wurde das Argument, »wenn wir einen evangelischen Seelsorger beauftragen, müssten wir auch einen katholischen, muslimischen, buddhistischen, [...] Seelsorger im Haus haben.«

Diese Gelingensfaktoren erwiesen sich auch in der Implementierungsphase des Projektes als hilfreich, die vor Projektstart begann und sich über mehrere Monate des Jahres 2014 erstreckte. In dieser Phase wurde geklärt, dass das Projekt organisatorisch beim Zentralen Personalservice der AOK Bayern (ZPS) angesiedelt wird. Zugleich jedoch hatte der Projektverantwortliche gegenüber niemandem im Unternehmen eine Berichtspflicht über Inhalte einzelner Gespräche wahrzunehmen. Lediglich allgemeine Themen, die viele im Unternehmen beschäftigen, sollten in den monatlichen Jour fixes mit dem Personalvorstand besprochen werden können, wobei die Themensetzung dem Projektverantwortlichen überlassen blieb. Damit sollte gewährleistet werden, dass der Projektverantwortliche gegenüber den Mitarbeitenden das Beicht- und Seelsorgegeheimnis wahren kann, auf das er sich bei seiner Ordination verpflichtet hatte.

Damit konnte nicht nur der notwendige vertrauensvolle Rahmen gewährleistet werden, der die wesentliche Voraussetzung für eine an den Mitarbeitenden und ihren Not- und Bedürfnislagen orientierte Begleitung ist. Zugleich konnte im Rahmen des Projektes immer wieder gegenüber Mitarbeitenden der besondere Wert einer Begleitung durch einen Seelsorger verdeutlicht werden, der institutionell an eine ganz eigene Form der Verschwiegenheitspflicht gebunden ist. Diese Erklärungsbedürftigkeit ist in einem Kontext gegeben, in dem das Seelsorgegeheimnisgesetz[7] nicht als bekannt vorausgesetzt werden kann wie in der Kirchengemeinde oder in traditionellen Sonderseelsorgefeldern wie der Krankenhaus-, Gefängnis- oder Militärseelsorge.[8]

Für das Projekt wurde ein eigenes Büro, das in einem eigenen abgetrennten Trakt mit dem Büro der Stabstelle »Mobbing Sucht Sexueller Missbrauch« (MSS) lag. So konnte ein geschützter Raum für Gespräche gewährleistet werden. Vereinbart wurde außerdem, dass die Zeit, die Mitarbeitende im Gespräch mit dem Projektverantwortlichen verbrachten, als Arbeitszeit gilt. Diese Vereinbarung trug wesentlich zur Niedrigschwelligkeit des Projektes bei. Viele Mitarbeitende hätten sich sonst vermutlich nicht die notwendige Zeit für Gespräche genommen, weil ihr Alltag sich in eng getakteten Routinen bewegt.

Damit die weltanschauliche Neutralität im Namen des Projektes markiert wird, wurde auf den Begriff der »Seelsorge« verzichtet, hingegen das Projekt »Begleitung von Beschäftigten in persönlichen Krisen- und Übergangssituatio-

---

[7] https://www.kirchenrecht-ekd.de/pdf/12484.pdf (Stand: 25.3.2021).
[8] Diese Seelsorgedienste sind, anders als die Seelsorge im betrieblichen Kontext, durch Art. 140 GG in Verbindung mit Art. 141 WRV verfassungsrechtlich verankert und daher garantiert. Daher finden sich wie selbstverständlich in diesen Bereichen kirchliche Seelsorger und Seelsorgerinnen, so dass dort vertraute Strukturen und eine eingeübte Praxis von und Erfahrung mit kirchlich verantworteter Seelsorge vorhanden sind.

nen« benannt. Weil die AOK Bayern eine Flächenorganisation mit weit über 100 Unternehmenseinheiten in ganz Bayern ist, wurde darüber hinaus entschieden, das Projekt für die Mitarbeitenden der Zentrale der AOK Bayern und des naheliegenden Dienstleistungszentrums Krankenhäuser / Reha München / Oberbayern[9] anzubieten. Diese beiden Einheiten umfassten rund 800 Mitarbeitende, was einen adäquaten Rahmen für eine nachhaltige, weil kontinuierliche und persönliche Begleitung in Präsenz ermöglichte.[10] Auch wenn es in den Folgejahren darüber hinausgehende Projekteinsätze in der Fläche gab,[11] so blieb dieser Umfang im Kern dauerhaft erhalten.

Während der Implementierungsphase wurde dieser Erstkontakt in einer mehrwöchigen kaskadierenden Informationsrunde ermöglicht. So stellte sich der Personalverantwortliche mit seinem Projektangebot, angefangen beim Vorstand, Hierarchieebene für Hierarchieebene in den jeweiligen Teammeetings vor.

Wichtig war in dieser Phase auch die Präsentation des Projektes beim für die Zentrale und die zentralen Einheiten zuständigen Gesamtpersonalrat, nicht nur, weil das Projekt als mitarbeiterorientiertes Angebot vom Vorstand implementiert wurde, sondern auch, um zu klären, wo mögliche Schnittstellen und Kooperationsbedarf und -interesse bestehen könnte. Es darf als sehr erfreulich gewertet werden, dass die Personalräte das Projekt während seiner gesamten Dauer immer kooperativ und fördernd begleitet haben, was bei der Mitarbeiterschaft neben der Unterstützung des Vorstands Akzeptanz für das Projekt schuf.

Neben dem guten Miteinander mit Vorstand und Personalrat halfen zudem auch Kooperationen zu Stabstellen und internen Beauftragten, deren Themenfelder immer wieder in der Begleitung und Beratung auftauchten bzw. die selbst durch ihre und in ihren Rollen für Mitarbeitende zu Begleitern wurden.

---

[9] Die AOK Bayern unterhält regionale Dienstleistungszentren für Krankenhäuser und Rehabilitationseinrichtungen, die schwerpunktmäßig die Abrechnungen dieser Leistungserbringer für ihre Mitglieder prüfen, aber auch für jedes Kalenderjahr die Leistungssätze und die Leistungsvolumina neu verhandeln.

[10] Im Vorfeld des Projekts hatte ich im Austausch mit einer Corporate Chaplaincy Organisation in den USA gestanden und dort erfahren, dass für einen Corporate Chaplain in Vollzeit ca. 1000 Beschäftigte veranschlagt werden. Da das Projekt zu Beginn im Umfang einer 75%-Stelle startete, entsprach dies in etwa diesem Betreuungsfaktor.

[11] Hier ist insbesondere eine halbjährliche Begleitung des Zentrums Marketing und Vertrieb in Nürnberg während seiner Umstrukturierung ebenso zu erwähnen wie die kontinuierliche Begleitung der Pflegeberater und -beraterinnen, deren Koordination zwar in der Zentrale angesiedelt ist, die jedoch in ganz Bayern im Einsatz sind. Da über Mundpropaganda das Projekt auch nach und nach in anderen Unternehmenseinheiten bekannt wurde, fanden auch immer wieder Begleitungen Einzelner oder Teams aus anderen Regionen statt.

Besonders ausgeprägt war dabei die Kooperation mit dem Internen Gesundheitsmanagement (IGM) und der Stabstelle MSS. Diese führte unter anderem zur gemeinsamen Entwicklung und Implementierung eines eigenen Hilfeportals im Intranet der AOK Bayern, in dem Mitarbeitende niedrigschwellig Informationen zu internen wie externen Service- und Beratungsstellen zu Themen wie etwa Gewalt (am Arbeitsplatz wie im häuslichen Umfeld), Konflikte, Schulden oder Sucht abrufen können.[12]

Um den in der Implementierungsphase hergestellten Erstkontakt, der im Team stattfand, in der Folge zu vertiefen, suchte der Projektverantwortliche Mitarbeitende in ihren Büros direkt auf. Auf diesem Wege konnten sich die Mitarbeitenden ein eigenes Bild von dem Projektverantwortlichen machen und eine Beziehung aufbauen, auf deren Basis vertiefte Gespräche möglich wurden.[13]

Während am Anfang die Besuche im Büro hier und da Irritationen hervorriefen, so wurden sie, je länger das Projekt lief, zu einer gewöhnlichen und akzeptierten Unterbrechung der Arbeitsroutine. Diese Unterbrechung wurde auch von den Vorgesetzten im Haus respektiert und nicht in Frage gestellt. So erwies sich die Präsenz des Projektverantwortlichen im Arbeitsalltag und die regelmäßige Begegnung als ein weiterer Gelingensfaktor des Projektes. Diese Präsenz und Alltagsbegegnung können so genannte Employee Assistance Programs (EAP) oder Mitarbeiterberatungen, die 24h-Telefon-Hotlines anbieten, nicht leisten. Hier kann man den wesentlichen Qualitätsunterschied zu diesen Angeboten markieren.[14] Wie notwendig die dabei praktizierte »Komm-Struktur« in allen Phasen des Projekts blieb, zeigte sich in vielen Situationen, in de-

---

[12] In diesem Hilfeportal wurden den Mitarbeitenden zum ersten Mal auch die bereits vorhandenen internen Hilfsangebote der AOK Bayern zentral zugängig gemacht. Dies ergab sich aus einer in der Begleitung gewonnenen Erkenntnis, dass Mitarbeitende diese Angebote oft nicht kannten. Hier konnte das Projekt konkret einen Mehrwert für das Unternehmen schaffen.

[13] Viele dieser im beruflichen Alltag verankerten Kennenlerngespräche wiesen in Richtung einer alltagsseelsorgerischen Begegnung im Sinne von Eberhardt Hauschild: »Alltagsseelsorge meint, die gewöhnlichen Gesprächsgelegenheiten und das normale Gesprächsverhalten zu achten, theologisch und therapeutisch zu achten als eine eigene, zwar in ihren Leistungen begrenzte, aber doch voll gültige Erscheinung menschenzugewandten Christentums« (vgl. HAUSCHILDT, 1999: 8–16). Sie waren meist Beginn einer Begegnung und Begleitung, in der die Gesprächsthemen sich schon in nuce abzeichneten, die dann nach und nach sicht- und damit besprechbar wurden.

[14] Die Chaplaincy Assistance Programs (CAP) in den USA verweisen gerne auf diesen Qualitätsunterschied zu den EAP und versuchen ihn auch quantitativ durch Berechnungen zum ROI (Return on Investment) zu hinterlegen. Wie seriös diese Berechnungen sind, steht m.E. in Frage, wie überhaupt die Versuche, Mitarbeiterberatungen bzw. -begleitungen betriebswirtschaftlich zu quantifizieren. Diese quantitativen Leis-

nen Mitarbeitende den Projektverantwortlichen in ihr Einzelbüro baten mit den Worten: »Ach, ich wollte mich schon lange einmal bei Ihnen melden. Wenn Sie jetzt schon mal da sind, dann kommen Sie doch rein.« Sätze wie diese bildeten nicht selten den Auftakt zu Gesprächen über existentielle Themen.

Diese Gespräche drehten sich oft um Themen am Arbeitsplatz, seien es Konflikte im Team oder mit dem/r Vorgesetzten, eigene Orientierung in betrieblichen Veränderungsprozessen, berufliche Neuorientierung, Arbeitsüberlastung oder allgemeine Unzufriedenheit mit der Arbeitssituation. Viele Begleitungen hatten im Hintergrund auch berufliche Ausfälle wegen längerer Erkrankungsepisoden, die sich zumindest zum Teil auch auf die Arbeitssituation zurückführen ließen. Hierbei wurde der Projektverantwortliche auch regelmäßig in betriebliche Eingliederungsprozesse von Mitarbeitenden eingebunden bzw. von den BEM-Beauftragten um beratende Unterstützung gebeten. Auch Vorgesetzte suchten das Gespräch mit dem Projektverantwortlichen, um Führungsthemen und -verhalten gegenüber einzelnen Mitarbeitenden zu reflektieren. Immer wieder ergaben sich auch Beratungsprozesse für ganze Teams, sei es zu Konfliktklärungen im Team oder zu speziellen Themen wie einer Verbesserung der Kommunikationskultur oder der Stärkung von Resilienzfaktoren in der (Zusammen-)Arbeit.

Daneben ging es auch um Themen, die im privaten Umfeld beheimatet waren. Besonders häufig suchten Mitarbeitende dabei das Gespräch zu Fragen, die die Pflege und Betreuung der Eltern oder Schwiegereltern angingen. Dies überrascht nicht in einem Unternehmen, dessen Frauenquote bei rund 70 Prozent liegt.[15] Ebenso suchten Mitarbeitende Begleitung in Trauersituationen, bei familiären Konflikten im näheren oder weiteren Umfeld oder bei Sorgen um die schulische oder berufliche Entwicklung der eigenen Kinder. Auch weltanschauliche oder religiöse Fragen und Themen wurden dabei immer wieder berührt und besprochen.

---

tungsvermessungen betrachte ich vielmehr als notwendiges Framing einer eigentlich nicht vermessbaren Dienstleistung für einen Kontext, in dem »mit spitzer Feder« gerechnet wird und in dem daher ein messbarer Mehrwert ein wesentliches Verkaufsargument ist. Dennoch dürfte der qualitative Unterschied einer persönlichen Begleitung vor Ort im Gegensatz zu einer Telefonhotline mit wechselnden Ansprechpartnern und -partnerinnen m. E. auch ohne monetäre Quantifizierung einleuchten. Im Rahmen des Projektes versuchte ich dem Bedarf an Vermessung durch eine statistische Erhebung der Gespräche Genüge zu tun, verwies aber zugleich den Vorstand darauf, dass er den Erfolg des Projektes vor allem anhand des Feedbacks der Mitarbeitenden beurteilen sollte.

[15] So sind Frauen im erwerbstätigen Alter weiterhin mit Abstand die größte Gruppe der Pflegenden im Bereich der häuslichen Pflege (vgl. etwa RÄKER/SCHWINGER/KLAUBER, 2020: 65–96, insb. 69 ff.).

Obwohl das Projekt bewusst mit dem Titel »Begleitung von Beschäftigten in persönlichen Krisen- und Übergangssituationen« versehen wurde und damit im Wesentlichen an eine Begleitung bei Situationen aus dem privaten Umfeld gedacht wurde, zeigte sich in der Praxis, dass in zwei von drei Fällen die beruflichen Themen – auch bei einer möglichen Vermengung von Privatem und Beruflichem – im Vordergrund standen. Es ist zu vermuten, dass neben dem offensichtlichen Bedarf der Mitarbeitenden sich hier zum einen der Kontext der Begleitung im Unternehmen und in der Arbeitszeit, zum anderen auch das Wissen um den direkten Kontakt des Projektverantwortlichen zum Vorstand prägend auf die Themensetzung ausgewirkt haben. So traten Mitarbeitende immer wieder mit der Hoffnung oder Erwartung an den Projektverantwortlichen heran, ihr Thema beim Vorstand vorzubringen und damit Impulse zu einer Veränderung zu setzen. Bei der Implementierung einer Begleitung von Mitarbeitenden im Betrieb gilt es sicher, diese Dimension gut zu bedenken, insbesondere wenn es um die Frage geht, ob und wie solch ein Projekt Rahmenbedingungen, Management oder Unternehmenskultur, wie von manchen erhofft oder erwartet, verändern oder zumindest beeinflussen können. Primärer Sinn, Ziel oder Zweck einer Mitarbeiterbegleitung kann diese Dimension jedoch nicht sein, zumal es für diese Aufgaben genügend etablierte Funktionen und Funktionsträger und -trägerinnen im Unternehmen gibt, die dazu berufen oder gewählt worden sind und dadurch für diese Aufgabe Verantwortung tragen. Eine Begleitung im Betrieb kann daher lediglich eine indirekte Wirkung auf diese Dimension durch die Begleitung dieser verantwortlichen Funktionsträger und -trägerinnen entfalten.[16]

Der Fokus einer Begleitung im Betrieb sollte daher darauf liegen, den Gesprächsrahmen so zu gestalten, dass Mitarbeitende gerne ins Gespräch gehen. Um dies zu ermöglichen, erwies sich hierbei die regelmäßige Präsenz des Projektverantwortlichen,[17] verbunden mit einem rechten Maß an Nähe und Dis-

---

[16] Ob eine Mitarbeiterbegleitung oder -beratung überhaupt zur Aufgabe eines Unternehmens zählt, steht zudem zur Debatte. Anekdotisch kann ich hierzu berichten, dass im Gespräch mit Führungskräften immer wieder die Frage auftaucht, ob »denn das, was Sie da machen, überhaupt Aufgabe eines Unternehmens sein kann.« Diese offene Fragestellung bildet sich auch ab, wenn Unternehmen beim Einkauf einer Mitarbeiterberatung explizit die Beratung Angehöriger ausschließen wollen, obwohl gute Argumente dafürsprechen. So suchen Mitarbeitende immer wieder auch Hilfe für die Problemstellungen ihres nächsten Umfelds, weil diese sie existenziell betreffen. Viele EAP-Anbieter bieten ihre Services ohne weitere Kosten auch selbstverständlich für das häusliche Umfeld der Beschäftigten an, versehen mit dem Hinweis, dass Sorgen um Angehörige auch die Leistungsfähigkeit der Beschäftigten negativ beeinflussen können.

[17] In der ersten Projektphase 2014/2015 war die Präsenz täglich, in den folgenden Projektphasen – aufgrund der Übernahme einer halben Stelle im kda Bayern – dreimal die Woche.

tanz als wesentlich. So wurde der Projektverantwortliche als »Teil der AOK Bayern« verstanden. Zugleich wurde aber verstanden, dass er sich als Pfarrer, der nicht in der AOK Bayern angestellt ist, außerhalb des »Systems AOK Bayern« bewegt und daher im System nicht sanktionier- oder kontrollierbar ist, aber als Pfarrer wiederum gebunden ist an sein eigenes in einer spezifischen Tradition begründetes Berufsethos.

Insbesondere die Bindung des Projektverantwortlichen an das Beicht- und Seelsorgegeheimnis machte dieses Berufsethos erfahrbar für die Mitarbeitenden, da es den Schutz der Gespräche, ihrer Inhalte und deren Deutung als conditio sine qua non gewährt. Dieser Schutzdimension versicherten sich viele gerade bei für sie besonders sensiblen Informationen, indem sie im Gespräch vermerkten, »dass das, was ich Ihnen erzähle, doch hier im Raum bleibt« oder konkreter »dass mein Vorgesetzter hiervon nichts erfährt«. Manche formulierten gar wörtlich oder sinngemäß, dass »ich Ihnen jetzt hier etwas beichte«, und legten damit direkt oder indirekt ihre Worte unter den unverbrüchlichen Schutz des Beichtgeheimnisses.

Der Wunsch nach Unverbrüchlichkeit und absolutem Schutz der Gespräche erklärt sich wesentlich aus den Erfahrungen, die Mitarbeitende mit beruflichen Gesprächspartnern und -partnerinnen gemacht hatten, denen sie sich anvertrauten, nur um zu erleben, dass das Geteilte im Nachgang »die Runde machte« oder zu ihrem beruflichen Schaden gegen sie verwendet wurde. Es half dem Projektverantwortlichen, besser zu verstehen, dass er mit seinem Angebot in Geschichten eintrat, in denen Menschen bereits Erfahrungen mit als vertraulich bezeichneten, aber nicht vertraulich erfahrenen Gesprächen gemacht haben und daher es für viele ein wesentlicher Schritt war, sich dem vertraulichen Rahmen des Projektes anzuvertrauen.

Anders gesagt: Der immer wieder nicht nur kommunizierte, sondern erfahrbar praktizierte Schutz des Gesprächs und seiner Inhalte durch das Beicht- und Seelsorgegeheimnis ermöglichte erst eine notwendige vertrauensvolle Erfahrung mit einem als vertraulich bezeichneten Rahmen. Dabei wirkte das Beicht- und Seelsorgegeheimnis im Sinne einer »Grammatik eines spezifischen Vertrauens«[18] für die Mitarbeitenden. Diese Erfahrung basierte für viele nicht

---

[18] Diese Beschreibung der Funktion des Beicht- und Seelsorgegeheimnis leite ich ab von dem, wie George Lindbeck die Funktion des Dogmas als »Grammatik des Glaubens« bezeichnet, vgl. LINDBECK (1994). Ich würde dabei behaupten, dass das Beicht- und Seelsorgegeheimnis eine spezifische funktionale Form des Vertrauensschutzes vermittelt, die sich nicht trennen lässt von dem Kontext der christlichen Tradition, in den diese Form eingebettet ist. Um diese Art des Vertrauensschutzes zu vermitteln, muss diese Tradition nicht explizit benannt oder vermittelt werden. Eine hilfreiche Beschreibung dessen, welchen spezifischen Raum das Beicht- und Seelsorgegeheimnis

nur auf der eigenen Begleitung im Projekt, sondern vielfach auf Hörensagen von anderen, die sich begleiten ließen. Während die einen recht zeitnah den Kontakt suchten, warteten andere und beobachteten aus der Ferne, wie das Projekt lief und welche Erfahrungen Kollegen und Kolleginnen machten. Andere trauten sich die Kontaktaufnahme erst nach einer Empfehlung ihnen vertrauter Kollegen oder Kolleginnen zu. Als Chiffre für die Anerkennung, dass der Rahmen nicht nur vertraulich kommuniziert, sondern als vertrauensvoll erlebt wird, wurde der Projektverantwortliche im Verlauf des Projektes als »neutraler Ansprechpartner« von der Belegschaft bezeichnet.[19]

Ein weiterer Gelingensfaktor war die Begrenzung und Klärung des Rahmens bei weitgehender inhaltlicher wie Ergebnis-Offenheit für das, was sich im Gespräch ereignen kann. Diese Eingrenzung erfolgte zum einen durch die räumliche wie örtliche Begrenzung des Projektes und damit auf eine spezifische Anzahl an Beschäftigten, deren Begleitung verantwortbar zu leisten war. Zum anderen geschah diese Eingrenzung in dem Angebot, Mitarbeitende an themenspezifische Beratungsstellen oder Selbsthilfegruppen zu vermitteln, wenn im Gespräch identifizierte Fragestellungen einer spezifischen Expertise oder eines speziellen Rahmens des Austauschs bedurften, die das Angebot der Begleitung nicht oder nur in sehr eingeschränkter Form zu leisten imstande war. Dabei konnte im Rahmens der Begleitung wiederum immer wieder geklärt werden, ob und wie die Experten-Beratung andernorts für die Mitarbeitenden hilfreich war.

Zu dieser Klärung zählte schließlich, wie der Projektverantwortliche als Pfarrer in einem betrieblichen Umfeld tätig sein kann, dessen rechtliche Rahmensetzung durch das AGG – anders als in einem kirchenrechtlich oder staatskirchenrechtlich gesetzten Rahmen – den Fokus auf die potenziellen Diskriminierungs-, ja repressiven Aspekte von Weltanschauungen und Religionen legt. Diesen Rahmen galt es in der Begleitung stets zu achten, jedoch in der Freiheit, auch als Pfarrer auf Wunsch ansprechbar zu sein oder Einsichten und Impulse aus der eigenen Tradition einzubringen, wenn diese entweder erbeten oder erfragt wurden oder dem Thema der Begleitung angemessen erschienen. Voraussetzung für diese Freiheit war jedoch, dabei die Augenhöhe im Gespräch zu wahren und diese Impulse als Angebote zum Nachdenken und Besprechen zu

---

dabei eröffnen und welche spezifische Praxis es ermöglichen kann, sehe ich in dem Aufsatz von GUNTHER BARTH (2012).

[19] Ich deute diese Zuschreibung so, dass die Mitarbeitenden damit eine Haltung beschrieben, die in einem von vielen unterschiedlichen Interessen und Agenden geprägten Kontext keine eigene Agenda verfolgt und die daher im Gespräch geteilte Informationen nicht zum Schaden des Gegenübers oder zum Eigeninteresse missbraucht.

markieren, die im Gespräch aufgenommen und vertieft oder verworfen werden können. Auf diese Weise konnten auch viele Gespräche geführt werden, die eine pastorale, theologische oder religionspraktische Dimension hatten.

Diese Dimension wurde in zunehmendem Maße nicht nur in individuellen Gesprächen abgefragt, sondern auch in Form von Mitarbeiter-Angeboten und »Kasualien«. So wurde der Projektverantwortliche gebeten, im Rahmen von Weihnachtsfeiern, die das IGM organisierte, Weihnachtsandachten zu halten. Auch wurde gemeinsam mit dem IGM im Rahmen eines Jahresprogramms zum Thema »Resilienz« eine meditative Veranstaltungsreihe geplant. Und als eine Mitarbeiterin in der Zentrale der AOK Bayern sich das Leben genommen hatte, erwuchs aus der Trauerbegleitung die Idee, eine Trauerfeier im Gedenken an diese Mitarbeiterin zu halten. In einer nahegelegenen evangelischen Kirche als anderem Ort nahmen rund 80 Beschäftigte Abschied.

Schließlich gilt es noch zu erwähnen, dass das Projekt nachhaltig Wirkung zeigte, nachdem es nach sieben Jahren Ende 2020 endete. Im Rahmen einer Projektgruppe, der der Projektverantwortliche angehörte, wurde eine Fortführung der Begleitung in anderer Form eingesteuert. Seit Frühjahr 2021 können nun alle Beschäftigten der AOK Bayern im ganzen Freistaat bei Bedarf die Dienste eines Employee Assistance Programs in Anspruch nehmen.

Perspektiven (Johannes Rehm)

Welche Perspektiven für die Kirchen und insbesondere für deren arbeitsweltliche Dienste ergeben sich aus der Rückschau auf das vorgestellte Projekt?

1. Die kirchliche Industrie- und Sozialarbeit kann auf eine jahrzehntelange Tradition verweisen. Allen Unterschieden in den sozialpolitischen und den sozialethischen Ansätzen und Zielen zum Trotz verbindet die Mitarbeitenden der kirchlichen Dienste in der Arbeitswelt sowie der Betriebsseelsorge heute mit ihren Vorgängergenerationen die Einsicht und die Erfahrung, dass die menschliche Arbeit, und in unserer Gesellschaft insbesondere die Erwerbsarbeit, elementarer und selbstverständlicher Ausdruck der Geschöpflichkeit des Menschen ist und bleibt (vgl. Rehm/Ulrich, 2009).
2. Eine Kirche, welche nahe bei und an der Seite von Menschen sein will, muss sich einer differenzierten Wahrnehmung der sich ständig verändernden Arbeitswelt befleißigen, weil diese Arbeitswelt schon rein zeitlich einen Gutteil der Lebenswelt von Menschen ausmacht und deren Selbstverständnis nachhaltig prägt.
3. Um der Unabhängigkeit von kirchlicher Verkündigung einschließlich ihrer Seelsorge willen waren die Mitarbeitenden des evangelischen »Kirchlichen Dienstes in der Arbeitswelt« (kda) sowie der katholischen Be-

triebsseelsorge bisher in der Regel bewusst kirchlich angestellte oder beamtete Mitarbeitende. Weil diese Unabhängigkeit von weltlichen Institutionen und Organisationen ein hohes Gut ist und sich bewährt hat, sollte Betriebsseelsorge auch künftig ein dezidiert kirchlicher Dienst sein mit entsprechenden kirchlichen Anstellungsverhältnissen.
4. Gleichzeitig gilt es, die Unterschiede in den Arbeits- und Unternehmenskulturen zwischen kirchlichen Stellen und Arbeitsplätzen in der freien Wirtschaft fachlich differenziert wahrzunehmen und zu beachten. Diese Wahrnehmung erfährt noch eine verdichtete Vertiefung der Erfahrung, wenn ein kirchlicher Mitarbeiter einmal selbst für eine begrenzte Zeit Arbeitnehmer in einem säkularen Umfeld, also in einer nicht kirchlich geprägten Unternehmenskultur, gewesen ist (vgl. Pelikan, 2010: 89 ff.).
5. Das Arbeitsweltpraktikum für Theologiestudierende vermittelt traditionell erste und elementare Erfahrungen mit Arbeitsplätzen und Arbeitsverhältnissen außerhalb der Kirchen. Diese Erfahrungen werden häufig als missionarische Gelegenheit, aber auch als wechselseitiges ethisches Lernen erlebt (vgl. Pelikan, 2009).
6. Über ein von vornherein zeitlich begrenztes Praktikum hinaus ermöglichte der geschilderte Einsatz als »Pfarrer bzw. Pfarrerin in der Wirtschaft« die eindrückliche Praxiserfahrung, was es für ausgebildete ordinierte Pfarrer und Pfarrerinnen bedeutet, in einem Unternehmen tätig zu sein und so auch selbst ein Teil des Systems Unternehmen zu sein.
7. Auch im säkularen und weltanschaulichen Kontext einer Firma, welche den christlichen Glauben und die kirchliche Seelsorge nicht als Unternehmensziele aufnehmen und befördern kann und will, stellen sich auf vielleicht überraschende Weise Glaubensfragen und ein Seelsorgebedarf von selbst ein, wenn ein Pfarrer oder eine Pfarrerin dort im Einsatz ist.
8. In den vergangenen Jahren war es aufgrund sogenannter starker Jahrgänge für die Kirchenleitungen unproblematisch, Pfarrer und Pfarrerinnen für eine gewisse Zeit für einen Einsatz außerhalb von verfasster Kirche und Diakonie freizustellen und zu beurlauben. In den kommenden Jahren wird sich das Thema Pfarrnachwuchs allerdings zunehmend schwieriger gestalten. Die Bedeutsamkeit einer differenzierten Wahrnehmung von Arbeitswelt wird jedoch eine kirchliche Herausforderung bleiben. Deshalb empfehlen wir auf dem Hintergrund der gemachten bereichernden Erfahrungen auch künftig in begrenztem Umfang entsprechende Einsätze als »Pfarrer bzw. Pfarrerin in der Wirtschaft« zu ermöglichen.
9. Im zeitlichen Umfeld und im Gefolge der Corona-Pandemie erfolgte in Deutschland eine noch anhaltende ungewöhnlich große Zahl von Kirchenaustritten. Zunehmend wirkte dieses auf kirchliche Mitarbeitende verunsichernd, und die von ihnen vertretene Institution erlebte sich als

nicht mehr systemrelevant. In dieser für die Kirchen zunehmend prekärer werdenden Situation wäre ein Rückzug aus der Öffentlichkeit in die kleiner werdenden Kirchengemeinden und Pfarreien eine verhängnisvolle Entwicklung. Wollen die Kirchen mit den Menschen, die teilweise nicht mehr Kirchenmitglieder bleiben bzw. ihre Mitgliedschaft nicht aktiv leben wollen, weiterhin Kontakt halten, dann müssen sie mit dafür beauftragten Mitarbeitenden in der Arbeitswelt vor Ort sein.
10. Die auch künftig erforderliche kirchliche Parteinahme für Beschäftigte kann auch die Form einer Begleitung und Befähigung von Arbeitnehmenden und Führungskräften annehmen, welche die Schärfung des sozialen Gewissens befördern helfen wird. Da, wo Kirche weiterhin gefragt ist, wird ihr Dienst erfahrungsgemäß dezidiert als Wahrnehmung ihres seelsorglichen, geistlichen und orientierenden Auftrags erwartet.

Literatur

Barth, Gunther: Die Öffentlichkeit der Buße. Eine theologische Kritik an einem Zentralbegriff der Diskursethik, URL: https://ep.liu.se/ecp/097/002/ecp12097002.pdf (Stand: 31.3.2021).

Blendinger, Hermann: Aufbruch der Kirche in die Moderne. Die Evangelisch-Lutherische Kirche in Bayern 1945-1990. Stuttgart: Kohlhammer 2000.

Hager, Angela: Ein Jahrzehnt der Hoffnungen. Reformgruppen in der bayerischen Landeskirche 1966-1976. Göttingen: Vandenhoeck & Ruprecht 2010.

Hauschildt, Eberhardt: »Alltagsseelsorge. Der Alltag der Seelsorge und die Seelsorge im Alltag«, in: Pohl-Patalong, Uta/Muchlinsky, Frank: Seelsorge im Plural. Perspektiven für ein neues Jahrhundert. Hamburg: EB-Verlag 1999, 8-16.

Lindbeck, George A.: Christliche Lehre als Grammatik des Glaubens. Religion und Theologie im postliberalen Zeitalter. Gütersloh: Kaiser 1994.

Lysy, Peter: Den Betrieb als Ort geschöpflicher Existenz entdecken – Konturen evangelischer Betriebsarbeit, in: Begemann, Verena/Burbach, Christiane/Weber, Dieter (Hrsg.), Ethik als Kunst der Lebensführung. Festschrift für Friedrich Heckmann. Stuttgart: Kohlhammer 2018, 162-175.

Pelikan, Roland: Ethik lernen am Beispiel von TheologInnen und PfarrerInnen in Unternehmen, in: Rehm, Johannes/Reihs, Sigrid (Hrsg.), Kirche und unternehmerisches Handeln. Neue Perspektiven der Dialogarbeit. Stuttgart: Kohlhammer 2010, 89 ff.

Pelikan, Roland: Ethik lernen in der Arbeitswelt. Münster: Lit-Verlag 2009.

Räker, Miriam/Schwinger, Antje/Klauber, Jürgen: Was leisten ambulante Pflegehaushalte? Eine Befragung zu Eigenleistungen und finanziellen Aufwänden, in: Jakobs, Klaus et al. (Hrsg.), Pflegereport 2020. Neuausrichtung von Versorgung und Finanzierung. Heidelberg: Springer 2020, 65-96.

Ranke, Hansjörg: Art. Sozialpfarrer, in: Karrenberg, Friedrich (Hrsg.), Evangelisches Soziallexikon. Stuttgart: Kreuz-Verlag 1954, 954 f.

Rehm, Johannes (Hrsg.): Kirche und Arbeiterfrage. Eine sozialwissenschaftlich-theologische Untersuchung zu Nähe und Distanz zwischen Arbeiterschaft und Evangelischer Kirche. Stuttgart: Kohlhammer 2017.

Rehm, Johannes/Pelikan, Roland/Büttner, Philip (Hrsg.): Kirchliches Handeln in der Arbeitswelt. Grundlegung – Grenzüberschreitungen - Gestaltungsfelder. Nürnberg: Mabase-Verlag 2009.

Rehm, Johannes/Ulrich, Hans G. (Hrsg.): Menschenrecht auf Arbeit? Sozialethische Perspektiven. Stuttgart: Kohlhammer 2009.

Storck, Hans: Art. Industriepfarrer, in: Schober, Theodor et al. (Hrsg.), Evangelisches Soziallexikon. Stuttgart: Kreuz-Verlag [7]1980, 609 f.

Praxisbericht digitale Gesprächsreihe »Selbst schuld?! Scheitern in unternehmerischer Verantwortung« des KDA in der hannoverschen Landeskirche

Matthias Jung

1. Vorgeschichte

In den Jahren 2012–2014 war ich in der Ev. Kirche im Rheinland im Rahmen meiner nebenamtlichen Tätigkeit im Kirchlichen Dienst in der Arbeitswelt (KDA) im Rheinland Mitglied in der »AG INSO«, in der sich in ökumenischer Verbundenheit mit der Frage beschäftigt wurde, ob und wie Kirche sich mit dem Scheitern in Wirtschaft und Arbeitswelt beschäftigen kann. In mehreren Tagungen in der Ev. Akademie im Rheinland wurde unter Federführung von Studienleiter Peter Mörbel dieses Thema intensiv bearbeitet, mit dem Ziel, das Scheitern bzw. die unternehmerisch Gescheiterten aus der Tabuisierung zu holen.[1]

Die AG INSO machte schnell zwei Erfahrungen: Scheitern ist auch in anderen Bereichen der Wirtschaft tabuisiert, so scheitern auch Abteilungsleiter:innen oder Herzensprojekte von Arbeitnehmer:innen. Und auch innerkirchlich wird in Kirche und Diakonie auf der Ebene von Führungsverantwortung selten über das Scheitern gesprochen. Besonders problematisch erschien uns in der AG die Beobachtung, dass in etlichen diakonischen Vereinen o. Ä. nicht nur hauptamtliche, sondern auch ehrenamtliche Frauen und Männer Verantwortung übernehmen, zum Beispiel indem sie aus Presbyterien und Kirchenvorständen entsandt werden, ohne hinreichend über die juristischen Folgen dieser Verantwortungsübernahme aufgeklärt zu sein – bis hin zum je nach konkreter Satzung damit verbundenen persönlichen Haftungsrisiko im Falle von wirtschaftlichen Schieflagen dieser kirchlichen oder diakonischen Unternehmen.

2014 wechselte ich im KDA aus dem Nebenamt ins Hauptamt und übernahm die Referentenstelle der Ev.-luth. Landeskirche Hannovers in Osnabrück. Von Anfang an habe ich versucht, das Thema Scheitern auch dort aufzugreifen. Ich suchte den Kontakt zu der dortigen Selbsthilfegruppe der Anonymen Insol-

---

[1] Unter der Überschrift »Angst frisst die Seele auf« habe ich seinerzeit auf meinem Blog über eine der Akademieveranstaltungen berichtet: https://blog.matthias-jung.de/2013/09/29/angst-frisst-die-seele-auf/ (Stand: 21.05.2021).

venzler und sprach das Thema in vielen Kontaktbesuchen an. Mein Ziel war es, mit öffentlichen Veranstaltungen auch hier einen Beitrag zu leisten, dass über das unternehmerische Scheitern offen(er) und öffentlich geredet wird.

Dies gestaltete sich allerdings schwierig. Ich bekam zwar nach und nach Hinweise auf konkrete Personen, die bereit sein könnten, über ihre eigenen Erfahrungen zu sprechen. Verschiedene Verbände lehnten es allerdings mehr oder weniger direkt ab, sich an öffentlichen Veranstaltungen zu diesem Thema zu beteiligen. Zum einen hörte ich: Wer insolvent ist, ist bei uns auch aus dem Verband ausgeschieden, da sind wir nicht mehr zuständig. Andererseits wurde gesagt: »Wir können uns nicht vorstellen, unsere Mitglieder zu solchen Veranstaltungen einzuladen. Am Ende bekommen unsere Mitglieder einen Schreck und sagen: Denkt der Verband etwa, ich stehe kurz vor der Pleite?!«

Beides ist einerseits Ausdruck des weitverbreiteten Schweigens über das unternehmerische Scheitern, andererseits zugleich ein Hinweis darauf, dass auch in Arbeitgeberverbänden wenig bekannt ist, dass die Anzeichen von drohenden Insolvenzen schon lange vor der eigentlichen Pleite erkennbar sind, es weithin aber an Frühwarnsystemen fehlt.

2016 brachen die Gespräche in Osnabrück ab, da ich nach Hannover auf die Stelle des Landessozialpfarrers und Fachbereichsleiters Kirche. Wirtschaft. Arbeitswelt im Haus kirchlicher Dienste wechselte. In Hannover begann das Spiel von vorn. Ich nahm Kontakt zu der damals noch bestehenden Gruppe der Anonymen Insolvenzler auf. Der Leiter erklärte mir, dass er selbst noch im Verfahren steckt und daher als Gruppenleiter seinen Namen und sein Gesicht nicht öffentlich machen kann. Allerdings macht diese Anonymität es Interessierten nicht leicht, Kontakt aufzunehmen, weil gerade bei einem solch emotional heiklen Thema das persönliche Gesicht von hoher Bedeutung ist. Auch meiner Idee von öffentlichen Veranstaltungen zum Scheitern stand er kritisch gegenüber. Aufgrund der großen Angst, erkannt zu werden, wären er und vermutlich viele andere bereit, für eine Veranstaltung hundert Kilometer nach Bremen oder Osnabrück zu fahren, aber in Hannover würde er sich nicht trauen, zu einer öffentlichen Veranstaltung zu gehen. Mit dieser Aussage suchte ich das Gespräch in unserem Team, da wir im KDA Hannover Außenstellen in Osnabrück, Leer, Göttingen und Wolfsburg unterhalten. Wir begannen die Idee zu verfolgen, eine Reihe zum Scheitern zu konzipieren, die an verschiedenen Standorten Veranstaltungen anbietet, die gemeinsam beworben werden.

In den Jahren 2016 und 2017 schwappte auch die Welle der Fuckup-Nights nach Hannover. An den ersten Veranstaltungen dieser Art in Hannover habe ich teilgenommen und war überrascht über den Zuspruch. Die erste Fuckup-Night musste kurzfristig in einen größeren Raum umziehen, weil sich weit mehr als hundert Personen angemeldet hatten. In der Spitze füllten die Veranstalter:innen große Hörsäle an der Uni, dann nahm das Interesse wieder ab. Die Fuckup-Nights hinterließen bei mir gemischte Gefühle: Einerseits fand ich die Grundidee gut, das Menschen offen und öffentlich über ihr Scheitern in unternehmerischer Verantwortung sprechen, anderseits waren die Beispiele oft nicht zwingend Erfahrungen des Scheiterns, sondern eher nüchterne, manchmal auch humorvolle Reflexionen wirtschaftlicher Misserfolge – denn die Sprecher:innen ließen oft nicht erkennen, dass ihnen der Misserfolg persönlich weh getan hätte. Es gab allerdings auch Ausnahmen und zumeist war es dann in den Räumen so still, dass man eine Stecknadel hätte fallen hören können. Besonders beeindruckend war an einem Abend der gescheiterte Unternehmer Daniel Helberg, der sehr ehrlich und persönlich berichtete. In der Fragerunde wandte ein Teilnehmer sich an die Ehefrau, die mitgekommen war und fragte sie, wie sie diese Zeit erlebt hatte. Ihre offene Antwort machte, so mein Eindruck, manchen der Zuhörer:innen die Tragweite von wirtschaftlichem Scheitern erst richtig bewusst. Scheitern, so wurde hier deutlich, ist die Frage, wie ich wirtschaftliche Misserfolge persönlich bewerte. Dies geschieht zwar immer auf dem Hintergrund und im Kontext der unbewussten Grundannahmen, die in einer Gesellschaft über das Scheitern vorhanden sind, aber jede:r scheitert individuell.

Meine Kollegin Laura Rinderspacher und ich beschlossen, Kontakt zu den Fuckup-Nights aufzunehmen und zu erfragen, ob wir bei einer der nächsten Veranstaltungen uns vorstellen und für unser Anliegen werben könnten, mit denen, die an einem vertieften Austausch über das Scheitern Interesse haben, ins Gespräch zu kommen. Diese Möglichkeit wurde uns eingeräumt, es kam auch zu verschiedenen Kontakten, allerdings ohne größere Nachhaltigkeit.

In der Folge blieb das Thema in unserem Team zwar auf der Agenda, es gab weiter lose Überlegungen zu einer Veranstaltungsreihe an verschiedenen Orten mit gemeinsamer Bewerbung, aber auch durch Stellenwechsel an KDA-Standorten wurde das Projekt immer weiter aufgeschoben. Die Grundfrage blieb: Wer kommt zu solchen Veranstaltungen vor Ort? Oder, genauer: Kommt angesichts der Tabuisierung der Thematik überhaupt jemand? Mein Bauchgefühl sagte mir paradoxerweise: Wenn wir hier zu früh an die Öffentlichkeit gehen, »scheitern« wir mit dem Vorhaben, und ich wollte diesen Misserfolg bei diesem Thema unbedingt vermeiden.

2. Konzeption und Durchführung der digitalen Gesprächsreihe zum unternehmerischen Scheitern

Mit Corona und dem ersten Lockdown im März 2020 änderte sich die Situation schlagartig. Zum einen geisterte von Stund an das Schreckgespenst der Insolvenz durch die Wirtschaft, die Programme der Bundesregierung änderten an der emotionalen Befindlichkeit vieler Unternehmer:innen wenig. »Herr Jung, ich habe so etwas noch nie erlebt«, erzählte mir ein Mitarbeiter eines Arbeitgeberverbands am Telefon, »ich habe hier weinende Unternehmer sitzen und mache Tag für Tag Seelsorge.« Insolvenz als Schreckgespenst war auf einmal auf der Tagesordnung, und zumindest hinter verschlossenen Türen wurde darüber geredet, weil der emotionale Druck durch den Flächenbrand einerseits enorm anstieg, andererseits aber öffentlich sichtbar wurde, dass es vielen anderen ähnlich geht.

Zugleich eröffnete die ab dem späten Frühjahr einsetzende Digitalisierungswelle uns als KDA nun die Möglichkeit, Veranstaltungen zum Scheitern öffentlich anzubieten, an denen Menschen anonym teilnehmen konnten. So konzipierten wir die Reihe »Selbst schuld?! Vom Scheitern in unternehmerischen Zusammenhängen«. Die einzelnen Veranstaltungen sollten 60 Minuten dauern, die Gespräche würden auf Zoom geführt und die Zuhörer:innen konnten Fragen stellen, zudem wurden die Gespräche aufgezeichnet und auf dem Channel des KDA Hannover veröffentlicht. Den Teilnehmenden wurde bewusst und gezielt »erlaubt«, bei diesen Veranstaltungen die eigene Kamera auszulassen und auch einen Alias-Namen zu verwenden.

Mittlerweile haben sechs dieser Veranstaltungen stattgefunden, die Mitwirkenden waren
- Attila von Unruh, TEAM U und Initiator der Selbsthilfebewegung der Anonymen Insolvenzler,
- Daniel Helberg, zweifach gescheiterter Unternehmer,
- Petra Koch, Leiterin der Gruppe der Anynomen Insolvenzler in Osnabrück,
- Carsten Lange, Rechtsanwalt und Coach,
- Heike Kergaßner, Diplom Ingenieurin Agrar und
- Bert Overlack, früher Unternehmer, heute Berater, Autor des Buchs: »Fuckup. Das Scheitern von heute sind die Erfolge von morgen«.

Ziel der Reihe war, neben persönlichen Geschichten des Scheiterns auch inhaltliche Impulse zu geben, so ging es im Gespräch mit Carsten Lange um die Auswirkungen der verschiedenen Maßnahmen der Bundesregierung zur Unterstützung von Unternehmen sowie um die Anfang 2021 in Kraft getretenen Änderungen im Insolvenzrecht. Oder Bert Overlack berichtete aus seiner eigenen Erfahrung als gescheiterter Unternehmer und seiner heutigen Beratungspraxis über häufige Gründe von Scheitern und das fatale Fehlen von Frühwarnsystemen zum Erkennen der Risiken.

Die einzelnen Veranstaltungen waren unterschiedlich gut besucht. In der Regel nahmen zwischen 20 und 30 Teilnehmer:innen teil. Die Abrufzahlen auf Youtube bewegen sich zwischen 50 und 80 (Stand: Mai 2021). Ein Gespräch allerdings stellte einen Ausreißer dar: die Veranstaltung mit Heike Kergaßner. Hier lag die Anmeldezahl über 80 und die Aufrufzahlen schnellten bereits kurz nach Veröffentlichung des Mitschnitts auf weit über 100. Es zeichnete sich bereits im Vorfeld ab, dass wir hier einen Nerv getroffen hatten. Daher skizziere ich dieses Gespräch, dass ich zusammen mit Ricarda Rabe, Pastorin für Kirche im ländlichen Raum und Landwirtschaft in unserer Landeskirche, geführt habe, etwas ausführlicher.[2]

Ricarda Rabe hatte im Team bereits berichtet, dass das Thema Scheitern in landwirtschaftlichen Betrieben ebenso weit verbreitet ist wie in anderen Branchen, aber noch erheblich tabuisierter. So war es zum Beispiel nicht möglich, einen männlichen Landwirt zu finden, der bereit war, über seine Erfahrungen zu sprechen. Heike Kergaßner gab einen tiefen Einblick in ihre Seelenlage und so wurde schnell deutlich, wo die spezifischen Probleme liegen:

- Landwirtschaft ist häufig ein Familienbetrieb, hier hängt oft eine jahrzehnte-, nicht selten jahrhundertelange Geschichte mit dran. Solch einen Betrieb aufgeben zu müssen, ist mit einem Bruch der Familientradition verbunden, das macht das Scheitern noch schmerzlicher als anderswo.
- In landwirtschaftlichen Familienbetrieben hängt oft auch die Alterssicherung der älteren Generation mit am Hof und am Land, eine Insolvenz reißt diese Generation mit in den Abgrund.
- In der Landwirtschaft geht es um den Boden und oft auch um Tiere. Hier existiert ein anderes Verhältnis zu den »Ressourcen« als in vielen anderen Branchen – eine Zahlungsunfähigkeit führt u. U. direkt dazu, dass kein Futter mehr für die Tiere im Stall gekauft werden kann.
- Zugleich ist der Sektor seit langem in heftigen Debatten, sowohl intern als auch gesamtgesellschaftlich: bio oder konventionell, Fragen des Tierwohls, Insektenschutz, Düngemittelverordnung, Nitratbelastung des Grundwassers, komplizierte bürokratische Verhältnisse, Preisdruck durch große Discounter und Knebelverträge usw. All das macht die Bewirtschaftung vielen Landwirt:innen schwer, ganz zu schweigen von den Erträgen, die erzielt werden können und die vielfach nicht auskömmlich sind.

In diesem Bereich wirtschaftlich zu scheitern und insolvent zu gehen, stellt viele emotional vor riesige Probleme, so wurde im Gespräch mit Heike Kergaßner deutlich,– die Zahl der Suizide von Landwirten (!) spricht Bände. So wird häufig auch hier wie in vielen anderen Unternehmungen viel zu spät reagiert, erste Warnzeichen ignoriert oder durch verstärkte Anstrengungen versucht, gegenzusteuern.

Die Fragen bzw. Redebeiträge der Zuhörer:innen an diesem Abend (es waren weit mehr Frauen als Männer anwesend) bestätigten diese Einschätzung. Auch hier, wie in den anderen Gesprächen in der Reihe, war der Grundtenor: Das Scheitern muss an die Öffentlichkeit kommen, jedes Gespräch hilft hier,

---

[2] Der Mitschnitt der Veranstaltung ist auf dem Channel des KDA Hannover auf Youtube abrufbar, der Direktlink lautet: https://youtu.be/PJM7K4h4bCM (Stand: 21.05.2021).

um die Angst, die Scham und den Druck zu mildern und andere zu ermutigen, über die eigenen Erfahrungen zu sprechen. Die Geschichten, die über das Scheitern erzählt werden, weben ein Netz, das dazu führen kann, dass nach und nach auch im Bereich der Landwirtschaft Frühwarnsysteme entstehen und vielleicht nicht jede Insolvenz oder Hofaufgabe vermieden werden kann, aber doch die persönliche Identitätskrise anders aufgefangen und bearbeitet werden kann, wenn solche am Ende unausweichliche Entscheidungen nicht einsam und allein getroffen werden (müssen), sondern über einen längeren Zeitraum vorbereitet werden.

3. Ausblick

Nach dem Gespräch mit Bert Overlack beschlossen wir, die Reihe bis nach den Sommerferien 2021 ruhen zu lassen. Dafür gibt es vor allem zwei Gründe:
- Digitale Veranstaltungen schienen sich in unserer Wahrnehmung nach einem Jahr Corona im beginnenden Frühjahr etwas zu erschöpfen, so dass wir mit abnehmender Resonanz rechneten.
- Unsere frühere Hoffnung im Herbst 2021, etwa ein halbes Jahr nach dem Start die digitale Reihe durch Präsenzveranstaltungen zu ergänzen, ist bislang nicht aufgegangen, verlässliche Planungen liegen noch in etwas weiterer Ferne.

Daher werden wir im Herbst 2021 die Reihe neu aufleben lassen, in der Hoffnung, dass dann begleitend auch andere Veranstaltungsformate hinzutreten können. An weiteren möglichen Themen mangelt es nicht. Am Ende eines Reflexionsgespräches standen schnell folgende Spiegelstriche auf der virtuellen Tafel:
- Wie erleben Partner:innen das Scheitern? Nicht nur, aber vor allem auch in Familienunternehmen, die in Deutschland nach wie vor vielfach die Landschaft der KMUs prägen. Gibt es so etwas wie ein »Co-Scheitern«?
- Oder, noch verschärfter nachgefragt: Wie erleben Kinder das Scheitern ihrer Väter und/oder Mütter? Wie blicken sie als Erwachsene zurück auf diese Zeit? Prägt sie das in ihrer eigenen Berufstätigkeit? Und wenn ja, nur negativ oder auch positiv?
- Die Erfahrung mit Heike Kergaßner lässt uns vermuten, dass es Sinn macht, auch in anderen Sektoren der Wirtschaft gezielt nach Erfahrungen des Scheiterns zu fragen, zum Beispiel im Handwerk oder im Bereich der öffentlichen Verwaltungen oder grundsätzlich im Dienstleistungssektor (Versicherungen, Verbände, Gewerkschaften ...). Dem werden wir nachgehen.
- Eng damit verbunden stellt sich die Frage: Wie sieht es mit dem unternehmerischen Scheitern in Kirche und Diakonie aus? Diese Frage spielte

bereits auch im Rheinland eine gewichtige Rolle und kommt nun auch in unserem Team verstärkt in den Blick.

Neben der Fortführung der digitalen Reihe möchten wir gern auch in Präsenz das Thema weiter in der Öffentlichkeit halten:

- Wir können uns gemeinsam mit Team U vorstellen, die Neugründung von Gruppen der Anonymen Insolvenzler zu unterstützen, zu bewerben und ggf. in der Anfangsphase auch zu begleiten. Hier bieten Räume in Kirchengemeinden evtl. einen Schutzraum, der die nötige Anonymität leichter ermöglicht als andere Versammlungsorte.
- Denkbar wäre der Versuch, die Zusammenarbeit mit den Fuckup-Nights zu intensivieren. Auch dort steht ein Neustart nach dem Ende der Pandemie an. Die letzten Fuckup-Nights in Hannover waren bereits branchen- und themenzentrierter, hier lässt vielleicht anknüpfen.
- Wünschenswert wäre es, wenn es wie seinerzeit im Rheinland gelingen könnte, in geschütztem Rahmen Begegnung und Austausch von Menschen mit Erfahrungen des Scheiterns zu ermöglichen, z. B. in Wochenendtagungen. Das gegenseitige Erzählen hilft mehr als ein Vortrag. Besonders spannend könnte hier auch der Austausch über die verschiedenen Generationen hinweg sein; es gibt Beobachtungen, dass die jüngere Generation Scheitern anders bewertet als die ältere Generation.
- Ähnlich macht es Sinn, auch über den nationalen Tellerrand hinauszuschauen und der Frage nachzugehen, wie unternehmerisches Scheitern in anderen Kulturen und Ländern erlebt wird, um das eigene Erleben im Spiegel des oder der Anderen neu wahrzunehmen.
- Ebenso vorstellbar ist es, dass wir den Impuls der Fuckup-Afternoons aufgreifen und nach Unternehmen suchen, die so etwas einmal ausprobieren wollen: »In einem strukturierten Prozess üben Führungskräfte und Mitarbeiter aus Unternehmen, über Fehler und gescheiterte Projekte zu sprechen und gemeinsam zu lernen. (...) Die offene Präsentation führt zu Vertrauen, der Austausch und die Reflexion zu Zusammenhalt und das gemeinsame Lernen zu besseren Ergebnissen« (Overlack 2019: 21). Eingebettet wird all das in die fortschreitende Reflexion und Evaluation der Veranstaltungen und des Themenfeldes und nicht zuletzt in die theologische Reflexion des Scheiterns (vgl. Jung 2021).

Literatur

Jung, Matthias: Scheitern in unternehmerischer Tätigkeit. Eine theologische Betrachtung, in: Jähnichen, Traugott/Pelikan, Roland/Reihs, Sigrid/Rehm, Johannes (Hrsg.), Priorität für die Arbeit. Profile kirchlicher Präsenz in der Arbeitswelt gestern und heute. Festschrift für Günter Brakelmann. Berlin: LIT-Verlag 2021, 287–297.

Overlack, Bert: Fuckup. Das Scheitern von heute sind die Erfolge von morgen. Weinheim: Wiley-VCH Verlag 2019.

Rezensionen

Zeitgerechte Stadt

Dietrich Henckel/Caroline Kramer (Hrsg.): Zeitgerechte Stadt. Konzepte und Perspektiven für die Planungspraxis. Hannover: ARL 2019, 408 S., ISBN: 978-3-88838-088-4, 30,90 €

Clemens Wustmans

Der Begriff »Zeitgerechtigkeit« ermöglicht zunächst eine Vielzahl von Assoziationen zu den Zusammenhängen zeitlicher und räumlicher Strukturen. Daneben drängen sich Fragen nach der Verteilungsgerechtigkeit der (eigenen) Zeit auf (S. 15). Dietrich Henkel und Caroline Kramer legen mit dem 2019 im Rahmen der Forschungsberichte der *Akademie für Raumforschung und Landesplanung* in Hannover vorgelegten Band *Zeitgerechte Stadt* eine umfassende Studie vor, die für eine deutliche Aufwertung des letztgenannten möglichen Verständnisses plädiert: Den seit rund zehn Jahren diskutierten Aspekt der zeitlichen Gerechtigkeit gelte es – neben Aspekten wie sozialer Gerechtigkeit, Raumgerechtigkeit, Umweltgerechtigkeit oder dem Recht auf Stadt – als zentrale Kategorie der Realisierung von Gerechtigkeit zu verstehen (S. 3). Vierzehn inter- und transdisziplinäre Beiträge fundieren diesen Anspruch.

Während die Themen Raum, Zeit und Gerechtigkeit in den Diskursen um Stadtplanung und Stadtsoziologie auf je lange Traditionen zurückblicken können, machen die Herausgeber:innen es sich zur programmatischen Aufgabe, gleichermaßen Forschungs- wie Handlungsdesiderata vor allem hinsichtlich der Integration der thematischen Perspektiven auf den Raum, speziell den Stadtraum, zu bearbeiten (S. 5).

Während die Kategorie des Raums für die Planungswissenschaften seit jeher als originär konstitutiv gelten muss, findet die Kategorie der Zeit erst in jüngerer Vergangenheit intensiveren Niederschlag in auf den Raum bezogenen Wissenschaftskontexten, insbesondere in Form raumzeitlicher Fragen (S. 7).

Den für die theologische Sozialethik besonders anknüpfungssensiblen Aspekt der Gerechtigkeit verstehen die Herausgebenden als die am deutlichsten etablierte ihrer zu verknüpfenden paradigmatischen Dimensionen; zugleich attestieren sie den Planungswissenschaften eine Tendenz zu einem eindimensionalen Verständnis von Gerechtigkeit als sozialer Gerechtigkeit, verbunden mit dem Postulat der Gleichheit (etwa gleichen Zugangs zu gesellschaftlicher Teilhabe, in Form von Planungszielen wie den »gleichwertigen Lebensverhältnissen« oder durch Ausgleich zur Legitimation von Ungleichbehandlungen). Für den vorliegenden Band nun streben die Herausgeber:innen eine kritische(re) Befragung dieser normativen Gerechtigkeitskonzepte an (S. 7-8).

Insbesondere in der Erweiterung um zeitdimensionale Fragen kann ein Mehrwert für den Gerechtigkeitsdiskurs gesehen werden, da angesichts besonders ausdifferenzierter und individualisierter Zeitstrukturen diese das komplexe Verhältnis von Diversität, Ungleichheit und Ungerechtigkeit besonders deutlich erkennen lassen (S. 9). Wird ein *Recht auf Zeit* postuliert, impliziert dies die Ablehnung unautorisierter Fremdbestimmung der eigenen Zeit, stattdessen das Recht auf eine eigene Zeitkultur (also: Zeitkompetenz) sowie auf gemeinsame Zeiten, zugleich die Ablehnung von Diskriminierung oder Entwertung persönlicher Zeitnutzungskonzepte. Die Konzeption einer *zeitgerechten Stadt* könne dann als institutionelle Garantie fungieren (S. 16). Für eine Raum-Zeit-Gerechtigkeit entscheidend ist für Henckel und Kramer somit eine Ausdifferenzierung sozialer Gerechtigkeit hinsichtlich Verteilungs- und Verfahrensfragen (S. 17).

Hierzu gliedert sich der Band in vier Abschnitte, in denen (A) normative Überlegungen zu Zeit, Raum und Planung angestellt, (B) Strukturmuster urbanen Lebens (Rhythmus und Takt) auf ihre Konsequenzen hin befragt, (C) Zeit-Räume in der Stadt (etwa *shared spaces* und Verkehrsräume) untersucht und (D) ausgewählte Bevölkerungsgruppen mit ihren höchst verschiedenen zeitlichen Bedürfnissen und der Diversität von Zeiterleben exemplarisch in den Mittelpunkt gerückt werden.

Unter dem Titel *Zeiteffizienz und Transparenz* (S. 23-44) gehen Dietrich Henckel und Charlotte Weber der These nach, dass eine effiziente Nutzung von Zeit als knapper Ressource Vereinfachungen im Alltag bedeutet; das Gegenteil effizienter Zeitnutzung wäre dann nicht Beschleunigung, sondern zu nicht gewünschten Zwecken verbrachte Zeit, also fehlende *Zeitautonomie* (S. 26). Als wichtigste Bedingung zur Realisierung einer solchen möglichst autonomen »Bewirtschaftung« der eigenen Zeit (S. 24) scheint den Autor:innen die Produktion von Transparenz. Planerisch sind städtebauliche oder infrastrukturelle Maßnahmen beschreibbar (S. 27-28), andere öffentliche Steuerungsebenen umfassen organisatorisch, koordinatorisch sowie substitutiv lang- wie kurzfristige Maßnahmetypen (S. 28-29). Aus ethischer Perspektive ist das Konzept vor allem dahingehend rezeptionswürdig, da mit Konkurrenz- und Verteilungsfragen zugleich Unvereinbarkeiten und Priorisierungen von Interessen (S. 42-43) notwendig werden.

Wie im vorhergehenden Beitrag bildet auch für Gérard Hutter der ernüchternde Befund den Ausgangspunkt, nach dem Zeitgestaltung in aktuellen Stadtentwicklungskonzepten eher keine explizite Rolle spielt. Im Rahmen einer Mikroanalyse zur *Zeit als Gestaltungsthema und Rahmenbedingung - Am Beispiel der Stadtentwicklungsplanung* (S. 45-64) untersucht Hutter nun - personale wie kollektive - Akteure der Zeitgestaltung. Mit dem Begriff der Agency werden Bemühungen dieser Akteure um die Realisierung bestimmter Handlungen in bestimmten Situationen beschrieben. Imaginationen und Vorstellungen von Zukunft stehen dabei in einer dynamischen Wechselbeziehung mit gegenwärtigem Handeln und Interpretationen der Vergangenheit (S. 50). Als »Gestalter« unterscheidet Hutter dabei zwischen »Zeitpionieren« – ausgezeichnet durch Distanz zu herrschenden (Zeit-)Konventionen, hohes reflexives Zeitbewusstsein und einen Lebensstil mit Gestaltungsansprüchen zur Erhöhung individuellen Zeitwohlstands – und »Zeitgestaltern« als Gestaltern institutionellen Wandels, deren Gestaltungsreflexion mit dem Anspruch der Erhöhung kollektiven, gerecht verteilten »Zeitwohlstands« verknüpft ist (S. 53). Fortdauernd zeitkonventionelles Planungshandeln stellt einen nach wie vor ambivalenten Befund vor allem im Hinblick auf Gestaltungsansprüche für kollektive Verbesserungen dar (S. 62).

Anne Ritzinger geht in ihrem Beitrag Argumenten des Postwachstums oder Degrowth nach, folgerichtig überschrieben: *Zeit ist nicht nur Geld! Wachstumskritische Lebens- und Wirtschaftsformen aus der Perspektive der Zeitgerechtigkeit betrachtet* (S. 65–85). Aus der normativen Perspektive eines auf Nachhaltigkeit zielenden Postwachstumsparadigmas befürwortet die Autorin Veränderungen im Hinblick auf Fragen des Lebensstils und des Wirtschaftens, die sie mit der These von der Entschleunigung als qualitativem Zeitgewinn verbindet (S. 69). Auch die ermöglichte Berücksichtigung legitimer eigener zeitlicher Belange und des selbst gewählten kulturellen Eigenwerts der (Lebens-)Zeit (S. 73) ist dann ein Aspekt von Verteilungsgerechtigkeit. Insbesondere die wettbewerbsgetriebene Arbeitswelt gerät aus wachstumskritischer und zugleich aus zeitpolitischer Perspektive in die Kritik (S. 74). Normative Forderungen umfassen dann etwa Resilienz, Suffizienz und Diversifizierung aus Postwachstumsperspektive, gerecht verteilten Zeitwohlstand und Entschleunigung aus Sicht der Zeitgerechtigkeit und eine sozialgerechte Bodennutzung als Handlungsfeld nachhaltiger Stadtentwicklung; aus diesen normativen Ansprüchen wiederum lassen sich (wünschenswerte) Strukturen, Akteur:innen und planerische Instrumente ableiten (S. 75) sowie letztlich Handlungsansätze und konkrete exemplarische Projekte identifizieren (S. 77).

Justin Winkler greift unter dem Titel *Über Rhythmusanalyse* (S. 87–108) diesen ursprünglich aus den 1930er Jahren stammenden und dann vor allem in der französischen Denktradition des späten 20. Jahrhunderts starken Begriff auf. Ausgehend vom illustrierenden Beispiel des Gehens als elementarer Form gesellschaftlicher Produktion von Zeit leitet Winkler zur Rhythmusanalyse, die die raumzeitliche Existenz und das Tätigsein in Raum und Zeit zum Gegenstand hat (S. 97). »Rhythmusgerechtigkeit« kann dann, wenn auch nicht vollumfänglich Zeitgerechtigkeit, so zumindest »Zeitfairness« (*time equity*) ungleich gestellter Akteur:innen ermöglichen (S. 105).

Nacht und Gerechtigkeit – Die Stadtnacht als spezifischer Zeitraum sind Thema der Untersuchung von Charlotte Weber und Dietrich Henckel (S. 109–

139). Die menschheitsgeschichtlich durch das notwendige Angewiesensein auf künstliche Beleuchtung relativ späte Erschließung der (Stadt-)Nacht eröffnet gegenläufige und nicht konfliktfreie Ansprüche an Normen und Ansprüche ihrer Nutzung. Schon, wo naheliegende Assoziationen vom *Nachtleben* den Konflikt zwischen vergnügungsversprechender Aktivität als Bruch all*täglicher* Routinen und Ausdruck speziell von Urbanität einerseits und dem Ruhe- und Alltagsbedürfnis von Anwohner:innen andererseits offenlegen, zeigt sich, dass speziell die Stadtnacht auch öffentlich präsenter Schauplatz von Raumnutzungskonflikten ist (S. 119). Aktuelle Handlungsansätze zielen auf solche auch medial präsente Konflikte – Lärm, Sauberkeit, Sicherheit u. a. (S. 130-131). Indem öffentlicher Raum Austragungsplattform von Machtfragen und Raum für Teilhabe ebenso wie Konfrontation darstellt, führt die Ausdehnung zeitlicher Aktivitäten und Nutzungsmöglichkeiten in die Nacht zu normativen Fragen: Was impliziert ein »Recht auf Nacht«? Erfordert eine gerechte Gestaltung der Stadtnacht die Berücksichtigung anderer, spezieller Aspekte (S. 136)? Und wie kann eine ganzheitlich-integrative Planung über die Bearbeitung partieller Konflikte hinausgehen (S. 137)?

Michael Wieden und Charlotte Weber untersuchen die Vision von der *Chronocity – Ausblick auf eine chronobiologisch optimierte Stadt* (S. 141-170). Während gegenwärtige Taktgebungen des sozialen Lebens in Mitteleuropa als chronobiologisch für einen Großteil der Menschen widerständige Rhythmisierungen identifiziert werden, wird am Beispiel des seit 2013 realisierten Pilotprojekts der Stadt Bad Kissingen (S. 158-165) erörtert.

Die *Regionalisierung zeit-räumlicher Stadtstrukturen* thematisiert Thomas Pohl (S. 171-202). Wie in vorangestellten Beiträgen intensiv ausgeführt, ist die Grundlage für Nutzungskonflikte häufig in der funktionalen rhythmischen Beschaffenheit eines Ortes zu sehen, ebenso wie in der Ausdehnung unserer Aktivitätszeiten und damit einhergehend zunehmender Belebung bestimmter Orte (»Chronotope«) in den Abend- und Nachtstunden sowie Fragen der Zugänglichkeit und Teilhabechancen. Als »Chronotop« versteht Pohl dabei eine »Zone ähnlicher Funktion, ähnlicher Aktivitätszeit, ähnlicher Zugänglichkeit und ähnlichen Tempos« (S. 179). Als Synthese der (potenziellen) Gerechtigkeitskonflikte um Zeit und Raum sowie deren Regulation sieht er mit A. Giddens die Regionalisierung, also die raumzeitliche Zonierung in Bezug auf soziale Praktiken (S. 191), wenngleich ihr aufgrund beschränkt verfügbarer empirischer Daten vom Autor selbst heuristischer Charakter attestiert wird (S. 200), gleichwohl argumentativ gegen dominierende ökonomische Logiken und zunehmende Exklusion angeführt werden kann (S. 200-201).

Achim Schröer rückt in seinem Beitrag *Mehrfach: Nutzen – Mehrfachnutzung und Space Sharing als Strategie zur nachhaltigen Stadtentwicklung* (S. 203-222) den Zusammenhang zwischen zeitlichen Mustern der unterschiedlichen Raumnutzung und Nachhaltigkeitsansprüchen in den Fokus. Hierzu erhebt er etablierte wie neuartige Beispiele von Mehrfachnutzungen – von Wohnraum über Büro- und Gewerberäume bis zu Verkehrs- und Grünflächen (S. 206-210) – und systematisiert diese je nach Nutzer:innen, Funktion, Zeitmustern und Nutzungsmustern (S. 210-213). Abschließend erhebt Schröer Potenziale und Risiken von Mehrfachnutzungen hinsichtlich der klassischen Nachhaltigkeitsdimensionen Ökonomie, Sozialität und Ökologie (S. 215-218).

Jörg Thiemann-Linden und Charlotte Weber beleuchten sodann *Zeitpolitische Aspekte in der Planungspraxis des Stadtverkehrs* (S. 223-249). Obwohl Fragen der Zeitgerechtigkeit in Diskussion um den Stadtverkehr scheinbar besonders naheliegend sind, benennen auch Thiemann-Linden und Weber dahingehend ein Desiderat, dass diese in Planungsprozessen nur selten transparent verhandelt werden, was im Sinne der Verfahrensgerechtigkeit durchaus als Defizit beschrieben werden kann. Ebenso wie das Paradigma der Gleichsetzung von schnellerem als »gerechterem« Stadtverkehr (S. 227-231) kritisch hinterfragt wird, gilt es für die Autor:innen, Transformationsansätze für den Verkehrssektor stark zu machen (S. 231-233). Eine besondere Bedeutung im Hinblick auf zeitgerechte Verkehrsplanung attestieren sie dem Öffentlichen Personennahverkehr (S. 234-240). Unter dem Gesichtspunkt der Verfahrensgerechtigkeit fordern die Autor:innen gerade für letztgenannten Aspekt jedoch eine Ausweitung der gebotenen Transparenz, um abschließend Handlungsfelder einer Ausweitung von Zeitgerechtigkeit im Stadtverkehr (S. 241-246) auszuloten.

Das Zeiterleben in der Stadt mit Blick auf heterogene Bevölkerungsgruppen wird schließlich in vier Beiträgen in den Fokus gerückt; Daniela Imani und Carmella Pfaffenbach konkretisieren dies in ihrem Beitrag für eine erste spezielle Bevölkerungsgruppe, *Internationale Hochqualifizierte in deutschen Städten: Integration auf Zeit* (S. 251-280), respektive die Möglichkeiten und Limitierungen der Integration. Hierbei verstehen die Autorinnen Gerechtigkeit zunächst als lokal kontextualisierte Zugangsmöglichkeiten zu gesellschaftlicher Teilhabe. Zeitgerecht wäre eine Stadt dann, wenn sie Zugewanderten bereits nach kurzer Zeit den Zugang zu Ressourcen und Gelegenheiten der Integration bieten (S. 274). Auf der Basis qualitativer Interviews mit 55 Personen wird gezeigt, dass vor allem Arbeitgebern, sodann aber auch den Städten selbst zentraler Akteursstatus bei der Ermöglichung von Integrationsangeboten zukommt (S. 275-276).

Caroline Kramer thematisiert in der folgenden Fallstudie *Studierende im städtischen Quartier – zeit-räumliche Wirkungen von temporären Bewohnern und Bewohnerinnen* (S. 281-310). Auch, wenn Studierende oft nur verhältnismäßig kurze Zeit an ihrem jeweiligen Hochschulstandort leben, stellen sie eine signifikante Bevölkerungsgruppe vieler Groß-, gerade aber auch Mittelstädte dar. Ausgehend von der exemplarischen Untersuchung der Karlsruher Oststadt untersucht Kramer, ob Effekte der »Studentification« (S. 302-306) nachzuvollziehen sind, zieht dabei jedoch eine überwiegend positive Bilanz, die weder eine Segregation identifizieren noch überwiegend negative Wahrnehmung der Studierenden durch andere Bevölkerungsgruppen nachvollziehen kann (S. 306-308).

Die *Zeitliche Diversität in der alternden Stadtgesellschaft. Lösungsansätze und zeitpolitische Implikationen* thematisiert anschließend Jürgen Rinderspacher (S. 311-333). Auch für die zeitpolitischen Implikationen der Gestaltung öffentlicher Räume stellt die alternde Gesellschaft eine Herausforderung dar (S. 320-322). Wo geforderte Fähigkeiten zum adäquaten gesellschaftlich-zeiteffizienten Handeln bei älteren, alten und hochalten Menschen nicht (mehr) abgerufen werden können, entstehen Risiken und individuelle Belastungserfahrungen. Um gesellschaftliche Exklusion in der Konsequenz aus solchen »Defiziten des zeitlichen Handlungsvermögens« (S. 320) zu vermeiden, spricht sich Rinderspacher für eine optimierte Ausgestaltung individueller Kontrollmöglichkeiten über die (eigene) Zeit aus (S. 329-330), die anstelle einer solidarisch generell entschleunigten Stadt dem Modell selektiv entschleunigter Lebensumfelder folgt, respektive diese synthetisiert (S. 328); in der Unterstützung der Solidargesellschaft als zentrales Thema der Sozialpolitik macht auch er vor allem kommunale Institutionen zu Akteuren (S. 330-331).

Schließlich lenken Martina Heitkötter und Heinz Zohren in ihrem Beitrag *Kommunale Familienzeitpolitik – Ansätze zeitgerechter Planung für Familien am Beispiel der Stadt Aachen* das Augenmerk auf die Lebensrealität von Familien (S. 335-363). Die Anerkennung von Fürsorgebeziehungen und Care-Arbeit benötigt nicht nur die Ermöglichung eines funktionsfähigen Zeitmanagements, sondern auch die Vorhaltung unverplanter Zeiten zur Ausprägung stabiler, intakter Beziehungen (S. 341). Unter dem ökonomischen Primat einer doppelten Entgrenzung von Erwerbs- und Reproduktionsarbeit und daraus folgender Konkurrenz um Zeit (und damit letztlich Zuwendung) folgt zunehmend Zeitnot und das Gefühl der Überforderung (S. 343). Begegnet werden kann dies mit kommunaler Familienzeitpolitik (S. 347-350).

Dietrich Henckel und Caroline Kramer bilanzieren in ihrem zusammenfassenden Beitrag schließlich die Bedeutung vor allem von Fragen der Verteilungs- und Verfahrensgerechtigkeit für die Entwicklung eines Leitbilds von der »zeitgerechten Stadt« (S. 365-406).

Welche Dimensionen von Zeitgerechtigkeit sind dem Konzept inhärent? Kann, respektive wie kann Zeitgerechtigkeit hergestellt werden? Welche Aufgaben und Herausforderungen stellen sich dabei den verschiedenen Akteur:innen? Und welche Vorstellungen vom guten Leben führen zu konkreten Normen und Ausgestaltungsoptionen von Zeitgerechtigkeit? Die vor allem aus geographischer, planerischer und ökonomischer Perspektive entwickelten Antworten, Ansätze und Konfliktbeschreibungen sind für den ethischen Diskurs in hohem Maße anschlussfähig, gerade auch hinsichtlich der im vorliegenden Band erfreulich eindeutig benannten normativen Dimension des Themas. Dessen breiter Aufriss gestaltet die Aufsatzsammlung als Einladung zu höchst unterschiedlichen Möglichkeiten des Weiterdenkens.

ARBEIT UND ZEIT

Axel Haunschild/Florian Krause/Christiane Perschke-Hartmann/ Andrea-Kristin Schubert/Günther Vedder/Martin Vogel (Hrsg.): Arbeit und Zeit. Institut für Interdisziplinäre Arbeitswissenschaft (Schriftenreihe zur interdisziplinären Arbeitswissenschaft 12). Augsburg/München: Rainer Hampp Verlag 2020, VIII, 242 S., ISBN 978-3-95710-274-4, 27,80 €

Georg Lämmlin

ZEITKNAPPHEIT UND EIGENZEIT

Der am Institut für interdisziplinäre Arbeitswissenschaft der Leibniz Universität Hannover (Direktor: Prof. Dr. Axel Haunschild) entstandene Sammelband vereint vier Fachbeiträge von Mitarbeitenden des Instituts und drei umfangreichen Studien, die von Absolvent*innen des Masterstudiengangs am Institut verfasst wurden. Er nimmt Zeit als ein zentrales Strukturprinzip moderner Gesellschaften und der Arbeit in Organisationen in den Blick. Dabei bildet die lebensweltliche und alltagspraktische wie berufliche Phänomenologie von »Zeitknappheit« den Ausgangspunkt. Beruf und Lebenswelt sind durch Phänomene der Zeitverdichtung und Beschleunigung, des Termin- und Arbeitsdrucks bestimmt, denen gegenüber Menschen sich mehr Eigenzeit, Flexibilität, Entschleunigung und Auszeiten wünschen. Im Fokus der Beiträge steht die Beobachtung von Arbeitszeitmanagement unter dem Einfluss dieser Dynamisierung: »Wie sollen mobiles Arbeiten, Teilzeitführung, Sabbaticals und Workation organisiert werden? Wie wirkt sich die Einführung agiler Arbeitsformen auf die Zeitnutzung aus? Lässt sich die Erschöpfung der Beschäftigten durch ein besseres Selbstmanagement reduzieren? Und wie passen die Themen Zeit und Nachhaltigkeit eigentlich zusammen?« (Klappentext).

Das Zeitregime der modernen Gesellschaft (und Wirtschaft) wird mit Hartmut Rosa durch die Eskalationslogik von Beschleunigung, Verdichtung und Dynamisierung charakterisiert. Auf deren Auswirkungen auf die Organisation von Arbeit und die Folgen für die Beschäftigten werfen »die Beiträge aus unterschiedlichen Perspektiven eine Art Blitzlicht« (S. V). Der Sammelband leistet daher eine exemplarische, keine systematische Bearbeitung der Fragestellung »Arbeit und Zeit«.

Florian Krause und Axel Haunschild untersuchen unter dem Gesichtspunkt »Nachhaltigkeit und Zeit« im Eingangsbeitrag (S. 1–11) die Spannung, die sich zwischen der im Nachhaltigkeitsanspruch gegebenen Zeitfestlegung und den aktuellen Organisationsregimes Agilität und Disruption aufbaut. Beide Organisationsregimes stehen unter der Maßgabe, dass sich zukünftige Entscheidungen nicht aus Festlegungen der Vergangenheit ableiten lassen. »Ökonomisch interpretiert lassen die zunehmenden Möglichkeiten die eigenen, auf tradierte Erwartungen fußenden Planungen zunehmend ineffizienter erscheinen. Das bequeme Korsett aus individuellen (und gesellschaftlichen) Erwartungen an die eigene Lebenszeit wird durch immer neue Möglichkeiten und korrespondierende Entwurfsangebote kontinuierlich in Frage gestellt. [...] Zukunft lässt sich ... nicht mehr aus der Vergangenheit [...] extrapolieren, sondern sie erfordert kontinuierliche und kurzfristige Entscheidungen und Anpassungen« (S. 4). Dieser Dynamik folgen Agilitätskonzepte, die einerseits auf eine dauernde »Neuerfindung« der Organisation (S. 5 mit Verweis auf Frederic Laloux), andererseits auf neue Arbeitsverhältnisse ausgerichtet sind, in denen sich die berufliche und private Aktivität vermischen (und aus dieser Vermischung innovative Impulse resultieren sollen). Dem steht der Zeithorizont von Nachhaltigkeit gegenüber, der die Festlegung gegenwärtiger Entscheidungen aus heute vorweggenommenen Zielen in der Zukunft und deren konsequente Umsetzung fordert. Insofern handelt es sich hier um gegenläufige Zeitregimes bzw. Zeithorizonte. »Zukunft lässt sich nicht gleichzeitig bestimmt und unbestimmt, die Vergangenheit nicht gleichzeitig verpflichtend und irrelevant denken« (S. 8). In radikaler Form erscheinen die beiden Ansätze daher nicht kompatibel. Eine Verbindung erscheint möglich, wenn sich Nachhaltigkeit in (staatlichen) Rahmenvorgaben auf betriebliche Entscheidungsstrukturen und -prozesse auswirkt, beispielsweise in Form von betrieblicher Mitbestimmung, die zu »Entschleunigung durch mehrstufige Verhandlungs- und Entscheidungsstufen« (S. 9) führen kann, in denen Zielkonflikte bearbeitet werden können. Die Autoren bleiben jedoch skeptisch, ob dieser Weg zum »Aushandeln sozialer und ökologischer Nachhaltigkeit« ohne verbindliche Rahmenfestsetzungen auf langfristige gesellschaftliche Ziele gelingen kann (S. 9 f.). Der Beitrag formuliert in prägnanter und zuspitzender Weise einen Grundkonflikt, der im Nachhaltigkeitsdiskurs wenig in den Blick genommen wird, wie sich nämlich die Nachhaltigkeitsausrichtung systemisch in die Entscheidungsstrukturen und -prozesse der (betrieblichen) Organisation implementieren lässt, deren Organisationsregime de facto gegensätzlich konstituiert ist. So zeigt sich auch unter dem Faktor »Zeit«, welche große Herausforderung der Nachhaltigkeitsanspruch für die Organisation wirtschaftlichen Handelns darstellt.

Martin Vogel unterzieht das Konzept der »agilen Organisation« einer systemtheoretischen Analyse (S. 13–36). Der Kern der Organisation besteht in systemtheoretischer Perspektive in »Entscheidungen«, die durch Differenzen in drei Dimensionen markiert werden: Zeitdimension (vorher/nachher), Sachdimension (dieses/jenes) und Sozialdimension (der eine/der andere). Die Aufgabe der Organisation besteht grundsätzlich darin, in einer dynamischen Umwelt ihre eigene Stabilität durch einen Aufbau von Komplexität aufrechtzuerhalten, dass sie auf Veränderungen in der Umweltbeziehung mit möglichen Anschlussentscheidungen zu reagieren in der Lage bleibt. Insofern sieht Vogel die Organisation grundsätzlich unter der Perspektive von »Agilität«, indem sie die Spannung zwischen Zeitknappheit und Komplexitätssteigerung in der Sach- und Sozialdimension (mehr Gesichtspunkte müssen berücksichtigt und dafür mehr Beobachtungsperspektiven beteiligt werden) balancieren bzw. zur Entscheidung bringen müssen. In systemtheoretischer Sicht führt das Agilitäts-Konzept nun genau zu einer weiteren Steigerung dieser beiden Dimensionen, wenn immer neue Kontingenzen und immer weitere Beteiligte berücksichtigt werden sollen. »Insofern fokussieren agile Methoden konsequenter Weise vor allem auf die Strategien der Rationalisierung und Demokratisierung, also auf Komplexitätssteigerungen auf der Sach- sowie der Sozialdimension« (S. 29). Die Lösung für die Begrenzung der Komplexitätssteigerung liegt nach Vogels Einschätzung im Umgang mit der Zeitdimension: »Die zentrale Antwort auf diese Frage liegt aber vor allem in der Strukturierung in der Zeitdimension. Feste Termine für die Ergebnispräsentation […] und tägliche, fest terminierte Meetings […] sorgen für starke Reduktion der Kommunikationsmöglichkeiten. Es sind diese rigiden Zeitstrukturen, die für die Rationalisierung der Rationalisierung sorgen: ›I don't want it good, I want it Tuesday!‹« (S. 29, mit Verweis auf Mintzberg). Der Preis für die Reduktion von Komplexität in »agilen Teams« im Rahmen der Komplexitätssteigerung der Gesamtorganisation liege kurz gesagt darin, dass »vor allem die Terminkalender die Regie« übernehmen (S. 30).

Andrea-Kristin Schubert interpretiert in ihrem Beitrag »Arbeit, Erschöpfung und Zeit(geist)« (S. 38–49) die Diagnose unterschiedlicher Formen von Erschöpfungskrankheiten als Teil des neuzeitlichen gesellschaftlichen Diskurses über Arbeit und Erschöpfung, in dem »das Reden über Neurasthenie, Managerkrankheit, Burnout und Hochsensibilität in Phasen wahrgenommener Beschleunigung, Veränderung und Flexibilisierung die Möglichkeit [bietet], das eigene Unbehagen zu formulieren« (S. 44). Im Hintergrund steht das Deutungskonzept des »erschöpften Selbst« von Alain Ehrenberg, als Strategie der Individuen, »die Verantwortung für ihr eigenes Unbehagen zu externalisieren« (S. 44). In der Verallgemeinerung von Burnout zur Volkskrankheit sei zudem der zivilisationskritische Impetus dieses Diskurses abhandengekommen und von einer Anpassungsstrategie ersetzt worden (S. 44 f). Gegen das Verschwinden des gesellschaftlichen Diskurses in der Propagierung von »Selbsttechniken« (Foucault) der Anpassung hebt der Beitrag auf eine kritische Aufgabe der Arbeitswissenschaft ab, indem er mit Heiner Keupp für die stärkere Berücksichtigung des gesellschaftlichen Rahmens und den Blick auf »krankmachende Arbeits- und Lebensbedingungen« (S. 47) bzw. deren Veränderung abhebt.

Mit der für die Frage der Gleichstellung in Führungspositionen immer noch bedeutsamen Möglichkeit von »Teilzeitführung« beschäftigt sich der Beitrag von Günther Vedder (S. 51-61). Er macht deutlich, dass die Antwort auf diese Frage durch die Organisationskultur insgesamt bestimmt wird. Aus der Beobachtung entsprechender Unternehmensprojekte wird der Schlüssel im Wechsel von der »Präsenzkultur« zur »Ergebnisorientierung« ausgemacht (S. 58). Die notwendige Kulturveränderung in der Arbeitsorganisation zielt daher auf eine effektivere Zeitstruktur von strafferen Sitzungen und weniger Überstunden, wobei die mikropolitische Machtausübung durch Abend- und Nachtsitzungen zugunsten einer Integration von Teilzeitführung als einem »eigenständigen Wert in die Unternehmenskultur« (S. 59) ersetzt werden müsse.

Ausgehend von der Meso-Ebene der Unternehmensverfassung bzw. der betrieblichen Mitbestimmung wird das Thema Arbeit und Zeit in mikrologischen Dimensionen beleuchtet, ohne dass der gesellschaftliche Bezug aufgegeben wird, der beim Thema »Agilität« auf die grundlegende gesellschaftliche Transformation, bei der psychosomatischen Resilienz auf die Arbeits- und Lebensbedingungen und beim Thema Führung (implizit) auf Gleichstellung und Diversität deutet.

In den anschließenden drei Fallstudien von Absolvent*innen-Teams werden am Beispiel der Personengruppe von Ingenieuren die Anforderungen an mobiles Arbeiten, im Blick auf lebensphasenorientierte Arbeitsmodelle die Themen »Sabbatical« und »Workation« und schließlich bei Lehrkräften das Thema »Selbstmanagement« beleuchtet. In allen drei Fällen handelt es sich um qualitative Studien mit der Auswertung von Interviews und Gruppendiskussionen.

In der ersten Studie zum mobilen Arbeiten kommen Marvin Arndt, Silke Cieplik, Cornelia Reithmeier und Iris Werner zum wenig überraschenden Fazit, dass die »Grenze zwischen Selbstschutz und Selbstausbeutung [...] für die Beschäftigten fließend« (S. 128) sei. Dem stellen sie gegenüber, »dass es einer kritischen Betrachtung und Folgenabschätzung der weitreichenden Verlagerung von Arbeitsschutzverantwortlichkeiten auf die bzw. den Mitarbeitenden in mobiler Arbeit bedarf« (S. 128).

Katrin Leder, Dina Sündermann und Bernadette Sudeikat-Gichtbrock beleuchten die Perspektive von lebensphasenorientierter Personalpolitik aus der Sicht der DAX-Unternehmen wie von Mitarbeitenden. Angesichts der gegenwärtigen und zukünftigen Veränderungen sehen sie eine deutliche Bedeutungszunahme der »Orientierung an Lebensphasen bei den Beschäftigten wie auch bei den Unternehmen als eine ausschlaggebende Komponente für das Angebot und die Inanspruchnahme« (S. 179). Darin könnte sich, wenigstens auf der Ebene von Fach- und Führungskräften, eine signifikante Änderung der Arbeitskultur und der Lebensarbeitszeit-Modelle andeuten.

Die Studie »Selbstmanagement von Lehrkräften« von Maleen Halter und Marie Heidelberg wertet zunächst vorliegende Studien zu Arbeitszeiten im (gymnasialen) Lehrerberuf aus und untersucht dann in 15 leitfadengestützten, problemzentrierten Interviews die Selbsteinschätzung von Lehrkräften zu ihrem »Selbstmanagement«. Die Einschätzungen zeigen eine sehr unterschiedliche Ausprägung der im Jahresverlauf schwankenden Arbeitsintensität (S. 223 ff.) und unterschiedliche subjektive Wahrnehmungen über das Verhältnis von (wahrgenommener) Fremdbestimmung und Selbstverantwortung (S. 222 f.). Im Ergebnis stellen die Autorinnen fest, dass »kein Muster bei der Arbeitszeitgestaltung zu erkennen ist, aber nahezu alle Befragten eine eigene Strategie/Methodik entwickelt haben, um ihre Arbeit [...] bewältigen zu können« (S. 236). Damit spiegelt sich beim Thema Selbst- und Zeitmanagement das hohe Maß an Individualisierung wider, das die Praxis der Lehrkräfte auch in anderer Hinsicht prägen dürfte. Die Schule dürfte, wenn man von den Lehrkräften auf das schließt, was sie den Schüler*innen mindestens implizit vermitteln, der Ort sein, an dem die Sozialisierung in die Zeitökonomie als einer je individuellen Verantwortung der Beschäftigten und im Blick auf die gesellschaftlichen Lebensverhältnisse erfolgt. Umgekehrt könnte dann auch die Schule zu dem Ort werden, an dem eine Veränderung der Zeitökonomie und ihrer kapitalistischen Zwänge erfolgen könnte – was allerdings den Rahmen der hier vorgestellten Publikation überschreitet.

Die lesenswerten Beiträge und Studien des Bandes liefern, trotz ihrer grundlegenden Bezugnahme auf das makrosoziologische Theorem der »Beschleunigungsgesellschaft« (Rosa), überwiegend mikrosoziologische und teilweise mesosoziologische Einsichten in die Zeitökonomie insbesondere in den Beschäftigungsverhältnissen. Das Thema »Arbeit und Zeit« wird hier insbesondere in seiner mikropolitischen Struktur ersichtlich, die den Individuen die Verantwortung für das gesellschaftliche und wirtschaftliche Zeitmanagement als ihre je individuelle Aufgabe und Verantwortung aufbürdet. Wenn dabei das »erschöpfte Selbst« in den Blick gerät, erscheint auch das eher noch als eine Herausforderung für die Technologie der Selbstoptimierung denn als ein Anlass für eine kritische Zeitdiagnostik. Dem Beschleunigungsimperativ – der sich durch die digitale Transformation und das mobile Arbeiten noch verstärkt – kann allenfalls eine stärker auf Lebensphasen abgestimmte Form der Lebensarbeit entgegengehalten werden, bei der mit dem »Sabbatical« die Erinnerung an sehr bedeutsame Strukturierungen der gesellschaftlichen Zeitrhythmen eine wesentliche Rolle spielen könnte. Eine neue »Sabbat-Orientierung« wäre aus sozialethischer Sicht nicht die schlechteste Maßgabe für das Thema »Arbeit und Zeit«.

Equal Care

Almut Schnerring/Sascha Verlan: Equal Care. Über Fürsorge und Gesellschaft. Berlin: Verbrecher Verlag 2020, 160 S., ISBN: 9783957324276, 16,00 €

Sabine Plonz

Das Autorenduo Almut Schnerring und Sascha Verlan arbeitet publizistisch, politisch-aktivistisch und pädagogisch. Und es ist ein Elternpaar, das drei Kinder großzieht. Ihre Schrift schöpft ihr Material aus diesen Tätigkeiten und Erfahrungen und bündelt sie in der Utopie einer »Welt, in der Cura, die Fürsorge, wertgeschätzt und honoriert wird, dem lateinischen Wortursprung entsprechend: geehrt und belohnt« (S. 10). Gesellschaft und Wirtschaftssystem sollen aus dieser Perspektive angeschaut und verbessert werden, da die Missachtung der Fürsorgedimension nicht nur fatale Folgen für die einzelnen Menschen habe, sondern sich auch (selbst-)zerstörerisch auf die soziale und ökologische Welt auswirke. Die Utopie, für die sich die beiden stark machen, ist also kein Luftschloss, sondern sie wird den in der Schrift benannten und kritisierten Erfahrungen im Wortsinn als Not-Wendigkeit entgegengesetzt. Es geht ums Ganze, um das Leben aller, für das sich Schnerring/Verlan engagieren.

Der analytische Kerngedanke ist, dass die Arbeitsteilung zwischen den Geschlechtern gesellschaftliche Ungleichheit in einem sehr weiten Sinn stabilisiert und reproduziert. Die in und durch Arbeit verfestigte Ungleichheit zeige sich an der Einkommens- und Rentenlücke zwischen Frauen und Männern, im geschlechtertypisch unterschiedlichen Niveau der Selbstsorge und damit in Gesundheit und Lebenserwartung sowie an der Prägung von Kindern in den Familien, in Kitas und Schulen und daraus folgend ihrer Zukunftschancen. Sie wirke sich aus in den Unternehmenskulturen, in der öffentlichen Kommunikation und der besonders bei Männern fehlenden Bereitschaft zur konkreten Verantwortungsübernahme zur Ausübung fürsorglicher Praxis. Stattdessen werde auf Wachstum, Geschwindigkeit und Technik gesetzt.

Der Schlüssel, um dieser Ungleichheit Abhilfe zu schaffen, ist nach Verlan/Schnerring »Zeit, die wir dafür einsetzen, das Leben selbst in die Hand zu nehmen, uns zu kümmern, um uns selbst, um andere Menschen, um die Dinge, mit denen wir uns umgeben, insgesamt langsamer leben« (S. 142). Im Schlusskapitel werden die hier genannten, im Buch mit vielen anschaulichen Beobachtungen illustrierten Problemanzeigen zusammengefasst und »Wege in eine fürsorgliche Demokratie« (S. 153) benannt. Hier wird »Care« als »guter moralischer Kompass« für eine »vorausschauend-rücksichtsvolle Gesellschaft« bezeichnet (ebd.). Er wird qualifiziert und synthetisiert im Programmwort der Schrift: »Equal Care«.

Mit ihrem Grundgedanken, dass egalitäre Arbeitsteilung und dadurch ermöglichte freie Persönlichkeitsentfaltung und vollumfängliche gesellschaftliche Teilhabe aller Menschen die Welt lebensfähig und lebensfreundlich machen solle, stehen Schnerring/Verlan in der Traditionslinie des humanistischen Marxismus des 19. Jahrhunderts und der Utopien der Überwindung der Alltagsnöte in dessen Fortsetzung im 20. Jahrhundert. Jedoch ist davon nirgends die Rede – und man könnte auch Einspruch gegen diese Zuschreibung erheben. Denn das kleine Buch knüpft explizit und implizit vor allem an die im jüngeren Feminismus beheimateten ›Care‹-Diskurse an. Diese aber sind ihrerseits vielfältig und auch untereinander durchaus kritisch: Sie argumentieren teils gleichheits-, teils differenzphilosophisch, betreiben teils dezidert geschlechterkritische, empirisch gestützte und theoretisch reflektierte Sozialwissenschaften, in denen Arbeitsteilung, soziale Sicherung und Infrastrukturen zentral sind; teils stehen sie aber auch für eine Ökonomiekritik, die mit moralisch-ethischen Interventionen, philosophischen und sprachsymbolischen Ideen das Bewusstsein und Verhalten der Menschen ändern will. Eine Diskussion dieser Debatten sucht man in »Equal Care« aber vergeblich.

Zurecht werden viele sagen, denn der Zweck des Textes ist nicht wissenschaftliche Klärung, sondern eher Bewusstseinsbildung und Appell in der zivilgesellschaftlichen Debatte. Er ist weitgehend allgemeinverständlich geschrieben und verzichtet fast ganz auf Zitate oder die Nennung von Referenzautoren, auf Belege und Fußnoten, aber leider auch auf ein Literaturverzeichnis oder andere Angebote, die den Argumentationsgang nachvollziehbar machen oder helfen könnten, diese Lektüre in Gesprächsgruppen zu vertiefen. Solche Gruppen könnte es in kirchlichen Zusammenhängen geben, in Kreisen also, in denen Sensibilität für Umweltzerstörung und Gerechtigkeitsfragen besteht, Interesse an ethisch-politischen Themen und Bereitschaft zur praktischen, alltagsnahen Umsetzung in den viel beschworenen »kleinen Schritten der kleinen Leute, die das Gesicht der Welt verändern können«. Für das Gespräch am Küchentisch, um den herum die Ideen des Buches entstanden (vgl. Vorwort), ist es allerdings aufgrund der verwendeten Anglizismen und verschiedenen Schreibformen rund ums Thema Geschlecht nur eingeschränkt geeignet. Es kann die Aussprache über den Traktat auf Abwege führen, wenn erst geklärt werden muss: Was bedeutet: »als Frauen gelesene Menschen«? Solche Formeln zeigen, dass über die gleichheits- und differenzfeministische Tradition der Geschlechterkritik hinaus auch deren aktuelle Strömung in den Band eingeflossen ist, in der Geschlechterkategorien auch durch die Veränderung der Schriftsprache aufgeboben werden sollen.

Die feministischen Care-Diskurse, die hinter dem Buch stehen, führen vom Arbeitsbegriff und Fokus des Marxismus wie auch des »Sozialen Protestantismus« weg. Sie gehen über die traditionelle Orientierung beider Strömungen an industrieller Erwerbsarbeit und stillschweigend vorausgesetzter geschlechterspezifischer Arbeitsteilung in Sachen Haushalt und Familie hinaus. Diese Einsicht vermittelt der Band in seinen alltagsorientierten Beispielen und Argumenten. Indem er die Neugestaltung von Arbeitsteilung zum Ankerpunkt gesellschaftlichen Umsteuerns macht, würde er sich als Brückenschlag anbieten, der in der evangelischen Sozialethik aufgenommen werden sollte, die es bislang überwiegend versäumt hat, von der gesamtgesellschaftlich notwendigen und wünschenswerten Arbeit und ihrer angemessenen materiellen und ideellen Würdigung ausgehend zu argumentieren. Allerdings wird dieses Angebot dadurch geschwächt, dass das Buch selbst als moralisches und erzieherisches Projekt daherkommt. Zwar ist der durchgängige Rekurs auf Fragen der Kindererziehung, in der Geschlechterungleichheit und Mangel an Verantwortung und Fürsorge angelegt werden, sachlich nachvollziehbar und wiederum gerade für ein kirchliches Publikum geeignet. Doch überzeugen die Aktionen zur »Rosa-Hellblau-Falle« und des Negativpreises für Geschlechterklischees fördernde Spielwaren (»Goldener Zaunpfahl«), für die Autorin und Autor bekannt sind, letztlich mehr. Denn diese sind, genau wie die informativen Materialien auf www.klischeefrei.de didaktisch einsetzbar, vom gemeindlichen Frauenkreis bis zum Hochschulseminar mit Studierenden, die oft in der Illusion von erreichter Gleichheit und individueller Freiheit leben.

Aus ethischer Sicht ist gerade der moralische Duktus des Werkes zu hinterfragen: Er überlagert, vernebelt und verwirrt die sachanalytische Auseinandersetzung, besonders, wo es um systemische Kritik am kapitalistischen Wachstumszwang gehen müsste oder wo eine Verpflichtung von Künstlern und Journalisten auf die hier propagierte fürsorgliche Moral gefordert wird. Das Autorenduo verlangt immer wieder Verantwortungsübernahme und wehrt sich zugleich gegen Schuldzuweisungen für die aktuellen Verhältnisse, weil es sie für pädagogisch-moralisch kontraproduktiv hält. Es macht Zukunftsorientierung oder Vorsorge zum Schlüssel der angestrebten Gesellschaft. Doch aus welchen Ressourcen ist dafür zu schöpfen? Aus biblisch-theologischer Sicht wäre dafür die Dimension der Geschichte zu nennen, die für die Herrschaftsverhältnisse gefährliche, aber auch der Leiden und Opfer gedenkende Erinnerung, aus der sich die eschatologische oder realutopische Erwartung konkreter Veränderungen heute speist. ›Profanwissenschaftlich‹ gesehen wäre das stabilisierte Erbe der im 19. Jahrhundert ideell und materiell etablierten Geschlechterasymmetrie und der Wellen der kapitalistischen Landnahmen seither eine wichtige Ressource, um die Gegenwart zu verstehen und sich darin in transformativer Absicht kritisch zu verorten. Nimmt man das Buch als Sachbeitrag ernst – und das liegt aufgrund vieler wichtiger Problemanzeigen und der politisch-ethischen Bedeutung des Themas nahe –, dann müssten sich Verfasser und Verfasserinnen solchen Anschlussfragen stellen. Das wäre auch wichtig, um mit der aktuellen rhetorischen Welle nicht in die Falle eines eher mythisierenden Verhältnisses zu »Care« zu tappen. Die öffnet sich auch in dieser Schrift, in der konservativ-kulturpessimistische Töne anklingen und wieder einmal an die antike patriarchalische Haushaltsökonomie als vermeintliches Gegenmodell angeknüpft wird.

Der Duktus des Bandes ist eher revolutionär im ursprünglichen Wortsinn, er will zurückführen auf frühere Verhältnisse, indem er mit der Parole *Equal Care* ein »Narrativ, eine andere Haltung« (S. 94) etabliert. Diese Ambivalenz teilt die Schrift mit anderen aktuellen Veröffentlichungen zur Sache, die sich als »revolutionär« titulieren und über diese Rhetorik einen Umschwung in die versteinerten Verhältnisse bringen wollen. Diese Widersprüche sind bislang nicht durchgearbeitet. Sie lassen sich nicht lösen, indem auf den englischen Sammelausdruck gesetzt und ein verallgemeinerter moralischer Anspruch erhoben wird. So wird die Leserin immer wieder in den Strudel des Manifests »für eine bessere Welt« (S. 159) gezogen und sieht, hierin vergeblich strampelnd, am Ufer haltgebende Kategorien wie Arbeitsteilung, Zeitverwendung und Kapitalismuskritik in unerreichbare Ferne gerückt.

Diese nach mehr theoretischer Reflexion rufenden Anmerkungen könnte man zurückweisen als nicht der Textgattung einer tagesaktuellen Intervention entsprechend. Da Schnerring/Verlan, die keinen Adressatenkreis angeben, sehr umfassende Ansprüche erheben, müssen sie aber auf diese auch befragt werden. Da das Buch zu wenig transparent und sortiert argumentiert, ist es praktisch nicht möglich, seine Beobachtungen zu referieren und zu prüfen, und auch nicht, es für (kirchliche) Bildungszwecke zu empfehlen. Ein Buch, das behauptet, es hieße dem Teile-und-Herrsche-Prinzip zu folgen, Argumentationsstränge stärker zu differenzieren (S. 25; 106–109), das sich auf philosophische Grundsätze bezieht (z.B.: Es helfe, auf das Leben von der Sterblichkeit aus zu sehen) und das als moralischer Kompass sowohl für Kindererziehung als auch für Betriebsführung dienen will, das seine treffendsten Analysen im Nebel der Fürsorglichkeit verschwinden macht, hat sich zu viel Gutes vorgenommen, obwohl es vieles Richtige aufrecht bezeugt.

Mut zur Unterbrechung

Peter Hirschberg: Mut zur Unterbrechung. Schabbat und Sonntag als Hilfe zur Entschleunigung. Nürnberg: mabase-verlag 2012, 148 S., ISBN 978-3-939171-30-0, 12,80 €

Johannes Rehm

Seit der Konstituierung der »Allianz für den freien Sonntag« im Jahr 2006 ist das Engagement für den arbeitsfreien Sonntag zu einem wesentlichen Schwerpunkt der Aktivitäten der arbeitsweltlichen Dienste der Evangelischen Kirche in Deutschland geworden. Dieses Engagement geschieht in ökumenischer Gemeinschaft mit der katholischen Betriebsseelsorge, im Zusammenwirken von Hauptamtlichen und ehrenamtlichen Arbeitnehmendenvertretern sowie in gelingender Kooperation mit den Gewerkschaften und hier insbesondere mit der Dienstleistungsgewerkschaft ver.di. Die Bündnispartner verbindet eine kapitalismuskritische Grundhaltung auf dem Hintergrund einschlägiger arbeitsweltlicher Praxiserfahrung. So wird die Beschleunigung vieler Lebensbezüge und aller Arbeitsprozesse als unmittelbare Folge einer Ökonomisierung und einer Digitalisierung unseres Wirtschaftslebens erlebt. Dabei bilden Profit und Rentabilität wenig hinterfragte Kriterien für menschliches Handeln und wirtschaftliches Gestalten. Die beschleunigte Lebens- und Wirtschaftsweise moderner Gesellschaften bleibt bei den arbeitenden Menschen bekanntlich nicht ohne Folgen: Burnout, die Zunahme körperlicher und psychischer Erkrankungen, aber auch von Konkurrenzdruck ausgelöste Konflikte am Arbeitsplatz bis hin zum Mobbing sind die Folgen. Diese allgemeine Dynamisierung des Berufslebens wird in zahlreichen wirtschaftsethischen Veröffentlichungen analysiert. Zeitknappheit und Zeitwohlstand sind zentrale aktuelle Themen wissenschaftlicher und populärer Publikationen geworden, die über den engeren Kreis von Fachwelt und traditionellem Lesepublikum hinaus beachtet werden. Zudem versucht inzwischen eine vielfältige Ratgeberliteratur immer neue Auswege aus der sogenannten Beschleunigungsfalle aufzuzeigen. Die Aufgabe von Kirche und ihren Mitarbeitenden kann sich in diesem Zusammenhang nicht auf eine kritische Analyse gesellschaftlicher Verhältnisse beschränken, vielmehr wird mit Recht eine qualifizierte Orientierungshilfe zu einem menschendienlichen Lebensstil erwartet.

Dieser berechtigten Erwartung entspricht der langjährige Bayreuther Studierendenpfarrer und derzeitige Studienleiter des Evangelischen Bildungs- und

Begegnungszentrums Bad Alexandersbad Dr. Peter Hirschberg mit seiner Programmschrift für einen aus der jüdisch-christlichen Tradition gespeisten Lebensstil. Peter Hirschberg, der selbst mehrere Jahre in Jerusalem gelebt und gearbeitet hat, ist mit mehreren Publikationen, insbesondere zum christlich-jüdischen Dialog, hervorgetreten.

In seinem Buch »Mut zur Unterbrechung« greift er nun die Anliegen aktueller bürgerschaftlicher Bewegungen, wie der vielerorts wirksamen »Allianz für den freien Sonntag«, auf und wagt es, sehr konkrete Vorschläge für eine erneuerte Sonntagskultur zu machen. Sein Buch soll »[...] vor dem Hintergrund jüdischer Schabbatfrömmigkeit eine heilsame Sonntagsspiritualität entwickeln und so insgesamt zu einem entschleunigten und achtsamen Lebensstil beitragen« (S. 8). Dies gelingt dem Autor in einer allgemein verständlichen und originellen Weise auf dem Hintergrund seiner eigenen Seelsorge- und Lehrpraxis in einer radikal beschleunigten Hochschulwelt sowie seiner jahrelangen Erfahrung in Erwachsenenbildung und im jüdisch-christlichen Dialog. Von seinen Israel-Aufenthalten und seiner Beschäftigung mit dem Judentum rührt Peter Hirschbergs Begeisterung für den Schabbat her, den er zwar als Heilmittel gegen einen beschleunigten Lebensstil ansieht, aber auf dem Hintergrund seiner theologischen Deutung betrachtet wissen will: »Die Unterbrechung, das Innehalten sind Zeichen dafür, dass der heilige und heilende Gott selbst sich aufgemacht hat, um uns von unserem Dahinleben zu befreien.« (S. 11) Hirschberg grenzt sein Verständnis des Schabbats von einer rein funktionalistischen Sicht deutlich ab: »Der Schabbat soll ja gerade nicht den Zweck haben, uns im Alltag zu noch reibungsloser funktionierenden Maschinen zu machen, sondern dient einem Sinn, der unsere Welt transzendiert« (S. 47). Theologisch lehrreich ist Hirschbergs Verhältnisbestimmung von Schabbat und Sonntag, die »[...] auf einer tieferen Ebene eine ähnliche Botschaft propagieren. Beide Tage verherrlichen je auf ihre Weise die Dimension des Seins, nicht die Dimension des Habens und des autonomen Produzierens« (S. 80). Für die von Hirschberg geforderte erneuerte Sonntagskultur kann man vom Judentum lernen: »Die volle Bejahung der Arbeitsruhe legt es deshalb nahe, aus dem Judentum die klare Abgrenzung von Alltag und Feiertag zu übernehmen. Sie ist eine religionspsychologisch sinnvolle Maßnahme, um einen vom Alltag freien Raum zu schaffen, in dem sich das Geheimnis der Gottes- und Christusbegegnung ereignen kann« (S. 88).

Das Buch enthält abschließend einen praktisch ausgerichteten »Materialteil« mit Gebeten und Liturgien zu Begrüßung und Verabschiedung des Sonntags. Insbesondere verdient ein eigenständiger liturgischer Entwurf von Peter Hirschberg zu »Abschied vom Sonntag – Begrüßung der Woche« (S. 141 f.) für eine erneuerte geistliche Praxis besonderer Erwähnung.

Peter Hirschberg ist es mit seiner Veröffentlichung gelungen, einen weiterführenden wissenschaftlichen Gesprächsbeitrag zum Themenkomplex »Zeit«

zu machen, aber zugleich ein gut verständliches lebenspraktisches Buch vorzulegen, das berechtigte sozialpolitische Forderungen nach einem arbeitsfreien Sonntag theologisch vertiefen hilft und als eine Frucht langjährigen christlich-jüdischen Dialogs anzusehen ist. Seinem Buch ist weite Verbreitung und seinem Anliegen politische Resonanz zu wünschen: »Meine Hoffnung ist, dass sich immer mehr Menschen auf den Weg machen, und es uns auch politisch gelingt, einer zunehmenden Aushöhlung des Sonntags entgegenzutreten. Es geht nicht nur um einen Tag. Es geht um unser Leben.« (S. 134) Insbesondere für die haupt- und ehrenamtlichen Mitarbeitenden der arbeitsweltlichen Dienste wäre eine, die inzwischen erschienene neuere Fachdiskussion zusätzlich berücksichtigende Neuauflage dieses Buches sehr wünschenswert. Diese könnte dann gegebenenfalls auch noch auf die rechtliche Dimension des Themenkomplexes näher eingehen.

Ethik der sozialen Marktwirtschaft

Peter Schallenberg: Ethik der sozialen Marktwirtschaft (Christliche Sozialethik im Diskurs 11). Paderborn: Verlag Ferdinand Schöningh 2019, 130 S., ISBN 978-3-506-70397-2, 39,90 €

Peter Schallenberg: Ethik und Ewigkeit. Wegmarken einer spirituellen Moraltheologie. Paderborn: Verlag Ferdinand Schöningh 2016, 187 S., ISBN 978-3-506-78438-4, 34,90 €

Georg Lämmlin

Zusammenleben unter den Bedingungen von Gerechtigkeit und Recht

Die Ethik der sozialen Marktwirtschaft wird in einer anthropologischen Grundbestimmung verankert und als Entfaltungsform der zentralen Aspekte Personalität und Freiheit konzipiert: »Der Mensch ist von Natur aus Person und trägt seinen Zweck in sich, er ist ein dialogisches Sozialwesen, er entfaltet seine personale Natur durch Arbeit und Beruf und Bildung« (Ethik der sozialen Marktwirtschaft, S. 35).

Der Paderborner Sozialethiker Peter Schallenberg ist seit 2008 Inhaber des Lehrstuhls für Moraltheologie und Ethik an der Theologischen Fakultät Paderborn, nachdem er zuvor seit 2004 die Professur für Moraltheologie und Christliche Sozialwissenschaften an der Theologischen Fakultät Fulda innehatte. Zum 1. April 2010 übernahm Peter Schallenberg das Direktorat der Katholischen Sozialwissenschaftlichen Zentralstelle (KSZ) in Mönchengladbach und wurde 2018 als Konsultor in das von Peter Kardinal Turkson geleitete Dikasterium für die ganzheitliche Entwicklung des Menschen im Vatikan berufen. Darüber hinaus ist er Berater des Bundes Katholischer Unternehmer (BKU). Mit seiner »Ethik der Sozialen Marktwirtschaft« formuliert er gewissermaßen das wirtschaftsethische Profil der deutschen katholischen Soziallehre. Dabei macht er die Reihe der Sozial- bzw. Wirtschaftsenzykliken von »Rerum novarum« (1891) über »Quadragesimo anno« (1931), »Pacem in terris« (1963), »Populorum grogressio« (1967), »Laborem Exercens« (1981), »Centesimus annus« (1991) und »Caritas in veritate« (2009) bis »Laudato sí« (2015) zur Grundlage und zum Horizont seiner Argumentation (vgl. S. 44). Aus dieser Bezugnahme leitet er die vier Grundprinzipien der katholischen Soziallehre als handlungsleitend her: Personalität, Solidarität, Subsidiarität und Gemeinwohl (S. 44), mit »Laudato sí« ergänzt um das fünfte Grundprinzip der Nachhaltigkeit (S. 90). Interessant an diesem Profil ist einerseits die Rekonstruktion konfessionsspezifischer Momente in der Konzeption der sozialen Marktwirtschaft (aus katholischer Sicht), andererseits die spezifisch theologische Perspektive auf eine Ethik der sozialen Marktwirtschaft, die zunächst das Gerechtigkeitskriterium als ethischen Maßstab in den Mittelpunkt stellt, dann aber eine darüber hinausgehende Sinnperspektive entwirft, in die auch das Gerechtigkeitsethos noch einzuordnen ist.

Die Argumentation im ersten Teil des Buches »Ethik der Sozialen Marktwirtschaft« (Ethik) rekonstruiert Grundlagen der Christlichen Sozialethik und geht aus von einem Begriff des friedlichen und toleranten Zusammenlebens unter den Bedingungen von Gerechtigkeit und Recht. Dieses wird auf das Konzept des guten Lebens gegründet, an dessen Stelle gerade nicht eine nur auf das (gemeinsame) Überleben gerichtete Zielsetzung treten darf. Schallenberg legt dieser Argumentation die Grundunterscheidung zwischen *bios* und *zoé* in der antiken Ethik zugrunde, die auch in der neutestamentlichen Ethik Resonanz findet. Während *bios* das bloße Überleben (der Gattung und des Einzelwesens) bezeichnet, zielt der Begriff *zoé* auf »das gute Leben der Glückseligkeit« (Ethik, S. 5), oder anders: auf das unter dem Ewigkeits-Horizont gelebte Leben in Fülle und Gnade. Für Ersteres ist bei Augustinus, auf den Schallenberg durchgängig referiert, der irdische Staat zuständig, für Letzteres der Gottesstaat. Die Ethik der sozialen Marktwirtschaft kann sich so bruchlos in die Geschichte der christlichen Soziallehre bzw. der »spirituellen Moraltheologie«, wie der Untertitel des zweiten Buches lautet, einschreiben und daraus ihren ethischen Maßstab gewinnen. Die soziale Marktwirtschaft ist daran zu messen, was »der Personenwürde dient und das Gemeinwohl fördert« (Ethik, S. 6), wobei beide Begriffe durch den Bezug zu dem mit zoé benannten »Leben in Fülle« bzw. im Ewigkeits-Horizont qualifiziert sind. Es handelt sich um eine theologische Qualifizierung im engen Sinn, denn in der Personenwürde kommt das Inkarnationsgeschehen so zur Geltung, dass Gott »beansprucht in jedem Menschen, der zur Welt kommt, Mensch zu werden und als Gott offenbar zu werden« (Ethik, S. 6, vgl. S. 68 f.). Die in den eschatologischen Horizont des ewigen Lebens eingerückte soziale Marktwirtschaft steht, so übernimmt Schallenberg die Konstellation aus »Caritas in veritate«, gegen eine Ausrichtung auf die bloße Mehrung von Besitz (Ethik, S. 7).

Unternehmen sind daher als Institution zu verstehen, die die Begegnung zwischen Menschen, oder anders: Kooperation, und damit Arbeit organisieren, eigene Gewinne erzielen und anderen Menschen Gewinne ermöglichen. Der Maßstab sozialer Gerechtigkeit dürfe dabei nicht auf Leistung und erworbene Rechte begründet werden, sondern liege in der allen Menschen gleich zu kommenden Würde. Der Zielhorizont ethischer Reflexion wird deshalb (mit »Caritas in veritate«) als Liebe identifiziert, auf die auch alles an Gerechtigkeit orientierte Wirken ausgerichtet ist (Ethik, S. 12 f.).

Diesen Kern einer augustinischen Ethik der Liebe rekonstruiert Schallenberg im Durchgang durch die antike wie (nach-)scholastische Moraltheologie und Sozialethik, als Spannungsgefüge unterschiedlicher Dimensionen zwischen zuteilender und ausgleichender Gerechtigkeit (biblisch den Begriffen *mishpat* und *tsedaqa* zugeordnet), zwischen Zeit und Ewigkeit, zwischen Staat und Kirche. Mit dieser Spannung im Rücken kann dann die soziale Marktwirtschaft oder synonym die sozialstaatliche Ordnung als Institutionengefüge eines gerechten Handlungsrahmens wie als dessen Überschreitung unter dem Zeichen der Liebe charakterisiert werden. Mit Klaus Demmer geht es dieser Konzeption darum, »das ungehobene Sinnpotential der Welt« (Ethik, S. 24) aufzuschließen. Dass Schallenberg dabei auch das Konzept einer »eschatologischen Ethik« (Ethik, S. 25 f.) von Jürgen Moltmann aufgreift, zeigt die ökumenische Weite der Perspektive.

Entscheidend ist dabei die anthropologische Grundbestimmung des Begriffs von Humanität, dessen Sinnbestimmung »sich vom ersten Ansatz her jedem Versuch einer letzten arbeitstechnischen Bewertung des Menschen« (Ethik, S. 27) widersetzt. Stattdessen gilt ein Vorrang der Personalität als Menschenwürde, der den Zweck staatlichen und wirtschaftlichen Handelns begründet und begrenzt. Mit Arthur Richs Begriff des »Humanums« formuliert Schallenberg als Grundmaxime der staatlichen und wirtschaftlichen Ordnung: »Staat und Wirtschaft stehen gemäß dieser Sicht im Dienst am Humanum, verstanden als Kern der Identität jeder menschlichen Person, und am Aufbau einer humanen Gesellschaft« (Ethik, S. 35). Im anthropologischen Prinzip der Personalität – für die sich Schallenberg auf das Konzept der Sakralität der Person (Hans Joas) bezieht – sind die individuelle und die soziale Dimension verbunden: »Es begreift den Menschen einerseits als Individuum mit unveräußerlichem Eigenwert und unaustauschbarer Einmaligkeit und andererseits als soziales Wesen in Beziehung zu anderen, zur Gemeinschaft« (Ethik, S. 37). Ausdruck findet die Personalität insbesondere auch in der Arbeit (in Verbindung mit Bildung und Beruf), die deshalb ein »Grundrecht der Person« ist. Dieses Grundprinzip wird als Ausdruck einer »transzendenten Wahrheit« (Ethik, S. 36) über den Menschen verstanden und einem als problematisch gesehenen Wertrelativismus entgegengesetzt, der die Grundlagen einer normativen Ordnung von Wirtschaft und Gesellschaft zerrütten würde. Dieser Transzendenzbezug muss auch der kapitalistischen Wirtschaftsordnung eingeschrieben werden, damit er seine Funktionslogik nicht aus Effizienz und Gewinnsteigerung, sondern aus dem Prinzip der Personalität gewinnt, aus dem dann auch die Grundprinzipien der Solidarität, Subsidiarität und des Gemeinwohls folgen.

In einer genealogischen Reflexion findet Schallenberg diesen »ethischen Kapitalismus« in der franziskanischen Sozialethik und der spätmittelalterlichen Predigt (Berthold von Regensburg) vorgebildet. Mit Bezug auf Philipp Manow nimmt er in der Explikation von christlichen Wurzeln der Sozialen Marktwirtschaft, dem zweiten Teil des Buches, auch eine konfessionelle Zuordnung in ihrem Entstehungszusammenhang (Ethik, S. 73) vor und weist ihre marktwirtschaftlichen Elemente der evangelischen Sozialethik und die wohlfahrtsstaatlichen Elemente der katholischen Soziallehre zu. Mit Traugott Jähnichen formuliert er als sozialethische Zielbestimmung für die Formierung der sozialen Marktwirtschaft aus christlicher Sicht die Aufgabe, »die Subjektstellung des Menschen in der Wirtschaft (zu) sichern« (Ethik, S. 74). Mit Habermas kann er darauf Bezug nehmen, dass das Christentum nicht nur Katalysator für die Entwicklung der Moderne war, sondern mit seinem Erbe immer noch die Substanz des egalitären Universalismus bildet, der die Verbindung von Freiheit und solidarischem Zusammenleben in der modernen Wirtschaftsgesellschaft ausmacht (Ethik, S. 76f.). Auch dieser katholischen Perspektive ist der Freiheitsaspekt und die Autonomie der Lebensführung substanziell eingeschrieben.

Im dritten Teil beleuchtet Schallenberg dann einzelne Aspekte von Sharing Economy über Nachhaltigkeit, Lehngerechtigkeit, Mitbestimmung, Generationengerechtigkeit bis zu Schuldenerlass und Steuergerechtigkeit. Im Ausblick am Ende nennt er »skandalöse Entwicklungen von Exklusion und fehlender Chancengerechtigkeit« (Ethik, S. 113) und die notwendige Weiterentwicklung zur »ökologisch-sozialen Marktwirtschaft« (Ethik, S. 114) als zentrale Aspekte.

Diese Konzeption wird in ihrer spezifischen Charakteristik deutlich, wenn sie mit dem grundlegenden Entwurf »Ethik und Ewigkeit« (Ewigkeit) verbunden wird, in dem Schallenberg seine ethische Position im Durchgang von der biblischen Grundlegung durch die theologische Tradition bei Augustinus, der Franziskanischen Reformation und der Renaissance bis zu Ignatius von Loyola expliziert. In der ignatianischen Spiritualität werden die vorausgehenden Impulse »unter dem Vorzeichen der Moderne zusammengeführt [...] die Allgemeine Ehre Gottes muss vom Individuum übersetzt werden in die unverwechselbare Existenz des eigenen Lebens. Jedes Individuum steht mithin vor der Aufgabe, den konkreten Willen Gottes für das eigene Leben zu finden, vermittels des Willens und der inneren Seelenkräfte, und als Wesen der Freiheit« (Ewigkeit, S. 144). Dieser Ansatz rekurriert mit Luther auf die radikale Störung des Gottesverhältnisses (in der Form der Sünde), setzt aber gegen das Rechtfertigungs-Modell auf ein Modell der *cooperatio*, in dem »die Objektivität Gottes und die Subjektivität der eigenen Person« so zusammengedacht werden, dass der »Zugang zur umgebenden Wirklichkeit und auch zum geglaubten Gott [...] immer nur im Medium des eigenen Selbst und der eigenen unverwechselbaren Persönlichkeit« gelingt (Ewigkeit, S. 138), »indem stets die Spur des göttlichen Willens im eigenen Leben und im eigenen Denken gesucht wird« (Ewigkeit, S. 140).

In »Ethik und Ewigkeit« entwirft Schallenberg keine systematische ethische Grundlegung, sondern expliziert in theologisch-ethischen Meditationen die Eigenart einer Moraltheologie als theologischer Ethik, »die nach der Relevanz Gottes für das Handeln des Menschen fragt« (Ewigkeit, S. 9). Dieser Spur folgt er konsequent unter den Bedingungen der dem Menschen zugesprochenen Freiheit und der daraus resultierenden Konflikte in ihrem Gebrauch. Die Konflikte im Gottesverhältnis werden in einer Meditation der Paradieserzählung theologisch reflektiert, die Konflikte im Freiheitsgebrauch unter den Menschen im Rahmen der Geschwistererzählungen, die von Kain und Abel über Jakob und Esau, Joseph und seine Brüder bis zum Gleichnis des verlorenen Sohnes (Lk 15,11–32) beleuchtet werden. Die im Gespräch mit den exegetischen wie theologischen (Guardini) und literarischen (Gide) Auslegungen erfolgende Auslegung des Gleichnisses konstatiert an seinem Ende, damit aber auch am Ende der biblischen Geschwister-Konflikte, einen offenen Ausgang, der »ein Weitererzählen und eine Fortsetzung – und ein gutes Ende? – vom konkreten Leben des Lesers selbst« (Ewigkeit, S. 46) erwartet. Die so in die individuelle Urteilsbildung und Handlungsorientierung der Leserinnen und Leser gelegte ethische Aufgabe wird dann mit Augustinus' Konzeption der zwei Reiche von »Staat und Sakrament« als geschichtetheologische Spannung von Individual- und Sozialethik formuliert, in der an die politischen (und gesellschaftlichen) Institutionen der eschatologische Anspruch der *caritas* gerichtet wird (Ewigkeit, S. 61), die Maßgabe der göttlichen Ökonomie, unter der sich die weltlichen Institutionen geschichtlich bemessen lassen müssen und zu bewähren haben. Die Konzeption einer eschatologischen Ethik, die Schallenberg in der Ethik der sozialen Marktwirtschaft mit Jürgen Moltmann verknüpft, wird hier im Zentrum seiner Perspektivierung der Soziallehre ersichtlich. Die Konzeption endet dann nicht bei Ignatius von Loyola und seiner Arbeit an der inneren ethischen Stärkung des Menschen, sondern geht mit Franz von Sales (und der barocken Theologie) weiter zur Verbindung von »Mystik und Moral« (Ewigkeit, S. 161 f.) als Ausblick: Sowohl das Leben des Individuums wie die Gemeinschaft der Gläubigen stehen in der Spannung »zwischen Zeit und Ewigkeit, oder besser, unter dem Anspruch der Ewigkeit Gottes, aber im Medium der menschlichen Zeit« (Ewigkeit, S. 161). Und greift am Ende auf eine der großen Formulierungen aus Theodor W. Adornos »Minima Moralia« zurück: »Philosophie, wie sie im Angesicht der Verzweiflung einzig noch zu verantworten ist, wäre der Versuch, alle Dinge so zu betrachten, wie sie vom Standpunkt der Erlösung aus sich darstellten, Erkenntnis hat kein Licht, als das von der Erlösung her auf die Welt scheint: alles andere erschöpft sich in der Nachkonstruktion und bleibt ein Stück Technik« (Zit. Ewigkeit, S. 162). Die Konzeption Schallenbergs erweist sich als eine nach-metaphysische Erneuerung der theologischen Ethik, die sich mit dem Ende der Metaphysik nicht abfinden will und so einen emphatischen Begriff der Ewigkeit aufbietet, der die geschichtliche Zeit füllt und nicht negiert. Für eine evangelische Sozialethik, die an einer theologischen Erkenntnis interessiert ist, die sich nicht in Nachkonstruktion und einem Stück Technik erschöpft, lohnt die Auseinandersetzung mit dieser Konzeption allemal.

Die von Schallenberg entworfene Ethik der sozialen Marktwirtschaft erinnert die evangelische Sozialethik an ihren eschatologischen Impuls, mit dem sie vor allem ihre kritische Sicht auf ihre Institutionen und den Zustand begründet, die sie häufig vor allem auf die Rolle des Marktes bezieht. Mit seiner auf Philipp Manow Bezug nehmenden Zuordnung der konfessionellen Ursprungsimpulse stellt Schallenberg aber die Frage, ob es nicht genau die protestantischen Impulse sind, die vor allem für die Marktelemente in der sozialen Marktwirtschaft stehen. Man kann nun deren Kombination mit den stärker dem katholischen Naturrecht und der Staatsrechtsethik entspringenden Elementen des Wohlfahrtsstaates für ein glückliche oder stark korrekturbedürftige Konstellation halten. Dabei empfiehlt es sich aber für die evangelische Sozialethik mit der Kritik an den Marktelementen nicht hinter diejenige Freiheitskonzeption zurückzugehen, die sich auch die katholische Soziallehre zu eigen gemacht hat und die das wirtschaftliche Handeln »in den Dienst der vollen menschlichen Freiheit stellt und sie als besondere Dimension dieser Freiheit mit ihrem ethischen und religiösen Mittelpunkt ansieht« (Ethik, S. 112). Im Diskurs mit dieser Freiheitskonzeption kann die evangelische Sozialethik ihr Freiheitsverständnis im Rahmen der Gottesbeziehung weiter profilieren, indem sie das Rechtfertigungsmotiv als »Realisierung der Freiheit« rekonstruiert.

Sozialethik als Kritik

Michelle Becka et al. (Hrsg.): Sozialethik als Kritik (Ethik und Gesellschaft 1). Baden-Baden: Nomos 2020, 285 S., ISBN: 978-3-8487-6742-7, 59,00 €

Benedikt Friedrich

Sozialethik ist stets kritisch! So möchte man beim Titel des Eröffnungsbandes der neuen Nomos-Reihe »Ethik und Gesellschaft« ausrufen – und noch vor wenigen Jahrzehnten wäre dieser Titel womöglich als Pleonasmus abgetan worden. Hin zur Mitte der ersten Hälfte des 21. Jahrhunderts stellt sich die Sache anders dar: Es ist der Versuch einer Wiedergewinnung und Neubestimmung eines Begriffs, der mit epochemachenden Entdeckungen der Theologie- und Philosophiegeschichte verbunden ist. Ist es gar ein programmatischer Aufschlag? So viel vorweg: Das Buch ist weit mehr als eine Aufsatzsammlung. Einige der Beiträge stellen allein mit ihrem Umfang, aber auch mit der abgedeckten Breite der beobachteten Problemzusammenhänge regelrechte Studien dar. Dabei profitiert der Band von der vordergründigen Disparität seiner Zugänge, die sich im stillen Gespräch untereinander komplettieren und zugleich auf einen gewissen Konsens zusteuern. Damit steht der Band repräsentativ für eine Tendenz der Sozialethik in der Spätmoderne: Die Zeit kategorialer Fundamentalkritik ist entweder schon vorbei oder vielleicht auch noch nicht reif. Der akademische Diskurs betreibt vielmehr eine Art der produktiven Selbstkonsolidierung.

Kritik und Solidarität (M. Becka)

Im eröffnenden Beitrag entwirft die römisch-katholische Sozialethikerin Michelle Becka einen Kritik-Begriff, welcher der Praxis sozialethischer Reflexion entspricht und der die gegenwärtigen Herausforderungen der inneren Bedrohung demokratischer Gesellschaften reflektiert. Mit Foucault wird die emanzipatorische Bedeutung von Kritik im Raum des Politischen herausgestellt. Damit sind auch die Fragen nach Praktiken einer Kritik gestellt, die »dem emanzipatorischen Projekt der Aufklärung verpflichtet ist« (S. 26).

Becka gibt ihrer Untersuchung einen klaren normativen Rahmen: Nicht nur der Anschluss an die Aufklärung, sondern auch ein theologisch begründeter Heilsuniversalismus bieten ihr Anlass zu der im Hintergrund stehenden Zielvorgabe, dass »theologisches Denken ein entgrenztes Denken« ist (S. 50).

Mit einem Universalismus lässt sich jedoch keine konkrete Kritik formulieren, die den realen Lebens-, Wirklichkeits- und nicht zuletzt Machtverhältnissen entspricht. Darum entwickelt Becka eine *Kriteriologie der Kritik*, die sich, um reale Wirkungskraft zu entfalten, entlang bestimmter Maßstäbe formulieren lässt: Als solche werden (a) die Möglichkeit der Selbstkritik, (b) die Bindung an Wahrheit und (c) die Menschenwürde aufgeführt. Damit ist ein methodologisches Rahmengebilde geschaffen, das in Bezug auf konkrete Rechtsverhältnisse nach zwei Seiten hin entfaltet werden will:

In freiheitstheoretischer Richtung zeigt Becka in Anschluss an Christoph Menke, dass das bürgerliche Recht nur zum Teil seiner Bestimmung als Freiheitsgarant nachkommen kann, sofern dieses zwar zu einer Ermöglichung, aber nicht zwangsläufig auch zu einer Realisierung umfassender sozialer Teilhabe führt. Daher ist nach einem Konzept von Gegenrechten zu suchen, welches »die emanzipatorischen Effekte des Rechts stärkt und die defizitären vermeidet« (S. 39), denn die Sozialität der Freiheit müsse auch eine Sozialität des Rechts entsprechen. Dies ist der genuine Ort der Kritik als dialektischem Prozess: »Das postjuridische Recht entsteht folglich nicht aus einer reformerischen oder revolutionären Umwälzung, sondern die Transformation geschieht experimentell und situativ aus der Kritik an Bestehendem« (S. 40).

Die andere Seite, die Beckas Praxis der Kritik auszeichnet, ist die Solidarität, die ihren Ausgang im Partikularen hat: Sie kompensiert das notorische Defizit des Rechts, indem sie bei der konkreten Sozialität des Menschen ansetzt, die durch ein Moment des Vertrauensvorschusses dazu führt, dass sich »Menschen als Helferinnen und Helfer angesprochen« fühlen (S. 46). Mit Enrique Dussel weist Becka darauf hin, dass es sich hier um ein Ereignis handelt, das zwar nicht vollends entgrenzt, aber dennoch über die eigene Gemeinschaft hinausgehend zu denken ist. Solidarität wird im Medium der Körper nicht nur zu einer helfenden Intervention, sondern zu einer den gefestigten sozialen Verhältnissen gegenüber kritischen Praxis. Denn sie entzündet sich an der partikularen Wahrnehmung konkreter Verletzung und situativ geteilter Verletzlichkeit. Solidarität sei daher im Plural zu denken, der dann auch in einem universalen Vektor zu verstehen sei: »Wenn es etwas wie globale Solidarität geben kann, dann ist sie wohl nicht als eine, sondern eher als ein Netz von Solidaritäten zu denken, das die Welt umspannen und so Zusammenhalt stiften kann« (S. 49). Der Beitrag von Becka ist systematisch hervorragend ausbalanciert, sodass er sich sehr nachvollziehbar, für eine Theorie der Kritik sogar auffallend geschmeidig liest: am Gemeinwohl des demokratischen Gemeinwesens orientiert, »ohne dabei abstrakt zu werden und ohne Differenzen zu vereinheitlichen«, »kontextsensibel«, »gesellschaftlich relevant« (S. 50 f.). Stichworte wie diese wird wohl kaum jemand im Zielpublikum dieses Bandes negieren; die Frage bleibt, wo sie *dann* ihren kritischen Sitz im Leben haben.

Theologische Sozialethik als Kritische Theorie
(M. Möhring-Hesse)

Während der Beitrag Michelle Beckas vor allem eine sozialethische Reflexion kritischer Praktiken anstellt, geht die Studie von Matthias Möhring-Hesse der Bedeutung der *Kritischen Theorie* für die sozialethische Praxis nach. Der Beitrag rekonstruiert die Kritische Theorie als eine Metatheorie, die sich der Frage nach einem vernünftigen Anderssein von Gesellschaften und ihrer Ordnungen verschreibt. Dies geschieht, indem sie ein analytisches Interesse, das die Kontingenz der gesellschaftlichen Bedingungen der Entstehung, Verbreitung und Kritisierbarkeit von Wissen aufzeigt, mit einer »explanatorischen« Theoriearbeit verbindet, die die Selbstverständlichkeit des Selbstverständlichen stört. Allein die Lektüre von Möhring-Hesses sorgsamer Aktualisierung der Kritischen Theorie, die es z. B. nicht scheut, deren hoch ambivalentes Theorie-Praxis-Verhältnis zu problematisieren, ist bereits ein Gewinn und hilft, die klassischen Anliegen dieser Metatheorie zu verstehen.

Möhring-Hesse lotet damit die Möglichkeit aus, die Kritische Theorie zur methodologischen Basis einer Sozialethik der Gegenwart zu machen. Das gelingt ihm auch: Aber gerade nicht, weil er sie unter hohem theoretischem Aufwand mit der Hermeneutik als vermeintlicher theologischer Fundamentalmethode verbindet – denn aus der protestantischen Sicht des Rezensenten ist bereits der zugrundeliegende Antagonismus zwischen kritisch-konstruktiver und hermeneutischer Aufgabe der Theologie nur schwer nachzuvollziehen –, sondern vielmehr darum, weil Möhring-Hesse hier an die befreiungstheologische Tradition anschließt: Sozialethik als kritische Theorie lebt von der Parteilichkeit (und der darin eingeschriebenen Normativität), die sich aus der Anteilnahme an gesellschaftlicher Not und den von ihr Betroffenen speist. Dies schließt aber gerade auch ein selbstkritisches Moment ein, denn mit der kritischen Theorie lässt sich dafür sensibilisieren, dass sich keine noch so kritische Analyse (und die aus ihr erwachsende Kritik) ihrer eigenen Voraussetzungen entledigen kann.

Wie geschieht aber diese *Option für die Armen* im alltäglichen Geschäft sozialethischer Reflexion? Sie geschieht durch ein Stellvertretungsgeschehen, dass sich als symbolische Repräsentation der Subalternen *innerhalb* der Theoriebildung artikuliert: »Innerhalb der Theorie tritt sie damit in Ersatz für diejenigen, die diese Not leiden, diese aber [...] nicht wirksam vertreten können« (S. 97). Mit dieser latent paternalistischen Repräsentation ist auf den »unvermeidlichen Selbstwiderspruch« (S. 98) der Kritischen Theorie hingewiesen und das ihr implizite Theorie-Praxis-Schisma als grundsätzliches Design-Problem angezeigt.

Fragen ergeben sich dann jedoch in Bezug auf das Medium einer solchen Sozialethik, welches die Sprache der Kritik ist. Möhring-Hesse spricht hier von dem Vorzug einer »säkularen Politik aus dem Glauben«, die auf »spezifisch religiöse Deutungs- und Beurteilungsschemata« verzichtet (S. 115). Warum kann aber nicht gerade die religiöse Deutung und der Reichtum des christlichen Symbolsystems ein vernünftiges Anderssein nicht nur imaginieren, sondern auch explizieren? Dass Möhring-Hesse fast ausschließlich eine sozialtheoretische Sprache bemüht, macht performativ deutlich, wie wenig er nicht nur der religiösen, sondern auch der theologischen Sprache diese kritische Fähigkeit zutraut.

Öffentlichkeit – eine kritische Revision (T. Meireis)

Der Beitrag von Torsten Meireis zum Begriff »Öffentlichkeit« bildet in diesem Band gewissermaßen eine Brücke, indem er zwischen methodologischer und inhaltlicher Aufarbeitung eines Zentralthemas sozialethischen Denkens changiert. Meireis' Ausgangspunkt ist das weitverzweigte Feld der sog. »öffentlichen Theologien«. Ein kurzer Blick auf die immense Breite dessen, was sich auch international unter dem Label einer *public theology* versammelt, zeigt, dass diese mit oftmals völlig unterschiedlichen Konzepten von Öffentlichkeit arbeitet. Das Spektrum reicht von der Betonung mehrerer Öffentlichkeiten (Tracy, S. 129) über eine Diastase zwischen der Kirche und der Öffentlichkeit, die dann von der Theologie die bekannte Zweisprachigkeit erwartet (Bedford-Strohm, S. 131), bis hin zu einem Konzept des *öffentlichen Protestantismus*, welcher sich als gemeinwohlorientierter Rahmen einer pluralistischen Gesellschaft versteht (Anselm/Albrecht, S. 131 f.). Nur wenige Konzepte von öffentlicher Theologie – und das lässt sich wohl als ein Krisensymptom verstehen – reflektieren die »Minderheitensituation« der Kirche in der Welt (Körtner, S. 131).

Konsequenterweise beschreibt Meireis mit drei Asymmetrien das Problemtableau, wovor das gesamte Spektrum der *public theology* in Bezug auf ihr Öffentlichkeitsverständnis gestellt ist: Die erste Herausforderung ist vom asymmetrischen Verhältnis von politischer Öffentlichkeit und dem partikularen religiösen Bekenntnis geprägt. *Zweitens* reflektiert Meireis die Asymmetrie von Deutungsmächten, die Spivak zufolge als »epistemische Gewalt« Gestalt annimmt (S. 133). *Drittens* gilt es das Verhältnis von globalen und lokalen Geltungsansprüchen theologischer Aussagen zu reflektieren.

Der zweite Hauptteil nimmt nun den genannten Öffentlichkeitsbegriff als Differenzbegriff auf, wobei die Differenzen hier nicht nur im Gegenüber zu anderen Größen, sondern ebenso als Binnendifferenzen verstanden werden: Wird Öffentlichkeit gemeinhin als der Verhandlungsort des Gemeinwohls verstanden, so macht Meireis darauf aufmerksam, dass gerade »Konflikte um den Gehalt dessen, was öffentlich zu regeln ist und was als Privatsache gilt, asymmetrisch strukturiert sind« (S. 138); gleichzeitig verstärken solche Asymmetrien ebendiese Konflikte. Damit hängt Meireis' zweiter Punkt zusammen, dass die faktische Fragmentierung der Öffentlichkeiten zu einer Fiktion der Einheitlichkeit bzw. des Gemeinsamen nötigt. Damit tritt aber die normative Rede von »Öffentlichkeit« in Differenz zu dem Befund, dass ihre »Artikulationsräume auch keineswegs neutral« sind (S. 143). Das Kapitel schließt damit, dass »Öffentlichkeit« nicht als eine analytische Kategorie, sondern vielmehr als eine kontrafaktische und daher regulative Idee fungiert. Und darin gewinnt »die Öffentlichkeit« als ein Konstrukt kritische Bedeutung, »mit dessen Hilfe Situationen angemessener Aushandlung des Gemeinsamen bestimmt und unangemessene kritisiert werden können, wobei auch Affirmation und Kritik stets revidierbar bleiben« (S. 146). Im Hintergrund all dessen steht freilich die idealistische Hoffnung auf den »zwanglosen Zwang des besseren Arguments, eine Überzeugungskraft der Freiheit oder eine Selbstdurchsetzung der Vernunft« (S. 147).

Die Vorannahme-Falle in der ökonomischen Theorie der Sozialpolitik (G. Kubon-Gilke)

Im ungemein lesenswerten wie anspruchsvollen Beitrag zur »Vorannahmen-Falle in der ökonomischen Theorie der Sozialpolitik« widmet sich Gisela Kubon-Gilke einem grundlegenden Methodenproblem. Der anregende, wenngleich recht technisch verfahrende Text ist eine methodologische Kritik, die sich verschiedenen Ansätzen der Ökonomik widmet und deren modellbasiertes Verfahren auf eine Eignung für realweltliche, politische Entscheidungen hin befragt.

Wissenschaftliche Theorien – nicht zuletzt die ökonomische Theorie – arbeiten mit Modellen, mit welchen sie nicht nur Wirklichkeit abbilden, sondern auch die Ergebnisse ihrer Forschung präfigurieren. Das ist kein grundsätzliches Problem, wenn modellbedingte Annahmen bzw. deren Isolationen reflektiert werden. Kubon-Gilke zeigt jedoch im ersten Abschnitt dieses Beitrags, wie verschiedene Ansätze der Ökonomik von apriorischen Setzungen geprägt sind und sie diese zugleich in ihrer Modelllogik verschleiern, obwohl diese Setzungen für das Modell Idealbedingungen vorsehen, die signifikant von der Wirklichkeit abweichen. In Bezug auf die Theorie des Allgemeinen Gleichgewichts wird z. B. gezeigt, dass »Interdependenzen zwischen Wirtschaftssystem, individuellen Werthaltungen, Präferenzen und gesellschaftlichen Normen [...] von vornherein als irrelevant eingeschätzt« werden (S. 162). Diese methodische Vorannahme sei aber fragwürdig.

Im zweiten Abschnitt wird diese Vorannahme-Falle in erkenntnistheoretischem Kontext erörtert – genauer: innerhalb eines epistemologischen Paradigmas des kritischen Realismus, welcher zwischen objektiv Gegebenem und subjektivem Empfinden konsequent unterscheidet. Dieser fungiert sozusagen selbst als epistemologisches Gegenmodell, mithilfe dessen ein Verständnis von Wissenschaft »als spezielle[m] Prozess der Suche nach der ›richtigen‹, wahren

Struktur« entwickelt wird (S. 185). Damit manövriert Kubon-Gilke zwischen einem individualistischen und einem kulturalistischen Paradigma: »Der hier favorisierte Ansatz sieht beide Wege und Zugänge als problematisch an und versteht beide Ebenen [...] als Ergebnisse, die durch systematische Regelmäßigkeiten menschlichen Denkens, Fühlens und Handelns sowie der sozialen Interaktion hervorgebracht werden« (S. 188).

In Bezug auf ökonomische Theoriebildung und die daraus hervorgehenden politischen Handlungsempfehlungen gilt es daher, solche Gesetzmäßigkeiten nicht nur zu kennen, sondern auch, »diese Frage nach der Spezifizierung von Variablen und dem Datenkranz [eines ökonomischen Modells] substantiell beantworten zu können« (S. 191). Das führt zum Isolationsproblem der Modellbildung: Welche Parameter werden in einem Modell als konstante Daten angenommen und welche werden als Variablen verhandelt, deren unterschiedliche Effekte man beobachten möchte? Diese Unterscheidung ist allerdings notwendig, um plastisch zu machen »zu *welchem analytischen Zweck* ein bestimmter theoretischer Zugang gewählt und ein bestimmtes Modell mit welchen Variablen und Konstanten konstruiert wird« (S. 198). Denn wo hypothetische Isolationen nicht als solche ausgewiesen werden, treten sie durch die Hintertür der Auswertung womöglich wiederum als inhaltliche ein.

Welche Folgen lassen sich aus dem Gesagten nun für die Realität des Wissenschaftsbetriebs schließen? Zunächst einmal fordert die Autorin eine Förderung multiperspektivischer Ansätze, womit zugleich multistabile Paradigmen verfolgt werden können. Das erfordere jedoch einen grundlegenden Wandel nicht nur in der Wissensschöpfung, sondern auch in deren Qualitätskontrolle: Eine naheliegende Umsetzung dieses Wandels wäre in einer stärkeren Bedeutung von Post-Publication-Peer-Review-Verfahren zu sehen. Dies sei dringend nötig, denn »[d]as jetzige System des wissenschaftlichen Wettbewerbs ist jedenfalls nur sehr begrenzt in der Lage, verdeckte Annahmesetzungen und darauf fußende Theoriewelten, platonische ›Hirngespinste‹ und unangemessen apologetische Schlussfolgerungen aufzudecken« (S. 202) – ein ebenso ernüchterndes wie kritisches Fazit!

»Funktionale Solidarität« als netzwerkbasiertes Engagement (J. Eurich)

Der Beitrag von Johannes Eurich thematisiert wiederum unter dem Begriff der »funktionalen Solidarität« ein Grundlagenkonzept der Sozialethik in der Spätmoderne und fügt sich damit in die Reihe der Beiträge des Bandes ein, die konkrete Sozialstrukturen kritisch analysieren. Ausgangspunkt seiner Gegenwartsanalyse ist die Beobachtung einer Verschiebung von traditionellen Sozialstrukturen (Familie) hin zu Netzwerken. Dem Paradigma der »Gesellschaft der Singularitäten« (Reckwitz) folgend schließt Eurich über diese offensichtlichen Veränderungen hinaus auf die Transformation solidarischen Handelns und dessen sozialer Lokalisierung. Hilfsdienste sind ihm zufolge in der Spätmoderne nicht mehr an eine bestimmte Gemeinschaftsform gebunden: »Vielmehr wandelt sich in spätmodernen Gesellschaften Solidarität mehr und mehr zu einer bewusst hergestellten Beziehung zwischen Individuen, die einen Gemeinschaftsbezug nicht länger zwingend voraussetzt« (S. 214).

Auch diakonische Einrichtungen haben an dieser Transformation teil. Neben aufkommenden »stärker temporär angelegten Verbindungen, die in Form von zeitlich begrenzten Projekten oder locker verbundenen Netzwerken miteinander kooperieren«, verkörpern sie einen neuen Typus, der »gekennzeichnet [ist] durch eine *Verberuflichung des Helfens*« (S. 217). Diese drängt im Kontext moderner Sozialstaaten das Hilfehandeln auf eine Symmetrie von Hilfsbeziehungen, wo vorher ein altruistisches Ethos asymmetrische Helfer-Opfer-Verhältnisse überbrückt hat.

Als disruptive Neuerung der Spätmoderne ist mit Eurich die »Funktionalisierung der Solidarität« herauszustellen: »Funktionale Solidarität meint [...] die Kalkulation von Solidarität als gesellschaftlichen Wert, für dessen Realisierung andere bereit sind, Ressourcen einzusetzen. [...] Dieses funktionale Verständnis von Solidarität verbindet als *gegenseitige Unterstützung zugunsten Dritter*, ohne dass die Solidarität Leistenden in einer Gemeinschaft verbunden sein müssten« (S. 223). Die Spätmoderne, deren genuine Sozialformen häufig netzwerkbasiert sind, zeigt eine Präferenz schwacher Beziehungen gegenüber starken Beziehungen. Damit zeichnet sich nach Eurich die aus diesen Sozialformen emergierende funktionalisierte Solidarität aber auch durch eine hohe Flexibilität aus. Wenngleich diese Gegenwartsanalyse sehr typologisch verfährt, so lassen sich damit auch Orte notwendiger Kritik der Sozialethik identifizieren: Denn die beschriebene Flexibilität ist notwendigerweise von *Marktmechanismen* gekennzeichnet, die nicht unproblematische Konsequenzen mit sich bringen; denn »[f]ür wen diese Ressourcen nicht mobilisiert werden können, der kann im Zweifelsfall auch nicht solidarisch versorgt werden« (S. 227). Nachvollziehbar weist Eurich daher auf die dieser Logik zum Opfer fallenden Verlierer hin. Die *Gerechtigkeitsfrage* sei daher nicht nur in Bezug auf die konkrete Hilfeleistung, sondern auch in Bezug auf die Aufmerksamkeitsökonomie zu stellen, welche die Kehrseite funktionaler Solidarität in der Spätmoderne darstellt. Die kritische Aufgabe der Sozialethik lautet daher, »solche solidarische Unterstützung kritisch zu begleiten, um zu vermeiden, dass durch funktionale Solidarität [...] gesellschaftliche Verhältnisse stabilisiert werden, welche Missstände immer wieder aufs Neue entstehen lassen« (S. 231). Insofern – so ließe sich das von Eurich Gesagte weiterführen – scheint bereits die bare Existenz diakonischer Einrichtungen ein Instrument der Kritik zu sein: *Sozialethos als Kritik*.

Kritik der theologischen Geldkritik (B. Emunds)

Der letzte Beitrag des Bandes widmet sich der theologischen Geldtheorie, wie diese in einschlägigen sozialethischen Debatten auftaucht. Emunds widmet sich aber *nicht* den gegenwärtigen wirtschaftsethischen Debatten, sondern rekonstruiert stattdessen knapp die theologische Geld*kritik* Falk Wagners und Thomas Rusters. Während bei Wagner vor allem ein idealistisch-freiheitstheoretischer Grundimpuls im Hintergrund steht, ist Rusters Ineinander von Geld- und Kapitalismuskritik vor allem von einem dialektisch-religionskritischen Muster geprägt. Dieses versteht den christlichen Glauben als Ausgangspunkt einer Kontrastgesellschaft, deren Ökonomie mithilfe einer zinsfreien Kirchenwährung einen Ausstieg aus einer kapitalistischen Wirtschaftsordnung ermögliche.

Allein, beide Kritiken sind – wie Emunds überzeugend darlegt – nicht nur moralisierend verkürzt, sondern auch sozialtheoretisch und theologisch völlig defizitär. Abgesehen davon, dass sie Geld- und Kapitalismuskritik und damit ein System sowie dessen Kommunikationsmedium miteinander vermischen, gehen sie nicht über die Perspektive der *vermögenden Privatperson* hinaus.

Gegenüber der personalistischen Vereinfachung von Ruster und Wagner veranschlagt Emunds (a) einen hinreichend differenzierten Blick für die Logiken der Geldschöpfung, die zwischen Zentralbanken, Kreditinstituten und Kreditnehmern gelagert ist. Zudem betont er (b), dass die Instrumente, die zur Absicherung von Geldwährungen in Wirtschaftssystemen installiert sind, ein »ganz spezifischer öffentlich-privater Mix von Institutionen« sind (S. 255), dessen Komplexität weit über ein Verständnis von Geld als beliebig-flexiblem Tauschmedium zwischen zwei Personen hinausreicht. Er weist (c) auf die Bedeutung des Geldes als koordinierendem Mittel in der Güterproduktion hin: Wer – wie Wagner und Ruster – bereits diese Aspekte des Geldes unterschlägt, »hat sich lediglich ein bürgerlich verkürztes Bild von dieser Geldgesellschaft gemacht, nämlich ein Bild, in dem Geld eigentlich immer schon selbstverständlich da ist« (S. 257).

Damit korrespondiert, dass nicht nur die »Tauschmittelfunktion« des Geldes, sondern auch dessen »Funktion der Wertaufbewahrung«, die eine Liquidität für die Zukunft impliziert, zu beachten ist (S. 262). Sofern in der Theologie etablierte Geldtheorien jedoch nicht auf diese Funktion ebenso in all ihrer Ambivalenz eingehen, wird die sozial-ökonomische Ungleichheit jenseits einer ausschließlich moralischen Bewertung niemals hinreichend auf ihre systematischen Gründe befragt werden können. Gerade das ambivalente Verhältnis von Geld und Gott [sic!] ist es, was Emunds in Anschluss an Alois Halbmayr geltend machen möchte. Dies sei insbesondere darum nötig, um den Wirklichkeitsbezug der Gottesrede auch in einer Welt, die von Ökonomisierung und Kommerzialisierung geprägt ist, garantieren zu können. Und es sei auch im Sinne einer

Sozialethik, die ihr »Hauptgeschäft« in der *Politikberatung* und nicht in einer kategorischen *Gesellschaftskritik* versteht (S. 279). Sozialrevolutionäre Visionen der traditionellen Geldkritik sind damit vorüber. Eine echte Hoffnungsvision für die Verlierenden einer von Ökonomisierung und Kommerzialisierung geprägten Welt lässt sich damit jedoch auch nur schwer artikulieren.

Fazit

Der Band »Sozialethik als Kritik« stellt eine Auswahl an ökumenischen Stimmen zusammen, die auf völlig unterschiedliche Weise die *kritische* Aufgabe der Sozialtheorie und -ethik entfalten. Der inhaltlichen Qualität der Beiträge wären ein entsprechendes Endlektorat und die nötige Aufmerksamkeit im Satz angemessen gewesen, um die überdurchschnittlich vielen Gravamina in manchen Texten auszumerzen. Der Anforderungsgrad der Texte variiert stark, weshalb keine einheitliche Zielgruppe in puncto vorausgesetzter Sachkenntnis ausgegeben werden kann.

Die überwiegend sehr informierten, durchgehend sachlich wie unaufgeregt argumentierenden Beiträge teilen ein grundlegendes Vertrauen auf die Durchsetzungskraft des vernünftigen Argumentierens. Dies ist in diesem Format akademischer Selbstreflexion zu erwarten und ist epistemologisch in einer Melange von Habermasianischer Prägung und modernem Universalismus begründet. Das ökumenische Gemeinschaftsprojekt von evangelischen und katholischen TheologInnen geht somit ohne offene Brüche zwischen den Konfessionen auf. Den berechtigten Anfragen der Postmoderne entziehen sich die Beiträge damit jedoch, wenngleich sie diese (wie z.B. Becka und Meireis) durchaus zur Kenntnis nehmen. Auch tritt die spezifisch theologische Kritikleistung der Sozialethik in diesem Band an manchen Stellen etwas weit hinter sozial- und wissenschaftstheoretischen Großstrukturen zurück. Dass solche Großkonzepte aber auch von einer dezidiert theologischen Kritik profitieren können – und zwar eben nicht nur im Sinne einer sozialmoralischen Übersetzung christlicher Glaubensaussagen –, wird vielfach zwar angedeutet, jedoch nur vorsichtig durchgeführt. Dies ist im Rahmen einer solchen Selbstreflexion jedoch auch nicht verwunderlich und tut dieser gelungenen Zusammenstellung als lehrreichem Auftakt der Reihe »Ethik und Gesellschaft« keinen Abbruch.

WIRTSCHAFTSETHIK 4.0

Traugott Jähnichen/Joachim Wiemeyer: Wirtschaftsethik 4.0. Der digitale Wandel als wirtschaftsethische Herausforderung. Stuttgart: W. Kohlhammer GmbH 2020, 266 S., ISBN: 978-3-17-037476-8, 32,00 €

Hermann Sautter

»Digitalisierung« gilt als ein Mega-Trend mit weitreichenden Folgen für Wirtschaft und Gesellschaft. Euphorischen Erwartungen stehen dabei düstere Prognosen gegenüber. Die einen rechnen mit revolutionären Fortschritten bei der Humanisierung der Arbeit, bei der Entstehung einer partizipativen Demokratie neuen Stils und einer »Dematerialisierung« von Konsum und Produktion. Die anderen – die wohl in Deutschland die Mehrheit darstellen – befürchten Schlimmes: Den Verlust von Arbeitsplätzen, eine zunehmende Polarisierung von Arm und Reich, die Erosion sozialer Sicherungssysteme, das Auseinanderdriften von Industrie- und Schwellenländern einerseits und Entwicklungsländern andererseits u. a. Jähnichen und Wiemeyer grenzen sich sowohl von menschheitsbeglückenden Utopien wie auch von apokalyptischen Dystopien ab. Sie sehen in der Digitalisierung eine unausweichliche technische Entwicklung mit ambivalenten Auswirkungen für nahezu alle Lebensbereiche. Ihr Interesse gilt den Gestaltungsnotwendigkeiten und -perspektiven dieser Entwicklung. Sie wählen dabei eine normative Perspektive, was dem Buch den Titel »Wirtschaftethik 4.0« verliehen hat.

Es ist den Verfassern in der Tat gelungen, die aus einer normativen Sicht bestehenden Gestaltungsnotwendigkeiten und -möglichkeiten der Digitalisierung sehr differenziert herauszuarbeiten. Sie tun das nicht, ohne den Leser mit den Fakten vertraut zu machen, die üblicherweise mit dem Begriff »Digitalisierung« verbunden werden. So widmen sie ein eigenes Kapitel den Grundlagen der Datenökonomie und den Herausforderungen des Datenschutzes. Es wird durch einige »Info-boxes« bereichert (»Big Data«, »KI-Systeme«, »Internet der Dinge« und »Cyberphysische Systeme«). Auch in allen anderen Kapiteln finden sich zahlreiche Hinweise auf die jeweils relevanten technischen Zusammenhänge.

Noch ausführlicher als mit diesen technischen Zusammenhängen befassen sich die Autoren mit den normativen Grundlagen ihrer Problemsicht. Es sind die Leitgedanken einer christlichen Sozial- und Wirtschaftsethik. Die Verankerung der beiden Autoren im Katholizismus wie im Protestantismus, sowie die

Entstehung des Buches aus einem gemeinsam durchgeführten Seminar der Verfasser bieten die Gewähr dafür, dass die sozial- und wirtschaftsethischen Gemeinsamkeiten der beiden Konfessionen im Vordergrund stehen; konfessionelle Unterschiede werden nur am Rand erwähnt (so beispielsweise in der Betonung des Subsidiaritätsprinzips, S. 38 f.).

Ausgehend von dieser Klärung normativer Voraussetzungen und technischer Zusammenhänge werden in 4 Abschnitten (II.-V.) die wirtschaftsethischen Herausforderungen der Digitalisierung behandelt. Unterschieden werden die Mikro-Ebene des wirtschaftsethischen Handelns (»Arbeiten und Konsumieren im digitalen Zeitalter«), die Meso-Ebene (»Herausforderungen für das kollektive Arbeitsrecht«, Verbände, Gewerkschaften und Unternehmen), die Makro-Ebene (»Ordnungspolitische Herausforderungen des digitalen Wandels«) und die globale Ebene (»Weltwirtschaftliche Konsequenzen des digitalen Wandels«). In der Gewichtung gibt es Unterschiede. Gut die Hälfte des Textes in den drei ersten Abschnitten ist Problemen der Arbeitswelt, dem Arbeitsrecht, der Tätigkeit von Gewerkschaften und den Aufgaben der sozialen Sicherung gewidmet (Kapitel 3, 5, 6, 10). Andere Themen werden weniger ausführlich behandelt. Dazu gehören das Konsumverhalten privater Haushalte (Kap. 4), die Unternehmensethik (Kap. 7), die Sicherung des Wettbewerbs (Kap. 8), die Steuerpolitik (Kap. 9) und die Erfordernisse eines nachhaltigen Wirtschaftens (Kap. 11). Das besondere Interesse der Verfasser gilt offenbar den Herausforderungen der Digitalisierung für die Arbeitswelt und für die Systeme der sozialen Sicherung.

Bei allen behandelten Themen wird deutlich, dass der wirtschaftsethische Zugang zur Digitalisierung ein institutioneller ist. Es geht vorwiegend um die Gestaltung von Institutionen, mit denen bestehende und noch zu erwartende Lücken in der Regelung des gesellschaftlichen Lebens geschlossen werden können. Damit liegen die Verfasser im Trend der gegenwärtigen wirtschaftsethischen Diskussion, die relativ wenig von einer moralischen Selbstdisziplin der Personen und umso mehr von der moralischen Qualität der Institutionen hält. Allerdings kommen die Verfasser nicht daran vorbei, auf die Grenzen institutioneller Gestaltungsmöglichkeiten und auf die Bedeutung der Individualmoral hinzuweisen.

Ein Beispiel dafür ist der gesetzliche Schutz von Sonn- und Feiertagen. Die Flexibilisierung der Arbeitsbedingungen, »insbesondere die dramatische Veränderung der Zeitstrukturen« (140), wird von den Verfassern – in Übereinstimmung mit den Kirchen – als problematisch angesehen, weil dadurch der gesellschaftliche Rückhalt für das Verbot der Sonntagsarbeit immer stärker verloren geht. Er ließe sich stärken, wenn die Menschen zu einem »qualifizierten Begriff (der) Selbstbestimmung und zu einer sittlichen Lebensführung« bereit wären (S. 144). Doch davon erwarten die beiden Verfasser wenig und setzen stattdessen auf »gesellschaftliche Institutionen«, die den »Individualisierungstrend modernder Lebens- und Arbeitskulturen mit den sozialen Bedürfnissen ausbalancieren und so alltagskulturell eine grundlegende Orientierung vermitteln« können (S. 144).

Im Schlusskapitel, in dem der »weitere Horizont des digitalen Wandels in Wirtschaft und Gesellschaft« angesprochen wird, ist auch von der »anthropologischen Relevanz der Veränderung der Lebensführung« die Rede (S. 241). Aber das ist nicht das Thema des Buches, obwohl es dies aus einer theologischen Perspektive durchaus sein könnte (die beiden Verfasser sind Theologen). Die Hinweise auf eine ethisch reflektierte Lebensführung, die im Einklang mit veränderten Institutionen die Digitalisierung verantwortlich gestalten könnte, sind vergleichsweise blass (an mehreren Stellen gäbe es Anknüpfungspunkte für eine Vertiefung: Der von den Konsumenten favorisierte schnelle Wechsel von Mode-artikeln heizt den Konsum an und steht einer nachhaltigen Produktions- und Konsumstruktur im Wege, S. 223; »der Bezug von Sozialleistungen [...] muss auch als Indiz für eine wenig planvolle und verantwortungsbewusste Lebensführung« angesehen werden, S. 215). Kurz: Von einer veränderten Lebensführung und einer damit verbundenen Individualmoral wird wenig erwartet; umso mehr dagegen von veränderten Institutionen. Die Protagonisten einer »Postwachstumsökonomie« sind in dieser Hinsicht viel anspruchsvoller und fordern auch einen radikalen Wandel des Lebens- und Konsumstils.

Zu den einzelnen Kapiteln ist folgendes zu sagen. Im 1. Kapitel wird die normative Basis des Buches entfaltet. Es ist das christliche Gebot der Nächstenliebe, dessen »Konkretion« in der »Achtung der Würde eines jeden Menschen« gesehen wird. (S. 27). Der wohlfeilen ökonomischen Kritik, auf der Basis der Nächstenliebe sei keine funktionsfähige Marktwirtschaft denkbar, wird entgegnet, »Nächstenliebe« und »Selbstinteresse« seien keine Alternativen, sondern könnten auf konstruktive Weise aufeinander bezogen werden. Der klassische Hinweis auf Adam Smith darf hier natürlich nicht fehlen (S. 27). Man wird die Festlegung auf »Nächstenliebe« als die Basis einer wirtschaftsethischen Reflektion in dem Sinne verstehen dürfen, dass damit ein objektiver, nicht vollständig im subjektiven Interessenkalkül aufgehender Wert zur Grundlage ethischer Abwägungen gemacht wird. »Nächstenliebe« wird verankert gesehen in der »Relationalität des Menschseins in seinen Bezügen zu Gott, zu den Mitmenschen und zur Mitwelt« (S. 26). Der Mensch würde seine Gottebenbildlichkeit (oder mit Kant gesprochen seinen Selbstzweck-Charakter) verleugnen, wollte er die Würde seiner Mitmenschen missachten und seine natürliche Umwelt nicht als ein anvertrautes Gut behandeln.

Diese normative Basis sehen die Verfasser konkretisiert in den »Kriterien Freiheit, Solidarität, Gerechtigkeit, Subsidiarität und Nachhaltigkeit«. Eine weitgehende Verwirklichung dieser Kriterien wird in der Ordnungskonzeption der Sozialen Marktwirtschaft gesehen, die freilich angesichts des digitalen Wandels konzeptionell weiterentwickelt werden müsse. Vergleichsweise ausführlich wird in diesem Zusammenhang das Kriterium »Gerechtigkeit« diskutiert und auf die Arbeitswelt bezogen. Die abnehmende Bedeutung klassischer Normalarbeitsverhältnisse durch den digitalen Wandel wird als eine institutionelle Herausforderung gesehen, wobei offengelassen wird, ob möglicherweise »Abstriche bisheriger Errungenschaften drohen bzw. als kleinere Übel in Kauf genommen werden müssen« (S. 51). Die normative Verpflichtung auf das Gerechtigkeitskriterium wird also nicht strukturkonservativ, sondern eher pragmatisch interpretiert. Der Gewinn an Flexibilität könne möglicherweise höher eingeschätzt werden als der Verlust an Normalarbeitsverhältnissen.

Der gleiche Pragmatismus liegt dem 2. Kapitel zugrunde, das über die Grundlagen der Datenökonomie und die Herausforderungen des Datenschutzes informiert. Es ist verdienstvoll, dass die Verfasser hier Begriffe und Zusammenhänge erklären, die dem IT-Spezialisten bestens vertraut sind, von denen aber der Laie auf diesem Gebiet oft nur eine vage Vorstellung hat. Was unter »Künstlicher Intelligenz« zu verstehen ist, wie Algorithmen funktionieren, was »Bots« sind, worum es sich bei »Smart Homes« und »Smart Grids« handelt usw., das alles wird auf eine leicht verständliche Weise erklärt, so dass der Leser eine Vorstellung davon gewinnt, was mit dem »digitalen Wandel« gemeint ist. Er wird nicht als eine »Naturgewalt« verstanden, der man sich beugen müsse, sondern als eine Gestaltungaufgabe, bei der es insbesondere um den Schutz der Personenwürde und um den Datenschutz geht.

Die Kapitel 3 und 4 sind der »Mikro-Ebene wirtschaftsethischen Handelns« gewidmet und befassen sich mit der digitalen Vernetzung der Arbeitswelt und mit Änderungen im Konsumverhalten. Die Verfasser meinen, dass die Gefahr eines massiven Verlustes von Arbeitsplätzen in der Öffentlichkeit überschätzt werde. Ein größeres Problem sehen sie in der zunehmenden Spreizung der Arbeitseinkommen. Die wesentliche wirtschaftsethische Herausforderung bestehe darin, den Gewinn an Selbstbestimmung, der nicht zuletzt durch eine »Crowd-Arbeit« möglich sei, mit dem Bedürfnis an sozialer Sicherheit auszubalancieren. Die dem ganzen Buch zugrundliegende Tendenz, Ambivalenzen herauszuarbeiten und den Bedarf an institutionellen Lösungen für ein »Sowohlals-auch« zu benennen, ist auch hier zu beobachten. Mit eigenen Lösungsvorschlägen halten sich die Autoren zurück. Sie machen vor allem mit den in der Fachwelt diskutierten Vorschlägen vertraut.

Im 4. Kapitel werden zahlreiche Einflüsse der Digitalisierung auf das Verhalten von Konsumenten und Sparern beschrieben. Internetplattformen erleichtern einen Angebotsvergleich, für Sparer und Investoren ergeben sich neue Möglichkeiten durch eine »Crowdfinance«, im Rahmen einer »Sharing Economy« lassen sich die Ausgaben für Gebrauchsgüter senken, der Internet-Handel mit seinen großzügigen Rückgabemöglichkeiten verführt aber auch zu einem Mehrkonsum – auch hier gibt es zahlreiche Ambivalenzen. Sie stellen vor allem eine individualethische Herausforderung dar – ein Thema, das (wie erwähnt) weniger im Zentrum der Überlegungen steht als die Etablierung von Institutionen (z. B. beim Verbraucherschutz).

Die Kapitel 5-7, die einer »Meso-Ebene« der Wirtschaftsethik zugeordnet werden, befassen sich schwerpunktmäßig mit der Weiterentwicklung des Arbeitsrechts und mit der Rolle von Gewerkschaften. Daneben werden auch unternehmensethische Fragen diskutiert. Das 5. Kapitel knüpft an die früheren Überlegungen zum Wandel der Arbeitswelt an. In den Grauzonen zwischen Selbständigen und abhängig Beschäftigten würden die in langen Kämpfen des 19. und zu Beginn des 20. Jahrhunderts durchgesetzten Schutzrechte für die Arbeitnehmenden nicht mehr greifen. Deshalb sei das Arbeitsrecht zu transformieren und den neuen Bedingungen anzupassen. Die Gesetzgebung und Rechtsprechung wären dieser Hausforderung bisher kaum nachgekommen. Der Gesetzgeber wird daher aufgefordert, »in einem ersten Schritt zumindest geeignete Rahmenbedingungen in absehbarer Zeit zu schaffen« (S. 150). Vergleichsweise ausführlich wird auf den Schutz von Sonn- und Feiertagen eingegangen. Gefordert werden Regelungen, die durch eine gewisse Flexibilisierung des Sonntagsschutzes den Menschen mehr Freiräume bieten, zugleich aber aus Gründen der Religionsfreiheit und des sozialen Zusammenhalts den arbeitsfreien Sonntag weiterhin verlässlich schützen. Auch hier also: »Sowohl-als-auch«.

An diese Überlegungen schließt das 6. Kapitel an, das den Potenzialen und Herausforderungen gewerkschaftlicher Interessenvertretung gewidmet ist. Bemerkenswert ist, wie in der Unterstützung der Gewerkschaften »ein wesentliches Anliegen der christlichen Sozialethik« gesehen wird (S. 162). Eine vergleichbare Würdigung von Unternehmerverbänden kennt die »Wirtschaftsethik 4.0« nicht. Die von den beiden Autoren vertretene Normativität nimmt also weniger eine Vermittlerrolle zwischen unterschiedlichen Parteien ein; sie untermauert vielmehr den Interessenstandpunkt einer dieser Parteien. Ihr wird eine wesentliche Rolle bei der Verwirklichung von »Solidarität« zugeschrieben, einer Konkretion des christlichen Gebots der Nächstenliebe. Nicht ohne ein gewisses Bedauern wird der Bedeutungsverlust von Gewerkschaften konstatiert. Ihnen wird geraten, von einer gewerkschaftlichen Stellvertreterpolitik Abschied zu nehmen und eine stärker teilhabeorientierte Politik zu betreiben, die in vermehrtem Maße basisdemokratische Elemente einbezieht (S. 157).

Die Diskussion unternehmensethischer Herausforderungen im 7. Kapitel beginnt mit dem Hinweis auf die Anerkennung der Unternehmertätigkeit in päpstlichen Verlautbarungen und in den Denkschriften der EKD. Die Unternehmen werden ermutigt zur intensiven Nutzung digitaler Möglichkeiten. Dies sei kein Selbstzweck, sondern eine unabdingbare Voraussetzung für die Existenzsicherung von Unternehmen und damit auch für die Sicherung von Arbeitsplätzen. Probleme werden u. a. in der Industriespionage und in einer Überwachung der Unternehmensangehörigen gesehen, womit deren Persönlichkeitsrechte verletzt werden könnten. Es entspricht dem arbeitnehmerfreundlichen Grundton des Buches, wenn Unternehmensleitungen dazu aufgefordert werden, die Belegschaft ihres Unternehmens zur Gründung eines Betriebsrats zu ermutigen und eine solche Gründung nicht etwa zu behindern. Was der Leser in diesem relativ kurzen Kapitel u. a. vermisst, ist die Diskussion der unternehmerischen Compliance-Strukturen, die mit der Nutzung digitaler Techniken schlagkräftiger werden und dadurch den unternehmensethischen Prinzipien zur besseren Durchsetzung verhelfen können.

Die vier der »Makro-Ebene« gewidmeten Kapitel (IV. Abschnitt) befassen sich mit den »Ordnungspolitischen Herausforderungen des digitalen Wandels«. Von »Ordnungspolitik« war auch vorher schon die Rede; Reformen des Arbeitsrechts (5. Kapitel) gehören ebenfalls dazu. In diesem vierten Abschnitt geht es um Fragen der Wettbewerbsordnung, der Besteuerung, der sozialen Sicherung und der Nachhaltigkeit. Die Digitalisierung stellt die Aufrechterhaltung eines funktionsfähigen Wettbewerbs vor neue Herausforderungen. Sie werden im 8. Kapitel beschrieben. »Sunk costs« und Netzwerkeffekte erschweren den Markteintritt von neuen Anbietern, aber auch dort, wo die klassischen Voraussetzungen für ein »natürliches« Monopol nicht vorliegen, wie z. B. in der Plattformökonomie, besteht die Gefahr des Missbrauchs von Marktmacht. Im Blick auf die durch digitale Plattformen entstandenen Probleme greifen die Verfasser den Vorschlag zur Gründung von Nutzer-Genossenschaften auf und verweisen dabei auf das Beispiel von Gewerkschaften und – interessanterweise – der Kirchen (S. 190). Dabei geht es allerdings nicht um die Sicherung des Wettbewerbs und auch nicht um »Ordnungspolitik«, sondern um die Verteilung einer Kooperationsrente durch privatwirtschaftliche Vereinbarungen. Den Verfassern ist nicht zu widersprechen, wenn sie als Fazit festhalten, dass die Verhinderung missbräuchlicher Marktmacht, die durch den digitalen Wandel möglich wird, eine »bisher kaum befriedigend gelöste Aufgabe« darstellt (S. 191).

Dasselbe wird man im Blick auf die »Besteuerung digitaler Unternehmen« feststellen müssen, wovon im 9. Kapitel die Rede ist. Die Besteuerung dieser Unternehmen wird hier unter dem Gesichtspunkt der »Gerechtigkeit« diskutiert. Die Verfasser sehen dieses Kriterium in hohem Maße durch die erweiterten Möglichkeiten einer legalen Steuervermeidung und durch die illegale Steuerhinterziehung verletzt. Eine gerechtere Steuerstruktur, die die Profiteure eines leistungsfähigen Staates in angemessener Weise zu dessen Finanzierung heranzieht und die die Markteinkommen gerechter verteilt, sei nur mit internationalen Vereinbarungen möglich. Sie müssten nicht nur für die digitalen Unternehmen, sondern auch für die traditionelle Industrie gelten. Trotz entsprechender Initiativen der OECD fehlt es aber an wirksamen Vereinbarungen dieser Art. Nicht nur zwischen den USA und der EU gibt es deutliche Interessenunterschiede. Auch die EU-Staaten selbst sind sich uneinig, was die Schließung der vielen steuerfreien Lücken anbelangt. Dieses Kapitel behandelt also vor allem die Gestaltungsnotwendigkeit der Digitalisierung. Was die entsprechenden Gestaltungsmöglichkeiten anbelangt, so können die Verfasser nicht viel mehr tun, als auf den fehlenden politischen Willen zu befriedigenden institutionellen Lösungen hinzuweisen.

Welche Probleme der digitale Wandel für die Systeme der Sozialen Sicherung bedeutet, wird im 10. Kapitel diskutiert. Während die Lasten dieser Systeme durch den demografischen Wandel zunehmen, sehen die Verfasser die Stabilität der Einnahmenentwicklung durch eine »Prekarisierung der Arbeit« und durch eine wachsende Zahl von »Solo-Selbständigen« gefährdet. Das Problem könne sowohl durch eine Ausweitung der Beitragspflichten als auch durch eine höhere Steuerfinanzierung gelöst werden. Relativ ausführlich wird eine Umgestaltung des Sozialsystems durch ein bedingungsloses Grundeinkommen diskutiert. Die Autoren beschreiben einen von Thomas Straubhaar vorgelegten Vorschlag, halten ihn aber für nicht realisierbar und lehnen ihn auch aus normativen Gründen ab. Arbeit diene auch der sozialen Integration und nicht nur der Einkommenserzielung. Ein bedingungsloses Grundeinkommen könne im besten Fall das Arbeitseinkommen ersetzen, aber nicht die soziale Integration durch Arbeit.

Ein relativ kurzes 11. Kapitel (9 von 252 Textseiten) behandelt Fragen der ökologischen Nachhaltigkeit. Der digitale Wandel biete durch eine Dematerialisierung und Minimierung Chancen für einen geringeren Ressourcenverbrauch, Probleme entstünden dagegen durch einen höheren Energiebedarf sowie durch Reboundeffekte. Ein nennenswerter Beitrag zur Bewältigung des Klimawandels sei allein von der Digitalisierung nicht zu erwarten.

Im V. Abschnitt (12. Kapitel) kommen die weltwirtschaftlichen Konsequenzen des digitalen Wandels zur Sprache. Die Kluft zwischen dem globalen Norden und dem Süden hinsichtlich der Verfügbarkeit und Nutzung digitaler Technologien könne sich vertiefen (»Digital Gap«). Arbeitsintensive Produktionsprozesse könnten in die Industrieländer zurückverlagert werden. Die Digitalisierung biete den Entwicklungsländern aber auch Möglichkeiten einer auf- und nachholenden Entwicklung, weil bestimmte Entwicklungsphasen übersprungen werden könnten (»Leapfrogging«). Dies wird durch ein Beispiel aus Kenia illustriert.

Das abschließende 13. Kapitel gibt einen »Ausblick« auf den »digitalen Wandel in Wirtschaft, Gesellschaft und in den Kirchen«. Hier kommt – wie bereits erwähnt – auch die individualethische Dimension der Digitalisierung zur Sprache. In der Nutzung digitaler Kommunikationstechniken sei die »klassische Tugend der Wahrhaftigkeit« eine Voraussetzung für »verständigungsorientierte Diskurse« (S. 245). Ebenso sei hier ein »Ethos der Selbstbegrenzung« einzufordern (S. 246). Der Auftrag der Kirchen bestehe vor allem darin, auf die Ambivalenzen der Digitalisierung hinzuweisen. Dass sie dazu in besonderer

Weise berufen seien, ergebe sich »aus den Erfahrungen ihrer 2000-jährigen Geschichte wie ihrem Verständnis vom Menschen« und dessen »Anfälligkeit für technische Fehlentwicklungen und moralische Irrtümer« (S. 249).

Damit sprechen die Verfasser noch einmal den Leitgedanken an, der ihrer ganzen Abhandlung zugrunde liegt: Der digitale Wandel hat Vor- und Nachteile; er bietet Chancen und er birgt Risiken. Weil er nicht aufzuhalten ist, muss er so gestaltet werden, dass die Chancen genutzt und die Risiken begrenzt werden. Das wird vor allem als eine Herausforderung zur Weiterentwicklung bestehender und zur Errichtung neuer Institutionen gesehen. In 12 Kapiteln wird sehr differenziert herausgearbeitet, was das im Einzelnen bedeutet. Damit bietet dieses sachkundig geschriebene Buch einen äußerst lesenswerten Einstieg in die vielfältigen wirtschafts- und sozialethischen Herausforderungen, die der digitale Wandel mit sich bringt. Worin diese neuen Herausforderungen für den wirtschaftsethischen Diskurs bestehen, zeigt diese »Wirtschaftsethik 4.0« auf eindrucksvolle Weise.

Differenzierung und Integration

Christian Albrecht/Reiner Anselm: Differenzierung und Integration. Fallstudien zu Präsenzen und Praktiken eines Öffentlichen Protestantismus. Tübingen: Mohr Siebeck 2020, XII, 245 S., ISBN 978-3-16-159185-3, 29,00 €

Georg Lämmlin

In diesem Band sind namentlich gekennzeichnete Beiträge der beiden Autoren versammelt, die programmatische Überlegungen und Fallstudien zum »Öffentlichen Protestantismus« enthalten, in denen die von den Verfassern 2017 publizierte Programmschrift »Öffentlicher Protestantismus« weiter entfaltet wird.

Die dieser Programmatik zugrundeliegende Fragestellung wird nicht zuletzt einer von Traugott Jähnichen aufgeworfenen Kontroverse um die Deutung der Kirchenmitgliedschaftsuntersuchung (KMU) V entnommen: Ist das »öffentliche Christentum« die von ihm selbst nicht zu erbringende Voraussetzung und Grundlage des »kirchlichen Christentums«, wie Jähnichen meint, oder verhält es sich umgekehrt, wie Thies Gundlach es formulierte (S. 25 f.). Die Profilierung dieser Perspektive und die Frage nach der Vermittlungsinstanz, die das kirchliche Christentum im Verhältnis von individuellem und öffentlichem Christentum sein müsse, soll die Konzeption des Öffentlichen Protestantismus beantworten. Zugleich wird mit dieser Profilierung eine Modifikation gegenüber dem Programm der Öffentlichen Theologie vorgenommen, insofern es sein spezifisches Anliegen ist, »die Ressourcen der theologischen Reflexion des christlichen Glaubens fruchtbar zu machen« (S. 213). Der spezifische Beitrag wird in drei Orientierungspunkten konkretisiert, die aus der trinitätstheologischen Dreidimensionalität des christlichen Glaubensbekenntnisses gewonnen werden können: »Ins Ethische gewendet, bedeutet die aus dem Nicänum stammende Trias, (1) die Weltlichkeit der Welt zu respektieren als Konsequenz aus dem Glauben an Gott den Schöpfer; (2) Freiheit in der Gemeinschaft zu ermöglichen als Konsequenz aus dem Glauben an Gott den Versöhner; (3) die Zukunftsfähigkeit menschlichen Lebens zu gewährleisten aus dem Glauben an Gott den Erlöser« (S. 4 f.). Individueller, kirchlicher und öffentlicher Protestantismus werden dann ebenfalls in diese Trias eingespielt: »die Individualität des Glaubens [...] als Ausdruck des Schöpfungsgedankens, der Kirchenbezug als Ausdruck der gemeinschaftsbildenden Kraft der Versöhnung durch Christus und die öffentliche Dimension des Protestantismus als Ausdruck der im Geist die räumlichen und zeitlichen Grenzen traditioneller Gemeinschaftsbildung überschreitenden Erlösung« (S. 5).

Die Entwicklung einer »Formel« für den Protestantismus erscheint mir zunächst als ein deutlicher Gewinn. Sie steht in der Tradition etwa von Tillichs Formulierung des Protestantischen Prinzips oder, in anderer Weise, der Reihe von *sola*-Bestimmungen des reformatorischen Propriums (*sola gratia, sola fide, sola scriptura, solus Christus, solo verbo*). In einer spezifisch lutherischen Sichtweise könnte ein fehlender Bezug auf den Rechtfertigungsgedanken angemahnt werden, wenn nur auf die »Versöhnung durch Christus« in allgemeiner Weise verwiesen wird, ohne ihre Form theologisch zu spezifizieren. Wenn das Proprium des Protestantismus durch die Zuspitzung auf das Motiv der Rechtfertigung allein aus Gnade bestimmt sein sollte, könnte man diese Trias daher als unterbestimmt kritisieren. Da aber umgekehrt auch diese Zuspitzung als unterbestimmt kritisiert werden kann, wenn sie nicht in einen Gesamtrahmen einer Theologie von Schöpfung, Versöhnung und Erlösung mit der zugehörigen Anthropologie eingeschrieben wird, kann man mit Recht die vorgeschlagene Kriteriologie übernehmen und an entsprechender Stelle, falls notwendig, durch das Rechtfertigungskriterium präzisieren. D. h. nur für den Fall, dass die Kriteriologie bei der Beschreibung konkreter Phänomene im Blick auf die Rechtfertigungsbedürftigkeit »versagen« sollte, könnte und müsste sie konkret kritisiert werden.

Mit der Re-Theologisierung des Öffentlichen Protestantismus reagieren die Autoren auf die Feststellung, dass sich das »›Öffentliche Christentum‹ zunehmend von den Formen individueller Religiosität« abkoppele und deshalb seine Basis verliere: »mit dem Rückzug ins Private schwindet auch deren intersubjektive Artikulationsfähigkeit und damit letztlich die Fähigkeit, im öffentlichen Diskurs orientierungsstiftend zu wirken« (S. 27). Mit ihrem Ansatz verfolgen sie dagegen eine Perspektive, in der – wenigstens in ethischer Hinsicht – individuelle und soziale bzw. institutionelle Perspektive verknüpft sind. Und zwar so, dass die institutionellen Präsenzen des Protestantismus mit individueller religiöser Kommunikation verbunden werden, wie die gesellschaftlichen Institutionen in protestantischer Perspektive daraufhin beobachtet und (kritisch) reflektiert werden, dass sie individuelle religiöse Kommunikation als öffentliche Religionspraxis erlauben bzw. ermöglichen.

Diese individuelle religiöse Kommunikation in öffentlicher Religionspraxis ist dann auch an Bedingungen gekoppelt, die ihre Fähigkeit zu und Wirksamkeit als öffentliche Kommunikation betreffen. Sie werden zunächst kritisch an der Diagnose gegenwärtiger Formen problematisiert, denen ein »Gefangensein in Authentizität« (S. 34) attestiert wird. Diese Problematisierung wird im Schlussbeitrag in einer »Theoriemotive« genannten Rekonstruktion prominenter protestantischer Positionen im deutschen Nachkriegsprotestantismus entfaltet (S. 189 ff.), ausgehend von einem Streitgespräch zwischen Dorothee Sölle und Trutz Rendtorff im Spiegel am 10.10.1983 zum Nato-Doppelbeschluss. Während für Sölle die »Bewahrheitung des eigenen theologischen Denkens [...]

durch die Ermöglichung individuellen, glaubwürdigen Handelns« (S. 197) geschehe, liege das Verifikationsmoment für Rendtorffs ethisch-theologische Theorie »im Verstehenkönnen« (S. 200). Über diese Polarisierung führe dann die Position Wolfgang Hubers hinaus, für dessen Ansatz die Bewahrheitung »im politischen Gestaltenkönnen« liege, nämlich in der »Möglichkeit, auf politischem Wege die sozialen und ökonomischen Bedingungen zu schaffen, die notwendig sind, damit der einzelne seine Freiheit im Leben in der Gemeinschaft wahrnehmen kann« (S. 202). Wolfgang Hubers Ansatz stehe daher idealtypisch für eine Realisierung (individueller) religiöser Kommunikation in öffentlicher Religionspraxis des Protestantismus und seiner Realisierung der Freiheit. Demgegenüber konstatiert Albrecht mit Blick auf den gegenwärtigen Protestantismus in der Wahrnehmung durch prominente Vertreterinnen und Vertreter, dass er sich wieder auf das Moment einer Bewahrheitung durch individuelle Überzeugung und individuelles Handeln zurückgezogen habe: »Glaubwürdigkeit bedeutet dann regelmäßig, dass der oder die Handelnde als Person, in der Ganzheit und Ungeteiltheit der Person, die Richtigkeit der Position verbürgt« (S. 208) und daher sowohl die kirchliche wie die gesellschaftliche Dimension des Protestantismus »dominiert sind durch die allgemein gewordene Dimension des individuellen Protestantismus« (S. 209). In Abwandlung der Frage von Volker Drehsen »Wie religionsfähig ist die Volkskirche?« kann man diese kritische Perspektive als die Frage »Wie institutionsfähig ist der aktuelle Protestantismus?« formulieren. Die Ursache für die »religiöse Sprachlosigkeit« (S. 34) liegt deshalb weniger in den Einzelnen als in fehlender gesellschaftlicher Akzeptanz für die Thematisierung persönlicher Religion und Frömmigkeit und dem Mangel an entsprechenden sozialen Orten (S. 33) und Kommunikationsstrukturen.

Der Ausweg einer authentizitäts-orientierten, ins Private gewendeten Frömmigkeitshaltung übergeht jedoch den Umstand, dass »jede für eine Kommunikation oder Reflexion notwendige Versprachlichung das eigene religiöse Erleben (!) immer schon in den Strukturen einer übersubjektiven Sprachform geschehen müsste« (S. 35). Für den Zusammenhang persönlicher Frömmigkeit mit der vorgegebenen Ordnung der Sprache wird auf Lacan, Foucault und Troeltsch verwiesen (S. 40). Nicht erst ihre Kommunikation, auch die Konstitution selbst von »authentischer« Frömmigkeit basiert auf den vorgegebenen Strukturen der (religiösen) Sprache, die sich wiederum in der (öffentlichen) Kommunikation reproduzieren und transformieren. Hier könnten Potenziale für ein weitergehendes Verständnis des »öffentlichen Protestantismus« liegen, die über eine argumentative und handlungspraktische Präsenz im öffentlichen Raum hinausweisen auf die Verankerung in der symbolischen Ordnung und die Rolle des kulturellen Gedächtnisses für die Sinnstrukturen auch der persönlichen Sinndeutung und die in den Texten des Bandes noch längst nicht ausgeschöpft werden.

Das Verhältnis von religiöser und öffentlicher Rede bleibt dennoch spannungsreich. Militärseelsorge wird als exemplarisches Feld behandelt, an dem sich die These von der Sakralisierung staatlicher Macht im Gewand einer religiösen Legitimation des Politischen (im Gefolge des Böckenförde-Theorems) festmache. Demgegenüber stelle sich der Öffentliche Protestantismus auf den Standpunkt, dass die Weltlichkeit des Staates weder einer religiösen Legitimationstheorie noch Dekonstruktion bedarf, weil »der sich selbst konstituierende« neuzeitliche Staat sich seine Legitimationsgrundlage selbst schaffe (S. 65). Die Aufgabe des Öffentlichen Protestantismus wird dahingehend bestimmt, »die Säkularität des Staats zu garantieren und so allen Totalitarismen und Ideologien entgegenzutreten« (S. 68): »Der Verweis auf die Souveränität Gottes begrenzt jeden menschlichen Allmachtsanspruch« (S. 69). Daraus lässt sich allerdings keine religiöse De-Legitimation von Politik ableiten, weil sich dieser Grundsatz wiederum nicht in einen hegemonialen Anspruch (beispielsweise einer moralischen Überlegenheit gegenüber dem politischen Diskurs) ummünzen lässt. Er dient vielmehr dazu, die politische Lösung gesellschaftlicher Fragen und Probleme auf das originäre Feld des Politischen zu verweisen, d.h. auf die deliberative Aushandlungspraxis der politischen Öffentlichkeit, die wiederum nach dem Anspruch einer anti-totalitären Grundbedingung demokratisch verfasst sein sollte. Die Beteiligung des öffentlichen Protestantismus am politischen Diskurs kann deshalb nur über diese deliberative Aushandlungspraxis verlaufen, für die Jürgen Habermas die kommunikative Übersetzung religiöser Positionen in rational anschlussfähige Argumente geltend gemacht hat, ohne dass aber die Spannung zwischen politischer Rationalität und dem utopischen Überschuss der religiösen Weltsicht (von Versöhnung und Neuschöpfung) gänzlich aufgelöst oder integriert werden könnte.

Diese Spannung lässt sich am ehesten in derjenigen Praxis des öffentlichen Protestantismus auflösen, in der Diakonie als zugleich genuine Praxisform des christlichen Glaubens wie zivilgesellschaftlicher Beitrag zum gesellschaftlichen Zusammenhalt bestimmt wird (vgl. S. 77). Diese diakonische Praxisform reagiert auf die Wahrnehmung von »Bedürftigkeit als überindividuelles Strukturmerkmal des Menschseins« (S. 82). Dieses überindividuelle Strukturmerkmal konkretisiert sich in der Bedürftigkeit Einzelner und konkreten Bedürfnislagen, die nach dem Anspruch einer Praxis der Nächstenliebe eine konkrete diakonische Antwort hervorrufen. Daraus speist sich die Praxisform der Diakonie und erinnert zugleich an die spezifische Geltung der individuellen Menschenwürde aller, denn wer »bedürftig ist, fällt nicht aus der Norm des Menschseins heraus ..., sondern er bringt etwas zum Ausdruck, was für alle Menschen gilt, nämlich: Angewiesenheit auf Hilfe« (S. 82 f.). In der diakonischen Praxisform kommt deshalb originär die christliche Anthropologie zum Ausdruck, die den Menschen in seinem Schöpfungsverhältnis zugleich durch Autonomie und Angewiesenheit (bzw. Vulnerabilität) bestimmt sieht.

Der Grundsatz der Religionsfreiheit ist so zu deuten, dass er die soziale religiöse Praxis schützt (S. 97), nicht nur religiöse Überzeugungen im Raum religiöser Innerlichkeit. Dem Christentum entspricht nach dem Selbstverständnis des Öffentlichen Protestantismus die Zusammengehörigkeit von Glauben und Handeln, die in einer Öffentlichen (Religions-)Praxis zum Ausdruck kommt und dafür den Rechtsrahmen der grundgesetzlich garantierten Religionsfreiheit als Handlungsfreiheit in Anspruch nimmt. Mit der Inanspruchnahme ist zugleich die Affirmation des Rechtsrahmens gefordert, in dem sich dann auch eine originär religiös motivierte Handlungspraxis wie das »Kirchenasyl« bewegen muss. Diese Praxis kann sich nicht außerhalb des Rechtsrahmens bewegen, sondern ist gefordert, sich immer wieder kritisch und konstruktiv darauf zu beziehen, und sich dabei der Tatsache zu stellen, »dass es Endpunkte der rechtlichen Auseinandersetzung geben muss« (S. 100).

Die Überlegungen zum Kirchenasyl können hier exemplarisch für das Spannungsverhältnis religiöser und politischer (Diskurs-)Praxis stehen, die in weiteren Beiträgen zu den Themenfeldern Gerechtigkeit und Frieden, und Nachhaltigkeit behandelt werden. Wenn dieses zweite Themenfeld unter der Frage »Nachhaltigkeit oder Verantwortung?« behandelt wird, lässt sich darin ein Signal erkennen, dass die Nachhaltigkeits-Frage in einen verantwortungsethischen Diskurs verankert werden muss, der sich nicht von technokratisch-deterministischen Prinzipien bestimmen lassen darf: »Verantwortlich handeln bedeutet, sich an der Möglichkeit offener Zukunft zu orientieren und dabei in Beziehungen zu denken« (S. 130). Der Horizont dieser Verantwortung ist dabei in der Gottesbeziehung gegeben, als Verantwortung vor »Gott, dessen versöhnendes Handeln in Jesus Christus die Belastungen, die mit dem Verantwortungsbegriff einhergehen, immer schon trägt und so den Einzelnen davon befreit, sich bei der Natur und ihren Ordnungsvorstellungen Entlastung zu holen oder sich ins Private zurückzuziehen« (S. 132).

Mit dieser Verankerung in der Gottesbeziehung verbindet sich dann auch die Frage nach der Spiritualität dieses öffentlichen Protestantismus, d.h. seiner spezifisch religiösen Kommunikations-, Lebens- und Organisationsform, die in Beiträgen zum Spiritualitäts-Begriff, zum Theologiestudium, zum Verständnis der Volkskirche und zum Pfarrhaus aus religiöser Lebensform (»Tabernakel«) behandelt wird. Dass damit nicht alle anstehenden Fragen bereits beantwortet sind, macht der abschließende Ausblick deutlich, der das »Programm eines Öffentlichen Protestantismus« (S. 211) gegenüber verwandten Programmen Öffentlicher Theologie, Kirche, Religionspädagogik oder eines Öffentlichen Christentums nochmals profiliert, indem entsprechende Aufgaben benannt werden: eine »komparative ideengeschichtliche Rekonstruktion der jeweiligen Programme eines evangelischen Öffentlichkeitsanspruchs« (S. 214) wie die »nähere Ausarbeitung einer den gegenwärtigen politischen, gesellschaftlichen und kirchlichen Herausforderungen sich stellenden Theorie des Protestantismus«

(S. 215), die sowohl eine ekklesiologische Klärung zur »Institutionalität« der Kirche wie politische Klärung umfasst, wie das »für das Zusammenleben in einer liberalen, pluralen Gesellschaft notwendige Gemeinsame bestimmt werden kann« (S. 216).

Die zum erheblichen Teil bereits an anderen Orten publizierten Beiträge des Bandes formulieren Umrisse und einzelne Konkretionen eines »Öffentlichen Protestantismus«, dessen programmatische Ausarbeitung allerdings erst als Aufgabe beschrieben ist. Es kann im Rahmen einer Rezension in diesem Jahrbuch nicht verwundern, wenn festgestellt wird, dass die Bezugnahme auf den und die Verhältnisbestimmung zum »Sozialen Protestantismus« fehlt. Das macht sich nicht zuletzt auch darin bemerkbar, dass Beiträge etwa zur Ökonomie und zum Sozialstaat wie zur Kultur und zu bio- und medizinethischen Themen fehlen, die sich natürlich auch für den öffentlichen Protestantismus leicht ergänzen ließen, aber doch auch einen Indikator dafür bilden, wo der Fokus liegt und wo nicht. Nicht nur aus der Sicht des Sozialen Protestantismus wäre ein derart begrenztes Programm andernfalls nur ein halbierter Protestantismus. Das mag man den Protagonisten nicht unterstellen, da sie in ihren Publikationen diese Themen durchaus abdecken. Für die Programmatik und das Verständnis des ganzen Protestantismus würde ich es aber für sehr wünschenswert halten, wenn der Diskurs zwischen dem Öffentlichen und dem Sozialen Protestantismus konstruktiv geführt und möglicherweise im Blick auf eine integrale Sicht erweitert würde.

Religion and Neo-Nationalism in Europe

Florian Höhne/Torsten Meireis (Hrsg.): Religion and Neo-Nationalism in Europe (Ethik und Gesellschaft, 7). Baden-Baden: Nomos 2020, 419 S., ISBN: 978-3-8487-6414-3, 89,00 €

Gerhard Wegner

> »They're not refugees. This is an invasion ...
> They come here with cries of ›Allahu Akbar‹. They want to take over.«
> Lazslo Kiss-Rigo[1] (S. 304)

Das Christentum in Europas Grenzkämpfen[2]

Der hier auszuwertende englisch-sprachige Sammelband über Religion und (Neo-)Nationalismus in Europa versammelt die Beiträge einer Konferenz im September 2018 am »Berlin Institut for Public Theology«. Mit seinen insgesamt 25 Beiträgen bietet er eine große Zahl an äußerst wertvollen Informationen, Deutungen und Kommentaren zu der entsprechenden Thematik, die sich insgesamt kaum auf einen Nenner bringen lassen. Die Herausgeber verzichten deswegen auch – über eine hervorragende Zusammenfassung der Beiträge hinaus – verständlicherweise auf eine integrierende Gesamtsicht auf die Situation. Lediglich Hans Joas steuert am Ende im Rückblick einige pointierte, wenn auch ein wenig grantige Bemerkungen bei, die aber der erreichten Komplexität des Vorgetragenen nicht gerecht werden können.

Im Zentrum des Bandes stehen Fallstudien über das Verhältnis von Nationalismus und Religion in vielen europäischen Ländern – sowie Ausblicke auf die USA von Philip S. Gorski und Marcia Pally und in die Geschichte Südafrikas von Robert Vosloo. Umrahmt werden sie zu Beginn von Studien globaler Natur von José Casanova und Mark Juergensmeyer und anderen sowie einigen Perspektiven am Ende von Christian Polke und Torsten Meireis. Eine umfassende Rezension, die auf alle Beiträge eingehe, ist kaum möglich. Hier sei deswegen lediglich ein die Komplexität unzulässig reduzierender Blick auf einige beleuchtete Aspekte der Problematik erlaubt und einige weitergehende Überlegungen angestellt.

---

[1] Laszlo Kiss-Rigo ist römisch-katholischer Bischof von Szeged-Scanad in Ungarn.
[2] Eventuelle Übersetzungen stammen vom Verfasser der Rezension.

Kämpfe um äußere und innere Grenzen

Worum es geht, wird schnell deutlich: In einer neuen Weise sind in den letzten Jahren die Kämpfe um die Grenzen Europas heftiger geworden. Dabei geht es angesichts der Migrationsbewegungen um die »äußeren« Grenzen – welche sich aber längst im »Inneren« in den Auseinandersetzungen über eine liberale Gesellschaftsordnung, die in der Lage ist, »andere« nachhaltig zu integrieren, repräsentiert finden. So sehr Europa folglich immer deutlicher die Grenzen nach außen schließt und die »Festung Europa« mit Stacheldraht bewehrt – so sehr gibt es auch im Inneren Auseinandersetzungen über das, was ihren identitären Kern ausmacht. In den letzten Jahren neu ist ein wachsender Rechtspopulismus, der immer wieder mit der moralischen Unterscheidung des »reinen Volkes« von einer »korrupten Elite« operiert (Zitat von Cas Mudde, S. 11). Dabei stellt der Islam ein offensichtliches *tremendum et fascinosum* zugleich dar, denn er verkörpert, was die westlichen Gesellschaften verloren haben: »They have children! They have strong family values! They have ›thymos‹ and are willing to fight! They hold strong religious beliefs! What liberal Western elites despise, Muslims value« (Rolf Schieder, S. 229). In aller Feindschaft gibt es folglich auch einen gemeinsamen Gegner: die liberalen Eliten und ihre hegemoniale Rolle in den demokratischen Systemen. Vor diesem Hintergrund gibt es offensichtlich in einigen Ländern Annäherungen oder gar Fusionen von christlicher Religion, Populismus und Nationalismus. (Vgl. dazu besonders die sehr eindrückliche Schilderung der Situation in Ungarn durch Istvan Povedak [S. 291 ff.], wo sich die großen Kirchen hinter Victor Orban und klar gegen die Flüchtlinge positionieren – und wohl genau damit auch die Sehnsüchte des Volkes aufgreifen.)[3]

Zur Analyse gehört es auch, die soziokulturellen Kontexte von Nationalismus und Rechtspopulismus in den Blick zu nehmen. So listet Philip Gorski die »backlashs« auf, die zu Trumps Wahlsieg 2016 beigetragen haben: der »working-class backlash« gegen wachsende Ungleichheit und stagnierende Löhne; der »racial backlash« gegen den ersten Schwarzen im Weißen Haus und der »nativist backlash« gegen Masseneinwanderung (S. 333).[4] Hinzu kommt das Bündnis mit den Evangelikalen, das den Eindruck der kulturellen Resonanz zwischen weißen Christen und dem Trumpismus unterstreicht (S. 334). Trump begriff, wie vorteilhaft es für ihn sein konnte, entsprechende Ideologeme aufzu-

---

[3] Resigniert endet der Beitrag: »Will there ever be a Hungarian political culture not based on hatred and a Hungary that does not hate and exclude?« (S. 308).

[4] Obwohl die *backlash*-These insgesamt umstritten bleibt. Auf jeden Fall sitzen nationalistische Sentiments tiefer und greifen nicht nur anlassbezogen.

greifen: »disaster, blood, victimhood, and messianism« (S. 334). Fusioniert werden »blood rhetoric and apokalyticism« mit »tropes of christian victimization and messianic leadership« (S. 339).[5] Ein wahrhaft mit Ressentiment geladenes Gebräu.

Die Kämpfe um reale und symbolische Grenzen fließen in den Auseinandersetzungen um neue nationalistische und rechtspopulistische Bewegungen zusammen. Forciert durch islamistischen und rechtsradikalen Terror ist »Angst« zudem präsenter geworden, was erhöhte Anforderungen an eine alltägliche Kontrolle des »Normalen« stellt. Mittendrin finden sich die Religionen und naturgemäß insbesondere das Christentum in seinen vielen Facetten. Es wird von nationalistischen Bewegungen offensichtlich nach wie vor gerne »benutzt«, da seine symbolisch emotionalen Ressourcen in manchen Bevölkerungsbereichen in Europa nach wie vor auf Resonanz stoßen – aber es ist insbesondere im Fall der katholischen Kirche oder der EKD durchaus auch in der Lage, entsprechende Zumutungen wenigstens offiziell zurückzuweisen. Wieweit es selbst darüber hinaus auch unbequeme grassierende Ängste der Bevölkerung »aufnehmen« und politisch wirksam bearbeiten kann, bleibt allerdings offen.

Die bedrohte Identität Europas

Deutlich belegt der Band, wie unterschiedlich sich die Lage in den einzelnen Ländern Europas darstellt, was eine übergreifende Darstellung oder gar Bewertung der neonationalistischen Phänomene schwierig macht. Sucht man dennoch nach einem gemeinsamen Ausgangspunkt, auf den hin sich Erkenntnisse bündeln lassen, so bieten sich Feststellungen von José Casanova und Mark Juergensmeyer an. Sie ordnen das Aufkommen neuer nationalistischer und antimigrantischer Tendenzen in die Heraufkunft eines globalen Zeitalters ein, in dem weder Europa noch der Westen überhaupt in irgendeiner Weise noch ein Zentrum sein könnten, von dem aus prägende Entwicklungen in die Peripherien strahlten. Alle Teile der Welt befänden sich mittlerweile in »a de-centered, multi-polar and multi-civilizational world of multidirectional flows and exchanges« (S. 45), was insbesondere die globale Migration anbetrifft, deren Dynamiken weder Europa noch irgend eine andere Macht wirklich kontrollieren könnte. Die Folge sind Krisen der Autorität der Führungen und der Systeme insgesamt, der Identität und Sicherheit (S. 51 ff.). Religionen können entsprechende Legitimitätslücken füllen – und tragen so weltweit zu neo-nationalistischen Bewegungen bei. Aber sie kön-

---

[5] Vgl. hierzu die Entwicklung eines europäischen Narrativs von Blood and Victimization in dem rechten Kultroman von JEAN RASPAIL: Das Heerlager der Heiligen (mit Bezug auf Apk 20).

nen auch Führung, Annahme und Zugehörigkeit, ja Trost, in einer Weise verkörpern, die die liberal-säkulare Ordnung stützt.

Die europäische Union scheint in dieser Situation kein wirkliches tragfähiges Konzept zu besitzen, was nicht zuletzt dazu beiträgt, dass sich die Bürger Europas Orientierung und Schutz suchend auf ihre Nationalstaaten beziehen müssen. Sie bleiben nicht nur der Bezugspunkt von Identität und Handlungsfähigkeit – so illusionär das im Einzelnen auch sein mag –, sondern werden neu stilisiert. Diese Situation lässt sich exemplarisch an den Auseinandersetzungen in Deutschland um die Öffnung der Grenzen gegenüber den Flüchtlingen 2015/16 nachvollziehen, als eine europäische Lösung ausfällt. In der Folge gerät das deutsche politische, im weitesten Sinne liberale Lager massiv unter Druck und die Ängste vor einer weiteren Einwanderung aus islamischen Ländern wachsen.[6] Darauf weist am Ende des Bandes Hans Joas hin (S. 413). Eine Analyse der Zustimmung zu den Positionen der AfD und ihrer Entwicklung in Deutschland hätte den Band weiter abgerundet.

Wenn die Thesen Casanovas und Juergensmeyers stimmen, dann haben die weltweiten durch die Globalisierung bestimmten Verschiebungen aller Art Folgen für ideologische, symbolische und andere Normalitätskonstruktionen, in deren Mittelpunkt so etwas wie eine »belagerte Identität« (Robert Vosloo zu Südafrika, S. 348) auch und gerade in Europa stehen könnte. Dies führt dann zur Suche nach neuen – und oft eben auch alten – identitären Haltepunkten, »social imaginaries« (S. 355), an denen das »volksgevoel« (S. 152) anhaften kann. Wem es politisch gelingt, diese Situation auf den Punkt zu bringen und die entsprechenden Bedürfnisse und Motive zu organisieren, der kann in der Situation im politischen Machtkampf zulegen. Und ganz offensichtlich geht es nicht um irgendwelche Nebensächlichkeiten: Man kann in weltweiter Perspektive durchaus gefährlich an Ressourcen verlieren, wenn die Fähigkeit zur globalen Selbstbehauptung nachlässt. Das gilt im Blick auf den erreichten Wohlstand in Europa – aber natürlich auch auf entsprechende liberale Lebensweisen und nicht zuletzt auch auf die äußere, militärisch garantierte Sicherheit, die bisher – insbesondere von Deutschland – auf die USA delegiert wurde. Dieses nicht gerade beruhigende Szenario ließe sich noch sehr viel weiter ausmalen. Und es ist nicht von der Hand zu weisen, dass die Bedrohlichkeit der Situation 2015/2016 angesichts der Bilder von den kilometerlangen Flüchtlingsströmen über den Balkan besonders deutlich wurde. Sie werden noch lange im kollektiven Gedächtnis haften bleiben. Schließlich machten sogar skandinavische liberale Länder ihre Grenzen zu: Ein Menetekel sondergleichen!

---

[6] Die Stimmungslage in der deutschen Bevölkerung lässt sich gut anhand der Umfragen des Sozialwissenschaftlichen Instituts der EKD nachvollziehen. Vgl. AHRENS (2017) und weitere Studien. Zudem neu: KUMBRUCK/DULLE/VOGT (2020).

Der »naked public space« und seine legitime Füllung

Will man diese Prozesse analysieren, so ist es nötig, von moralischen Vorbewertungen, Sentiments und Ressentiments abzusehen und Vorstellungen von Nation, Rasse, Heimat usw. auf ihre Funktion hin, d. h. in Begriffen von praktischen Kategorien, kulturellen Topoi, Deutungsschemata, kulturellen Frames, Organisationsroutinen, institutionellen Arrangements, politischen Projekten und zufälligen Gelegenheiten, zu analysieren. Es ginge folglich nicht so sehr darum, die politischen Bewegungen als solche klassisch ideologiekritisch unter die Lupe zu nehmen, sondern ihre Entwicklung in Resonanz mit den Wahrnehmungen der Bevölkerung zu untersuchen (vgl. Zitat von Roger Brubaker, S. 331). Moralische Kategorien werden dann selbst als Instrumente im politischen Kampf wahrnehmbar und bleiben in keiner Weise selbstverständlich oder vorgegeben. Was sich zeigt ist, dass sich selbst Begriffe wie Nation, Volk und Heimat unterschiedlich, ja gegensätzlich füllen lassen – wenn sie nicht, wie dies in einem Teil des politischen Spektrums geschieht, von vornherein komplett abgewehrt und vermieden werden.

Der öffentliche Raum wird stets in der einen oder anderen Weise gefüllt: Er selbst aber ist leer (Dino Abazovic [S. 330] redet in seiner Analyse der Situation auf dem Balkan vom »naked public square«, der auch von Klerikern oder Nutzern religiöser Argumente gefüllt wird, die deswegen mit William Miles als »Politische Para-Theologen« zu bezeichnen wären). Ebenso leer – so könnte man hier ergänzen – können sich in spezifischen Situationen die Mechanismen europäischer repräsentativer Demokratien darstellen. Sie reduzieren sich dann auf eine Welt von Verfahren und bürokratischen Mechanismen, die in der Sicht vieler Bürger nur noch wenig zur Herstellung von Sicherheit oder Gerechtigkeit beitragen, sondern vielmehr im Wesentlichen in sich selbst rotieren. Der entsprechende Vorwurf der Abgehobenheit der politischen Eliten wird immer wieder von rechtspopulistischen Bewegungen erhoben – aber er gehört klassisch auch zur Rhetorik linker Akteure. Das Volk, die Mehrheit, wird dann als Opfer stilisiert (»Wir brauchen keine Demokratie – wir brauchen Gerechtigkeit!« – so war es zum Beispiel auf einer Deutsch-Südafrikanischen Konferenz in Kapstadt 2018 zu hören – und dies nicht von randständigen Gruppenvertretern. Und unvergessen ist in Deutschland der Satz von Bärbel Bohley nach der Wiedervereinigung von dem Rechtsstaat, den man bekam und der Gerechtigkeit, die man eigentlich wollte). Dafür kann es angesichts grassierender dichotomischer Gesellschaftsbilder viel Zustimmung geben.

Und in der Tat: Die liberale repräsentative Demokratie setzt enorme zivilisatorische Kompetenzen voraus, wie die Fähigkeit zum Aufschub der Befriedigung von Bedürfnissen, d. h. zum Warten-Können, die längst nicht überall gegeben sind. Zudem – und das ist wohl noch weit wichtiger – braucht es ein demokratisches Ethos, was das Mehrheitsprinzip anbetrifft: »Die Bereitschaft zum Verzicht auf die ›politische Prämie‹ für den Machtbesitz zugunsten einer Offenhaltung der ›gleichen Chance politischer Machtgewinnung‹ auch für den politischen Gegner« (Mehring, 2006: 54 zu Carl Schmitts Position um 1932). Wenn der Gegner aber zum Feind mutiert, erodiert dieses Ethos. In deutlichen Krisensituationen sucht die Bevölkerung deswegen spontan nach denjenigen, die den Ausnahmezustand beherrschen, da nur sie wirkliche Sicherheit garantieren können. Das führt zum Beispiel in der Coronakrise dazu, dass die herrschenden Parteien wieder mehr Bedeutung bekommen – jedenfalls sofern sie sich als entschlossen handelnd darstellen können. Beim Ausnahmezustand 2015/16 war das nicht der Fall. Carl Schmitt, der im Band immer wieder zitiert wird, behält insofern Recht, wenn er die Normalität für irrelevant – die Ausnahme aber für grundlegend hält (vgl. Rolf Schieder, S. 222, auch Hans-Richard Reuter): »Souverän ist, wer den Ausnahmezustand beherrscht.« Das bedeutet dann freilich auch – mit Rolf Schieder –, dass die Menschen von der Existenz der Ausnahmesituation überzeugt werden müssen, um radikalen Einschnitten zustimmen zu können. In diese Logik gehören auch die gewaltsamen islamistischen oder nazistischen Anschläge. Allein für sich genommen bringen sie die demokratische Ordnung nicht zu Fall – aber sie befördern den Ruf nach einem Ausnahmezustand. So das Kalkül. Insofern ist die Radikalität der Darstellung der Situation entscheidend; apokalyptische Visionen bieten sich an und damit theologische Semantiken: »Theological semantics of the extremes make all pragmatic compromises look weak and insufficient« (S. 222).

Aggressive Abgrenzungen auf allen Seiten

Repräsentative Demokratie benötigt folglich substantielle Unterfütterungen, um nicht in entsprechende bedrohliche Situationen zu geraten. Sie resultieren nicht zuletzt aus der Vorstellung einer Nation, eines Volkes, als einer ethischen Gemeinschaft. Christian Polke bezieht sich in dieser Hinsicht zustimmend auf fünf konstitutive Elemente eines solchen Verständnisses von David Miller (S. 383), die jedoch in keiner Weise statisch zu bestimmen sind, vielmehr beständig weiterentwickelt und neu gefüllt werden müssen. Zu ihnen zählen: 1. »shared belief and mutual commitment«; 2. extension in history; 3. »active in character«; 4. »connected in particular territory«; 5. »marked off from other communities by its distinct public culture«. Klar wird daran, dass die Inklusion in eine entsprechende ethische Gemeinschaft immer auch mit Exklusionen verbunden ist. Die entscheidenden Auseinandersetzungen drehen sich folglich um das Setzen von Markierungen der Zugehörigkeit, was mit dem oft massiven Unterbinden anderer Signale einhergeht. Natürlich geschieht dies besonders stark durch die neuen rechtspopulistischen Bewegungen – aber der klassisch liberale Diskurs verfährt im Blick auf das Ausgrenzen vieler störender Elemente nicht weniger repressiv. Carl Schmitts grundlegende These von der Notwendigkeit der Differenzierung von Freund und Feind gerade für Demokratien scheint sich empirisch deutlich zu bestätigen. Das Anderssein des Fremden kann im konkreten Konfliktfall »die Negation der eigenen Art Existenz bedeute(n) und (wird) deshalb abgewehrt oder bekämpft [...], um die eigene seinsmäßige Art von Leben zu bewahren« (Schmitt, 1963: 26f.). Der Islamismus scheint diese Funktion zu erfüllen – und wer ihm zu weich entgegentritt, kann leicht zwischen die Fronten geraten.

Wie wenig entspannt die Situation ist, beschreibt Thijl Sunier am Beispiel eines offiziellen Films (S. 163), den Immigranten zu sehen bekommen, wenn sie eine Aufenthaltserlaubnis in den Niederlanden beantragen. Der Film informiert über Geschichte und politisches System, aber fokussiert insbesondere auf Familienstrukturen, kulturelle und moralische Verhaltensweisen, und zwar insbesondere was Gender und sexuelle Gleichheit, Toleranz und die Freiheit der Meinungsäußerung anbetrifft. »The film is full of subtle and overt messages about ›how we do things here‹ and what is supposed to be normal in the country: kissing in public, men walking hand in hand, wearing scarce clothing, men doing household, women going out alone, gay-marriage, the gay-parade etc.« Der Film muss als eine Warnung verstanden werden: »Be prepared! If you want to live in this country, this is what you can expect!« Von einer freundlichen multikulturellen Einladung an Menschen aus anderen Kulturen ist nichts mehr zu spüren: Sie haben sich anzupassen und müssen begreifen, dass die holländische Gesellschaft der ihren moralisch weit überlegen ist. Inklusion impliziert Exklusion: Der Islam muss ebenso domestiziert werden, wie dies mit dem Christentum bereits geschehen ist. Sunier begreift dies als Teil einer »culturalization of citizenship« (S. 164): Sie ist gekoppelt an habituelle Praktiken einer Leitkultur und reagiert auf Gefühle des Kontrollverlustes vor allem gegenüber islamischen Immigranten, weist aber eine lange Geschichte im Prozess des holländischen »Nation-Building« auf.

Die Normalität des Nationalen

Auf eine lange Geschichte der Herausbildung einer je eigenen, nationalen, anderen gefühlt weit überlegenen Kultur blicken auch viele andere europäische Länder zurück, was das »Neo« beim Neo-Nationalismus relativiert. Selbst Frankreich, das Land der laizitären, republikanischen Kultur, greift ab den 1980er Jahren »as part of a social reaction against the impotence of the legal-rational state and against the emergence of islam« (S. 256) auf substantielle nationale Konzepte zurück, deren Kern aus religiösen Quellen stammt, wie Philippe Portier zeigt. »This meant, that people were caught up in a kind of nostalgia for a warm and exclusive community.« In der Folge werden einerseits Frankreichs christliche Wurzeln immer wieder betont (S. 269); die Zahl der sich als Christen verstehenden Franzosen steigt. Andererseits steht dieses

Christentum für kulturellen Liberalismus, »a belonging without believing« (S. 270). Philippe Portier stimmt deswegen Oliver Roy zu: Der Bezug auf das Christliche habe nichts mit christlichem Glauben zu tun. Es ist »a cultural marker which is turning more and more into a neo-ethnic marker (›true‹ Europeans versus ›migrants‹)«. Abgekürzt auch Rolf Schieder: »European Nationalists are Christian only to the extent that they need a justification to reject Islam« (S. 217). Hans-Richard Reuter kann eine solche strategisch-taktische Nutzung des Christentums gar mit einem Zitat von Carl Schmitt begründen: »A clever tactician does not abandon a resource unless it has become completely unusable. Christianity had not yet reached that point« (S. 127). Eine sehr viel weniger liberale Verbindung von Nation und Christentum findet sich natürlich seit langem in östlicheren Ländern Europas. Nicht nur hier stellt der Rechtspopulismus eine Politische Theologie sui generis dar, »an ›ideology‹ that is truly ›thin‹ on the rational side of politics, but ›deep‹ as a credo of belonging. It is intent on preserving the nation-state no matter what, and it self-righteously cultivates the sense of victimhood« (Ulf Hedetoft, S. 111).

Auf dieser Linie plausibilisiert Sinisa Malesevic die Normalität des Nationalismus der Nationalstaaten. Weit entfernt davon, ein Relikt längst vergangener Zeiten zu sein, stellt er faktisch bis heute einen notwendigen Unterbau der Moderne dar, der sich über die vergangenen 250 Jahre entwickelt hat und weitgehend unumstritten ist. Zwar gebe es natürlich Kritik an rassistischen Verhaltensweisen gegenüber Migranten, aber: »There is no huge structural difference between the discourses that are hostile to immigrants and those that cherish one's national team at sporting competitions. Nationalism is not the exception; it is the norm« (S. 97). Dabei kann Nationalismus durchaus flexibel im Blick auf die Inklusion anderer sein, aber »the structural logic of it's organizational and ideological grounding continues to push towards exclusivity and against diversity. An all-inclusive nationalism would lose it's raison d'etre: if everybody is included what is the point of having states based on the principle of nationhood in the first place?« (S. 96). Entsprechend verhält es sich auch allgemein mit Populismus, dessen Attraktivität – links und rechts – Marcia Pally (S. 361) eindrucksvoll demonstriert. Menschen lassen sich von ihm überzeugen, weil er (1) Lösungen für ökonomische und alltägliche »Stresssituationen« (= »duress«) bietet: »Way of Life duress refers to a sense of threat to the ›way things should go‹, to knowing what's fair, what's due to you and others« (S. 362).[7] (2) Opfer und

---

[7] Vgl. dazu die ganz ähnlichen Ansatzpunkte zivilgesellschaftlichen Engagements in Deutschland in der Analyse von MICHAEL CORSTEN, MICHAEL KAUPPERT und HARTMUT ROSA (2008). Letztlich könnte man in dieser Analyserichtung hinter fast jedem Engagement Staatsversagen vermuten: Die Bürger nehmen dann die Dinge in die eigene Hand. Das erfolgte 2015/2016 von vielen zugunsten der Flüchtlinge, da sich der Staat

Täter klar benennt, (3) die Benennung in binärer Form erfolgt: Wir sind die Opfer, denen etwas von anderen angetan wird, (4) wobei die Stärke der Binarität harten und weichen Populismus unterscheiden lässt (5) und schließlich der Diskurs gut verständlich sein muss: »Speech that unites the group relies on the familiar and history« (S. 364). Ein Vergleich des US-amerikanischen linken (Sanders) und rechten (Trump) Populismus illustriert diese Analyse. Beide Diskurse knüpfen an »longstanding American ideas about society and government« (S. 371) an.

Möglichkeiten der christlichen Kirchen

Bleibt zu fragen, wie sich die christlichen Kirchen in dieser Gemengelage sinnvoll verhalten können. Sicherlich lässt sich theologisch konstatieren, dass jede Entscheidung über Loyaltäten zu konträren Gemeinschaften, »ways of belonging«, nicht die Bindung an die »ultimate reality«, genannt Gott, verdunkeln darf (Christian Polke, S. 382). Darin entfaltet sich ein monotheistischer Glaube zwischen Weltüberwindung und Weltbeheimatung (S. 384) – ist also durchaus offen für differente Formen des »Feeling at home in the world«, weil er sie prinzipiell relativiert. Was das allerdings für ein Verständnis von ›uns‹ als einer Nation unter anderen genau bedeutet, beantwortet der Autor nicht. Die Zeiten, in denen von einer »Berufung« des deutschen Volkes geredet werden konnte, sind ein für allemal vorbei, obwohl sich die deutschen Sonderwege (Soziale Marktwirtschaft, Sozialstaat, Friedenspolitik u. v. m) weiterhin großer Beliebtheit erfreuen. Anderswo ist das durchaus anders, so erstaunlicherweise im Fall des »erwählten Volkes der Schweiz« – so jedenfalls der Vorsitzende der Partei mit den höchsten Stimenanteilen Christoph Blocher (S. 247).

Nun könnte es natürlich sein, dass man, wie im Fall der deutschen Kirchen, der Artikulation von etwas Nationalem dadurch zu entgehen versucht, dass man andere politische Felder aktiv besetzt – klassisch bietet sich die Sozialpolitik an. Entsprechende Gerechtigkeitsdiskurse können einen universalistischen Drive aufweisen, der das Nationale sprengt. Tatsächlich aber – und das wird in den Fallstudien des Buches deutlich – verläuft gerade ein sozialer Diskurs pointiert innerhalb der Nationalstaaten und meist mit Bezug auf die in ihnen Inkludierten ab. Mir scheint es angesichts der imaginierten und realen Migrationsbewegungen immer schwieriger zu werden, hier etwas nachhaltig aufzubrechen: »Man kann sie nicht alle reinlassen!« Parteien, wie die SPD, und Institutionen, wie die Kirchen, die in dieser Hinsicht auf klare Grenzpositionierungen

---

um nichts kümmerte. Dann aber auch gegen sie, da der Staat auch in dieser Hinsicht nichts tat. Übertragen auf den Populismus füllt es folglich Lücken der Politik – diskursiv oder real – aus.

verzichten, verlieren in der Zustimmung. Man traut ihnen – um es zu wiederholen – nicht zu, den möglicherweise kommenden Ausnahmezustand beherrschen zu können.

Bleibt die Option, sich klar und eindeutig vom Rechtspopulismus zu distanzieren. Das hat die Evangelische Kirche in Deutschland – und andere Kirchen in Europa, besonders die katholische Kirche in Italien – getan. Ohne Frage ist dies nötig – fällt dann allerdings auch leicht, wenn es um neonazistische oder rechtsextrem-rassistische Positionen geht. Sie sind innerhalb des Spektrums des Rechtspopulismus zu finden. Ob man dadurch Anhänger des Rechtspopulismus zurückgewinnen kann, ist allerdings fraglich.

Herausfordernder wäre es, die Motive und Bedarfe der Wähler und Anhänger dieser Bewegungen in den Blick zu nehmen, sie sozusagen »anzurufen« und in einen »verträglichen« Kontext zu integrieren. Dabei ginge es sicherlich nicht zuletzt um die Bewältigung von Ängsten – die man nicht einfach zurückweisen und damit anderen überlassen sollte. Das kann allerdings nur funktionieren, wenn man entsprechende Topoi »bestimmt negieren« kann, d. h. einen positiven Kern ihrer Anliegen in eine andere Rahmung übernimmt. Das ist zugegeben theoretisch leicht formuliert, aber schwer gemacht, da sich identitätsbezogene Mentalitäten nicht einfach austauschen lassen. Sicherlich gehört in eine solche Strategie auch die Besinnung auf die eschatologische Tradition als eine Medizin gegen Apokalyptik (auch wenn das Kommen des Reiches Gottes nun längst nicht in allen Traditionen als »a slow, gradual, but steady improvement of the status quo« begriffen werden wird, wie Rolf Schieder schreibt [S. 231]). Schließlich sollte man auch nicht von vornherein einen Tausch von rechts- auf linkspopulistisch ausschließen (umgekehrt funktioniert das ja auch).[8] Die zumindest zurzeit in Europa lebendigen linkspopulistischen Tendenzen sind deutlich affiner zur Demokratie und zu den Menschenrechten als die rechten Varianten.

Wie könnte solch eine »Umartikulation« rechtspopulistischer Topoi aussehen? Konstruieren wir den Fall einer Behauptung, dass Gott die Deutschen zu außerordentlichen Taten berufen hätte, was man an ihrer Geschichte und an der Leistungsfähigkeit von Wirtschaft und Kultur im Vergleich zu anderen Völkern erkennen könnte. Deswegen sollte Deutschland, was es nur kann, auf den Ausbau dieser Kraft der Deutschen konzentrieren und alles Fremde, Weiche usw. aktiv ausgrenzen. Die Deutschen sollten sie selbst sein können, um ihre gottgewollte Mission in der Welt zu erfüllen.[9] Zweifellos auf den ersten Blick

---

[8] Klassisch dazu ERIBON (2016).
[9] Hier schließen sich dann allerdings in der Regel bestimmte, oft militärisch konnotierte, maskuline Haltungen an wie Mut, Tapferkeit, Härte, Kameradschaft, Opferbereitschaft usw. (vgl. dazu aktuell NEITZEL, 2020). Sie finden in theologischen Diskur-

unerträglich! Eine umartikulierende Reaktion darauf würde nun aber das identitäre Motiv der Berufung bestätigen (müssen): Ja, in der Tat, Gott hat das deutsche Volk berufen, damit es sich entfaltet und seine Fähigkeiten entwickelt. Dann allerdings: Aber dies gilt auch für alle anderen Völker! Jedes Volk verfügt über eine Berufung! Sie kann aber nur in gleichberechtigten und friedlichen Beziehungen aller entfaltet werden, und jenes Volk, das deswegen Frieden und weltweite Solidarität am besten voranbringt, erfüllt seine Berufung vor Gott am besten. Der historische Rückblick zeige zudem, dass Deutschland in dieser Hinsicht schwer gescheitert ist. Usw. Usw. Ob ein solches Reframing überzeugend ist, kann sich letztlich nur real empirisch beweisen lassen. Es setzt allerdings voraus, dass man überhaupt bereit ist, einen entsprechenden theologischen Berufungsdiskurs positiv zuzulassen.[10]

Einen Test auf eine solche Möglichkeit stellt der umkämpfte Bereich der Familienwerte dar. Philip Gorski weist auf ihre große Bedeutung im US-amerikanischen Kontext hin und fragt die Evangelikalen Anhänger Trumps: »Will they conclude, that ›family values‹ are more important than human rights?« (S. 342), womit er auch religiös den Kern der Problematik trifft. Klassisch hat die Kirche in diesem Kontext gute Karten, da sie sich in ihrem Handeln und in ihrer Verkündigung immer wieder auf Familienstrukturen bezieht (schon aus Eigeninteresse an ihrer Reproduktion über religiöse Sozialisation in der Familie). Sie könnte durchaus eigene – auch normative – Familiendiskurse entfalten, wie sie es immer in der Geschichte getan hat. Die katholische Kirche hält hieran auch mit Klauen und Zähnen fest – obwohl sie dadurch in manchen sozialen Milieus unverständlich geworden ist –, während sich die EKD spätestens mit ihrer Familiendenkschrift aus diesen Konflikten rausgezogen hat. Sie löste eine jede institutionelle Bestimmtheit von Familie zugunsten von Beziehungen auf: Hauptsache, man hat sich lieb! Damit überließ sie aber die politische Thematik anderen. Familie bleibt jedoch ein entscheidender Bezugspunkt gerade jüngerer Menschen – und dies umso mehr, als sie keine substantielle Einheit mehr, sondern ein Gefüge von Strategien darstellt, das sich letztlich narrativ seiner Einheit versichern muss.

Ansonsten würde man von der Kirche sicherlich ausdrückliche theologische Positionierungen erwarten, d.h. – etwas flapsig gesagt – Auskünfte über die Rolle Gottes in diesem Zusammenhang. Welche Rolle spielen Nationen und Völker in der christlichen Heilsgeschichte? Viele Beiträge des Bandes belegen

---

sen verständlicherweise überhaupt keinen Platz, da sie notwendigerweise mit Gewalt gegen andere verbunden sind. Muss man sie deswegen anderen überlassen?

[10] Aus meiner Sicht könnte ein ausgearbeiteter und natürlich modernisierter Berufungsdiskurs im Blick auf den Einzelnen tatsächlich identitäre (neoliberal erzeugte) Stresssituationen bewältigen helfen. Vgl. FÜSER/SCHENDEL/SCHÖNWITZ (2017) und SCHENDEL (2017), weitergeführt dann bei WEGNER (2019: 229–258).

die große praktische Bedeutung entsprechender Theologumena in nationalen Diskursen und analysieren ihre Funktionalität. Es fehlen jedoch theologisch-substantielle Texte. Klassisch evangelische konfessionelle Konzepte werden zwar in rechten Diskursen wiederentdeckt (z.B. bei Reuter und Schieder) aber nicht eigenständig entwickelt. Und so hat auch Meireis sicherlich völlig Recht mit dem Hinweis auf die lange Geschichte einer Fusion von Theologie und Nationalismus gerade in Deutschland und der Tatsache, dass es auch keinen wirklich durchgreifenden protestantischen Beitrag zur Begründung von Internationalismus gibt. Auch kann man gut darin zustimmen, dass sich Religionen kaum nur über externe Begrenzungen zivilisieren ließen, vielmehr gerade der Protestantismus z.B. in der lutherischen Zwei-Reiche-Lehre über Konzepte der Selbstbegrenzung verfügen würde. Was das nun aber für die anstehende Problematik des Rechtspopulismus bedeutet, bleibt offen. Ob sich hier Grenzen einer Öffentlichen Theologie zeigen, die sich darauf beschränkt, einen »theologically informed public discourse« (Breitenberg, S. 11) zu betreiben, der – auch – theologische Perspektiven einbringt? Damit allein wird man dem Neuerwachen einer Politischen Theologie in der Folge Carls Schmitts u.a. kaum wehren können – ja mehr noch, man überlässt dann den substantiellen Diskurs anderen (vgl. dazu auch den Text von Joas, der sich an der These Bedford-Strohms stört, dass Nationalismus Sünde sei) und riskiert die wachsende Attraktivität des Feindes gerade bei jenen, die mit Theologen theologisch reden wollen und nicht nur über Theologie. Das ist dann so wie bei jenen Pastores, die in Predigten darüber reflektieren, was es bedeutet, das Evangelium zu verkündigen, statt es zu tun.

Ein wichtiges Feld der Auseinandersetzungen, das in dem Band wenig traktiert wird, ist die Rolle von Führung und Leitung in der Gesellschaft bzw. des Staates und der Nation. Der Populismus, ob nun von links oder rechts, reagiert zentral auf den Zerfall von Führungsautorität und baut dann in der Regel konkurrierende charismatische Persönlichkeiten, regelrechte Volkstribune, auf. Sie verkörpern Durchsetzungswille, Kraft und Stärke und können so selbst dann, wenn sie, wie im Fall Trump, offen lügen und ihre Macht missbrauchen, Vertrauen auf sich sammeln, da die Konkurrenten entweder als zu weich und zu intellektuell, oder aber als zu abgehoben von den Interessen des einfachen Volkes dargestellt werden können. Zudem scheint es so zu sein, dass es gerade ihre ambivalenten und unkontrollierten Seiten sind, die sie dem Volk als nahe erscheinen lassen (der »Dallas-Effekt«). Wenn sie dann noch mittels digitalisierter Medien den Anschein direkter Kommunikation mit einem jeden erwecken können, ist die Vorstellung einer »goldenen Mauer«[11] zwischen dem Volk und den Herrschenden, die jene als so ganz anders als wir, nämlich als rational erwägend und verantwortungsvoll handelnd erscheinen lassen, ohnehin ero-

---

[11] Diese Vorstellung ist ganz wunderbar ausgearbeitet worden von MULISCH (1993: 600ff., insbesondere 603ff.).

diert. Der Weg ist dann offen für jenen »Puer Robustus«, der auf dem Weg zu mehr Gerechtigkeit parzivalmäßig alles kurz und klein schlägt.[12] Aber er ist, wie jeder Führer, nicht aus sich selbst heraus entstanden, sondern zutiefst ein Produkt des Volkes. »Das heißt nichts anderes, als das im Volk das Unzuverlässige, Ungreifbare des Puer Robustus steckt« (Thomä, 2016: 532). Außer der Beschwörung von Verantwortung bei jeder Gelegenheit sucht man vergebens nach einem theologischen Führungsdiskurs in dieser Situation. Charismatische Führung?

Letztlich entscheidet sich der Einfluss der Kirche aber nicht an ihrer Theologie und deren Beteiligung an den herrschenden Diskursen. Es ist vielmehr so, dass ihre diskursiven Beteiligungschancen an Plausibilität und Frequenz ihrer institutionellen – und darin im Kern rituellen – Präsenz hängen. Anders gesagt: Ein christliches Framing aller möglichen Topoi hängt zuvörderst an der Anerkennung ihres Kultes.[13] Letztendlich ist es die lebensweltlich erfahrbare Autorität der Kirche – also ihre Macht –, die ausschlaggebend ist. Das wird in den protestantischen Kirchen häufig unterschätzt. Es sind auch die Ambivalenzen des – real ja selten wirklich ernst genommenen – Priestertums aller Gläubigen, die ein realpolitisches Machtbewusstsein der Protestanten untergraben.

Fazit

Die Vielfalt der im Band angesprochenen Aspekte der Beziehung von Nationalismus, Religion und Populismus lässt sich nur schwer bündeln. Gleichwohl ergeben sich bei aller Vorsicht Szenarien, in denen konträre Identitäts- und Lebensstilbedürfnisse angesichts der äußeren Bedrohung aufeinanderprallen und sich gegenseitig exkludieren. Das Freund-Feind-Schema verhärtet sich – auch alltagsweltlich. In Deutschland hat sich z. B. die Ablehnung weiter Einwanderung und islamischer Kulturen in den letzten Jahren weiter gesteigert. Darunter leiden demokratische Kulturen, denn sie beruhen auf nun schwindenden Gemeinsamkeiten der Inklusion des Anderen, die herkömmlich nationalstaatlich konstruiert werden. Wieweit sich dieser Konflikt noch zuspitzen wird, ist offen. Ein Ende ist jedenfalls nicht abzusehen. Moralische Positionierungen, so nötig sie sind, tragen als solche wenig zu seiner Lösung bei, sondern heizen ihn an, weil sie der anderen Seite Anerkennung und »Ehre« versagen.

---

12 Dazu Thomä (2016). Vgl. die Anwendung des Konzepts auf Trump (Thomä, 2017: 154–179).

13 Es ist kein Geringerer als Jürgen Habermas, der am Ende seiner grandiosen Philosophiegeschichte die liturgische Praxis der Gemeinde als gegenwärtige Gestalt des Geistes beschwört. »Der Ritus beansprucht die Verbindung mit einer aus der Transzendenz in die Welt einbrechenden Macht herzustellen« (Habermas, 2019: 807).

Kirchen und Religionen sind Teile dieser Grenzkämpfe. Umfragen können zeigen, dass Hochreligiöse stärker restriktiveren identitären Positionen zuneigen als liberale Christen oder Muslime. Insgesamt wird man aber zumindest in Westeuropa nicht sagen können, dass Religion eine zentrale Rolle spielt. Wenn überhaupt, dann werden Topoi wie z. B. der Begriff der »Christlichen Werte« eher konservativen politischen Positionen zugeordnet und entsprechend genutzt. Einzelne Kirchen – z. B. die römisch-katholische Kirche insgesamt oder auch die EKD – positionieren sich eindeutig gegen den Rechtspopulismus – riskieren damit aber klassische Loyalitäten ihres konservativen Flügels und damit ihres politischen Einflusses. Casanovas These, dass die katholische Kirche (und ich ergänze die EKD) nur ein »weak link« zwischen der unheiligen Allianz des Hasses von Amerikanischen Evangelikalen und der Russisch Orthodoxen Kirche abgibt, mag da aber ein Trost sein (S. 45). Und Zeichen der Menschlichkeit wie das EKD-Schiff im Mittelmeer sorgen für ein gutes Gewissen und das Gefühl, überhaupt etwas Sinnvolles getan zu haben. Das ist angesichts der enormen Dilemmata nicht wenig.

Könnten die Kirchen mehr tun? Im Raum stünde so etwas wie ein aufgeklärter Nationalismus mit einem entsprechenden nüchternen Bekenntnis einerseits zu den Grenzen Europas nach außen: Jede weitere Massenmigration würde die letzten liberalen Regierungen zum Kippen bringen. Und dann andererseits auch nach innen: Familienwerte sollten gefeiert und nicht weiter romantisch verflüssigt werden. Zudem braucht es entschlossene politische Leitungspersonen, die schon durch ihren Habitus das Vertrauen auch rechtspopulistisch Gesinnter gewinnen können. Das alles ist aber nichts für zarte Gemüter und gute Gewissen. Eher geht es in die Richtung eines »pecca fortiter«.

Literatur

Ahrens, Petra-Angela: Skepsis und Zuversicht. Wie blickt Deutschland auf Flüchtlinge? (SI-Aktuell). Hannover: creo-media 2017.

Corsten, Michael/Kauppert, Michael/Rosa, Hartmut: Quellen bürgerschaftlichen Engagements. Die biographische Entwicklung von Wir-Sinn und fokussierten Motiven. Wiesbaden: VS Verlag 2008.

Eribon, Didier: Rückkehr nach Reims. Berlin: Suhrkamp 2016.

Füser, Anika/Schendel, Gunther/Schönwitz, Jürgen (Hrsg.): Beruf und Berufung. Wie aktuell ist das reformatorische Berufsverständnis? Leipzig: Evangelische Verlagsanstalt 2017.

Habermas, Jürgen: Auch eine Geschichte der Philosophie. Band 2. Vernünftige Freiheit. Spuren des Diskurses über Glauben und Wissen. Berlin: Suhrkamp 2019.

Kumbruck, Christel/Dulle, Maik/Vogt, Marvin: Flüchtlingsaufnahme kontrovers. Einblicke in die Denkwelten und Tätigkeiten von Engagierten. Band 1. Baden-Baden: Nomos 2020.

Mehring, Reinhard: Carl Schmitt zur Einführung. Hamburg: Junius ³2006.

Mulisch, Harry: Die Entdeckung des Himmels. München: Carl Hanser 1993.

Neitzel, Sönke: Deutsche Krieger. Berlin: Propyläen 2020.

Raspail, Jean: Das Heerlager der Heiligen. Schnellroda: Antaios 2015.

Schendel, Gunther (Hrsg.): Calling and vocation. From Martin Luther to the Modern World of Work. Leipzig: Evangelische Verlagsanstalt 2017.

Schmitt, Carl: Der Begriff des Politischen. Text von 1932. Berlin: Dunker&Humblodt 1963.

Thomä, Dieter: Der Präsident als puer robustus. Donald Trump, Thomas Hobbes und die Krise der Demokratie, in: Leviathan 45 (2017), 154–179.

Thomä, Dieter: Puer Robustus. Eine Philosophie des Störenfrieds. Berlin: Suhrkamp 2016.

Wegner, Gerhard: Beruflichkeit: Ein produktives Erbe? Von Luther zur Employability, in: Lange, Joachim/Wegner, Gerhard (Hrsg.), Beruf 4.0. Eine Institution im digitalen Wandel. Baden-Baden: Nomos 2019, 229–258.

Gemeinschaft der Glaubenden gestalten

Pompe, Hans-Hermann/Oelke, Christian Alexander (Hrsg.), im Auftrag des Zentrums für Mission in der Region: Gemeinschaft der Glaubenden gestalten. Nähe und Distanz in neuen Sozialformen (Kirche im Aufbruch 27). Leipzig: Evangelische Verlagsanstalt 2019, 210 S., ISBN 978-3-374-06293-5, 15,00 EUR

Markus Schmidt

Der kleine Band dokumentiert die letzte Tagung des EKD-Zentrums für Mission in der Region (ZMiR), welche im November 2018 zum im Titel genannten Thema stattfand. Inzwischen ist das ZMiR in der 2019 gegründeten Evangelischen Arbeitsstelle für missionarische Kirchenentwicklung und diakonische Profilbildung (midi) aufgegangen. Die Frage, wie Nähe gefördert und begründet werden kann, um christliche Gemeinschaft zu gestalten, durchzieht das Buch. Vice versa liegen aktuelle Entwicklungen wie z. B. ein geändertes Mitgliedschaftsverhalten, Mobilität und Digitalisierung, welche inzwischen soziologisch bekannt und ebenso in den letzten Kirchenmitgliedschaftsuntersuchungen untersucht worden sind, als Faktoren von Distanz zugrunde.

Praktisch-theologisch werden Theorien christlicher Gemeinschaft reflektiert. Im Spannungsfeld von einerseits gemeinschaftlich-ekklesial und andererseits individuell-religiös orientierten Ansätzen kommt Ralph Kunz zu dem Schluss, dass sich christliche Gemeinschaft aus beidem speist, aber nur entsteht, indem Gott sie weckt (z. B. S. 57f.). Im Übergang zu zukünftigen Sozialformen, die heute noch nicht absehbar sind, befinde sich Kirche an der Grenze zur Fluidität.

Die heutigen Bedingungen der Kommunikation des Evangeliums liegen in den demographischen und medialen Entwicklungen begründet, so Christian Grethlein (S. 67–70). Das sozial Neue zeige sich an den durch das Internet ermöglichten Kommunikations- und Vergemeinschaftungsstrukturen, aber auch in der gemeinwesen- bzw. sozialräumlich orientierten diakonischen sowie gemeindlichen Arbeit (Christian Grethlein, Thomas Zippert).

Sozialwissenschaftlich anschlussfähig und theologisch gehaltvoll denkt Ulrike Bittner weiter, wenn sie für ein Verständnis von Gemeinde als Weggemeinschaft plädiert (S. 110f.). Sie beobachtet, dass Zugehörigkeit empfunden wird und Gemeinschaft entsteht, wenn Kontakte auf Augenhöhe, konkret und freiheitlich gestaltet werden. Angesichts zunehmender Mobilität scheint das überkommene Parochialsystem der verfassten Kirchen wenig Zukunft zu haben. Stattdessen könnten sich der Autorin zufolge Gemeinden auf Zeit bilden, deren Zugehörigkeitsbegriff weniger auf organisatorisch beschreibbaren Mitgliedschaftsmustern als auf inhaltlich (und innerlich) bestimmbaren Motiven der Weggemeinschaft beruht. Dieser Impuls wäre weiterzudenken, ebenso das Konzept digitaler Gemeinschaft.

Digitalität wird die künftige Entwicklung kirchlicher Sozialstrukturen vermutlich stärker bestimmen als andere Faktoren. Daher fordert Rolf Krüger ein, das digitale Netz nicht als Ort neben Orten zu verstehen, sondern als übergreifende Grundstruktur zeitgenössischer und vor allem zukünftiger Sozialität. Nähe und Distanz erscheinen fluide und sind nicht mehr an überkommene Formen von Vergemeinschaftung gebunden. Aufgrund dieses neuen, ortsübergreifenden und in seiner zunehmenden Mobilität sich weiter entwickelnden digitalen Verständnisses von Gemeinschaft als Netzwerk – nicht neben, sondern quer zu allen anderen Gemeinschaftsverhältnissen – bedürfe es einer »Kirche mit einem völlig neuen Selbstverständnis« (S. 202). Das leuchtet ein. Allerdings wäre nun zu fragen, wie sich dieses Selbstverständnis theologisch entfalten würde.

Bezieht sich der Titel auf »neue Sozialformen«, bleibt offen, welche aufseiten der Herausgeber darunter gedacht sind. Gibt es überhaupt neue Sozialformen gegenüber jenen, welche die Menschheit seit Jahrtausenden ausbildet (z. B. lockere Bewegungen, feste Gruppen) und die sich natürlich auch in der Christentumsgeschichte (einzelne Glaubende, Gruppen, Gemeinden, Kirchen etc.) wiederfinden? Wo sind die Verbindungen, die über die klassische protestantische Gemeinschaftsbildung (Ortsgemeinde, Gruppe/Kreis) hinausgehen, wie Kommunitäten bzw. Geistliche und Diakonische Gemeinschaften? Stellen digitale Netzwerke, die Grenzen (Orte, Milieus, Mitgliedschaften etc.) überschreiten, neue Sozialformen der Kirche dar oder handelt es sich nur um eine neue Ausdrucksweise altbekannter Typen? Eine methodische Klärung, was »neu« sein soll, fehlt. Es bleibt zu vermuten, dass deshalb die Beiträge im Vergleich untereinander quantitativ und qualitativ stark divergieren. Dem Tagungsband fehlt es an Metareflexion, so dass die Puzzleteile der einzelnen Beiträge unverbunden nebeneinander liegen bleiben. Er zeigt aber an, woran sozialwissenschaftlich und theologisch weiterzuarbeiten ist.

Zu den Autorinnen und Autoren

Michael Brugger, Wissenschaftlicher Mitarbeiter am Lehrstuhl für Theologische Ethik/Sozialethik der Katholisch-Theologischen Fakultät der Universität Tübingen.

Ruth Ebach, Dr. theol., Professorin für Altes Testament/Hebräische Bibel an der Fakultät für Theologie und Religionswissenschaften an der Universität Lausanne (IRS /FTSR), Schweiz.

Benedikt Friedrich, ehem. Wissenschaftlicher Mitarbeiter am Lehrstuhl für Systematische Theologie (Fundamentaltheologie und Ethik) an der Evangelisch-Theologischen Fakultät der Ruhr-Universität Bochum.

Jonas Hagedorn, Dr. rer. pol., Diplom-Theologe, Wissenschaftlicher Mitarbeiter am Oswald von Nell-Breuning-Institut der Phil.-Theol. Hochschule Sankt Georgen, Frankfurt am Main.

Tine Haubner, Dr. phil., Wissenschaftliche Mitarbeiterin an der Professur für Soziologie mit Schwerpunkt Politische Soziologie der Friedrich-Schiller Universität Jena.

Carsten Jochum-Bortfeld, Dr. theol., Professor am Institut für evangelische Theologie der Universität Hildesheim.

Lukas Johrendt, Wissenschaftlicher Mitarbeiter am Lehrstuhl für Systematische Theologie mit Schwerpunkt Ethik und Hermeneutik an der Humboldt-Universität zu Berlin.

Matthias Jung, Dr. theol., Landessozialpfarrer und Leitender Referent für den Kirchlichen Dienst in der Arbeitswelt mit Schwerpunkt in der Wirtschaftsregion Hannover.

GEORG LÄMMLIN, Prof. Dr. theol., Direktor des Sozialwissenschaftlichen Instituts der Evangelischen Kirche in Deutschland.

PETER LYSY, Pfarrer beim Kirchlichen Dienst in der Arbeitswelt der Evangelisch-Lutherischen Kirche in Bayern.

ANDREAS MAYERT, Dr. rer. soc., wissenschaftlicher Referent für Wirtschafts-/Sozialpolitik des Sozialwissenschaftlichen Instituts der Evangelischen Kirche in Deutschland.

TORSTEN MEIREIS, Dr. theol., Professor für Systematische Theologie mit Schwerpunkt Ethik und Hermeneutik an der Humboldt-Universität zu Berlin.

MATTHIAS MÖHRING-HESSE, Dr. theol., Professor für Theologische Ethik/Sozialethik an der Katholisch-Theologischen Fakultät der Eberhard-Karls-Universität Tübingen.

SABINE PLONZ, PD Dr. theol., Privatdozentin der Evangelisch-Theologischen Fakultät der Westfälischen Wilhelms-Universität in Münster, Lehrbeauftragte im Fachbereich Wirtschaft der Fachhochschule Münster.

JOHANNES REHM, Dr. theol., Pfarrer, Leiter des Kirchlichen Dienstes in der Arbeitswelt der Evangelisch-Lutherischen Kirche in Bayern, apl. Professor für Praktische Theologie an der Universität Erlangen-Nürnberg.

JÜRGEN RINDERSPACHER, Dr. rer. pol., Professor für Wirtschafts- und Sozialethik, Ethik der Zeitverwendung und Zeitökonomie am Institut für Ethik und angrenzende Sozialwissenschaften der Westfälischen Wilhelms-Universität Münster.

HERMANN SAUTTER, Dr. rer. pol., Professor für Volkswirtschaftstheorie und Entwicklungsökonomik an der Georg-August-Universität Göttingen.

MARKUS SCHMIDT, Dr. theol., Professor für Praktische Theologie und Diakoniewissenschaft an der Fachhochschule der Diakonie.

RALF STROH, Dr. theol., theologischer Referent für Wirtschafts- und Sozialethik am Zentrum Gesellschaftliche Verantwortung der Evangelischen Kirche in Hessen und Nassau.

GERHARD WEGNER, Prof. Dr., Gründungsdirektor i.R. des Sozialwissenschaftlichen Instituts der Evangelischen Kirche in Deutschland.

CLEMENS WUSTMANS, Dr. theol., Wissenschaftlicher Mitarbeiter am Lehrstuhl für Systematische Theologie mit Schwerpunkt Ethik und Hermeneutik der Theologischen Fakultät der Humboldt-Universität zu Berlin.